ぶち壊し屋 上

トランプがいたホワイトハウス 2017-2021

Peter Baker and Susan Glasser
ピーター・ベイカー、スーザン・グラッサー
伊藤 真＝訳

白水社

ドナルド・トランプの大統領としての第一声は、就任演説での「アメリカの死屍累々たる惨状」に対する激しい糾弾から始まった（写真・上）。トランプのホワイトハウスは発足当初から、ある補佐官が「映画『ハンガー・ゲーム』の興奮」のようだと指摘したとおり、スティーヴ・バノン、H・R・マクマスター、ラインス・プリーバスといったライバルたちによって分断されていた（写真・右）。*Jabin Botsford/The Washington Post*

共和党の議員らは、FOXニュースのショーン・ハニティの番組に出演することが「トランプとコミュニケーションを取る最も効果的な方法」であり、直接電話をするよりも得策と気づいた。

マイク・ペンス副大統領（写真・上）はオーバル・オフィスで油を売っていることが多すぎたため、大統領補佐官らは「夫人が連絡をほしがっている」と伝えて出て行かせる手を案出した。リンジー・グレアム上院議員（写真・中）は2016年にはトランプを「変人」と呼んだが、のちには親密な支持者になった。グレアムは著者の私たちに、トランプは「嘘つきのクソ野郎だが、一緒にいるとかなり楽しい」と言った。フロリダ州のマール・ア・ラーゴの別荘に滞在中、トランプはシリアに対する初動的な攻撃を命じた。シチュエーション・ルーム（危機管理室）に大勢の補佐官らが集まり、ある補佐官は「巡航ミサイル発射に盛り上がるカクテル・パーティー」だったと述べた（写真・下）。

「大統領殿、たった今FBI長官を解雇したというんですか？」——トランプがジェイムズ・コミーFBI長官を解任したことに、多くの大統領補佐官たちは啞然とした。権力闘争が泥沼と化し、ロバート・モラー特別検察官の捜査のきっかけとなった。この捜査はトランプの任期後半に重くのしかかった。*Andrew Harrer/Getty Images*

トランプはしばしばニュージャージー州知事のクリス・クリスティ（中央）にアドバイスを求め、政権入りも要請したが、かつて父親を起訴したことを恨んでいたジャレッド・クシュナー（左）に邪魔されることが多かった。*Shawn Thew/Getty Images*

トランプはイスラエルのベンヤミン・ネタニヤフ首相に大いに協力してやったが、最後には嫌悪するようになった。「最近、大統領はあなたのことを実は好きではないのです」とある大統領補佐官はネタニヤフに言った。

輝く地球儀とポーズを取るトランプの姿は、大統領としての初の外遊の忘れられない光景となった。サウジアラビアの専制君主的なサルマン国王（中央）がホストを務めた、伝統にとらわれない訪問であった。*Saudi Press Agency*

日本の安倍晋三首相は世界各国の首脳の中でも最も巧みにトランプを「調教」できたが、トランプはその安倍首相がノーベル平和賞に推薦してくれたことが自慢だった。だが安倍に推薦を頼んだことには触れなかった。

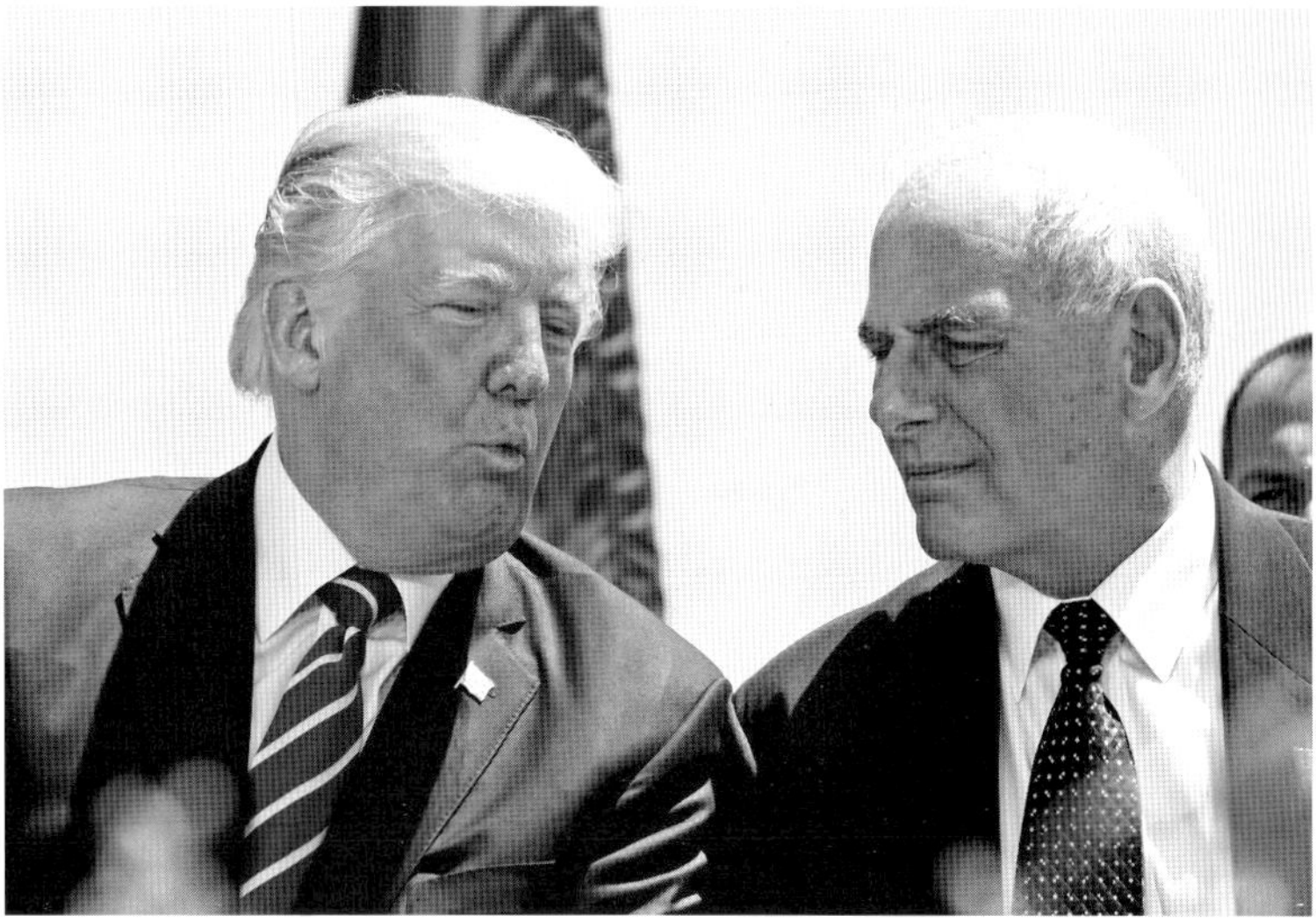

トランプ政権の２人目の大統領首席補佐官となったジョン・ケリーは大統領をひどく軽蔑するようになり、トランプの精神衛生を疑問視して心理学の本まで読んだ。トランプの問題は「常に誤ったことをする」ことだと知人らに述べた。*Susan Walsh/Associated Press*

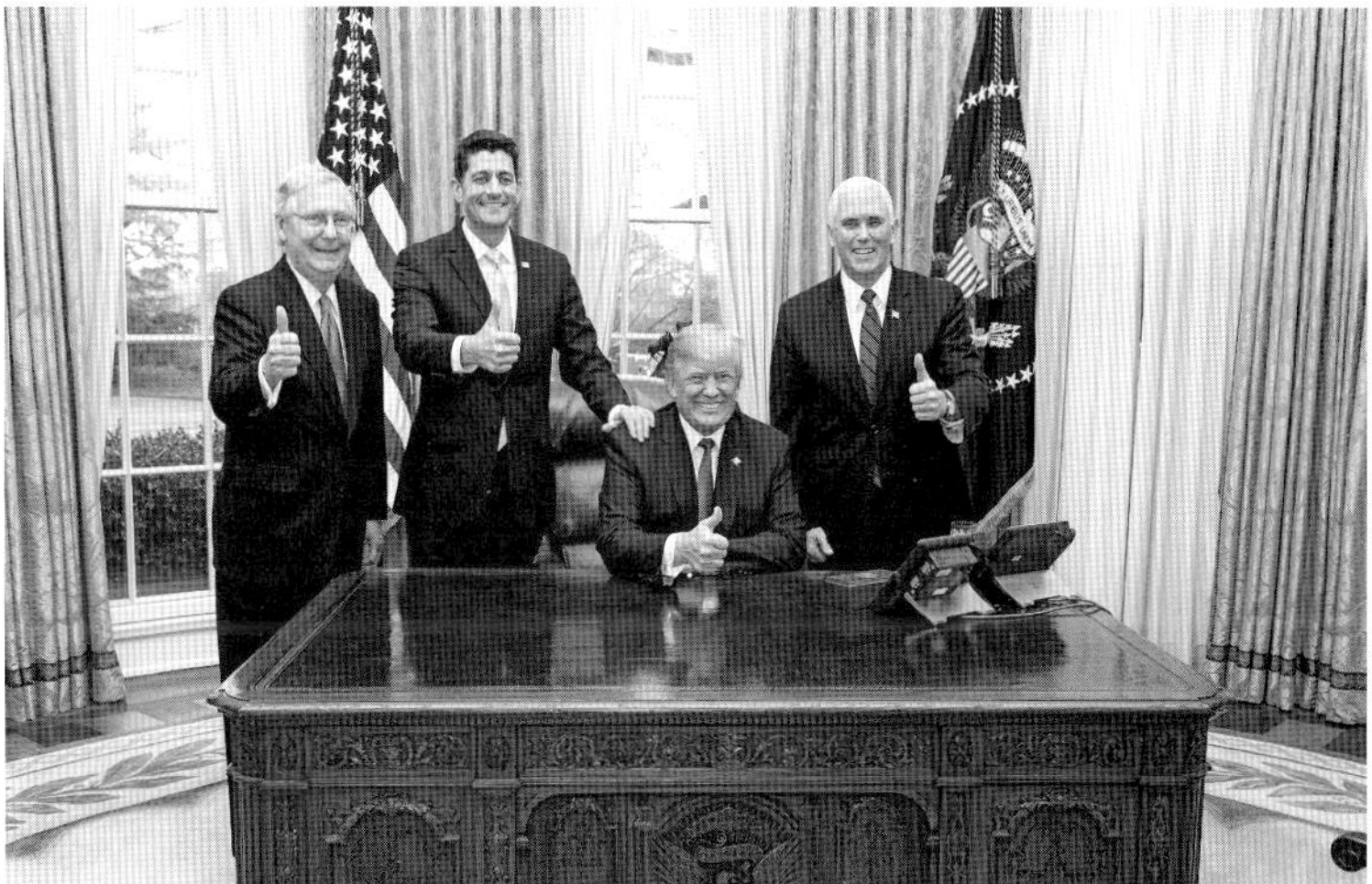

包括的な減税法案はトランプ在任中の内政に関する最も重要な立法措置となったが、トランプはそれをミッチ・マコーネル上院議員（左端）やポール・ライアン下院議長（左から2人目）など共和党の首脳らに任せきりだった。税務担当の大統領補佐官は「もちろんトランプ自身はまったくわけがわかっていなかった」と述べた。

トランプは計画していた国境の壁に執着し、壁の上部に尖った突起を付けたり、太陽光で触ることができないほど熱くなるよう黒く塗ることなどを要求した（写真・上）。しばしば国土安全保障長官のキルステン・ニールセンを叱りつけ、ニールセンはあるとき「狂気が世に解き放たれてしまった」と補佐官にテキスト・メッセージを送った（写真・中、*Mandel Ngan/AFP/Getty Images*）。越境者の子供を親から引き離す措置に激しい反発が起きる中、メラニア・トランプは「**ホントにどうでもいい。君は？**」という文言の入ったジャケットを着て国境地域を訪問した（写真・下）。*Mandel Ngan / AFP / Getty Images*

ドイツのアンゲラ・メルケル首相ほどトランプを怒らせた世界の首脳はいない。メルケルは古い『プレイボーイ』誌に載ったトランプのインタビュー記事を研究して、トランプを理解しようとした。そしてカナダで開かれたG7首脳会議でトランプと対峙した。(ドイツ政府提供)

トランプは北朝鮮の金正恩と「恋に落ちた」と公然と自慢したが、私的な場面ではある大使に、「あのクソ野郎は隙あらばこっちの腹にナイフを突き刺すようなやつだ」と述べた。両首脳は朝鮮半島の非武装地帯で会見した。

トランプがヘルシンキでウラジーミル・プーチンと仲良く会談すると、共和党と民主党の両党の議員らは危機感に襲われた。トランプ政権の情報機関のトップは「いったいプーチンにどんな弱みを握られているのだろうか?」と首をかしげた。

ブレット・カバノー判事が10代のころの性的暴行の疑惑で糾弾されると、トランプは連邦最高裁判事への推薦を取り下げるべきか迷った。するとホワイトハウス法律顧問のドン・マクガーンは「私は途中であきらめるような人間に用はないと言ってやってくれ」と、トランプからの電話に出ることを断った。*Michael Reynolds/AFP/Getty Images*

トランプは当初、最初の国防長官のジム・マティス（写真・上、左端）や統合参謀本部議長のジョー・ダンフォード（同、左から３人目、*Manuel Balce Ceneta/Associated Press*）といった「私の将軍たち」に魅了されたが、すぐに幻滅し、どうしてアドルフ・ヒトラー配下の「ドイツの将軍のようにできないんだ？」と疑問を投げかけた。マティスの意見を無視してダンフォードの後任にマーク・ミリー（写真・下、左）を選んだが、ミリーはマティスの後任のマーク・エスパー（同、右から２人目）と共に、一貫性のない気まぐれな大統領に抵抗することを決意したのだった。

※とくに記載のない限り、写真の提供元は「ドナルド・J・トランプ大統領図書館（*Donald J.Trump Presidential Library*）」。

ぶち壊し屋（上）

——トランプがいたホワイトハウス　２０１７−２０２１

THE DIVIDER

by Peter Baker and Susan Glasser

This edition published by arrangement with Doubleday, an imprint of The Knopf Doubleday Group, a division of Penguin Random House, LLC through The English Agency (Japan) Ltd.

Photographs courtesy of the Donald J. Trump Presidential Library, unless otherwise noted.

テオに
そして私たちそれぞれの父、テッドとスティーヴに

ぶち壊し屋（上）

――トランプがいたホワイトハウス　2017-2021　目次

第Ⅱ部　おまえはクビだ

第Ⅲ部　つかまるもんか

ぶち壊し屋（下）

——トランプがいたホワイトハウス　2017-2021　目次

凡例

＊原著者による注は章ごとに（1）（2）と番号を振り、「原注」として各巻末にまとめた。
＊訳者による注は〔　〕内に割注で記した。
＊原文でドル表記されている金額は、当該事例の当時の為替レートに基づき円での概算を訳注で示した。
＊引用文中および発言中の補足は〔　〕内に示した。中略は「……」で示した。
＊引用文の翻訳で出典の記載のないものは訳者による。
＊本文中の書名のうち「参考文献」に記載のないものについては、邦訳のあるものは邦題に加え、訳者名、出版社名、刊行年を〔　〕内に割注で記した。邦訳のないものは逐語訳と原題を併記した。（以上、初出のみ）

序章

トランプ政権のトレードマーク

私たちはある単純な前提に立って本書『ぶち壊し屋《ザ・ディバイダー》』を書き始めた。それはドナルド・トランプが二〇二〇年の大統領選挙での敗北を認めようとしなかったことと、みずからの敗北を覆そうとして呼びかけた連邦議会議事堂での暴動は、いずれも突発的な暴力だったわけではないということだ。それはアメリカの民主主義の制度や伝統に対して四年間にわたって繰り広げられた攻撃の必然的な帰結だったのだ。二〇二一年一月六日の午後、トランプを支持する暴徒らが「マイク・ペンスを縛り首に！　マイク・ペンスを縛り首に！」と叫びながら議事堂内に押し寄せ、ペンス副大統領と連邦議員らは身の危険を感じて慌てて避難するはめになった。その同じ午後に歴史家のマイケル・ベシュロスが述べたとおり、「今日という日は、トランプ大統領の過去四年間の任期の一刻一刻がまさに伏線となって起きた」のだった。

本書はそのトランプ政権で何が起きたかを描いたものだ。つまり憲法の根本的な思想の多くに無知でそれらを支持せず、進んで損なおうとすらする政治リーダーをアメリカが擁していたという、この国の歴史上でも想像しがたい一時期についての本である。トランプは大統領に就任した日から退任する日まで、大統領の専横を抑止するために設けられたアメリカの制度上のルールの多くを曲げたり破ったりし続けた。だから大統領選で敗北しても、有権者らの意志に反して権力にしがみつこうとし、それがトランプにとって唯一かつ必然的な選択肢だったのだ。二〇二一年一月六日に何が起きたのかを理解するには、二〇一七年一月二〇日のトランプ大統領就任の日と、それからの四年間の日々に何が起きたかを理解しなければならない。

しかし本書が描くのはもっぱら歴史だというわけではない。トランプとトランプ主義は共和党を虜《とりこ》にし、過激化させた。任期中に二度弾劾裁判にかけられ二度無罪となったトランプ大統領は（二〇一九年に権力乱用等で、二〇二一年に反乱の煽動で、弾劾訴追の決議案が連邦議会で審議されたがいずれも無罪となった）、アメリカ建国以来、平和的な政権移行を妨害しようとしたただ一人の大統領であり、ホワイトハウスを去ってからは次期大統領選での返り咲きをめざしている。もし成功すれば史上わずか二人目となる（これまでは一九世紀末に第二二代、二四代大統領となったグロバー・クリーヴランドのみ）。「トランプは大統領選で敗北していなかった」という大嘘を信じたトランプ支持者は何千万人もいて、今なお信じている。しかも共和党の幹部らはトランプを拒否するどころか、いまだに名誉的なトップとして、そして「次期大統領」として崇めているのだ。トランプ時代は過ぎ去ってはいない。アメリカの現在であり、ひょっとすると未来ですらあるかもしれないのだ。

　トランプがホワイトハウスの住人だった間に実際に何が起きていたのか、それを書き残し、理解しようとすることほど喫緊のプロジェクトはない――そう私たちは感じた。これはまだ歴史的記録の世界ではなく、複数の当局が今も捜査中の生々しい犯罪現場からの報告だ。いつの日か（近い将来かそうでないかはわからないが）、それは現在進行形の出来事ではなくなるだろう。そのときになれば、本書は異なった役割を担うことができるだろうと私たちは期待している。そのときが来れば、いつもいらいらとツイートばかりしていて、桁外れの自尊心を抱き、歴代大統領ら先人たちを極度に蔑視するニューヨークの粗野な不動産王が、いかにしてアメリカの大統領の座に収まったのか、将来の世代が抱くに違いないそんな疑問に応えるのが本書の役割となるだろう。

　私たちはなぜ本書の題名を『ぶち壊し屋《ザ・ディバイダー》』としたか。それは二〇一七年当時の状況を「アメリカの死屍累々たる惨状」と呼んだ大統領就任演説から、二〇二一年のドタバタの幕切れを後味の悪いものにした「不正選挙」の主張という茶番に至るまで、トランプがアメリカの国民同士、アメリカと同盟諸国、みずからのスタッフや家族同士を対立させ続けたからである。トランプは乾いた干し草に火のついたマッチを投げ入れるかのように、国内の人種間対立を焚きつけ、アメリカ人としてのアイデンティティの見方が両極化している中で、文化戦争を煽った。一世紀ぶりのすさまじい疫病が全米を席巻している中でさえ、われらが第四五代大統領は「二つのアメリカ」があると言い張った――みずからのアメリカ、すなわち共和党の「赤いアメリカ」と、それに敵対する民主党を支持する諸州の「青いアメリカ」。単純に公衆衛生上の予防措置にすぎない「マスク着用」といったことでさえ、トランプはあっという間に政争の道具に変えてしまった。トランプは不和分裂こそをみずからの政権のトレードマークにしたのである。

これだけでもトランプは私たちの時代のほかのすべての大統領と一線を画している。ジョージ・H・W・ブッシュ（父）は「より思いやりのある、優しい」アメリカを作ろうと呼びかけた。ビル・クリントンは「不和を修復する」ことを誓った。ジョージ・W・ブッシュ（息子）は、自分は「分裂させるのではなく、まとめる役割」を果たす大統領だというイメージを打ち出した。バラク・オバマは「青い」民主党支持州のアメリカと「赤い」共和党支持州のアメリカなど存在せず、「ひとつのアメリカ合衆国」があるだけだと断言した。いずれの大統領も掲げた理想を実現するには至らなかったが、少なくとも、大統領たる者は国をひとつにまとめるべきだとの志を表明したことは間違いない。だがトランプは決してそんな風には考えなかった。アメリカ社会のさまざまな亀裂につけ込んで、権力を掌握して、振るい、保持しようとした。そうした亀裂はトランプみずからが作り出したわけではない。みずからの目的のために実に巧みに利用した周囲の人々の弱みも、トランプが作り出したわけではない。トランプ台頭前夜、アメリカはこの何世代もなかったほどにすでにひび割れ、分裂していたのだ。だがトランプはそうしたさまざまな差異につけ入って、みずからの意図を実現しようとし、その過程で新たな亀裂も生んでいったのだった。共和党のある上院議員がかつて言ったように、トランプは過去も、現在も、そして未来永劫「ぶち壊し屋」なのだ。二〇一六年の大統領選挙で共和党の候補者指名競争に出馬したあるライバル候補がこう警告した――トランプは「混乱を招く候補者」であり、「混乱を招く大統領」になると。トランプは常に敵を探し、見つからなければ作り上げた。トランプにとっては、常に「われわれ」と「やつら」が存在するのだった。

ホワイトハウスの住人になるまでのトランプの七〇年の人生において、こうしたことは本人が関わるビジネス界や家族を除けばほとんど問題にはならなかった。トランプが嘘をつき、ごまかし、払うべき金を払わなかったとしても、傷ついたのは六度に及ぶトランプの企業の経営破綻や種々の投機的な事業の失敗で身ぐるみ剝がされた債権者たちだけだ。NBCのテレビプロデューサーたちは、毎週トランプが挑戦者の一人を「クビ」にするというお決まりの結末で終わる人気番組を開発して、トランプの抗争好きに大いにあやかった。ニューヨーク市のタブロイド紙もまた、ビジネスやプライベートにおけるトランプの数々の確執を熱心に書き立て、恥知らずのトランプ自身もご満悦だったのだ。

ところが二〇一六年、おおかたの予想を覆してトランプが大統領選に勝利すると、こうしたことはアメリカ全体のリアリティとなった。それからの四年間、トランプはワシントンの政界とそこで働く人々の弱点を見極めた。そしてみずからのあまたの嘘を武器にして、政治的利益のために使い、反対する者は誰かれとなくいじめた。おかげでトランプ政権では、トランプへの忠誠心を試す踏み絵がいつ果てるともなく続けられたのである。さらにトランプは分裂にあえいでいた共和党を乗っ取り、個人崇拝の党に変えてしまった。こうして二〇二〇年までの過去八回の大統領選中、一般投票の得票数では七敗を喫しているこの党は、いまではすっかりトランプ信奉党だ。そのため最後の党大会では政策綱領を発表する代わりに、党としてトランプを支持するとの単純な決議を公表することしかできなかったほどである。

本書はトランプ政権の四年間の『ニューヨーク・タイムズ』紙と『ニューヨーカー』誌のための取材・報道と、本書のために行なった約三〇〇件の独自インタビューに基づいている。私たちはまた、大統領在任中のトランプに新たな光を当ててくれる個人的な日誌、覚え書き、その時々のメモ、電子メール、テキスト・メッセージやその他の資料も入手した。トランプの最も身近で働いていた多くの人たちにも話を聞いた――閣僚やホワイトハウス高官、トランプの政治戦略家（ストラテジスト）、弁護士、国家安全保障問題担当補佐官、法廷弁護士など。その多くは、長時間のインタビューに応えるのは私たちの取材が初めてだった。私たちはトランプ大統領の気まぐれに振り回された人たちも取材した。連邦議会議員、米軍の将軍たち、企業の経営幹部、それに海外の首脳らだ。さらにフロリダ州にあるトランプの別荘マール・ア・ラーゴにも二度足を運び、トランプ自身をインタビューした。

私たちの取材と報道は、聞いたこともない話の数々や、わかっていると思い込んでいた話に対する新たな洞察をもたらした。そしてそこから浮かび上がってきたのは、ほとんど呆れるしかないほどの、ならず者の大統領の肖像だった。その闘争本能、気まぐれなやり方、それに国家の利害と私的な利害とを混同する性癖のおかげで、アメリカはあと一歩で危機に直面するところだった。イランや北朝鮮と全面的な紛争に突入する危険性や、ロシアがヨーロッパの地図を描き変えようと実力行使の準備をする中、トランプの政策によって北大西洋条約機構（ＮＡＴＯ）がばらばらになってしまう恐れは、私たちが想像するよりもはるかに差し迫ったものだった。それだけでなく、ドイツのアンゲラ・メルケル首相のやり方に憤慨していたトランプは、腹いせにドイツ駐留米軍を何千人という規模で縮小することを命じ〔米国防長官は二〇二〇年七月に約一万二〇〇〇人の削減を発表。翌年、バイデン大統領が計画を凍結した〕、億万長者の友人の勧めでデンマーク領のグリーンランドを買収しようとした。また、トランプに敵対的な決定をしたある連邦控訴裁判所の廃止をもくろみ、私的な会話でヒトラー配下の将軍たちを称賛し、みずからの配下の米軍の将軍らを「クソったれの負け犬」と呼んだ。さらには、そんな将軍らやほかの部下たちにも人種差別的な暴言を浴びせ続けたことを見れば、特定の国々を「肥溜め国家」と呼んだというホワイトハウスでのあの悪名高い発言〔二〇一八年に移民政策に関して中米やアフリカ諸国に言及したもの〕が例外的な失言でなかったことは明らかだろう。

　トランプの君臨をことのほか恐れたのは身近な人たち、とくにトランプ自身が任命したスタッフだった。その面々は陰ではトランプを帝政ロシアの皇帝《ツァーリ》やギャングのボスに喩え、最初の大統領顧問弁護士などはホラー映画の化け物になぞらえたほどだ。トランプ自身が選んだ統合参謀本部議長は大統領の振る舞いに憤激して密かに辞表をしたため、その中でアメリカがこれまでの戦争で「対決してきた多くの主義や主張」にトランプが賛同していると非難した。だが結局、最高司令官たるトランプが民主主義に対する脅威になるのを阻止するために、辞表は机にしまい込んで職にとどまることにしたのだった。別の高位の将軍は、独裁者のような振る舞いだと面と向かってトランプに言い、国家情報長官はトランプがロシアの手先のようだと内心感じ、ある首席補佐官はトランプの精神状態に疑念を抱いて心理学者の著作をこっそり読んだ。さらにトランプの妻はトランプの新型コロナウイルスへの対応は失策だと思っていたし、娘と義理の息子は、大統領選で不正があったとのトランプの主張は間違いだと考えていたのである。

　私たちの取材の結果、ことが動いているただ中では私たち自身もはっきり認識していなかったことも明らかになった。それはトランプ政権の一部のメンバーたちが、自分たちの大統領からなんとしても国を守らねばならないと、切実な思いを抱いていたことだ。トランプに対する政権内部からの抵抗は――効果のほどは限定的だったとはいえ――部外者が認識していたよりもはるかに激しかったことがわかってきた。一緒に辞任するという相互協定を何度も結んだ閣僚や高官たち。トランプの主張に対して、連邦議会の中だけでなく海外の政権内にさえ、トランプに気づかれないよう秘密裏に抵抗勢力を構築しようとした大統領顧問たち。トランプの執務デスクから書類を取り去ったばかりか、三回以上繰り返し命令が発せられない限りそれを無視しようと、手の込んだ言い訳を考え出した大統領補佐官たち。その補佐官らがトランプの要求を無視したり回避したりしたエピソードだけでも何冊も本が書けるだろう。ジョー・バイデンを起訴しろ。ヒラリー・クリントンを起訴しろ。ジェイムズ・コミー連邦捜査局（FBI）長官を訴えろ。国境を閉鎖せよ。北米自由貿易協定（NAFTA）から脱退しろ、NATOからも抜けろ。アフガニスタンやイラクや韓国から米軍を引き揚げろ、しかも即座に。これらはどれも、現役兵士らを動員して国内のトランプに対する抗議行動をつぶそうとしたり、大統領選を完全に無効にしようとした、あの二〇二〇年の悲劇的な暴走のはるか前から続いていたのである。

あと一人イエスマンがいたらトランプは思いを遂げることができたかもしれない——そんな場面もしばしばあった。それは司法長官であったり、米軍司令官であったり、副大統領であったりした。トランプを止めようとした人たちの多くは複雑な背景の持ち主だ。長年にわたりトランプに好き放題やらせてきた果てに、ようやくトランプはやりすぎだと思い至ったという人たち。それでもなお、彼らはトランプの周囲を離れようとせず、声を上げるのを拒むことも多かった。マイク・ペンス副大統領、ビルことウィリアム・バー司法長官、マイク・ポンペオ国務長官、トランプ政権の四人の歴代首席補佐官たち〔プリーバス、ケリー、マルバニー（代行）、メドウズ〕、弁護士たちや連邦議会の共和党幹部たちなど。いずれの者にとっても、道義的な葛藤の日々であった。そもそもなんらかの意図を実現しようとトランプに近づいた彼らである。愛国心にせよ、個人的な野心にせよ、政策実現や単なる党派心の満足にせよ、それを達成できるメリットと、手に負えない状況に陥ってしまうのを阻止する必要と、常に天秤にかけさせられた。そこには少なからず傲慢さというものも介在した。みなトランプをコントロールできると思い込んでいたし、しばらくはうまくいくことも多かったのだ。だが結局のところ、避けがたい最悪の終わりを迎えると、思いどおりに展開しなかったことにショックを受けたというわけだ。本書はそんな人たちについての本でもある。なぜなら彼らがいなければ、ドナルド・トランプという人物はゴルフの合間にテレビ画面に向かって大声で文句を言う、ただのありふれた怒れる老人になっていただろうから。

しかし痛恨の極みと言うべきは、種々の暴挙を周囲が防いだ結果、次はどうすれば思いを遂げられるかをトランプが学んでしまった面もあったことだ。大統領執務室のオーバル・オフィスで日常的にトランプの動向を目にしていたある国家安全保障関係の当局者は、トランプを映画『ジュラシック・パーク』に出てくるヴェロキラプトルになぞらえた。獲物を狩りながら学習する能力を持ち、際限なく危険になっていく恐竜だ。ラプトルのそんな能力に観客が気づくのは施設の調理場で展開される一シーン。ラプトルが調理場のドアの取っ手を回して侵入し、主人公の子供たちを追い詰めるあの場面を忘れることができようか？　考えただけでも背筋が凍る。

任期の四年間でトランプは適応することを覚えた。トランプはどこまで許されるか試し、限界を押し広げた。そして失敗すれば、また挑戦した。就任時のトランプは、ワシントンの政界と連邦政府について歴代大統領の中でおそらく最も無知だっただろう。自分がどんな権力を持っているのか、やりたいことをやるのにその権力をどう使うべきなのか、いずれも知らなかった。だが次第に理解していった。まずスタッフを粛清した。忠臣をより多く採用し、命令に従いそうもない自律的な連中は減らしたのだ。そして規範を破り、ますます理不尽な命令を次々と発した。トランプはスキャンダルで赤っ恥をかき、共和党から大統領選に出馬した直近の候補者三人から糾弾された〔ミット・ロムニー、ジョン・マケイン、ジョージ・W・ブッシュ〕。それでも支持者らはトランプを支持し続けた。二〇二〇年の大統領選は不正選挙だったと言い、新型コロナウイルスのパンデミックは民主党のでっち上げだとし、二〇二一年一月六日の暴力事件は単なる合法的な抗議行動だとトランプが言い張ったとき、支持者らは彼を信じた。そして今も信じているのである。

本書は私たち夫婦が共著として出す三冊目の本だ。最初の本のテーマはウラジーミル・プーチンで、ソビエト連邦崩壊後に産声を上げた民主主義をプーチンが攻略してしまった様子を描いた。これは私たちにとって結婚後初の仕事で、今から二〇年以上も前の一月に極寒のモスクワに降り立ってから、プーチンの台頭を目の当たりにしたのだった。かつてはＫＧＢの無名の中佐だったプーチンがスターリン以来の長期政権のトップに居続けようとは、私たちを含めて誰も予想できなかった。プーチンは警察国家の復興をもくろむ権威主義的な近代化主義者だ、というのが私たちの本の結論だったが、当時はそれすらワシントンでは賛否両論があったほどだ。プーチンはソ連崩壊を「二〇世紀最大の地政学的惨事」と称したが、米政権の最上層部の多くはそんな男でもきっといずれは西洋志向の改革者であることが判明するはずだと（経験と証拠に反して）思い込みたかったのである。

それから二〇年後、そんなプーチンとその独裁的なやり方を尊崇するアメリカ大統領の登場を取材することになるとは、想像すらしなかった。そのアメリカのリーダーは中国、エジプト、トルコ、フィリピン、その他、世界各地の独裁者を称賛し、北朝鮮の強制収容所の管理責任者たる最高指導者と「恋に落ち」、国内では立憲民主主義の基本的な諸原理を攻撃したのだ。

私たちがロシアに取材に赴いたのはソ連崩壊からわずか一〇年後。モスクワでのあるイベントで、ロシアの欠陥だらけで今にも崩れそうな民主主義の現状について、改革派の政治家のグリゴリー・ヤヴリンスキー〔ソ連時代に政府の要職を歴任し、ソ連崩壊後はロシア下院議員などを務めた〕に質問が飛んだ。するとヤヴリンスキーは救急車の運転手と患者の会話という政治風刺の小話を披露した。

「どこへ向かってるんだい？」と患者が訊く。

「遺体安置所さ」と運転手が返す。

「どうして？　おれはまだ死んじゃいないぜ」と患者が抗議すると、運転手の答えは……。

「まだ着いてないからね」

二〇年前、これはロシアの行く末についての辛辣なジョークだった。それが今日、プーチン支配下のロシアは無法者《アウトロー》の国家で、隣国に侵略戦争を仕掛け、国内ではソ連末期に匹敵する抑圧的な独裁政権が支配している。救急車の運転手は、悲劇的なことに遺体安置所に着いてしまったのだ。だがこのジョークは、トランプ大統領の四年を経たアメリカの民主主義の現状への批評にもなり得る――まだ着いてはいないが、見通しはよくない。

第Ⅰ部

アメリカ死屍累々たる惨状

「われわれは国をひとつにするために選挙に勝ったわけではない」

――スティーヴ・バノン（ホワイトハウス首席戦略官）

第1章 ワン、ツー、ツイート

二〇一七年一月二〇日の午後、大統領就任式の宣誓からわずか数時間後、ドナルド・ジョン・トランプはホワイトハウスの大統領執務室《オーバル・オフィス》に第四五代米国大統領として、勇んでその第一歩をしるした。政権移行のこの重大な瞬間、トランプはこの部屋の歴史や、みずからが担うことになったばかりの重責について、感慨を述べはしなかった。ここで下された重要な決断の数々についても、今後四年間の野心についても、巡る思いを口にすることはなかった。

そんなことよりも、かつてローズヴェルトやケネディやレーガンらが執務した名高い部屋を見回して、まずトランプの心を打ったのはすばらしい照明だった。

「どうやったらこんなライティングができるんだ?」

トランプは不思議そうに言うと、一緒に写真を撮ろうと娘のイヴァンカとその夫のジャレッド・クシュナーを招き寄せた。

テレビのリアリティ・ショーのスター司会者出身として初の大統領となったトランプは、以前から照明にはご執心だった。写真を撮られるとなると、アングル、影、日差しや照明器具の明るさなど、そのショットの出来栄えを決める要素を計算に入れた。ホワイトハウスに移ったこのときも、トランプは行政や医療政策や外交についてはあまりよく知らなかった。だが照明にはかなり詳しかった。

トランプはカメラの前では人工的な照明を嫌った。照明がきついと光の影響を受けやすい頭髪の色が変わってしまうし、厚く塗って肌にオレンジ色を添えているメーキャップが目立ってしまう。人工照明に対する嫌悪が高じて、報道カメラマンが間近でフラッシュを使っただけで叱りつけるほどだった。自然光を好むため、やがてホワイトハウスの南側の庭《サウスローン》で待つ大統領専用ヘリコプターへ向かう途中で、報道陣と会見することが多くなった。

ヘリのローターの騒音で声が聞き取りにくくてもお構いなし――あくまでもビジュアル重視なのだ。テレビでインタビューを受けるとなると、タブレット端末で自身の画像を確認してベストなアングルを探し、髪の分け目が映らないように顔の右側から撮影されることを好んだ。そして新聞一面の自分の写真が気に入らなければ、苦情を言うためにカメラマンに電話をし、「ひどい姿にしてくれたもんだな」と難癖をつけるのだった。

　どんな大統領でも自分のイメージには敏感だ。しかしトランプは次元が違った。大統領在任中、もっぱら自分の要求に合うよう現実を作り変えることに執着した最初の大統領だ。毎朝、不自然な染めを施した髪に櫛を使い、長い房をねじってちょうどよい位置に収めたりと、そんなことに多大な時間を浪費した。元顧問弁護士のマイケル・コーエンがかつて説明したように[1]、それは「頭の後ろからふわっと髪を前へ持ってきて、それが顔にかかるとひらりと頭頂に戻し、最後に右側の乏しい頭髪をぺろんと整える」という三段構えのプロセスを要した。その髪をトランプはヘアミストの「トレセメ・トレトゥー（エクストラ・ホールド）」を使って固める。どこへ行くにも、補佐官の一人がこのヘアミストの携帯用スプレー缶を一本持ち歩いていた。風が強いときは野球帽をかぶった。トランプが想定外の大統領候補として選挙戦を戦ったとき、その象徴となった赤いキャップ、「メイク・アメリカ・グレート・アゲイン（ＭＡＧＡ――アメリカを再び偉大に）」というキャッチコピーを記したあれだ。髪が整っていないときは、頭の右側から肩を越えて長い髪が垂れ下がり、コーエンによれば「髪が薄くなりつつあるオールマン・ブラザーズ・バンド（一九七〇年代に人気を博したアメリカのサザン・ロックバンド）のメンバーか、よぼよぼになった一九六〇年代の老ヒッピーのような」風貌だった[2]。その長い髪をトランプはみずから巨大な鋏で切ったという。ショッピングモールの開店式典のテープカットで使うようなやつだ。

　トランプは体重も気にした。公称一〇七キログラムの体重よりも重く見えるのではないかと思い、低いアングルから撮影されることを嫌った。大統領選の選挙運動中、広報担当顧問のホープ・ヒックスは報道カメラマンらに対してある禁令を発した。トランプが演説するステージの下に、聴衆との距離を設けるバッファー・ゾーンがあるが、そこに立ち入って撮影してはならないというのだ。これには猛反対が巻き起こり、ようやくヒックスはわずか数分だけカメラマンらの立ち入りを認めたのだった。ついでに言えば、トランプは上から見下ろして撮影されるのも嫌がった。撮影のアングルは常に自分の目線と同じ、水平でなければならなかった。その方がテレビ映りがいいと感じていたからだ。

どんなときでも、トランプは公の場にはほぼ例外なくダークスーツを着て現れた。それに喉元できちっと結ばれたネクタイをズボンのベルトの下まで垂らせば、やせて見えると思っていた。ジョージ・W・ブッシュやバラク・オバマはカメラマンとの会見時、ボンバー・ジャケットとブルージーンズというカジュアルないで立ちで現れたが、トランプの場合はあり得なかった。フロリダの三八度の猛暑の中でさえ、トランプはスーツ姿で通した。たいてい高級紳士服ブランドのブリオーニの数千ドルはする既製のスーツで、極端にゆったりしたサイズを着たから、パンツもだぶだぶだった。唯一、スーツの上着を着ないと決まっていたのはゴルフコースへ出るときだ。だがそんな場合でさえ、カメラマンらを妨害しようとした。フロリダのゴルフコースで、大手テレビ局がプレー中の姿をしきりに撮影したため、トランプは視界を遮るようにヤシの木を植えさせたのだった。しかしスーツよりもおそらくずっと重要だったのは、トランプの補佐官らが「にらみ」と呼んだ表情だろう。トランプはカメラの前では笑顔を見せなかった。厳しい、どこか脅すようににらむ表情を好んだ。その方が堂々として力強く見えると考えていたのだ。「この顔つきでどうかね？」と、トランプはしばしば補佐官らに問いかけた。[3]

こうしたことはすべて、トランプ自身が作り上げた漫画じみた神話的なイメージを守り通すためだった。トランプに言わせれば、オーバル・オフィスのこの新たな主人はまさにアメリカのスーパーマン——肉体は頑健で、知力に優れ、馬のように健康そのもので、桁外れの大金持ちであり、磁石のように美女たちを惹きつける男なのだ。昼夜を問わず働き続け、ほとんど眠ることもない。太っておらず、頭髪は自然で、肌の色も非の打ちどころがなく、両手は小さすぎない（身体のほかのどこも同様に小さすぎることはない）。叔父がマサチューセッツ工科大学で教鞭を執ったことは、トランプ自身も優秀であることの証拠だとした。「知性が血に流れている。私は賢いんだ」と、あるときトランプは言った。[4] アイビーリーグの大学を出たことも自身の博識ぶりを証《あか》し立てるものだった。「私はとても高学歴だ。言葉というものも知っている。最も優れた類の言葉をだ」と支援者らに請け合った。[5] 大統領選のキャンペーン中、トランプは密かに専属医に依頼して、医師の名前入りの診断書を書かせた。これは大いに風刺の的にされたもので、トランプの

「肉体的な力とスタミナは並外れている」として、「これまでの当選者の中で、史上最も健康な大統領になるだろう」と予測したのだった。(6)

異を唱える者などいなかった。大統領の執務室などが入るホワイトハウス西棟（ウェストウィング）では、補佐官たちは互いの間でさえ——公衆の面前ではなおのこと——大統領に人間的な弱さがあるなどと認めてはならない、という不文律が明確になっていった。

「疲れ切っているみたいですよ」と、ある日、トランプについて個人秘書のマデレーン・ウェスターハウトがホープ・ヒックスに言った。すると即座にその発言をヒックスが否定した。

「ドナルド・トランプは決して疲れたりはしない。それに病気にだってならないわ」(7)

トランプ新大統領は就任初日から、自分こそはアメリカが待ち望んでいたヒーローだとのイメージを打ち出したかった。困難な時代が求める強い男。トランプの部下たちでさえ、それをどう受け止めるべきか迷いがなかったわけではない。どれもこれも見栄っ張りな七〇男の単なる奇癖にすぎないのか。それとも独裁者を夢見る男の恐るべきはったりなのか。

二〇一六年の大統領選で、トランプはあまりにも自己陶酔的で、無知で不誠実で、危険な人物であることをみずから示した。だがその選挙でトランプが意外な勝利を収めたのち、ワシントンの政治関係者の多くは、トランプがまさかそのままではいられないだろうと高をくくっていた。ロシアのプーチン大統領を称賛し、ＮＡＴＯを「時代遅れ」だと断じる米国大統領などあり得るだろうか？(8) 連邦政府が遵守している諸規則に従わず、大統領在任中に外国の政府やロビイストから金銭を受け取るような、そんなビジネスマン上がりの大統領などいるだろうか？ まったく考えがたいことだっただけに、実際に目の前でそれが起きているというのに、信じようとしないことの方が不思議と容易だった。トランプはひょうたんから駒のような大統領ではあったが、いずれは学ぶだろうと、誰もがそう想定していた。仮に学ばなかったとしても、チェック・アンド・バランスという原理原則があるではないか。だから議会が抵抗するだろう、司法当局も抵抗するだろう、そしてメディアも抵抗するだろう。誰もがそう考えていたのだ。

就任式の数日後、トランプは国家安全保障問題担当チームとの初めての会議に臨むため、ホワイトハウスのシチュエーション・ルーム（危機管理室）に入った。地下にある、いわばホワイトハウスの中枢で、国家の最も慎重を要する決断の大半が下される一室だ。会議の目的は、世界中でアメリカが直面している諸問題を大統領にまずきっちりとわかってもらうこと。しかしトランプにはその準備も忍耐力も欠けていた。じっくり聞くどころか、急に話題を変えては脱線した。やがておなじみになる、あの暴言癖の始まりだった。トランプはＮＡＴＯへの不満を述べた。韓国については誠実さに欠ける同盟国だとして文句を言い、トランプが経営するホテルに設置するテレビ受像機の値段を韓国企業がふっかけてくるとまで言った。トランプがまくし立て、補佐官たちもまくし立てた。そのうち会議は放言大会と化した。ようやく終了すると、トランプが共和党全国委員会から引き抜いた新任の大統領首席補佐官、ラインス・プリーバスは、参加者の数名を一階の角部屋の自身の執務室に誘った。次に打つべき手を相談するためだった。

統合参謀本部議長のジョーことジョセフ・ダンフォード大将は、オバマ政権の国家安全保障会議（ＮＳＣ）のメンバーからただ一人留任していた。海兵隊員として国家に仕えてほぼ半世紀、頭脳明晰で定石を外さないダンフォードはビル・クリントン、ジョージ・Ｗ・ブッシュ、バラク・オバマを間近に見てきた人物だ。たったいまシチュエーション・ルームで目にした光景に唖然としてはいたが、プリーバスの執務室では皆をなだめるような意見を述べた。

「いいですか、今日の会議のことを過度に気にすることはないと思います。われわれがトランプ流の政策的信条《ドクトリン》と世界に対する彼のアプローチをいったん理解してしまえば、彼が何を欲しているかを予測できるようになるでしょう。そうすればわれわれは、彼のためになるような形に練り直して、さまざまな問題に対処できると思います」

これに対し、ホワイトハウスをファミリー企業のように運営するつもりだったトランプにとっての身内筆頭、娘婿のジャレッド・クシュナーは困惑顔でダンフォードを見て言った。

「いや、絶対にあり得ませんね。そういうもんじゃないんですよ」

そしてもちろん、クシュナーは正しかった。トランプはあくまでもトランプなのだ。ただ以前と異なるのは、今や全世界が注目しているということだった。トランプは学ぼうとしない。変わろうともしない。原理原則も、適切な手順も、軌道修正もあったものではない。ダンフォード大将がトランプ新大統領という人物を見誤ったことは、ワシントンの政官界がまだいかに新たな現実をのみ込んでいないかを浮き彫りにしていた。

もしバリー・スターンリヒトから話を聞いていたら、もっとよく理解できたはずだ。スターンリヒトは大型ホテルチェーンのスターウッドホテル・アンド・リゾート社の共同設立者で、トランプの長年のゴルフ仲間でもある大富豪だ。トランプの大統領就任式の前日、スターンリヒトはニューヨークにある高級会員制クラブのメトロポリタン・クラブで政財界の有力者たちを集めた非公開の会合を開き、トランプに関して押さえておくべき諸事情を解説した。トランプは何十年来の友人だが、とスターンリヒトは前置きし、「最も大統領になるべきではない友人だ」と打ち明けた。

トランプの思考は「独特だ」とスターンリヒトは述べた。頭の中のどこかが「おかしい」と。トランプは注意散漫で、細部の詰めが甘く、一貫性を欠いていても気にもしない。「二〇年来一冊の本も読んだことがなく、真実かどうかに拘泥しない」とスターンリヒトは続けた。そして一緒にゴルフをすればトランプの真の姿を目の当たりにできるとして、「トランプと一度でもゴルフをしたことがある人間なら、彼にとってルールなどあってないようなものだということを知っている」と言った。スターンリヒトによれば、トランプは走行速度を上げたいからとゴルフカートの速度調節機を外してしまうし、ほかのプレイヤーが打つのを待たずにさっさと次のホールへ向かってしまうこともある。そして実際の勝敗にかかわらず、トランプはいつも自分の勝ちだと言い張った。それがずるいとすら思わないのだ。

このようにニューヨークのトランプの仲間たちは、ワシントンの連中がいずれ気づくはずのことをすでにわかっていた——トランプはトランプ・タワーでの態度もそのままに、ホワイトハウスでも自分だけの身勝手な世界に生きるつもりなのだと。トランプ政権の大半のスタッフも含め、大統領就任後に初めてトランプと会う人たちにとって、不愉快な真実があった。それは、トランプが実は外見そのままの人間だということと、大統領選で本人もトランプ陣営もまさか勝ち取れるとは思っていなかった四年間の任期について、トランプが何の計画もないまま大統領職に就いてしまったということだった。トランプが行政も軍務もまったく未経験のまま就任する史上初の大統領だというのはしばしば指摘されていた。だがそんなことではとうてい言い表せないほど、トランプは政権運営の準備を欠いていた。近年では、トランプほどものを知らない新大統領はいなかっただろう。

トランプはプエルトリコがアメリカ合衆国の一部だということを知らず、コロンビアが北米の国なのか南米の国なのかも知らなかった。フィンランドをロシア領の一部だと勘違いし、バルト諸国とバルカン半島を混同した。第一次世界大戦勃発の原因についても曖昧で、アメリカの強大な核戦力の基礎的事項を理解しておらず、憲法が規定する三権分立の考え方をわかっていなかった。あるとき「宣戦布告はどうやってやるんだ？」と尋ねられてスタッフが肝を冷やしたが、宣戦布告の権限は議会にあるという憲法の規定をトランプは実は知らなかったのだ。[9] トランプはエイブラハム・リンカーンが共和党員だったと聞いて心底驚いたというから、ある幹部クラスの補佐官などは「彼はおおかたのことについて無知だ」と指摘したほどだ。やがて大統領の側近らは、政府の仕組みの「いろは」から教えてやらなければならないことに気づいたのだった。

大統領職になじむにつれ、トランプは実際に許されている以上の権力を握っていると思い込むようになった。株主もおらず、トランプ家が所有し、トランプがすべてを牛耳る複合企業体のトランプ・オーガナイゼーション社でずっとやってきたとおりに、統治できると考えていたのだ。権力を分かち合うことは以前から大嫌いだった。「他人に責任を負っていないとき、決断はずっと容易だ」と言ったこともある。[10] 政府と民間企業とでは違いもあるとは思っていたが、ニューヨークを取り仕切っている知人の首長連中と同様に、国政も動かせると高をくくっていた。しばしば言及したのが、自分の判断を押し通すためにデスクの下に野球のバットを隠していたという、ニューヨークのある民主党幹部の話だ。トランプも同じようにできると読んでいた。法を定め、取引《ディール》を指図し、人に自分の意志を押しつけることができるだろうと。

トランプはまた、仕事をしながら学んでいく気もあまりなかった。二ページ以上のブリーフィング資料は読まない、というのは有名な話だった。世界情勢はほとんどテレビで把握していると恥ずかしげもなく豪語した。あるとき軍事情報はどこから得ているかと訊かれると、「そうだな、テレビ番組は見るようにしている」と答えた。[11] これまでの大統領は平日は毎日、ときには週末でさえ機密情報の簡単な報告を受けていたが、トランプは就任から最初の五週間は平均して週二・五回しかブリーフィング担当者と会わなかった。

諜報組織が集めた情報を要約した「大統領日例指示（PDB）」というものを、オバマ大統領は毎晩タブレット端末で確認してから翌日のブリーフィングに臨んだ。だがトランプはそんなことはごめんだとばかりに、印刷して紙で持ってこいと要求し、それでも事前に目を通そうとしなかった。「ほとんどまともにものを読まないんです」と、機密情報の最初のブリーフィング担当官だったエドワード・ギスタロは回想する。[12]「話は脱線しがちでした」と語るのは、前政権の国家情報長官で、政権移行時に引き継ぎのためにトランプにブリーフィングをしたジェイムズ・クラッパー・ジュニアだ。のちにトランプの憤激の対象になったこの人物は、「一時間話をしたとして、まともな機密情報の議論はわずか八、九分でした」と言う。[13]

　トランプとしては、他人が言おうとしていることよりも、自分が言いたいことにもっぱら関心があっただけだ。実際に、自省とはまるで縁がないほどの自己陶酔者《ナルシスト》であることを堂々と認めていた。「起業するにはナルシシストという性格が役に立つこともある。ナルシシストには反対者の意見は耳に入らないのだ」と、トランプは自著『トランプ――億万長者の思考法（*Trump: Think Like a Billionaire*）』に記している。[14] トランプ流のもうひとつの生き残り術は、表面的にしかものを見ないというものだった。「あなたはとても底の浅い人ですね」と、トランプのためにホテル事業の交渉を担当していた弁護士のマイケル・ベイルキンがあるときトランプに言った。するとトランプは、「当たり前だ。それも私の強みのひとつだからな」と答えたという。[15]

　就任時に傲慢で無防備なまま職務にあたった大統領はほかにもいくらでもいる。優秀なローズ奨学金〔英国オックスフォード大学留学のための奨学金〕受給者だったビル・クリントンの場合、発足直後の政権運営の不安定さは際立っていたが〔閣僚・補佐官の任命や重要案件の処理に不手際が目立った〕、とくに外交政策に自信を持てたのはようやく二期目になってからだった。バラク・オバマも、上院議員一期という、ワシントンの政界での経験が乏しく、資料に当たって職務の概要をよく勉強したが、大統領職の制約の多さに愕然としたとのちに語った。

　この点、トランプにあってほかのどの大統領にもなかったもの、それは「どうでもいいのだ」という極度の自信家ぶりだった。あらゆる予想を覆して大統領選に勝利したトランプは、専門家に耳を貸す必要はないとばかりに振る舞った。その専門家たちが「勝てない」と言っていた選挙にトランプは勝ってみせたのだから。トランプの最も熱狂的な支持者らはその勝利を証拠として挙げて、世間の通念を覆した実績があるのだから、トランプのひどくばかげた、または浅薄なアイディアの数々でさえ、正しいと判明することもあると主張した。トランプは自身の成功の法則と不離一体だった。二〇一六年の大統領選では、政策過程も組織図も必要なければ、綿密に組まれた日程も、発するメッセージの規律だっていらなかった。それならば二〇一七年になってからだって同じではないか、というわけだったのである。

トランプがホワイトハウスに持ち込んだ世界観は、民主党か共和党かを問わず、最近の大統領たちのそれときっぱりと決別するものだった。それはトランプの中で一九八〇年代から少しも変わらないもので、イデオロギーというよりもむしろ固定観念と言うべきだろう。すなわちアメリカが――同盟国にしろ敵対的な国にしろ――外国によって欺かれてきたとの確信だ。トランプの語りによれば、これまでの歴代大統領たちはみな、アメリカを二流国家へと転落させてきた間抜けどもなのだった。

そしてトランプはウラジーミル・プーチンや習近平といった強権的な指導者を称賛した。しかし、ロナルド・レーガンが使用したスローガンを頂戴して「メイク・アメリカ・グレート・アゲイン」とは言うものの、それをどう実現するかについては大した計画もなかった。

トランプ政権の首席イデオロギー担当官を自称したスティーヴ・バノンら顧問たちは、アメリカ初の億万長者大統領であるトランプを、あろうことか、アメリカ初の人民主義者《ポピュリスト》の大統領とされるアンドリュー・ジャクソン〔第七代大統領。一八二九―三七年在任〕の後継者だと主張した。そして「オールド・ヒッコリー」の愛称で知られる〔軍人としての頑強な性格からこのクルミ科の硬質の木材の名で呼ばれた〕ジャクソンの肖像画をオーバル・オフィスに飾ることや、テネシー州のジャクソンの旧邸宅を訪れることをトランプに勧めた。しかし、この対比には無理があった――ジャクソンは叩き上げで、判事、将軍、そして上院議員としてははるかに経験豊富で、しかもそもそもトランプはポピュリズムの支持者などではなかったのだ。バノンが最初にトランプにポピュリズムを教え込もうとしたとき、トランプは意味もわからずこの言葉に飛びついた。「『人気取り主義者《ポピュラリスト》』か。なるほど、そいつは私のことだ」と、勝手な用語を作り出して言ったという。バノンが「違う、『人民主義者《ポピュリスト》』だ」と訂正してもトランプには馬耳東風。「そうさ、ポピュラリストだ。私はポピュラリストなのだ」とトランプは言った[16]。バノンは歴史からさらに別の類例も持ち出した。大統領選への出馬表明のためにトランプ・タワーのエスカレーターを降りてくるトランプの姿をひと目見て、見事に演出された凄腕の実力者といったイメージに、バノンは「ヒトラーそのものだ」と思ったという。[17] ちなみにバノンは褒め言葉としてそう言ったのだ。

しかし実際は、トランプのような大統領は前代未聞だった。もちろん歴史上の先駆者たちには事欠かない。だがいずれも三〇年くらいに一人現れて、既存の制度を動揺させるが、ホワイトハウスにまでは行き着かない、といったタイプだ。事実無視《ファクト・フリー》の煽動家だったジョセフ・マッカーシー〔一九四〇–五〇年代に上院議員を務め、マッカーシズム（赤狩り）で知られた共和党の政治家〕、人種差別主義者のジョージ・ウォレス〔一九六〇–八〇年代にアラバマ州知事を務め、大統領選や大統領候補者指名競争に四度出馬していずれも敗退〕、エキセントリックなビジネスマンのロス・ペロー〔大富豪の実業家。一九九〇年代に独立候補や第三政党候補として大統領選に出馬〕などだ。ある意味で、最近の大統領候補者の中で最もトランプが似ているとすれば、ニクソンの大統領補佐官を務め、保守派の論客として知られた好戦的なパトリック・ブキャナンだろう。一九九二、一九九六、二〇〇〇年に大統領選や大統領候補者指名競争に出馬し、トランプ人気への道を開いたと言ってもいい。移民を阻むためにメキシコとの国境沿いに塀を建てることを宣言し、「グローバリスト」のエリート層を激しく非難し、NAFTAのような取り決めを破棄することを約束し、「アメリカ・ファースト」を選挙運動のスローガンにしたのだ。

実は、トランプでさえもブキャナンは大統領になるには極端すぎると考えていた。二〇〇〇年の大統領選に向け、ペローが創設した改革党の大統領候補者指名競争で二人はしばし対決した。その際にトランプは、ブキャナンを「ヒトラー愛好者」「人種主義者」「反ユダヤ主義者」であり、「黒人嫌いで、同性愛者嫌い」、主に「奇人変人の有権者」たちに向けて訴えかけていると非難した。[18] しかし二〇一六年の時点になると、今度はトランプ自身がブキャナンの戦略を採用することになったのだ。

ブキャナンと異なり、トランプはイデオロギー的にはまさにカメレオン顔負けで、その時々に都合のいい立場を取ったり捨てたりした。中絶の権利擁護派から強硬な反対論者に転じ、[19] 同性婚に賛意を示していたかと思うと、しばらくのちにはトランスジェンダーの権利を主張する人々の頭痛の種になった。最初はアサルト・ライフルの所持禁止と銃器購入時に審査用の待機期間を設けることを支持していたが、のちには「合衆国憲法修正第二条の強力な支持者」[20]〔この修正条項は国民が武器を保持する自由・権利を認めるもの〕というイメージを打ち出した。さらに、民間人だったころは富裕層への増税を提案し、大統領になると富裕層への減税を約束。イラク戦争については当初支持していたことを認めずに、反対派だったと自慢した。トランプは政党を乗り換えること少なくとも五回、自分で思い込んでいるとおりの救世主として迎えてくれる党を、常に探しているのである。

ビジネス界やメディア、そして大統領職にあって、トランプの最大のスキルはブランディングと営業力だ。姪のメアリー・トランプが言う「自己宣伝の達人」なのだ。[21] 長年にわたり、トランプはあらゆるものに自分の名前をつけてきた――ホテル、ゴルフコース、タワーマンション、カジノ、航空会社から、さらにはステーキ、ペットボトルの飲料水、ネクタイに至るまで。そして今、その同じ感覚をワシントンに持ち込んだ。大統領就任後、初代大統領ジョージ・ワシントンの邸宅であるマウントバーノンを見学した際、ワシントンが屋敷に自分の名前をつけなかったことに驚愕し、同行者たちにこう言った――「彼に才覚があれば自分の名前をつけただろうに。何にだって自分の名前をつけなきゃ、すぐに忘れられてしまうじゃないか」[22]。

トランプは大統領就任時、イデオロギー面は固めきれていなかったが、少なくとも自分が暮らして働く環境をいかにコントロールするかという点については、不動産開発業者やメディアのエンターテイナーとして何十年も考え続けてきた経験があった。トランプの関心はオーバル・オフィスの照明や、見栄えのいい側から撮影してもらおうという政治家の虚栄心にとどまるものではなかった。ホワイトハウスはトランプにとって新たな舞台装置なのだった。政策をめぐる闘争で金と権力と結果がすべてというワシントンにあっては信じがたいことだが、ホワイトハウスという新たなステージ上で大統領としてイメージどおりの世界を作り上げること、それこそがトランプにとって最大の関心事だったのである。

大統領就任式の日にトランプがまずやったのは、オーバル・オフィスのオバマ大統領時代の装飾を一掃することだった。深紅の厚手のカーテンは金色のものに取り替えた（ビル・クリントン時代のものだ）。オバマ愛用の茶色い長椅子は廃棄して、クリントンの前のジョージ・H・W・ブッシュが使っていた年季の入ったクリーム色のソファを置いた。床に敷かれていたオバマ時代のラグはしまい込んで、ロナルド・レーガン時代の金色のサンバーストのカーペットに。壁紙にはグレーのダマスク織りの生地をトランプがみずから選び、やがて夏ごろに前政権のストライプの入ったクリーム色のものから張り替えられた。そしてオバマが片づけて使わなかったウィンストン・チャーチルの胸像を再び持ち出してきて飾ったのだった。

トランプはレゾリュート・デスクと呼ばれる木製の執

務机はそのまま使った。一八八〇年に英国のヴィクトリア女王が当時のラザフォード・B・ヘイズ大統領に贈ったもので、その後は長くしまい込まれていたのをケネディ大統領夫人のジャッキーことジャクリーンが見つけ出して以来、歴代大統領が使用してきたデスクだ。トランプはそれを日々の権力誇示に欠かせない道具立てとして活用した。自分が座るそのデスクの前にしばしば役人たちを立たせたり、まるで中世の領主様の面前の嘆願者たちのように、デスクの前に半円形に椅子を並べて座らせたりしたのだ。さらに赤いボタンの付いた三〇センチほどの木製の箱をデスクの上に設置して、訪問者たちの目の前でボタンを押すのが楽しみだった。あたかもなんらかの軍事作戦を発動するかのようだが、実際は使用人にダイエット・コークを持ってこさせる合図だった（実はこうしたたわいもない権力の発揮を楽しんだ大統領はほかにもいた。ケネディを継いだリンドン・B・ジョンソンも同じく机上にボタンを設置したが、彼の場合はダイエット飲料のフレスカを持ってきてもらうためだった）。

　ホワイトハウスに移ってまもないころ、トランプは通常は会議室のローズヴェルト・ルームに立てられている八本の旗——国旗、大統領旗、副大統領旗、そして米軍の五軍種の旗（陸・海・空軍、海兵隊、沿岸警備隊）——にすっかり魅了され、写真撮影の際に何度もオーバル・オフィスへ移動させた。スタッフがローズヴェルト・ルームに戻したことを知ると、また持ってこいと命じることもしばしばだった。ついにはこれがあまりに頻繁になったため、側近たちはもう一セット注文して作らせ、オーバル・オフィスにも設置されることになったのである。

　トランプは大統領専用機のエアフォース・ワンも大好きだった。大統領選の選挙運動中は自分のプライベートジェットで全米を回った。「トランプフォース・ワン」とみずから呼んだそのボーイング757型機は、ロールスロイス・エンジンを搭載し、機内は金メッキの調度品に皮張りの座席、主寝室にダイニング、大型テレビ、高品質のオーディオ・システムを備えていた。それでも大統領として引き継いだエアフォース・ワンには驚嘆した。贅沢さという点ではぐっと見劣りしたが、電子機器などの装備ははるかに充実していた。就任後まもないころのフライトでは「エアフォース・ワンは本当にすごいと思わないか?」とトランプは勢い込んで言った。「つまりだな、長年プライベートジェットに乗っている人間ならざらにいる。でもこいつはまったく別格だ」[23]。やがてトランプは、はるかにグレードアップされた新しい機体とバックアップ機が必要だとして軍に迫り、約四〇億ドル〔約四六〇〇億円〕で購入させた。理由は、サウジアラビアをはじめとする世界各国の首脳らが、もっとずっと気の利いた、より新型のボーイング747-8型機で飛び回っているからというものだった。「アメリカの威信をはっきり示す必要がある」と言ってトランプは譲ろうとしなかったのだ。

　このように権力を誇示する道具立てを愛したトランプだが、やがて周囲が気づいたのは、トランプが執務室でおとなしく大統領の仕事に当たるのは好きではないということだ。これまでの大統領たちも束縛の多い職務にうんざりしてきた。ケネディは親しい大統領警護官らの協力もあって、ホワイトハウスを抜け出しては愛人たちと密会を重ねた。ニクソンは職務以外のことに関心の薄い仕事人間だったが、ホワイトハウスの向かい側にある華麗な作りの旧行政府ビル〔副大統領執務室などの施設が入るアイゼンハワー行政府ビル〕に、隠れ家的な事務室をしつらえ、オーバル・オフィスよりもそこで過ごすことの方が多かった。また、スターバックスへとお忍びの外出をしたオバマ大統領は、自分をサーカスの動物に喩え、「クマが逃げ出したぞ」と、寂しそうにおどけてみせた。[24]

　しかし歴代の大統領たちにも増して、トランプは自分で自分のために作り上げたステージ上で捕らわれの身となった。民主党支持者が多い首都の巷では歓迎されず――大統領選では、首都ワシントンDCでのトランプの得票率はわずかに四パーセント。大統領選勝者の首都における得票率としては史上最低だった――トランプはいわばホワイトハウスに立てこもることになった。[25] たまに外出するとしても、たいていペンシルヴェニア大通りを四ブロックだけ下り、旧郵便局ビルに入るトランプ・ブランドのホテル〔二〇二二年に売却されたトランプ・インターナショナル・ホテル〕へ行くか、首都から四〇キロメートル離れたヴァージニア州スターリングにあるトランプ・ナショナル・ゴルフクラブを訪れるぐらいだった。トランプは大統領用の保養地であるキャンプ・デービッドを小ばかにしており（「田舎くさすぎる」と言った）、代わりに週末や長期休暇も自身の所有地で過ごした。冬には別荘地をプライベート・クラブに改装したフロリダ州パームビーチのマール・ア・ラーゴで、夏はニュージャージー州ベッドミンスターのトランプ・ナショナル・ゴルフクラブで、といった具合だ。[26] 四年間の任期中、トランプはワシントンでは自身が所有していないレストランはついぞ訪れることがなかった。総合文化施設のケネディ・センターの劇場にある大統領専用ボックス席も利用しなかったし、ワシントンで頻繁に開催される社交行事にも姿を見せなかった。嘲笑の的になるとわかっていたため、わざわざ公共の場に出かけていくようなことはほとんどしなかったのだ。一度だけ、地元ワシントン・ナショナルズが出場した野球のワールド・シリーズのホームゲームを見に行ったことがあったが、観客からはブーイングや野次で迎えられたのだった。

　トランプはことさらワシントンの巷に繰り出したかったわけではない。ただワシントンの政界のしきたりや約束事や恩義の押しつけやらを疎んじていたのだ。個人的な自由を欲していたというよりも、大統領職のあり方自体を一新したかった。現代の大統領職は一日の予定が細かく組まれており、一五分刻みのミーティングや厳格に管理された公式会合などの積み重ねだが、トランプはそんなことはまっぴらごめんだった。そこでオーバル・オフィスの代わりに、隣室の小さなプライベート・ダイニングルームに吸い寄せられるかのように、公務の時間の大半をそこで過ごした。

　リンドン・B・ジョンソン大統領がオーバル・オフィスに三台のテレビモニターを設置し、三大ネットワークの放送をチェックしていたことは有名だ。ところがトランプはさらに上を行った。プライベート・ダイニングルームに六〇インチのテレビモニターとディレクTV社のジーニー・ハードディスク・ビデオレコーダーを設置して、それを自分だけの「スーパー・ティーボ」と呼んだ（ジーニーもティーボも複数の番組を同時録画できるシステム）。これは複数のテレビ番組を同時に録画できるだけでなく、ホワイトハウス内のどのテレビモニターでも、ほかのモニターで見ていた番組の同じところから再生することができる全館一体型システムだ。「ティーボってやつは史上最高の発明品のひとつだ」とトランプはよく訪問者たちに言った。[27] そこはいわばトランプだけのメディア観察基地だった。ＦＯＸニュース好きのトランプは、そこから放送が終わった番組の司会者らに頻繁に電話をかけては、番組を批評したり、逆にアドバイスを求めたりしたのだった。

　そのダイニングルームはトランプのゴルフクラブにある男性専用食堂を思わせる雰囲気に満ちていた。大音量のテレビがつけっぱなしで、軍服姿の海軍兵の給仕が毎日お決まりの（しっかり焼いた）チーズバーガーを昼食に供す。サイドテーブルにはスターバースト・ブランドのフルーツキャンディを入れたガラス瓶が置いてあるが、トランプが大好きなピンク色と赤色のもの以外は取り除いてある。天井にはトランプの意向により豪勢なクリスタルのシャンデリアが吊るされている。トランプが自腹を切って購入したと主張しているものだ。だがこれらの演出効果は、歴史の重みを感じさせる荘重さなどよりも、トランプ・タワーにも通じる低俗な派手好みといったところだった。ダレル・アイサ下院議員（カリフォルニア州選出）が「共和党クラブ《リパブリカン》」と題された絵画作品の複製をトランプに贈ったことがあった。ミュージアム・ショップで土産用に売っていそうなもので、共和党出身の歴代大統領たちが集まって談笑している構図の中で、にやけ顔のトランプがダイエット・コークを飲みながらエイブラハム・リンカーンの向かい側に座っている。トランプはこの絵をいたく気に入ってダイニングルームの壁にかけたわけだが、CBSの番組「60ミニッツ」でリポーターのレスリー・スタールを得意げに案内したときに映り込み、ちょっとした話題になった。トランプが訪問者にホワイトハウスを案内するとき、もうひとつの自慢の部屋がダイニングルームの脇にある小さな配膳室だった。ビル・クリントン大統領が元インターン生とそこで密会したとされたことにちなみ、トランプは「モニカ・ルインスキー・ルーム」と呼んでいた。トランプはそこに、自分の名前と大統領紋章の印を押した訪問者用のたわいもない土産類を保管していた。

オーバル・オフィスにいるときも、トランプはほかの大統領たちとは違う使い方をした。部外者に非公開の場でも、常にステージの中心となって注目を集めようとした。このため執務室は補佐官らで四六時中ごった返しており、隣接する大統領秘書室《アウター・オーバル》にも側近たちがうろついていた。赤いフォルダーに入った書類にお気に入りのシャーピー・ブランドの黒いマーカーペンで署名するといった、ありふれた業務をこなすときでさえも、スタッフや訪問者らがソファを占拠していた。トランプはまた、億万長者の友人たちに歴史を誇る新居を自慢するのが好きだった。大手化粧品会社の後継者であり著名な美術コレクターでもあるロナルド・ローダーは、暖炉の上に飾られたレンブラント・ピール〔一七七八―一八六〇年。肖像画で有名な米国の画家〕によるジョージ・ワシントンの肖像画に心打たれた。だがトランプはその肖像画自体にはほとんど関心がなく、のちにはローダーがいかに感動していたかを嬉々として語った。ホワイトハウスの三階にある大統領一家の居住スペースは、オバマ政権時代にはほとんど部外者を立ち入らせなかった場所だ。トランプはそこへも頻繁にゲストを案内しては、寝室のリンカーン・ベッドルームの場所を教えたり、書斎のトリーティー・ルームにあるリンカーン大統領が使ったという古いデスクを見せたりしたのだ。

しかしまもなくトランプが気づいたのは、そんなに誰も彼もが出入りしていてはテレビを見る時間がないということだった。あるときトランプは朝九時から会議を設定しようとする補佐官らに対して、「いくらなんでもやりすぎだ」と言った。[28]そしてトランプは以前にも増して毎朝三階の居住スペースでぐずぐずするようになった。やがてオーバル・オフィスでの会議は早くても一一時始まりとなったものの、トランプが一一時半まで姿を現さないことも珍しくはなかったのである。しかも時間にかかわらず、トランプはあらかじめ枠組みの決まった議論を嫌悪し、最近の大統領ならば決してやらないような即興の議論を好んだ。こうしてついにはトランプの日程表は六〇パーセントまでもが個人的な「執務時間」なるもので占められるようになり、その大部分の時間はテレビがついていたわけである。[29]この驚くべき事実が報道で明かされたとき、「あまりテレビは見ないんだ」とトランプは言い張った。だがトランプを知る人物でそれを信じた者は皆無だった。[30]

ある政府当局者によると、トランプは大統領職というのはまるで映画『チャーリーとチョコレート工場』の登場人物の一人、マイク・ティービーの役柄の練習でもしていればいいと思っているかのようで、そんな大統領は前代未聞だった。マイクは日夜受像器にかじりついているテレビ中毒のアメリカ人の少年で、テレビ受像機を使った「転送マシン」で自分を転送しろと工場長のウォンカさんを説得する。マイクはウォンカさんのこの夢のマシンで何千もの小さな部分に分解されてしまい、キャラメルを伸ばすように引き伸ばしてもらわなければならなくなる。その悲惨な顚末を工場で働くウンパ・ルンパが歌にするのだが、それはテレビがいかに脳みそをぐにゃぐにゃにしてしまうかを歌い上げるものだった。

トランプは朝五時半ごろに目覚めることが多かったが、起きるとまずテレビをつけた。そしてたいてい就寝前に最後にするのはテレビを消すことだった。一日を通して、トランプの背後では六時間から八時間はテレビがついていたが、それは画面の下に出るテロップ情報を確認したいからである。あるとき、ポール・ライアン下院議長らとの医療問題に関する会議中、ひどく退屈したトランプは何も言わずに席を立ち、ふらっと隣室のプライベート・ダイニングルームへ入っていくなりテレビをつけた。途方に暮れたライアンはそのまましゃべり続けた。戻ってくる気がないと見たマイク・ペンス副大統領がそっと立ってダイニングルームへ行き、トランプを説得して連れ戻さなければならなかった。

トランプは自分をべた褒めしてくれる保守系メディア

の放送ばかりを見ていたわけではなく、手厳しく批判される忌まわしい番組も不満をぶちまけながら見るのが好きだった。トランプは自分に批判的な番組など見ないと言っていた。だがCNNのキャスターのドン・レモンが深夜番組でなんと言っていたか、あるいはMSNBCの早朝のニュース番組でキャスターを務めるジョー・スカーボロとミカ・ブルゼジンスキーが何を議論していたか、詳細な知識を披露することも珍しくなかった。しかもその後にみずから「錯乱したジョー」だの「気が触れたミカ」だのといった容赦のない批判をツイートし、ドン・レモンに至っては「テレビ界一の愚か者」と呼んだ。(31)

　テレビを見てはツイッターでつぶやき、それがテレビで報じられ、次のツイートへと雪だるま式に増幅するフィードバック・ループにトランプはとらわれていた。それはまったく前例のないレベルに達していた。歴代大統領たちも同時代のメディアを活用しなかったわけではない。フランクリン・D・ローズヴェルトは毎週ラジオで「炉辺《ろへん》談話」を放送し、ジョン・F・ケネディは記者会見をテレビで生中継し、ロナルド・レーガンは夜のニュースの時間帯に合わせて見事に演出されたイベントの数々を仕組んだ。ところが就任時にすでにツイッターで二〇〇〇万人のフォロワーがおり、任期中にそれを四倍に伸ばしたトランプは彼らとは違った。市販品のアンドロイド系スマートフォンから繰り出される絶え間のないツイートは、トランプにとっては大統領の本業からの逃避でもあったが、やがてますますそれこそがトランプ流の大統領の仕事のやり方だと考えるようになっていった。大統領就任式の前、セキュリティ上の懸念からトランプがスマホを当局に預けたという誤報があった。実際は逆で、就任早々、そのスマホを取り出してはホワイトハウスのまさにオーバル・オフィスからツイートし始めたのだった。大統領選中に選挙対策本部長を務め、のちに大統領顧問になったケリーアン・コンウェイはあるとき、「私たちは食事《イート》することが欠かせませんが、トランプにはツイートすることが欠かせないんです」と『ニューヨーク・タイムズ』紙に語った。(32)

　トランプにとって、ツイッターは単に国民の間のさまざまな議論を操るためのものではなく、怒りのはけ口であり、気に入らない事態からの気晴らしであり、自画自賛の道具、新たに発信したいメッセージの反応を探る場、陰謀論を喧伝するメガホン代わり、それに政府高官らに対して「おまえはクビだ」式に解雇通知を送りつける伝達手段でさえあったのだ。それは抜け目がないほど戦略的でもあり、同時にまったく場当たり的でもあった。就任当初、トランプは注目を集める才能を嬉々として見せびらかした。「見てろよ」と補佐官や訪問者らに言うなりスマホを手にし、いくつか言葉を入力し、送信ボタンを押す。そして一、二分も待っていれば、テレビ画面の下のテロップがどんな内容であれ今ツイートしたばかりの文言に変わるのだった。

ツイートの内容はたいてい自分で書くか、ゴルフのキャディーからソーシャルメディア担当官になったダン・スカヴィーノか秘書のマデレーン・ウェスターハウトに口述筆記させた。補佐官らがツイートの提案をしたり、トランプの原稿を編集したりすることもあった。スカヴィーノは提案をするとき、トランプに見せるために特大のフォントサイズで印字し、表現については「刺激的《ホット》」「中間」「マイルド」と名づけた文例を用意して選べるようにしてやることもあった。[33]するとトランプは必ず「ホット」を選んだ。とはいえ、普段トランプはただ思いつくままに自分でツイートし、顧問たちを驚かせることも少なくなかったのである。

この間、事実確認《ファクト・チェック》という手続きは皆無だった。今やトランプは、言うなれば人類が知り得るあらゆるテーマの専門家たちにコンタクトできる立場にいた。それにもかかわらず、FOXニュースで見たものやネットで読んだことなどを信用し、事実かどうかは誰にも尋ねもせず、事実でなくとも気にもしなかったのである。しかもスペリングや句読点の使い方は自己流だ。「新しい言語を創造しているんだと、よく言っていました」とウェスターハウトは回想している。[34]就任当初、トランプは一日平均九件ツイートし、その多くは煽動的だったため、いくつものニュースで取り上げられた。なんらかの放言ツイートにワシントンの政治関係者が怒りを爆発させると、トランプはそれを勝利と受け取った──トランプの側近たちが「リベラル連中をへこませる」と呼んだやつだ。一方、トランプが書いた文言に何か問題があることが判明すると、さらに爆発的な放言をツイートして何食わぬ顔で話題を変えてしまうのだ。ほかの大統領だったら何日も、あるいは何週間も悩まされたはずのツイートも、次なるセンセーショナルなメッセージによってあっという間に消し去られてしまうのだった。

トランプはスマホを脅しの武器のように振りかざすこともあった。就任まもないころ、トランプの判断に補佐官らが異議を唱えていると、トランプはデスクの引き出しからスマホを取り出し、机上に投げつけて言った。

「今すぐここで決着をつけてやろうか?」

大統領に就任してほどないころ、トランプは『タイム』誌の記者たち数人を見学ツアーと夕食のためにホワイトハウスに招いたことがあった。メディアに対するトランプの執着はすでに何十年も前からこの雑誌にも及ぶようになり、『タイム』誌の表紙を飾ることこそ自分の価値の究極的な証《あかし》だと見ていた。大統領就任第一週目の中央情報局（CIA）訪問に際し、トランプは大統領就任式に集まった群衆の数について嘘を言ったことでのちに伝説となったが、ついでに『タイム』誌についても虚言を吐いた。同誌へのこだわりが高じて、表紙に載った回数で自分こそ「『タイム』誌史上、最高記録保持者」だと言ったのだ[35]。実はトランプは自身が所有するナイトクラブの少なくとも五軒に、自分を描いた架空の『タイム』誌の表紙を作らせて飾っていたほどである。トランプはカバーストーリー（表紙と連動した特集記事）に載るために躍起になった。ホワイトハウスのブルールーム（レセプションなどに使われる）で記者たちにフルコースのディナーを振る舞い、その席上、まだ始まったばかりの任期におけるご自慢の活気あふれる原理原則を説明した。それはある政権幹部が少し前に提案してくれた「トランプ三原則」なるものだった。一つ、自分が正しいときは闘え。二つ、物議を醸すほどメッセージの価値が上がる。三つ、絶対に謝るな。トランプはこれらの指針を招待客たちのためにさらにグレードアップしてみせた。トランプは記者たちに言った――「生き残るための唯一の道、それは闘う姿勢だ[36]」。

闘争的な姿勢はトランプの基本的なスタンスだった。大統領選中から政権初期のころまでに、トランプはアメリカの暮らしに関わる主要な組織をほぼ余すところなく攻撃した――連邦議会、裁判所、民主党、共和党、報道機関、司法省、ハリウッド、米軍、NATO、情報機関、ミュージカル作品『ハミルトン』のキャスト（米国建国の父の一人、アレクサンダー・ハミルトンを主役とし、白人の歴史的人物を黒人などマイノリティが演じて話題になった）、「サタデーナイト・ライブ」（政治風刺で知られるNBCのコメディ・バラエティ番組）のキャスト、ローマ教皇、それにプロスポーツも。さらにイスラム教徒であるロンドン市長のサディク・カーンの発言を歪曲し、テロに甘いという印象を与えた。オバマ元大統領については、トランプ・タワーを盗聴していると非難し（この主張の偽りはトランプ政権下の司法省が直々に暴いた）、さらに「悪い（または病んでいる）男！」と呼んだ。トランプは自身の憤怒の対象のことを「クレイジー」「ひねくれ」「背が低くて太り過ぎ」「完全な無能」「むかつく」「いかがわしい」「いかれた」「まったく頭のねじが外れている」「岩のように愚劣」などと（ほかにもいろいろあるが）呼んだのだった[37]。

あらゆる予想を覆して大統領選でヒラリー・クリントンを破った夜、これであなたは大統領になれるのだと、ある側近がトランプに言った。そのときまずトランプが考えたのは、その地位を利用して政敵に復讐すること だった。そしてまず頭に浮かんだのがオハイオ州知事のジョン・ケーシック。共和党の予備選挙で最後までトランプに敵対して大統領候補者の指名を争った人物だ。側近の証言によるとトランプは、「ワシントンに行ったら、ケーシックのケツに一発ぶちかましてやる！」と言ったそうだ[38]。

トランプの標的はケーシックだけだったわけではない。むしろケーシックは並みいる敵《かたき》の代わりに標的にされたにすぎなかった。トランプには、認めてもらいたいと切望するある特別なグループがあったが、まったく受け入れてもらえなかった。だから大統領選での勝利は、その連中に吠え面をかかせるまたとない機会になった。トランプが罵ったその相手はいわゆる「エリート」だ。なぜあいつらばかりがエリートでおれは違うのか？　大統領職にも少し慣れてきたかというころでも、トランプはよくこう言った――「おれはあいつらより上等な部屋に住んでいる。おれの方があいつらより頭が切れるし、あいつらよりも金持ちだ。おれは大統領になったが、あいつらはなっていないじゃないか[39]」。

トランプの怨敵が多いという点では、ワシントンの政界もニューヨークのビジネス・エリートの世界とさほど変わらなかった。トランプの大統領の座への挑戦は、義理の息子のジャレッド・クシュナーの言葉によれば「敵対的な乗っ取り」となった。つまりアメリカの支配者層に闘いを挑んだのだ[40]。まず共和党の大統領候補者指名競争で、トランプは党内きっての人材とも言われた候補者たちをなぎ倒し、大統領選では長年アメリカの政治を支配してきたクリントン王朝をも覆した。それでも政界の支配者層が彼を尊敬するつもりなどないことをトランプはわかっていた。軽蔑を肌で感じていたのだ。「トランプは決して仲間に加えてもらえなかった」と述べるのは共和党のニュート・ギングリッチである。この元下院議長は自身も政界では闘争的な姿勢で知られ、ときにはトランプの最も近しい友人ともなった。「トランプはフォアグラよりもチーズバーガーを好むような男だ。共和党のロックフェラー＝ブッシュ系の連中は、ありとあらゆる点でトランプに呆れ果てていた。まるで田舎者の成金を受け入れて、共和党を乗っ取らせてしまったかのようだ、とね」

このようなエリート層に対する憤懣こそは、政治家としてのトランプのセールスポイントの根幹であり、トランプは自身の支持者らと腹立たしさを共有し、また煽り立てたのだった。間違いなくトランプは、大統領職に就いた史上最も裕福な男だったが（ちなみに推定三七億ドル〔約四三〇〇億円〕の資産があるとされるトランプは、自分はもっと金持ちだと言っていたのだが）、それでもトランプは何百万人ものアメリカの労働者たちのリーダーとして、大統領選で勝利したのだった。[41] マンハッタンの高層ビルの最上層部、五三部屋もあるという宮殿のような住居に住み、内装に金メッキも施したプライベートジェット機に乗るビジネス王でありながら、トランプは自分のイメージを作り替えようとした。社会的差別だ、セクハラだ、政治的公正だと、常に文句ばかり言っている東西沿岸の都市部のエリートたちに対する社会的階級と文化的差異をめぐる闘争の中で、トランプはみずからを労働者たちの英雄に仕立て上げようとしたのである。ヒラリー・クリントンはわずか数カ月前におれたちを「嘆かわしい人々」と呼んだが〔二〇一六年九月の資金集めイベントでの発言で、トランプ支持者の半数は性的・人種的差別主義者、反イスラム主義者や外国人排斥主義者で「籠いっぱいの嘆かわしい人々」だと述べた〕、おれたちはそんなことは断じて許さないぞ、という具合である。

トランプの側からすれば、不平を言うべき理由はいくらでもあった。トランプが怒りをぶつけたエリートたちは、以前から一度もトランプにまともに取り合おうとしなかったのだ。どうしてそんなことをしなけりゃならないのだ？——というのがエリート側の言い分だ。トランプは早くから大統領職への野望を抱いていたが、いつだって冗談としてあしらわれていた（現実になるまでは）。初めての著作『トランプ自伝——不動産王にビジネスを学ぶ』が発売された一九八七年以来、トランプは数年ごとに大統領選出馬をにおわせた。だが「誰もが笑い飛ばした」と、トランプの建設事業の多くに携ったバーバラ・レスは回想する。[42] 一九八八年の大統領選への出馬を断念したときも、誰も気づかなかった。続いてトランプはジョージ・H・W・ブッシュに対し、みずからを副大統領候補として選挙戦を共に戦わないかとオファーしたが、ブッシュにとっては「奇妙で信じがたい」ことだった。[43] 二〇〇〇年には実際に短期間、大統領候補者指名競争に参戦したが、実業家のロス・ペローが設立したアメリカ合衆国改革党の候補者になることをめざし、政治評論家のパット・ブキャナンに敗れた。さらに二〇〇四年、二〇〇八年、二〇一二年にも出馬をにおわせ、ついに二〇一六年、実際に出馬に至ったのである。

出馬を検討中、「起こり得る最悪の事態は何だろうか?」とトランプは関係者らに問いかけた。「おれたちが負けること? だから何だって言うんだ? これは政治史上最大の情報提供型広告《インフォマーシャル》になるぞ」とトランプは言った[44]。選挙戦序盤に補佐官を務めたサム・ナンバーグの回想によれば、出馬は慎重に検討した企てではなく、むしろ戯れのようなものだったという。「史上最高のブランディングの事例になるぞと、トランプはよく口にしました」とナンバーグは述べる。大統領職に就いて何をしたいのかは曖昧だった。ナンバーグは言う――「実際に大統領になりたかったと言えるかどうか。いつもこっちを見て、こう言っていましたから――『おれは勝ちたいんだ』と」。

トランプはいつでもその一点にこだわってきた。父親のフレッド・トランプは「殺し屋」になれと教え、息子は生涯を通してその言葉を崇め、実践したのである。トランプは何ごとでも優位に立ち、決して譲らないことを身につけた。バーバラ・レスによれば、フレッド・トランプは相手が落ち着きを失うようにと、わざと脚の一本を短くした椅子まで作ってそれに座らせたという。そして息子には、オフィスを設計するならば、窓のブラインドの隙間から相手の目に日光が差し込むようにしろと助言した。そしてトランプはそんな父親のやり方を見習った。トランプにとって、人生は勝つか負けるかのゼロサム・ゲームだった。相手の方が成功していれば、それはその分だけトランプがしくじっていることを意味した。「私はウィン・ウィンというものを信じない。私が信じるのは、私が勝利《ウィン》することだ」と、トランプはあるとき伝記作者のマイケル・ダントニオに語ったのだった[45]。

こうしてトランプ政権は、決してまともに評価してくれなかったあらゆる人物に対する猛攻で幕を開けた。大統領就任演説でも、伝統的な慣習などそっちのけだ。従来は選挙戦での敵対感情を清算し、アメリカはひとつであることを称揚するものだ。だがトランプは就任演説の機会を利用して、前任者らの統治は不手際であったとし、さらにはアメリカを裏切ったとまで非難した。アメリカのこれまでのリーダーたちは(実は昼間の冷たい小雨の中、連邦議会議事堂前の演壇に立つトランプの後ろに勢揃いしていたのだが)、「統治者のうま味を存分に味わった一方で、民衆がそのコストを背負わされた」と述べたのだった[46]。

トランプによれば、その結果もたらされたのは、経済の混乱、外国による収奪、政治的腐敗であり、母親と子供たちが「内陸の都市部で貧困」に陥り、「錆びついた工場群」が「見渡す限り墓石のように散らばり」、ドラッグと犯罪が「あまりにも多くの人生を奪ってきた」アメリカだった。この就任演説は敵意があるだけでなく、人々を分断する「われわれ対彼ら」式のものだった——民衆対既成の支配者層《エスタブリッシュメント》、外国人対生粋のアメリカ人、トランプ対敵対者たちだ。そしてそんなディストピア的なメッセージを、かつてロナルド・レーガンやそれ以後の大統領たちが掲げてきた「丘の上の輝ける街」〔レーガンがアメリカの理想として掲げたビジョンで、キリスト教思想とアメリカの伝統的な価値観が背景にある〕のような楽観的な方向へと持っていこうとすらしなかった。「アメリカの死屍累々たる惨状はここで終わるのだ、今すぐ終わるのだ」と、トランプは就任演説の中でも最も印象深い一文で断言したのである。

　共和党側も民主党側も、みなこの演説に不吉なものを感じた。歴代の大統領経験者らと共に列席していたジョージ・W・ブッシュは呆気に取られているように見えた。「実に奇怪なたわごとだったな」と、ブッシュはヒラリー・クリントンに言った。[47] クリントンだけでなく、この日、連邦議会議事堂に集まった多くの人々の気持ちは同じだった。どれほど嫌気が差す相手であっても、大統領就任式は新大統領誕生を歓迎するための、党派の違いを超えた儀式であり、民主的な義務だった。トランプは二カ月ほど前、大統領選での勝利を宣言したあの驚くべき夜、敗者に対してしばし丁重なトーンを打ち出そうとした。だがそれは強硬派の顧問たちの反発を呼んだ。「まったくトランプらしくない」し、「みんなで仲よくハグする」ように手ぬるく、無意味だと、スティーヴ・バノンは言った。[48] 大統領就任式ではそんなことでは困る。だから就任演説については、バノンとその若き盟友、スティーヴン・ミラーがペンを振るうことにしたのだった。ミラーは移民排斥主義の活動家で、選挙中はトランプの遊説に同行し、数々の支援演説を行なっていつの間にかトランプの「前座」として知られるようになった人物だ。

　就任演説の草稿に対するガードは固く、トランプ新大統領のほかの補佐官らがコピーを求めてきても、ミラーは応じようとしなかった。ようやく草稿のプリントアウトを提供された新政権のある幹部は、とげとげしい、大統領らしからぬ言葉遣いに愕然とした。そしてその一部を削除しようと赤を入れて打ち返したものの、完全に無視されてしまったのである。バノンはあるインタビューで、政権内部から抵抗があったことを回想した。「われわれは国をひとつにすべきだ」と、反対者らはバノンに言ったという。だがそれはバノンのねらいではなかった。トランプのねらいでもなかった。バノンは相手にこう告げたことを覚えていると言った――「われわれは国をひとつにするために選挙に勝ったわけではないのだ。今は国をひとつにするときではない。今はこの国のエリートと対決するときだ。火炎噴射器《ブロートーチ》を掲げてやつらのところへ向かうんだ。ブロートーチで一発くれてやるのだ[49]」。〔ブロートーチは金属加工などで使う携帯用バーナーで、相手を叩きのめす非妥協的で攻撃的な言説の喩えとして使われる〕

「アメリカの死屍累々たる惨状」を告発した就任演説はまさに火を噴く演説《ブロートーチ》だった。あの日、新政権の一部のメンバーも含め、連邦議会議事堂に集まった聴衆の中には誤解をしている人たちがいた。トランプ大統領は選挙中のトランプとは違った人間になるだろう、いざ就任すれば大統領という地位の歴史的な重みが目を覚まさせるだろうと、なんとなく思い込んでしまっていたのだ。あらゆる証拠が否定していたにもかかわらず、地位がトランプを変えるはずだと、誰もが自分に言い聞かせていたのだ。しかし就任演説を聞き終えた後は、そんなことを本気で信じることはできなくなった。この演説は、選挙中にトランプが発した攻撃的な言辞の数々の最後のひと息などではなく、これからトランプがどのように統治するつもりかを示すテンプレートだったのだから。

数日と経たないうちに、共和党の上院議員らを攻撃するトランプ大統領のツイートの嵐が始まった――宿敵ジョン・マケインとその子分のリンジー・グレアムに対しては、トランプが掲げるイスラム教諸国からの「入国を制限する政策について悲しいほど弱腰」で「今にも第三次世界大戦を始めたいと思っている」といった具合だ。ほかにも早朝からイランやメキシコやオバマ前大統領についてわめきちらし、シカゴ市中の「惨状」に対抗するために、「ＦＢＩを送り込むぞ」と脅しをかけた〔トランプは凶悪事件が多発していたシカゴでは取り締まりが手ぬるいとして市当局を批判し、連邦政府の法執行機関の力で抑え込むことを主張していた〕。その上、大統領就任式に集まった群衆の多さについて、相変わらずばかげた主張を繰り返した。ついには新任のショーン・スパイサー大統領報道官にまで、ホワイトハウスの記者会見場の演台に立って同様の発言をしろと強要し、スポークスパーソンとしてのスパイサーの信用は地に落ちることになった。

さらに加えて、大統領選で自分は選挙人団の票数だけでなく、一般投票の獲得票数でもヒラリー・クリントンに勝利したと豪語した。だが実際は約三〇〇万票下回っていたのだから、まったくのでっち上げだった。しかしそんなことにはお構いなしで、大統領就任後初めての勤務日に、ホワイトハウスへ招待した連邦議会の重鎮たちを愕然とさせた。「いいかい、私は一般投票でも勝ったんだよ」とトランプは言ったのだ。民主党下院トップの院内総務、ナンシー・ペロシ議員が問いただすと、トランプはただ平然と主張を繰り返し、「五〇〇万人が不正投票をしたんですよ。五〇〇万人の移民が不法にね」と言い放った。ペロシ議員が再び反論すると、「しかもなんとこれはカリフォルニア州抜きの数字だ！」とつけ加えたのだった。

トランプはこの作りごとの主張を裏づけるために、委員会まで設置した。しかし何の証拠も発見できないまま、一年後に密かに廃止となった。まったく考えがたいことばかりだったが、二〇一六年一一月九日午前二時二九分、ＡＰ通信社がドナルド・トランプを大統領選の勝者であると告げて以来、避けようのないことだったのである。

第2章
素人集団

トランプ政権発足前、大統領首席補佐官に就任する予定だったラインス・プリーバスは、秘書官候補のロブことロバート・ポーターを呼んで初めて面談したとき、すでに新政権の主導権をめぐって各方面と白兵戦を演じていると告白した。まだトランプは就任してもいないというのにだ。プリーバスは、敵の一翼はスティーヴ・バノンであり、もう一翼はトランプの義理の息子であるジャレッド・クシュナーだと明言した。

プリーバス自身、首席補佐官になるのは意外な人事だったが、ポーターも決してトランプ派でないことをプリーバスは知っていた。ポーターはハーヴァード大学で学んだ元ローズ奨学生で、共和党系の名門一族の御曹司である〔政治経済学者の父親はブッシュ（父）政権の大統領補佐官など歴代共和党政権でスタッフを務めた〕。ポーターは選挙中もトランプ陣営には関わっておらず、かつてはロブ・ポートマンやオリン・ハッチら〔前者は当時オハイオ州選出上院議員でブッシュ（息子）政権で米通商代表、後者はユタ州選出上院議員を長年務めた〕、共和党保守派の古株上院議員たちのもとで働いた人物だ。だがプリーバスの関心は、ポーターのトランプに対する忠誠心の有無ではなかった。「私は私に忠実な人材をひどく必要としているのだ」とプリーバスは言ったのだ。

ホワイトハウス内の権力闘争が表面化しつつあった中、クシュナーも協力者を必要としていた。ポーターがクシュナーとの面談のために出かけていくと、クシュナーは最初の一時間をまるまる費やして、まるでポーターが党内の既成勢力のスパイであるかのように激しく質問攻めにした。「われわれがあなたを信用できると思うか？」とクシュナーは迫った。だがそこで態度を急変させると、残りの一時間は自己宣伝に終始した。新政権でものごとがどう進むかと持論を展開し、私の味方にしてやろうとポーターに明言したのだった。

最終的に、主導権争いの両当事者とも、ポーターをホワイトハウス秘書官に採用することで合意した。どの政権でも、目立たないがきわめて重要なポストであり、オーバル・オフィスへ出入りするすべての文書と大統領令の門番の役目を果たす。だがポーターがいざホワイトハウスへ赴任してみると、戦線がすでに変化していることに気づいた。プリーバス首席補佐官は、バノンとクシュナーとの白兵戦うんぬんはもうすっかり忘れていいと告げたのだ。実際、最初の面談で言ったこととは反対に、両者と驚くほどうまくやっている、というのだった。

「誰もが毛嫌いしているのは実はケリーアン［・コンウェイ］だ」とプリーバスは言った。

政権を問わず、ホワイトハウス内に派閥は付きもので、当局者たちが常により上の肩書きと、多くの部下と、大統領との面会時間と、ホワイトハウスのウェストウィングにあるウサギ小屋のように窮屈だが貴重な事務所スペースをめぐって競い合っている。だがトランプ政権時代ほど、激しく、毒々しい党派間闘争でホワイトハウスが引き裂かれたことはなかった。その争いは個人間の私的闘争もあれば、政治的あるいは思想信条上のものでもあった。そして最初の瞬間からして、すべてを巻き込む熾烈さだった。トランプは外の世界で挑発してきた両極化を、お膝元のホワイトハウス内でもかき立てたのだった。

プリーバスをリーダーとする共和党全国委員会出身グループに、バノンが率いる筋金入りの右派系メディアであるブライトバート・ニュース社系のスタッフ。クシュナーとその妻イヴァンカがトランプ一家を代表し、そこにケリーアン・コンウェイのような一匹狼もいた。亀裂は伝統派と革命派とを、グローバリストと保護貿易派とを、ニューヨーカーとその他もろもろとを分断していた。イデオローグもいれば、目立ちたがり屋もいたし、ものごとを進める人間もいれば、妨害する者もいた。そして「メイク・アメリカ・グレート・アゲイン（MAGA）」を本気で信奉している者ばかりでもなかった。トランプ政権では、退任したばかりの民主党のオバマ大統領に劣らず、同じ共和党の直近の大統領であるジョージ・W・ブッシュも敵視されていた。だがそんな中にあって、少数ながら職にありつけた「ブッシー」ことブッシュ元大統領系の者らもいたのである。

ホワイトハウスはあっという間にカオスに陥った。派閥同士が新たに提携して別の派閥と争ったかと思うと、すぐに別の組み合わせの派閥に変化する。そんなことが驚くべきスピードで展開した。レーガン政権と次のジョージ・H・W・ブッシュ政権で長年ホワイトハウスに勤め、ウェストウィングの指揮を執るために再び呼び戻されたジョー・ヘイギンは、ある日トランプ・タワーでクリストファー・リデルに出くわした。ニュージーランド出身のリデルは当時五〇代後半で、マイクロソフトの最高財務責任者やゼネラルモーターズの副会長などを歴任し、企業人として静かな自信をたたえていた。ヘイギンがそのリデルに新政権でどんな仕事をするのかと尋ねると、ホワイトハウスの人事を担当する予定だとリデルは答えた。五日後、ヘイギンがワシントンの政権移行チーム本部にいると、ジョニー・デステファノと名乗る若い男性が現れた。中西部出身で、かつて連邦議会でジョン・ベイナー下院議長〔オハイオ州選出下院議員を長く務め、共和党の良識派とされるベテラン議員〕のもとで働いた経験もある人物だ。穏やかな笑みをたたえたデステファノは、ホワイトハウスで人事を担当するのだと、ヘイギンに告げた。これはただの混乱では済まない事態だった。リデルがクシュナー派と見られていたのに対し、デステファノはプリーバス派と目されていたからだ。最終的に、デステファノが人事局長の肩書きを手に入れ、リデルは大統領補佐官としてクシュナーの配下となったのだった。リデルはのちに次席補佐官に昇進した。

数週間と経たないうちに、トランプ政権ではほぼ全員が互いを信用していないことが明らかになっていった。だがそれにはそれなりの理由があった。「誰もが嘘をついていましたからね。いつもです。それにほぼ何ごとに関しても」と、政権発足時にホワイトハウスにいたある補佐官は回想する。バノンもまた、「第二週目ぐらい以降、本当に醜い事態になっていったのです」と、あるときインタビューに答えている。[1] 政権スタッフの多くはその醜さを当のバノンのせいにしたが、バノンだけの責任ではなかった。ライバル派閥の内情をリークしたり、同僚を密かに盗聴したり、シグナルやテレグラムなどの暗号化された通信アプリを使った密かなメッセージのやりとりをしたりといったことが、すぐに蔓延したのだ。それをある閣僚は、「トランプ政権ではどんどん人を裏切らないと、気づいたときには自分がまんまと裏切られていたという羽目になるんですよ」と表現した。

このような混乱は偶然の産物ではなかった。それは何十年も前からトランプのビジネス手法であったし、テレビのリアリティ・ショー「アプレンティス」でもトランプが説いていたものだ。二〇〇四年に同番組シリーズを売り込む中でトランプは、「人の世は残忍な場所だ。ジャングルと少しも変わりやしない」と述べた。[2] トランプの政治手法は野放しの弱肉強食型で、まさに万人の万人に対する闘争であり、その経営スタイルは教科書どおりの分断統治だった。トランプは政権を従来どおりのやり方で構成することを拒み、内部抗争を踏み台にし、結果的に自分が唯一の権威ある決定者となるように仕向けたのだった。政権内のいざこざに巻き込まれた経験を持つある政権幹部は証言する――「トランプは一致団結をめざすようなチームを率いるつもりはありませんでした。内紛や内輪揉め、つかみ合いの喧嘩を防ごうともしませんでした。まるで出演者たちが熾烈に競い合う『アプレンティス』めいた世界でしたよ。トランプは配下の連中が張り合い、互いに抗争することを好んだのです。要するにトランプの歓心を買うための競争です」。

こうして出現したのがスタッフ間に絶えざる不安を醸成する不安定な大統領だった。トランプは確かに忠誠は至高の価値を持つと言ったが、それはトランプに対する忠誠であって、決してトランプから期待できるものではなかったのだ。当時トランプに雇われたばかりだった政権幹部の言葉を借りれば、トランプは惚れた女の子がデートを約束してくれるまでしぶとく迫る一〇代の少年のようなもので、しかもデートに行った瞬間からその子の欠点しか見えなくなり、どうやって別れようかと考え始めるようなタイプだった。プリーバス首席補佐官も同僚たちに、「大統領が好むのは次の二種類の人間だ――自分のためにかつて働いていた人たちと、自分のためにこれから働く予定の人たちだ」と述べている。

何カ月も経った時点でも、トランプは自分の配下のスタッフの任務も指揮命令系統も理解していなかった。しかもそのことを気にしてもいなかったのだ。あるときトランプはロブ・ポーター秘書官に「君は誰のもとで働いているんだ？」と尋ねた。「ラインス・プリーバスだと思いますが」とポーターが答えると、「何を言ってるんだ、そんなことは忘れちまえ」とトランプは言った。「君はラインスに仕えているのではない。私に仕えているんだ。あいつを通す必要なんてない。直接私に言いに来たまえ」

番狂わせの大統領選の直後、トランプのいくつかの決断により、ホワイトハウスが機能不全の泥沼に陥ることが事実上確定した。まず、選挙前から政権移行手続きの穏当な計画が進んでいたが、それをトランプがぶち壊しにした。選挙運動中、トランプは深く考えもせずに、友人であるニュージャージー州のクリス・クリスティ知事を政権移行の準備担当に任命した。ただしトランプもクリスティも選挙には負けるに決まっていると思っていたため、そんな準備は実際には必要ないと高をくくっていた。問題は、クリスティにはトランプ一家の内に不倶戴天の敵がいたことだ——トランプの義理の息子、ジャレッド・クシュナーだ。一〇年以上も前、連邦検事だったクリスティはジャレッドの父、チャールズ・クシュナーを監獄送りにしたことがあった。不動産王のチャールズ・クシュナーは、不正疑惑の捜査担当者に協力していた義理の弟に対して復讐を企てた。売春婦を雇って義弟と密会させ、その様子を撮影したビデオを妹に送りつけたのだ〔この件でチャールズ・クシュナーは証人買収で有罪となった〕。政権移行計画を立案する話が出た当初、ジャレッド・クシュナーはクリスティ任命に感情も露わに反対した。だがトランプはそれを却下した。おそらく、どうでもいい仕事だからとでも理屈をこねたのだろう。ところがいざトランプが大統領選に勝利すると、クリスティはその地位を追われた。クリスティはその決定をクシュナーの差し金だとしたが、クシュナーは否定した。いずれにせよ、新政権に登用すべき候補者のリストや身元調査報告書、要員構成の提案など、何冊ものバインダーに詰まったクリスティの準備作業の成果は、あっさりゴミと化してしまったのである。

公式には、政権移行作業の新たな指揮官は副大統領に就任するマイク・ペンスだった。だがトランプは、ペンスの役割を単に相談役的なものにとどめるつもりであることを初めから明言していた。大統領選での勝利からわずか数日後、次期大統領としてトランプが行なった最初の重要人事は、プリーバス共和党全国委員長を首席補佐官に任命することだった。それはプリーバスへの個人的な怒りを抑えてのことだ。わずか一カ月前の大統領選終盤、プリーバスはトランプに立候補を取り下げるべきだと示唆していたのだった。セレブが出演するテレビ番組「アクセス・ハリウッド」の舞台裏を撮影したビデオで、トランプが女性関係について語りながら「おれなら股ぐらをひっつかんでやる」など下品な発言をしたことが報道で暴露されたからだ。プリーバスを首席補佐官に任命したのは、トランプを信頼しない共和党の既成勢力へ配慮してのことだった。だがそうだとしても、トランプはプリーバスに——それどころか誰にであれ——実効的な権限を与えるつもりなどなかったのである。

プリーバスは当時四四歳。地味なルックスだが資金集めに長けた弁護士で、ウィスコンシン州の政界から共和党全国委員会委員長にまで上り詰めた、共和党の申し子だ。ポール・ライアン下院議長とは一九九〇年代にライアンが政界入りをめざしていたころからの親友同士で、トランプに対しては、是非を決めきれないというよく似た思いを共有していた。ライアンを副大統領候補に立てたミット・ロムニーが二〇一二年の大統領選で敗北すると〔民主党のオバマ＝バイデン陣営に敗れた〕、プリーバスは敗因分析チームを率い、一〇〇ページに及ぶいわば「検死解剖報告書」を書き上げた。その中でプリーバスは、国内のヒスパニック系人口の増加に鑑み、包括的移民政策改革〔連邦議会で議論されていた政策・法案で、共和党のものは民主党よりも保守的な内容〕を支持しつつも、共和党がより幅広い人々を取り込める包摂的な姿勢を取るよう促した。報告書の共著者の一人はそれを「より包容力のある形の保守主義」と解説した[3]。プリーバスにとって、トランプはまさにこの「検死解剖報告書」のアンチテーゼを体現するのであって、選挙では「一〇〇万年経っても」勝てないだろうと友人らに語ったほど[4]、トランプが大統領になることなどあり得ないと予測していた。しかしその一方で、共和党はあの無作法な億万長者と距離をとるべきで、共和党予備選挙の討論会に出ることさえ認めるべきではない、とするケイティ・ウォルシュやショーン・スパイサーといった側近らの意見をプリーバスは退けた。トランプ支持者らを共和党から遠ざけてしまったり、トランプが独立候補として出馬して共和党候補者の票を奪う言い訳を与えてしまうのは、どちらも理にかなっていない、というのがプリーバスの論拠だった。

　そして今、トランプのチームを率いることを求められたプリーバスは、レーガンと次のブッシュ大統領のもとで首席補佐官を務めたジェイムズ・ベイカーに相談した。ベイカーはトランプに投票はしたが、好きにはなれず、あれほど奇矯な大統領のもとではプリーバスも長続きしないだろうと考えていた。

「引き受けるな。全権を与えられない限り、悪夢になるぞ」とベイカーはプリーバスに言った。

「ええ。でも私が引き受けなければ、代わりにスティーヴ・バノンになりますよ。だから私がやった方がいいと思うんです」とプリーバスは答えた。

　かくして決断は下された。何よりもライバルを阻止することが重要だったのだ。そしてバノンはなかなか手強いライバルだった。革命児を自称し、共和党を――プリーバスが政治家人生を捧げて築き上げてきた党を――粉砕するのが自分の目的だと公言していた。実際、バノンはアメリカの政界という政治・社会構造を丸ごと解体したいと思っており、その企てを「行政国家の脱構築」と呼んでいた[5]。これまでは長年の間、映画製作者、煽動家、そしてブライトバート・ニュース社のトップの立場で、外野の急進派としてそれを実現しようとしてきた。

「どこかで爆発や火事があったら、きっと近くにマッチを手にしたスティーヴがいますよ」と、ブライトバート・ニュース社の元従業員が述べたこともあった。[6] バノンはヴァージニア州リッチモンドのブルー・カラーの家庭に育ち、海軍に従軍し、金融大手のゴールドマン・サックスに勤めたのち、右翼の急進派となった。いつ見てもむさ苦しい格好でぼさぼさ頭のバノンはこのとき六三歳。不満と怒りを活力として、クリントン夫妻のようなエリート層に対抗するため、「小人族《ホビット》たち」をポピュリスト特有の憤怒で駆り立てて結集させていた。（ホビットは英国の作家トールキンのファンタジー作品に登場する小人たちで、保守派庶民層の蔑称として使われることがある。バノンはその呼称を逆手に取って使った）

　トランプは三度目の結婚式にクリントン夫妻を招待した億万長者だ。バノンがそんなトランプをエリート層に対抗する庶民派勢力糾合の道具に使おうというのだから、あまりにも皮肉な話だ。しかしバノンはトランプをみずからのイデオロギーを注入できる空っぽの器だと見て、トランプが――またはバノン自身が――失脚するまでに最大限利用してやろうと考えていた。バノンは当初から、自分は短期間でホワイトハウスを追われるだろうと同僚たちに言っていた。「八月を越えて生き延びるのは難しいだろう」と打ち明けたこともあったが、これは気味が悪いほど予言的な発言になった（バノンは二〇一七年一月に首席戦略官に就任し、八月に解任）。しかしその限られた期間だけでも、ポピュリストの国家主義者《ナショナリスト》としてのバノンの直感にトランプを従わせることができれば、共和党を作り替えることができるとバノンは考えていたのである。

　しかしバノンは楽観してはいられなかった。大統領選の一週間ほど前、バノンはノースカロライナ州選出下院議員のマーク・メドウズから一通の封書を預かっていた。メドウズは共和党内の最右翼の一派である「ハウス・フリーダム・コーカス（自由議員連盟）」のリーダーだ。バノンに接近し、ポール・ライアン下院議長をその座から追い落とし、議会における共和党の主導権を奪い取る計画をトランプに売り込んだのだ。しかし大統領選で勝利するとトランプは急に考えを変え、メドウズのアイディアを採用するどころか、やがて完全に放棄してしまったのだ。そしてトランプはライアン下院議長と協力することを選んだだけでなく、こともあろうにライアンと懇意の同志であるプリーバスを首席補佐官に指名することにしたのだった。のちにバノンは、トランプのこうした動きをトランプ政権の枠組みを決定づけた「ファウスト的な取引」と呼んだ。[7] 党内の政敵を追い落とす絶好の機会を逃したときにメドウズは、「やり抜けなかったこの日をおれたちは悔やむことになるぞ」とバノンに言ったという。それに対してバノンは「よくわかっているさ。私も悔しいんだ」と答えた。プリーバス登用とい

う形で共和党の既成勢力を政権に招き入れるのは「トランプ政権のいわば原罪だ」とバノンは断じた。(8)

それでも、トランプから首席戦略官と大統領上級顧問の職をオファーされると、バノンは受けた。このため、首席補佐官に就任したプリーバスは慣習どおり、かつてジェイムズ・ベイカーも使ったホワイトハウスのウェストウィングの南西角にある暖炉とパティオ付きの執務室を割り当てられたものの、歴代の首席補佐官たちほど強力な権限は与えられないことがすぐに判明した。プリーバスの首席補佐官就任はバノンの登用と並べて一本の声明文で発表されたが、バノンの名前の方が上に記載されていたのだ。それによれば、「二人は対等のパートナーとして連邦政府の改造」に取り組むものとされた。(9)これではまるでトランプが二人を同時にリングに上げて、殴り合いで決着をつけろと言っているようなものだった。

すぐに果たし合いが始まった。二人は自分の部下をトランプ政権のスタッフに加えようと猛然と競り合いを演じたのだ。プリーバスは共和党全国委員長時代の部下らを呼び寄せた。ケイティ・ウォルシュをみずからの補佐官とし、大統領報道官にはショーン・スパイサー、そしてオーバル・オフィスのすぐ脇に詰める大統領の個人秘書官には、自分の目とし耳とするべくマデレーン・ウェスターハウトを就けたのだ。いずれもトランプ派ではなくプリーバス派の人間だ。ウェスターハウトなどは大統領選でトランプに投票しなかったばかりか、投票日の夜、トランプが勝利するとわっと泣きだし、憤慨してワシントンの政界と縁を切って故郷のカリフォルニア州に帰ろうと思ったほどだ。それをプリーバスが説得してスタッフに加えたのだった。

バノンはあらゆる革命の鍵を握るのは人事だというボルシェヴィキ流の原理原則を信条としていた。しかしトランプ・タワーでトランプが政権幹部の候補者たちと面談するのに同席していると、すぐにフラストレーションを感じ始めた。共通のイデオロギーを抱く仲間たちを思ったほど多くホワイトハウスに連れてくることができなかったからだ。経済担当大統領補佐官に就任するゲイリー・コーン、財務長官候補のスティーヴン・ムニューシンといったウォール街系の人物たちに重要ポストが取られていくのを見ながら、バノンは落胆していた（コーンもムニューシンも金融大手ゴールドマン・サックスの元経営幹部）。結局のところ、成果はわずかにマイケル・フリンとセバスチャン・ゴルカだけだったと、バノンは仲間たちに不満を吐露した。元陸軍中将のフリンは大統領選中、ヒラリー・クリントンを「監獄にぶち込め」というシュプレヒコールを支持者集会で煽ったおかげで〔ヒラリー・クリントンが国務長官在任中に個人メールアドレスで国家機密情報をやり取りしていた問題を批判したもの〕国家安全保障問題担当の大統領補佐官の地位を手に入れた人物だ。ヤギひげが自慢のゴルカはイスラム教徒に対する激しい言動によるバッシングと、ハンガリーの極右とのつながりで知られる〔トランプ政権では国家安全保障問題担当副補佐官〕。バノンはほかに、ジェフ・セッションズやスティーヴン・ミラーとも手を組んだ。アラバマ州選出上院議員のセッションズは、早くからトランプ支持を打ち出した実績を売り込んで司法長官のポストに就いた。ミラーはセッションズのかつての部下で、「アメリカの死屍累々たる惨状」に言及したトランプの大統領就任演説の筆頭執筆者だった。〔ミラーはトランプ政権の政策担当上級顧問に就任〕

さらにケリーアン・コンウェイもいた。大統領選では最後の選対本部長としてトランプに仕えたが、トランプの新たな取り巻き連中やトランプ一家の間では、いわば避雷針役となった。ベテランの世論調査専門家であるコンウェイは、ジャック・ケンプ、ニュート・ギングリッチ〔両者とも下院議員を長年務めた共和党の大物政治家〕、マイク・ペンスといった共和党の議員たちのもとで勤務経験があり、同時に保守系ケーブルテレビのコメンテーターとして、的を射た、時に辛辣な解説で人気を博したスターでもあった。選対本部長在任中、陣営内部の批判者たちはコンウェイを選挙運動の最高責任者というよりも、テレビ映えのする代理人程度に見ていた。クシュナーは自分こそが陣営の最高責任者だと思い込んでいたし、トランプの最初の妻との間の子供たちですでに一人前になっていたイヴァンカ、ドナルド・ジュニア、エリックはみな、コンウェイが政権内のポストに就くことを阻止しようと動いていた。コンウェイがトランプ以上に自分のことしか考えていない人間だというのがその根拠だった。そしてプリーバス、バノン、クシュナーは互いを嫌っていたものの、コンウェイを嫌悪しているという一点では一致していた。逆にコンウェイもその三人をほとんど評価しておらず、「嫉妬深い三少年」とか「三ばか大将」〔戦前の人気コメディ・グループ〕などと呼んだ。[10]

プリーバスやバノンらが政権の重要ポストやホワイトハウスの好条件のオフィス・スペースを獲得していったのに対し、コンウェイの地位はトランプの当選から六週間を経ても固まらなかった。コンウェイはそんな屈辱的な扱いにいら立ち、性差別のにおいも嗅ぎつけた。実際のところ、コンウェイは大統領選で陣営を指揮して成功に導いた初の女性であり、トランプ候補を敗北の危機から救ったのは自分だと考えていた。だがポスト決定が遅れていることについて問われると、コンウェイは四人の子供たちの母親として、二四時間臨戦体勢の政権スタッフに加わるのを自分がためらっているからだ、と誰に対しても説明した。一方で彼女のライバルたちは、コンウェイには政権には加わらずに、トランプを支える特別政治行動委員会〔選挙資金集めを担う資金管理団体〕でも取り仕切っていてほしいと思っていた。だがトランプは、テレビに出て攻撃的な姿勢でトランプを擁護してくれるコンウェイを気に入っており、クリスマス直前に上級顧問のポストを提供した。これに対してコンウェイは、そのポストがあくまでもクシュナー、バノン、プリーバスと対等であることを、受諾する条件としたのだった。

政権を構築するにあたり、トランプは事実上、自身の企業体であるトランプ・オーガナイゼーション社のやり方をそっくりそのまま再現しようとした。同社ではトランプが唯一の意思決定者であり、どんな役員会にも責任を負う必要がなく、重役に就いている自分の子供たちに囲まれているのだ。トランプは政権には正式のスタッフとして自分の娘とその夫を招き入れた。そして一方で、世界的なビジネス帝国は長男と次男に任せる形で、実際は主導権を手放すことなく、これまでの大統領たちがやってきたように資産を白紙委任信託〔職務に関連した利益相反を回避するために、資産の所有者が受託機関に資産の管理・運用などを白紙委任する制度〕に移すこともしなかった。この二つの決断は在任期間中のトランプのあり方を決定づけるものであり、次々と利害の――そして人間関係の――衝突を生み出していくことになった。

多くの点で、スタッフ間の亀裂よりもトランプ一族内の亀裂の方がはるかにひどかった。中でも突出していたのはトランプの妻メラニアと娘イヴァンカの角逐だった。共にスタイルの優れた元モデルで、以前からトランプの注目と好意をめぐって競い合ってきた仲である。お互いに対する愛情などないこの二人は、ホワイトハウスの主演女優の座をめぐってすぐに静かなる競争を始めたのだ。

スロベニアの小さな町に生まれたメラニアは、ジョン・クインシー・アダムズ〔第六代大統領。一八二五―二九年在任〕の妻、英国出身のルイーザ・アダムズ以来の外国出身のファーストレディだが、控えめな役に徹するつもりだった。当時四六歳、夫とは四半世紀近くの年の差があるメラニアは、自身の英語のアクセントを気にして、公の場ではほとんど発言しなかった。断固とした姿勢で夫を守ることに専心したナンシー・レーガンや、進歩主義的な情熱を示したヒラリー・クリントンとは大違いで、政策や人事には関心がない。メラニアは大統領夫人としての新たな生活にもほとんど情熱を感じず、トランプの大統領就任から最初の五カ月間はホワイトハウスに引っ越すことを拒み、トランプとの間の息子で一〇歳になるバロンの学校が学年末を迎えるまでニューヨークにとどまったほどだ。そしてメラニアの伝記を著したメアリー・ジョーダンの指摘によれば、その間に、トランプの遺産相続でバロンが年長の兄弟姉妹と同等の条件で扱われるよう、結婚前の合意を見直す交渉をしていたのだった。(11)

メラニアはホワイトハウスの大統領一家の居住スペースをひと目見ただけで駄目出しをした。「住居の改築・改装が終わるまでワシントンには移らない。まずはシャワーとトイレの新調からね」と、友人のステファニー・ウィンストン・ウォルコフに言った。(12) 他人が使っていたトイレは我慢ならないというわけだ。さらに、歴史あるホワイトハウスの一室を自分のための「おめかし室」に改造することにこだわった。衣装の収納と、メラニアの見栄えを整えるための、メイクアップ・アーチストとヘアドレッサーを含む個人スタッフのための部屋だ。だがトランプは彼女の思いどおりにさせてはくれなかった。ホワイトハウスの古い家具の一部を片づけて、もっとモダンなものと入れ替えることをメラニアがスタッフに命じると、トランプはメラニアがニューヨークへ戻って行くのを待ってから彼女の指示を覆してしまった。「これぐらいは認めてやれないものですかね?」と、憤慨した補佐官がトランプに訊いた。答えはノーだった。

それでもメラニアはファーストレディの威光を、義理の娘のイヴァンカにだけは譲る気はなかった。大統領就任の祝賀イベントの中で、メラニアはアーリントン国立墓地で花輪を献じる恒例の儀式に、イヴァンカをはじめトランプの前妻の子供たちを同行させたくはなかった。このため準備に際し、スタッフに命じてイヴァンカからの予定からこの公式行事を外させた。また、大統領就任式では、壇上でトランプが宣誓をするとき、その姿をとらえる象徴的な写真の背景にイヴァンカとジャレッド・クシュナー夫妻も写り込めるよう、イヴァンカが画策しているに違いないとメラニアは確信していた。そこでメラニアは、ニューヨークの恒例の豪華ファッション・イベント「メット・ガラ」の元チーフ・プランナーで、大統領就任式関連行事の企画を手伝っていた友人のウォルコフに相談。二人で図ってイヴァンカがカメラの画角に入らないようにしてしまったのだ。これをウォルコフは「イヴァンカ阻止作戦」と呼んだ。(13)

トランプ政権が発足した週、イヴァンカはホワイトハウスの居住スペースにあるシアターで映画『ファインディング・ドリー』の上映を企画した〔ディズニーのアニメ作品『ファインディング・ニモ』の続編〕。これがメラニアの逆鱗に触れた。メラニアは自分の領域への侵犯だと受け取り、誰も――イヴァンカとジャレッド夫妻も含め――自分の許可なしにホワイトハウスの居住スペースに立ち入ってはならないと命じたのだ（この作品が移民推進派的な甘ったるいプロットで、新政権の政策と合致しなかったのもまずかったに違いない）。メラニアはある友人に言った――「たとえばニューヨークの私のアパートに、あの人たちが好き勝手に出入りしたりする？　あり得ないでしょ」(14)。

　こうした軋轢は、トランプがホワイトハウスに持ち込んだ複雑な家族関係を反映していた。歴代大統領の中で、離婚経験者はトランプがわずか二人目で、前妻が二人いるのは前例がなかった。しかも企業家としてはビジネスを一族で取り仕切っていたものの、家庭人というにはほど遠かった。長年、トランプは子供たちと夕食を共にできる時間に帰宅することは稀で、トランプ・タワーの執務室にも子供たちの写真を飾っていなかった。「統計的な観点から言えば、私の子供たちは出来が悪い。成功した人間の子供たちは一般的にひどく問題を抱えた子が多いものだ」と、トランプはインタビューで述べたことがある(15)。

　しかしただ一人、誰が見てもトランプのいちばんのお気に入りのイヴァンカだけは例外のようだった。当時三五歳、それまで数年間はトランプ・オーガナイゼーション社で取締役副社長を、テレビ番組「アプレンティス」では役員会の審査員〔番組では競った個人やゲームの勝敗を「役員会」で決める〕を務め、その後は衣料、ハンドバッグ、宝飾品など自身のブランドを立ち上げていた。そして彼女は父親の激情をなだめることができ、より建設的な方向へ導ける（ただし、ときどきだが）との評判だった。そうしたイヴァンカに対するトランプの称賛は、ときには気味が悪い調子を帯びた。大統領就任に先立つ何年もの間、トランプはイヴァンカの体つきを褒めちぎり、中でも物議を醸したのは二〇〇六年にトークショーの「ザ・ビュー」に一緒に出演したときのことだった。トランプは「もしイヴァンカが娘でなかったら、つき合っていたかもね」と述べたのだ(16)。ついにはトランプのイヴァンカ好きが高じて、二〇一六年の大統領選で自分の副大統領候補にすることを提案するに至った。トランプ陣営の側近らは最初は冗談だと思ったが、トランプはしつこく主張し続けた。「彼女は聡明で、気が利くし、美しいから、みんな彼女を大好きになるはずだ！」と、ある会議の席上でも言い張った(17)。その後の四年間に頻繁に見られるようになったことだが、このときも側近たちはどうにかトランプの機嫌をとって、ともかくそんな考えをすっかり忘れてくれることを願った。ところが気に入らない候補者らを何週間もかけて検討した末に、トランプは再び娘のことを持ち出したのだった。「私はイヴァンカにすべきだと思う」とトランプは言った。[18]トランプ陣営はこのときは世論調査をしてみることに同意して、トランプの考えがいかにばかげているかを数字が示してくれるだろうと予測した。ところが結果は二桁前半の支持となり、イヴァンカは予想よりも善戦し、本来の候補者の一部を上回ったほどだった。

　娘を副大統領候補にするというのは、もちろんまったくもって論外だった。イヴァンカは必要な条件をまったく備えていないだけでなく、すでに何千万人ものアメリカ人がトランプをピエロ扱いしているというのに、さらにそれに拍車がかかるだろう。そしてすべての共和党員に、この滑稽な提案に同意するかしないかの二者択一を迫り、決まりの悪い思いをさせるに違いなかった。ところがトランプの周りでは突拍子もないことばかり起きていたから、一部の側近たちは半ば本気にし始めたのだ。「クレイジーに聞こえますし、ひどくばかげたことではありましたが、それまでに起きた数々の出来事の流れからすれば、それほど常軌を逸していたわけではありません」と、トランプ陣営の副選対本部長を務めたリック・ゲイツはのちに語っている。[19]最終的に、イヴァンカ自身が父親を思いとどまらせた。トランプの提案が取り沙汰されるのを何週間も放置した末ではあったが、「駄目よ、パパ。いい考えではないわ」とイヴァンカは伝えたのだった。[20]ただしそれでもなおトランプは、彼女を国連大使や世界銀行の総裁の座に就けようと夢想したのだった。

　イヴァンカとジャレッド・クシュナーはワシントンへ移ると、大統領一家の飛び地とも言える住居を選んだ。購入すれば五五〇万ドル〔約六億三〇〇〇万円〕もする二〇〇坪弱の屋敷を月一万五〇〇〇ドル〔約一七〇万円強〕の家賃で借り上げたのだ。ベッドルーム六室、バスルーム六室半、暖炉五つ。このカロラマ地区の屋敷の二ブロック先にはオバマ元大統領一家が退任後に移り住んだ負けず劣らず豪華な住宅があり、一キロメートル足らずの距離にクリントン一家のワシントンの居宅がある。

　イヴァンカは、自分は働く母親たちの援護者だというイメージを打ち出し、著書『働く女性たち――成功するためのルールを書き換える（*Women Who Work: Rewriting the Rules for Success*）』の原稿も書き終えていた。父親の大統領就任直後に刊行が予定されていたこの本は、普通の母親たちに子育てのアドバイスを提供するという触れ込みだ。著者のイヴァンカは不動産王国の後継ぎの一人で、「手の届く価格」の女性用オフィスウェアや、一万ドルのファインジュエリーのブレスレット、そしてお手頃価格のさまざまな中国製の靴を売って、毎年何百万ドルも稼いでいたのだが。『ニューヨーク・タイムズ』紙のジェニファー・シニアが「インスピレーションあふれる名言の数々のストロベリー・ミルクセーキ」と呼んだこの薄っぺらい著書は、まもなくホワイトハウスのウェストウィングで、誰もが自由に持ち帰れるようにばら撒かれたのだった。[21]

　トランプ政権の何でも屋の新閣僚であるジャレッド・クシュナーもまた、資産総額一八億ドル〔約二〇〇〇億円〕の不動産王国一家の後継者の一人であり、自信たっぷりの人物だった。まるで幽霊かと思うほど華奢な体格で、オーダーメイドのスーツでその細身を包むのを好み、すべてが思いどおりになると思い込んでいる男に特有の皮肉っぽい笑顔を振りまいていた。当時三六歳。ハーヴァード大学を卒業し、父親の収監中に一家のビジネスを取り仕切り、ニューヨークの小新聞社を買収し、義理の父親の大統領選中の選挙運動を事実上指揮した男だ。トランプの長男のドナルド・ジュニアや次男のエリックの性向である自惚れた口の悪さや、世間の耳目を集めたいという、義理の父が熱中した渇望とも無縁だった。しかし野心家ではあり、義理の兄弟たちよりもメディアの世界の裏側で巧みに立ち回った。「私はマスコミを利用したりはしません」と、ジャレッドはよく記者たちにオフレコで語りながら、まさにマスコミを利用していたのだ。

　イヴァンカが正式にトランプ政権のスタッフに加わるのは、政権発足から数カ月後のことだったが、クシュナーは初めから深く入り込み、事実上、通常の政権運営のやり方を超えて幅広い権限をみずから手に入れていった。活動拠点として「アメリカン・イノベーション局」なるものを創設。政府がクシュナーの言う「民間セクターの実務能力」を発揮できるようにと、ビジネス界の友人たちをそのスタッフに据えた。また、義理の父・トランプと同様に、イヴァンカもクシュナーもスタッフとしての報酬は慈善活動に寄付をすることにしたが、任期中でも得られる種々のビジネスや投資からの何千万ドルもの収入を考えれば、大して痛くもない金額だった。

　ほかの政権幹部たちはクシュナーの職域をはっきりさせようとしたが、これが間違いだった。政権発足当初、アメリカン・イノベーション局は何をする部署かとラインス・プリーバス首席補佐官が質問すると、クシュナーはいきなりプリーバスをのけぞらせた。

「あんたにとってはクソどうだっていいことだろ、ラインス。おれたちは報酬をびた一文もらっちゃいないんだぜ」と、クシュナーは噛みついた。

「わかったよ。好きにすればいいさ」と、プリーバスは譲歩して答えた[22]。

クシュナーは正統派ユダヤ教徒の家に育ち、一家を訪れる客人の中にはイスラエル首相のベンヤミン・ネタニヤフなどもいた。そこでクシュナーはトランプの指示のもとで中東和平交渉を進める役割を引き受けた。トランプはさらに中国、メキシコ、サウジアラビアにも対処しろと告げた——基本的に問題が頭をもたげてきた場所ならばどこでもだ。クシュナーはまた、政権全体のテクノロジーを向上させようと計画していた。刑事司法関連の改革も引き受けるつもりだった。もっとざっくり言うと、ほぼすべての会議と判断に同席するつもりだったのだ。トランプの世界へ立ち入ろうという諸外国の大使らがクシュナーに連絡した。ヘンリー・キッシンジャーも電話した。そしてまもなくホワイトハウスのウェストウィングに詰める政権幹部らはクシュナーを「何でも長官」と呼ぶようになったのだった。

クシュナーはその知識のレベルを考えると、きわめて謙虚さに欠けていた。学習スピードは速かったものの、自分が登場する以前の、これまでの歴代政権担当者らはすべて愚鈍だとでも思っているかのように振る舞うこともあった。トランプ政権初期のあるとき、ベテランのジョン・マケイン上院議員を迎えての会議でのこと。マケインに対し、上院軍事委員会委員長としての優先事項は何かと、政権幹部らが質問した。そこでマケインは国防総省の調達プロセスの改革について語り始めた。するとクシュナーが割って入って言った。

「上院議員、われわれは政府の仕事《ビジネス》のやり方を丸ごと変えるつもりなんですよ」

「そうかい、それはご健闘を祈るってとこだな」とマケインは答えた[23]。

マケインはそれきり会議が終わるまでひと言もしゃべろうとしなかったが、この逸話は人気のネタとして生涯何度も披露して、しばしばクシュナーの辛辣極まりないものまねで友人たちを楽しませたのだった。

新政権の要職をねらってしきりに働きかけをしていた人物の一人が、ルディことルドルフ・ジュリアーニだった。元ニューヨーク市長のジュリアーニはトランプがもっぱら不動産業に従事していたころからの旧知の間柄で、トランプの父親のフレッド・トランプの葬儀でも弔辞を述べたほどの仲だった。二〇一六年の大統領選では、ジュリアーニはなかなかトランプ支持を打ち出さなかったが、いったん表明すると最も強固な支持者の一人となった。テレビ番組「アクセス・ハリウッド」の舞台裏のトランプの映像がスキャンダルになった際、みずから進んでテレビに出演してトランプを擁護したことは特筆に値する。だがトランプはそんなジュリアーニの振る舞いに感心するどころか、「ルディはなんであんなばかなまねをしていやがるんだ。あいつを今すぐ画面から消せ！」と、遊説先へ向かう自身の航空機内で叫んだのだった[24]。とはいえ、ほかの共和党員たちの多くがこぞって拒否する中、ジュリアーニがトランプのために日曜日の五大トークショー〔三大ネットワークとFOXニュース、CNNの朝の番組〕のすべてに出演したことをトランプは決して忘れなかった。

このとき、ジュリアーニのお目当ては国務長官だった。ほかのどんなポストでも不足だと、ジュリアーニは公言していた。だがトランプ周辺で賛同する者は皆無だった。ニューヨーク市長の官邸を後にしてから一五年、ジュリアーニはグローバルなコンサルティング企業を作り上げていたが、倫理的な疑義や怪しい人脈の噂には事欠かなかった。トランプ陣営は問題となり得る弱点を探るために、ジュリアーニに関する独自の調査を行なっていた。そして三五ページに及ぶある調査資料は、ジュリアーニが閣僚候補になった場合に起こり得る無数の問題を列挙していた。その資料はジュリアーニに対する「利益相反の指摘が多数ある」と警鐘を鳴らし、ロシア、ウクライナ、サウジアラビア、カタール、メキシコ、チリ、ブラジル、コロンビア、ホンジュラスをはじめ、多くの政府、大手企業、著名人らを含む「広範囲な一連の海外クライアント」の存在も指摘していた[25]。

トランプ陣営の調査資料は、ジュリアーニが政権入りした場合、ジュリアーニは「かつてのクライアントを優遇している」との疑いをかけられ、「ヒラリー・クリントンを窮地に陥れたのと同様の利益相反の疑惑」にさらされるだろうと警告していた。さらにはバーナード・ケリックとの関係を維持していることにも疑問を投げかけた。ケリックはジュリアーニが市長だった当時のニューヨーク市警察本部長で、脱税その他の罪で何年も獄中で過ごした人物だ〔四年の実刑判決を受けて三年間収監〕。調査資料はまた、メキシコ市の犯罪取り締まりを支援する目的でジュリアーニが鳴り物入りで締結しようとして、結局「失敗」に終わったある物議を醸した契約についても強調して述べていた。ジュリアーニが講演では一〇万～三〇万ドル〔約一二〇〇万～三五〇〇万円〕もの講演料を取り、プライベートジェット機や高級ホテルの部屋を用意するよう強硬に要求したことも指摘した。さらにもうひとつ、二〇一二年まで国務省がテロ組織としてリストアップしていたイランの反体制派グループから金銭を受け取っていたという問題もあった。

ジュリアーニを取り立てればどれほどのスキャンダルが持ち上がるかと思うと、普段は品位の問題には無頓着なトランプでさえもさすがに青ざめた。だからジュリアーニを退け、ほかの候補者を探しにかかったのだ。まずニュート・ギングリッチは候補にできそうだった。だがこの元下院議長は近年稀に見るほどつぶしの効かない非外交的な性格だ。ジョン・ボルトンという手もあった。タカ派の元国連大使で保守派のお気に入り。しかし「終わりの見えない数々の戦争」を終わらせる〔アフガニスタンや中東から米軍部隊を引き揚げることなど〕というトランプの公約実現に手を貸してくれそうにはなかった。別の可能性としてロバート・コーカーも挙がった。共和党の穏健派のテネシー州選出上院議員で、上院外交委員会の委員長。さらにトランプは、二〇一二年の大統領選における共和党の大統領候補者で、トランプを支持することをあからさまに拒んでいたミット・ロムニーすら、候補として検討していると述べていた。

国家安全保障問題担当の大統領補佐官就任が予定されていたマイケル・フリンは、助言を求めてロバート・ゲイツに連絡した。ゲイツはジョージ・W・ブッシュと次のオバマの両政権で国防長官を務め、ワシントンの政界で識者として広く認められていた人物だ。ゲイツはかつて『ウォールストリート・ジャーナル』紙に論説を寄稿し、トランプを「最高司令官になるには十分な資格も適性もない」と断じた[26]。しかし選挙結果が出た以上、ゲイツは協力せざるを得ないと感じていたのだ。こうしてマイケル・フリンがトランプとの会合をアレンジした。

国務長官の人選についてゲイツの考えを聞きたいと、トランプは候補者を挙げていった——ロムニー、ギングリッチ、コーカー、ジュリアーニ。そこでゲイツが口を挟んだ。

「私の感覚では、ジュリアーニと外交という言葉は結びつきませんね」

ゲイツには別の腹案があった。「レックス・ティラーソンを検討すべきだと思いますがね」と、ゲイツは言った。ティラーソンはまもなくエクソンモービル社の最高経営責任者を退くことになっていた。「レックスは世界を知っています。レックスは何十年もの間、各国の政府と交渉をしてきましたからね。しかも、あなたが既存の支配者層《エスタブリッシュメント》以外から候補者を探しているのだとしたら、彼は外交政策面では既成勢力の一員ではありませんよ」

ゲイツとティラーソンはボーイスカウト・アメリカ連盟の理事会で知り合った仲だった。ゲイツはブッシュ政権を離れてから、同政権で国務長官を務めたコンドリーザ・ライスと、大統領補佐官（国家安全保障問題担当）だったスティーヴン・ハドリーと共同で企業を設立していたが、その会社はエクソンモービル社とも取引があった。ゲイツと話した数時間後、トランプがライスに連絡すると、ティラーソンに好意的な意見が返ってきた。ライスはさらに、副大統領に就任するマイク・ペンスにも電話を入れ、ティラーソンを推薦するよう勧めた。

ティラーソンは国務長官の座を欲していたわけではない。ずんぐりとした体型で、いかめしい面構えにぼさぼさの白髪頭。いかにも大物経営者といった風貌で、それがトランプの気に入った。だが二人にはほとんど共通点がなかった。レックス・ウェイン・ティラーソンはテキサス州に生まれ、幼少期をオクラホマ州で過ごし、名前はカウボーイの役で人気を博した二人のハリウッド・スターに由来する。レックス・アレン（一九五〇年代の西部劇の人気俳優）とジョン・ウェインだ。ティラーソンの父親はボーイスカウトの仕事をしており、ティラーソン自身もイーグル・スカウト（技能や資質に秀でたボーイスカウトの最高位）になり、やがてボーイスカウト・アメリカ連盟の総長になった。ちなみにトランプはボーイスカウトとは縁もゆかりもない。ティラーソンはエクソンモービル社ひと筋で、四〇年勤めて一生産技術者から最高経営責任者にまで上り詰めた。このときはまもなく一億八〇〇〇万ドル（約二〇〇億円超）もの巨費を受け取って引退する予定だったから、仕事などする必要はなかった。[27]「このポストを欲しかったわけではない。私が求めたわけではないのだ」と、のちに国務長官就任について語っている。「やるべきだと妻が言うものだから」というわけで、就任を承諾したという。[28]世界第五位の巨大企業のトップであり、ロシアのプーチンやアラブ諸国の王子たちといった面々と取引の交渉で渡り合ってきたという以外、トランプはティラーソンのことをほとんど知らなかった。だがそんなビジネス界の巨人が自分の部下になると思うと、トランプはご満悦だった。

トランプは四つ星の階級章を着けた大将たちを部下にできるということも、大いに気に入っていた。少年時代に父親に全寮制のミリタリー・スクールへ送り込まれたトランプは〔日本の中高生の年齢の生徒を対象に大学進学用の教育を行なうニューヨーク・ミリタリー・アカデミー〕、自身は一度も従軍したことはないが――あるいはもしかして、従軍したことがないからこそ――肩に階級章を着けた将軍たちに偏愛を抱いていた。トランプはヴェトナム戦争当時、足に骨棘《こつきょく》があるとの診断で徴兵を免れていたが、どうもトランプの父親に借りがある医師のおかげだったらしい。そのトランプが今、自分のチームのために退役軍人たちを招集しようとしていたのだ。

陸軍上がりのマイケル・フリンを大統領補佐官（国家安全保障問題担当）に就け、海兵隊の退役大将ジョン・ケリーを国土安全保障長官にしたのに加え、トランプは次は国防長官のポストにと、ジャックことジョン・キーンに目をつけた。キーンは米陸軍副参謀長を務めた元大将の退役軍人で、FOXニュースに識者として出演する将軍らの中でもトランプのお気に入りだった。しかし会ってみると、キーンはトランプの誘いを断ってきた。妻が亡くなったばかりで、医療費がたまっているため、稼がなくてはならないということだった。

トランプはキーンに対し、億万長者仲間のロナルド・ペレルマン〔企業買収などで知られる大物実業家、銀行家〕が負債を処理してくれるかもしれないと提案してみた。そして自分の負債は自分で返すつもりだと断ったキーンの思いを、トランプは理解できなかった。第一、閣僚になってもらうために、その人物に民間の企業家が金を払うなど違法だと、キーンは指摘した。するとトランプは室内のスタッフを見回した。本当なのか、と。うなずく側近たち。トランプはいつだって金でなんとかなると思っていたのである。

こうして、トランプは国防長官候補として元海兵隊大将のジムことジェイムズ・マティスに声をかけた。受けてくれれば政権で随一の著名閣僚になるだろう。軍関係者の間ではその活力と規律で幅広く尊敬を集めている。マティスはアフガニスタンで部隊を指揮したこともある。ウサマ・ビンラーディンを捕まえるために山岳地帯のトラボラに派遣してほしいとの希望はかなえられなかったのだが。イラク戦争ではバグダッドへ進撃する第一海兵師団の司令官を務めた。のちには米国中央軍の司令官だったこともある。それはアフガニスタン、イラクの両戦争と、その他の担当地域の戦闘のすべてを指揮する立場だったが、オバマ大統領との軋轢でうまくいかなかった。イランとの核合意をめぐる政権の方針と意見が合わず、オバマは早々にマティスを解任してしまったのだった。トランプから国防長官就任を打診されたとき、マティスは戸惑った。マティスの母親でさえ、どうしてあんな男のために働くのかと疑問を呈した。だが生涯ずっと海兵隊員として国に仕えてきた者としては、大統領から職務に就けと言われたら、やらねばならない。それがマティスの信条だった。

イラク戦争当時、メディアはマティスを「マッド・ドッグ」と呼んだ。この名前もトランプを魅了した。そのマッチョな響きを気に入るあまり、やがて、このあだ名をつけたのは自分だと（偽って）言いふらしたほどだ。だがマティスはトランプから「マッド・ドッグ」の名で呼ばれるたびに、思わず顔をしかめた。本人としては海兵隊で使っていたコールサインの「カオス」で呼んでほしかったそうだ。

トランプが尊敬する人物は、三つのタイプのいずれかだ――金持ち、アイビーリーグの大学出身者、そして軍服に階級章の星がたくさん付いている軍人。トランプの見方では、金持ちのビジネスマンと将軍たちは、何かを成し遂げた者であり、尊敬に値する。そのほかはすべて出来損ない、敗者なのだ。だがこれほどひどい判断基準はない。

トランプにとって何よりも重要なのは見てくれ《ルックス》だ。だからまるでリアリティ・ショーのキャスティングをするかのように、政権のポストを埋めていった。自分が与えようとしているポストに就いたところをビジュアル的にイメージできることが必須だった。副大統領になるマイク・ペンスは「キャスティング的に、はまり役だ」と、トランプは断言した[29]。退役軍人長官に就任するデイヴィッド・シュルキンは「ルックスがナイスなやつ[30]」。トランプ・タワーで連邦最高裁判所判事の候補として極秘の面談を終えたニール・ゴーサッチ判事が帰っていくと、「はまり役じゃないか」とトランプは感想を漏らした。のちに英国のテリーザ・メイ首相が訪米すると、キム・ダロック駐米英国大使について「はまり役ですね」と首相に述べ[31]、大統領就任初日に宣誓を終えた直後、ジム・マティス国防長官を、そう、キャスティング的に「まさにはまり役だ」と紹介したのだった[32]。

近年、政府の運営の仕方というものを知っている人間がこれほど乏しい政権はなかった。それがトランプの雇用方法のひとつの帰結だった。経験豊富な人材を集める代わりに、トランプは自分に劣らず素人で未熟なチームを採用してしまったのである。ある意味では、これは専門性と、トランプが「沼地」と呼んだワシントンの政界への蔑視から来るものだ。だが同時に、選挙運動中にトランプに対して少しでも批判的なことを述べた人物は採用しない、というトランプの姿勢が生んだものでもあった。その結果、共和党の多くの専門家が排除されてしまったのである。

トランプから退けられなかった人たちの間では、苦悩に満ちた議論がワシントンのそこかしこで沸騰していた。共和党員の多くが不快極まりないと感じている大統領のために、働くべきかどうかというのである。あくまでも信義を貫いて断るか、あるいはこの奇矯な大統領をより責任ある方向へと導くことこそが責務であると見るべきか。その判断いかんによって多くの友人関係や家族の絆がずたずたになった。「あんな男」の部下の配偶者ではいられないからと、パートナーから別れ話を持ち出される者、どちらかが政権入りし、もう一方が断ったために互いに口を利かなくなった旧友たち。そんなことがワシントン中で展開した。元インディアナ州選出上院議員で、国家情報長官に指名されたダンことダニエル・コーツのような人たちもいた。自分の仕事は、自分を指名した当の大統領自身から自分たちの組織を守ることである、との理解のもとで仕事を引き受けたのだ。

ほかにも、これから仕えることになる大統領への嫌悪感を差し置いて、自身の思想信条を実現するチャンスだと見て、ホワイトハウスの仕事を引き受ける者もいた。マイク・ペンスらのもとで働いた経験のある保守派活動家の古株、マーク・ショートもそんな一人だ。ショートはかつて、保守派の大富豪として知られるチャールズとデイヴィッド・コーク兄弟の政治団体、フリーダム・パートナーズ商工会の会長も務めていた。だが、大統領選に先立つ共和党の予備選挙中、ショートはみずから何千万ドルという巨額の反トランプ・キャンペーンを立案し、コーク兄弟がそれに資金提供をしないと知ると、会長を辞任してしまった。それほどショートは激しくトランプに反対していたのだ。しかし今、かつての上司が副大統領になるとあって、ショートは議会担当補佐官としてホワイトハウスのスタッフに加わることにしたのだった。

ことほど左様にわずかな専門家しか確保できなかったトランプのホワイトハウスは、ど素人とトラブルメーカーの出来損ないであふれかえっていた。大統領の行政命令をどう練り上げるか、外国の首脳との電話会談をどうやってアレンジするか、果てはホワイトハウスの食堂の出前を注文する方法に至るまで、誰も何もわかっていなかった。トランプは、プリーバス首席補佐官ならばワシントンの政界の仕組みに精通していて、大統領選でトランプを支持しなかった首都の住人に対して、いわば大使役を果たしてくれると思い込んでいたのかもしれない。

しかし実際、プリーバスのワシントンにおける唯一の経験は選挙工作だった。おかげで錚々たる顔ぶれの裕福な献金者やメディア・コンサルタントらとコネクションはあったものの、政権運営という点ではほとんど専門知識に欠けていた。レックス・ティラーソンがエクソンモービルのビジネス交渉で世界中を飛び回ったのは確かだが、だからといって理想的な国務長官になれるわけではなかった。ジム・マティス国防長官は何十年という従軍経験を誇り、ほかの新任閣僚たちに比べれば、官僚機構の公共部門と幅広いつき合いもあった。だがアフガニスタンやイラクとはまったく違った意味の戦場であるワシントンの政界で豊富な戦闘経験があったわけではない。さらにスティーヴ・バノン、ケリーアン・コンウェイ、ジャレッド・クシュナー、イヴァンカ・トランプといった側近たちは、いずれも政府の役職に就いた経験は皆無だった。新任のスティーヴン・ムニューシン財務長官、ウィルバー・ロス商務長官、ベン・カーソン住宅都市開発省長官、ベッツィことエリザベス・デヴォス教育長官、通商政策担当補佐官ピーター・ナヴァロ〔国家通商会議委員長〕らも同様だ。ナヴァロなどは、ネット通販のアマゾンで本をブラウズしていたクシュナーが、たまたま中国に関するその著作を見つけて読んでみたところ、気に入ったからといって政権に誘ったのだった。まだ二〇代の元モデルのホープ・ヒックスは、選挙運動中にスポークスパーソンを務めてトランプと親しくなり、今や何でも屋の補佐官としてホワイトハウス入りすることになっていたが、政治の世界ではまったくの新参者だった。ヒックスの元ボーイフレンドで遺恨を抱くコーリー・レワンドウスキー〔トランプ陣営の元選対本部長。予備選中に解任〕によれば、ヒックスは保守派実業家のコーク兄弟をコーラ飲料のコークと勘違いしたそうだ。ソーシャルメディア担当でトランプの副官とも言うべきダン・スカヴィーノは、かつてトランプがゴルフをするときにキャディーをしていた人物だ。選挙参謀を務めたブラッド・パースカルは、元はトランプのウェブサイトの開発担当者である。

　こうした中、副大統領は数少ない例外だった。マイク・ペンスはトランプにとって大統領選を戦う上で決してお気に入りの相棒ではなかった。むしろ「最小公倍数」とでも言えるほど共通点が少なかったが、ほかの候補者が軒並み排除されてしまったのだから仕方がない。だが分厚い胸板に、非の打ちどころのない白髪、白く整った歯並びと、まさにキャスティング的に言えば、はまり役だった。インディアナ州出身のペンスは連邦下院議員選挙に二度出馬するも落選し、一九九〇年代の大半を保守系ラジオ番組のホストを務めて過ごした。本人は「ラッシュ・リンボウ〔著名なラジオパーソナリティでもあった保守系タカ派の論客〕をカフェインレスにしたようなもの」[33]と謙遜したが、ペンスも負けず劣らず保守的だった。あるときは気候変動を「神話」と呼び、「喫煙で死ぬことはない」と主張した。[34]二〇〇〇年の選挙でついに下院議員に当選して一二年間在任。しばしば自分はどんな人間かと言えば「クリスチャン、保守派、共和党員の順」だと述べ、二〇一二年にはコーク兄弟の支援もあってインディアナ州知事に当選した。[35]任期中の最も印象深い出来事は、宗教上の信条を理由に企業がゲイおよびレズビアンの顧客へのサービス提供を拒否できるという、信仰の自由に関する州法を通そうとしたときのことだ。スポーツの各種リーグや大手企業から抗議のボイコットをすると言われて、ペンスは譲歩を余儀なくされたのだった。〔二〇一五年の「宗教の自由回復法」。法案に修正を加えた上でペンス知事が署名して成立。依然として性的少数者に対して差別的だとしてその後も批判された〕

トランプは当初、ペンスが軟弱で地味だと感じていた。大統領選の共和党の予備選挙の段階で、ペンスがインディアナ州知事選で苦戦しているとの世論調査の結果がトランプの耳に入った。すると遊説先へ向かう機内でトランプは、「そんなやつをおれが副大統領にしたいと思うか?」と側近たちに問いかけた。[36]だがトランプの家族とスタッフはペンス支持で一致していた。共和党の既成勢力にとっても、国内の保守派勢力にとっても、安心材料になるというのだ。それは異様な取り合わせだった。熱心な福音派クリスチャンであるペンスが、女性の股ぐらをひっつかむことを自慢するような、口汚い、結婚三度という俗物に仕えることなどできるだろうか。野心、義務感、それに経験がどう組み合わされればこんな取引が成立するというのだろうか。

「アクセス・ハリウッド」の舞台裏の映像でトランプの股ぐら云々の発言が暴露されたとき、ペンスの妻カレンは激怒して、副大統領候補を降りろとペンスに迫った。だがペンスは今さら降りられないと判断。妻は嫌悪感を隠そうとはしなかった。トランプ当選というあり得ないことが起きた夜、副大統領に当選したペンスは共に祝おうと、舞台裏の妻のもとへ行った。

「お祝いのキスをしてもらえるよな?」とペンスは周囲にも聞こえるような声で言った。

「いい気なもんね、マイク。欲しいものはもう手に入ったでしょ」というのが妻の答えだった。[37]

ホワイトハウスの陣容を整える任に迫られたプリーバス首席補佐官は、経験のあるスタッフを探しにかかった。選挙参謀としてジョージ・W・ブッシュの二度の当選に尽力したカール・ローヴに訊くと、ジョー・ヘイギンに当たってみろと勧められた。ヘイギンは共和党政権で合計一四年も補佐官などを務め、近年ではおそらく随一のホワイトハウス経験者だ。直近ではブッシュ政権の次席補佐官を務め、大統領の戦闘地域訪問や、ホワイトハウスのシチュエーション・ルームの改修、大統領専用機エアフォース・ワンでの通信の機密性の向上などをどう調整すればいいか――それに新政権の構築についても――豊富なノウハウを持っている人物だった。

プリーバスは、一年あるいはそれ以下でもいいからと、トランプ政権を構築するためにかつての職場に戻ってきてくれないかと、ヘイギンに打診した。ヘイギンは躊躇しながらも同意した。誰もがトランプを袖にしたら国のためによくない、というのだった。だが早々に、これまでのホワイトハウスとはまったく勝手が違うことに気づくことになる。ある日、トランプ・タワーのオフィス区域のロビーに座っていると、突然ガラスドアが開き、毛皮をまとった華麗な女性が取り巻きを引き連れて颯爽と現れた。ヘイギンは受付係にあれは誰かと聞いた。

「オマロサですよ」と受付係。

「オマロサとはいったい何のことだね？」とヘイギン。すると――。

「あなたは『アプレンティス』を観ていないんですか？」と係員に問い返されたのだった。〔オマロサ・マニゴールト・ニューマンは「アプレンティス」の初期の出演者。トランプ政権で二〇一八年一月まで大統領補佐官〕

トランプ政権は現代史上でも稀に見る混乱の幕開けを迎えた。もっとも、トランプが寄せ集めた素人集団のことだから驚くにはあたらないだろう。

政権発足当初、「打って、打って、打ちまくれ」とスティーヴ・バノンにけしかけられたトランプは、選挙運動中の公約だった大統領行政命令に矢継ぎ早に署名して、行動力を見せつけようとした[38]。自身も新任の補佐官らも実際にどうやればいいのかわからなかったが、お構いなしだ。重要なのは見栄え――トランプ自身が世間にどう見えるか――であって、その大統領令が正しい手続きを踏んでいるか、もっと言えば合法的かどうかは二の次だったのだ。

トランプはすぐに、カナダからアメリカへ原油を運ぶキーストーンXLパイプラインの建設に反対する米政府の立場を逆転させ〔二〇一五年に環境への影響を理由にオバマ政権が承認申請を却下していた〕、オバマ政権が交渉して勝ち取ったアジアの同盟諸国との環太平洋パートナーシップ協定（TPP）から脱退。オバマ政権が導入したアフォーダブル・ケア法〔オバマケアとして知られた低所得者層の加入を促す医療保険制度改革法〕の規定の一部を延期または撤回するよう関連省庁に命じた。続いてメキシコとの国境の壁建設に道を開く思惑で二本ばかりの大統領令に署名。しかし、メキシコがきっと費用の一部を負担してくれるだろうとのトランプのばかげた主張は、すぐにその隣国との関係を台無しにする結果となった。エンリケ・ペニャ・ニエト大統領に就任の挨拶の電話をした際、トランプがメキシコの費用負担にこだわったためだ。ニエト大統領は「まったく受け入れがたい」とし、ワシントン訪問を取りやめるというしっぺ返しで応じたのだ。こうしたことの多くは熟慮を欠き、実際の手順を精査することもなしに進められていた。ほかの政権に参加した経験がある数少ない補佐官の一人は、「こうした大統領令は、紙ナプキンの裏にクレヨンで落書きしたとでも言うべき状態で上がってくることもありました」と不平を漏らした。「それほどひどかったのです」

最も象徴的な出来事は、「合衆国へのイスラム教徒の入国の全面的かつ完全なる禁止」という選挙公約を、法的審査に耐え得る実際の政策にしようとしたことだろう[39]。大統領に就任して最初の月曜日、驚愕した政府関係者の一部が一通の書類の写しを密かに入手したり、こっそり互いに回したりしていた。それはある大統領行政命令の草案で、シリアからの新たな難民の無期限入国禁止、その他あらゆる国からの新たな難民の一二〇日間の入国禁止、そしてイスラム教徒が人口の大半を占める七カ国からのあらゆる旅行者の九〇日間の入国禁止を規定するものだった。トランプはその週の金曜日に国防総省を訪問した際に、署名するつもりだった。これでは政策を検討する余裕もないばかりか、実施方法を設計する時間などないに等しかった。

ホワイトハウスのスタッフの弁護士らは、その書類を調べるうちに焦り始めた。あまりにもいい加減で、法科大学院《ロースクール》の一年生向けのゼミに出しても落第するような代物だったのである。だが側近のバノンとスティーヴン・ミラーはアクセルペダルに足を乗せたまま、エンジンをふかしにふかしていたのだった。

「そんなことはやめてください。準備が間に合いませんから」と秘書官のロブ・ポーターが抗議した。大統領が署名する前に一切の書類を検査するのがポーターの役割である。

「必要なことは何でもやってくれて構わない」とバノンは指図した。「とにかくおれたちは署名までいくよ」

出来損ないの草案をなんとか法律文書らしいものに仕上げるために、ポーターと弁護士たちはほぼ夜を徹して作業した。誰も判例を網羅的に確認する時間はなかった。ポーターは司法省の法務顧問室とも調整をした。そういう類の書類に大統領が署名をする前に、「形式と合法性」を審査・承認する責任を負う部署だ。だがまだトランプが政治任用の人員を指名しておらず、常勤のスタッフの弁護士たちしかいなかったが、彼らは書類の不備を次々と指摘し続けた。

署名のイベントが予定されていた金曜の朝になっても、文書はまだ司法省の承認を得られていなかった。「入国禁止の大統領令への署名は難しいと思いますよ。準備が間に合いません」と、ポーターはバノンとプリーバスに告げた。

「だが間に合わせないといかんのだ」とプリーバスは言った。

司法省の承認が得られていないとポーターが説明するとバノンが言った――「そうしないと駄目だという法律でもあるのかね?」。

ポーターは卒倒しそうになった。いいえ、必要だとの法律はありませんが、長年の標準的な手順ですし、そうした法的保証をいきなり放棄するのはばかげています、とポーターは説いた。だがそのとき、規準をぶち壊したいと思っているのはトランプだけではないことが明らかになったのだった。

プリーバスとバノンから遅延は認めないときっぱり告げられたポーターは、司法省の弁護士たちと再び電話でやりとりをして、超特急でできる限りの編集作業を進めた。最終版を印刷したポーターは、国防総省へ向かうトランプの車列に同行して持参した。到着後、トランプはプリーバス、バノン、ジム・マティス国防長官と国防総省の視察ツアーに出かけた。その間、ポーターとスティーヴン・ミラーは小部屋にこもって額を寄せて、署名まで何分もないというのに不完全なままの大統領令を完成させにかかった。ポーターは司法省の弁護士たちと電話をつなぎ、彼らが口述する修正点をタイプし、最新版の草案をホワイトハウスのオフィスへメールで送信。待ち受ける補佐官が公式の羊皮紙に印字して、ホワイトハウスの車両を使って国防総省へ駆けつける、という段取りだ。

トランプが視察を終えて戻ってきたとき、ポーターはまだ司法省と電話中で、最終的な承認を得られずにいた。「あと五分で署名するぞ」とポーターは指示を受けた。トランプ大統領がテレビの生放送に姿を現す寸前、ポーターは弁護士らに指示された最後の修正点を急いで手書きで書き入れた。幸い、それらの修正点はトランプがテレビカメラの前に掲げて見せる第一ページではなかった。

この一件はすべてがずさん極まりなかった。政権のほとんどの関係者が、この大統領令にトランプが署名することすら通知されていなかった。マティス国防長官は大統領選中、トランプが提案していたこのイスラム教徒の入国禁止策を公然と批判していた。そしてそんなマティスも、このとき大統領がどんな行政命令に署名するのかを聞かされていなかった。このため自身が有害だと考えている政策だというのに、それを記念に残す写真撮影に無理やり参加させられたことに、すぐに憤慨した。

国土安全保障長官としてこの政策を実施する責任を負っていたジョン・ケリーは、大統領令の草案作りが進んでいることは知っていた。だがこんなに早くお披露目されるとは知らなかった。マイアミからワシントンへと向かう沿岸警備隊の航空機の中で、電話会議で側近たちとまさにその大統領令に関連する事項を議題にしていたところだった。すると誰かが横から口を挟み、大統領が行政命令に署名したことをCNNが報じていると伝えたのだ。

ケリーは愕然とした。どうするかすぐに判断しなければならない。大統領令は移行期間もなく、即刻効力を有することになる。しかもどのように施行されるのか、誰も聞かされていないのだ。まさにこの瞬間にも、飛行機でアメリカへ向かっている何百人という人たちが、今や正式に入国を禁じられてしまったのである。着陸後どうなるのか。拘束されるのか。即刻追い返されるのか。誰にもわからなかった。全米のどの空港も国境警備隊の詰所も準備はできていなかった。このため空港は瞬く間に無秩序の場と化した。弁護士たちは旅行者を手助けするために空港へ走った。数時間と経たないうちに、司法が介入し始めた。五人の判事がそれぞれ別個にトランプの大統領就任後初の重大な決定事項の停止を命じたのだった。

ケリーにとっては、トランプ政権は発足一週間ですでに次々と従来の制度を揺るがす衝撃的なことをしでかしていた。あまりのことに、ケリーは正式に就任する前に辞任を検討したほどだ。かつてマティスのもとで仕えた海兵隊の四つ星の大将だったケリーである。ほかの多くの閣僚たちと同じく、素人の大統領には手堅い人材が必要だとの思いに突き動かされて政権入りに同意したのだった。しかし部下の選定については発言権があると約束されたにもかかわらず、ケリーに確認せずに進められる採用にたびたび抵抗せざるを得なかった。ある日、トランプはカンザス州務長官で移民政策の強硬派であるクリス・コバックと面談を予定していた。プリーバス首席補佐官はあらかじめ、面談のその場でポストのオファーを出さないようにとトランプに釘を刺していた。だがもちろんトランプはその場でコバックにオファーを出した。国土安全保障副長官の座だ。これを聞いたケリーは激怒したが、さらに職に就くにあたってのコバックの要求リストを聞いてなおさら腹を立てた。コバックが求めていたのは——自分専用のシークレットサービスの護衛部隊に、政府公用機を二四時間いつでも使えること、何十人という直属の部下の配置、それにワシントンに加えて国境近くに別の専用オフィスも設けること。さらに、自分は国土安全保障長官たるケリーと「同格」の者として移民政策を担当し、ケリーはそのほかの業務を担うものと理解している、とケリーに告げたのだ。ケリーは軍隊式の指揮命令系統の遵守を信条とする厳格な男だっただけに、これは受け入れがたいとホワイトハウスに申し入れた。結局、プリーバスがコバックへのオファーを取り下げるはめになった。

ケリーはさらに、税関・国境警備局副局長のケヴィン・マカリーナンを昇格させて局長にする、とのケリーの提案を政権に拒否されたときも腹が立った。大統領就任式の週、ケリーは憤慨するあまり、まだ就任の宣誓を行なっていないが辞任すると断言した。これには側近がなだめて離職を思いとどまらせねばならなかった。結局ケリーは残り、マカリーナンの件でも言い分を通せたのだった。

だがまだ爆弾が潜んでいた。数週間もしないうちに、ケリーはまたもやホワイトハウスと揉めていたのだ。今度は海兵隊上がりの退役少将、テックスことランドルフ・アレスをシークレットサービスのトップに就けるというケリーの人事案をめぐり、またホワイトハウスから抵抗に遭ったのだ。ある同僚はケリーが政権幹部にこう伝えていたのを覚えている——「いいですとも、あなたの選択に委ねましょう。テックスがシークレットサービスのトップに就くか、さもなくば新たに国土安全保障長官をお探しになるかですね」。このときもアレスがトップに昇進し、ケリーも国土安全保障長官のポストにとどまったのである。

トランプがホワイトハウスに連れてきた協力者たちの中で、最も大きな物議を醸したのは——あるいは、トランプ政権がもたらすことになる数々のより重大な脅威への予兆となったのは——マイケル・フリンの登用だ。この堅物の退役中将は、ヘンリー・キッシンジャー、ブレント・スコウクロフト〔歴代共和党政権で大統領補佐官（国家安全保障問題担当）、大統領対外情報諮問委員長などを歴任〕、コリン・パウエルらがかつて使ったホワイトハウス北西角のオフィスに陣取った。

　フリンは大統領選中にトランプの首席外交政策顧問を務め、一時はトランプのいちばんのお気に入りだった。こざっぱりとした情熱家で、髪を短く刈り込み、陸軍での三三年間もの従軍経験からくる軍人らしい立ち居振る舞い。フリンは絶え間なくエネルギーをみなぎらせていたが、ときにそれが集中力を欠如させた。あるスタッフが「麻薬でハイになったネズミ」と称したこともある。[40]

　フリンは多くの軍人を生んできた由緒ある家系の出だった。父親はジョージ・パットン司令官のもとでバルジの戦いに従軍し〔一九四四年末から四五年初頭にかけての西部戦線における米独軍の戦い〕、フリン本人と弟は共に将官にまで上り詰めた。アフガニスタンとイラクで従軍したのち、国防情報局長官に就任。だが横暴な管理スタイルと事実関係の真偽の判断の甘さが批判を浴びて、在任二年にして二〇一四年に辞任。イスラム教テロリストの脅威を真剣に受け止めなかったと断じて、オバマ大統領を批判したこともある。

　大統領選中、フリンはオバマ政権の成果を消し去ろうとしているトランプの陣営に喜んで参加し、ヒラリー・クリントンを激しく糾弾してトランプに媚を売った。トランプは感心するあまり一時はフリンを副大統領候補にすることも検討したほどだ。選挙中、ロシアが民主党の電子メールをハッキングしてリークしたことで大騒ぎになり、プーチンを賛美するトランプに対しても世間の幅広い層から懐疑的な目が向けられた。だがフリンにもモスクワと怪しげな結びつきがあることを、トランプは気にもしていなかった。退役後、フリンはモスクワで講演し、四万五〇〇〇ドル〔約五四〇万円〕の報酬を受け取った。これはロシア政府の英語のプロパガンダ・ネットワークであるRTの一〇周年記念イベントの一部で、フリンは祝賀晩餐会では実にプーチンの隣の席を占めていた〔RTは英語以外にも複数の外国語放送を行なっている〕。さらに、フリンは大統領選中にトランプ陣営の顧問を務めながら、同時に外国のロビイストとして必要な登録をせずに、トルコ政府の利害を代表した活動もしていた。だがトランプはそれにも知らぬ顔。ニュージャージー州知事のクリス・クリスティやオバマ大統領からさえ、フリンと関わるべきではないと忠告されていた。二人ともフリンを、クリスティの言葉を借りれば「何をしでかすかわからない危うい人物」と見ていたのだ。[41] だがトランプは聞く耳を持たなかった。

　大統領に就任してしまえば、ロシアの疑惑をめぐる世間の怒りは収まるだろう……そうトランプが思っていたとしたら、間違っていた。就任式が近づくにつれ、ロシアがトランプのために選挙戦に介入したとの機密情報をトランプは気にするようになっていた。連邦捜査局（FBI）がトランプ陣営とモスクワとのやりとりを調査していた事実にも神経を尖らせた。そして英国の元諜報部員のクリストファー・スティールがまとめた調査ファイルについて、FBI長官のジェイムズ・コミーが私的に耳に入れると、トランプは激怒した。スティールはトランプとロシアの結びつきについて証明されていない主張を繰り返し、中にはかつてオバマ大統領が訪露中に宿泊したこともあるホテルに宿泊中、売春婦たちがベッドで互いに尿をかけ合ったというセンセーショナルだが裏づけを欠く話もあった。そして数日後にこの調査ファイルの中身がバズフィード・ニュースのウェブサイト〔当時開設されていたネットニュースのサイト〕で公開されると、トランプはさらに怒りを爆発させ、この件についてトランプにブリーフィングをしたことが報道の呼び水になったとして、コミーFBI長官を非難したのだ。[42]

　フリンはさらに事態を悪化させていた。大統領選でトランプを利するために選挙介入したロシアに対して、オバマ大統領が制裁措置を発動したその日〔二〇一六年一二月二九日、在米のロシアの外交官三五人を国外退去とするなどの制裁を科した〕、フリンは駐米ロシア大使のセルゲイ・キスリャクと電話をしたのだ。それも一度や二度でなく、五回も。通話の中でフリンはあるとき、オバマ政権の制裁に対して過剰反応をしないよう要請し、新政権がオバマ政権の厳格な制裁を覆すようなことも示唆していた。

　トランプの大統領就任式の一週間前、『ワシントン・ポスト』紙のコラムニストのデイヴィッド・イグネイシャスは、フリンがキスリャクと接触していたことを暴露した。[43]フリンはキスリャク大使と制裁について話し合ってはいないと、マイク・ペンス、ラインス・プリーバス、ショーン・スパイサーに断言した。そして、この件については大丈夫だと、ペンスとスパイサーは公に発言した。しかし米側はキスリャク大使の電話通信を常時監視しており、FBIのエージェントたちはフリンが会話を否定したことは虚偽だとわかっていた。このためトランプ政権発足直後、エージェントたちがホワイトハウスでフリンと会い、キスリャクとの会話について尋ねたとき、制裁の話題は出なかったとフリンが再び発言したことに驚いたのだった。

　トランプが指名したジェフ・セッションズが司法長官として承認されるまで、暫定的に司法省トップに就いていたのは、オバマ政権で司法副長官を務めたサリー・イエイツだった。イエイツはホワイトハウス法律顧問のドンことドナルド・マクガーンを訪ね、フリンが嘘をついたことと、その結果フリンが恐喝の標的となる危険性があることを告げた。この時点でトランプはすでにフリンに嫌気が差しつつあった。その理由のひとつは、フリンが自身の息子を政権移行チームに採用し、その当の息子がツイッターで奇怪な陰謀説を広めていたことだった。それによれば、ヒラリー・クリントンがこともあろうにワシントンのあるピザ屋の地下室を拠点にして、小児性愛者の一味を差配しているというのだった。

ホワイトハウスはイエイツの忠告を受けても一切動かなかった。その代わりに、トランプは四日後にそのイエイツ司法副長官を解任してしまった。イスラム教国からの入国禁止に関する例の急ごしらえの大統領令の草案を、イエイツが法廷で擁護することを拒んだからである。トランプ政権の首切り第一号だったが、やがてかつてリアリティ・ショーの出演者らをクビにしたように、トランプは政府当局者らを次々とお払い箱にすることで知られるようになるのだ。一週間以上経ったある日、マクガーン法律顧問は『ワシントン・ポスト』紙が一本の記事を準備していることを知った。結局フリンがキスリャク大使と対ロシア制裁について話し合ったかもしれない、というフリンのスポークスマンの発言を報じようというのだった。[44] マクガーンは、トランプがプリーバス首席補佐官とホワイトハウスの居住スペースで夕食を共にしているのも構わず、二人にこのことを伝えた。

プリーバスは憤然としてウェストウィングへ急ぎ、シチュエーション・ルームにフリンを呼び出し、容赦なく問い詰めた。

「ロシア大使と制裁について話したのか、話してないのか、どちらなのだ?」とプリーバスは迫った。

「いやあ、話して**いない**と思うんですが」とフリンが答えた。

「私をばかにしているのか?」とプリーバスは怒鳴った。

フリンとキスリャクの電話会話を書き起こした資料をＦＢＩが持っていると、ホワイトハウスのスタッフの弁護士の一人が指摘した。プリーバスはさっそくそれをホワイトハウスへ持ってこさせた。そして読み進めるうちに、プリーバスの表情がこわばっていき、頭を横に振って言った――「まずいな、これは信じられん。私に言ったことと違うじゃないか」[45]。

プリーバスとペンスはホワイトハウスの居住スペース

にいるトランプに電話を入れ、この成り行きを伝えた。「フリンは嘘をついているか、記憶力が世界一弱いかです」とプリーバスは言った。トランプは週末をかけて検討することにしたが、マスコミが迫ってきつつあったこともあり、月曜になってフリン大統領補佐官（国家安全保障問題担当）の解任を決断。プリーバスはフリンを呼び出した。

「今からする会話は、めでたしめでたしでは終わらないぞ。みずから辞任するか、私が解任するか。好きな方を選びたまえ」と、プリーバスはフリンに告げた。

フリンは抵抗せず、「それなら、辞任します」と言った。

在任期間はわずか二四日であった。

第3章 決してマードックを待たせるな！

政権発足からわずか二八日目だったが、トランプはすでに三人目の広報部長を採用しようとしていた。最初の候補者はセックス・スキャンダルが原因で就任前に辞退。二番目は臨時に代理を務めていたにすぎない。そんなわけで、二月一六日の朝、マイケル・ドゥブケがトランプとの面談のためにオーバル・オフィスを訪れたとき、ことは急を要していた。

長身で、ハスキーな声、人懐っこい若々しい笑顔のドゥブケは共和党系のベテラン活動家で、選挙の候補者や業界団体の広報を専門としていた。このときは共同経営者がホワイトハウスからのオファーを断ってドゥブケを推薦したため、ドゥブケもいい機会だと判断した。ほぼ生涯をかけて政界で仕事をしてきた人間には、またとないチャンスだったのだ。だがトランプはドゥブケの経歴にはほとんど関心を示そうともしなかった。通常の採用面接的な質問は一切省き、念頭にあることをずばりと口にした。

「記者会見を開くべきだと思うかね？」とトランプはドゥブケに尋ねた。

ドゥブケは自分が試されているのかどうか判断しかねたが、果敢にイエスと言ってみた。そして「来週あたりどうですかね」と提案した。

来週だと？ そんなに待ちたくなんかない、というのがトランプの思いだった――「おれがもっと早くやりたいと言ったらどうするね？」とトランプ。

「みなあなたのために働いていますからね」とドゥブケは曖昧に答えた。

「今日が好日だと思う」とトランプは断言した。

この時点で、トランプが本気であることがわかった。通常ならば大統領が本格的な記者会見をするには、それなりの準備とブリーフィングと、それにときにはリハーサルまで必要となる。とくに新政権初の会見となればなおさらだ。部屋の奥で、ラインス・プリーバス首席補佐官とショーン・スパイサー広報部長代行はハッとして注視した。

「そうですね、大統領殿、私だったらブリーフィング・ルームは使いませんね。もっと大統領にふさわしくしなくては」とドゥブケは少し大胆に言ってみた。もっと厳かな感じで、たとえばイースト・ルーム〔晩餐会や重大な記者会見などに使用する〕あたりが適切だろうが、「今日というわけにはいかないでしょう」とドゥブケは言った。

トランプは隣接する秘書官室にいる補佐官らに叫んだ――「係を呼んで、イースト・ルームで記者会見の準備ができるか確かめてくれないか？」。

トランプのホワイトハウスでは、衝動と本能が支配していることが次第に明らかになってきた。プリーバスとスパイサーは慌てて関係者たちに伝えに走った。こうして正午を少し過ぎたころ、トランプは初の大統領記者会見のためにイースト・ルームに勢い込んで足を踏み入れたのだった。

結果は大統領らしさのかけらもなかった。一時間一七分の間、トランプは自身の政権と人格の両方を、無遠慮で怒りに満ちた言辞で弁護し続けたのだ。ときには唐突で、しかしだいたいにおいて冗長で、典型的な自慢げな口調だが、自分に押しつけられたイメージに傷ついたようなそぶりも見せつつ、報道メディアに噛みついた。「はっきり言って、報道機関は野放し状態だ」とトランプは言った。そしてスティーヴ・バノンの霊感を受けたかのごとく、腐敗した「権力構造」が「根を張っている」とし、ＣＮＮと「期待外れの『ニューヨーク・タイムズ』紙」に不満を述べた。そして何度も繰り返し、お気に入りの新フレーズを口にした――「全部フェイクニュースだ。フェイクニュースなんだよ」。しかものちに自分で発言を修正した。自分が文句を言っているのは単なる「フェイクニュース」に対してではない、「ひどいフェイクニュース」なのだと[1]。

この前後にトランプは、トランプ政権とは切っても切れないと言えるほどになったこの最も象徴的なフレーズを吐くようになっていた。やがて決め台詞になったこの批判を最初に口にしたのは一月のこと、ＣＮＮのホワイトハウス特派員のジム・アコスタを「おまえはフェイクニュースだ！」と怒鳴りつけたときだった。だがトランプが「フェイクニュース」というフレーズを好んで使ったのは、実は恥知らずの剽窃だったのである。大統領選でトランプが番狂わせの勝利を収めてから最初の三カ月間、当初このフレーズは、ネットに拡散されたトランプに有利な偽情報の奔流を指す用語として広まった。このフレーズをそうした意味で最初に使ったのは、投票日の数日前に暴露記事を出したバズフィード・ニュースの記者、クレイグ・シルバーマンだ。マケドニアにあるフェイクニュースのネタの作成拠点が、トランプに有利な虚偽情報をフェイスブックを通じてアメリカの有権者らに拡散している、というものだった。(2) 次いで、トランプが勝利したのちの一二月、ヒラリー・クリントンもこのフレーズをあるスピーチで使った。クリントンは「この一年間、ソーシャルメディアに氾濫した悪意あるフェイクニュースと虚偽のプロパガンダの蔓延」を批判したのだ。(3)

それが今やトランプは批判者たちが好んで使ったレッテルを横取りし、それを逆に批判者たちに対して使い始めたのである。それはちょっとした政治的な柔術のようなものだったが〔柔術には相手の力・勢いを利用して敵を倒すという特徴がある〕、驚くべき成果を挙げた。「フェイクニュース」は今やトランプ支持の虚偽情報の洪水を意味するのではなく、メディアに対する戦いを急激に拡大しつつあったトランプの武器と化したのである。そしてそれは四年間の任期を特徴づけるものとなった。「トランプはそれを採用して自分のフレーズに作り替えることにしたのです。自分のものにして、メディアを叩くための棍棒として利用したのです」と、シルバーマン記者はのちに回想している。(4)

記者会見の翌日、会見に関する報道に怒り心頭に発したトランプは、任期中のもうひとつの決まり文句となるフレーズを使った。マール・ア・ラーゴの別荘で週末を過ごすためにフロリダに着陸してまもなく、トランプはツイートした――「フェイクニュース・メディア（ヘボな『ニューヨーク・タイムズ』、CNN、NBCニュース、その他多数）は私の敵ではない。アメリカ国民の敵だ。むかつく！」。就任後わずか二週間にして、トランプはリチャード・ニクソン以来共和党員らが好んで使ってきたマスコミ・バッシングのレトリックをはるかに凌駕してしまった。むしろ世界各地の独裁者や暴君がしきりに使うような表現で、メディアを悪者扱いしたのである。確かにニクソンも非公開の場では「報道機関は敵だ」とヘンリー・キッシンジャーに言い、ジャーナリストだけでなく、民主党員も含む秘密の「敵の一覧」を作成していた。だがそれを言いふらすのは得策ではないと理解していた。このリストはウォーターゲート事件の捜査の一環として初めて公になったのであって、ニクソン自身は報道機関に対する最もあからさまな暴言は私的会話にとどめていたのである。

西側の民主主義国の大統領たるものは、トランプのような言葉遣いはしないものだ。それは、何百万人もの人々を公式に「人民の敵」と規定して、強制収容所に送ったスターリン時代のソ連のような専制国家を思い起こさせた。こうした言辞の真の恐ろしさは、一九五六年にスターリンを批判したニキータ・フルシチョフの極秘演説がおそらく最もよく言い表しているだろう――「『人民の敵』という概念はスターリンが創作したものだ。このフレーズを使うと、問題となっている男または男たちのイデオロギー的な誤りを証明することは、自動的に不要となってしまうのである。このフレーズは、どんな形であれスターリンに賛同しなかったあらゆる人間に対し、革命のあらゆる法的規範を犯す残酷極まりない弾圧を可能にしたのだ」[5]。このような歴史上の先例は幾度となく公に批判されてきたにもかかわらず、トランプは気にも留めず、任期中に何百回となく繰り返すことになるのだ。

敵を必要としたトランプにとって、大手報道メディアは格好の引き立て役となった。スティーヴ・バノンは報道メディアを「野党」と呼んだほどだ[6]。メディアを悪役とした戦いは、戦闘を続けるために延々とツイッターで発し続けた侮辱的なツイートの数々と同様に、計算ずくで、意図的で、トランプの政治家としての人格を打ち出す上で不可欠だったのである。大統領として一日フルタイムで勤務した最初の日、トランプは早くも「私はメディアとの戦争の真っ最中だ」と、ある演説で述べた[7]。メディアは政治から独立した強大な勢力の中枢だが、トランプの目的はそれを無力化することにあった。このためトランプは支持者たちに対し、事実上、自身およびその「もうひとつの事実」以外は信頼するなと呼びかけていたのである。この「もうひとつの事実」というのも、トランプ政権発足二日後、報道番組「ミート・ザ・プレス」のインタビューでケリーアン・コンウェイ顧問が言い出した実に忘れがたいフレーズだ[8]〔大統領就任式に史上最大の群衆が集まったというのは虚偽だと指摘されたことに対し、虚偽ではなく「もうひとつの事実」だとコンウェイが発言して物議を醸した〕。

そうは言っても、トランプとメディアは愛憎相半ばする関係だった。トランプはメディアを嫌悪するのに負けず劣らず、メディアの注目を渇望した。ニューヨークの不動産開発業者として、またリアリティ・ショーのスターとして、著名人にのし上がる過程で、トランプは大胆な女性関係や劇的な倒産などで何度もタブロイド紙の一面を飾ってきた。それだけにトランプは、どんな形でも報道されることはいいことだ、という見解に与《くみ》するようになっていたのだ。あるときなど、「小児性愛者でない限り、報道されて悪いということはないのさ」と、選挙顧問だったブラッド・パースカルの前で公言したこともある。つまり持ちつ持たれつだったのだ。二〇一六年の大統領選では、当選経験のない初心者の候補者としてはまったく異例なことに、トランプは報道を独り占めした。トランプ・タワーの黄金のエスカレーターから降りてきた瞬間から、どこへ行ってもカメラがついて回った（トランプ・タワーで出馬を宣言したとき、プラカードを掲げてトランプを出迎えた群衆は、一人五〇ドルの報酬で集めたものだったが）。トランプの選挙集会はケーブルテレビで最初から最後まで生中継された。放送局側も、トランプの予測不可能な暴言が視聴率を爆発的に押し上げることに気づいたのだ。「アメリカにとってはよくないかもしれないが、CBSにとってはめちゃくちゃいい」と、最高経営責任者のレスリー・ムーンベスが言ったのは有名な話である。(9)

しかし選挙戦が進み、トランプがもの珍しい変わり種から本格的な候補者になっていくにつれ、大手メディアの報道はトランプに対して厳しさを増し、トランプはパフォーマンス的に対決姿勢を打ち出す戦略を選んだ。特定の報道機関には自身の選挙集会の取材さえ禁じる一方で、トランプ支持の声を増幅してくれるFOXニュースやブライトバート・ニュースとは緊密に連携した。ブライトバート・ニュースは、トランプ陣営に正式に加入するまでスティーヴ・バノンが経営していたオルタナ右翼のネットニュース・サイトだ。例のイースト・ルームでの大統領就任後初の記者会見で、トランプはメディアが描き出す自身のイメージに抗議した。「報道の論調はあまりにも憎悪に満ちている。本当に私は悪い人間ではないのだ」と不平を述べたのだ。トランプはそうした報道姿勢に比べ、FOXニュースを模範的な事例と見て、「あそこがいちばん公正・誠実な朝の報道番組を放送している。私にはそうとしか思えない。最も公正・誠実だ」と断言したのである。(10)

トランプ配下のスタッフもすぐにどうすべきか気づいた。FOXニュースの番組への出演に多くの時間を割く一方で、その他のメディアとは戦い続けたのだ。戦闘的であれとトランプからプレッシャーをかけられていた新任のショーン・スパイサー報道官は、記者会見であえて喧嘩をふっかけたがっているように見えた。だがおかげで人気のテレビ番組「サタデーナイト・ライブ」でスパイサーに扮したホストのメリッサ・マッカーシーのものまねでおちょくられ、それが人気のネタになったおかげでトランプの不興を買ってしまった。トランプは女性にものまねをされたことで、スパイサーが軟弱に見えると受け取ったのだ。

　中にはトランプの「われわれ対彼ら」という枠組みに直感的に反発したジャーナリストたちもいた。トランプ政権発足から数週間後、『ワシントン・ポスト』紙のマーティン・バロン編集主幹は、「私たちは戦争をしているわけではありません。お互いに仕事をしているんです」と述べた[11]。それでも、同紙はトランプの最初の記者会見の数日後から新しいスローガンを掲げ、「民主主義は暗闇の中で死ぬ」というその文言の意図は明らかだった。そして多くの報道関係者にとって、トランプとの対決は実際に戦争だったのであり、それは新たなルールが求められていたアメリカにあって、実存的な命運がかかった瞬間だったのである。ＭＳＮＢＣとＣＮＮは混乱を巻き起こしている新政権について批判的な論調を強めていったが、それは報道と論評の従来の境界線を一層曖昧にするものでもあった。プロデューサーらは、視聴者が虚偽で不快だと感じる発言をするトランプの代弁者らの中から、出演してもらいたいと思える人を探すのにますます苦労するようになった。そしてその一方で、トランプ大統領の支持者たちもまた、明らかに敵対的に見える報道ネットワークの取材を受けることを、ますます躊躇するようになったのである。

　トランプはこうしたことすべては、最終的には自分を利すると考えていた。このため、まもなく選挙集会のような支持者らの集会を再び開催するようになったトランプは、そこでの「フェイクニュース」や「人民の敵」に類する痛罵もさらに煽動的にエスカレートしていった。大統領に就任したからにはもっと「大統領らしく」すべきだという考えなどは、すっかり捨て去ってしまった。トランプが聴衆を激しく煽り立てると、顔を真っ赤にした支持者らは報道関係者が陣取るカメラ台の方に向き直り、集まった記者らに向かって叫び、暴力を振るうそぶりまで見せる始末。このため各テレビ局は、警備員を雇ってホワイトハウス特派員を護衛させたほどだった。

「どうしてこんなことをしているんですか？」と、あるオフレコの会話中、ＣＢＳニュースのレスリー・スタール記者がメディア・バッシングについてトランプに尋ねた。

「どうしてかわかるかい？」とトランプ。「あんたたち全員の信用を失墜させ、おとしめて、私について否定的な記事を書いたときに、誰もあんたたちを信じなくするためにやっているのさ[12]」

政権発足からまもないある日、トランプはオーバル・オフィスで娘のイヴァンカと電話中だった。そこへ個人秘書のマデレーン・ウェスターハウトがドアから顔を覗かせた。

ルパート・マードックから電話がかかってきていることを告げ、「かけ直しますとお伝えしましょうか？」とウェスターハウトは訊いた。

するとのちのウェスターハウトの回想によれば、トランプは「セント・ヘレンズ山のように」〔一九八〇年の大噴火で有名〕爆発。「決してルパート・マードックを待たせるな！　決してだ！」と叫んだのだった。[13]

トランプにとって、マードックと話すことはほとんど何にも増して重要なことだった。オーストラリア生まれのこの保守系ジャーナリズムの「興行主」ほど、トランプのメディアの世界で中心的な役割を演じている者はいなかった。マードックはFOXニュース、FOXビジネス、『ウォールストリート・ジャーナル』紙、『ニューヨーク・ポスト』紙、およびその他の資産の所有者だ。主要報道メディアがトランプ新大統領の敵だとすれば、マードックのメディア帝国は第一の同盟者であり、トランプのメッセージを増幅して伝え、トランプの敵対者と対決してくれ、論争を有利に導き、トランプの思考に影響を与えた。FOXは力の源泉であり、インスピレーションの源泉であって、トランプがFOXニュースの番組からヒントを得る一方で、番組のアンカーたちもまたトランプの見解を視聴者に届けるといった具合に、雪だるま式にメッセージが増幅される無限ループが形成されていたのである。

マードックは何十年来、アメリカの大統領と緊密な関係を渇望していたが、本当に親しい関係を築けたことはなかった。二〇〇八年の大統領選では、一時期バラク・オバマ候補に関心を示したことさえあった。そしてオバマと会い、民主党候補のオバマを支援することをほのめかしたりもしたのだが、そうなればマードックの保守系のルーツから大きく逸脱することを意味した。しかしマードックのためにFOXニュースを創業した元共和党系活動家のロジャー・エイルズ会長兼最高経営責任者がそんな動きを嗅ぎつけて、辞任すると脅したために、マードックはあきらめたのだった。

二〇一六年の大統領選が近づくと、マードックはついにトランプにチャンスを見いだした。とは言え、このリアリティ・ショーのスターを評価していたわけではない。二人はロイ・コーンを通じて一九七〇年代に初めて会っていた。コーンはジョセフ・マッカーシーのために共産党員狩りをして、世に知られるようになった悪名高い弁護士にしてフィクサーだった人物で、のちにはトランプの助言役だったこともあった。マードックは以前からトランプをちょっとした目立ちたがり屋だと見ていた。マードックのある長年の知人は、「彼はトランプをどうとも思っていませんよ。まったくね」と述べた。「トランプは食わせ者だと考えていたんです。億万長者のマードックが億万長者のトランプを見て、『あいつは億万長者なんかじゃない。私の同類ではないのだ』と言っていたわけです」。だがマードックは同時にトランプは利用するには「格好の器」だとも考えていた。なぜなら「あまり頭が切れる方ではない」からだった。

　トランプはマードックとその仲間たちに長年にわたり秋波を送っていた。とくにモーニング・ショーの「FOX&フレンズ」の司会者たちに。二〇一一年の春以来――ちょうどトランプがオバマについて、実はアメリカ生まれではないという嘘を喧伝していたころ――毎週月曜日にこの番組に出演するようになった。数年にわたるこの出演歴は、のちにトランプの政治基盤となる保守派の視聴者たちにトランプを知らしめた点で、トランプの大統領への道において「アプレンティス」に劣らず重要だったと言えるだろう。

　しかしFOXニュースでも、一部の司会者らはトランプをまともな政治家としてよりも、風変わりなセレブと見ていた。二〇一五年六月、トランプが大統領選への出馬宣言をした日、ジョージ・W・ブッシュ政権の報道官からFOXニュースの報道番組のアンカーになっていたダナ・ペリーノは、国境の壁の建設費をメキシコに負担させるというトランプの公約を揶揄した。

「実際にそんなことが起きる惑星なんてこの世にありますかね？」と、自身の番組「ザ・ファイブ」でペリーノは疑問を呈した。すると共同司会者のグレッグ・ガットフェルドが答えた、「ありますよ、トランプ星ですよ」と[14]。

　この時点でマードックはまだトランプ星へ移住する覚悟はできていなかった。「ドナルド・トランプはいったいいつになったら友人たちを、それどころかアメリカ中を、困惑させるのをやめるつもりなのだろうか？」と、ツイートした[15]。トランプが共和党の重鎮のジョン・マケインの従軍歴を嘲った数週間後のことだ（トランプはマケインがヴェトナム戦争中、海軍機を撃墜され捕虜となったことを揶揄していた）。まだトランプは脇役の一人であって、共和党のほかの候補者の誰かが大統領候補に指名されるだろうと、推測していたのである。

だがそれからほどなくして、FOXニュースを代表する女性アンカーとの衝突によって、トランプとFOXニュースとの関係ががらりと変わることになった——それもトランプに有利な方向で。ニュース番組の司会者メーガン・ケリーとの確執は、トランプの出馬表明の数週間後に始まった。当時、トランプの最初の妻との離婚に関連する文書について新たな報道が出ていた。文書の中には、最初の妻のイヴァナ・トランプが、かつて夫にレイプされたと主張している、というものがあり、ケリーは自分の番組の一部でその件を取り上げたのだ。ケリーは元妻の主張について報じた『デイリー・ビースト』紙の記者を番組に呼んだ。そして元妻がその主張をのちに取り下げたことを指摘し、報道がトランプにとってフェアであったかどうかと記者に迫ったのだった。

ところがトランプは、レイプされたという元妻の主張をケリーが取り上げたこと自体に不満で、激怒した。さっそくFOXニュースのトップ、ロジャー・エイルズに電話で抗議。するとエイルズはケリーに対し、彼女の番組に出演予定だったご立腹のトランプ候補に電話をして、なだめておくようにと指示をした。

「あの件を放送するとは何ごとだ！ 本来なら、私のすてきなツイッターの矛先をあんたに突きつけてやるところだ。もっとも、まだそうしないとも限らんがね」と、トランプは電話でケリーに不満をぶちまけた。

「あなたは私の番組『ザ・ケリー・ファイル』の放送内容に関する編集権をお持ちではないんですよ、トランプさん」と、ケリーは答えた。

「もう許せん！ あんたは恥さらしだ！ 恥を知れ。恥を知れと言ってるんだ！」と言うなり、トランプは電話を切って、その晩に予定されていたケリーの番組への出演をキャンセルしてしまった。[16]

数日後、ケリーは大統領選の共和党候補者らによる最初のテレビ討論会に参加するために、オハイオ州クリーヴランドへ飛んだ。ケリーはこのディベートを仕切る三人のモデレーターの一人だったのだ。ケリーはFOXニュースでワシントンの編集主幹を務めるビル・サモンをつかまえると、トランプによる長年来の女性に対する侮辱的な発言について、一問追加してトランプに迫りたいと申し入れた。

そしてディベート開始のわずか数時間前、サモンの携帯電話が鳴った。トランプからだ。

「人から聞いたんだが、メーガンがまったくもって不公正な爆弾質問を私にぶつけようとしているらしいじゃないか」とトランプは言った。

サモンはぞっとした。どうやって知ったんだ？　誰か身内がリークしたのか？

「それはどんな質問だとお考えですか？」とサモンは尋ねた。

「私の離婚関連文書がついに公開されたんだが、その中で元妻が『レイプ』という表現を使っていてね」とトランプが答えた。

サモンはホッとした。その件をケリーが持ち出す予定はなかった。実際、トランプもディベートでの質問内容について内部情報を持っているわけではなかった。サモンはトランプに対し、ディベートの前に質問を伝えるようなことはできないがと断った上でこう述べた――「ひとつ言えることは、私たちが今ここでこぞってあなたの離婚文書を読んで、元夫人の主張から質問を考えようとしていると、もしあなたがそうお考えならば、私たちにそんな暇はありませんと、ま、そういうことです」。

何百万人もが視聴したディベートでケリーは、トランプにレイプされたとの元妻の主張を取り上げることはなかった。だがトランプが体験したこともないほど激しい調子で対決を挑んだのだった。

「あなたは嫌いな女性たちを『太った豚』『犬』『うすのろ』『むかつく動物』などと呼んできましたね」と、ケリーは口火を切った。

「ロージー・オドネルだけですがね」とトランプが口を挟み、笑いを取った。〔コメディアン、女優、タレントで、種々のメディアでたびたびトランプと激しい非難の応酬をした〕

「念のため正確に申し上げると、ロージー・オドネルは大勢の一人にすぎませんよ」とケリーが訂正する。

「ええ。きっとそうでしょうね」とトランプも認めた。

「あなたはテレビ番組『セレブリティ・アプレンティス』の出演者の一人に対して、彼女が土下座をする光景を見てみたいものだ、と言いましたね。これは私たち有権者が大統領に選出すべき人物の発言として、ふさわしいとお思いですか？」と、ケリーは畳みかけた。

これに対しトランプは、差別的表現を避ける「政治的公正」の濫用だ、とケリーの質問を非難した上で、矛先をケリーに向けた。「いい加減にしてくれよ、メーガン。私の発言が気に入らないなら、まったくお気の毒様だ」とトランプはふてぶてしく言った。「私はこれまであなたにとても優しく接してきた方だ。だがあなたの私に対する態度からすれば、いつまでもそうしているかどうかわからんがね[17]」

このときのディベートは必見だった。全米で合計二四〇〇万人が視聴し、大統領選予備選の候補者らのテレビ討論会としては史上最大の視聴者数を記録した[18]。トランプとケリーとの対決は世間の話題をさらったのだ。

トランプはその後、ロジャー・エイルズの自宅に抗議の電話を入れた。「ロジャー、ロジャー、君は私の友人だと思っていたんだがな」と、トランプは嚙みついた[19]。抗議は効果絶大だった。エイルズは編集主幹のサモンをつかまえ、高視聴率を喜びもせず、いきなり雷を落としたのだ。

「あれはいったいどういうことだ？　ケリーはどうしてあんなにこっぴどくトランプを叩いたのだ？」とエイルズは詰問した。

ケリーの質問は筋が通っていたとサモンは説明したが、エイルズの気は収まらなかった。

トランプとて同様だ。翌日の晩、トランプはＣＮＮに出演し、あからさまな個人攻撃でケリーを激しく非難した。それはケリーの質問の前提となった事実をあらためて証明するようなものだった。「彼女の両目から血が噴き出しているのがわかりましたよ。それに血が――どこぞからも」と、トランプは司会のドン・レモンに言った。この発言はすぐに、彼女が生理中であったことをトランプがほのめかしたと受け止められたのだ[20]。トランプは一向に攻撃の手を緩めなかった。「すてきなツイッター」の矛先を突きつけるとの脅しのとおり、何カ月にもわたって執拗にケリーを責め続けたのだった。

ＦＯＸニュースの一部の内部関係者らの見解によれば、このときに事実上、トランプは同社を脅しつけて屈服させたのだった。それまで長年、共和党議員らは大筋で同社に敬意を払っていた。経営トップのロジャー・エイルズはキングメーカーであり、大統領の座をめざす共和党員はエイルズに頭が上がらなかったのだ。反抗的な政治家（あるいは誰にせよ）に対処するときの同社の暗黙のモットーは、「クソ食らえだって？　おまえこそクソ食らえだ！」なのだと、ＦＯＸニュースのベテラン職員らが冗談で言ったほどだ。

しかしトランプは違った。エイルズはトランプの扱いに困っていた。「ロジャーはどうやってトランプをコントロールすべきかわからなかったのです」と、ＦＯＸニュースのある経営幹部は言った。それまでならば、メーガン・ケリーのような同社のスター・キャスターを非難すれば、誰でも出入り禁止にされていたところである。そんな共和党議員がいればＦＯＸニュースの番組に出演させず、政治家としていわば息の根を止められていた。ところがトランプの非難に対しては、エイルズはなだめにかかり、毎日のようにトランプに電話を入れて対立を収めようとした。トランプがケリーに対してあまりにも侮辱的な批判を浴びせたとき、さすがにFOXニュースも声明を出して抵抗したことが二度ほどあった。だがトランプがさらに罵倒の言葉で畳みかけると、同社は引き下がってしまったのだった。

近年の共和党の政治家たちになく、トランプにあったものは何か。エイルズにとってそれは、トランプは同社以上に、FOXニュースの視聴者たちと強く心を通わせることができることだった。次の候補者ディベートの放送が近づくと、エイルズは自分にあらかじめ質問を見せろと制作陣に要求した。同社の幹部らは現場責任者のサモンに断れと言った。エイルズを信頼できるのか、部下たちは初めて疑念を抱いた。エイルズはトランプを守ろうとしているのではないか？ サモンもいつまでもエイルズを避けていることはできず、やがて話をしたが、あえて曖昧に答えて具体的な質問は漏らさなかった。「私たちは一部の情報をボスのエイルズに伝えないようにしていました。外に漏れないかどうか確信が持てなかったからです」と、状況を認識していたFOXニュースのある記者は述べた。

かつてはニュースのネタになる側と報道機関の間には一定の境界線があった。だがますますその境目が曖昧になりつつあった。あるFOXニュースのプロデューサーはトランプ陣営のメーリング・リストに毎日電子メールを送り、最新の報道の動向を要約し、たとえばヒラリー・クリントンの演説にどう反論すべきかといったことを、提案するなどしていた。トランプがかつてストーミー・ダニエルズという芸名のポルノ・スターと不倫をし、口止め料を払った——そんな疑惑をFOXニュース記者のダイアナ・ファルゾーンが暴こうとしたとき、そのネタはボツになった。『ザ・ニューヨーカー』紙のジェイン・メイヤーの記事によれば、ダニエルズの上司は彼女にこう言ったという——「いい取材だったね、きみ。でもルパート［・マードック］はドナルド・トランプに勝ってほしいんだ。だからさっさと忘れることだな」[21]。

もはやかつてのようなエイルズはいなかった。だがまもなく、新たなエイルズも消えることになった。二〇一六年七月、ちょうど共和党が正式にトランプを大統領選の同党候補者に推薦しようとしていたころ、エイルズはセクハラ疑惑によってFOXニュースを追われてしまったのである。多くの人がこれは決定的な転機だと見た。マードックのお墨付きを得て、右翼のテレビ局はトランプのテレビ局になったのだった。

アメリカの右翼の影の実力者として長年活躍してきたエイルズにとって、苦々しい幕切れだった。二〇一七年が明けるころには、引退同然に追い込まれて居場所を失っていた。かつて目をかけてやったメーガン・ケリーは、トランプが大統領に就任する二週間前にFOXニュースを去っていた。ケリーが出演していた誰もが羨む夜九時の番組枠は、タッカー・カールソンが手に入れた。トランプのお気に入りで、挑発的な出演者が揃う夜の放送時間帯という世界でも、人気急上昇の新星である。そしてエイルズがFOXニュースのために生み出した「フェアで不偏」とのモットーは——同社の批判者たちから見ればなんとも皮肉なスローガンだったが——正式に廃止された。

　FOXニュースを追われてからも、エイルズはトランプの好意を取り戻そうと、巧みに取り入ろうとした。大統領選の秋のテレビ討論会のアドバイザーを務め、選挙前にはスティーヴ・バノンに電話をして、トランプが選挙に敗れたら文字どおり「トランプ・テレビ局」を発足させることを提案してもいた。だがトランプの番狂わせの勝利でその可能性も消え、トランプもエイルズとは距離を置いていた。エイルズは二〇一七年の五月に亡くなったが、その少し前、ルパート・マードックが自分を裏切っただけでなく、トランプと関われないよう爪弾きにされたと、元同僚に不平を漏らしていた。

「ルパートは毎日トランプと話しているのに、私は決して話せない」と、エイルズは苦々しく言ったのだった。

　毎日かどうかはともかく、マードックは確かにトランプとホワイトハウスとに前例がないほど自由にアクセスできた。選挙中にトランプ陣営のスタッフだったリック・ゲイツによれば、マードックは「間違いなくトランプの外部アドバイザーのトップの一人」であり、トランプまたはジャレッド・クシュナーがマードックと週に一度は連絡を取り合っていたという。それどころか、このメディア王とクシュナーはもっと頻繁に電話で話していたと指摘する者もいる[22]。マードック家とトランプ家の関係もきわめて親密だった。結婚前の一時期、ジャレッドとイヴァンカが別れてしまったとき、マードックの妻のウェンディ・デンが二人に縒《よ》りを戻させた。その後の結婚式ではマードックの娘たちが花嫁に付き添うフラワーガールを務め、新婚の二人はマードックのヨットで休暇を楽しんだほどである。イヴァンカはマードックの子供たちのための三億ドル〔約三三五億円〕の信託ファンドを管理監督する役割を長年務め、トランプが大統領選で当選してようやくその立場から降りた。「ルパートはロジャー[・

エイルズ」とは比べものにならないほど、よくしてくれるよ」というトランプの発言が漏れたこともある。FOXニュースの中でも最もトランプ寄りのキャスター、マリア・バーティロモとのインタビューの前に、マイクがオンになっているのに気づかずトランプが発言したのだった。(23)

トランプがホワイトハウスの住人になってからというもの、FOXニュースとの関係はいっそう親密になり、トランプ大統領はカールソン、バーティロモ、ショーン・ハニティ、ジェニーことジェニーン・ピロをはじめ、お気に入りの番組ホストたちとのインタビューに繰り返し応じた。就任から最初の二年間で、トランプはFOXニュースから四九回のインタビューを受けた一方で、その他の大手メディアは各社合計でわずか一三回だった。(24)『ザ・ニューヨーカー』紙のジェイン・メイヤーが明かしたところによれば、トランプはFOXニュースの有名なパーソナリティらにポイントをつけて評価するほど熱心だったという。評価基準はトランプに対する忠誠度だ。FOXニュースの報道番組を代表するキャスターで、平日夜の番組「スペシャル・リポート」でアンカーを務めるブレット・バイアーは六点。番組終了直後にしばしばトランプから電話をもらい、感想を述べてもらっていたハニティは一〇点。「FOX&フレンズ」のホストの一人で、放送中にしばしばトランプを称賛するスティーヴ・ドゥーシーは一二点だったそうだ。

何を論ずべきか、どちらが主導権を握っているのかは必ずしもはっきりしなかった。トランプがFOXニュースに指図しているのか、それともトランプがFOXニュースの番組からヒントを得ていたのか。FOXニュースを代表するある記者はその関係をフレッド・アステアとジンジャー・ロジャースのダンスになぞらえた（共に人気のダンサー、俳優で、一九三〇－四〇年代にダンス・コンビとして人気を博した）。あるときはトランプが「会話を引っ張り」、ときにはFOXニュースの司会者たちがリードしているというのである。

トランプの煽動的な記者会見に続く金曜日の晩、タッカー・カールソンは自分の番組で、ある六分間のニュース映像を流した。近年のイスラム教徒の移民の急激な流入に刺激されて、スウェーデンで暴動が起き、その原因を同国政府が隠蔽しようとした、という内容だ。これに対してカールソンは「実に気味が悪い」と断言。(25)これをトランプも見ていた。放送の翌日、トランプは演説で、「昨晩スウェーデンで」テロ攻撃があったらしいと示唆する一文を入れた。(26)だがテロ攻撃などなかったのだ。スウェーデンは誤ったイメージを広めたトランプに反発し、あっという間に、トランプ大統領はアメリカの長年の同盟国との間で外交問題を引き起こしたのだった。

それでもトランプは懲りずに同じことを繰り返した。次も。また次も。リベラル系の監視団体であるメディア・マターズ・フォー・アメリカの調査によれば、大統領就任からわずか一年間で、トランプはFOXニュースまたはFOXビジネスの番組で視聴した内容に対し、六五七回もツイートした。[27]あまりのことに、ホワイトハウスの補佐官らはその日に起きそうなことを予測するため、FOXニュースの朝のニュース番組「FOX&フレンズ」を見るか、後で内容の書き起こしに確実に目を通すようになったほどである。FOXニュースの番組がトランプの敵を追及したり、トランプが支持する大がかりな陰謀説を主張したり、ワシントンの政治家らによるトランプの扱いに対して反感をかき立てたりすると、トランプはご満悦だった。CNNのメディア評論家のブライアン・ステルターは、保守系メディアであるFOXニュースに関する著書『でっち上げ(*Hoax*)』の中で、「FOXはトランプが心を憤りで満タンにするための給油所だった」と書いている。[28]

ほどなくして、大統領補佐官や閣僚たち、それに連邦議会議員らは、大統領とFOXニュースとのこの独特な共生関係に気づいた。そしてFOXを通じてトランプに働きかけるようになった。たとえばトランプ政権発足当初、オバマ政権が導入した医療保険政策を撤回するかどうかが議会で議論となったことがある。このとき、下院を代表する保守派の強硬な論客のジム・ジョーダン下院議員(オハイオ州選出)に会ったトランプは、その朝ジョーダンがFOXニュースの番組に出ていたのを見たと述べた。するとジョーダンは側近たちを集め、これからはトランプに伝えるべきことがあれば、FOXニュースの番組出演をブッキングするよう指示したのだった。「テレビに出演することは、視聴者に向かってだけでなく、アメリカ合衆国大統領に向かって話すことでもある」と、ジョーダンは指摘した。[29]トランプの政治顧問でもあったブラッド・パースカルも、トランプに何かを伝えるのに手助けが必要となると、FOXニュースの司会者のショーン・ハニティに電話を入れた。ハニティならば、自分の番組で取り上げるか、直接大統領に電話をしてくれるのだ。共和党保守派のニュート・ギングリッチ下院議員は、トランプの大統領就任当初、「トランプとコミュニケーションを取る二つの最も効果的な方法は、『FOX&フレンズ』か『ハニティ』(ハニティ司会の夜の政治トーク番組)を通すことだ」と述べた。[30]のちにトランプと最も親密な支持者の一人となる共和党のリンジー・グレアム上院議員（サウスカロライナ州選出）でさえ、ときにはトランプに直接電話をするよりもハニティの番組に出る方が得策だと感じた。グレアムは言う――「トランプに会って話すより、テレビで発言しているときの方がしっかり話を聞いてくれるんです。格段にね。だから番組に出る前にショーン［・ハニティ］に言うんです、『こういう質問をしてくれ』とね」。

　FOXニュースがホワイトハウスに対して前例のない影響力を誇ったことは間違いない。だがそれだけでなく、トランプのいわば公認メディアとなったことで、商業的にもがっぽり儲けたのだ。二〇一七年末には、FOXニュースは昼間の時間帯で一五〇万人、夜のプライムタイムには二四〇万人の視聴者を獲得。前年より飛躍的に多く、MSNBCやCNNを大きく引き離す数字だった。さらにトランプ政権最後の年には日中で一九〇万人、夜は三六〇万人に達することになる。[31] FOXニュースにとって「テレビ業界のクラック・コカイン」だとメーガン・ケリーが回顧録で記したほど、トランプは多くの視聴者を惹きつけていたのだ。[32] その一方で、FOXニュースに出演する民主党関係者が急減しただけでなく、トランプに同調しない保守系の識者の出演も減り、政治評論家のジョージ・ウィルや編集者でコラムニストのリッチ・ローリーなどは出演契約を失ったのである。だがFOXニュースのある関係者は「純粋にビジネス本意の判断によるものだ」と述べた。

　保守系メディアの世界には、FOXニュースのパーソナリティたち以外にも、トランプをめぐって態度を豹変させる日和見主義者はいた。たとえばメディア・リサーチ・センター（保守系の非営利のメディア監視グループ）の会長で、共和党のテッド・クルーズ上院議員を支持していたブレント・ボゼルもその一人だ。共和党の予備選挙の段階で、ボゼルはトランプを「ペテン師の最たるもの」と呼び、「あの男が大統領になったら、神よ、この国を助けたまえ」と嘆いた。[33] ところがいざトランプが共和党の大統領候補に選出されると、ボゼルは気が変わり、クリーヴランドで開かれた共和党の党大会では、「リベラル・メディアを信用するな」というメッセージを掲げてトランプの批判者たちを攻撃したのだった。[34] 全米放送のトークショーでホストを務めるセイレム・ラジオネットワークのヒュー・ヒューイットも同様で、大統領選中、安全保障に関してトランプがあまりにも無知であることを暴いてみせた。ヒューイットが主要三核戦力（大陸間弾道弾、核搭載潜水艦、同戦略爆撃機）やイランの革命防衛隊の精鋭コッズ部隊などについて質問すると、トランプはまごついて、いい加減またはばかげた答えに終始した。トランプは放送翌日にヒューイットに電話をすると、「あんな風におれにふざけたまねをするんじゃねえ！」[35]と怒鳴りつけた。ヒューイットはさらに、「アクセス・ハリウッド」のスキャンダラスなビデオテープが表沙汰になったときも、大統領選から撤退するよう、トランプに呼びかけた。ところがトランプが大統領に就任すると、ヒューイットは右派系の重要なトランプの後援者となり、「長所を見つけて、そこを褒めよう」と、保守系の仲間たちにしきりに勧めたほどである。[36]

それでもやはり、トランプはＦＯＸニュースに最も着目していたのであり、そればかりか、トランプ政権への人材の供給源にもしていた。やがてトランプは国家安全保障問題担当補佐官、次席補佐官、ホワイトハウスの報道官、複数の広報部長、閣僚、大使、それに国務省や財務省の報道官らを、直接ＦＯＸニュースの出演者の中から登用していった。あるときなど、ＦＯＸニュースの法律関係のコメンテーターで、元ニュージャージー州判事のアンドリュー・ナポリターノを連邦最高裁判所判事に指名するよう、トランプの側近の一人が働きかけようとしたこともある。トランプはナポリターノと会い、考えがあれば言ってみてくれと、水を向けたという。おそらくちょっとしたご機嫌取りのつもりだったのだろうが。

マードックにとって、トランプがワシントンに君臨することは、政治的のみならず、ビジネス上のからみもあった。マードックはかつて二〇一四年に、タイム・ワーナーを買収しようとして、はねつけられた経験があった。だから二〇一六年、タイム・ワーナーがＡＴ＆Ｔによる八五〇億ドル〔約九兆円超〕の買収に合意し、全米最大のメディア企業として、21世紀ＦＯＸのメディア帝国の脅威になることがわかったとき、マードックは激怒。さっそく合併を阻止する方法を探った。そのときトランプはマードック支持を公言したくてうずうずしていた。だから両社の合意が正式に発表されるのを待とうともしなかった。一〇月のある土曜日、ＡＴ＆Ｔの取締役会は買収に関する最終決断を下そうとしていた。そしてまさにそのとき、役員たちがスマホを取り出すと、大統領に当選したらこの取引《ディール》を阻止するつもりだとのトランプの決意が報じられていたのである。「あまりにも少数の者の手に権力が集中しすぎる」というのがトランプの言い分だった。[37]

トランプは実際は、自由な社会における独占企業の危険性など、ほとんど気にもしていなかった。この合併に関してトランプが本当に懸念していたのは、タイム・ワーナーがＣＮＮを傘下に持っていることだった。ＣＮＮはマードックのＦＯＸニュースの競合相手であると同時に、トランプ個人にとっての敵でもあったのだ。ＣＮＮのトップは元ＮＢＣ重役のジェフ・ザッカー。「アプレンティス」の放送を立ち上げ、事実上、のちのトランプの政界進出へ道を切り開いた人物だ。トランプが大統領選の選挙運動を始めたころ、ザッカーはトランプの選挙集会を開始から終了までＣＮＮで中継し、高視聴率にご満悦だった。しかしザッカーの当初の予想に反し、トランプが単なる脇役の泡沫候補ではないことが明らかになってくると、ＣＮＮはトランプに対して厳しい論調を示すようになった。このためトランプは、かつて自分の支援者だったザッカーを裏切り者だと断じることになったのである[38]。

大統領に当選後、トランプはＡＴ＆Ｔの最高経営責任者、ランドール・スティーヴンソンをトランプ・タワーに呼び出し、ザッカーとＣＮＮに関して怒りを爆発させた。「ジェフ・ザッカーは悪党だ。おれがあいつを一廉の人物にしてやったのに。あいつが食えるようになったのはおれのおかげだぞ」と、わめきちらしたのだ。スティーヴンソンは一国のリーダーとこれほど奇怪な面会を経験したことはなかった。そしてこの瞬間、タイム・ワーナーとの合併が深刻な脅威にさらされていることに気づいた。そこでＡＴ＆Ｔはトランプに調子を合わせることにした。トランプの大統領就任式用の基金に二〇〇万ドル〔二億円超〕の寄付をした上に、トランプの顧問弁護士だったマイケル・コーエンを雇い、新政権とのつき合い方のアドバイスを求めた。いずれものちにスティーヴンソンが「大きな過ちだった」と呼んだ動きだ[39]。

その後の数カ月で、スティーヴンソンはマードックから二度にわたって厚かましい電話を受け取った。マードックはＣＮＮを買い取ってやろうと言ったのだ。二〇一七年五月の一本目の電話でマードックは、「合併話はどんな具合かね？」と問いかけてきた。そして「どうだろう、あなたのディールがうまくいく助けになるようなら、私は喜んであなたからＣＮＮを買いますがね」と提案した。スティーヴンソンは唖然とした。この申し出は、ホワイトハウスにいるマードックの相棒と明らかに歩調を合わせたものに思えたのだ。マードックの提案は、マードックとトランプが共に満足できる解決策だった。マードックはライバル企業を乗っ取れるし、トランプはみずから敵視している独立したメディアの声をつぶすと同時に、ザッカーに復讐できるのだ。「ルパート、私は売る気はないんだ」と、スティーヴンソンはマードックに伝えた。すると八月、マードックから二度目の電話があった。マードックがトランプ、ジャレッド・クシュナー、ジョン・ケリー首席補佐官とホワイトハウスで私的な夕食に参加してから、わずか一週間後のことである。その席上でマードックがCNNを買い取る可能性も話題になった。だがこのときもスティーヴンソンはノーと言った。

AT&Tの重役たちは、マードックの電話は暗に交換条件を申し出ているものと受け止めた――AT&TがCNNをマードックに譲ることに同意すれば、トランプは司法省の反トラスト局を通じてタイム・ワーナーの大型買収を邪魔することはしない、と。重役たちは、これはほとんどギャングじみた露骨な脅しだと見た。スティーヴンソンのある同僚は回想する――「ランドール［・スティーヴンソン］はむかっ腹を立てていたなんてもんじゃない。むかつきなんてものをはるかに超えていましたよ。これは目にしたこともないような言語道断の権力の濫用だと、とにかくランドールはそう感じていました。これもランドールが買収実現のために、あれほど必死に戦った理由のひとつでしょう。あの連中を打ち負かしたかったのです。単なる商取引ではありませんでした。個人的な対決にもなっていたのです」。

AT&Tが誘いに乗ってこないとあって、トランプはジョン・ケリー首席補佐官、ゲイリー・コーン経済担当補佐官、ロブ・ポーター秘書官といった側近たちを（ときには別々に、ときにはまとめて）急き立てて、合併を阻止するよう司法省に申し入れろと迫った。これは大統領による直接介入であり、このような問題に関するあらゆる法的な手続きに違背していた。側近たちも不適切であることを重々承知していたため、トランプの命令を完全に遂行することはなかった。それでも二〇一七年一一月、司法省は合併を阻止するために、とにもかくにもことを法廷に持ち込んだ。するとトランプは司法省が自分の意を汲んで動いてくれたものと思い込み、側近たちに礼を言った。大統領の権力を使って市場の勝者と敗者を勝手に決めるようなことを、トランプはまったく問題だと思ってもいなかったのだ。それが自分または自分の友人らを利するとあればなおさらである。

当初はトランプの次席大統領法律顧問を務め、やがてトランプによって司法省に反トラスト局長として送り込まれたメイカン・デルラヒムは、あくまでも事例に基づいて行なったことだと言い張った。しかし司法省による提訴は、デルラヒムがAT&Tとタイム・ワーナーの合併に関してわずか一年前に述べた見解に逆行していた。当時は法律学の教授だったデルラヒムは、「この件が反トラスト上の大きな問題だとは思わない」と発言していたのだ(40)。このためAT&Tのスティーヴンソンは重役会に対し、「この訴訟は、トランプ大統領が自身に関するCNNの報道を気に入らないから起こされたものであり、その点に疑問の余地はない、まったくないのだ」と述べた。こうして同社の一二人の取締役は全員がトランプ政権と戦うことに同意した。

ウィリアム・バーもこの訴訟は不当だと見ていた一人である。かつて司法長官を務め、のちに再任されることになるが〔ブッシュ（父）政権と二〇一九―二〇年にトランプ政権で司法長官〕、当時はタイム・ワーナーの役員で、あるときデルラヒムとの会議に参加した。あまりにも激しい議論の応酬に、デルラヒムは訪れていたタイム・ワーナーの役員たちに向かい、脅しをかけるつもりかと非難した。このためバーは、デルラヒムの発言は「不正確かつ不完全である」とする宣誓供述書を提出したほどだった(41)。やがて反トラスト法に基づくデルラヒムの提訴は連邦裁判所判事によって退けられ、合併は結局実現。マードックがCNNの経営権を握ることはなく、ザッカーはCNNのトップとして、トランプ政権よりも長く生き延びることになるのである。

しかしトランプはなお、マードックのビジネス上の利益を公然と支持し続けた。のちにマードックは、21世紀FOXのエンターテイメント部門の資産の大部分を七一〇億ドル〔約八兆円弱〕でウォルト・ディズニー社に売却することにした。このときトランプは「あまりにも少数の者の手に権力が集中しすぎる」ことはまったく気にしようとせず、それどころか即座に支持を表明したのである。この買収はAT&Tとタイム・ワーナーの一件よりも、はるかに明白な反トラスト上の問題があると懸念されていた。ところがトランプはマードックに電話で祝いの言葉を述べた上で、「雇用創出の点ですばらしいことになるだろう」と大統領報道官に言わせて、このディールを承認させたのである――実際は関係する各社で大量の一時解雇《レイオフ》が予測されていたのにだ(42)。

トランプが目の敵にしていたメディアはCNNだけではなかった。政権発足当初から、トランプは『ワシントン・ポスト』紙〔リベラル系として知られる〕のオーナーでもあるアマゾン創業者のジェフ・ベゾスを追い詰めてやる気だった。ある政府要人は「トランプはベゾスを痛めつけるためなら何でもやるつもりだ」と確信するようになった。国防総省がクラウド・コンピュータ・システムの導入を決め、米軍史上最高の一〇〇〇億ドル〔一兆円超〕の入札を公募にかけたとき、トランプは密かにアマゾンが落札するのを阻止しようとした。「この事業をベゾスに与えるなよ。あいつは決しておれを支持しないからな」と、トランプは先の政府要人に言ったという。やがて二〇一九年、国防総省はマイクロソフトと契約。アマゾンは即座に提訴した。ベゾスに敵意を抱いているトランプが不適切な圧力をかけた、と訴えたのだ。トランプが二〇二〇年の大統領選で敗北すると、国防総省はマイクロソフトとの契約を破棄し、アマゾンを含む複数の企業に対して入札の門戸を開いた。だが結局は、この事業の公募自体を取り下げてしまったのだった。

　トランプはアマゾンに対してもうひとつ武器があると考えていた。アマゾンの商品の多くを配送している米国郵政公社だ。トランプはアマゾンが郵便料金を優遇されているとして、しばしば不満を述べた。だが実際は、アマゾンの途方もなく多く、しかもさらに増加しつつあった商品配達の仕事こそ、郵政公社の破綻を防いでいたのだ。トランプはさらに、アマゾンが州売上税を支払っていないと思い込み、強制的に徴税すべきだと考えていた。

　こうしたアマゾンに対するトランプの不満が爆発するたびに、爆風を受けることになったのが経済担当大統領補佐官のゲイリー・コーンだ。「まったくのでたらめ《ブルシット》だ。アマゾンは郵政公社を追い詰めているどころか、むしろ救っているに違いない」と、コーンはある知人に説明した。コーンにはトランプの真の動機について疑問はなかった。「『ワシントン・ポスト』紙を所有しているから、ベゾスにむかっ腹を立てているだけなのさ」と、コーンは言った。

　しかしコーンも、アマゾンに対するトランプの執心を取り除くことはできなかった。大統領とこの件について三〇回前後も同じ会話をしただろうと、コーンは補佐官を辞任した後で推測した。コーンは当時、スタッフにパワーポイントの資料を作らせて、アマゾンが実際は州売上税を支払っていることを示そうとした。だがトランプは一度もきちんと見ようとはしなかったため、コーンはこの件が持ち上がるたびに、ただ同じファイルを何度でも示すしかなかったのである。

「大統領殿、アマゾンは四五州で売上税を支払っています」と、コーンはあるときトランプに告げた。

「残り五州はどうなんだ？」と、トランプは追及した。

「いずれも売上税自体が存在しません」というのがコーンの答えだった。

　ＡＴ＆Ｔとタイム・ワーナーの一件と同様、アマゾンとジェフ・ベゾスに対する強迫観念も、トランプのメディアに対するこだわりをはるかに超えて、トランプのビジネス仲間の世界へと波及していた。ほとんど知る人はいなかったが、トランプはネルソン・ペルツからもアマゾンを追い詰めろと駆り立てられていたのである。ペルツは大富豪の投資家で、トランプのフロリダ州にある別荘マール・ア・ラーゴのほど近くにあるパームビーチに、さらに豪壮な屋敷を所有していた。トランプのゴルフ仲間でもある。

　オーバル・オフィスに招かれたとき、ペルツはアマゾンと米国郵政公社に関する調査資料を持参した。それはアマゾンが特別料金の優遇を受けており、不当競争に当たると主張するものだった。トランプは補佐官を呼んでペルツの苦情を聞かせた。会談後、トランプのスタッフらはこの件におけるペルツの利害がいったいどこにあるのか、探ることにした。そして判明したのは、ペルツのトライアン・ファンド・マネジメント社が最近、消費財の巨大メーカー、プロクター・アンド・ギャンブル（通称Ｐ＆Ｇ）に三五億ドル〔約三八五〇億円〕の出資をしたことだった。ところがアマゾンがスーパーマーケット・チェーンのホールフーズ・マーケットを買収したことで、Ｐ＆Ｇは突如としてオンライン小売企業であるアマゾンから深刻な脅威にさらされることになった。Ｐ＆Ｇは北米では多くの商品をウォルマートの店舗で対面販売していたからだ。こうしてペルツは、アマゾンが価格操作をしているとして非難し、トランプに行動を起こしてほしいと思っていたわけである。そしてトランプも喜んで手を差し伸べたのだった。

　トランプにとって、メディアとの戦争は大統領の任期中ずっと大きなウェイトを占め続けた。確かに、近年オーバル・オフィスの主になった者はたいていマスコミの報道にいら立ったり、記者たちを軽蔑したりもした。だが面の皮を厚くして批判を気にしなくなるか、報道をどれほど気にしているかを悟られないようにした。ジョージ・Ｗ・ブッシュとバラク・オバマはテレビニュースを見ないようにしていた。

　これまでトランプほど常時メディアによって駆り立てられていた大統領はいなかった。トランプはほとんどいつも媚びた報道をしてくれるＦＯＸニュースによる扱いを堪能した。聞く耳を持つ者にはＦＯＸの報道を引用して聞かせ、その他のメディアで読んだり聞いたりした報道には怒りを爆発させるのだ。トランプとしては持ちつ持たれつといった関係のつもりだった。トランプは型破りな奇行でニュースのネタになり、視聴率やクリック数を急上昇させる。つまり何世代に一人という稀有な能力を有する大統領だと思っていたのだ。それなのにどうしてメディアはもっと愛してくれないのだ？——と言いたかったわけである。

中でも『ニューヨーク・タイムズ』紙は、とりわけトランプの頭の中で大きな部分を占めていたと見える。常に戦う姿勢を崩さなかったトランプは同紙を「基準以下」「フェイクニュース」だと呼んだが、実は毎朝読んでおり、他紙とは比べ物にならないほどその記事に反応した。トランプは同紙のインタビューに応じておいて、翌日には実名入りでその記者たちをツイッターで罵倒する。こうして『ニューヨーク・タイムズ』紙は常にトランプをがっかりさせ続けることになった。かつては保守系タブロイド紙の『ニューヨーク・ポスト』紙にねじ込んで、マーラ・メイプルズ（トランプの二番目の妻で、当初は不倫相手）がトランプとの不倫について「今までの中で最高のセックスだった」と言ったとかいう、全段抜きの大見出しを一面に掲載させたほどのトランプである。だが『ニューヨーク・タイムズ』紙やほかのどんな大手紙からも、そんなべた褒めの記事を書いてもらうことはついぞなかったのである。[43] オーバル・オフィスで『ニューヨーク・タイムズ』紙の発行人であるA・G・サルツバーガーと会談したとき、トランプは一度でいいから褒めてくれるようなヘッドラインを載せてくれと、事実上、懇願した。「私はニューヨークのクイーンズ地区のジャマイカ出身ですよ。ジャマイカ・エステートだ。そこからアメリカの大統領にまでなったんです」と、トランプは不平を述べた。「言ってみれば私は、私の——唯一無二の！——地元紙からすばらしい記事を書いてもらう権利があるはずですよ」と。[44]

望みどおりにいかないと、トランプは毒舌を振るう。二〇一七年二月の大統領就任後初のあの記者会見は、まさにその後に来るべきものの予兆となった。攻撃と脅しと、事実の歪曲と、白を黒と言う主張の数々。『ワシントン・ポスト』紙の「ファクト・チェッカー」欄はこの一回の記者会見だけで一五件の「疑わしい主張」を発見した。[45] だがこれはトランプにとってほんの始まりにすぎなかったのである。

トランプ新大統領をいちばん傷つけたのは、発足からわずか一カ月足らずの段階で、トランプ政権がすでに機能不全の混乱状態にあるとの批判だった。最初の記者会見でトランプはわめくようにして、「テレビをつけても、新聞を開いても、カオスだという記事ばかりではないか。そうだ、カオスだぞ！　なのに事実はまさに正反対なのだ。この政権は精密に整備された機械のように機能している」と述べた。続いて自分に関するある記事を「恥知らず」と呼び、別の記事を「あくどい」とした。そしてCNNの記者に対し、「視聴率で負けているのだから」FOXニュースの記者に質問の順番を譲れと言ったのだった。

こんな具合だったとはいえ、さすがにトランプも自分の大仰な話しっぷりはいい印象を与えないだろうと、認識していたようである。あるときトランプは翌日の大見出しを予測して言った――「明日、あいつらはきっとこう書くぜ、『ドナルド・トランプ、怒りをぶちまける』とね。でもちっとも怒ってもぶちまけてもいないんだがな」(46)。

翌日の大見出しについてのトランプの予想は正しかった。翌日の新聞はトランプが「怒りをぶちまけた」と報じたのだ。トランプとしても期待どおりだったというところだろう。

第4章 味方と敵と

「ドナルド・トランプの『プレイボーイ』誌のインタビューは読まれましたか?」と、堅物のドイツ首相、アンゲラ・メルケルがカナダの若き首相、ジャスティン・トルドーに尋ねた。トルドーは『ヴォーグ』誌が「今最もセクシーな男たち」の一人に選出したセレブな政治家二世。〔父親が二期にわたりカナダ首相を務めた。『ヴォーグ』誌の特集は正確には「型破りで伝統にとらわれない今最もセクシーな一〇人の男性」〕

　トルドーはトランプ新大統領と会ってから最初の訪独で、メルケルは夕食を共にしながらその報告を聞くのを待ち侘びていたのである。メルケルはまだトランプと会ったことがなかったが、トランプ当選からの数カ月の間、どう扱ったものかと思案中であった。メルケルの重要情報の出どころが成人雑誌だというのはかなり意外な感があった。メルケル首相が質問を発した場に居合わせたある人物は、「今この瞬間を撮影してツイートしようものなら、インターネットでブレイクするな」と思ったと回想する。

　トランプのインタビューが掲載されたのは三〇年近くも前の『プレイボーイ』誌一九九〇年三月号。トロージャン社のコンドームとタバコのマリブ・ウルトラ・ライトの広告に挟まれる形で載ったこの記事は、二〇一六年一一月のトランプ当選以来、大西洋の両岸の国々で熱心に読まれ、トランプの真意を解き明かす今日のロゼッタ・ストーンとでも言うべき重大史料になっていた。そのインタビューの中で、トランプは何年ものちに政界入りしてから強調することになる多くのテーマについて、驚くほど詳細に語っていた。いわく、アメリカは世界という舞台の上で「笑い物」になっている。アメリカは「裕福な国々をタダで守ってやっている」おかげで、その国々にぼったくられている。日本とドイツの自動車メーカーはわれわれの息の根を止めようとしている。そして今日トランプが習近平やウラジーミル・プーチンといった独裁者を称賛しているのと同様に、当時は天安門の抗議行動を弾圧した中国の「力」を寿《ことほ》ぎ、ソ連は「十分に強権的な人物」が統治していないから崩壊するだろうと予測していた。さらにトランプは、「わが『同盟諸国』はわれわれをめちゃくちゃに食い物にして何十億ドルも儲けている」と不平を垂れた。その上で、もしいつの日か米国大統領となることがあれば、「誰も信用するまい」と誓ったのである。[1]

　メルケルはトランプとは正反対だった。科学者として訓練を積んだ、慎重なタイプの東ドイツ出身者。政治では整然とした準備こそが成功の根幹だと確信していた。メルケルと親しい顧問の一人は、「彼女はどこまでもディテールにこだわります」と指摘した。だからこのときも『プレイボーイ』誌を熟読した上に、テレビ番組「アプレンティス」も何本か視聴し、トランプの著書『トランプ自伝――不動産王にビジネスを学ぶ』も読んだ。そして選挙運動中のトランプの発言もしっかり注視していた――北大西洋条約機構（NATO）を「時代遅れ」だと罵ったり、プーチンを称賛したり、シリアの内戦による難民を百万人受け入れてドイツを「めちゃくちゃにした」として、メルケルを個人攻撃したことなど。[2]一一月の大統領選の直後、ライトアップされたベルリンのブランデンブルク門を望む歴史的なホテル・アドロンで、バラク・オバマはメルケルと三時間におよぶ情感のこもった夕食を共にした。そこでオバマはメルケルに対し、首相として四期目をめざすべきだと働きかけた。トランプと、ヨーロッパで台頭しつつある右翼のポピュリズム勢力に対抗するため、抑えになれるようにだ。メルケルは気が進まないながらも同意して、オバマが帰国した二日後、「不安定な時代」に対処するために再選をめざすと発表したのだった。[3]オバマの側近だったベン・ローズも、メルケルは今や新たに「自由世界のリーダー」になったと、どこか寂しげに祝杯を捧げたのだった。[4]

　こうして今やメルケルは、トランプと会ってみた経験についてトルドーから詳しく聞きたがっていた。トランプは政権発足後、直接会う海外要人の最初の一人にトルドーを迎えていたのだ（英国のメイ首相と日本の安倍首相に次ぐ三人目）。カナダ側はアメリカを誰よりもよく理解していることを自負していた。実際、約八九〇〇キロメートルもの国境で接し、カナダ経済の基盤である北米自由貿易協定（NAFTA）に反対する選挙運動を展開した新大統領が就任した国である。熟知するより他に選択肢があるだろうか。トルドー首相の上級補佐官の一人は、「ある意味で、われわれは世界中で最も驚かなかった政府でした」と回想する。

トランプが当選するずっと前から「ドナルド・トランプ当選に対するプランを持っていた」と言うのだ。ただ、公平を期するとすれば「実際にそうなると考えていたかと言えば、答えはノーですが」と付け加えた。トルドーの中道左派の政権は意外な相手にアドバイスを求めていた。ブライアン・マルルーニ元首相だ。トルドーの父親、ピエール・トルドーと激しいライバル関係にあった保守派で、回顧録でトルドー（父）をナチスに立ち向かおうとしなかった「臆病者」と呼んだほどだった。[5]マルルーニはフロリダ州パームビーチのトランプのマール・ア・ラーゴに遠からぬ場所に家を所有しており、長年の間にトランプと親しくなっていた。だが今や、トランプによるNAFTAへの――すなわちカナダ経済への――脅威は、カナダの存亡に関わるとしても過言ではなく、党派の関心を超えた問題だという点でトルドー首相に同意した。マルルーニはすぐにカナダ政府御用達のトランプに関する密かな情報源となった。トルドー首相のある側近は「おそらく政府の外部の人間で最も有用なカナダ人」だったと断定したほどである。

　トランプの大統領就任から数週間後、トルドー首相が新大統領との会談のためにワシントンに招かれたころ、カナダ側はすでに（トルドーの補佐官の言葉によれば）トランプが「ひいき目に見てもナルシストだ」と理解していた。だからトランプにとってはトルドーと直接打ち立てる人間関係こそがすべてになると考えていた。トランプが選挙戦に勝利したとき、トルドーは電話で祝意を伝えていた。そのときトランプは、トルドーの父親と会ったときのことを激賞して熱く語った。そこでカナダ側はアーカイブを調査し、トランプとトルドーの父が一緒に写った写真を掘り出し、贈り物としてトランプに送った。なぜなら、先の補佐官が言うように、「ドナルド・トランプへの贈り物として、彼自身の肖像に勝るものはない」からである。

　それでも二〇一七年二月一三日の初会談時、トルドーらはトランプを取り巻く容赦のない宮廷政治を見せつけられ、衝撃を受けた。ホワイトハウスでの両国代表団の公式昼食会の席で、トランプは両脇にラインス・プリーバス首席補佐官とマイケル・フリン補佐官（国家安全保障問題担当）を従えていた。だが食事が終わる前に、スティーヴ・バノンが携帯の画面に目を落とし、背を反らすと、プリーバスの肩を軽く叩いた。二人がしばし話したのち、バノンがフリンの席へ行って肩を突ついて立つよう促し、三人そろって部屋を出ていってしまった。フリンはついに昼食の席へ戻ることなく、晩になってその理由が公になった――昼食時のあのときが、フリンが国家安全保障問題担当補佐官辞任に追い込まれた瞬間だったのである。

その後、バノンはＮＡＦＴＡについて話し合うために、トルドーの首席秘書官のジェラルド・バッツと会談した。だがバノンは隠しようもないホワイトハウスの激震に気を取られているようだった。バノンはすでに自分の地位を心配していたのだ。バノンは『タイム』誌の最新号の表紙を飾り、トランプを動かす「大いなる操り師」としてフィーチャーされていた。だから世間の注目の一部を横取りしたとして、トランプの激しい怒りを買うこと間違いなしと思っていたのである[6]。そのうち、ある男が部屋へ入ってきてバッツ秘書官との会話が中断した。男はバノンの両肩に手を置いて、「バディ、あの『タイム』誌の一件は心配するな。おれたちがあんたを守っているから」とバノンに告げた。男が退室するとバノンがバッツに説明した――「ああ、あれは大統領の弁護士でね。マイケル・コーエンさ」。

一方、トルドー首相とトランプ大統領の会談は上首尾に終わった。しっかりブリーフィングを受けていたトルドーは、たっぷりトランプをおだてた。それればかりか、どうやら娘のイヴァンカまでも魅了したようだ。ホワイトハウスでの記念写真の撮影時、イヴァンカがトルドー首相を食い入るように見つめる姿が報道され、その様子はあっという間にソーシャルメディアで拡散されたのだった。トランプはリベラル派のトルドー首相と絆を深めたと主張した。それは必ずしも正しくはなかったが、少なくともトルドーは、トランプと個人的な関係を築いたという幻想を創り出すことには成功した。それこそは世界的なリーダーたちが今、こぞって追い求めているものだった。トランプが世界との外交において「朕は国家なり」といった態度を取ることがはっきりしたからである。当惑する同盟諸国に、カナダは自分たちの経験から得られた教訓を伝えた。トルドー首相の先の秘書官の回想によれば、「われわれがホワイトハウスでの会談を成功裏に終えると、どうやってやったのか、世界中の首脳らがジャスティン［・トルドー］に聞きたがっていた」という。そしてドイツのメルケル首相も、トルドーとの夕食会でそのコツは理解した。だがひとつ問題があった――首相と最も親しいある側近が言ったとおり、アンゲラ・メルケルは「媚びない」のだ[7]。

トランプが意外にも大統領の座に就いたことは、国内だけでなく、世界的にも混乱をもたらした。それは冷戦終結後、衰えたとはいえ、曲がりなりにもほぼ崩れずに生き延びてきた国際秩序を書き換えるものだった。トランプの「アメリカ・ファースト」という選挙運動のスローガン、何十年にもわたる同盟諸国への不信感、プーチンなどの敵対者らへの気がかりな偏愛、それにバノンのようなならず者《ローグ》のイデオローグの登用などは、すべてアメリカの外交政策における唐突な変化の予兆であった。メルケルら各国の首脳はどう対応すべきか不確かなままで、ワシントンからは種々のひどく矛盾したアドバイスを受け取っていた。選挙終了後から、多くの伝統派の共和党員らは、それでも大丈夫なはずだと、こぞって安心感を与えるようなメッセージを打ち出していたのである。

しかし危険信号は無視しようもなかった。就任式におけるトランプの「アメリカの死屍累々たる惨状」演説を聞き、駐米ドイツ大使のペーター・ウィッティヒは大慌てで直ちに本国へ連絡した。ある同僚外交官の回想によれば、ウィッティヒは「いやまったく、今聞いたばかりの演説は悪夢だ。大統領に就任したらトランプも変わるだろうと、誰もが考えていたのだが」と言ったという。

就任から五日目のある会議の内情を知っていたとしたら、同盟諸国はさらに不安をかき立てられたに違いない。ホワイトハウスでの夕食会議の席上、国家安全保障会議（ＮＳＣ）の新首席補佐官のキース・ケロッグ退役陸軍中将が、トランプの目の前でＮＡＴＯについてむやみに声高に不満を述べていた。そしてジョー・ダンフォード統合参謀本部議長と口論になった。ある時点で、ケロッグはＮＡＴＯが真の脅威に立ち向かうには十分な数の戦車を保有していない、と嘆いた。するとと憤慨したダンフォードが言い返した――「キース、われわれに必要な戦力が備わっているかどうかを見極めるのに、戦車はまったく決定的な要素じゃないんだ！」。それは「昔の基準だ」と、ダンフォード退役大将は教え諭したのだ。しかし、間違いなくトランプは聞いてくれていると感じたケロッグは、ＮＡＴＯがいかにめちゃくちゃな状態か、この軍事同盟がいかに何ひとつまともにできないか、そのまま延々としゃべり続けたのだった。

もう一件、公になった気がかりな私的な会話がある。それはトランプがオーストラリアのマルコム・ターンブル首相に初めてかけた挨拶の電話の書き起こしがリークされたもので、政権発足からまもないころにセンセーショナルな話題となった。トランプはターンブル首相に対し、移民の受け入れについて講釈を垂れた。そこからはトランプのドイツに対する――つまりはメルケルへの――偏執が見て取れた。「自分の国を滅ぼしてどうするんだ。ドイツはご覧のとおりめちゃくちゃだ」と、トランプはターンブル首相に言った。そしてオーストラリアからの一二五〇人の移民受け入れに同意したオバマ政権とのディール〈豪州で亡命申請した難民の一部を米国が受け入れることで合意したもの〉について「愚か」「醜悪」「むかつく」とまくし立てた。最後に「プーチンとの電話はすてきだったのに」とターンブルに向かってわめくと、「まったくばかばかしい」[8]とつけ足して、早々に電話を切ってしまったのである。

ドイツと同様、日本も「トランプ」という問題があることはわかっていた。やはり『プレイボーイ』誌のインタビュー記事は読んでいたし、そこには日本の経済力とアメリカへの軍事的依存について、トランプが当時からすでにこだわっていたことも記されていたのである。トランプの頭には、強大な経済力を誇った一九八〇年代の日本の印象がすっかり刷り込まれてしまっていて、何十年ものちに大統領になってからも、中国と言うべきところをときどき誤って日本と言って側近たちを驚愕させた。安倍晋三首相は中国に対抗するために、周辺地域におけるアメリカとの強力な同盟関係に日本の戦略的未来を賭けていた。だから安倍政権は、同盟関係を平気で軽視する米国大統領の登場に、対応する準備ができていたとは言いがたい。安倍首相が重んじる側近の一人は、「今や世界の中で、ワシントンは地球規模の不安定さの震源地だ」と、元国務副長官でシンクタンクのブルッキングス研究所長であるストローブ・タルボットに言った。[9]安倍は慣例を破り、トランプの大統領就任前にニューヨークへ飛んで、トランプ・タワーでトランプと会った。そしてそれからほどなくして、東京でアメリカの専門家たちの使節団を迎えたとき、安倍首相はその中の一人を脇へ呼び、トランプ政権に加わるよう促した。その共和党員は躊躇して、そんなことをしたら妻に離婚されてしまう、と冗談を言った。すると安倍首相は即座に切り返した——日米同盟を救うためなら、結婚のひとつも犠牲にする価値があるでしょう、と。

安倍は当時主流になりつつあったある通念を信じていた。それはトランプに対処する最善の手は、なるべく直接会う時間を増やすことだ——そして、必要とあれば過剰なほどにおだてることだ——というものだった。安倍はあくまでもその手を貫いた。だが先例からして、トランプは良好な個人的な関係を重視はするが、必ずしもそのおかげで見解を変えるわけではない、ということがわかっていた。実際、安倍の働きかけにもかかわらず、安倍とオバマが対中国戦略の鍵となる貿易協定だと見ていた環太平洋パートナーシップ協定（ＴＰＰ）から、トランプはアメリカを離脱させてしまったのである。

二月初旬、安倍はマール・ア・ラーゴへ招待されて週末を過ごした。トランプはこの別荘を「冬のホワイトハウス」にしようとの熱意を抱いていたが、安倍はトランプの就任以来、ここへ招かれた最初の外国要人となった。これもまた、トランプ新政権の気がかりな気まぐれの嚆矢となるものだった。別荘の外のテラスで、くし切りにしてブルーチーズ・ドレッシングにたっぷり浸したアイスバーグ・レタスが供されていたそのとき、北朝鮮による弾道ミサイル発射実験の一報がトランプと安倍に入った。トランプのテラスで食事や談笑を楽しむという特権のために、二〇万ドル〔約二二〇〇万円〕の入会金と、何千ドルという年会費を支払っているマール・ア・ラーゴ・クラブのメンバーたちは、蠟燭の火のもとで話し合っている首脳二人の様子をソーシャルメディアに投稿した。国家の安全保障はもはや以前ほど安泰でないことを示そうとしてか、ある意欲的なトランプ・ファンのメンバーは――リチャード・デ・アガジオというボストン近郊出身の引退した投資家だが――マール・ア・ラーゴの金ピカのロビーで、「核のフットボール」〔核兵器の発射などを命じる機器の入ったブリーフケース〕を持つ大統領の軍事顧問とポーズを取る自身の写真をフェイスブックに投稿した（密談しているように見えた二人だが、安倍の隣に座っていたホワイトハウスの高官によれば、トランプは何も秘密の画像を見せていたわけではなく、かつて同じく首相を務めた安倍の祖父〔岸信介〕とドワイト・アイゼンハワーがゴルフをしている古い白黒写真を見せていたそうだ）。夕食を済ませ、安倍と一緒に記者会見に臨んで短い声明を出した後、トランプは別荘の大宴会場で行なわれている結婚式を覗いていこうと、しつこく勧めた。トランプの回想によれば、「カモン、シンゾウ。ちょっと寄ってハローって言ってやろうじゃないか」と誘ったのだそうだ。そして「長年このクラブのメンバーの人たちでね、これまで私に莫大な金額を払ってくれたのさ」と言ったという[10]。

次の週末、トランプはマール・ア・ラーゴに舞い戻り、国家安全保障を担当する大統領補佐官の候補者らを慌てて招集していた。マイケル・フリンの辞任を受けて後継者を探していたが、第一候補のロバート・ハワード退役海軍中将に断られてしまったのである。ハワード中将は「クソのサンドイッチ」みたいな最悪の職だと周囲に言い、辞退したのだ[11]。そこで残る二人の最終候補者がトランプと面会するためにフロリダへ飛んだ。一人はH・Rことハーバート・レイモンド・マクマスター陸軍中将。もう一人は元米国国連大使であり、FOXニュースのおなじみの出演者として煽動的な発言で知られるジョン・ボルトンだった。マクマスターは米国陸軍能力統合センター長を務めていた戦闘経験豊富な軍人である。ずんぐりとして、くびれがないほど首が太いこの五四歳の軍人は、今にも軍服がはち切れそうなほど屈強な体格をしている。マクマスターは東西冷戦末期にウェストポイントの米陸軍士官学校を卒業。一九九一年、湾岸戦争に従軍し、二〇世紀最後の本格的な戦車戦と言われる「七三イースティングの戦い」で、数に勝るイラク軍の戦車隊を撃破した。この戦闘でマクマスターはマッド・マックスと命名された戦車にみずから乗り込んで戦った。

しかし実際は、マッド・ドッグと呼ばれたジム・マティス国防長官が狂犬ではなかったように、マクマスター自身をマッド・マックスと呼ぶのはふさわしくない。湾岸戦争から一〇年以上を経たイラク戦争中、イラク北部の都市タル・アファルでは地元住民らと協力して敵対勢力同士の仲裁に努力し、それはのちにデイヴィッド・ペトレイアス大将が唱えた米陸軍の新たな反乱鎮圧戦略のモデルとなったのだった。マクマスターは、戦時における大統領のリーダーシップについて真剣に研究していた。ヴェトナム戦争中、軍幹部らがいかにジョンソン大統領に的確な助言ができなかったかというテーマで博士論文を執筆し、刊行されると幅広く評判を呼んだ。『職務怠慢（*Dereliction of Duty*）』と題されたその著書は、「正真正銘の虚言癖」のある「ひどく不安定な男」、ジョンソン大統領に関する教訓的な歴史を語る。ジョンソンが周囲をおべっか使いのイエスマンばかりで固め、軍部にも政治を持ち込んだため、軍幹部は不愉快な事実を直視することなく、大統領の嘘につき合ってしまった、というのである。[12]

マクマスターが面談のためにマール・ア・ラーゴに現れたとき、トランプはとくに魅力を感じず、「ビールのセールスマンみたいな男だな！」と周囲に不満を漏らした。この発言はトランプ政権内のマクマスターのライバルたちがさっそくメディアにリークした。[13]だがマクマスターの経歴は実に見事なもので、登用すれば政権の批判者たちをなだめられるかもしれないと、ジャレッド・クシュナーらはトランプに言った。しかもマクマスターにはトランプと共有するものがないわけではなかった。オバマ前政権の外交政策への手厳しい評価である。現役の軍人という立場をわきまえ、マクマスターは公の場ではその点について発言を控えたが、私的な場所では痛烈に批判した。マクマスターは知人らにこう言った――「オバマ政権の外交政策はヴェトナム戦争以降で最悪だった。まったくの大失敗だったと思う。イランや中東政策もそうだし、いわゆる『太平洋地域重視への転換』や、シリアに対して越えてはいけない一線《レッド・ライン》を設定しながら実行に移さなかったことなどだ」。〔オバマ政権はシリアが化学兵器を使用すれば「レッド・ライン」を越えたとして軍事行動に移ると述べながら、実際は動かなかった〕

フリンの事実上の解任とカナダのトルドー首相の訪米からちょうど一週間後、マクマスターは二月二〇日に国家安全保障問題担当大統領補佐官に任命された。ジム・マティス国防長官やレックス・ティラーソン国務長官ら、既成勢力《エスタブリッシュメント》の柱とも言うべき、銀髪が見事なベテランらと共に、申し分のない経歴を有するマクマスターの登用である。これはトランプが軽蔑していると公言していた安全保障関係の賢人たちに屈したようにも見えた。このため二週間ほどの間、オバマ政権でジョー・バイデン副大統領の国家安全保障問題担当補佐官だったコリン・カールは、いったいどういうことかと思案を重ねた。そしてカールはそこに一条の光を見いだし、これはよい知らせかもしれないと考えた。ある土曜日の早朝、ひょっとしてマクマスター、マティス、ティラーソンは言うなれば「大人の枢軸」を形成するのではないか、との読みをツイート。トランプがどれほど世間を驚愕させるような公式声明を出そうとも、彼らによって「取り返しがつかないほどひどい決断を下すことは抑制される」のではないかと指摘したのである。(14) こうしてトランプの新たな外交チーム三人のニックネームは世間に定着することになった。

二〇一七年三月、ドイツのメルケル首相も初めてトランプと会うためにワシントンへ飛んだ。メルケルはそれまでにしっかり予習を終えていた。『プレイボーイ』誌の記事を読んだだけでなく、スタッフらがヘンリー・キッシンジャーやスティーヴン・ハドリー〔ブッシュ（父子）政権で補佐官などを歴任した法律家で、外交・安全保障問題の専門家〕などベテランの共和党員らにも相談をしていた。ベルリンを訪れたハドリーは「戦略的忍耐」を持つよう助言。トランプの乱暴なツイートなど無視するようドイツ側に強く勧めた。それはレックス・ティラーソン国務長官がすでにワシントンで言っていたのとほぼ同じことだった。一方、キッシンジャーは大統領の義理の息子、ジャレッド・クシュナーと会うことを勧めた。だがドイツ側にとって、クシュナーとの会見はとても安心感を得られるようなものではなかった。その原因の一端は、キッシンジャー自身がクシュナーに与えたアドバイスにあった。政権移行期にキッシンジャーはクシュナーに対し、同盟諸国はどこもトランプにどう対応すべきか神経を尖らせているから、それを利用すべきだ、と伝えていたのである。安心させてやるな、ぴりぴりさせたままにしておけ、と。だからメルケルが訪米する直前、彼女の外交・安全保障問題担当補佐官であるクリストフ・ホイスゲンがクシュナーとホワイトハウスで会ったとき、クシュナーはまさにキッシンジャーの助言どおりにした。ホイスゲンは会見の冒頭、戦後の両国関係についての情に訴えるような話で口火を切った——ベルリン空輸作戦〔一九四八年六月から約一年間、ソ連によるベルリン封鎖に対抗し、米軍をはじめとする連合国側が西ベルリンに物資を空輸した〕から始まり、冷戦末期の東西ドイツ統合に際し、アメリカが不可欠な仲介役を果たしたことに至るまで。だがクシュナーは感動もせず、情にも流されなかった。「あなたがたは、トランプがビジネスマンだということを理解しなければなりません。そしてビジネスマンというものは古い慣習にとらわれないものです」とクシュナーは答えた。「いいですか。ドイツとアメリカはかつては敵国同士だったが、今はとても親密な同盟国です。しかし今日親密な同盟国同士だからといって、未来にも親密な同盟国同士であるとは限りません。それに他の諸国が今日敵国であるからといって、未来にまで敵国であるとも限らないのです」。ホイスゲンは不安げな同僚たちに言った、要するに「過去は関係ない」のだと。ドイツは外交政策全体を同盟関係を軸に構築していたが、それにはクシュナーからはほとんど支持を得られなかったわけである。

ホイスゲンはスティーヴ・バノンとも会談し、さらに懸念を深めた。バノンが言うには、プーチンがいかに不愉快な悪行を働いたとしても、トランプはロシアと対決する気はないとのことだった。そして中国との長年の対立にフォーカスするつもりだと。ホイスゲンがプーチンに関する欧州諸国の懸念を伝えても——二〇一四年のロシアによるウクライナ東部侵略や、オバマとメルケルが率先して国際的な制裁措置をまとめるきっかけになった、クリミア半島併合という違法行為など——バノンは冷淡だった。

「ロシアの国内総生産（GDP）はいくらだい？」とバノンは言った。要するに、ロシアは経済的に貧弱で、したがって地政学的にもそうだと言いたいわけだった。「ロシアなんか気にすべきじゃない。中国を気にすべきだ」と、トランプの戦略官はホイスゲン補佐官に講釈を垂れた。

「三〇年後のことならば、あなたのご意見ももっともでしょう。しかしその三〇年の間にロシアはいくらでもばかげたことをしでかしますよ」とホイスゲンは反論したのだった。

メルケルは、こうなったらともかくトランプとその補佐官らが間違っていると説得するしかないと心を決めた。トランプとの最初の電話会談は悲惨だった。「開始から三〇秒で、トランプは首相の話を聞かなくなった」と、同席していた人物は回想する。その後、ドイツ側にアメリカ側の感想が伝えられた――トランプは会談に辟易し、メルケルに説教されているように感じたと。そこでワシントンでの直接会談では、メルケルはロシアにフォーカスすることにこだわった。そしてブリーフィング用の説明資料やパワーポイントのプレゼンテーションではトランプの注意を引くことはできないとの情報を得たメルケルの補佐官らは、トランプに注目してもらえる（に違いない）画像を用意した。一九八〇年代当時の旧ソ連の地図の上に、東欧におけるプーチンの攻撃的な行為を重ねたものである。

しかしトランプは関心を示さなかった。トランプとバノンは会談にあたり、自分たち流の計画を持っていたのだ。トランプは会談冒頭で、架空の請求書を突きつけた。「アンゲラ、あなたは私に一兆ドルの負債がありますよ」と、トランプは二人が着席するなり言ったのだ。[15]これはバノンが側近に弾き出させた奇妙な計算による数字で、毎年ＧＤＰの二パーセントを防衛費に当てるというＮＡＴＯ加盟国が合意した約束を果たすために、ドイツが使っているべき金額だった。二パーセントというのは単なる目標であって、しかも二〇二四年まで発効しない予定だということなど、知らぬふりである。それには目を瞑ったとしても、その金額はドイツの防衛予算に注ぎ込まれるものであって、ＮＡＴＯの金庫に入れるべきものではないし、もちろんアメリカに支払うものなどではない。しかしトランプとバノンは、アメリカの国庫から直接吸い上げられている金だというふりをしたのである。この作り話をトランプはその後も何十回となく繰り返すことになる。

トランプにとって、ＮＡＴＯはアメリカが何十年来かつがれてみかじめ料を取り立てられている相手のように思えた。事実《ファクト》はどうでもよかった。「文字どおり、アンゲラ・メルケルはアメリカに負債がある」とトランプは思い込んでいたと、トランプの側近の一人は言った。二パーセントはアメリカに返済すべき借金ではないし、それどころか誰に対する負債でもないと、何度も繰り返しトランプに教え込もうとしたと、責任感のある側近たちはのちに主張した。だがトランプには馬耳東風だったのである。

トランプがアメリカの長年の同盟諸国を軽視するのも驚きだったが、それは当然ながら同じく驚くべき結果をもたらした――世界の独裁者たちの歓心を得たいという希望（熱意と言ってもいい）である。しかもプーチンだけではない。実はメルケルの訪米と同じ週、トランプはホストとしてある客人を迎えていた。「ＭＢＳ」の愛称で知られるサウジアラビアのムハンマド・ビン・サルマン皇太子である。トランプ政権の四年間を通じて、ドイツのメルケル首相よりもはるかにアメリカの外交政策に影響を及ぼすことになる人物だ。

わずか三一歳で、当時は形式上まだ副皇太子にすぎなかったにもかかわらず、ＭＢＳはサウジアラビアで台頭しつつあった権力者だった。近代化主義者を自称し、アメリカの支援を受けながらも膠着状態にあった隣国イエメンとの戦争を計画した張本人だ。サウジアラビアとアラブ首長国連邦（ＵＡＥ）の同志たちは、長年オバマ大統領に失望してきただけに、早々にトランプと親密な関係を築くことに決めていた。彼らからすれば、オバマはムスリム同胞団〔サウジアラビアはムスリム同胞団をテロ組織に指定〕の反政府活動に同情的すぎた上に、湾岸諸国のアラブ人らの不倶戴天の敵、イランに対して手ぬるいと映ったのだ。ＭＢＳとその仲間たちは、トム・バラックを通じてトランプの交友圏に加わることに成功した。バラックは裕福なレバノン系米国人の投資家で、大統領就任に伴う祝賀イベントを取り仕切ったトランプの友人である。バラックは彼らにジャレッド・クシュナーと会うことを勧めた。バラックは二〇一六年五月、「あなたがたは彼を絶対に気に入るでしょうし、彼もわれわれの意図に同意してくれますよ！」と、ＵＡＥの駐米大使で政治的人脈を持つユセフ・アル・オタイバに書き送った。[16] 大統領選後には、やはりトランプと親しいヘッジファンド・マネジャーのリック・ガーソンが間を取り持ち、ＵＡＥの事実上の支配者であるムハンマド・ビン・ザーイド・アール・ナヒヤーン皇子〔現在、同国大統領兼アブダビ首長〕とクシュナーがニューヨークで会談した。会談後、「これが特別かつ歴史的な関係のスタートになることをお約束します」とガーソンは皇子にテキスト・メッセージを送ったのだった。[17]

これに対してナヒヤーン皇子は、クシュナーをサウジアラビアのムハンマド・ビン・サルマン皇太子に紹介してやった。クシュナーよりわずか四歳年少のＭＢＳはサウジアラビアの社会を変革しようという大きな野心を抱き、宗教的な根拠を持つ最も抑圧的な規制の一部を廃止し、一方では国際的な投資を呼び込んだ。だが異論を容認しないきわめて独裁的な側面も併せ持っている。バラックはアラブ側に対し、選挙運動中のトランプの反イスラム的な言辞は気にすることはないと請け合い、UAEのオタイバ駐米大使には「トランプは単におおげさに言っているだけですから」と伝えた。大統領選後にクシュナーと会談したサウジアラビアの使節団は、慎重ながら楽観的な見通しを持ち帰った。「トランプの側近たちは大部分がディールを重視する人たちで、政治的な慣習や因習的な組織とはなじみがなく、みなジャレッド・クシュナーを支持している」と、使節団はこの訪米に関する内部報告書で述べている[18]。

電話やテキスト・メッセージを通じてクシュナーとの絆を深めたMBSは、ほかの米国大統領ならば思いもよらないことを実現すべく、クシュナーと水面下で動いた。二人は大統領就任後の初の外遊先として、トランプがサウジを選ぶことを望んでいた。そんなことをすればアメリカの近隣の民主主義諸国をひどく冷遇することになる。ロナルド・レーガン以来、歴代の大統領たちは最初の公式訪問先にカナダかメキシコを選んできたのだから。さらに、ドイツのメルケル首相の訪米が吹雪のために数日延期となると、MBSはまたも通常の外交ルートを避けて、帰国直前にホワイトハウスのステート・ダイニング・ルーム（公式晩餐会などを催す大食堂）で急遽トランプとのランチを設定することに成功した。「大人の枢軸」の面々にとっては、決して幸先がいい船出とは言えなかった。

トランプの新政権では、こうした異例のアイディアの数々がいつだってどこからともなく突然わいてくるようだった。外部の助言者らに、旧友やビジネス仲間、抜け目のないロビイスト、マール・ア・ラーゴのメンバーの誰それ、新米上院議員などが、いずれも閣僚に引けを取らずに（場合によっては、より一層）トランプに話を通せる可能性があったのである。だがいったい誰の利益にかなっているのか、必ずしも明瞭ではなかった。トム・バラックはのちに捜査対象となったが、検察官らの主張によれば、政権の政策を中東寄りに導こうと、密かに海外ロビー活動をしていたという。そこにはトランプとサウジの若きプリンス、MBSとの間に親密な関係を築かせるための働きかけも含まれていた。

外交政策がやりたい放題の野放し状態の中で決められていった。その仕組みをボブ・コーカーは目の当たりにした。コーカーはテネシー州選出の上院議員で、上院外交委員会委員長を務めていた。大統領選中はトランプと組む副大統領の候補に名が挙がったこともある。大統領選も終わった感謝祭の直後、コーカーは国務長官候補としてトランプと面談するためにトランプ・タワーに呼び出されていた。コーカーが予定より早く着くと、トランプが共和党の大口献金者で大物カジノ経営者のシェルドン・アデルソンと話しているところに出くわした。共和党を支持すること以外にアデルソンが重視していた関心事は、イスラエルと長年その首相の座にあるベンヤミン・ネタニヤフのことだった。二〇一六年九月、アデルソンはトランプに二五〇〇万ドル〔約二五・五億円〕の献金をすることを公表したが、これは共和党の選挙運動全般に対する六五〇〇万ドル〔六六億円超〕の献金の一部で、その年の共和党に対する個人献金者として最高額であった。トランプ当選を受けて、アデルソンの投資は何か将来を予測させるものがあった。実際、数週間後、次期大統領に決まったトランプとスティーヴ・バノンはトランプ・タワーでアデルソンの話に満足げに耳を傾けていた。このときアデルソンは以前からこだわっている問題に関して行動を求めていた——駐イスラエル米国大使館をテルアビブからエルサレムへ移転する件である。これは長年にわたって歴代政権の公式な政策ではあったが、いつまでも延期されたままになっていた。猛反発が起きることは誰の目にも明らかだったし、イスラエルとパレスチナ間の永続的な合意に向けて、具体的な進展があって初めて移転を実行すべきものとされていたからだ。ボブ・コーカーの回想によれば、「シェルドン［・アデルソン］は『わが国は大使館を移転する必要があり、しかも政権発足初日にやるべきだ』と言った」という。トランプは喜んで提案に乗るつもりだった。のちにコーカーが知ったところによれば、トランプがあまりに前のめりだったため、文字どおり大統領就任直後に大使館移転を発表するのを思いとどまらせるため、説き伏せなければならなかったという。

歴代政権のやり方に慣れているほかの上院議員たちと同様、コーカーもホワイトハウスへのアクセスがあまりにも容易なことに、目を瞠《みは》ると同時に、不安でもあった。政権発足当初、コーカーは会議のためにホワイトハウスへ行くと、オーバル・オフィスの脇のプライベート・ダイニングルームに引っ張り込まれ、トランプとチーズバーガーを食べることがよくあった。そんな具合だったから、コーカーら関係者たちは、トランプの意思決定が基本的に行き当たりばったりであることにすぐに気づいた。何よりもまず、誰が、いつ、トランプと話をできるかに懸かっていたのだ。やがてホワイトハウスのスタッフたちは、コーカーに戦略的な助言を与える電話をかけてくるようになった。それはトランプに決定的なタイミングで意見を具申するにはどうすべきか、ということだった。コーカーは当時を振り返り、「朝六時半に政権スタッフから電話が来て、一〇時に結論が下される案件にからんでくれと言ってきます。そのために九時四五分にトランプに電話をしてくれ、という具合です」と言う。あるときは休暇中にトランプと話す機会があり、コーカーは同じテネシー州出身のビルことウィリアム・ハガティを駐日米国大使に推薦してほしいと伝えた。すると一時間も経たないうちに、トランプはハガティにオファーの電話をしていたという。

やがてコーカーは、トランプがことさらに突飛なアイディアに惹かれるということに気づいた。既存の国際秩序をぶち壊すという、選挙公約を実現できそうなアイディアである。大統領就任から数週間後の時点で、本人が自任するとおり、トランプはまさに解体現場の工事用「鉄球」そのものだと、コーカーは述べた。ただし問題は、トランプが果たして「進化」できるか、あるいはするつもりがあるか、ということだった[19]。

二〇一七年四月六日、コーカーの進化論は意外な形で前向きに進展することになった。トランプは中国の習近平国家主席との首脳会談のために、再びマール・ア・ラーゴで週末を過ごしていた。するとその別荘地で、トランプは掃除道具用の物置部屋に毛が生えたような一室に幹部補佐官らをそそくさと招集。バッシャール・アル＝アサド大統領が率いるシリアのならず者政権に対し、ミサイル攻撃を行なうことを決めたのである。アサド大統領がサリンの化学兵器で市民を攻撃したことへの報復措置だった。

普段はこうしたことに冷淡なトランプは、この攻撃の犠牲者らの写真を見て戦慄した。化学兵器が発射された空軍基地を叩くとの決定を発表したトランプは、シリアによる「このきわめて野蛮な攻撃によって、美しい赤ん坊たちまでもが無惨にも殺された」と述べた。推定五万五〇〇〇人の児童も含め[20]、シリア内戦ですでに何十万人もの市民が殺害されてきたことに対し、これまで一度も懸念を表明しなかったトランプである。これは急激な変化だった。実際、何カ月もの間、トランプはシリア情勢に対するアメリカの既存のわずかな関与に対してすら、はっきりと疑念を表明していた。確かに、過激派組織「イスラム国（ＩＳＩＳ）」の拠点ラッカをシリアの反政府勢力が攻撃するのを支援するという、オバマ政権が立案した計画をトランプは実行に移した。しかしこの攻撃は、速やかに完遂してすぐに引き揚げるという類の反テロ作戦だと認識していたのだ。オバマ政権から継承したアメリカの公式な政策だったにもかかわらず、ロシアが支援するアサド政権を崩壊させることに、トランプはまったく関心がなかったのである。

シリアが化学兵器を使用したことを受け、米軍はアサド政権の頭目を排除する全面的な「斬首攻撃」を含め、トランプに三つの選択肢を用意した。その中でトランプは、最も攻撃性の低いものを選んだ。空軍基地一カ所に対し、巡航ミサイル五九発の集中攻撃をかけるものだった。

この決断をめぐり、来る者は拒まずといった本質的にいい加減な意思決定を見て、より全うな共和党政権でも働いたことのあるジョー・ヘイギン次席補佐官は呆れていた。いわば出張先のシチュエーション・ルームとして使われていたマール・ア・ラーゴの狭苦しい一室には、そこにいる必要のない大勢の人間が詰めかけていたのである。たとえば商務長官、経済問題担当補佐官、それにスピーチライターなど。のちにヘイギンはその様子を「巡航ミサイル発射に盛り上がるカクテル・パーティー」だったと同僚に語った。「軽薄な、理解の欠如を端的に示すものだった」と、ヘイギンは述べている。

トランプはさらに、この一件全体を、大切な客人のために用意した大がかりなスペクタクルに仕立ててしまった。ミサイルは午後九時直前に標的に着弾する予定で、これはマール・ア・ラーゴの食堂でトランプと習近平の夕食会が終わりに近づく時間帯。ちょうどデザートが供されたとき――「見たこともないほど美しいチョコレート・ケーキのひと切れ」だったと、トランプはのちにFOXビジネスの司会者マリア・バーティロモに語った――トランプは攻撃の時間が間近だとの情報を聞いて、習近平にも伝えた。[21] トランプによれば、習近平は一〇秒ほど沈黙したのち、もう一度繰り返してくれと通訳に言った。このシーンについては、同席していたウィルバー・ロス商務長官がのちに演説でカリフォルニア州の聴衆を大喜びさせた。トランプはこの攻撃を「夕食後のエンターテイメント」にしたと、ロスは述べたのだ。[22] 夕食を済ますと、トランプとその仲間たちは臨時の危機管理室に戻って攻撃の最新情報を聞き、続いて多くの者はマール・ア・ラーゴの図書室のバーでくつろいだ。実に一〇〇〇ドル〔約一一万円〕にのぼるその飲食費の請求書は政府に回されたのだった。

そんなこんなだったにもかかわらず、残酷な化学兵器使用に対してシリアを懲らしめてやろうというトランプの決断は、それまでやきもきしていた外交関係者たちにとっては、待ち侘びた変化の兆しに思えた。このためトランプは翌朝、思いもよらない好意的な評価に迎えられることになった。ファリード・ザカリア〔国際政治が専門の著名ジャーナリスト〕はCNNの番組で「これでようやくドナルド・トランプもアメリカ合衆国大統領になったのだと思う」と熱を込めて述べた。(23) その他の与野党の安全保障問題のベテランたちも、この空爆が画期的な出来事であるかのように――そしてアサドが市民に化学兵器を使用して「レッド・ライン」を越えても動こうとせず、大いに批判を浴びたオバマ前大統領の失態とは正反対のものとして――歓迎したのである。外交の専門家として歴代共和党政権に仕えたタカ派のベテラン、エリオット・エイブラムスは、トランプを批判したために国務副長官就任をトランプに阻まれたばかりだったが、トランプが「ついに自由世界のリーダーの役割を受け入れた」と、『ウィークリー・スタンダード』誌に書いた。(24)

もちろん実際のところ、トランプは相変わらずトランプのままだった。シリアについても、そのほか何であれ、まったく考えを変えてなどいなかったのだ。これもまたいつもの咄嗟《とっさ》の思いつきによる決断にすぎなかった。しかもテレビで見たことに触発されてのことである。

それに比べて、それまでトランプが執拗な貿易戦争で脅しつけていた自信家の独裁者、習近平に対するトランプの印象は、より長く続くものとなる。プーチンと同様、この男はビジネスの相手にできるタフ・ガイだと、トランプは判断したのだ。マール・ア・ラーゴでの週末を終えて、トランプはFOXビジネスの司会者マリア・バーティロモに、「彼を本当に気に入りましたよ。すばらしい化学反応だったと思いますね」と述べた。さらに、ほとんど愛情がこもったと言えるほどの調子で、「私たちは互いに理解し合えるんですよ」と締めくくったのだった。(25)

習近平との米中首脳会談からまもなくして、政治的な勘に欠ける陸軍中将、H・R・マクマスター大統領補佐官（国家安全保障問題担当）は窮地に立たされていた。ワシントンのキャピトル・ヒルにあるFOXニュースのスタジオに向かいながら、電話で大統領から怒鳴りつけられていたのである。その週、トランプは「北朝鮮との実に、実に大規模な紛争」の恐れがあると発言し、世界に衝撃を与えていた。(26) だがこのときのマクマスターの問題は金正恩《キム・ジョンウン》よりもむしろ、扱いがたいボスをうまく扱うことだった。同盟諸国はこの問題でもっぱらマクマスターに期待を寄せていたが、トランプのホワイトハウスでは肩書きは――国家安全保障問題担当の大統領補佐官という高位のものも含め――必ずしも影響力を持ち得ないことを読み損なっていた。

マクマスターが見る限りでは、トランプを怒らせたその元凶はラインス・プリーバス首席補佐官だった。マクマスターはトランプ政権の中でも最もタチの悪い対立の中で、間違った側についてしまっていた。不安定で重圧に押しつぶされそうなプリーバスと、尋常ならざる自信に満ちあふれたジャレッド・クシュナーとの間で続く権力闘争のことで、マクマスターは後者の側にいた。習近平との首脳会談の準備中、トランプは珍しくマクマスターを称賛した。のちにマクマスターが周囲に語ったことに基づけば、これを聞いたプリーバスは、その日からマクマスターの足をすくうためにあらゆる手を尽くすようになったという。トランプにとってはゼロサム・ゲームで、どちらでもいいことだったが。

トランプに電話で怒鳴りつけられた日曜の朝、マクマスターには確信があった。マクマスターがトランプと矛盾する発言をしたと報じた韓国紙の記事を、プリーバスがトランプに渡したに違いなかった。それはそのころ急速にトランプの心に巣食っていたある種の妄想、すなわちアメリカが韓国に配備した「終末段階高高度地域防衛システム（ＴＨＡＡＤ）」に関する思い込みだ。ドイツやＮＡＴＯの場合と同様に、韓国は自国防衛にもっと金を出すべきだとトランプは考えており、ＴＨＡＡＤの配備についても韓国がアメリカに何十億ドルも支払うことを望んでいたのである。両国は二〇一六年に、このミサイル・システムの配備費用をアメリカが負担することで合意したばかりだったが、トランプはそのことを知りもしなければ、気にもしていないらしかった。マクマスターは韓国の安全保障問題の当局者に対し、米国政府は今でももちろん合意を尊重している、と伝えた。この保証はいわば決まり文句にすぎなかったが、トランプは批判と受け止めたのである。怒りに駆られたトランプは、これから「ＦＯＸニュース・サンデー」の切れ者の司会者、クリス・ウォレスのインタビューを受けようとしていたマクマスターに電話をすると、徹底的に罵り倒し、電話を切ったのだった。

マクマスターは動揺したままインタビューのためにスタジオに着席。カメラが回り始めると、ウォレスに向かってトランプをアジアにおける「熟練」の外交家だと持ち上げて、習近平と強力な個人的関係を築いただけでなく、「韓国と日本を含め、アジア地域における主要な国々との同盟関係を再び活性化させ、強化した(27)」と称えてみせた。どうやらマクマスターは、トランプ政権で生きていくコツをすでにつかんでいるようだった。すなわちFOXニュース随一の視聴者にへつらうことである。

THAADをめぐる政権内の対立は、韓国をはじめとする従来のアメリカの同盟国をいかに守るか、さらにはそもそも守るべきなのかをめぐり、何度も内部抗争を引き起こすことになる。トランプはこのミサイル・システムは費用がかかり過ぎると不平を漏らし、外国ではなくオレゴン州ポートランドに配備したがっていた。米軍はそんなところに配備したのでは北朝鮮のミサイルを迎撃する効果ははるかに低くなると考えていたのであるが。結局THAADをめぐる議論では、NATOやシリアやアフガニスタンの問題と同様に、誰かが決定的に勝利するということはなかった。トランプは同じことを何度も何度も蒸し返すばかりだったのである。

過去の大統領たちが――全員――最悪のディールを行なってきたと証明すること、そこにトランプは最も執拗なこだわりを見せた。そして今や彼のねらいはそれらすべてをぶち壊し、新たなディールを結ぶことだった。少なくとも古い取引を新しいものに差し替え、その功績を独り占めしようとしていたのである。

最初にねらいをつけた大きな標的はNAFTA。四月二六日、世界で最も成果を挙げている自由貿易協定にトランプが火を放つという、カナダのトルドー首相をさいなむ悪夢が正夢になりつつあった。トルドーはトランプをおだて、さらにイヴァンカに接近して、九・一一米国同時多発テロ後にアメリカ人らを支援したカナダ人たちを描いたブロードウェイ・ミュージカル『カム・フロム・アウェイ』の観劇に連れ出したりしたが、その甲斐もなく、トランプがアメリカをNAFTAから唐突に脱退させることを止められそうになかった。一九九四年に発効したこの自由貿易協定は、世界で最も豊かな経済圏の構築に貢献してきた。しかしトランプはそれを「史上最悪のディール」だとして反対運動を展開してきたのだった[28]。その日の朝、首席戦略官のスティーヴ・バノンはNAFTA脱退のための大統領令の草案を持ってオーバル・オフィスに現れた。脱退するには六カ月の猶予期間を経る必要があるが、そのタイマーを正式に起動させるものである。バノンのプランでは、土曜日の晩、テレビのゴールデンタイムに合致するペンシルヴェニア州ハリスバーグでの支持者集会の場で、大統領令に署名して脱退を表明する。そしてそれを、トランプ政権発足一〇〇日を記念する目玉イベントにしようというわけだ。

その企てを遅ればせながら耳にしたラインス・プリーバス首席補佐官は、一大事だと見て即座に行動に移った。プリーバスはバノンとの権力闘争では曲がりなりにも休戦状態にあった。だがダーウィンも驚くような生存競争が展開されているトランプのホワイトハウスでは、真に永続的な協力関係などあり得なかったのである。長年にわたり共和党全国委員長を務めたプリーバスだっただけに、共和党の献金者層のニーズや見解にはきわめて敏感で、ＮＡＦＴＡから即座に脱退すれば経済危機を引き起こすことをよくわかっていた。そしてトランプにとっては政治的な大惨事となることも。上司のトランプを止めるにはこれしかないと、プリーバスは電話作戦に打って出た。レックス・ティラーソン国務長官やウィルバー・ロス商務長官を含め、ＮＡＦＴＡを支持する閣僚らに思いつくままに端から連絡し、ホワイトハウスへ急行してトランプを思いとどまらせるよう、促したのだ。この一件が議会の共和党の同志らに漏れ伝わると、議員らもホワイトハウスに電話をかけ始めた。さらに市場関係者らに情報が伝わるや、トウモロコシの先物価格が急降下。ビジネス界のリーダーたちも慌ててホワイトハウス宛の手紙を書きにかかった。推定によれば、カナダとメキシコとの間の自由な商取引の流れには、ＮＡＦＴＡ加盟三カ国の一・二兆ドル〔一三〇兆円超〕の貿易と、アメリカ人一四〇〇万人の雇用が懸かっていたのである。

ロス商務長官がソニー・パーデュー農務長官に電話を入れると、パーデューはオーバル・オフィスへ飛んでいった。パーデューは地図をプリントアウトしたレターサイズ〔ほぼ日本のＡ４サイズに相当〕の紙を二枚持参した。一枚はＮＡＦＴＡからの突然の脱退で被害を受ける農業と工業の各地域をそれぞれ赤と青で示したもの。もう一枚は大統領選でトランプとヒラリー・クリントンがそれぞれ勝利した州を赤と青で示したもの。重なり具合は明らかだった。「被害を受けるのは、あなたの支持者たちですよ」と、パーデューはトランプに言った。夕食の時間までに、メキシコのエンリケ・ペニャ・ニエト大統領がトランプに電話を入れ、トランプが事前にぶち壊しさえしなければ、新たな改良版ＮＡＦＴＡの交渉を開始すると約束した。続いてカナダのトルドー首相もトランプに連絡。国境の両側の「あまりにも多くの家庭に短期的および中期的な苦しみ」をもたらさないよう求めたのだと、電話を終えた後でトルドーは記者たちに語った。[29] そして私的な会話として、トランプが脱退という劇的な一歩を踏み出した場合、政治的事情から交渉の場に戻ることは不可能になると、ニエトもトルドーもトランプに警告したのだった。

　こうして午後一〇時半までには目前の危機は回避され、ホワイトハウスは声明を出して、トランプがアメリカをNAFTAから脱退させることはないとした。ただし、「当面は」である[30]。プリーバスは公式見解としては、この一連の動きはトランプによる卓越した策であり、おかげでアメリカは有利な立場で交渉を開始できると述べた。翌日、プリーバスは『ワシントン・ポスト』紙の取材に対し、「大統領はNAFTAに関して完璧な立場を確保した」として、「大統領に完全な優位性がある」と述べた[31]。

　実際は、プリーバスには別の思いもあった。それから何年もの間、プリーバスは見事な抵抗の動きを「指揮した」（プリーバス本人の言葉だ）ことを評価された。あの日、支持者の集会で喝采を浴びるだけのために、トランプは本気で世界経済を転覆させそうになったのであり、文字どおり間一髪だったと、プリーバスは周囲に語った。

　協定から脱退しないことを発表した翌日、トランプは『ワシントン・ポスト』紙に対し、「私は「NAFTAを」終わらせる用意が完全にできていた。終わらせるのを楽しみにしていた。私はやるつもりだったんだ」と述べた[32]。

　二〇一七年五月、トランプは就任後初の外遊先としてサウジアラビアの首都リヤドへ出発。アラブ諸国との首脳会談に臨んだ。これはジャレッド・クシュナーとMBSことムハンマド・ビン・サルマン副皇太子という二人の若き権力者がセッティングしたものだ。この外遊で最も印象的だったのは、外交上の画期的な出来事などではなく、ともかく奇妙奇天烈な光景の数々だった。たとえばサウジ側のホストたちに混じり、レックス・ティラーソン国務長官が恭しくもぎこちなく剣舞のリズムに合わせて体を揺らした――エクソンモービルのトップとして長年中東で過ごしたティラーソンは、「剣舞ならばお手のものですよ」とおどけてみせた[33]。また、ファーストレディのメラニア夫人が見守る中、トランプとサウジのサルマン・ビン・アブドゥルアジーズ国王が眩く輝く地球儀に手を添えて写真に収まると〔サウジの過激主義対策グローバルセンターの開所式で、暗転した室内で輝く地球儀の前で写真撮影が行なわれた〕、この薄気味悪い記念撮影の様子をネタにした無数の「ミーム」〔ネットで拡散される加工・ものまね画像など〕がソーシャルメディアにあふれかえった。

　だがもっと重大だったのは、ホストのサウジ側にトランプが与えた煌めくばかりの賛辞であり、トランプの任期中には人権問題に関する耳障りな演説は二度と聞かずに済むだろうと約束した。これまでイスラム教徒に関してみずからさんざん悪態をついてきたことなど、まるでなかったふりである。トランプは「私たちは説教をしに来たのではない」として、「共通の利害と価値観に基づくパートナーシップ」を築こうとオファーしたのである。[33] それから半年も経ずに、ＭＢＳはサウジの有力者らの大々的な粛清を進め、王国内の権力を固めていった。サウジのそう大きくはないエリート層のうち、王族も多数含む四〇〇人をリヤドのリッツ・カールトンに監禁したのだ。そこはサウジ訪問時にトランプが宿泊し、トランプとＭＢＳの五階分の高さの巨大な肖像が正面の壁に投影されていた豪華ホテルだった。〔粛清は「腐敗撲滅運動」の一環として行なわれたもので、多くの王族・有力者が財産を没収されるなどした〕

この外遊でトランプが真に対峙した相手は、アラブの独裁者でもなければ、続いて訪問したイスラエルでもパレスチナでもなく、ヨーロッパの同盟諸国だった。ベルギーの首都ブリュッセルではＮＡＴＯの恒例の首脳会議が控えており、トランプのデビューに向けても事前に念入りな準備が進んでいた。たとえば一般公開される部分では、（実はまだ一〇〇パーセント完成していたわけではない）ＮＡＴＯ新本部の竣工式を中心に据え、これならば不動産王のトランプも気に入るだろうと思われた。式典には九・一一米国同時多発テロに関連した記念碑の除幕式もあり、記念碑には崩壊した世界貿易センタービルの大きな歪んだ残骸が使われている。これにもまた、トランプを啓蒙するねらいがあった。つまりこれまでＮＡＴＯが条約第五条を発動した唯一の事例のきっかけは、二〇〇一年の米国同時多発テロだったことを、トランプが再認識してくれることを期待していたのだ。第五条は全加盟国が一加盟国のために、一加盟国が全加盟国のためにという精神に基づく集団防衛条項で、ＮＡＴＯの同盟の要である。トランプがＮＡＴＯにどこまでコミットする気があるのか、それまでトランプの言動は懐疑的な憶測を生んでいたが、この記念式典はそれを完全に払拭するまたとない機会になるはずだったのである。

大統領選中からずっと、トランプはこの「時代遅れ」の同盟にはほとんど関心がないことをＮＡＴＯにもわかるよう公言し、プーチンらＮＡＴＯの敵たちを喜ばせてきた。このためブリュッセルでの首脳会議に向けて、マクマスター大統領補佐官（国家安全保障問題担当）、マティス国防長官、ティラーソン国務長官の「大人の枢軸」三人組は、何カ月も前からそうしたトランプのＮＡＴＯ批判を弁解したり、解釈しなおしたりするなどの努力を重ねた。そしてＮＡＴＯの同盟諸国に、トランプはこれまでの大統領たちと変わらず、ヨーロッパ諸国に防衛費を増やすよう働きかけているだけだと、ただトランプはちょっとばかりやかましいだけなのだと、説得を試みた。一時はトランプに声明を出させることまでして、実はＮＡＴＯを支持しているのだが、各国が応分の負担をするよう念を押しているだけだと、示そうとした。

　こうした言質は効果がなかったわけではない。ただし、ある程度まではだ。ＮＡＴＯのある幹部はブリュッセルの首脳会議直前の状況を回想する――「まだある種の希望的な空気がありました。『まあ、トランプの単なる作戦で、本心ではないさ』とね。みんなアイゼンハワー以来、歴代の米国大統領からずっと聞かされて慣れっこになっていましたし、『はい、はい、アメリカの連中はもっと金を出せと言いたいだけだろ』という雰囲気があったのです」。

　しかしそんな希望的観測は間違っていた。政権発足からまもないころ、トランプはＮＡＴＯの条約第五条の内容と相互防衛の仕組みについてブリーフィングを受けた。するとトランプは、「要するにだ、もしロシアがリトアニアを攻撃したら、われわれはロシアと戦争をするということか？　そんなのクレイジーだ」と答えたのだった[35]。こうした発言が何度か繰り返されたのち、トランプ政権の外交担当者らは、トランプのＮＡＴＯ敵視は単なるツイッター上のはったりではないと気づいた。トランプのＮＡＴＯへの反感はすさまじく、完全に脱退するぞと何度も繰り返し脅しをかけたほどである。「ＮＡＴＯを脱退したいのだと、トランプは何度も示唆しました。実際に『やれ』と言ったことはありません。でもその寸前までは行っていました」と、国防総省のある幹部は当時を振り返る。トランプ政権幹部もこれを裏づけた――「何度かの機会に、トランプは本当にＮＡＴＯから脱退したいと考えました。世間が思っていたよりも、実際はかなり深刻な事態でした」。

　トランプのＮＡＴＯ本部訪問の一件はずっと以前から、同盟諸国との深刻な対立だけでなく、政権内部の対立も生じさせていた。何ごとにつけ、それが正式な政策なのか、単にトランプが口を滑らしたりツイートしたりした、いつものトランプの放言なのか、トランプ政権内でも誰も確信が持てなかった。そんな状態だったから、ともかく現場に行ってみなければわからない、ということもしばしばだった。そしてトランプのブリュッセル訪問も、結局は事実上そうなってしまった。トランプの演説原稿は何週間も前から官僚たちの間を行きつ戻りつしていた。国防総省とNSCが承認したバージョンでは、トランプがNATOの条約第五条を尊重することを明確に認める文言が、二七語の短文で綴られていた。一見問題のなさそうなその全文はこうである――「われわれは多くの脅威に直面しています。しかし私は明確なメッセージをもってみなさんの前に立っています。NATOの同盟関係と条約第五条に対する米国のコミットメントは揺るぎないものです[36]」。

この第五条に関する文言は、実際に演説で読み上げられるのだと記者たちは聞かされていたし、NATO当局者らもその文言の入った原稿のコピーを見せられていた。当時原稿を目にしたあるNATO当局者は、「いちばんトップまで完全に承認済みの原稿だと、誰もが私たちに請け合いました」と振り返る。だが実際は、トランプが何をどう言うかをめぐる駆け引きは、トランプがそれを口にする最後の瞬間まで続いたのだ。ジム・マティス国防長官はトランプが何をしでかすか不安で仕方なく、自分の予定を変更してまでブリュッセルの首脳会議に同席することにした。レックス・ティラーソン国務長官も参加した。H・R・マクマスター大統領補佐官（国家安全保障問題担当）は、会議が悲惨な事態に陥らぬように、ひと月以上前から念には念を入れて備えた。それにもかかわらず、結局は大統領一行の車列に加わりNATO本部へ向かう途中でも、スピーチライターのスティーヴン・ミラーを怒鳴りつけながら、原稿に入っていた同盟諸国への種々の非難を削除させなければならなかった。のちにマクマスターが語った言葉を使えば、「まったくもっていわれのない中傷の数々」だったという。執拗に続くこうした抗争はいつ果てるとも知れず、マクマスターはトランプの演説に先立って補佐官らに電話を入れた。そしてトランプに演説原稿を表示するテレプロンプターにすでに入力されているバージョンからも、マクマスターが指示したNATO批判の文言がしっかり削除されていることを確かめねばならなかったのである。

一方、トランプ本人は、記念撮影のためにNATOの首脳らと歩いているだけで、その日の最初の外交的危機をすでに引き起こしていた。まず新本部の見物ツアー中、トランプはイェンス・ストルテンベルグ事務総長に対し、恐るべき浪費だと噛みつくように非難。ツアー終盤では、首脳らを待ち構えるカメラの列の前でいい場所を確保しようと、しかめっ面のトランプは小国モンテネグロの首相を押しのけた。モンテネグロは首脳会議でNATOへの正式加盟を祝福される予定になっていたというのにである。

そして演説となった。

舞台裏にはトランプと共に、マクマスター安全保障問題担当補佐官、ホワイトハウス秘書官のロブ・ポーター、ラインス・プリーバス首席補佐官の名代で参加していた経済問題担当補佐官のゲイリー・コーンがいた。

「あなたが言うべきことはたったひとつ。言うべきことはひとつだけですよ。第五条ですからね」と、舞台へ向かうトランプにコーンは告げた。だがいざ演説がそのくだりへ来ると、あの約束の二七語の短文をトランプはついに口にすることはなかったのである。

「クソったれ」と、先述のＮＡＴＯ幹部はトランプの演説を聞きながら思った。近くにはトランプのホワイトハウスのスタッフ一行が立っていたが、彼らも「ショックを受けた目つきで互いに見交わしていた」と指摘する。ただしスピーチライターの「スティーヴン・ミラーだけは別で、彼は落ち着いていた」という。一方、舞台裏で見守っていたコーンらは愕然としていた。

「さあ、どうする?」と、コーンはマクマスターに尋ねた。

マクマスターは肩をすくめた。こんなことに対する訓練など受けていない。「おれの仕事は銃を撃つことだからね」と冗談を飛ばした。


結局のところ補佐官らは、もちろんアメリカは依然としてＮＡＴＯとの盟約を支持している、ということを事実上表明する短い声明文を起草し、マクマスターは自身の名前でそれを公表した。

トランプのブリュッセル訪問は、「大人の枢軸」がトランプを手なずけられなかったことが際立つ結果となった。マクマスターとコーンはそのため、アメリカへ戻る機内で尻拭いに追われたのだ。二人は、かつて二月にマクマスターが補佐官就任前の面談を受けにマール・ア・ラーゴを訪れた際、待ち時間にソファで語り合って以来、ホワイトハウス内の激しい権力闘争では同志となっていた仲である。そして今、トランプの意を公的に否定する戦略に落ち着いた。二人は『ワシントン・ポスト』紙に寄せる論説の原稿を機内で書き上げ、「アメリカ第一《ファースト》はアメリカ単独《アローン》という意味ではない」と強調したのだ。論説はトランプの初めての外遊を希望的な観点から解釈していたが、それによれば、トランプは同盟諸国を慌てさせたわけではないし、相互防衛の協約を傷つけたわけでもなく、「ＮＡＴＯとその条約第五条に対するアメリカのコミットメントを再確認」すると同時に、「固い同盟関係」をさらに強化しようとしている、というのだった[37]。

トランプにそんなつもりはまったくなかったことを、二人はもちろんわかっていた。同盟諸国の重要性をトランプに認めさせることは、日々向き合わねばならない最も困難な課題であると、マクマスターはもうかなり前から覚悟を決めていた。マクマスターはブリュッセルでの災難の後も、演説で省いたNATO支持を公式に表明して問題を解消するよう、ずっとトランプに懇願し続けた。だがトランプが反射的な天邪鬼であることにマクマスターは気づかされた。何かをすべきだと進言すると、新大統領はその逆をするのである。

トランプは土曜日の遅い時間帯にヨーロッパから帰国した。そしてその数日後、アメリカを気候変動に関するパリ協定から一方的に脱退させると発表した。この判断はマクマスターとコーンだけでなく、娘イヴァンカ、大統領のその他の外交関係の幹部補佐官らと、さらにはブリュッセルで初めて顔を合わせたばかりの同盟諸国の首脳らがみな、数カ月来ずっと反対してきたものだった。

トランプが引き起こした混乱に対し、アンゲラ・メルケルは彼女なりの反応を示した。あれほど執拗にアメリカの新大統領を研究したにもかかわらず、ある側近によればメルケルは「これほどまでに予測不可能」だとは、実のところ思っていなかったという。それは『プレイボーイ』誌のインタビューでも示唆されてはいなかった。だが今や証拠はそろっていた。トランプとの複数の会議を終え、メルケルはある結論に達したのだった。ミュンヘンを訪れていたメルケルは、アメリカ主導の国際秩序への弔辞にも聞こえる演説で、「私たちが他者を完全に信頼できる時代は、一定程度、すでに過去のものとなったのです」と断言した。そして付け加えた――「私たちヨーロッパ人は、みずからの運命を真に自分たちの手中に収めなければならないのです[38]」。

第5章 ロイの亡霊

五月九日の午後遅く、トランプは数人の補佐官らをオーバル・オフィスに呼び出した。ラインス・プリーバス首席補佐官と顧問のスティーヴン・ミラーはすでに来ていた。ジェフ・セッションズ司法長官とホワイトハウスや司法省の弁護士ら数人もいたが、みな険しい表情を浮かべていた。後から来た人たちには、トランプ大統領からジェイムズ・コミー連邦捜査局（ＦＢＩ）長官宛の手紙のコピーが手渡された──「貴殿はこれをもって解雇され、任を解かれるものとする。これは即時発効である[1]」。

コミーが解雇とはどういうことか？　二〇一六年の大統領選へのロシアの介入疑惑と、ロシア政府と選挙戦中のトランプ陣営との密かな共謀の有無を捜査している男が？　マイケル・フリンをはじめ、何人とも知れぬトランプの知人らを捜査している人物が解雇？　補佐官らは愕然とした。

「大統領殿、たった今ＦＢＩ長官を解雇したというんですか？」と、驚きを隠せないホワイトハウス広報部長のマイケル・ドゥブケは訊いた。

「イエス。そのとおり」とトランプは答えた。

トランプ政権が発足してから最も重大なこの決断は、素人くさい拙劣なものだということがすぐに判明した。この手紙を午後五時に公表しろとトランプが補佐官らに命じたのは、実に四時半のことである。だがこの由々しきニュースをどのような形で発表するかなんら計画はなく、ましてどのようなものとして提示するかもまるで決まっていなかった。支持者らに示す論拠も用意されていなければ、議会の首脳らへの事前の通知もなく、政権当局者らがテレビに出演して説明する予定もない。そもそも誰も聞かされていなかったのだ──コミー本人ですら。

「議会のメンバーへの連絡と、これが公になる前に、コミーが手紙を受け取って事態を認識していることを確認された方がよろしいのではないですか?」と、セッションズ司法長官の首席補佐官、ジョディことジョセフ・ハントが思い切って訊いてみた。するとトランプは機嫌が悪そうな咳払いをひとつすると、「彼が知っていようといまいと、おれの知ったことじゃない」と言った。

少し間を置いてから、プリーバスも言ってみた――「マスコミが報じる前に、確実にコミーがこの手紙を受け取るようにすべきではないですかね?」。

だがトランプは相変わらず、「彼が報道で知ったとしても、おれの知ったことじゃない」と噛みつくように言った。

第一この知らせをどう本人に伝えるかさえ、誰も考えてすらいなかった。FBI長官は執務室にいるのかと誰かが訊くと、トランプは「いる」と答えた。だが実際はまったく知りもしなかったのだ。そこで「執務室にいるかどうか、誰か確認してくれ」と、トランプはスタッフの一人に叫んだ。そして答えも待たずにキース・シラーを呼んだ。トランプの長年の護衛担当で今や大統領執務室の運営担当部長という輝かしい肩書きを手に入れた人物だ。

「キース、こっちへ入れ。君はFBI長官をクビにしたいかね?」とトランプ。

「はい、大統領殿。喜んで」とシラーは答えた。

しかし実はコミーは執務室におらず、手紙を受け取れなかった。ロサンゼルスへ出張中で、やがて音を消したテレビの画面に流れたテロップで、解雇されたことを知ることになった。

ダイエット・コークをがぶ飲みし、ハーシーズのチョコレートバーをむしゃむしゃと食べていたトランプは、興奮気味だった。「これは歴史的な出来事だぞ」と何度も繰り返した。そしてついに、その決定的な瞬間を撮影させようとホワイトハウスの公式写真のカメラマンを呼ぶと、どういうポーズがいいかと相談を始めたのである。「何かを読んでいるべきだろうな。ジェフ[・セッションズ司法長官]の手紙を読んでいるのでもいいな」とトランプは言った。そこへマイク・ペンス副大統領がやって来ると、トランプはペンスに言った――「マイク、これは歴史的な瞬間だぞ」。

歴史的かといえば、確かにイエスだった。だがよく練られた計画かといえば、ノーである。「みんなはどんな風に受け取るだろう?」と、議会の有力者らにひととおり電話をかける用意をしながらトランプは補佐官らに聞いた。

「シューマーも何度もコミーに辞任を呼びかけてきた

から、大丈夫でしょう」と、ドゥブケ広報部長は言った。

しかしいざトランプが上院の民主党トップ、チャック・シューマー院内総務に電話で知らせると、痛々しいほどの長い沈黙が流れた。そしてついにシューマーは「あらためてお電話を差し上げます、大統領殿」と答えた。そのときドゥブケは自身の意見も含め、トランプへのすべての助言がいかにまずかったかを悟ったのだった。

トランプ政権に「ビフォー」と「アフター」を分ける時点があったとすれば、快晴の五月のある日の午後にジェイムズ・コミーを解任したときこそが、その分れ目だったと言えるだろう。権力闘争におけるこの失策のおかげで、そもそもトランプがFBI長官の首を切るきっかけになった捜査をめぐり、任期の残りの大部分が果てしない言い争いに費やされることになってしまったのである。だがコミーを排除すれば捜査を終結させるか抑制することができるとトランプが期待していたとすれば、そうはいかないとすぐに気づくことになった。

オーバル・オフィスに呼ばれた弁護士たちは、計画としてはずさんで、政治的にも思慮に欠けたコミー解任劇について、ある重大な点をなかなか理解しようとしなかった。すなわちこれが単なるスキャンダルだというだけでなく、トランプ大統領の選挙運動に対する連邦政府による捜査を大統領自身が妨害しようとしているように見える、という点だ。実際、トランプ側はこの捜査を阻止することに失敗していた。トランプの側近らは、コミー解任の真の理由だという（実際はあり得そうにない）作り話をトランプがでっち上げる手助けまでしていた。その理由とは、選挙終了からすでに半年も経っているというのに、大統領選中、コミーがヒラリー・クリントンの電子メールに対する捜査への対応を誤ったというものだった。当時トランプは支持者集会で、（ヒラリーを）「監獄にぶち込め」と連呼するよう群衆を煽り、自分が当選した暁にはクリントンを投獄してやると誓っていた。それなのに、今さらクリントンが不公平な扱いを受けたことを気にして、コミーを解任したふりをしようというのである。多くの民主党員らがクリントンに対するコミーの仕打ちを憎んでいたことは確かだ。とくに二〇一六年の大統領選の最終盤で、新たに発見された多数の電子メールの捜査を一時的に再開することをコミーが決断したことに怒っていた。コミーのこの動きがトランプ当選を後押ししたと、多くの民主党員は見ていたのだ。しかしこの時点で、コミー解任がもっぱらトランプ一人を守ることを意図したものだとは映らずに、民主党に歓迎されるだろうと考えていたとすれば、トランプ側の致命的な誤算だった。

即座に反動が起きた。解任の手紙が公表された直後から、テレビは一斉にこれを一九七三年一〇月のいわゆる「土曜日の夜の虐殺」になぞらえた。ニクソン大統領がウォーターゲート事件の特別検察官の解任を命じ、その命令の実行を拒否して司法長官と司法副長官が辞任した事件である。さらにリチャード・ニクソン大統領図書館もこの騒ぎに加わり、ニクソンは特別検察官を解任したが、「FBI長官をクビにすることはなかった」とツイートし、いたずらっぽく「[当館は]#ニクソニアンにあらず」というハッシュタグを付けた。(2)〔ニクソニアンとは大統領権限で法を曲げようとしたニクソンのような強引で独善的なやり方を言う〕

ウォーターゲート事件以来、歴代の大統領たちは政治的介入に見えることを避けるため、だいたいにおいてFBI長官に口を出すことはなかった。ビル・クリントンは、独立検察官のケネス・スターによる自身に対する捜査に関連して〔クリントン夫妻の不正な不動産投資疑惑やモニカ・ルインスキーとの不倫問題を捜査した〕、部下の捜査官らにクリントンの資金運用や性生活を詮索させていたルイス・フリーFBI長官を軽蔑していた。だが長官をクビにしてただで済むなどとは思わなかった。ジョージ・W・ブッシュも同様だ。ロバート・モラーFBI長官と司法副長官——ほかならぬジェイムズ・コミー——が、テロリストに対する新たな監視計画を行き過ぎて違法だとして承認することを拒み、辞任すると脅したとき、ブッシュは「土曜日の夜の虐殺」のような事態が繰り返されることを恐れて譲歩したのだ。連邦議会がFBI長官の任期を一〇年の長期としたのは理由あってのことだったのだ。つまり政治から捜査を分離するためなのである。

トランプは自己憐憫に満ちたメッセージをその晩から翌日にかけてツイートし続けたが、ワシントンの政界のあり方を根本的に理解していないことは誰の目にも明らかだった。

「民主党はジェイムズ・コミーに対し、クビにすべきだということも含め、口を極めて非難してきた。それなのに今は悲しげな演技だ！」

「コミーはワシントンのほとんど全員の信頼を失った、共和党も民主党もだ。ことが落ち着いたら、みんな私に感謝するだろう！」

「民主党の連中は何カ月も、何カ月も、コミー長官について文句を言ってきた。それが解雇された今、悲嘆に暮れたふりをしている。食わせ者の偽善者どもめ！」

コミー解任の決断の核心にあったのは、トランプのプーチンとの謎めいた関係だ。トランプは以前からこのクレムリンの支配者を不可解なほど褒めちぎっていた。トランプが元護衛担当のキース・シラーをＦＢＩ本部に派遣して、有無を言わせぬ解任通知を届けさせたころには、プーチンにいったいどんな弱みをつかまれているのかと、世界中が不思議がったのも無理はなかったのである。

　トランプとロシアの関係は、トランプが政界入りするずっと以前にさかのぼる。長年プーチンの応援団を自任していたトランプは、二〇〇七年にプーチンが『タイム』誌恒例の「今年の人」に選ばれると（これはトランプ自身も渇望していた名誉だったのだが）、プーチンに称賛の手紙を書き送った。「文句なしにあなたは選ばれるにふさわしい」と勢い込んで褒めた上で、「すでにお聞きおよびでしょうが、私はあなたの大ファンなのです！」と書いた(3)。トランプは長年、何億円という潜在的価値を有する高層ビルをモスクワに建てて自分の名前をつけようと企てていた。それにまったく信頼できないとしてアメリカの銀行がそろってトランプとの取引をやめて以来、トランプはドイツ銀行から融資を受けていた。ロシアとの関係が深い銀行だ。二〇〇八年には、「われわれの資産の中で、ロシア人はかなり大きな部分に関与している」とトランプは述べた(4)。その五年後、息子のエリック・トランプも、「われわれは必要な資金提供はすべてロシア人から受けている」から、トランプ一族にアメリカの銀行は不要だと述べたといわれている(5)。

　二〇〇八年、トランプはかつて四一〇〇万ドル〔約四三億円〕で購入したフロリダ州パームビーチのビーチフロントにある広大な邸宅を――画廊や舞踏場に、自動車四八台を収容できる車庫もある――ロシアの大富豪《オリガルヒ》に九五〇〇万ドル〔約一〇〇億円〕で売却し、驚くべき利ざやに大いに疑惑の目が向けられた(6)。それでもトランプは購入者の国籍を隠そうとした。「ロシア人という言葉を口にするなよ」と、当時ある記者に釘を刺した(7)。ニューヨークとフロリダのトランプ・ブランドの分譲マンションビルの購入者を見ると、ロシアおよび旧ソ連諸国とつながりのある人たちによるものが八六件、合計約一億九〇〇〇万ドル〔二〇一七年時点で約一二二億円〕にのぼる――しかもすべて現金でだ(8)。二〇一三年には、トランプはミス・ユニバースの大会をモスクワで開催し、滞在中にプーチンと会おうとして果たせなかった。当時トランプは、「彼が私の新しい大親友になるだろうか？」とツイートしていた。

　二〇一六年の大統領選中も、トランプはプーチンを称賛し（「力強いリーダーだ」）、バラク・オバマと比べて好意的に評した（「プーチンはA評定で、わが大統領は見劣りがする」）[9]。大統領選への出馬を表明した日には、FOXニュースに出演し、司会者のビル・オライリーに対してプーチンらについて、「あの人たちとはつき合えますよ。うまくやっていけます。あの人たちとならディールができますからね」と述べた[10]。続いて予備選挙中にただ一回行なった外交政策演説では、最前列にロシア大使を招待し、そこではモスクワとの「関係の向上」を約束[11]。ロシアが二〇一四年に隣国ウクライナから奪ったクリミア半島について、ロシアが保有し続けたいなら、自分としては一向に構わないとまで示唆した。ABCニュースに出演したときは、「私が聞いたところでは、クリミアの人たちはかつての所属先よりも、むしろロシアと一緒にいたいそうですよ」と、司会のジョージ・ステファノプロスに述べた[12]。さらに記者会見でドイツのある記者の質問に、クリミア占領後に発動された対ロ制裁を撤回することを検討すると返答。その夏の共和党の党大会では、トランプ陣営の顧問らが党の綱領の文言を差し替えてしまった。それまでは、ウクライナ東部国境沿いでロシアが支援する分離派勢力に対抗するため、ウクライナに「殺傷能力のある防衛用兵器」を送ることを求める文言となっていたが、単に「適切な支援」を行なうという、よりおとなしい表現に入れ替えたのである。

トランプは大統領選中、最初の選対本部長を解任し、その後任にポール・マナフォートを据えた。プーチンと手を結ぶロシア人やウクライナ人らのためにロビー活動をするという、実入りのいいキャリアを築いた共和党員だ。そしてトランプは選挙に勝つよう手を貸してくれと公然とモスクワに依頼した。ヒラリー・クリントンの電子メールをハッキングするように、クレムリンに求めたのだ（「ロシアよ、聞く気があるならば」と[13]）。やがてウィキリークス〔政府や企業の機密情報を匿名で公開するウェブサイト〕が、クリントン陣営から盗まれた選挙関連の電子メールをロシアのエージェントから入手した。するとトランプの旧友で顧問のロジャー・ストーンの手助けにより、トランプ陣営はそれらがいつ公表されるか事前に把握しているようであった。実際、アメリカの諜報関係筋が選挙介入に対してロシアを公然と非難し、また、「アクセス・ハリウッド」のトランプのスキャンダラスな動画が暴露された直後から、盗まれたクリントン陣営の電子メールがオンライン上に次々と公開されたのだ。この実に驚くべきタイミングは、トランプに不利な暴露から話題を変えるための意図的な試みであるように思われた。

当時有権者らが知らなかったのは、大統領選期間を通じて、トランプの代理人らとロシアの重要人物や仲介人らとの間に、驚くべきレベルのコンタクトがあったということだ。トランプ陣営のために報酬なしで働くことを申し出たマナフォートは、選挙戦の投票に関する内部調査の情報をコンスタンティン・キリムニクに密かに流していた。マナフォートと長年の仕事仲間だったキリムニクはロシアのスパイでもあり、マナフォートから得たデータをロシアの諜報機関に渡していた。同時にキリムニクは、ウクライナに関する「和平計画」なるものをトランプに紹介するようマナフォートに働きかけていた。それはウクライナ大統領の座を追われた親ロシア派のヴィクトル・ヤヌコヴィチを復権させるものだった。ヤヌコヴィチはマナフォートのクライアントで、ロシア政府の支持者でもある。ウクライナで何十億ドルという資金を横領したとされ、その後二〇一四年の民衆革命〔同年二月の反政府デモと警察による弾圧に端を発し、尊厳の革命、マイダン革命などと呼ばれる〕で失脚してロシアへ逃亡していたのだった。

こうしたことが起きていた間にも、トランプの個人弁護士のマイケル・コーエンはモスクワにトランプ・タワーを建てるという当てにならない建設計画について極秘に交渉を進めていた。雇い主のトランプが大統領選の選挙運動中だというのにである。トランプはすでに二〇一五年一一月、ロシアに拠点を置くデベロッパーとの基本合意書に署名していた。そこでコーエンは直接プーチンの事務所に協力を求め、トランプがロシアにビジネス上の利害は一切ないと繰り返し否定していたにもかかわらず、二〇一六年六月の時点までこの件を進めていた。そして七月、「私はロシアとは一切関係していない」と、トランプはタワー建設の試みはまったく明かさずに、断言したのである。[14] コーエンがまだこの不動産事業を進めようとしていたころ、トランプ陣営はモスクワの協力を歓迎した。六月、あるビジネス上の知人からトランプに連絡があり、「ロシア政府の弁護士」だという人物とトランプ・タワーでの会合を設定したいと言ってきた。その弁護士は「トランプ氏に対するロシアとその政府による支持の一環として」、ヒラリー・クリントンに醜聞をもたらすことを約束した。「大歓迎だ」とトランプは返答し、マナフォートとジャレッド・クシュナーも同席するよう呼び寄せた。[15] 結局その弁護士は、クリントンをおとしめるのに役に立ちそうな情報は持ってこなかったが、養子縁組政策に注力するよう要請した。言外にアメリカの対ロ制裁のことを指していることは明らかだった。プーチンは制裁への報復措置として、外国人によるロシア人児童との養子縁組を規制したのだったから。

いったいトランプはプーチンと会ったことがあるのか、ないのか。トランプの矛盾する発言の数々は疑惑をかき立てた。「彼とつき合いはありますよ」と、二〇一三年にあるインタビュアーに答え、別のインタビューでは「一度会ったことがある」と答えていた。[16] 二〇一四年にワシントンのナショナル・プレス・クラブで会見した際には、みずからモスクワで主催したミス・ユニバース大会に触れて、「プーチン大統領と直接にも間接的にも話をしたが、あんなにいい人はいない」と述べた。[17] 大統領選の共和党予備選のテレビ討論会では、楽屋で会話を交わしたことをほのめかした。[18]「私たちは二人ともテレビ番組『60ミニッツ』に出演したので、彼ととても親しくなったんです。出演者同士だったから、あの晩、二人ともとてもうまくやりましたよ」と、トランプは語った。[19] だが実際は、二人は「60ミニッツ」放送時に直接会ってはいない。トランプはニューヨークで、プーチンはモスクワで、何千キロも離れて個別にインタビューを受けたのだから。

その後、この件はいっそう問題視されるようになる。トランプがプーチン大統領と遭遇したことは一度もないと、これまでの発言を否定しだしたのだ。二〇一六年七月にあった記者会見では、「プーチンには一度も会ったことがない。プーチンなんて知らない」と述べた。[20] しかし大統領に当選したころには、再びプーチンを持ち上げる発言が復活した。アメリカン・フットボールのスーパーボウル開催前の恒例のインタビューで、FOXニュースのビル・オライリーがプーチンを人殺しと呼んだ。するとトランプはプーチンを擁護して、「人殺しなんていくらでもいますよ。つまり、あなたはわが国は潔白だとでも言うんですか?」と言ったのである。[21]

こうしたことすべてが、トランプ本人およびトランプ陣営がずっとロシア側と結託して行動していた、という説を煽り立てた。アメリカの大統領選を密かに攪乱する工作をプーチンが承認しただけでなく、実際に選挙結果をトランプ側に傾けようとしたのだと、アメリカの情報機関は確証を得ていた。トランプ陣営の外交政策顧問のジョージ・パパドプロスは二〇一六年五月、ヒラリー・クリントンに恥をかかせるような民主党の電子メールをロシアが何千通も保持していると、ロンドンで酒を飲んでいるときにオーストラリアの外交官に内緒話として話した。これをオーストラリアの当局者がアメリカの情報筋に内報し、FBIの捜査開始につながったのだった。ただし、やがて潔白が証明されたものの、クリントンの電子メール不正利用疑惑の捜査が選挙中から大いに話題になったのに比べ、トランプの選挙運動に対する捜査は選挙終了後にようやく世間の耳目を集めることになった。トランプの大統領就任前に駐米ロシア大使とマイケル・フリンが電話をしたという一件も（やがてフリンはこれで辞任するのだが）、さらに疑惑を深める結果となった。そしてトランプはいざ就任すると、対ロ制裁を撤廃しようとしたのだ。これにはミッチ・マコーネルを筆頭に共和党の上院議員らが法案を出して対抗するぞと脅して、トランプを思いとどまらせたのだった。

なぜトランプはプーチンに媚びへつらうのか。トランプ周辺の一部の人間は、怪しげな事実の数々や、ロシアの独裁者との不可解な親密さなどから想像されるより、ことは単純だと言った。これはむしろトランプの生涯を貫いてきたモチベーションの問題なのだというのだ。金銭《マネー》である。「プーチンにおべっかを使い、トランプ政権下ではアメリカの対ロ制裁の政策転換もあるかもしれないとほのめかすことで、トランプはモスクワのトランプ・タワー建設プロジェクトをなんとか押し進めようとしていたのだ」と、マイケル・コーエンはのちに回想録で元上司に痛打を加えた。「トランプ陣営は実際にロシア政府と共謀するには、あまりに乱雑で無能だった。だが実のところ、トランプは政治を金儲けの機会だと見ていたのであり、個人的な金銭的利益のためにアメリカの外交政策を曲げることを躊躇しなかった」とコーエンは書いている。(22)

大統領に就任した時点では、モスクワのトランプ・タワー建設計画はすでに放棄されていた。だがトランプはほかの方法で大統領職から収益を得ない手はないと考えた。この約半世紀の間の歴代大統領と異なり、トランプは自身の事業との関係を絶つことも、納税申告書を公表することも拒んだ。選挙運動を開始した当初から、トランプは内国歳入庁の監査終了後に納税記録を公開すると述べてきた。だが結局しなかった。そして任期中の四年間、説得力のない言い訳をただ毎年繰り返すことに終始したのである。

二〇一六年の大統領選の投票日を数週間後に控え、ワシントンの旧郵便局ビルにトランプ・インターナショナル・ホテルが開業した。ホワイトハウスにほど近いペンシルヴェニア大通りの歴史的な建造物である。するとこれがトランプに取り入ろうとする人間や組織などの資金を大いに惹きつけた。サウジアラビア政府などはトランプの大統領就任からわずか三カ月の間に、このホテルで二七万ドル以上〔約三〇〇〇万円〕を使った。その後の期間、トルコ、クウェート、アラブ首長国連邦、フィリピンおよびその他の各国政府がこのトランプのホテルまたはトランプが所有するほかの物件でイベントなどを主催した[23]。共和党の選挙スタッフやワシントンのロビイストらも、トランプのホテルを定番のレセプション会場とした。トランプ自身もまた、中二階にあるレストランの人目につく七二番テーブルにしばしば陣取った。この円形のブース型の席はどこから見ても目立つ席である。給仕たちは、トランプが到着すると必ず即座に手指消毒の瓶とダイエット・コークを一本出すよう指示を受けていた。続いてお決まりのメニューを出す――シュリンプ・カクテル、ステーキ、フレンチフライだ。要するにトランプに近づきたい人たちにとっては、信じがたいほどアクセスが容易だったわけである[24]。

　これらはいずれも憲法のいわゆる報酬規定に違反するように思われた。同規定は官職にある者が「国王、公侯または他の国から、いかなる種類の贈与、俸給、官職または称号」を受けることも禁止している[25]。トランプの批判者たちはすぐに訴訟を起こしたが、いずれの主張も法廷で退けられた。トランプはこれまで不動産の貸借契約における人種差別から、株式の疑わしい取引、カジノに関する規定違反に至るまで、数々の告訴や捜査の対象となってきた。それだけに歴代のおおかたの大統領よりも訴訟や捜査に慣れていて、実際だいたいにおいてトランプは大したダメージも受けずに乗り切った。せいぜい罰金刑を科されたぐらいだ。そして政界入りしてからも、またもや数々の捜査が続いた。大統領就任の直前には、かつての「トランプ大学」を学生らが詐欺罪で訴えた裁判で、合計二五〇〇万ドルの示談金を支払って和解した〔不動産投資講座「トランプ大学」から法外な受講料を強いられたとする数千人の学生らによる訴訟。示談金は日本円にして約二七億円〕。また、ニューヨーク州司法長官はのちに、トランプ財団で「衝撃的な違法な慣行」を発見した。この慈善団体が実際は「トランプ氏のビジネスおよび政治的な利益のための小切手帳同然」のものにすぎなかったというのだ[26]。

　こんなわけだから大統領選で当選すると、トランプは司法省をみずからの管理下に置けることに歓喜して、さっそく保身のために動きだした。当選から数日後、トランプはプリート・バララに言い寄ろうとし始めた。トランプの自宅と会社があるニューヨーク州南部地区を管轄する連邦検事だ。さらに数日後、バララがトランプとの会見のためにトランプ・タワーに招かれると、トランプはバララの携帯電話の番号をしきりに知りたがった。そして二週間と待たずにトランプはさっそく入手した携帯番号に電話をかけたが、特段の理由もなく、ただ無駄話に終始した。そして大統領就任の直前にもバララに電話をしたが、そのときもこれといった用件があったわけではない。

連邦検事が大統領から電話を受けることは稀で、バララも当惑するばかりだった。そこで就任式まで、つまりトランプがまだ正式に上司ではない「次期大統領」である間は、電話のやりとりをしてもよいだろうと判断した。ところが大統領に就任後の三月九日、またトランプが電話を寄こした。バララは密かに会話を録音するか、補佐官に立ち会って聞いていてもらうことを検討した。だが結局、電話を受けたくない旨、ホワイトハウスの係官に伝達。すると翌々日、トランプはバララを解任したのだった。

解任の理由は示されなかった。前政権が政治任用した検事だったため、特段の理由がなくとも交代させることはできる。だがバララは、トランプは自身または保有企業に関して検察当局で何か案件が持ち上がった場合や、誰か政敵を捜査してほしくなった場合に備え、バララをつなぎ留めようとしていたのではないかと読んだ。「いずれ、何か頼み事をするために私に電話をかけてきたはずです。その点私は確信があります」と、のちにバララは語った。

バララの解任劇は、トランプがのちにジェイムズ・コミーFBI長官を取り込もうとして結局失敗に終わり、やがて二人が揉めることとなった事例の前兆だったとも言える。コミーは身長二メートルの巨漢で、どんな部屋にいても目立った。相手によって、原理原則または独善的な意見を譲ろうとしないタイプだ。コミーはジョージ・W・ブッシュ政権で司法副長官に、次のオバマ政権でFBI長官に任命されるまでに、資金洗浄犯やギャング、テロリストなどを捜査した経験があり、さらにはマーサ・スチュワート〔「カリスマ主婦」として知られる実業家、テレビパーソナリティ。株取引をめぐり有罪判決を受けたことがある〕を捜査したこともある。

コミーとトランプ新大統領との関係は、大統領就任直前からぎくしゃくしたものとなった。英国の元諜報部員のクリストファー・スティールがトランプとロシアとの結びつきに関する調査をしていることを、コミーがトランプの耳に入れ、続いてスティールの資料がバズフィード・ニュースで公表されたという例の一件がその発端である〔第2章参照〕。トランプはコミーの忠告を攻撃だと受け止めた。そこで大統領就任から一週間後の一月二七日、その忠誠心を試すためにホワイトハウスでの夕食に招いた。ラインス・プリーバス首席補佐官は事前にトランプに対し、「何があっても、ロシアだけは決して話題にしないように」と念を押した。捜査に対して不適切な影響を与えようとしていると誤解されないためにである。[27]だが聞く耳を持つようなトランプではない。シュリンプ・スキャンピとチキン・パルメザンを食べながら、トランプは事実上コミーFBI長官に忠誠を誓えと迫っていた。「私が求めるのは忠誠だ」と、トランプは言った。直接衝突するのを避けて言い逃れようと、コミーは「私は常に誠実であることをあなたにお約束します」と言っておいた。するとトランプはこれを求めていた言葉だと受け取って、「私が望むのはまさにそれだ。誠実な忠誠心だ」と答えた。[28]これにはコミーも当惑した。ブッシュからもオバマからもそんなものを要求されたことはない。このやりとり全体が、若いときにギャングたちを訴追したころを思い出させた。そこでこの直後から、自分を守るためにトランプとの会話はすべてメモに記録しておくことに決めたのだった。「私にはその要請は、まるで雄牛のサミー〔ニューヨークで著名だったギャング〕のシチリア系マフィア団の加入儀礼のように感じた。トランプがマフィア一家のボスで、私に『マフィアの一員』になる覚悟があるかと問いただしているという具合だ」と、コミーはのちに書いている。[29]

これらはすべて従来の規範をあまりに大きく逸脱していたが、トランプはそんなルールをまともに理解もしていなかったし、もちろん尊重もしていなかったのだ。トランプは政界の現実に無知だったばかりか、FBIに標的にされることがどういうことかもわかっていなかった。そんな無知ぶりは国家安全保障問題担当のマイケル・フリン補佐官を解任した翌日の二月一四日、ジャレッド・クシュナーとニュージャージー州知事のクリス・クリスティと昼食をとったときにも明らかだった。「フリンをクビにしたから、ロシア問題は片づいた」とトランプはクリスティに言った。

クリスティは笑った。元検事として、そんな考えはばかげているとわかっていたのだ。

「あり得ませんね。このロシア問題は解決にはほど遠い」とクリスティは述べた。そして実際、「来年のバレンタイン・デーになっても、きっとわれわれはここでこの件について話しているでしょうよ」と指摘したのだった。

トランプはショックを受けたようだった。

「どういう意味だ？　ロシア人と会ったのはフリンだ。それが問題だった。おれはそのフリンを解雇した。一件落着だ」とトランプは言った。

これに対してクリスティは、一件落着とは正反対だと述べた。ＦＢＩの捜査を抑え込む方法などないと。そしてフリンはこれからも当分の間トランプの頭痛の種になると述べた――「靴の裏に貼りついたガムのようにね」。

まるでこれを証明するかのように、この昼食中にジャレッド・クシュナーの電話が鳴った。マイケル・フリンだった。ホワイトハウスによるフリン解任の公表の仕方がフリンをおとしめていると、抗議をするためだった。クシュナーはフリンをなだめようとした。「大統領があなたを尊重していることはご存知でしょう。あなたを気にかけているんですよ。後であなたを評価するツイートをするよう大統領に言っておきますから」と、クシュナーはフリンに伝えた。横でトランプもうなずいて賛意を示した。

だがトランプはフリンのことよりもコミーＦＢＩ長官の忠誠心が心配だった。トランプはクリスティに、コミーに電話をして「あなたもチームの一員だからなと伝えてくれ」と依頼した。クリスティはそんなことをするのは「ばかげている」と思い、実際に電話をするつもりはなかった。(30)

ところが偶然にもこの数時間後、コミーは国土安全保障関連のブリーフィングを受けにホワイトハウスへやって来た。するとトランプはブリーフィング後に二人だけで話をさせてくれとコミーを引き留めた。そして同席しようとしたプリーバス首席補佐官を体よく追い払うと、トランプはコミーに圧力をかけにかかったのだ。フリンに対する捜査をやめるように言い、事実上、コミー長官が本当に一味の「一員」であるかを見極めようとしたのである。

「この件はもうやめにすべきだと、よくわかってもらえているとは思うんだが、つまり、フリンを追及しない、と。彼はいい奴だ。この件はやめにしてもらえるといいんだがね」と、トランプは言った。

前回の夕食のときと同様、コミーは直接トランプに反対せずにかわそうとした。「彼がいい奴だというのは、そのとおりですね」と、コミーは言葉を濁した。(31)

その後の数週間で、トランプはさらに何度かコミーに電話を入れた。ロシアがらみの捜査の「雲行き」のせいで、トランプは思うように外交政策を進められないのだと苦情を述べて、トランプが捜査対象ではないという、公式の声明を出してほしいとコミーに頼んだ。そして四月一一日、「だって私はあなたにずっととても誠実にしてきたんですよ、とても誠実にね。それに例の件もあったじゃないか」と、トランプはマフィアまがいの忠誠の誓いを求めたときのやりとりをほのめかした。(32)これがコミーとトランプの最後の会話となった。

　トランプはフラストレーションを抱えていた。三月にはジェフ・セッションズ司法長官がこの捜査への関与を避けるため、捜査を管轄する立場から身を引いて距離を置いた。大統領選中にトランプ陣営の顧問を務めていた当事者だからというのが理由だった。こうしてトランプは捜査に対する影響力の一部をすでに失っていたのだ。「おれの部下の法律家たちは、攻めの姿勢に欠けて、ひ弱で、私のためを思う気持ちもなく、忠誠心のない連中ばかりだ」と、ある日トランプはオーバル・オフィスで不満を吐露した。[33] 司法長官とＦＢＩ長官――トランプにとってこの二人は部下として、トランプのために言いつけに従うべき人間だった。つまりトランプの考えでは、二人はトランプの敵に対する矛となり、危険に対する盾となるべきだったのである。あるとき、セッションズに身を引くのをやめさせろと、ホワイトハウス法律顧問のドン・マクガーンに迫っていたとき、トランプはいら立ちのあまり大声を上げた――「おれのロイ・コーンはどこにいるんだ？」。

　新たなロイ・コーン。トランプが望んでいるのはまさにそんな部下だったのである。〔コーンは一時トランプの助言役をした弁護士。第3章参照〕

　トランプが法と公正というものをどう見ていたかを理解するには、トランプのロイ・コーンとの関係を理解する必要がある。コーンは悪名高い赤狩り屋からニューヨークの喧嘩腰のフィクサーに転身した男だ。没後三〇年以上を経てもなお、コーンはトランプに強烈な影響力を及ぼしていた。トランプはコーンの死後も指南役《メンター》として仰ぎ、ビジネスでも政治でも一切容赦しないコーンの姿勢は、大統領になったトランプの姿勢をも決定づけることになった。トランプはどんな法律家を評価するときも、記憶の中のコーンを基準に比較した。トランプのために進んでどこまでも戦い抜く気概があるかどうか。そしていずれの法律家たちも、なんらかの点でコーンには及ばないとトランプは判断したのだった。こうして「おれのロイ・コーンはどこにいるんだ？」はトランプがしきりに口にする呪文のようになったのである。

　トランプを除き、近年の大統領でコーンのような人物を受け入れようとする者はいないだろう。身体の引き締まったやせ型で、いつ見ても日焼けしており、半ば閉じたようなまぶたの下の目は血走っていることも多く、鼻には古傷がある。コーンはその実態どおり、マフィアまがいの弁護士そのものといった風貌だった。「爬虫類のよう」に冷血で卑劣だと表現されることも多かったコーンは、税徴収官、検察官、判事、取締官、それに市民的自由の尊重を主張する連中に対して傲然と反抗することを歓びとした[34]。若き検察官時代には、ジュリアスとエセルのローゼンバーグ夫妻をスパイ犯として電気椅子送りとするのに尽力し（夫妻は原爆開発にからみソ連のスパイとして一九五〇年に逮捕され、五三年に処刑）、続いてジョセフ・マッカーシーの赤狩りの調査委員会の尋問官として全米に悪名を轟かした。やがてマッカーシーが議会の譴責決議により失脚すると、コーンはニューヨーク州の弁護士に転身。腐敗した政治家、ギャングのボス、カトリックの枢機卿から、殺人未遂で起訴されたクラウス・フォン・ビューロー（妻の殺害未遂で有罪となった事件がマスコミで話題となるが、二審で逆転無罪）、ニューヨーク・ヤンキースのオーナーのジョージ・スタインブレナー、そして若き不動産開発業者として名をなしつつあったドナルド・トランプまで、クライアントのためなら何でも勝ち取る男となったのである。

トランプの弁によれば、コーンと初めて知り合ったのは一九七三年。アパートの賃貸契約で人種差別があったとしてトランプ一族の企業が司法省に起訴された直後のことだという（その不動産会社では黒人の入居希望者に対し、「有色人種（colored）」の「C」という記号を密かに付けていた[35]（主として黒人を意味する）。二人は著名人ら富裕層を顧客とするニューヨーク・イーストサイドの会員制ナイトスポット、「ル・クラブ」の薄暗がりの中で互いに紹介され、トランプが訴訟について助言を求めた。すると「地獄に堕ちろと伝えて、法廷で戦え」とコーンが勧めたのをトランプは記憶しているという[36]。

そしてトランプはまったくそのとおりにした……コーンを弁護士に立てて。コーンは一億ドルの対抗訴訟を起こしたが、連邦裁判所から「時間と紙資源の無駄」として即座に退けられた[37]。そしてずるずると長引いた戦いの末に、トランプはより多くの黒人の入居希望者を受け入れるとの同意判決に署名させられた。トランプはそれを勝利に見せかけようとしたものの、司法省はこの判決を「これまで成立した中で最も広範な影響を持ち得るもの」としたのだった[38]。

コーンはその後も多くの厄介な訴訟でトランプの弁護士を務めた。旧コモドア・ホテルの改装では、四〇年間で四億一〇〇〇万ドル（約八五〇億円）の減税という前例のない厚遇をせしめた（しかもその決定を出した役人をその後に雇用した）。さらにトランプ・タワーの建設には（ギャングが牛耳るセメント業界に話をつけた上で）二二五〇万ドル（約四九・五億円）の免税措置を勝ち取った[39]。トランプがアメリカン・フットボールのユナイテッド・ステイツ・フットボール・リーグ（USFL）に属するニュージャージー州のチームを買収すると〔ニュージャージー・ジェネラルズ〕、コーンはNFLに対して反トラスト法違反だとして訴訟を起こした。この滑稽な戦いは結局は裏目に出てUSFLを崩壊させてしまったのだった。このような調子でコーンはトランプのあらゆる事業でアドバイザー役となり、最初の結婚の際にはトランプを説得してけちな婚前契約までまとめさせ、披露宴では事実上の司会者まで務めたのである。

　コーンは当時を代表する派手で人脈豊富な人物だった。ニューヨークとコネティカット州グリニッジの邸宅を行き来し、ロールスロイスを乗り回し、実に似つかわしく「反逆号《ディファイアンス》」と名づけたヨットでセーリングを楽しんだ。あまりに熱心に税回避に努めたおかげで、内国歳入庁は二〇年連続で監査に入り、コーンが死去した時点でも七〇〇万ドル〔一二億円弱〕の訴訟が係争中だった。コーンは巨大な矛盾の塊でもあった。「反ユダヤ主義者のユダヤ人で、同性愛者を嫌悪する同性愛者。猛烈な秘密主義者でありながら貪欲に誰とでも交わる」[40]と、ジャーナリストのマイケル・クルーズは描写する。複数回にわたり贈賄、共謀、銀行詐欺で告発されたが、三件の裁判で無罪となった。やがてコーンはクライアントに嘘をついて騙したとして、弁護士資格を剥奪された。このような人物だっただけに、普通の人間ならばつき合うのをためらうところだ。だがトランプは違った。

　トランプは常にコーンを「親友」で「世界一の弁護士」だとした[41]。トランプはコーンのあくどいやり方を称賛し、「敵に歯を剝いてくれる人間が必要なときは、ロイを呼べばいい」と言ったこともある[42]。調査報道記者の故ウェイン・バレットは、父親のフレッド・トランプを除けばコーンこそがトランプの「キャリアの前半で最も影響力のあった人物だ」と書いている。「コーンはドナルド「・トランプ」の指南役《メンター》となり、ビジネスでも私生活でもあらゆる重要な案件で常に助言者となった」というのだ[43]。コーンはまた、「自身が支配する悪質なギブ・アンド・テイクの闇世界」へトランプを導いた。トランプの姪のメアリー・トランプによると、かつてトランプはコーンを動かして、姉のマリーアン・トランプを連邦裁判所判事に任命するようレーガン政権に働きかけたという。そしてマリーアンがコーンを怒らせるたびに、コーンはそのことを持ち出したそうだ。だがマリーアンは判事の職は自分の実力で勝ち取ったものだと断言し、「もう一回そんなことを言ったら、ぶちのめすわよ」とコーンに言ったそうである[44]。

　コーンは後天性免疫不全症候群（エイズ）を発症した

とき、それを否定して肝臓癌だと言い張った。だが誰もが事実を知っていたから、トランプも知っており、トランプはコーンとの仕事の一部を取りやめた。「おれにこんな仕打ちをするなんて信じられない。ドナルドは冷血漢だ」とコーンは不満を吐露した。[45]一九八六年、五九歳で死去したロイ・コーンの葬儀にトランプは後方の席で参列し、弔辞を求められることはなかった。かつてコーンが主催したパーティーで、トランプは大勢の参加者たちに向かい、「ロイはめちゃくちゃひどい弁護士だ。彼の名前を出すだけでみんなビクついて、誰もおれに楯突こうとしなくなるんだ」と冗談を飛ばした。[46]そんなコーンに比べれば、トランプが雇ったほかの弁護士たちはみな軟弱で、忠誠心に欠け、もの足りなかった。「トランプはロイ・コーンについて、連戦連勝で、彼は常に勝つんだと言っていた」と、ある補佐官は回想した。

あるときホワイトハウスで、法律顧問のドン・マクガーンがトランプとの会話をメモ帳に書き取っているのを見て、トランプが憤激したことがある。「どうしてメモなんか取ってるんだ？ 弁護士はメモなんか取らないものだぞ。これまでメモを取る弁護士なんか見たことがない」と問い詰めたのだ。

これに対してマクガーンは、自分は「本当の弁護士」だからメモを取るのだと言った。するとトランプは、「たとえばロイ・コーンのように、おれは何人もの偉大な弁護士とつき合ってきたが、彼はメモなど取らなかったぞ」と述べた。[47]

マクガーンは何とも返事をしなかった。マクガーンの回想によれば、これが「ロイ・コーンの幽霊がオーバル・オフィスに現れた」最初の事例だったという。[48]

五月三日。この時点でトランプは、ジェイムズ・コミーFBI長官に対してわずかに残っていた忍耐力もついに底をついた。この日コミーは、大統領選の最終盤にヒラリー・クリントンの電子メールに対する捜査再開を決断したことについて、議会で証言。そして自分の判断が選挙結果を左右したしたかもしれないことを思うと「少しばかり吐き気がする」と述べたのである。[49]その発言の意図は、自身としてはFBIが政治に関わることは一切望んでいなかった、というものだった。だがそれはむしろ、トランプの当選が胸の悪くなる出来事だと感じているようにも聞こえたのだ。

同じ日、オーバル・オフィスでマクガーン法律顧問とジェフ・セッションズ司法長官と会っていたトランプは、公聴会について、「コミーの調子はどうだったんだ？」と訊いた。それに対してマクガーンが答えた。「よくありません。あなたが捜査対象になっていないことを明言する機会があったにもかかわらず、そう言いませんでした」

この瞬間にコミーの命運は尽きていた。セッションズが動かないならば、トランプが手を下すまでだ。スティーヴ・バノンの勘定によれば、五月三日と四日の二日間でトランプはコミー長官の件を八回も問題にした。「おれは捜査の対象じゃないと彼はおれに三回も言ったんだぞ。あいつは目立ちたがり屋だ。スタンドプレーをしたがるやつだ。おれはロシア人なんて一人も知らないっていうのにだ」と、トランプはバノンに愚痴を言った。

コミーを辞めさせても捜査を止めることはできないから、もはやクビにするには遅すぎる、とバノンはトランプに言った。「後の祭りですよ」と。(50)

しかしその週末にニュージャージー州のベッドミンスターに所有するゴルフクラブに引きこもったトランプは、コミーの証言の録画を視聴。ジャレッド・クシュナーと上級顧問のスティーヴン・ミラーと相談した結果、コミーFBI長官の更迭を決めた。五月八日の月曜日、弁護士でもないミラーが起草した解任の手紙を持って、トランプはホワイトハウスに戻った。四ページにわたる冗長なこの手紙は、トランプが怒鳴り散らしていたことの趣旨をうまくとらえていた――「二〇一六年の大統領選におけるトランプとロシアの関係について、政治的意図を含んだでっち上げの主張の数々」があるとしていたのである。(51)

この手紙に目を通したドン・マクガーン法律顧問は、まずいと思った。ちょうどジェフ・セッションズ司法長官と昼食の予定があったため、就任からわずか二週間という新任のロッド・ローゼンスタイン司法副長官も呼び出して、三人で話し合うことにした。そしてその日の午後、三人はオーバル・オフィスでトランプに会った。

トランプはミラーが起草した手紙のコピーをセッションズとローゼンスタインに手渡した。するとローゼンスタインが手紙に集中しようとしている間も、トランプは機関銃のようにしゃべり続けた。

「私の手紙に同意するかね？」とトランプは訊いた。

「この手紙を渡すのは賢明だとは思えません」とローゼンスタインは返答した。

ローゼンスタインは問題点があまりに多すぎると思ったが、ひとつだけに絞ることにした。「どうしてわざわざロシアに言及するんですか？」とトランプに問いかけた。

「それはまあ、とても重要だからだ。私は捜査対象ではないと、彼は私に三回も言ったんだ」とトランプ。

これに対してローゼンスタインはコミー解任の理由について、「ロシアの件は無関係なはずですから、言及すべきではありません」と指摘したのだった。

コミーをお払い箱にしたいというトランプの執念は、最側近の法律家三人を難しい立場に追い込んでいた。セッションズ、ローゼンスタイン、マクガーンはいずれもワシントンの政界での経験が豊富な共和党のベテランだった。小柄で銀髪のセッションズは長年の閑役職に恵まれないまま、移民政策に対するうるさがたの上院議員として鳴らしてきた。二〇一六年、地元のアラバマ州で車を運転していたところ、トランプが支援者集会のためにやって来るとラジオで聴いた。するとすぐに車を方向転換させて会場に潜り込み、億万長者として知られたトランプに対し、ほかの上院議員に先駆けて支持を表明した——そしてその褒美に司法長官の座を勝ち取ったというわけである。ローゼンスタインはベテラン検事で、ジョージ・W・ブッシュ政権によってメリーランド州の連邦検事に任命され、オバマ政権時代も留任。全米で最古参の連邦検事となっていたとき、セッションズの副官に抜擢されたのだった。そしてマクガーンは共和党の選挙資金担当のベテラン弁護士で、連邦選挙委員会を経てトランプ陣営に加わり、やがてホワイトハウスの一員になったという人物だ。

実のところ、三人ともコミー解任では意見が一致していた。セッションズなどは実際に政権移行作業中に、FBI長官を交代させるべきだとトランプに勧めていた。ローゼンスタインも、ヒラリー・クリントンの電子メール問題の捜査でコミーがその領分を踏み越えてしまったと見ていた。本来は捜査当局ではなく検察官の仕事であるべきところ、コミーはあたかも起訴の可否を決める権限が自分にあるかのように振る舞い、しかもみずからの判断を公式に発表していたからだ。この点、マクガーンも同感だった。だが三人はいずれも、ロシア関係の捜査を阻止するためにコミーを解任することには反対で、その点トランプのやり方は不合理だと考えていた。そこで法的文書らしからぬ辛辣な言葉でコミーを非難するミラーの手紙を廃棄して、ローゼンスタインが翌日までに覚書の草稿を用意することになった。ヒラリー・クリントンの件の扱いについて、コミーを批判するものである。ローゼンスタインはその日の午後六時ごろにホワイトハウスを後にして、司法省へ取って返すと午前三時か四時ごろまで残業し、朝八時ごろに再び出勤して草稿を完成させた。そしてその内容を支持する説明用のメモをセッションズがつけ足して、ホワイトハウスへ送付した。「気に入ってもらえると思いますよ」と、ローゼンスタインの覚書を手渡しながらマクガーンはトランプに言った。

トランプはざっと目を通すと、「ああ、これはいい。私の手紙より君たちがこっちがいいと言うのもわかるよ」と言った。

ローゼンスタインの覚書は、クリントンの電子メール問題の捜査に関するコミーの行動を手厳しく糾弾していた。「電子メール問題の捜査終結に対する長官の取り扱い方は間違っていた。そのためそれらの過ちの重大さを理解し、二度と繰り返さないと誓う長官が就任しないかぎり、FBIは世間と議会の信頼を取り戻す見込みはない」と、ローゼンスタインは書いた。[52] ロシアがらみの捜査には一切言及しなかった。

しかしトランプがコミーを解任したがっている本当の理由はロシアに関する捜査ではない、などとローゼンスタインが考えていたのだとしたら、自分を騙していたことになる。そしてトランプの決断に対して、ホワイトハウスがローゼンスタインを矢面に立たせようとしていることも理解していなかった。コミー解任が公表されると、ホワイトハウス報道官のショーン・スパイサーは真っ先にペブル・ビーチへ向かった。テレビカメラが列をなすホワイトハウスの建物の外側にある一画である。そこでスパイサーは、コミーをクビにするとの決断はローゼンスタインの意見によるのだと説明した。「すべて彼です。ホワイトハウスの誰でもありません。司法省の決断だったのです」とスパイサーは述べたのだった。[53]

当時スパイサーの副官だったサラ・ハッカビー・サンダース副報道官も、翌日のブリーフィングで同じ作り話を繰り返した。コミーを解任すべきだと判断したのはローゼンスタインであり、同意を求めて「単独で」大統領に進言したと、サンダースは言ったのだ。いずれも虚偽だった。サンダースはさらにもうひとつトランプの作り話を披露して、「私たちは数えきれないほどのFBI職員から」コミーを支持していないとの声を「聞いている」としたのである。のちにサンダースはこれがまったくの作り話だったことを認めたのだが。[54] マイク・ペンス副大統領もこうした公式見解をふまえ、「コミー長官を更迭すべきだとの司法副長官と司法長官の勧めを受け入れることを」大統領が決断した、と述べた。[55] これまでの政権ならば、このような虚偽は信頼を失墜させてキャリアの終わりを意味したはずである。

この後も何度も起きたことではあるが、トランプはこのような表向きの作り話を否定して、部下の努力を台無しにした。コミー解任の翌日、オーバル・オフィスを訪れていたロシア政府高官二人にコミー解任の真意を認めてしまったのである（そもそもプーチンの要望でその二人との会談を受け入れたこと自体、異例だったのだが）。トランプはセルゲイ・ラブロフ外相とセルゲイ・キスリャク駐米ロシア大使に対して、「私はＦＢＩ長官をクビにしたばかりなんです。クレイジーな男で、まさに変人でしたよ。私はロシアの件のおかげでひどいプレッシャーに直面してましたからね。それが解消されたのです」と、自慢げに言った。[56] この発言はすぐにリークされて公になった。

さらにその翌晩にも、トランプはコミー解任の真のねらいを公言した。ＮＢＣニュースのアンカーのレスター・ホルトに対して、コミー解任の際にはロシア関連捜査が念頭にあったと認めたのだ。トランプはコミー解任について、「とにかくやってしまおうと決めたとき、私は自分に言い聞かせたんです、『いいか、このトランプとロシアがどうのこうのという一件は作り話なんだ』とね」とトランプは述べた。そしてローゼンスタインの覚書に促されてのことではなかったと認めた。「勧めがあろうとなかろうと、私はコミーをクビにするつもりでした」とトランプは言ったのだ。[57] この映像を見てローゼンスタインをはじめとする法律の専門家たちは唖然とした。ロシアに関する捜査をやめさせようとしていることを、大統領が事実上認めたようなものだったからだ。検察官たちがこれから先も耳にすることのないほどあからさまに、司法妨害を告白しているのも同然だった。自身にのしかかる「ひどいプレッシャー」を取り除くどころか、逆に悪化させるばかりだった。

一方でコミーは、大統領が確実に説明責任を問われるようにしようと努力に余念がなかった。まず、解任される以前に、トランプがコミーに対して「忠誠心」を強要してきたことを、『ニューヨーク・タイムズ』紙のマイケル・シュミット記者にリークすることを友人に許した。その結果掲載された記事にトランプは激怒して、コミーとのやりとりを密かに録音していたことをほのめかす奇怪なツイートをした。これに対してコミーはむしろ、「そりゃすごい、録音テープがあることを望んでいるよ」と返したのだった。[58]

トランプは自分を捜査しているＦＢＩ長官をクビにするとはどういうことか、やがて思い知らされることになった。五月一六日、午後一二時三〇分、ロッド・ローゼンスタインとその補佐官二人がアンドリュー・マッケイブと会った。コミーのもとでＦＢＩ副長官を務め、このとき長官代理となっていたマッケイブは爆弾発言をした――たった今、トランプの選挙活動に関する捜査拡大を捜査官らに許可したところで、トランプ自身がロシアと共謀したか、あるいは司法妨害をしたかを調べさせるというのだ。そして翌日このことを議会の首脳らに伝える予定だと。

　ローゼンスタインはめまいがしそうだった。大統領が捜査対象だって？　ジェフ・セッションズ司法長官はこの件に関与することを控えていたため、司法省の責任者はローゼンスタイン自身である。そして今、まるで冷戦時代のスパイ小説のようなシナリオに直面していたのだ。最高司令官たる大統領が敵性国家の影響下にあるかもしれないと、事実上の司法長官代理であるローゼンスタインに対し、ＦＢＩ長官代理のマッケイブが告げている。だがこれはジョン・ル・カレのスパイ小説の筋書きなどではなかった。現実だったのである。

　ローゼンスタインとマッケイブはお互いをほとんど知らなかったが、すぐに激しい相互不信に陥った。共和党による政治任用で司法省入りしたローゼンスタインに対し、ロシアのマフィアや国際テロリストらを捜査してコミーの副官にまで上り詰めたマッケイブは、叩き上げのＦＢＩ捜査官だった。マッケイブは妻がヴァージニア州の州議会議員選挙に民主党から立候補したことがあったため、すでにトランプに目をつけられていた。マッケイブの妻は、クリントン夫妻の親しい友人であるヴァージニア州のテリー・マコーリフ知事の政治資金管理団体およびヴァージニア州民主党から、六七万五〇〇〇ドル近い寄付を受けていた〔八二〇〇万円あまり〕。そのため自身は共和党員であるマッケイブは、ＦＢＩ長官代理になってからの一週間、トランプから忠誠心を試される立場に置かれていた。コミーがクビになってＦＢＩの職員らは喜んでいるとトランプ大統領は主張していたが、電話や会議のたびごとに、その見解に同意しろとマッケイブは迫られていたのである。それは真実ではないとマッケイブは知っていたが、多くの者と同様に、大統領と言い争うのは避けることにしていた。

　最新の状況をのみ込んでいくにつれ、ローゼンスタインはマッケイブに対していら立ちを募らせた。ＦＢＩとその新たなリーダーとなったマッケイブはやりたい放題になっていると感じたのだ。マッケイブが司法省と相談なしに大統領の捜査を開始するとは何ごとか？　それにその件を議会の幹部に通知するために、司法副長官たるローゼンスタインの頭越しに会合をセッティングするのも論外だ、というわけである。一方でマッケイブからすれば、ローゼンスタインはほとんど錯乱しているように見えた。のちに知人に話したところでは、あるときなどローゼンスタインは感情が高ぶって泣き出しそうになり、トイレに行って鼻をかんで落ち着きを回復しなければならなかったという。どちらとも、相手には利益相反の問題があり、捜査から外れるべきだと考えていた。

あるときローゼンスタインは突飛な提案をしたと、マッケイブはのちに語った。みずから盗聴器を身につけてトランプと会い、コミー解任の真意を話させるというのだ。もしトランプに落ち度があるとの証拠が得られた場合、合衆国憲法修正第二五条を発動することもあり得るとローゼンスタインは言ったと、マッケイブは証言する。この憲法修正条項は、大統領が「職務上の権限と義務の遂行が不可能」である場合に、副大統領と閣僚が大統領を職務から排除することを認めるものだ。マッケイブの回想によれば、ローゼンスタインはどの閣僚が賛同しそうかということまで思案していたという――まずはセッションズ、それにひょっとするとジョン・ケリー国土安全保障長官も。

マッケイブは会話の内容に驚愕するあまり、メモの形で記録しておいた。「会話が続くうちに、DAGは可能性として、みずから録音機器を身につけてオーバル・オフィスへ行き、大統領の真意に関して追加の証拠を収集することを提案した」と、マッケイブは「司法長官代理」にアルファベットの略号を使って記した（DAGはdeputy attorney generalを指す）。そして「彼はホワイトハウスに入るときに自分は身体検査をされることはないので、これは可能だと思うと言った。私は配下の捜査陣とその可能性を議論したのちに返答する、と彼に伝えた」とマッケイブは記録している[59]。機密解除によってのちに公開されたバージョンのマッケイブのメモでは、憲法修正第二五条への言及はないが、多くの部分が削除されている。のちにローゼンスタインは、マッケイブが盗聴器を付けて大統領に会うつもりなのかと彼に訊いたのであって、自分でそうすることを提案したのではない、と知人らに語っている。そして憲法修正第二五条について「真剣な議論」をしたことは一切ないと否定したが、まったく議論がなかったという意味にはならない滑稽な表現である。

結局は誰も盗聴器を付けてトランプ大統領と会うようなことはしなかった。だがマッケイブの手堅い攻め手は功を奏した。ローゼンスタインは利益相反の疑惑を避けるために、すでにロシア関連の捜査に関して特別検察官の任命を検討していた。そして今、大統領自身が詮索されていると聞かされたからには、事実上ほかに手はなさそうだった。特別検察官による捜査ならば、より国民の信頼を得られる。それにローゼンスタインはマッケイブにいらついていた。その点、特別検察官を任命すればローゼンスタイン直属となるわけで、マッケイブFBI長官代理から捜査の主導権を奪うことができるのだ。

ローゼンスタインの頭にあったのはロバート・モラーだった。ブッシュとオバマの両政権でFBI長官を務め、誠実さのお手本のようだとほぼ誰もが認める人材だ。ローゼンスタインはすでにマッケイブと会う以前から、もし必要とあらば特別検察官を引き受けてくれるかと打診していたのである。だがその場合、フルタイムで任に当たるために、モラーは所属するウィルマー・ヘイル法律事務所を辞める必要があった。そしてそのことをローゼンスタインが明言すると、モラーは辞退したのだった。

実は偶然にも、マッケイブに押されてローゼンスタインが特別検察官の任命を余儀なくされそうになっていたまさに同じ日、モラーはトランプからホワイトハウスに呼ばれていた。コミーFBI長官の後任人事を話し合うためである。トランプはのちに、このときモラーがFBI長官への返り咲きを志願していたと述べたが、モラーはあくまでもトランプに助言するために会っただけだと主張した。いずれにしろこの日が終わろうとするころには、モラーはローゼンスタインに連絡し、気が変わったとして、法律事務所を退所して特別検察官への任命を受諾すると伝えたのだった。

翌五月一七日、ローゼンスタインの意向を知らないまま、トランプはさらにもう一人、コミー長官の後任候補者と面談していた。FBI捜査官上がりの元オクラホマ州知事、フランシス・キーティングだ。その最中、ジェフ・セッションズ司法長官らと共に同席していたドン・マクガーン法律顧問が、電話が入ったとして席を外した。そして戻ってくると、「ロッド［・ローゼンスタイン］から電話だ。すぐに出てくれ」とセッションズに耳打ちした。そしてちょうどキーティングが退出するのと入れ違いにようやく戻ってくると、扉を閉めて密談の形となった。

「大統領殿、たった今ローゼンスタインから電話がありました。ロシアの件に関して特別検察官を任命したそうです。半時間後に公表されます」とセッションズは伝えた。

トランプは椅子にぐったりと座り込むと、大きく体をのけぞらせた。「なんてことだ。これは大変だぞ。おれの大統領職は終わったな。おれはおしまいだ」とトランプは言った。

同席していた誰もが同じ考えだった。マクガーン法律顧問の補佐官、アニー・ドナルドソンは「これは終わりの始まりか?」と手元のメモ帳に書きつけた[60]。

自業自得のこの新たな捜査の重みを噛みしめながら、トランプは言いようのないいら立ちを覚えた。そしてまさにその憤怒の元凶が目の前にいた。「こんなことを許すとはいったいどうしたことだ、ジェフ?」と、トランプは激しい剣幕でセッションズ司法長官を詰問した。「よくもこんなことができたものだな。私が君を司法長官に任命したのに、君は捜査への関与を避けて手を引いた。君は私を無人島に見捨てていったも同然だ」

トランプは続いてローゼンスタインと彼を雇用することにしたセッションズの判断とを糾弾しにかかった。

「ジェフ、君にはがっかりだ。ケネディはかつて弟〔ロバート・ケネディ〕を司法長官に任命した。オバマはエリック・ホルダー〔アフリカ系アメリカ人初の司法長官〕を任命した。つまり司法長官は最も重要なポストだ。私はそこに君を任命したのに、君は私を失望させたんだ」と、トランプは言った。

セッションズは身を硬くして、「まあ、もし私が身を引くべきだとお感じになり、私を信頼できないとおっしゃるならば、誰かほかの人間を司法長官にしていただいても結構です」と述べた。

これに対してトランプはうめくように言った――「特別検察官とやらが任命されたら大統領職も終わりだと、誰もが言っている。捜査は何年も何年もかかり、私は身動きが取れなくなる。こんなひどいことは経験したことがない」。

マイク・ペンス副大統領が慰めにかかった。「それほどひどくもないかもしれませんよ。これであなたの大統領職が終わりだなんて、誰も考えていません。最終的には逆によかったということだってあり得ますからね」とペンスは言った。

だがトランプは納得せず、「いいわけがない。ひどいことだ」と言った。

そして再びセッションズに矛先を向け、「ジェフ、君には本当にがっかりした。辞めるべきだと思う。辞表を出すべきだと思うね」と告げたのだった。

「いいでしょう。出しましょう」とセッションズは言うと、書類を集めてフォルダーに投げ込んだ。そして退出しかけて立ち止まり、今でもトランプとその政策を支持していると伝えた。そして握手をしようと手を差し出し、「司法長官としてお仕えできて光栄でした」と言った。

そこへペンスが「ちょっと三人で話せませんか？」と口を挟んだ。

しかし三人だけになっても、トランプの怒りはどうしても収まらなかった。その間に、ドン・マクガーン法律顧問がラインス・プリーバス首席補佐官のもとへ飛んでいった。

「問題発生だ」とマクガーンは顔を紅潮させ、息を切らせながらプリーバスに言った。

「何だね？」とプリーバス。

「実は、さっき特別検察官が任命されて、たった今セッションズが辞任したんだ」

「何をばかなことを言っているんだ？ そんなことはあり得ない」とプリーバスは大声を上げた。

だがそんなことはあり得たのであり、実際にそうなったのだった。プリーバスはウェストウィングの裏階段を駆け降り、外へ出て駐車場へ向かい、黒いセダンのエンジンをかけて立ち去ろうとしていたセッションズをつかまえた。プリーバスは車のドアを拳で叩くと、ドアを開けて助手席にドカンと座った。

辞任するつもりだと、セッションズはプリーバスに告げた。

「辞めるわけになんかいかないぞ。あり得ないだろ。今すぐこの件を話し合おうじゃないか」と、プリーバスは譲らなかった。[61]

プリーバスはセッションズを車から引きずり下ろすようにして、ホワイトハウスの自身の執務室へ連れて行った。ペンス副大統領とスティーヴ・バノン首席戦略官も加わり、セッションズに辞任を思いとどまらせようとした。

トランプの怒りの爆発は、大統領と司法長官の対立を異常な膠着状態に陥らせた。それは一年半も続くことになり、トランプ政権の心臓部に人間関係の破綻が巣食うことになった。そのため司法判断は立場の弱体化した不安定な司法長官が行なわざるを得ず、一方でトランプとしては、自身の存在を脅かすと見た新たな特別検察官をどうにかしてやめさせられないものかと思案しながら、セッションズとのにらみ合いは果てしない怒りの原因となり続けたのである。

さて、この間トランプはオーバル・オフィスでもう一人、ＦＢＩ長官の後任候補者と会っていた。コネティカット州出身の元上院議員、ジョゼフ・リーバーマンだ。長年トランプの弁護士を務めていたマーク・カゾウィッツの推薦だった。カゾウィッツの法律事務所で非常勤で働いていたリーバーマンは、かつて因習を破壊する曲者としてワシントンの政界で鳴らした人物だった。二〇〇〇年の大統領選では民主党の副大統領候補に選ばれたが、イラク戦争を支持したために民主党を事実上追われ、二〇〇八年の大統領選では友人である共和党のジョン・マケイン候補を支持した。そのリーバーマンは今、オーバル・オフィスで怒りに猛り立つトランプと会っていた。

「あのショッキングなニュースを聞いたか？」とトランプはリーバーマンに問いかけた。そしてたった今、特別検察官が指名されたことを告げた。「やつらが指名したばかりの男だが、あなたが座っているその椅子にさっきまで座っていたんだ！」とトランプは大声を出した。「こんなことをジェフ・セッションズが許したなんて、信じられない」と、セッションズ司法長官に対する怒りは収まらなかった。

トランプのホワイトハウスがどのような仕組みで動いているのか、それからの一時間一五分の間で、リーバーマンはその一端を目にすることになった。オーバル・オフィスは鉄道の駅のような状態で、補佐官らが次々と到着しては、出ていった――マクガーン、クシュナー、バノン、プリーバス。そしてトランプはリーバーマンにFBI長官の座はどうかと勧誘するかと思うと、今度はモラーの特別検察官就任に不満をぶちまける、ということが交互に続いた。トランプはまた、セッションズを痛烈に非難する声明文を広報担当顧問のホープ・ヒックスに口述し、リーバーマンはその苛烈さに面食らった。ヒックスはそれをタイプするために席を外し、二〇分ほどしてトランプの承認を得ようと戻ってきた。ヒックスは実は辛辣な表現を大幅に削っていた。「わかった、わかったよ。よかろう。公表しろ」と、トランプは不満げに言った。

その晩、リーバーマンはほとんど眠れなかった。この仕事を引き受ける義務はあるのだろうかと逡巡した。だが結局リーバーマンは決断を免れた。トランプがFBIの捜査に対してカゾウィッツを自身の代理人に立てたため、リーバーマンがFBI長官になれば利益相反の問題が起きることになったからである。リーバーマンはほっとした。「まるで天の配剤で救われたような気分でした」と、リーバーマンはのちに語った。

最終的に、FBIの新たなリーダーの人選でトランプはニュージャージー州知事、クリス・クリスティの助言を受け入れることにした。クリスティは自身の個人弁護士でもあるクリストファー・レイを推した。頑固者の元司法次官補のレイは、ブリッジゲート事件として知られるスキャンダルでクリスティを弁護した男だ。その事件はクリスティの補佐官らが政敵を懲らしめるためにジョージ・ワシントン橋の交通を遮断したというものだった〔意図的に交通渋滞を起こし、クリスティを支持しない市長を困らせようとした〕。レイはジョージ・W・ブッシュ政権時代にロビイストのジャック・エイブラモフ〔多くの議員らと汚職に関与したとされる〕だけでなく、共和・民主両党の腐敗した議員らを告発したことで知られる。そのレイはのちに、「私は小心者ではない」と明言し、トランプの操り人形にはならないことを上院に確約した上で、賛成九二票、反対五票でFBI長官就任を議会で承認された[62]。

一方、セッションズ司法長官はすっかり落ち込んで司法省へ戻った。煮え切らない気持ちで執務室に座ったまま、どうすべきかと思い悩んでいた。すでに午後一〇時になろうとしていた。するとセッションズの首席補佐官のジョディ・ハントがセッションズに助言した――「辞表を出すと言った以上、出さないわけにはいきません。でも大統領が辞任を求めたのだと書くことですね。それに『受理されるのならば』と書いて、大統領の選択となるようにするべきです。そうしなければ、あなたが大統領を見捨てた形になってしまいますから」。

セッションズは同意して辞表を書き始めたが、途中で投げ出し、「明日の朝にやろう」と言った。

だが翌朝八時一五分には、すでにホワイトハウスでの九時からの会議に招集されていた。「辞表は必須ですよ」とハントはセッションズに言った。

「君が書いてくれ」とセッションズは答えた。

二人は大慌てで三、四文から成る辞表をしたため、「あなたの要請により」と書いてあることを確かめた上で、執務室を飛び出してホワイトハウスに五分遅刻で到着した。室内へ案内されるとセッションズは辞表をコーヒーテーブルの上に置いた。トランプからまだ司法長官として仕えたいかと訊かれ、セッションズはイエスと言った。トランプはセッションズが職にとどまることを認めたが、立ち上がって辞表を取り上げると、ポケットにしまったのだった。

のちにプリーバス、バノン、マクガーンはトランプが辞表を保管していることを知って愕然とした。セッションズに不適切な圧力をかけるためにトランプがそれを使用しないかと懸念したのだ。頭の上に振りかざして、トランプの思いどおりにさせようとするのではないかと。

セッションズ司法長官を紐でつないでおくも同然で、辞表はまるでペットのしつけ用の「首輪」だ、とプリーバスは二人に言った。政権の首席補佐官が自分の上司についてそんなことを言うのは異常だった[63]。

数日後、大統領就任後初の外遊でサウジアラビアからイスラエルへ向かう途上でのこと。トランプは大統領専用機エアフォース・ワンの機上で、セッションズの辞表をポケットから取り出し、ホープ・ヒックスほかの側近たちに見せびらかした。だがその外遊中、プリーバスがトランプからその辞表を回収しようとすると、トランプはホワイトハウスに置いてきたから持っていないと主張したのである。プリーバスは食い下がり、辞表を保管しておくべきではないと、釘を刺した。

ワシントンへ戻って三日後、トランプはようやく折れた。そして辞表を返却するために、ジェフ・セッションズ司法長官の首席補佐官、ジョディ・ハントをホワイトハウスへ呼び出した。ハントがオーバル・オフィスへ案内されてきたとき、トランプはウィルバー・ロス商務長官と電話中で、トランプは封を開けてみるようにと手振りでハントに促した。開けてみると、トランプは辞表にこう書きつけていた——「ジェフ、却下する。メイク・アメリカ・グレート・アゲイン。ドナルド・トランプ」。

ワシントンの政界のやり方に疎いのはトランプばかりではなかった。ジャレッド・クシュナーもまた、モラーの特別検察官任命であたかも政治的な諸問題は解決したというそぶりだった。議会はロシアの大統領選への介入疑惑について種々の捜査を開始していたが、少なくとも当面は動きを止めざるを得なくなるだろう、と。

「これはすばらしい、これはすばらしいよ」とクシュナーはマイケル・ドゥブケ広報部長に言った。「もうあの上院議員連中の質問攻めに遭わなくてよくなるからな」

「どういう意味ですか?」とドゥブケは訊いた。

「今や検察官がいるわけだから、問題は法廷行きだ。だから上院議員らの質問には答えなくて済むじゃないか」

ドゥブケは啞然とした。「あなたはワシントンの政界のやり方というものをまったく理解していませんね」とドゥブケは応じた。特別検察官による取り調べは、トランプもクシュナーもかつて経験したことがないほど厳しいものになるはずだった。「優秀な肛門科の先生をご存知だとお祈りするばかりですよ。ケツの穴までほじくり返されるほど徹底的にやられますからね、クシュナーさん」と、ドゥブケは告げた。
ドゥブケ自身はこの件に関わる気はなかった。ホワイトハウスの職に就く際、もし弁護士を雇わなければならないような事態になったら辞任すると、妻に約束していたのだ。トランプを守るために家族を路頭に迷わせる気などなかった。だからモラーの特別検察官任命から九日後、ドゥブケは辞表を出したのである。

　特別検察官による捜査にどう対応すべきか、トランプは今一人、ワシントンの腕利きにアドバイスを求めた。ケリーアン・コンウェイ大統領顧問官の夫、ジョージ・コンウェイだ。ケリーアンがモラー任命に関する大統領の声明文の作成を依頼したのをきっかけに、ジョージ・コンウェイはいずれ司法省民事部のトップを引き受けることに同意していた。コンウェイの専門からすればこれは副業のようなものだった。ハーヴァード大学卒業後、イェール大学法科大学院を修了し、大手法律事務所のワクテル・リプトン・ローゼン・アンド・カッツでパートナーとなったコンウェイは、「小妖精たち《エルヴス》」として知られる保守派弁護士のゆるやかな集まりの一員だった。これはビル・クリントン大統領が女性との不適切な関係の疑惑で捜査されていたとき、反クリントン派らに密かに情報と法的な助言を提供していたグループで、やがて一九九八年のクリントン大統領の弾劾訴追へとつながった〔最終的に上院で無罪となった〕。トランプに宛てたメモでコンウェイは、トランプの「フェイクニュース」をめぐるスキャンダルとクリントンの「本物のスキャンダル」は異なるとしたが、スキャンダルへの対応自体は、まさにクリントンのようにやることを勧めた。つまり「しらを切り続ける作戦」だ。ただひたすら大統領らしくしていればいい、と。あとは弁護士らに任せればいい。コンウェイは次のように書いた――「あなたが言うことやツイートすることがいちいちその日の話題をさらうのは、あなたが大統領だからであり、あなたは大統領という強い立場にいるのです。国民は大統領には大統領らしくしていてほしいのです。みずから被告側の弁護士のようにしている姿は見たくないのです」。

　二日後、トランプはジョージ・コンウェイに電話を入れた。もちろん、コンウェイのアドバイスに従うつもりはなかった。少なくとも、捜査に関してしらを切ってしゃべるな、という部分については。トランプはそれよりもどの弁護士が代理人として付いてくれそうかを知りたがった。トランプはイラン・コントラ事件で名を馳せたブレンダン・サリバン〔レーガン政権がイランへ極秘に武器を輸出し、その利益をニカラグアのゲリラ「コントラ」へ流していた事件。サリバンはこの取引で告訴されたオリバー・ノース中佐を弁護した〕や、「ブッシュ対ゴア」

として知られる一件で〔二〇〇〇年大統領選における票の数え直しをめぐる訴訟〕ブッシュを勝利に導いた共和党員の弁護士セオドア・オルソンなど、著名な弁護士を希望した。しかしワシントンで名の知れた弁護士たちは軒並みトランプとの関わりを避けたがっていた。なぜみな避けたがるのか、コンウェイもさまざまな情報が開示されていくにつれて次第に見えてきた。そしてその後の数週間で、コンウェイ自身もトランプに対する疑念を募らせ、司法省民事部の職に就いてもいいとの前言を撤回したのだった。

　コンウェイが次にトランプに会ったのは、三週間後、ワシントンのアンドリュー・メロン公会堂で行なわれたスティーヴン・ムニューシン財務長官の結婚披露宴でのことだった。司会はマイク・ペンス副大統領。五四歳のムニューシンのお相手は、ホラー映画『キャビン・フィーバー』のリメイク版に出演したばかりだった三六歳の女優、ルイーズ・リントンだ。ムニューシンは三度目の結婚で、リントンは再婚。二人はすでに高級住宅が並ぶマサチューセッツ・アベニューの一二六〇万ドル〔一四億円超〕の住宅に入居していたが、リントンはワシントンとロサンゼルスを行き来し、レッドカーペットのイベント出演や動物愛護運動に関する投稿をインスタグラムに公開したりしていた。

　ムニューシンの親戚の一部は、トランプ大統領を下品な自己陶酔者《ナルシスト》と見て軽蔑しており、近づくのを嫌がった。ムニューシンの母親などはトランプと握手するのを避けようと、わざわざ右手を骨折したふりをして吊り包帯に包んでいたほどだ。ムニューシンの父親は披露宴が安っぽかったと不平を漏らし、トランプが乾杯の挨拶すらしなかったのに唖然としたと述べた。ゴールドマン・サックス時代に同僚だったとき以来のライバル、ゲイリー・コーンは参列すらしなかった。同僚からなぜかと訊かれると、「まあ、これまで二度ばかり知人の結婚を祝ったことがあるが、どちらもうまくいかなかったからね」と言った。

　披露宴の前のカクテル・レセプションで、トランプはジョージとケリーアン・コンウェイ兄妹と鉢合わせした。話しているうちに、どうやらトランプはジョージ・コンウェイが司法省の仕事を引き受けなかった理由を勘違いしているらしいことに二人は気づいた。トランプはジェフ・セッションズ司法長官が「軟弱」だからジョージが辞退したのだと思い込み、セッションズを罵倒し始めたのだ。ジョージとケリーアンはその後バーへ逃れると、大統領らしからぬ滑稽な振る舞いだと言って笑った。

　だが翌朝にはジョージは少し考え直していた。「何はともあれ合衆国大統領だからな。もの笑いの種にすべきじゃない」と、ジョージは妻に言った。

しかし妻の見方は違った。「何言ってるの？ あの人は滑稽そのものでしょ」と彼女は言ったのだ。

トランプに家族の和を乱されたのはムニューシン一家だけではなかったようである。

ジェイムズ・コミーFBI長官を解任することでトランプがどうしたいと考えていたにせよ、コミーが始めた捜査と上院と下院の両情報委員会が並行して行なっていた調査が、ますますトランプの脅威になりつつあったことだけは確かだ。

トランプに対する次なる打撃は、コミー長官の解任とモラー特別検察官の任命からまもなくやってきた。捜査官らの要請でトランプ陣営の電子メールが調査された結果、二〇一六年六月にドナルド・トランプ・ジュニア、ジャレッド・クシュナー、ポール・マナフォート選対本部長らがトランプ・タワーでロシア人らの訪問を受けたときの、会合に至るまでの電子メールのやり取りが明らかになったのだ。ヒラリー・クリントンをおとしめることをロシア人らが約束したあの会合である。するとすぐに『ニューヨーク・タイムズ』紙がホワイトハウスに連絡を入れ、電子メールについて取材で知り得た情報を記事にする、と伝えた。訪独からの帰途でエアフォース・ワンの機上にあったトランプは、この一件をごまかそうとするかのような声明文を息子の名前で出すために、口述筆記をさせた。声明文は「われわれは主としてロシア人児童の養子縁組について話した」というものだった(64)。

ドナルド・トランプ・ジュニアは『ニューヨーク・タイムズ』紙が電子メールのコピーを入手していることを知ると、すべての電子メールのやり取りをインターネット上に公開し、記者らに先に暴露されることを防ごうとした。だがこの時点ですでに大統領が口述筆記させたドナルド・ジュニア名の声明文は公表されており、それがいかに誤解を招くような内容かをむしろ際立たせることになってしまった。

トランプは真っ青になった。「なんてヘマなやつなんだ。またやらかしてくれた。しかも今度はおれたち全員を巻き込むとんだ大失態だ！(65)」。実際は、そもそも会合を持ったこと自体が大きな過ちだったのだが、すぐに不誠実さが暴かれるような声明文を書き上げたことで、さらなるヘマをしでかしたのもトランプ大統領自身だったのである。

トランプ一家の中では、父と息子は長く緊張をはらんだ関係にあった。初めから、ドナルド・ジュニアがトランプ家を担える器かどうか、トランプは疑問視していた。最初の妻イヴァナが息子を産んだとき、トランプはみずからの名を与えることに反対した。「負け犬になったらどうする?」とトランプは訊いた[66]。結局イヴァナの意見が通ったが、ドナルド・ジュニアの子育ては波乱に満ちたものとなった。一二歳のとき、母イヴァナと離婚しようとしていた父親のトランプと疎遠になった。「僕たちを愛していないんだろ！　自分自身だって愛してない。愛しているのは自分のお金だけじゃないか！」と、ドナルド・ジュニアは父親に向かって怒鳴ったこともあるという[67]。その後ドナルド・ジュニアは父親と一年も口を利かず、電話が来ても切ってしまったのだった。

やがて和解しても溝は完全には埋まらなかった。ドナルド・ジュニアはやがてトランプ一族の企業で働くようになったが、トランプは常にドナルド・ジュニアを叱り飛ばし、息子が持ち込んだ「クソみたいなディール」について不満を並べた。ドナルド・ジュニアは何をやっても駄目な人間のように見えることも多かった。あるとき、トランプがテレビの生放送の企画でレスリングのリングに上がろうとしていると、緊張しているかと、息子が尋ねた。トランプは出番の間際にそんな余計なことを言うやつがあるか、と噛みついた。「なんてクソみたいな間抜けな質問をするんだ？　出ていけ」とトランプは怒鳴った。そして、まだ息子が出ていっていないのを知りながら、「あのガキほど判断力が欠けまくっている人間は会ったことがない」と叫んだのだ。その後、顧問弁護士のマイケル・コーエンが大丈夫かと気遣うと、ドナルド・ジュニアは素っ気なく答えた――「私たちはひどく辛い関係なんです。あんなことを言われるのは初めてじゃないし、これからもあるでしょうよ[68]」。

それでもなお、トランプは息子を大統領選でトランプ陣営に参加させ、ドナルド・ジュニアはやがて父親の重要な代理人の一人にまでなった。一族の中で誰よりも、ドナルド・ジュニアは文化戦争〔共和党支持者に多い保守派と民主党支持者に多いリベラル派の価値観の相違による対立〕をめぐる欲求不満をかき立て、選挙集会のトランプ支持者らを熱狂させた。トランプの前座の演説に立つと、ドナルド・ジュニアは政治的公正を無視する辛辣な言葉を並べたのである。だがあるとき、選挙戦で共和党が民主党のようなおせっかいなまねをしたならば、メディアは共和党をとっちめるために「ガス室の準備を進めるに違いない」と発言した[69]〔民主党は自党の候補者指名競争でヒラリー・クリントン候補がバーニー・サンダース候補より有利になるよう意図的な党内工作をしたが、これを十分批判しなかった大手メディアを揶揄したもの〕。さらにはシリア人難民の受け入れをめぐり、ボウル一杯のスキットルズ〔人気のフルーツ味のキャンディの商品名〕のキャンディーの中に一粒でも毒入りのものがあったらどうするか、との喩えを使って世論の猛批判を浴びたこともある。これにはトランプも「今度はこれか。またもや大失態だ。なんてヘマなんだ」と怒鳴り声を上げた。(70)

　トランプがホワイトハウスの住人になると、ドナルド・トランプ・ジュニアはニューヨークに居残ったが、本業以外に政治の世界での役割も演じ続けた。父親の歓心を買おうと、民主党やメディア人やその他の敵と思われる相手に激しい攻撃をしきりに浴びせたのだ。解任からひと月後にジェイムズ・コミー元FBI長官が議会で証言した際など、ドナルド・ジュニアは八〇回以上もツイートして元長官を非難したのだった。トランプ大統領の旧友、ロジャー・ストーンは、「基本的に、トランプ・ジュニアはトランプ主義をそのままストレートに表明する声なのだ」と指摘した。(71)

　ロシア人らとの会合をめぐるドナルド・トランプ・ジュニアの電子メールが七月に公表されると、案の定、大騒ぎとなった。そしてトランプはまたもやジェフ・セッションズに対する憤怒を募らせた。そして電子メールの公表から数日後、トランプは『ニューヨーク・タイムズ』紙のインタビュー取材という意外なところでセッションズに対する怒りを爆発させた。「セッションズはそもそも捜査から身を引くべきではなかった。もし関与を避けるつもりだったのなら、司法長官就任前に私に言うべきだったのだ。そうすれば私だってほかの者を任命したものを」と、トランプは言い切った。そして捜査に関与しないとのセッションズの振る舞いは「大統領にとって非常にアンフェアだ」とトランプは不平を述べた。結果的に、セッションズの仕事はロッド・ローゼンスタイン司法副長官が担うことになったが、トランプはローゼンスタインがメリーランド州ボルティモアの出身だと指摘。「ボルティモアは共和党員がほとんど皆無に近い」と、愚痴をこぼしたのだった。(72)

　実際は、ローゼンスタインは長年の共和党員であり、ボルティモアではなく、ワシントンの郊外に暮らしていた。しかしトランプが言いたいのはそんなことではなかった。

　問題は、ローゼンスタインはロイ・コーンには及ばない、ということだったのである。

第6章
私の将軍たち

二〇一七年六月一二日、トランプは初めて全閣僚参加の閣議を開いた。初めの挨拶に、トランプはすでに定番となった空想に満ちた主張を披露してみせた。「私たちは多くの法案を通してきたが、これほど多くのことを成し遂げた大統領はいまだかつていなかった」と、トランプは述べ、ひょっとして大恐慌真っ只中のフランクリン・ローズヴェルトだけは例外かも知れないが、と渋々認めた。次に起こったことも歴代の政権ではいまだかつてなかったことで、閣議というより、むしろテレビの生中継付きのトランプ賛美大会と言うべきものだった。

まずマイク・ペンス副大統領がお手本を示した。「アメリカ国民に対する約束を守っている大統領のもとで、副大統領を務めることは私の人生で最大の栄誉です」とペンスは述べたのだ。

ジェフ・セッションズ司法長官も「あなたにお仕えするのは名誉であります」と言って、さらに雰囲気を盛り上げた。

「この国を再び前へ進めてくださり、感謝します」とイレーン・チャオ運輸長官。

「私は今ミシシッピ州から戻ったところですが、現地ではみなあなたを愛していますよ」と言ったのはソニー・パーデュー農務長官だ。

ラインス・プリーバス首席補佐官は「大統領殿、あなたの周りの幹部スタッフ全員に代わりまして、あなたの政策実現のために奉仕する機会と幸福を与えてくださった」ことに感謝すると述べた。

次々と忠義を表明する誓いのオンパレードも半ばまで来たころ——それはまるで北朝鮮の独裁者の前に平伏するさまを思わせたが——トランプの左側に座っていたジム・マティス国防長官の順番となった。グレーのスーツに赤いネクタイという飾り気のない格好で、目の下のたるみは普段に増して垂れ下がっている。そんなマティスはしかし、同僚たちのような熱烈な賛辞と手放しの称賛はどこへやら、ただ端的に、「大統領殿、国防総省の男女職員を代表することができて光栄です」と述べた(1)。

これは単に言いっぷりが多少ほかと違ったといった問題ではない。数週間前、マティスはウェストポイントの米陸軍士官学校の卒業式で訓示を垂れ、「現今の過激な政治的レトリックの先を見通すことのできるアメリカの防衛関係者たち」について、その「非政治的な」奉仕の水準の高さを称賛。卒業していく士官候補生たちにそんな信条に従って生きるよう強く説いたのだった(2)。「一線を守れ」とマティスは告げた。叱咤激励の言葉ではあったろうが、自身の任務に関する使命の表明のようにも聞こえた。この閣議の直前、地球温暖化対策に関するパリ協定からの離脱をトランプが表明したことに対し、マティスは公式の支持表明を拒否していた。これもほかの閣僚たちと著しい対照をなしていた。ホワイトハウスの調整によって、離脱を支持する閣僚たちの声明が次々と公表されていたのだ。トランプによる離脱表明の翌日、マティスはシンガポールで開催された防衛当局関係者らの恒例の会議で、「しばし辛抱を」と聴衆に向かって述べていたのだ。そしてしばしばウィンストン・チャーチルの名言だとされる一節を引用し、「あらゆる可能性を尽くしたのちに、アメリカの国民は正しいことを行なうだろう」と付け加えたのである(3)。

トランプ政権発足から半年を経ずして、それまでにすでに内々明らかになっていたことが世間にも露わになった。十分すぎるほどの証拠が集まっていたからだ。それはすなわち、リチャード・ニクソン政権の末期以来初めて、みずからの任務は大統領を後押しするのではなく抑制することだ、と見ている国防長官が現れたということだった。そしてそれがうまくいっていないということも。

マティス国防長官および米軍の組織全体に対するトランプの深刻な理解不足は、大統領就任直後からすでに明白だった。連邦議会議事堂で開催された就任祝いの昼食会で、トランプはマティスとジョン・ケリー国土安全保障長官を手振りで示しながら、「私の将軍たちを見てください。この将軍たちが私たちの安全をとてもしっかりと守ってくれるはずです」と述べた。そして「私が映画を制作するとしたら主演はあなたたちで決まりだ」とも(4)。このときトランプが思い描いていた映画とは、ジョージ・C・スコット主演の『パットン大戦車軍団』〔一九七〇年制作〕の類であり、それはいつまでも変わらないだろう。つまり第二次世界大戦の欧州戦線の英雄、ジョージ・パットン将軍のように、まず弾をぶっ放してからあれこれ考えるというタイプの将軍たちを褒めちぎるような作品である。

トランプは、配下の将軍たちがパットンをリーダーの反面教師と心得ていることなど、まるで知らなかった。トランプが称賛する現代の将軍とは、ＦＯＸニュースで目にするようなタイプ。たとえば国家安全保障問題担当の大統領補佐官であるマイケル・フリン元陸軍中将や、国家安全保障会議（ＮＳＣ）の新首席補佐官のキース・ケロッグ元陸軍中将だ。ケロッグはその「アメリカ・ファースト」の主張が「トランプ以上にトランプ的」だと、ある同僚から評された人物である。大統領就任式の日、祝賀パレードが目の前を通っていくのをホワイトハウスの観閲台で見守っていたトランプは、マティスとジョー・ダンフォード統合参謀本部議長に歩み寄り、「アフガニスタンから米軍をとっとと引き揚げろ」と告げた。二人ともこの瞬間は忘れたくとも忘れられない――この新任の最高司令官は、大統領としてこんなやり方で決断を下していいと思っているのだろうか、と。

マティス、ダンフォード、ケリーの元同僚の、ある退役将軍はこう証言する――「軍隊に対するこの時点のトランプの考え方の大枠は、もっぱら映画『パットン大戦車軍団』を見てのイメージに基づいていた。トランプという男は将軍が何をする人間かまるでわかっていなかった。将軍たちの権力と地位に敬意を感じ、周囲に将軍たちをはべらせたかっただけだ。なぜなら将軍たち――『私の将軍たち』――が周りにいると、自分自身がさらに大きな権力者のように見えるからだ。だがトランプが予期していないことがあった。それは、多くの件に関して、彼の配下の将軍たちが道徳的な見地から彼に反対する、ということだった。トランプは、将軍たちの行動はもっぱら権限の問題だと単純に思っていた。権限を行使して、それで敵を破壊するだけだと」。

急いで人選したため、採用した将軍らの背景をほとんど知らなかったトランプは、みずからの安全保障政策が今やこの数十年で最も影響力のある三人の元海兵隊員の手中にあることに気づいていなかった。しかも戦友という絆で固く結ばれた三人である。ダンフォードとケリーはどちらもマティスの部下としてイラク戦争に従軍し、第一海兵師団のバグダッドへ向けた有名な電撃作戦――海兵隊史上、最長の地上侵攻――で大佐として大隊を指揮した。そして三人ともやがて同時に大将に昇進したのだ。二〇一〇年、ケリーの息子のロバート・ケリー中尉がアフガニスタンで地雷を踏んで死亡した。「その朝、何も知らないケリーが出勤しようと自宅のドアを開けたとき、ジョー・ダンフォードがその知らせを伝えるために雨の中でポーチに突っ立っていた」と、先述の退役将軍は回想する。ダンフォードは午前四時半からそこでじっと待っていたという。「だから二人の絆の深さはとても言葉では表せない。それにその関係がその時点のアメリカのためにいかに貴重なものだったかも、言葉にはできないだろう」と、その退役将軍は語った。

マティスは実際はすでに退役しており、公式には国防総省に政治任用された民間人だった。だが公の場で大統領に対応しなければならない場面がしばしばあるという、最も困難な職務に就いていた。そして最初の全体閣議が開かれたころには、マティスはトランプが推測したようなランボーばりの殺し屋ではなく、むしろマティスを紹介するときにたびたび称賛されたように、「戦う修道士」といったタイプであることは明らかだった。マティスに関する報道は、転勤するたびに持っていくという何千冊もの蔵書や、苦行のように厳格な生活習慣、アメリカの太平洋岸北西部〔ワシントン州〕の質素な生まれ育ち、そして有名なマッチョな金言の数々などに、必ずと言っていいほど言及した。マティスはジョージ・W・ブッシュ大統領の「グローバルな対テロ戦争」に最初はアフガニスタンで従軍した。そこでマティス配下の海兵隊の部隊はカンダハル郊外の滑走路を奪取。米軍にとってアフガニスタンで最初の前線作戦基地となった。続いてイラクではファルージャの血みどろの激戦を指揮。やがてバラク・オバマ大統領のもとで米国中央軍司令官に就任し、中東における米軍の全部隊を管轄する立場になったのだった。

こうした従軍経験を通じて、マティスが根深い憎悪を抱くようになった相手はイランだった。イラクでは道路沿いに仕込まれた爆弾により、マティス配下の何千人という部下が死傷したが、そうした破壊的なやり口をマティスはイランの責任だと非難した。米国中央軍司令官としての優先事項は何かとオバマが尋ねると、「三つです。イラン、イラン、そしてイランです」とマティスが答えたことは有名だ。[5] オバマ大統領はイラン政府と核協議を進めようとしていたが、政権幹部らはマティスの姿勢はこの方針に合致しないと判断。やがてマティスを外し、軍人としての名高いキャリアを事実上終わらせたのだった。マティスと親しかった元当局者は、マティスは「戦場では勇気と高潔さの至高の鑑《かがみ》でした。何ごとにも動じることがなかったのです」と言う。だがそれも「オバマ政権から解任されるまでの話であり、本当に感情的になっているのを見たのはあのとき一度きり」だという。

トランプと側近らは、こうしたオバマ政権との不幸な結末を知っていただけに、積極的にマティスを登用した。だがマティスを突き動かしているのはオバマへの遺恨ではない、という点を理解していなかった。しかもトランプは、高級将校というものは誰しも心の奥底では血に飢えていると思い込んでいたが、マティスは違った。確かにマティスは海兵隊らしい剛毅な物言いが得意だった。「礼儀正しく、プロフェッショナルらしくしろ。だが誰に会うにしても、必ずそいつを殺すプランも用意しておけ」と言ったというのは語りぐさになっている。だがマティスは同時に、自分は頭を使う将軍であると自覚してもいた。(6) あまり引用されることはないが、「戦場で最も重要なもの、それはおまえの耳と耳の間の一五センチメートルだ」とも言っている。(7)

国防長官としての指名承認公聴会で、マティスは自身の役割がトランプの衝動的な面に対するチェック機能だと考えていると、公然と認めた。とくに同盟関係を軽視するというトランプの性向に対してだ。「歴史を見れば明白です。強力な同盟諸国を有する国家は繁栄し、有しない国家は衰微します」(8) と、マティスは上院軍事委員会に対して述べた。公聴会の初めから、どういう場合に辞任するかとマティスは繰り返し質問を受けた。そのたびにマティスは、「もし何か不道徳だと感じることがあれば、翌日には故郷のコロンビア川で釣りをしているでしょうよ」と答えたのだった。(9) こうして承認されて国防長官となったマティスは、ことあるごとにトランプに反対した。あまりのことにある閣僚は、マティスの発言は必ずこう始まるのだと、冗談を言った——「大統領殿、不幸なことに、このたびも私はあなたに賛同しかねます」。

このような状況の中、常にマティスの相棒であり続けたのがジョー・ダンフォードだ。ボストンの警察官の思慮深い息子として、ダンフォードはジョージタウン大学とタフツ大学で修士号を取得。二〇〇三年の米軍のイラク侵攻では、海兵隊第五連隊を指揮して「戦うジョー」の異名をとった。マティスの配下としてイラク戦争に従軍したのちには、オバマ政権が駐留軍の規模縮小を進めていたアフガニスタンで米軍部隊を指揮した。続いて米国海兵隊総司令官を短期間務めたのち、二〇一五年にオバマ政権から統合参謀本部議長に任命された。そしてトランプ政権もまた、二〇一七年五月にダンフォードを再任したのだった。ダンフォードはマティス国防長官に寄り添う寡黙な海兵隊員といった役割を演じ、マティスと一致して論陣を張るよう心を砕いた。そして断固として、トランプのあまりにも政治的な世界にひきずり込まれまいとしていた。「私は家具の一部のようなものです。必要なときに助言をするためにいるのであって、ただそれだけです」とダンフォードはトランプに言った。いわばホワイトハウスのシチュエーション・ルームの付属品としての専門家にすぎないのだ、と。じっと口を閉ざして耐えながら、ダンフォードはしばしば第二次大戦中の伝説的な陸軍参謀総長、ジョージ・マーシャルの例を思い起こしたという。当時、フランクリン・ローズヴェルト大統領に「ジョージ」と呼びかけられたマーシャルが、名前で呼び合うような仲にはなりたくないと、きっぱりと断ったことは有名な話だ。ダンフォードは今はその逸話の意味がわかると、よく知人らに言った。文民である最高司令官に、友人であると思わせてしまうのは将校として危険なことなのだ。そんなダンフォードについてマティスは、「静かに流れる川は深いという格言のとおりだ」〔思慮深い人ほど寡黙だという意味〕として、「みずからが抱く根本的な価値観に対する彼の信念は、決して揺るがすことはできないのだ」と述べた(10)。

マティスもダンフォードも、政権発足当初はトランプの振る舞いにショックを受けたと、国防総省の同僚たちに語った。ダンフォードがスタッフらに伝えたのは、トランプが会議の席上、国家安全保障に関する重大事項についてべらべらと奔放なことをしゃべるということと、それに対して自分がどう対応しているかについてだった。ダンフォードはホワイトハウスに行く前に、セールストークよろしく簡潔なスピーチを用意しておき、伝えるべき最重要事項と思われるものをすべて暗記した。そして延々と続くトランプの長広舌のわずかな隙間を待ち、ここぞとばかりに割って入ってそれらを述べ立てるのだ。その時点でトランプがどのような尊大な私見を披露していようと、構わずにである。

軍隊はトランプの想像に反し、単に人殺しをこととするだけの巨大組織であるわけでもなければ、トランプの命令に黙って敬礼して従うテレビに出てくるようなタフ・ガイの集まりでもなかった。だが同時に、トランプの暴走を抑制するという点で一枚岩だったわけでもない。まだ世間は知らなかったが、マティスはもう一人の将軍かつトランプの側近、H・R・マクマスターと初めから確執があったのだ。マクマスターは現役の陸軍中将のまま、トランプの大統領補佐官〔国家安全保障問題担当〕となっており、制度上はマティスの指揮下にあった。マクマスターが補佐官の職を受けたとき、マティスは現役を続けずに軍を退役すべきだと伝えた。だがマクマスターは退役せず、マティスはこれに怒っていたのである。

確執のさらなる兆候は二〇一七年の春、マクマスターがアフガニスタンおよび周辺地域への調査旅行を計画したときにも露わになった。アフガニスタンの扱いはマクマスターが最も情熱を感じていた問題だった。マクマスターはアフガニスタンの戦争に対するオバマ政権の扱いは不手際だったと見ていた。マクマスター自身はオバマ政権時代に、多国籍軍の汚職防止タスクフォースの一員としてアフガニスタンで従軍した経験があり、ある同僚の言葉によれば政策を「練り直し」したいと考えていたという。[11]オバマ大統領は当初アフガニスタンの駐留軍を一〇万人にまで拡大し、安定した国家を築いてタリバンを一掃しようと考えていた。だがオバマが送り込んだ増援部隊には二年間という派遣期限が設定されており、マクマスターをはじめとする一部の将軍らはこれが致命的な間違いだったと考えていた。タリバンは二年間だけ耐え忍んで機を待てばよかったからである。オバマ大統領が退任した時点で、アフガニスタンには曖昧なミッションを与えられた一〇〇〇人足らずの部隊しか残っていなかった。そしてトランプが大統領就任の当日に明言したように、トランプはそのわずかな部隊も帰国させたがっていたのだ。マクマスターはそんなトランプを翻意させようとしていた。そして補佐官に就任後の最初の数カ月をかけて、長大な政策見直し策を練り上げた。それはすでに一六年近くもずるずると続いているアメリカの戦争を、唐突に終わらせるのではなく、ほかの選択肢を提供しようというものである。マクマスターの側近の一人によれば、「マクマスターは米軍がアフガニスタンを去るという大失態を阻止することこそ、自分の仕事だと確信していた」という。

マクマスターが自任していたこのようなミッションは、すぐさま上司であるトランプ大統領とぶつかる運命にあったとも言える。そして実はトランプだけでなく、マティス国防長官と、ますますマティスと接近しつつあったレックス・ティラーソン国務長官とも衝突する方向へ突き進んでいたのである。ティラーソンとマティスはトランプの意外な人選によって政権に加わるまで、互いに面識がなかった。だがすぐに意気投合した。週一度は必ず会い、毎日会うことも多く、しかも必要とあらば日に何度も顔を合わせた（マティスはティラーソンを「聖レックス」と呼んでいた）。アフガン情勢にしろ何にしろ、政策上は、二人ともマクマスターと必ずしも根本的に意見を異にしていたわけではない。トランプが気候変動に関するパリ協定のような国際的合意をぶち壊したがり、好き勝手に同盟国を軽んじたのに対して、三人ともっと旧来型の保守派だったのだ。アメリカの力によって形成され、導かれる世界において、自分たちの役割は破壊者ではなく、いわば執事だと心得ていた。だからトランプが軍国主義者流に空威張りしている割に、アフガニスタンやシリアなどの紛争地帯には背を向けて立ち去ろうとする政策を掲げていることに対しては、三人とも反対だった。ロシアや中国といったアメリカのライバルである超大国をつけ上がらせ、アメリカ国内の安全を脅かすことになると考えていたからである。

　だからといって、どのようにトランプを止めるかについて、三人が同じ考えだったわけではない。公の場では、マティス国防長官、ティラーソン国務長官、マクマスター大統領補佐官（国家安全保障問題担当）は「大人の枢軸」の三人組というイメージで通っていた。だが私的な場面では、中学生レベルとも言うべきつまらない対立があったのである。たとえばマクマスターは、ジョージ・H・W・ブッシュ政権で大統領補佐官として国家安全保障問題を担当したブレント・スコウクロフトがやったように、マティスとティラーソンと三人だけで週一回のブレックファスト・ミーティングを設けようとした。だがマティスとティラーソンは乗ってこなかった。そこでマティスは苦々しい思いで二人のことを「Ｇ２《ジーツー》」と呼び、直接文句を言ってやったこともあると、のちに同僚らに打ち明けた。「お二人さんクラブを三人組クラブにしたくなったら、私は恥ずかしいほど暇を持て余しているからいつでも呼んでくれ」と告げたというのだ。また、三人がいずれもトランプの方針に反対していたアフガン情勢をはじめとする諸問題についてもマクマスターは二人と考えが違った。マクマスターが見たところ、マティスとティラーソンはトランプに都合のよさそうな情報や選択肢をトランプに与えないという戦略を取っていたが、マクマスターはきちんと議論をして説得すべきだと考えていた。

　マティスとマクマスターの間の溝は、軍人としての階級や従軍経験をめぐる対抗意識によってさらに深まっていた。マクマスターはマティスと異なり、海兵隊員ではなく、ウェストポイントの士官学校時代以来の根っからの陸軍人間だった。そしてこの違いに劣らず重要だったのが、マクマスターは階級章が三つ星の中将であり、四つ星の大将というエリート・クラブの仲間入りをしていなかったという点だ。だから初めからマティスはマクマスターを同輩ではなく、格下として扱った。あるトランプ政権幹部は、マティスがマクマスターの面前で、「いやあ、いかにも三つ星が考えそうなことだな」と、はねつけるように言い放つのを聞いたことがあるという。

一方、ティラーソンとマクマスターとの確執もまた、違った意味ではあるが、やはりヒエラルキーの問題でもあった。世界に冠たる有名企業のトップから新たに政界入りしたティラーソンは、NSCの役割を実はきちんとわかっていなかった。そしてティラーソンは実際のところ、外交政策に関して省庁横断的な対応が必要な場合、マクマスター大統領補佐官（国家安全保障問題担当）ではなく、国務長官たる自分に主導権があると考えていた。このため自身の主導でことが動かなかった場合、ティラーソンはマクマスターに怒りをぶつけた。そしてNSCには通例として国務省からスタッフが派遣されていたが、その職員らを引き揚げてしまったのである。ティラーソンの同僚だったある政権幹部によれば、ティラーソンのこうしたミスは単純な誤解に基づいていた。「政府というものは、大統領を除いて誰もが単なるスタッフなのです。ティラーソンはそれを理解していなかった」と、その幹部は指摘した。

就任まもなくしてマクマスターがアフガニスタン訪問を計画した件では、マクマスターの回想によれば、マティスとティラーソンはマクマスターの渡航を阻止しようとしただけでなく、わざわざトランプに直接訴えたというのだ。マクマスターはやがて、この一件を「大人の枢軸」チームのいざこざの発端として語るようになる。マティスとティラーソンはアフガン情勢に関してはトランプに対してなかなか手の内を見せず、「時間稼ぎ」をしていたのであり、「トランプから情報を隠しておくという二人の戦略の一部だった」と、マクマスターはのちに回想した。この対立のみならず、ほかの多くの揉めごとについてもマクマスターは、自分はトランプの諸政策に屈したのではなく、ただ丸ごとそれらを妨害しようとするのは不適切であり、結局は非生産的だと考えているのだ、と主張した。「大統領にすべての選択肢を提示するのが私の仕事だと考えていたのだ。私は選挙で当選した人間のために仕事をしていたのであって、あの二人だって同じだったはずだ」と、マクマスターはトランプに対する自身の姿勢を正当化するために周囲に述べた。マクマスターはのちに、マティスとティラーソンに対処する方がトランプに対処するよりひどく大変だったと語った。「本当にクソ鬱陶しかった」とマクマスターは言った。とくにマティスに我慢がならず、ある人物との会話の中で、マティスが「常におれをクソのように扱った」と嘆き節を吐露した。さらにマクマスターはマティスのことを「まったく最低なやつ」と呼び、ティラーソンを「我慢ならないクソ最低なやつ」とした。どんな政権でも内輪揉めはあるだろうが、ここまでくると尋常ではなかった。

マティスとティラーソンは、私的な会話であっても、もう少し慎重ではあった。だがマクマスターのトランプ大統領の扱い方は拙く、危険でさえあると考えていた。責任ある政策の擁護者ではなく、あれではトランプを後押ししているようなものだ、と。五月、トランプが北大西洋条約機構（NATO）の首脳会議へ向かう前に、マクマスターはアフガニスタンに関する計画をトランプに提出しようとした。それはアフガニスタンへ四年間の期限で何千人もの部隊を増派するというものだった。ティラーソンは「私はこんなものを大統領に勧める気はない」と、マクマスターにきっぱりと告げた[12]。ティラーソンらとしては、こんな提案をトランプが歓迎するとマクマスターが思っていることが信じがたかった。そしてマクマスターが意識的にトランプを誤解しようとしているのではないかと疑った。もう少し一般論として言えば、トランプに複数の選択肢を与えれば最も無謀なものを選ぶ恐れがあると、マティスとティラーソンは考えていた。だがマクマスターはそれをわかっていないのではないかと、二人は懸念していたのである。二人とやりとりのあったある共和党議員は、「彼らの立場としては、切れ味のいいナイフが欲しいと子供にねだられたからといって、はいどうぞと渡すわけにはいかない、というわけだったのです」と指摘した。

あくまでも正しい手順というものにこだわり、ときには説教くさいほどでもあったマクマスターは、大統領と真に理解し合うことはついぞなかった。このためまるでギャグ漫画のように混沌としたトランプ政権のホワイトハウスの中で、人格的な面でもすぐにトランプと衝突することになった。マクマスターはあらゆる人名や日時をほぼ完璧に覚えているという記憶力の持ち主で、トランプが望んでもいなければ覚えてもいないようなディテールをこれでもかと提示した。さらにトランプが無関心であるにもかかわらず、大統領に渡してくれと分厚いブリーフィング書類をホワイトハウスに送りつけてスタッフらを憤慨させた。トランプはときにはほかの補佐官らの前で平気でマクマスターを嘲ることもあったが、正装の軍服姿でテレビに出てトランプを擁護しろと、要求したりもするのだった。トランプが部下に将軍らを配していたのは、もっぱらテレビ映りのよさのためだったのだから当然だろう。

しかしマクマスターはどう見てもメディア慣れした識者のタイプではなかった。政治的感性に欠け、トランプに気に入られようとしてすでに何度か失態を演じていた。つまりトランプただ一人の歓心を買うために媚びているように見えてしまったのだ。これはマティスが是が非でも避けようとしていたことだ。その一例は、訪欧の帰途、経済問題担当補佐官のゲイリー・コーンと二人で書き上げて『ワシントン・ポスト』紙に寄せた署名入りの論説、「アメリカ第一《ファースト》はアメリカ単独《アローン》という意味ではない」だった。コーンは内部抗争の絶えないホワイトハウスの中で、マクマスターの友人でもあり、同志でもあった。[13] もうひとつは不幸にもFOXニュースに出演したときである。マクマスターは個人的にはアジアにおけるトランプの外交手腕に失望していたにもかかわらず、番組ではそれを「巧みだ」と持ち上げたのだった。マティスは対照的に、トランプの政策を擁護または宣伝するためにテレビに出演することを一切拒んでいた。五月にCBSの日曜日の番組に一度出たきりである。ショーン・スパイサー報道官（実は海軍予備役軍にも属している）がしつこく出演を促してきたため、ついにマティスはこう告げたそうである――「ショーン、私は仕事上、人の命を奪ってきた人間だ。もう一度でもクソ忌々しい電話をよこしたら、あんたを必ずアフガニスタン行きにしてやるからな。わかったか？」[14]。

気づいてみればマクマスターは、彼の言葉によれば、最初から「鉄条網のこちら側」の内なる敵と戦っていた。つまりNSC内とホワイトハウスのスタッフたちの間でだ。まるで三方面、いや、四方面作戦を戦わされている気分だった。ホワイトハウスの外からは、マティス国防長官とティラーソン国務長官が余計な口出しをしてきた。そしてマクマスター自身の部下の間には、彼が「オルタナ右翼の変人たち」と呼んだ連中が配属されていて、過激で破壊的な政策を進めようとしていたのである。その最たる人物がトランプ側近のイデオローグ、スティーヴ・バノンだった。バノンは異例にもNSCのメンバーに加えられていたのだ。マクマスターはオーバル・オフィスでの対決を含む内部抗争に勝ち抜き、四月にはようやくバノンをNSCから追い出せることになった。ついにバノンをメンバーから外す辞令が発せられることになり、ロブ・ポーター秘書官がトランプの署名をもらいにオーバル・オフィスへ向かった。するとそれを廊下で見つけたバノンは「クソっ、署名なんかもらいに行くんじゃない！」と叫んだが、ことはすでに決していたのである。

揉めごとは人事や権限をめぐるものばかりではなかった。マクマスターが見たところ、バノンらは歪んだ歴史観をトランプに吹き込んでおり、トランプ自身が思い描く世界秩序の観念を助長していた。それは一九世紀末に見られた非情な現実主義に近かった。つまり列強が弱小諸国を支配し、資源を搾取し、勢力圏拡大を競う世界だ。そしてホワイトハウス内の抗争の中でも、アフガニスタンの問題がマクマスターとバノンの間の決定的な対立点となったのだった。バノンの主張によれば、マクマスターから聞いた最初の提案はアフガニスタンへ五万人の部隊を再び派遣することだった。だがマクマスターとその同志たちは否定した。「マクマスターを失脚させる工作の一環として、バノンがでっち上げた話でしょう」と、その一人は述べた。実際の提案は約一万二〇〇〇人の増派だった。それでもトランプにとっては多すぎたのではあるが。

バノンがマクマスターを目の敵にし始めたのは、ラインス・プリーバス首席補佐官とぎこちなく接近しだした後のことだ。プリーバスとは意見の違いも多々あったが、共通の敵の方があまりにも多く、二人で協力するのが得策だと見たのである。バノンはプリーバスの執務室の近くに自分の執務室を持っていたが、それでも毎日何時間もプリーバスのオフィスに居座ることに決めていた。会議机に陣取って携帯電話を見ながら、常に存在感を示していたのである。バノンの当初の思惑は、NSC内の一匹狼の政策屋になることだった。バノンはまず、警備会社を経営するエリック・プリンスが持ち込んできた提案でトランプの関心を惹きつけた。プリンスは民間軍事会社の旧ブラックウォーター社〔イラク戦争などで武装警備要員を派遣〕の創立者で、ベッツィ・デヴォス教育長官の弟である。この提案では、プリンスの警備会社の傭兵五五〇〇人をアフガニスタンに派遣し、アフガニスタン軍と共に戦うと同時に、戦闘全体を監督するためにアメリカ人の「総督」を派遣することになっていた。事実上、アフガニスタンでの戦闘を「民営化」するものだ。プリンスはバノンの暗黙の了解のもと、この提案を臆面もなくあからさまにトランプにねらいを定めて練り上げていた。トランプはかつてニューヨークのセントラル・パークにあるウォールマン・アイススケート場を改築して経営を立て直したことがあったが、プリンスが用意したパワーポイントのプレゼンテーション資料では、アフガニスタンでの戦いをその事績になぞらえ、提案の中にあった帝国主義時代がかった「総督」は「破産管財人」に喩えた。トランプ自身、六度も破産手続きを経験していただけに、おなじみの名称だった。(15)

マクマスターが就任まもないころから、バノン一派はマクマスターに対するトランプの評価を下げさせようと攻撃を仕掛け始めた。ブライトバート・ニュースのバノンのかつての仲間たちを筆頭に、オルタナ右翼のメディアを総動員してマクマスターに対する中傷工作が進められた。それはマクマスターや、ロシアの専門家であるフィオナ・ヒル〔NSC欧州・ロシア担当首席顧問〕など部下のスタッフらを、危険な反トランプ政策を掲げる怪しげな「グローバリスト」だとした。しかもユダヤ人の金満金融家で慈善活動家のジョージ・ソロスの手下だという、陳腐な反ユダヤ主義的な非難の言辞をしばしば用いた。(16)五月下旬、陰謀説を喧伝するウェブサイトのインフォウォーズはヒルがソロスの「スパイ」であることを「暴露」。ヒル自身の概括によれば、同サイトは彼女が事実上「大統領に対する陰謀をマクマスター中将と共謀している」と報じたのだ。(17)このような中傷の裏には、共和党員のロビイスト、コニー・マックことコーネリアス・マクギリカディがいると、ヒルは読んでいた。コニー・マックはハンガリーの独裁者的な首相であるオルバン・ヴィクトルのために動いている人物だ。そのヴィクトル首相はトランプとの会談を望んでいたが、ヒルがそれを妨害しようとしているとコニー・マックは考えていたのだ。ロジャー・ストーン〔トランプの旧友・顧問で共和党系ロビイスト。第5章参照〕は、インフォウォーズを率いる陰謀論者のアレックス・ジョーンズとラジオに出演したときに、そのインフォウォーズの「暴露記事」はヒルが「マクマスターのスタッフに潜り込んだソロス一派の内部関係者であり、左翼のグローバリストである」ことを初めて明らかにしたものだと勝ち誇ったように述べた。一方、ジョーンズはその記事の元になった証拠はその夏、マール・ア・ラーゴにいたトランプの元へ「直々に届けた」と付け加えた。(18)

ユダヤ系保守派のトランプ支持者らの中にも、マクマスターに対する圧力に一役買った者もいた。その一人がカジノ王の篤志家、シェルドン・アデルソンだ。米国大使館をテルアビブからエルサレムへ移すことを強く求めたことで知られる人物である〔米国大使館は二〇一八年に移転〕。これに対して、イスラエルのベンヤミン・ネタニヤフ首相もアヴィグドール・リーベルマン国防相も個人的にマクマスターへ電話を入れ、マクマスターの立場を守るために手を貸そうと申し出ていた。だがすでにマクマスター批判の流れはできてしまっており、この後も在任中はマクマスターへの誹謗中傷の動きは止まることはなかった。

　マクマスターは前任者のマイケル・フリンとバノンらが連れてきた過激なタイプの連中（彼らは批判者から「フリンストーンズ」と呼ばれた）〔一九六〇年代の人気アニメ『原始家族フリントストーン』をもじった皮肉な呼称〕をNSCから排除するのに苦労した。さらに、マクマスター自身に忠実な部下を採用するのも、それに劣らず困難だった。共和党の既成勢力は相変わらずトランプのために働くことをためらっていたのだ——もちろんそれはまったくお互いさまで、トランプも彼らに好感を抱いてはいなかった。マクマスターは当初、ジョージ・W・ブッシュ政権時代にNSC事務局長だったスティーヴン・ビーガンとファン・ザラテ〔同政権のテロ対策担当大統領補佐官〕を国家安全保障問題担当の副補佐官に採用しようとした。だがどちらもマクマスターの誘いを断った。マクマスターが彼らの夫人に花束を贈っても、それは変わらなかったのである。

　二〇一七年夏までに、マクマスターは複数の部下との対立に巻き込まれており、クビにするまで大いに苦労することになった。その一人、元国防総省職員でバノンと気脈を通じるリッチ・ヒギンズNSC戦略計画担当部長は七月にようやく解任できた。そのきっかけは、政権内の反体制勢力がトランプを弱体化させようとしている、という七ページにわたるメモをヒギンズが執筆したことだった。ヒギンズはそのメモの中で、その反体制勢力は「毛沢東主義者」に触発された工作の一環として、「グローバリスト」、イスラム主義者、文化的マルクス主義者〔伝統的・西洋的な文化や価値観を覆そうとしている（とされる）マルクス主義者に対する批判的呼称〕らを糾合しており（どうやってそんなことができるかはともかくとして）、国家の中の「敵対的な完全なる国家」だと主張していたのである(19)。一方、マクマスターはヒギンズよりもずっと地位の低い部下たちに対処する際も、大きな抵抗に遭った。たとえば国防情報局でフリンの部下だったこともあるNSC情報活動シニア・ディレクターのエズラ・コーエン。マクマスターはこの年の春、本来ならば慎重に扱うべき情報をコーエンが下院情報特別委員会のデビン・ニューネス委員長に提供していたとして非難した。ニューネスは提供された情報に基づき、オバマ政権が機密情報を傍受して、トランプの知人らの人名を違法に「特定した」という誤った主張をしたのである。のちにマクマスターはコーエンについて、「彼はわれわれの組織内で情報収集活動を行ない、反トランプ派に不利だと思われる情報を何でもリークしていたのです」と述べた。マクマスターは当初は春にコーエンを解任しようとしたが、バノンとクシュナーという意外なコンビによって阻止されたという。バノンとクシュナーは犬猿の仲だったが、どちらもコーエンを支持していたのだ。この二人の抵抗を退けるまで、マクマスターはそれから何カ月もかかったのだ。

しかしマクマスターが対峙した最大の厄介者はトランプ大統領その人だった。トランプはロシアや中国などの国々がトランプの携帯電話の通話を盗聴していると、側近たちから再三警告されていた。それでもトランプは構わずに携帯電話で通話し続け、最も扱いに注意を要する国家安全保障に関わる問題まで、不特定多数の人間に助言を求めるのをやめなかった。国家安全保障問題を担当するある当局者は、「ロシアや中国や誰も彼もが耳をそばだてているというのに、あの男は週末中ずっとクソ頭のおかしい連中とおしゃべりばかりしているんだ」と指摘した。だがそれは確かな情報なのだろうか？「当たり前じゃないか」とその当局者は言った。情報は疑う余地がない、と。たとえばある共和党の上院議員は、シリアを武力攻撃すべきだとの提案について、トランプが電話で意見を求めてきたことを覚えていたという。その上院議員はトランプに対し、セキュリティ的に安全でない電話回線では話すのをやめてほしい、ともかく言うとおりにしてくれと懇願した。だが右の国家安全保障問題担当の当局者は、「あの男は黙ってなんかいられないんだ」と言った。

一方、マティス国防長官は、ともかくなんとかしてトランプに耳を傾けさせたいと思っていた。政権内の「大人たち」にも意見をまともに表明する資格があるはずだ、と。トランプが大統領に就任して以来、政権内にはＦＯＸニュースの陰謀論や電話で広まるつまらないゴシップが蔓延し、「大人たち」の声は常にかき消されてしまっていたのだ。マティスはトランプが同盟諸国を敵に回し、気候変動に関するパリ協定から離脱することになって問題となった最初の外遊後、ゲイリー・コーン経済担当大統領補佐官を国防総省のオフィスへ招き昼食を共にした。そして二人でトランプに個別指導をするというプランを練り上げたのだ。その目的は明確で、アメリカがこれまでに構築し、維持し、大いに恩恵を被ってきた国際秩序をトランプが軽んじるのをやめさせることだった。

マティスはその会談に統合参謀本部の「タンク」と呼ばれる厳粛なる雰囲気の会議室を使うことを提案した。米軍の偉大な伝統を思い起こさせる場に身を置けば、さすがにトランプも感じるところがあるだろうと、どうやら虚しい期待を抱いたらしい。ゲイリー・コーンがのちに知人に語ったように、「おれとマティスはそうやって同盟諸国のなんたるかをトランプにわからせようとしていたんだ。いわば『同盟関係概論』をやってやったのさ」ということだった。

マティスは段取りをつけようと、あらかじめバノンと会うことにした。ところが運悪くそこにオーバル・オフィスから帰ろうとしていたマクマスターが通りかかり、バノンの執務室に座っているマティスを目撃。マクマスターは周囲に不満をぶちまけた――マティス国防長官はマクマスターには会う時間がないと言っておきながら、バノンにたっぷり時間を割いてやるとは何ごとか？　バノンこそトランプが巻き起こしている大混乱の裏にいる張本人じゃないか、と。ところがバノンはバノンで独自の企てをトランプと話し合っていた。結果的に、彼らはみな互いに理解できず、互いに軽蔑し合うばかりだったのである。そしてそれは焼けつくような暑さの七月のある日の朝、国防総省での会合の冒頭から歴然としていた。マティスはまず、「最も偉大なる世代〔第二次大戦を前線や銃後で支えた世代〕からの最も偉大な贈り物は、ルールに則った戦後の国際秩序だ」と主張するスライドをトランプに見せた。[20]ところがバノンはこれを「リベラルな国際秩序への異常な執着」だとし、それをベースにした会議など「まったく無意味」だと考え、聞かれれば、あるいは聞かれずとも、バノンは誰彼なしにそう強調したのだった。

バノンはトランプに反撃の仕方を用意周到に吹き込んでいた。だからトランプはマティスの説教にうなずくよりも、ＮＡＴＯや同盟諸国に対する例の十八番の不平不満を繰り返した。そしてやがて、第二次世界大戦から今日のアフガン情勢にいたるまで、米軍の数々の「負け戦」を罵倒し始めたのである。「おまえたちは負け犬だ。もはや勝ち方をわかっていない」と、トランプは会議を主催した軍人たちを逆に説きつけた。アフガン情勢は会議の議題ではなかったが、タイミング的に、トランプがこの件について不平を漏らすのも避けられなかった。なぜならまさにその週に、ホワイトハウスでのとげとげしい会談を経て、トランプはマクマスターのアフガニスタンへの最新の派兵計画を退けたばかりだったからである。

普段から寡黙なジョー・ダンフォード統合参謀本部議長は、トランプが爆発してもたいていマティスに任せていた。政治任用官として、最高司令官たる大統領と議論するのは国防長官の方が制服組の統合参謀本部議長よりもふさわしい、という理屈だった。ところが「タンク」

で行なわれた右の会議では、トランプは将軍たちの誠実さを疑い、アフガニスタンでの失敗を非難したばかりか、とくにその場にいないアフガニスタン現地の駐留軍司令官の「ミック」ことジョン・ニコルソン将軍までも辛辣に批判して、ダンフォードを憤慨させた。このためトランプ大統領がダンフォードに怒鳴り散らし、軍人らがマスコミにしゃべってトランプの足を引っ張ろうとしていると非難しだすと、ダンフォードもやり返したのである。

「おまえたちはクソ忌々しいリーク野郎だ」とトランプが言う。

「私たちはクソ忌々しいリーク野郎なんかじゃない」とダンフォードは言い返した。

続いてトランプが再び軍人たちを「間抜けで弱虫」の敗者だと罵ると、ダンフォードはその点についても反撃した。将軍たちから見れば、政治家たちがアフガニスタンでの戦争に本腰を入れようとしないというのに、ブッシュとオバマに続きトランプもまた、戦争に勝ち損じたと米軍を非難し、米軍を困惑させたいと思っているように映ったのだ。ダンフォードは言った――「大統領殿、アフガニスタンから部隊を全部引き揚げろとおっしゃるなら、私はやりますよ。それは単なる物理的な問題ですから。でも次のことはわかってもらわねばなりません。もし今から二四カ月後にナショナル・モール（ワシントン中心部の国立公園）が攻撃されたとしても、このテーブルに着いているメンバーは誰も『予測できなかった』とは言えませんよ」。さらにダンフォードは次のように付け加えた（この指摘はトランプがアフガニスタンを話題にするたびに――実際、たびたび話題にしたのだが――繰り返されることになる）。「私たちはあなたに指図をしているわけではないんですよ。私たちは南アジアにおける過激主義に関連したリスクを低減するために、プランを提案しているんです。もしあなたが政治家としてそのリスクをあえて引き受けたいというのなら、私たちにただそうおっしゃってくれてもいいんですよ」。トランプはそうは言わなかった。だが会議室に居並ぶ将軍たちの目の前で、脅したつもりの相手からしっぺ返しを食うのは気に入らなかった。

「タンク」で行なわれたトランプへの「個人指導」は、初めからいかにもトランプらしい事態に陥ることはわかっていた。その様子はすぐに断片的な情報として漏れ出した。そしてその後の数年間、参加者たちがそれぞれの体験を語るたびに、常軌を逸したディテールが少しずつ明らかになっていった。いずれにしろ、押し並べて言えばこの会合の企画者たちにとっては大失敗だったということだ。「最低だった」と、のちにゲイリー・コーンは回想した。この会合が世間の耳目を集めたのも無理はない。トップクラスの軍事顧問らが尊重する厳粛なる一室で、かつて兵役を逃れた大統領が〔トランプは一九六〇年代に徴兵猶予措置を複数回得た〕将軍たちの大切に守ってきたものすべてを非難したのだから。だが数年後、これがトランプとの最悪の会議だったかと聞かれた国家安全保障問題担当のある当局者は、即座に「ノー」と答えた。「初回としては最悪だった」とした上で、むしろ「数々の最悪な会議の初回」だったと言うべきだと述べた。別の当局者も同意した――「会議は回を重ねても最初からずっと『最悪』のままで、『悪い』なんてものじゃなかった。初回の会議はめちゃくちゃだったが、そこからさらに悪くなっていったのだ」。

　会議室に居並ぶ「大人」たちにとって、トランプとぶつかるポイントはそれぞれ異なっていた。レックス・ティラーソン国務長官の場合、ティラーソンと緊密に連携していたある国務省幹部によれば、それは世界の情勢をトランプがあえて知ろうとしないことに対する怒りだった。ティラーソンは例の会議の数週間前からすでに、「トランプが知っていることや知らないこと」に対する怒りを募らせていたという。ティラーソンはトランプの振る舞いに腹を立て、無思慮な無関心さに憤慨していた。マティス国防長官と違って、ティラーソンは怒りを自分の胸の内に収めておくことが苦手だったのである。

　職業上から生粋のエンジニアであったティラーソンは、エクソンモービル時代から媚びへつらいとは無縁の性格だったが、それでも同社の融通の利かないヒエラルキーのトップにまで上り詰めた男だ。そんなティラーソンの少数の側近たちが詰める国務省七階の執務室のことを、国務省の職員らはエクソンモービル時代に倣って「神の繭《まゆ》」と呼んだ。そこに集うメンバーの中にはティラーソンの首席補佐官であるマーガレット・ピーターリンや、ホワイトハウスの会議にほぼ毎回顔を出していた政策企画部門のトップ、ブライアン・フックらがいた。こうした少数精鋭主義は、一部は無駄に人づき合いをしないティラーソンの性格によるものだった。だがのちにわかったことだが、ティラーソンのボーイスカウト出身者らしい性格によるものでもあって、トランプおよびその政権に見てとれた乱雑さ、無秩序、下品な振る舞い、プロフェッショナリズムの欠如などをティラーソンが嫌悪していたことが原因だ。先の国務省幹部は、ホワイトハウスでの重要な会議にもっと国務省のスタッフを同席させてくれと、ピーターリンに迫ったことがあった。するとピーターリンは、「ごもっともですが、会議の実情をあまり多くの職員に見せたくないんです」と答えたという。その国務省幹部は、ティラーソンは「ホワイトハウスで目にしていた状況に愕然としていたのだろう」と推測したのだった。

「タンク」での会合が終わるころには、ティラーソンはうんざりしていた。イランとの核合意がもつ具体的な意義を説明しようとしたときも、海外へ派兵する米軍部隊をトランプが傭兵に喩えたことにティラーソンが異議を唱えたときも、トランプにいちいち発言を遮られたのだ。ティラーソンは発言の腰を折られるのは我慢ならず、やがて押し黙り、不機嫌を隠そうともしなかった。ようやくラインス・プリーバス首席補佐官が会合を打ち切ると、ゲイリー・コーンがティラーソンに歩み寄った。

「大丈夫かい?」とコーンが訊いた。

「クソ忌々しい脳なしだ」と、ティラーソンは答えた。もちろん大統領のことである。

バノンはご満悦だった。この会合について「あれはおそらくトランプ政権時代を通じて最も質《たち》が悪く、最も意地汚い会議だった」と述べたこともある。批判ではなく、褒めていたのだ。バノンは意見の衝突に備えてトランプにしっかり反撃の技を仕込んでいただけに、実際にぶつかったときには悦に入っていた。しかも場所も内容も将軍たちの領分でのことだからなおさらだ。アフガン情勢をめぐる対立では、バノンは攻撃されることを厭わなかった。「軍部は独自の意思をもっている」ということをトランプに理解して欲しかったからだ。語りぐさになった「タンク」の会議が話題にのぼるたびに、「おれはあのクソ野郎どもをぎゃふんと言わせてやった」とバノンはふてぶてしく自慢するのだった。

H・R・マクマスター大統領補佐官（国家安全保障問題担当）は、娘の結婚式のために米国西部へ行っていた。だが参加者が衝撃を受けたことがうかがえる会議の概要を後で聞いても驚かなかった。「悲惨なことになるのはわかっていた」とマクマスターはのちに知人らに語った。「はっきり予測はついていた。ゲティスバーグの戦いを前に、部隊を率いてセミナリーリッジへ登っていくビュフォード准将の気分だったね〔南北戦争の重要な戦いであるゲティスバースの戦い（一八六三年七月）において、セミナリーリッジの尾根筋は要衝のひとつで、北軍のビュフォード准将の部隊が防御した〕。何が待ち受けているかはわかっていたんだ。でもおれとしては、『好きなように存分にやってくれ。めちゃくちゃな大惨事になるぞ。でもおれはどうせ休暇中だから知らんぞ』といったところだった」と、マクマスターはいった。

国防総省での対決を終えてわずか数日後、トランプはマティス国防長官との溝をさらに広げるようなことをした。トランスジェンダーの者の米軍入隊を禁じる規制はオバマ大統領が撤廃していたが、突然の思いつきのように、トランプはそれを復活させるとツイートしたのだ。しかも「わが将軍たちおよび軍事専門家らと相談した結果」だと嘘までついた。そんな協議はなかったのである。

一方、ラインス・プリーバス首席補佐官がなんとか保っていた政権内の脆弱な均衡は崩壊し、政権スタッフらの内紛が公になる事件が起きた。それは放言癖のあるアンソニー・スカラムーチの新広報部長就任がきっかけだった。スカラムーチの採用にはプリーバスとホワイトハウス報道官のショーン・スパイサーが激しく反対。だがトランプが押し切った。するとすでにトランプの信望を失っていたスパイサーは、即座に辞表を提出した。

この混迷の最中、スカラムーチは『ニューヨーカー』誌のライアン・リッツァ記者に電話をし、ラインス・プリーバスとスティーヴ・バノンに対する不満をぶちまけた。「ラインスって野郎はどうしようもない偏執症で人格は支離滅裂だ」とスカラムーチは言った。そしてプリーバスがスカラムーチの広報部長への採用を「女とよろしくやるのを邪魔するやつ」のように何カ月にもわたって妨害し続け、ようやくトランプが押し切って採用してくれたのだ、とプリーバスを非難した。だがこんなものの言い方もバノンに対する非難に比べればまだ丁寧な方だった。「おれはスティーヴ・バノンとは違うぜ。自分の一物をしゃぶろうとなんてしてないからな」と言ったのだ。そしてリッツァに対し、自分の最終目的は「情報漏洩《リーク》野郎どもを一人残らずぶっ殺す」ことで、「トランプの政策を軌道に乗せる」ことだと述べた。(21) だが当然ながら、元ウォール街の金融専門家から自称PRの教祖《グル》に転じたスカラムーチ（自分のことを「ザ・ムーチ」と称した）のいかがわしい言辞に満ちた電話で、政府の政策が軌道に乗りそうだと思った者はいなかった。

右の会話が記事になって報じられた日、プリーバスはトランプに不満を吐露し、辞任を申し出た。「あのですね、あなたはご不満だろうと思いますし、私も不満です。今すぐ終わらせることにしませんか？」と大統領に告げたのだと、プリーバスはのちに周囲に語った。翌日、トランプは警察官らへの演説のためにニューヨーク州ロングアイランドへ飛んだ。側近たちはトランプが憤激していることを知っていた。その原因のひとつは政権内の混迷に関する種々の報道だ。そしてさらには、トランプはオバマ政権が導入した医療保険制度を廃止する計画を進めていたが、その週に行なわれた劇的な深夜の投票で共和党のジョン・マケイン上院議員に覆されたことで、スタッフ全員に対して怒りが収まらなかった。そんな中、プリーバスは自分の地位は風前の灯だと同僚に漏らし、ぎりぎりになってからロングアイランド行きのフライトに乗ることにした。その同僚は「きっと居心地悪いぞ」とプリーバスに忠告したのだった。

演説を終え、トランプはプリーバスらも同乗した大統領専用機エアフォース・ワンでワシントンへ向かっていた。その機中、トランプはジョン・ケリー国土安全保障長官に電話を入れた。その会話の中でトランプは、ジェイムズ・コミー連邦捜査局（ＦＢＩ）長官を解任した直後にケリーと交わした会話に言及したが、当時ケリーは政権内がいかに混乱状態で、トランプの部下たちがだらしないかとコメントしていた。そして今トランプは、「君は正しかった。おれのスタッフはまったく駄目だ」と言い、延々と愚痴をこぼし続けた。いわく、補佐官らは「おれの役に立たない」。いわく、忠誠心に欠ける。どいつもこいつもめちゃくちゃだ。そしてトランプはケリーに「君に首席補佐官になってもらうしかない」と告げたのだった。ケリーは躊躇した。だがトランプは「ジョン、本当に君にやってもらわないと困るんだ」と言った。ケリーがまだ迷っていると、「わかった、こうしよう。月曜日に会いに来てくれ。そこで話し合おう」とトランプが提案。ケリーも同意した。エアフォース・ワンがアンドリューズ空軍基地へ着陸したのはその数分後のこと。プリーバスを含むトランプのスタッフら一行は気の滅入るような雨の中に降り立った。まるでこのどん底の瞬間を象徴するような雨であった。

午後四時四九分、まだ機内にいたトランプは一連のツイートを出した。「私はたった今、ジョン・Ｆ・ケリー将軍／長官をホワイトハウスの首席補佐官に指名したことをお知らせする」とトランプは書いた。また、「彼はずっと私の政権の真のスターであり続けてきた」とも。トランプは本人がまだ受諾もしていないというのに、ケリーが首席補佐官に就任することを公表しただけでなく、プリーバスには伝えようともしていなかった。駐機場の公用車の中で車列がホワイトハウスへ向けて出発するのを待ちながら、プリーバスは携帯電話に目を落とした。すると自分がたった今まるで蹴り出されるように職を追われたことを知ったのだった。その直後、トランプも降機してきて車列は動き出した。

「負け犬」の将軍たちにさんざん不満を抱いていたにもかかわらず、トランプは自身の政権を元海兵隊員の手に委ねた。長身で骨張った体つきのケリーは、ダンフォード統合参謀本部議長と同様に、ボストンの労働者階層の出身。どちらもアイルランド系のカトリック教徒の家に育ち、フランシスというミドルネームも同じだった。ケリーは一九七〇年に入隊して以来、職業人としては事実上ずっと軍隊で過ごした。二〇〇三年、第一海兵師団の一員としてイラク戦争に従軍中、司令官だったジム・マティスのおかげで准将に昇進。マティスがみずから「衣装を着せた《フロック》」——軍人言葉で階級章の星を軍服にピン留めすることである。戦闘地域で海兵隊の将軍が誕生するのは、朝鮮戦争以来初めてのことだった。マティスはのちに米国中央軍の司令官在任時には、ケリーを補佐官に選んだ。そんなケリーはトランプ政権入りすると、政治の素人と見られがちだった。だが実際は軍人人生のかなりの期間を国防総省や議会で過ごし、海兵隊の議会連絡担当者《リエゾン》を経て、やがてロバート・ゲイツ、レオン・パネッタ両国防長官の下で上級軍事補佐官を務めたのである。〔いずれもオバマ政権時〕

ケリーは退役前、最後の任務として米国南方軍の司令官に就任。この南米を担当する戦闘集団で、ケリーはある偏見を身につけた。それはアメリカの南部の国境線がいかに穴だらけかということや、密入国者のブローカーや麻薬密売組織がそこから流れ込むのを阻止するためにさらなる対策が必要だ、といった見解である。(22) マティスやマクマスターと同様に、ケリーもオバマ政権時代の経験から、オバマ大統領の政策に批判的になっていた。たとえば女性兵士を戦闘行為に参加させることや、グアンタナモ収容所の閉鎖などだ。とはいえ、ケリーが二〇一六年の大統領選になんらかの形で関わったのは、『フォーリン・ポリシー』誌のインタビューに応じたくらいだった。しかもそこでは、ヒラリー・クリントン候補を激しく非難していたマイケル・フリンなど、「国内政治の汚水槽」に踏み入った同僚の将軍たちを批判したのだ。将軍らが政治活動家になることの危うさは、「その将軍たちの助言が完全に政治色を排した絶対的に最良の軍事的アドバイスであるかどうか、大統領がたとえ一瞬でも疑うかもしれない」という点にあるとした。(23) ところがその数カ月後、ケリー自身が政治任用によってトランプ政権に加わったのである。

ケリーは国土安全保障長官として政権入りするやいなや、激しく物議を醸しているトランプの政策の多くを公然と支持せざるを得なくなった。先の『フォーリン・ポリシー』誌のインタビューでは、ケリーはトランプの金看板とも言うべき政策、すなわち国境沿いに壁を作ることに対し、「壁だけ作っても効果はない」と批判していた[24]。それが翌春の四月には、「国境の壁は不可欠だ」と記者らに語っていたのである。オバマ政権時代に国防総省で毎日のようにケリーとやりとりをしていた当時の政権幹部の一人は、「政治的なところのない、有能な陸軍将校」からトランプの小間使い同然になったケリーの豹変ぶりに驚嘆したという。そのケリーの元同僚は、「彼は本心を語っているのか？ それとも優秀な政治任用官はそうあるべきだと考えてやっていることなのか？」と疑問を口にした。

実はこうしたことこそ、トランプがケリーにとっていわば二度目の戦場での昇進を授けた理由だったかもしれない。雨模様の七月のあの午後、内紛に直面し、外部からも政権の存亡に関わる脅威が次々と迫り来る中、トランプ政権にはどうしても新たなリーダーが必要だった。幹部の交代劇のさなか、トランプは「ホワイトハウスに混乱はない！」とツイート。だが最初の閣議で大ボラを吹いたにもかかわらず、トランプは立法議案を一本も通せずにいた。オバマケアを廃止する法案はマケイン上院議員のせいでつぶれてしまった。税制改革法案も具体化していない。大々的な投資によるインフラ整備を掲げた「インフラ週間」も泣かず飛ばずで、むしろワシントンではジョークのネタにされつつあった。ここまでのトランプの大きな成果といえば、前任者が構築した国際的な諸合意を台無しにしたことと、アメリカの大統領職というものを二四時間ノンストップのツイッターとテレビの見せ物に作り替えたことくらいだった。トランプは「取引の達人《ディールメーカー》」を気取っていたが、この時点ではディールに失敗こそすれ、ひとつもまとめてはいなかったのだ。

ホワイトハウスに姿を現したケリーの第一手は、スカラムーチ広報部長をクビにすることだった。在任わずか一週間強での退場だ。まもなく「一《いち》スカラムーチ」というのがトランプ政権時代のひとつの新しい「単位」となった。離職者続出のトランプ政権で、あるメンバーがどれだけ職にとどまれるかを測る、ワシントンの政治関係者の間で使われた隠語である。ただしこの単位に関しては、スカラムーチの在任日数が実のところ一〇日だったのか一一日だったのか、いつまでも喧しい議論が交わされたというのもいかにもありそうなことだった。

オーバル・オフィスでの仕事については、ケリー新首席補佐官は自分に全権を与えて任せてくれるようトランプに保証を求めた。オーバル・オフィスでの漫然とした会合はこれからは行なわないこと。補佐官たちが好き勝手に出入りするのも禁止。これまでのような不明瞭極まりない意思決定過程も今後はなしだ。トランプは、スティーヴ・バノンだけでなく、ジャレッド・クシュナーとイヴァンカにもこの新たな規律に従わせることに同意した。ケリーはイヴァンカに対しては単刀直入に、「スタッフの一員であるなら、私の部下として働くこと。大統領の娘だと言うなら、親には週末に会いに行ってくれ」と要求した。要するに少なくとも原則としては、トランプに用があれば必ずケリーを通す、ということだった。

　当初、八月はひと息つける落ち着いた月になりそうに見えた。トランプは再びワシントンを離れ、ニュージャージー州ベッドミンスターに所有するゴルフクラブへ向かい、八月中はほぼそこで「ワーキング・バケーション」をして過ごす予定だった。ところが八月八日、鳴り物入りで導入されたはずのケリー首席補佐官の新たな規律はまだ徹底されていないことが明らかになった。

　トランプは写真撮影を含むメディアとの会見で、鎮痛剤「オピオイド」の乱用が蔓延していることに警鐘を鳴らすはずだった。ところが本筋から逸れて勝手に北朝鮮のことを話し始めたのだ。数カ月前から懸念が強まっていた北朝鮮の核兵器開発計画についてである。複数の機密報告によれば、北朝鮮が発射実験を繰り返していた新型弾道ミサイルは、まもなくアメリカの本土を射程に入れる可能性があった。アメリカに促され、国連安全保障理事会も新たに数々の制裁を科したばかりだった。そこでトランプは手元の紙をいかにも意味ありげににらみつけながら（実際はオピオイドに関する資料だったのだが）、「世界が初めて目にするような炎と怒りに見舞われたくなければ、北朝鮮はこれ以上アメリカに脅威をもたらそうとすべきではない」と述べた。夏のガーデンパーティーにでも出かけるような衣装で隣に着座していたメラニア・トランプは当惑しながら見つめるばかり。そこへトランプはさらに、これが通りいっぺんの警告ではなく、核兵器による大量破壊に結びつき得ることを強調しようと、つけ足して言った――「北朝鮮は炎と怒りと、率直に言って世界がいまだかつて目にしたこともない力に襲われるだろう[25]」。

　それまで北朝鮮問題は主としてレックス・ティラーソン国務長官が担当し、アジア諸国を訪ねては同盟諸国と調整を図っていた。二月、各種情報機関はトランプ政権首脳に対し、北朝鮮は核兵器の開発を決してあきらめないだろうと伝えていた。それは独裁者・金正恩《キム・ジョンウン》が、核兵器が体制の存続と不可分だと確信しているからだという。ただし、情報評価の結果、中国は引き続き金正恩を支持しているとはいえ、世界を不安定化させる北朝鮮の長距離ミサイル開発を抑制するために、アメリカと協力するかもしれないというのだった。ティラーソンは情報機関のこうした結論に対し、「どちらの可能性も探ってみよう」とはっきりと応えて言った。これには米軍も賛同し、ティラーソンは金正恩に圧力をかけるために、積極的だが従来型の外交・経済攻勢の計画を練り上げたのだった。世界の終末が来るかのようなことは、ひと言も述べなかった。

問題はトランプだった。ダンフォードによれば、トランプはティラーソンの構想に乗るつもりはなかった。「自分の案ではないから、初めからまったく尊重していなかった。そもそもほかの政策もみな同じで、自分が直接からんでいない限りまず関心を持とうとしないのだ」と、ダンフォードは知人らに語った。だからトランプの「炎と怒り」の発言を聞いた将軍たちも、啞然とはしたが、驚きはしなかった。第一トランプが言うような異例の攻勢は計画されてもいなかった。発言は「ちょっとした偶発事にすぎなかった」とダンフォードは断じた。トランプは核戦争を意図せずに始めてしまう愚を犯す危険性はあったが、本気で始めるだけの能力はないとダンフォードは言いたかったのだ。

翌日、ティラーソンはこの一件の尻拭いにかかった。「アメリカの国民は安心してぐっすり眠ってほしい。このところ騒ぎになっている特異な言辞を心配することはない」と、ティラーソンは記者らに語ったのだ。[26] これは同盟諸国にも内々に伝えていたことでもあった。

だがそれから数週間にわたり、トランプは北朝鮮に対してツイッターで集中砲火を浴びせていった。それはティラーソン国務長官とトランプの足並みのズレを浮き彫りにするものであった。「軍事的な対応策は準備万端整っている。北朝鮮が愚かなまねをしたときに備えて、臨戦態勢だ」と、トランプは発言の数日後にもツイートした。しかもすでに内々に、武力行使の選択肢《オプション》を用意しておくようマクマスター大統領補佐官に要請していた。これはまさにティラーソンやマティス、それに米軍の将軍たちが避けようとしていたシナリオである。しかも北朝鮮に関する発言が騒ぎになったことでほとんど見過ごされていたが、トランプは同じ会見で別の脅しもかけていた。ベネズエラのニコラス・マドゥロ大統領の左翼政権〔反米姿勢が強く、中国、ロシア、イランなどと親密な関係にある〕に対しても「軍事的オプション」を検討していることを示唆したのだ。[27] ティラーソンをはじめとする補佐官らは、トランプは言ってみているだけなのだと強調した。だがベネズエラの問題やその他の行き詰まっていた政策について、トランプは怒りを焚きつけるような発言をするだけでなく、実際の行動を密かに要求していたのである。だからベネズエラについても、武力攻撃の計画を立案するようマクマスターに命じていた。これに対してケリー首席補佐官はマティスを通じて、そんなことは決してやるなとマクマスターに伝えていた。

　八月末を迎えるころには、トランプは政権の国家安全保障問題担当者らの方針にあからさまに反発していた。武器を振りかざして目に物見せたくてうずうずしていたトランプは、将軍たちがやってくれないのなら自分でやってやろうと意気込んでいた。「この二五年間、アメリカは北朝鮮と対話をし、金をゆすり取られてきた。対話は答えではない！」と、トランプはツイートした。

「炎と怒り」発言から四日後の八月一二日、ヴァージニア州シャーロッツビルで白人至上主義者らのデモの現場で死者が出たことで、トランプの核兵器使用の脅しをめぐる発言は一時的にトップニュースの座を譲った〈右派の団結を訴える白人至上主義者らのデモと対抗デモの参加者らが衝突し、白人至上主義者の車が群衆に突っ込み死者が出た事件〉。だがトランプはこの騒動にも首を突っ込んだ。トランプは「どちら側にもとても優れた人たちがいた」と発言。南北戦争時の南部連合（南軍）・リー将軍の銅像を守るために松明《たいまつ》を掲げて行進し、暴力を辞さない構えだった白人至上主義者らと、そうした主張を退けるために通りに繰り出した非暴力的な抗議者たちが、まるで対等だと言わんばかりの発言である。トランプのどんなショッキングな言辞にももう驚かないと思っていた国民も、さすがにこれには衝撃を受けた[28]。

　ウィスコンシン州で開かれたCNN主催の市民対話集会の席で、共和党のポール・ライアン下院議長が発言し、トランプは「道義的に曖昧な」発言で「失態を演じた」とした[29]。するとこれを視聴していたトランプは、その場にいた側近の記述によればテレビのリモコンを「まるでピストルのように左手に持ち」、即座にライアンに電話をして激しい非難を浴びせた。「ポール、なぜ君が民主党の連中に長年こっぴどくやられっぱなしか、わかるかね？」と問うと、応答も待たずに、「それは連中は『忠誠心』という大事な言葉を知っているからなんだよ」と、みずから答えた[30]。だがトランプに対する批判はやまなかった。ホワイトハウスはビジネス・リーダーらによる諮問委員会の開催を三件中止せざるを得なかった。トランプの発言に抗議して辞任する委員が後を絶たず、これ以上赤っ恥をかくわけにいかなかったからだ。政権内でさえ、さすがに今回はトランプもやりすぎたのではないかと、補佐官らが論じ合った。トランプが双方に「とても優れた人たちがいた」と発言した会見で、居心地が悪そうに隣に立っていたのはゲイリー・コーン経済担当大統領補佐官だ。数日後、コーンは報道を前提とした『フィナンシャル・タイムズ』紙のインタビューで、ユダヤ人であるみずからの家系に言及しつつ、ホワイトハウスは差別的な煽動グループを糾弾する姿勢を「もっと徹底できるだろうし、すべきだ」として、辞任を検討していることも公表した[31]。だがコーンはほかの主要な補佐官らと同様、結局は辞任しなかった。のちにコーンは、減税に関する法案の通過が確実になり次第辞任するとトランプに伝えたと主張したが、政権を飛び出すよりも内部にいた方が役割を果たせると判断したのだという。それまでも、それからも、トランプ政権の側近らがしばしば用いた理屈である。

　一方でスティーヴ・バノンは、この騒動は最終的には岩盤支持層の支持を固めるのに役に立つだろうと、トランプに請け合った。今回の件でネオナチのごろつきたちから称賛されているのは確かにバツが悪いと、バノンはトランプに言った。しかし白人、男性、南部の熱烈なファンなどトランプ支持者の大部分を占める人たちにとって、南部連合の記念碑撤去は大きな不満の種であり、あのデモ隊の主張に理解を示すことはトランプ支持者らを活気づけるにはもってこいだ、というのである。バノンはある政権幹部に言った――「われわれの伝統であり、われわれの銅像だ。われわれをわれわれたらしめているもののために、立ち上がるべきだと、おれは大統領に告げた。やつらはそのすべてを取り去ろうとしているんだ、と。おれたち主導でストーリーを打ち出していく必要がある。その点ではこの一件は格好のネタだ[32]」。

　しかしバノンはあまりに多くの強力な勢力と、あまりに多くの闘争の渦中にあった。マクマスターをおとしめる作戦に加え、イヴァンカとジャレッド・クシュナーも敵に回していた。バノンは二人のことを侮蔑的に「ジャヴァンカ」と呼び、二人の助言はトランプ大統領に政治的な破滅をもたらすだけだと周囲に語った。さらにクシュナーが主導したジェイムズ・コミーFBI長官解任については、のちに「現代政治史上の」最大の過ちだったと述べた[33]。バノンはトランプの目の前でイヴァンカと怒鳴り合いの喧嘩も演じてしまった。バノンはイヴァンカを怒鳴りつけるように、「あんたとジャレッドは一日中ひたすら誰かの情報をリークしてばかりだ」と言った。するとイヴァンカは「むかつく嘘つき野郎ね。あなたの口から出てくるのはクソ忌々しい嘘ばかりだわ」と噛みついた。バノンも負けじと「とっとと失せろ」とやり返し、「あんたは何者でもないんだ」と追い討ちをかけたのだった。(34)

ホワイトハウスの首席補佐官に任命されると〔七月三一日就任〕、ケリーはすぐにバノンと話し合い、退任の準備をすべきだと伝えた。そして八月中旬の辞任の線で折り合っていた。四六時中ケリーのリーダーシップを中傷しているようなバノンである。そんなバノンがホワイトハウスに居続けることをケリーが許すはずがなかった。だがシャーロッツビルの一件が持ち上がったとき、まだバノンは居座っていた。そこでさっそくバノンは同僚の補佐官たちの面前でケリーとぶつかった。シャーロッツビルのデモについて「どちら側にもとても優れた人たちがいた」とした発言をトランプが弁解すべきかをめぐってである。バノンは気にせず放っておけと言った。何を言ってもどうせ誰もトランプを信じないだろうから、というのである。実際、ケリーの説得を受けてトランプが結局はどうみても不誠実な形で前言を撤回したときに、まさにそうなったのだったが。〔トランプはネオナチ、白人至上主義者、人種差別主義らの暴力を指弾する声明を出したが、リー将軍の銅像保全の主張には理解を示した〕

トランプの姿勢が揺らぐ中、誰かの首が飛ぶとしたらバノンの首であることは明らかだった。さらにバノンがこのシャーロッツビルのデモが論争を巻き起こしている最中に、中小リベラル誌の『アメリカン・プロスペクト』誌の編集長とのインタビューに応じ、その奇怪な発言がもとで退任は避けがたいものとなった。「懲りないスティーヴ・バノン」と題されたこの記事は、バノンがホワイトハウスで内部抗争に明け暮れる様子を描き出した。バノンは中国政策をめぐって意見が合わない国務省のある役人を近々クビにするつもりだと大口を叩く一方で、新たにアグレッシブな姿勢を打ち出したトランプの北朝鮮政策を暗に批判したのだ。トランプは「炎と怒り」などと威勢のいい言葉を使っているが、「軍事的解決策なんてない。くだらんよ」と、バノンは述べたのだった。(35)

政権発足当初から、バノンは自分は八月にはホワイトハウスから消えているだろうとの予測を示していた。そしてまさにそのとおりになった。バノンが解任されたのは八月一八日。その日はちょうどトランプ、ケリー、マクマスター、マティス、およびその他の将軍らがヘリコプターでキャンプ・デービッドの保養地へ向かい、アフガン情勢に関する軍事会議を開催することになっていた。そしてケリー首席補佐官はバノンはお呼びでないことをあらかじめ明言していたのである。「ガキどもを部屋に入れてはならない」と、ケリーは命じていたのだ。

関連部署のトップが集うこの会議に備え、マクマスターはある新たな同志と共に密かに段取りをつけ、事前にベッドミンスターのトランプのゴルフクラブで大統領に徹底的にブリーフィングをしていた。その同志とは中央情報局（ＣＩＡ）のマイク・ポンペオ長官だ。ポンペオはそれまでもしきりにオーバル・オフィスに顔を出し、機密情報に関するトランプへのブリーフィングにも毎回わざわざ同席し、トランプの評価を勝ち得ていた。マクマスターはのちに、ポンペオがアフガン情勢について必ずしも斬新な見方をしていたわけではない、と認めた。ただそれでも少なくとも「マティスでもティラーソンでもなかった」というのがポイントだった。そして最終的に参加者らがトランプに示した提案が強調していたのは、アフガン情勢を適切に扱えばオバマ前大統領の失策を暴いて鼻を明かせる、という点だった。これならばトランプも気に入るだろうというわけである。だが実際のところ、参加者全員が支持していたオプションは事実上、現状に少しプラスする程度の対応にすぎなかった——数千名ほどの部隊の控えめな増派、アフガニスタン軍へのさらなる訓練と装備の提供、より厳しい物言い、そして暗黙のうちにタリバンを支持しているパキスタンの連中に対する援助の一時停止だ。

このときばかりは、結果はマクマスターの思惑どおりになった。北朝鮮との核戦争勃発をちらつかせ、国内では白人至上主義者をあたかも支持するかのような発言をして、トランプは物議を醸したばかりだった。その上さらにアフガン情勢について、アメリカの安全保障を担う各種権力機構の意向を丸ごと無視できる立場にはなかったのである。トランプ政権内の力の均衡は変化していた。少なくとも一時的には。キャンプ・デービッドの会議の翌朝七時三三分、トランプはバノンに別れを告げる手短なメッセージを出した。「スティーヴ・バノンの貢献に感謝したい」とツイートしたのだ。その一四分後、今度は「われらのきわめて優秀な将軍たちおよび軍首脳らとキャンプ・デービッドで重要な一日を過ごした」とツイート。アフガン情勢を含め、「多くの決断」が下されたと付け加えたのである。

三日後、ホワイトハウスからポトマック川を越えたヴァージニア州旧フォート・マイヤー米軍基地〔現マイヤー・ヘンダーソン・ホール統合基地〕で、トランプは珍しく節度のある演説をした。その中でトランプは、自分はアフガン情勢に対する懐疑的な見方を捨てたとし、国防総省にもう少し時間的猶予を与えることにしたと述べた。「初めは撤退すべきだと直感的に感じていた。それに私はこれまでも直感に従うことを好んできた」とトランプは認めた。だが即時撤兵は、アルカーイダや過激派組織「イスラム国（ＩＳＩＳ）」などからの新たなテロの脅威に結びつくような大失策になるだろう――そう説得されたのだと、トランプは述べたのである。だがトランプはやはりトランプだったと言うべきか、最後に派手な言辞を付け加えずにはいられなかった。それはトランプが嫌々ながらに認めたアフガニスタンへのわずかな部隊や資源の増強からして、部下の将軍たちからすれば実現不可能なものだった。トランプは「最終的に、われわれは勝利する」と確約したのである。[36]

国防総省の会議室「タンク」での会議では、ジョー・ダンフォード統合参謀本部議長はトランプに見栄を切ってみせなければならなかった。そのころトランプはアフガニスタンから米軍を引き揚げたがっていたが、その結果に対する政治的な責任からは逃れようとしていたからだ。そんなトランプも八月末には、ただでさえ記録的な低さにあった世論調査の支持率が政権発足以来の最低を記録。これまでのトランプの実績を評価する国民はわずか三割になっていた。

それでもなお、米軍の将軍たちはすでにトランプを手なずけたと安心していたわけではない。アフガン情勢にしろ、何にしろである。トランプをつぶさに観察してきた結果、トランプはこだわりにはあくまでもこだわる人間だ、ということを将軍たちは学んでいた。そうした執心は突然現れるかと思えば、同じく唐突に消えてしまうこともある。だが決して完全に消え去ることはないのだ。

そんなトランプのしつこいこだわりのひとつが軍そのものだった。トランプは自身の大統領職を飾る芝居がかった舞台装置としてご執心だった。大統領選に勝利したのち、トランプは政権に多くの将軍たちを登用しただけでなく、大統領就任式をあからさまな軍隊調にするよう注文しようとした。だが側近たちに説得されて断念せざるを得なかったのだ。ファーストレディのメラニアのニューヨーク社交界での友人であるステファニー・ウィンストン・ウォルコフは、雇われて就任式典のプロデュースに手を貸していた。そのウォルコフによれば、就任式典の打ち合わせでトランプは、「おれはパレードの山車《だし》なんか欲しくない。おれが欲しいのは戦車とかヘリとかだ。北朝鮮みたいな感じにしたい」と言ったという[37]。そんなことをすれば将軍たちが眉をひそめるだろうということに、さらにはそんな独裁者的なやり方は世界最古の民主主義国であるアメリカにそぐわないことに、トランプは思いも至らなければ、気にもしていなかったようである。

二〇一七年の夏、トランプはロシア関連の疑惑やホワイトハウス内部の陰謀の数々からしばし離れ、パリへ飛んだ。五月に就任したばかりのフランスのエマニュエル・マクロン大統領主催のフランス革命記念日の式典に参加するためである。マクロンは西側同盟諸国の中で、トランプのご機嫌を取る役目をカナダのジャスティン・トルドー首相から引き継いでいた。そこでマクロンはアメリカの第一次世界大戦参戦の一〇〇周年も記念して、軍事力を見せつける各種兵器満載のイベントを催したのである。時代物の戦車がシャンゼリゼ通りを行き、頭上にはジェット戦闘機が唸り声を上げて飛んで来る。すべてトランプを魅了してやろうと計算ずくである。「来年はあなたが同じことをやるはめになりますよ」と、担当したフランス軍の将軍は、ご満悦のトランプの姿を一緒に見ていた米軍の相方に予言してみせた。

そして案の定、帰国したトランプは、翌年の七月四日のアメリカ独立記念日には史上最大にして最も壮麗な軍事パレードを国防総省に組織させようと決意していた。国防総省では、いかにトランプのいいなりになることを避けるかを検討するために、しばしば会議を開いていた。そんな会議の席上でこのパレードに話題が及ぶと、「そんなことをやるぐらいなら、青酸カリでも飲んだ方がましだ」と、マティス国防長官は言った[38]。結局米軍の当局者たちは、そのような軍事パレードは何百万ドルもの経費がかかり、重量の大きな車両を使えばワシントンの道路がぼろぼろになるとしてトランプを説得したのだった。

しかしトランプと将軍たちとの乖離の要因は、実際は経費のことでも実務上の問題をめぐるものでもなかった。同様に、軍事政策をめぐる両者の果てしない闘争も、アフガニスタンや北朝鮮やシリアに対する見解の衝突ばかりが原因ではなかった。両者の間の溝はもっと大きかった——問題は将軍たちの信念とトランプ大統領の信念の違いだったからである。その差は、トランプがパレードのイメージをジョン・ケリーに伝えたときほど露骨に表れたことはなかった。「いいか、パレードには傷病兵は一切欲しくないんだ。おれにとっては見栄えが悪くなるからな」とトランプは言った。そしてパリでのフランス革命記念日の式典では、車椅子に乗った手や足を失った兵士らなど、障害を負った退役軍人たちのグループもいくつか参加していたことをトランプは説明した。まだ就任まもなかったケリーは耳を疑った。

「彼らは英雄ですよ。私たちの社会では、それ以上に勇敢なのは一種類の人たちだけです。その人たちはアーリントン国立墓地に埋葬されていますがね」とケリーは言った。そしてそこには自分の息子も眠っていると、付け加えた。

しかしトランプは聞く耳を持たなかった。「ああ、でもおれは彼らにいてほしくない」とトランプは答えた。「おれにとっては見栄えが悪い」と。

首席補佐官に就任してまもなく、ケリーはオーバル・オフィスで統合参謀本部副議長のポール・セルバ空軍大将によるトランプへのブリーフィングに同席していた。その最後に、すでにトランプの心配ごとのひとつになっていたパレードについて、ケリーはわざとまじめくさったそぶりでジョークを飛ばした。「ご存知かわかりませんが、独立記念日のパレードはセルバ大将が仕切ってくれるそうですよ」と大統領に告げたのだ。だがトランプは冗談だと理解していなかった。「で、パレードについてどう思う?」と、セルバ大将に尋ねたのだ。米軍はそんなパレードはごめんだと何度言い聞かせても、トランプは信じようとしなかったのである。

だがセルバは、トランプ政権時代には稀に見る偉業をやってのけた。トランプが聞きたそうなことを言うのではなく、自分の考えをそのまま述べたのだ。セルバがのちに知人に語ったところでは、このとき大統領にこう告げたという——「私はアメリカ育ちではありません。実はポルトガルで育ちました。当時のポルトガルは独裁体制でした。そこではパレードというものは、誰が鉄砲を握っているかを国民に見せつけるためのものでした。そしてわが国では、そんなことはやらないのです」。セルバはさらに、「私たちはそういう人間ではないのです」と付け加えた。

セルバが熱を込めて語っても、トランプはまだ理解していなかった。「つまり、気に入らんのかね?」と、トランプは疑うように訊いた。

「そうです。それは独裁者がやることです」とセルバは答えた。トランプにとってはこれほどぶっきらぼうで率直な答えはなかっただろう。

だがトランプはどこ吹く風だった。大将の一人や二人に説教されたからといって、それだけで軍事パレードをあきらめるつもりはなかった。その後もトランプは(ダンフォードがのちに周囲に語ったように)「何十回となく」パレードの件を持ち出した。トランプが尊敬しているはずの将軍たちの一人に、しかもまさにオーバル・オフィスで、独裁者になりたいのかと指弾されてもトランプには効き目がなかったのである。

第7章 場当たり体制

海兵隊の老兵、ジョン・ケリーは毎朝四時に起床してその日の仕事に備えることにしていた。ダークスーツを着込むが、グリーンとカーキ色の軍服に生涯親しんできただけに、コートやネクタイにはまだ慣れない。ホワイトハウスへ車で送られる間、『ニューヨーク・タイムズ』紙と『ワシントン・ポスト』紙にざっと目を通し、CNNとFOXニュースのウェブサイトをチェック。そしてとりあえず今日どんな弾丸が飛んできそうか覚悟しておくために、ブライトバート・ニュースのサイトも確認しておくのだ。さらに側近たちには朝七時からのFOXニュース、MSNBC、CNNの放送をチェックさせる。それは大統領が「今のを見たか?」と電話をよこしたとき、トランプの関心を引いたニュースの動画をすぐにダウンロードできるようにするためである。

規律が厳格な海兵隊の部隊に比べると、ジョン・ケリー首席補佐官が引き継いだホワイトハウスはいまだ天と地ほども差があった。混沌が当たり前。何でも混ぜ返し、自身のチームの人間同士を対決させるのが好きな最高司令官もそれを助長していたのである。当時ファーストレディ付きの首席報道官だったステファニー・グリシャムによれば、まるで『ハンガー・ゲーム』〈殺人ゲームに参加させられた若者たちのサバイバル合戦を描いた小説・映画シリーズ〉の興奮に満ちていた。[1] メディア担当補佐官のクリフトン・シムズはまさに『毒蛇《ヴァイパー》のチーム(*Team of Vipers*)』と題した著書で、むしろ「『ゲーム・オブ・スローンズ』に『ヴィープ』の登場人物を持ってきた感じだった」[2]〈前者は中世風な騎士やドラゴンなどが登場するファンタジー・ドラマシリーズ。後者は女性副大統領(通称ヴィープ)と補佐官たちの日常を描く政治風刺コメディのシリーズ〉と記した。ラインス・プリーバスとスティーヴ・バノンなどが去った後、ホワイトハウス内の派閥は大混乱の末に勢力図が変わりこそすれ、消滅することはなかった。スティーヴン・ミラー顧問や通商政策担当補佐官ピーター・ナヴァロといったイデオローグたちは、ほとんど影のホワイトハウスとでも呼ぶべき独自の活動を展開し、トランプの署名をもらうにも、通常の手続きをすっとばして書類を大統領の執務机に直接さっと届けるといった具合だ。一方、彼らに敵対する既成勢力を代表する二人の補佐官、ゲイリー・コーン（経済担当）とH・R・マクマスター（国家安全保障問題担当）の意外なコンビは、せめてひどく荒唐無稽な政策案がトランプの手元に届くのだけは阻止しようと努めた。トランプが突然マーカーペンを取り出して、議論もないまま、突拍子もない政策にいきなり署名してしまいかねなかったからだ。大統領顧問のケリーアン・コンウェイとホープ・ヒックスの二人は曲がりなりにも同志であって、トランプもこの二人の話には耳を貸し、オーバル・オフィスに出入りすることもできた。ラインス・プリーバスに幻滅してその更迭に一役買ったジャレッド・クシュナーとイヴァンカ・トランプは、相変わらず自分たちだけでひとつの権力中枢を形成していた。そしてこうしたすべてに対してマイク・ペンス副大統領は超然としており、何にせよ誰もがすぐに忘れてしまいそうなことしか言わなかった。

二〇一七年秋、新たな執務室に腰を落ち着けたジョン・ケリーとその副官のキルステン・ニールセン次席補佐官は、政権発足後何カ月にもなるというのに、大統領補佐官らがいまだに選挙戦の勝利の論功行賞をめぐって闘争を繰り広げているのを見て愕然としていた。しゃれた肩書きやしゃれた執務室を要求し、間違いなく事前に約束されていたのに与えられないのはおかしいなどと言っていたのである。遠出にいつでも使える個人用の公用航空機を使う権利を主張する者もいた。セキュリティ上の規則を無視して、携帯電話を持ったまま大統領との面会に臨む連中もいた。ケリーはあるときなど、ホワイトハウスのプールやテニスコートの使用をやめるようスタッフに告げるお役目もさせられた。それらを大統領一家のプライベート・スペースだと見たファーストレディから苦情があったからである。ケリーはまた、まるで都心の中央駅のように雑多な人たちが大勢オーバル・オフィスに出入りしているのを断固としてやめさせるつもりだった。そこでオーバル・オフィスへの出入りを規制し、大統領への電話は監視して記録を取る旨、スタッフ一同に通達した。そしてケリーはスタッフが権限のない役目を勝手に請け負う習慣も断ち切ることにした。あるとき、タカ派の移民規制論者である若きスピーチライターのスティーヴン・ミラー顧問に面と向かってこう言ってやったこともあった──「君にはその権限はない。君は上院で承認された役職の人間ではない。政府のオペレーションを指揮する権限はないのだ」。

　身長一八八センチメートル、体重九〇キログラム超。ケリーは六七歳にしてなお堂々たる風貌である。年齢、身長、立ち居振る舞いのどれをとっても、トランプにとってはプリーバスよりも手強く、簡単に威嚇できるような相手ではない。ホワイトハウスの当局者たちはプリーバスのことは何とも思わずファーストネームで呼んでいたが、後任のケリーのことは「ケリー将軍」と呼んだ。トランプ本人でさえ、初めは少しばかり怯《ひる》んでいたようである。就任当初、ケリーが多少なりともホワイトハウスに秩序をもたらすことができたのも、もっぱらそのおかげだった。

　ケリーは八月中に味わったさまざまなショッキングな体験を通じ、トランプを普通の大統領に変貌させたり、ツイートをやめさせたりすることは絶対に無理だとすぐに気づいた。しかしそれでもできることはあると、ケリーは自分に言い聞かせた。それはトランプに届く情報をコントロールできれば——つまり、トランプの取り巻きの一部にいる極端にイカれた連中をオーバル・オフィスから遠ざけ、トランプに電話をさせなければ、そしてホワイトハウス内の強硬派がブライトバート・ニュースのとんでもない動画をトランプにこっそり回すことを阻止できれば——トランプに現実を見据えさせることもできるかもしれない、ということだった。トランプにインプットされる情報の質をケリーが管理できれば、ひょっとしてアウトプットの質も改善できるかもしれないというわけである。

　目的達成をめざし、ケリーはロブ・ポーター秘書官の権限を強化することにした。ポーターとはニュージャージー州ベッドミンスターのトランプのゴルフクラブで知り合った。トランプがゴルフの合間にも北朝鮮に「炎と怒り」をくれてやると豪語していた、ケリー就任当初の嵐のような時期のことである。ハーヴァード大学法科大学院出身のポーターは、落ち着きのある、専門家らしい優秀さを醸し出している。おそらく通常の共和党政権ならばすっかりなじんでいたことだろう。そんなポーターは、トランプ政権のあり方を正すのに喜んで協力するつもりだった。ポーターもこれまでのトランプ政権はまるで悪夢だと感じていた。まさに「場当たり体制《アドホクラシー》」の生きた標本だと。これはロジャー・ポーターの造語として知られている。ハーヴァードの公共政策大学院であるケネディ・スクールの教授であり、ジョージ・H・W・ブッシュ政権の内政担当補佐官でもあった、ロブ・ポーターの父親である。

ロジャー・ポーターが当時すでに気づいていたのは、多くの大統領が即興的なやり方に惹かれるということだ。つまり、まさに今日のトランプ政権ではびこっているような傾向である。フランクリン・ローズヴェルト大統領は、実際に業務を遂行させるための仕組みなどないまま、ほぼ行き当たりばったりでお気に入りの補佐官たちに仕事を与えた。ジョン・F・ケネディ大統領はしばしば本人みずから首席補佐官役を演じ、ジェネラリストばかりの補佐官らのチームを取り仕切りながら一緒に問題解決に当たった。両者とも、ロジャー・ポーターが一九八〇年に思いついた「場当たり体制」という用語の定義に合致していた。つまり補佐官たちから大統領に「助言をするための正規の秩序立ったやり方は最小限に抑え、その代わりに大統領が課題を補佐官らに割り振り、いつ、誰の話を聞くかも大統領が選ぶというパターンに大々的に依存する」という、そんなホワイトハウスのことである(3)。だがトランプほどそれを混乱の極みにまで推し進めた者はいなかった。ロジャー・ポーターも予見していたことだが、それは指揮権を完全に握っているのは大統領一人であることを国民にアピールするのがねらいなのだ。

ロジャー・ポーターのハーヴァード大学での教え子の中に、若きジャレッド・クシュナーがいた。今、そのクシュナーが身を置いているのはこれ以上ないほど極端な「場当たり体制」だった。そしてそれをなんとかしようと、ポーター教授の息子が乗り出してきたのだ。そのロブ・ポーターはケリーが政権幹部に通知できるよう、二通の覚書の草稿を書き上げた。いずれもケリーがスタッフに口頭で伝えてきたことを成文化したものだ。いくらトランプのホワイトハウスでも、最低限の規則と秩序が必要だというわけである。具体的には、第一の覚書では、すべての文書はまずホワイトハウス秘書官のオフィスを通さなければならず、さらに大統領に提出する前に「首席補佐官の承認」が必要だとした。ホワイトハウス内の陰謀家たちが、人目を盗んで大統領の執務机にそっと乗せておくような種々の報道記事なども含めてだ。大統領が関与するいかなる事案も、正式な「行事覚書（EM）」に議題と参加者一覧を記して事前に提出すべきで、「行事覚書の参加者一覧に不記載の者は参加を拒否される場合もある」と、イタリックの字体で強調してあった(4)。さらに、大統領が発表するいかなる声明も、最低三日前までにスピーチライターからポーター秘書官へ提出するよう定めていた。そしてすべての大統領行政命令は、ホワイトハウス法律顧問と司法省法律顧問局の事前承認を必要とするとしていた。

　二本目の覚書は、トランプ大統領の特異な振る舞いに起因する最も困難な問題に対応するものだった。つまり大統領の決断とはいったい何か、という問題である。トランプは早朝も深夜も時間を問わず、大統領からの発表をツイートし続けていたし、オーバル・オフィスで独り言を言いながら、唐突に政策変更を命じる癖もあった。補佐官たちは大統領の命令をどう受け止めればよいというのだろうか。わずかひと月足らず前にも、トランプはジム・マティス国防長官と米軍の幹部らを激怒させたばかりだった。三本のツイートを矢継ぎ早に発信し、米軍がトランスジェンダー兵士を禁じるよう、国防総省に命じたときのことだ。こんなことは合法的なのか？ 国防総省は従う必要があるのか？ ジョー・ダンフォード統合参謀本部議長は慌てて統合参謀本部へ内部メモを発し、しかるべきルートで正規の政策が策定されない限り、米軍は現行の政策に「いかなる変更も加えない」と通知したのだった。[5] ポーターと、そしてケリーも、みずからそれと同じ方針に従うことにしたのである。

　覚書は大統領の決断について、「承認済みの『決定覚書』（DM）に大統領が署名し、それがホワイトハウス秘書官のもとに届かない限り、決定は確定的なものではない——したがって実施に移されない場合もある」としていた。[6] トランプは好きなだけツイートしても構わないが、秘書官が作成する決定覚書に大統領として署名しない限り、合法にはならないのだ。覚書のポーターの草稿では、論点を明確にするために右の一文に下線が引かれていた。

　いずれの覚書の内容も、通常の政権であればことさら驚くべきことは何もなかった。ホワイトハウスはたいていそういう風に機能するものなのだ。トランプ政権の場合だけ、異様だったのだ。側近たちはトランプのやり方にすっかりなじんでしまっていて、そのトランプ流のシステムを自分たちの利害のために操る方法も見つけていた。だからこうした新たな縛りにはいら立ちを覚えた。だが誰もケリーに反抗しようとはしなかった。少なくとも初めは。こうして、毎日ロブ・ポーターは分厚いブリーフィング・ブックを大統領に渡して一日を終えるようになった。そこにはスケジュールや諸情報を載せた書類、記事の切り抜き、テレビで流れたテロップ情報の中でトランプが興味を持ちそうなものの画面キャプチャー画像などがファイルされており、さらにトランプがお気に入りの黒のマーカーペンで署名するよう、規定どおりしっかり吟味された決定覚書が入っていた。これとは別に、一部の最重要事項をそれぞれ紙一枚で要約したもののファイル・フォルダーも手渡した。トランプは長い文書は絶対に読まないだろうとの推測に基づくものである。ある政権当局者はこう回想した——「これをやったのがケリーだったということ、ケリーが認めたものだということで、少なくともしばらくの間は誰もがそれなりに敬意を表したのです。それだけでもものすごく大きな変化でした」。

　ケリーがホワイトハウスのウェストウィングに秩序をもたらそうと奮闘していた間も、トランプはなおもツイッターを使い、共和党の指導者たちまでも標的にしながらホワイトハウス外に大混乱を巻き起こし続けていた。とくにトランプがいら立ちを覚えていた相手は共和党上院院内総務を務めるミッチ・マコーネル議員である。医療保険制度のアフォーダブル・ケア法〔いわゆるオバマケア〕を廃止して新制度に替える法案を、共和党のジョン・マケイン上院議員が深夜の投票で否決に追い込んだ件について、トランプはマコーネルの責任を追及していたのだ。一方、マコーネルの方もこの件に対するトランプの手際を評価していなかった。こうした二人の対立は、ちょうどケリーがホワイトハウスで足場を固めようとしていたころ、すなわち議会の夏季休暇中に公になったのだった。

　自身の選挙区ケンタッキー州で遊説中、マコーネルは地元のロータリークラブに対して、法案否決の責任はトランプの経験不足にあると語った。「民主主義的プロセスはそれなりの時間がかかるものだが、トランプはあっという間に決められるものと過度の期待を抱いていたのだ」と、マコーネルは述べたのである。[7] トランプはそのコメントを目にして腹を立てた。オバマケアの廃止を長年にわたり延々と公約してきたのは自分ではない、というのがトランプの言い分だ〔共和党は同制度が成立した二〇一〇年から廃止と代替を唱えていた〕。トランプはマコーネルに電話をして激しく責め立てたのち、ツイッターで論争を公の場に移した。「七年間も『廃止と代替』の公約を聞かされてきたが、どうして実現していないのか？」と、マコーネルを責めるツイートを発信。翌日には「七年間も『廃止と代替』を叫び続けた挙句、ミッチ・マコーネルがそれをできなかったとはいったいどういうことだ？」と追い討ちをかけた。[8] そして「ミッチ、まじめに仕事をしろ」と続けたのだった。マコーネルは辞任すべきだと思うかと記者に問われたトランプは、「もし彼が廃止と代替をやり遂げず、税金問題もやり遂げず——減税と税制改革のことだが——それにとても簡単なやつ、つまりインフラ整備も実現できなかったとしたら、もう一度同じ質問をしてくれ」と答えた。[9]

実際のところ、トランプは味方を動転させることに快感を覚えているらしかった。マコーネルとの新たな確執のせいもあってか、レイバー・デイの休日〔九月の第一月曜日〕の後には、民主党に対する共和党の交渉を妨害してやることにした。連邦政府の債務不履行を避けるための歳出法案と、それに伴う債務上限引き上げをめぐる交渉である。下院のナンシー・ペロシ議員と上院のチャック・シューマー議員が率いる民主党は、当面の政府閉鎖を避けるための債務上限引き上げの期限を三カ月とする法案を要求していた。今後の交渉を有利に進めるため、あえて比較的短い期限を設定したものだ。一方で共和党は、民主党とのさらなる対決で政策上の打撃を受けるのを避けようと、期限をより長くした法案を望んでいた。このため下院議長を務める共和党のポール・ライアン議員は民主党の提案を「ばかげた恥ずべきもの」だとして、すぐにトランプや議会首脳らとの会談のためにホワイトハウスへ向かった。だがそこで梯子を外されることになった。ライアンが受け入れがたいと言ったばかりの民主党案に、そっくりそのままトランプが同意してしまったのである。[10]

ライアンとマコーネルはかんかんになってホワイトハウスを後にした。スティーヴン・ムニューシン財務長官でさえ不意を突かれ、この党派の壁を越えた意外な合意に機嫌を損ねた。トランプの大統領就任以来、文字どおり真に超党派的な合意が初めて成った瞬間だった。トランプは好意的な反響にご満悦で、ペロシとシューマーにそれぞれ電話をして悦びに浸った。「信じがたいほどすばらしい報道ばかりじゃないか！」と勢い込んでペロシに言ったほどである。[11]

しかしこれで両党協力の新時代が幕を開けたわけではなかった。むしろ見果てぬ夢に終わったと言うべきだ。トランプほど政党との固い絆や哲学的なつながりを欠いたままホワイトハウス入りした大統領は、何代もさかのぼらなければ見当たらないだろう。それだけに、可能性としては、本人が望めばワシントンの政界の分断を修復できたかもしれなかった。トランプは貿易、戦争、ロシアといった根本的な諸問題について、共和党の伝統的な正統派の意見に挑戦してきた。[12]だから共和党の既成勢力のおかげで当選したのではなく、逆に既成勢力の存在にもかかわらず選挙に勝ったと言える。過去三回の大統領選における共和党候補者はいずれも今回トランプへの投票を拒み、トランプも彼らに対する軽蔑を隠そうとしなかった。そしていざ大統領に就任すると、民主党に対するのとまったく変わらず、共和党の同僚たちをぶっ飛ばすことを何とも思っていないようだった。民主党のペロシとシューマー両議員らとの合意の後、トランプは共和党内の不満を一蹴し、「共和党のみなさん、悪かったね」と、まるで自分はその一員ではないかのような出だしのツイートを発信。共和党首脳らを「みずから首を絞めている」として批判したのだった[13]。

こうしたことすべてはマコーネルを難しい立場に追い込んだ。上院議員歴三二年を誇り、賢人めいた風貌に丸眼鏡がトレードマークのマコーネルは、自分の目的を実現するためには上院のさまざまな政治過程を最大限利用し尽くすことで知られていた。そして軟弱な穏健派でもなければ、トランプ流の強引な共和党員でもない。そんなマコーネルはトランプの当選に決定的な役割を果たしたと言えるだろう。二〇一六年二月に連邦最高裁判所判事のアントニン・スカリアが死去すると、オバマ大統領が推薦するいかなる後任候補者も検討することを拒んだのだ。つまり一一月の大統領選の勝者がその空席を埋める人物を選べることになり、大統領選で保守派の投票率を押し上げる効果があった。実際、トランプが就任早々に保守派のニール・ゴーサッチを任命したことで、マコーネルはみずからの戦略が成功したと見ていた。そして妻のイレーン・チャオが運輸長官としてトランプ政権入りを果たすというおまけもついた。これに関しては、のちにトランプはマコーネルが「懇願した」から入閣させてやったまでだと述べたが、ばかばかしいとしてマコーネルは否定した。いずれにしろマコーネルは、トランプは粗野で真剣さに欠け、一緒に仕事をしづらい人物だと見ていたのである。

その上さらに、「アメリカ・ファースト」の炎を燃やし続ける守護者を自任するスティーヴ・バノンも厄介な存在だった。バノンはマコーネルの同僚の共和党員らを追い落とそうとねらっていたからだ。もはや政権の一員ではないというのに、バノンはまるで外部から指揮を執る陸軍元帥であるかのごとく、大統領への忠誠心に欠けると彼が見た共和党員を次々と排除しにかかっていたのだ。たとえば九月末、上院議員から司法長官に転じたジェフ・セッションズの議席の補欠選挙では、共和党の候補者を選ぶ予備選挙でマコーネルが推す候補者を落選させた。そして自身が推すロイ・ムーアという問題だらけの候補者を本番の選挙に送り込んだ。派手好きで極右のムーアは元アラバマ州最高裁長官だが、連邦裁判所の決定に従わなかったとして二度にわたり職を失った過去がある。一度は州裁判所に「モーセの十戒」の記念碑を設置し、それを禁じた連邦裁判所の命令に従わず、二度目は同性婚カップルに対する結婚証明書発行を求める判決に従わなかったのである〔この補選でムーアは未成年者へのわいせつ疑惑なども影響し、民主党候補者に敗れた〕。続いてバノンはショーン・ハニティが司会を務めるFOXニュースの番組に出演し、公然とマコーネルを批判した上で、共和党の各地の予備選で現役の共和党上院議員らに対抗馬を立てるぞと脅した。「今はまさに共和党の既成勢力に対する戦争の真っ最中だ」と、バノンは一〇月半ば、保守派が集まる「価値観重視の有権者《バリューズ・ボーター》サミット」で自身の立場をあらためて強調した。バノンはマコーネルを名指しし、「キャピトル・ヒルの政治関係者らの雰囲気は不吉な三月一五日〔ローマ帝国のユリウス・カエサルが暗殺された日〕といったところだ。われらのカエサルの暗殺をねらう裏切り者のブルータス狩りはすでに始まっている。ミッチ、君の命運は尽きているぞ」と追い討ちをかけたのだった(14)。

ジョン・ケリー首席補佐官は政治経験がなく、政治感覚も乏しかったが、戦争というものは熟知していた。だから大統領と与党の上院トップとの間の戦争が不毛なことをわかっていた。そこでマコーネルに声をかけ、諍いを丸く収めるべくホワイトハウスでトランプに会うよう誘った。そこでバノンが「バリューズ・ボーター・サミット」で怪気炎を上げた二日後、マコーネルはオーバル・オフィスに現れた。ケリーの勧めもあり、トランプは和解の用意ができていた。

だがマコーネルの側近の証言によれば、トランプほど気まぐれな大統領がいる限り「われわれ誰もが真の危険にさらされている。共和党だけでなく、アメリカがだ」とマコーネルは周囲に漏らしていた。そして大惨事を避ける最善の方法は、オーバル・オフィスの近くに身を置くことだと決意したという。とはいえ、トランプの一部の追従者たちとは異なり、マコーネルはトランプの前にひれ伏すつもりは微塵もなかった。

ホワイトハウスのロブ・ポーター秘書官は、連邦議会で複数の共和党上院議員に仕えた経験があった。そこでその経験も活かし、会談の前にマコーネルがどのような人物かをトランプに説明しておこうとした。「彼の活力源は何よりもまず、上院の多数党の院内総務であることです。彼の最大の関心事は共和党が多数党であり続けること、つまり最低でも過半数の五一人の上院議員を確保することです」と、トランプに説明した。しかしバノンの「戦争」とトランプのマコーネル批判がそれを危うくしている、と。トランプはマコーネルが一向にテレビでトランプを持ち上げてくれないことに不満を抱いていたが、ポーターはそんなことでヘソを曲げるのはやめなさいと説得を試みた。「彼があなたの閣外の応援団長になることなんてあり得ません。そういう男ではないんですよ」とポーターは説いた。トランプとは異なり、マコーネルはFOXニュースや日曜日の朝の報道番組に出演することにまったく関心がなかったのだ。そしてマコーネルの回想録が『長いゲーム――ある回想録（*The Long Game: a Memoir*）』と題されているのには立派な理由があることを指摘した。翌年の六月には、マコーネルの上院共和党院内総務としての在任期間は史上最長に達しようとしていたのだ。「あなたに対してどうこうというわけではないんです。ただそういう人物なのです」と、ポーターはトランプに念を押した。

オーバル・オフィスでの会談に際し、マコーネルは大統領との利害の一致を打ち出すつもりだった。そしてトランプに大胆なアイディアを売り込んだ――二人して注力すれば、連邦司法府を変革できるとマコーネルは言ったのだ。続いてマコーネルは、これまでに自身とホワイトハウスのドン・マクガーン大統領法律顧問とが組んで実現してきた一連の進展を振り返った。たとえば連邦裁判所の人事では、判事の候補者らをまるで工場のような高い効率性で速やかに承認してきたことだ。こうしたことをトランプも最優先に考えてくれれば、トランプは歴史を作り、そして保守層の支持基盤も固めることができるだろうと、マコーネルは指摘したのだった。

こうしてマコーネルが説明をしていると、ショーン・スパイサーの後任のホワイトハウス報道官、サラ・ハッカビー・サンダースがオーバル・オフィスにひょっこり顔を出し、二人そろって記者会見を開いてはどうかと訊いた。マコーネルは面食らったが、まもなくホワイトハウスの庭園のローズ・ガーデンでカメラの列を前にトランプと並んで立ち、互いに尊敬し合っていると公言していたのである。

「私たちは長年の友人なんです」とトランプも言った。数日前までソーシャルメディアでこき下ろしていた相手のことである。「おそらく私たちは今、少なくとも私としては、かつてないほど親密だと思いますよ(15)」

「私たちはかなり前から友人であり、旧知の間柄です」とマコーネルも調子を合わせた。「みなさんの一部が報じていたのとは反対に、アメリカを前へ進めるという課題に向けて共に完全に一致しているのです(16)」

欺瞞的ではあったかもしれないが、このローズ・ガーデンでの会見は、この後三年間続くことになる両者の停戦協定が成立した瞬間だった。この日から二人は互いを攻撃することをやめ、共通の目標にフォーカスすることになる。トランプはマコーネルが挙げる連邦判事の候補者らにゴーサインを出し、素直に一歩下がって見守り、最終的にはその成果をみずからの功績にすることができた。一方、トランプの民主党との気まぐれな蜜月は長続きはしなかった。党派性に凝り固まったワシントンの政界がそんなことは許さなかったのだ。トランプの性格上の問題もある。トランプは常に敵を必要としており、橋渡し役は無理だった。そしてロバート・モラー特別検察官のロシア関連の捜査が迫る中、トランプは共和党に守ってもらう必要もあった。一〇月一六日の晩、トランプとマコーネルの互いに対する嫌悪感は、その日の朝目覚めたときと少しも変わっていなかった。だがその夜眠りにつくころには、好むと好まざるとにかかわらず、同じ床で異なる夢を見るしかないことに気づいたのである。

ジョン・ケリー首席補佐官はホワイトハウスに秩序をもたらそうという気高い戦いに挑んでいたが、その最大の過ちはラインス・プリーバスとスティーヴ・バノンをつまずかせたのと同じものだった――ジャレッド・クシュナーとイヴァンカ・トランプを敵に回したのである。トランプ大統領との合意の一部として、ケリーは彼が「子供たち」と呼んだ二人に、部下として指示に従ってもらうつもりだった。

ケリーが課すさまざまな縛りにジャレッドとイヴァンカが憤慨し、ケリーは適任ではないと断定するのにそれほど時間はかからなかった。クシュナーの見立てでは、ケリーは白黒をはっきりさせたがるタイプだが、トランプとつき合うには何千種類もの灰色のグラデーションを注意深く見極める必要があるのだった。てきぱき処理することが自分の仕事だというケリーの態度は、クシュナーの目にはいちいちトランプの判断を歪めているように映った。大将まで上り詰めた退役軍人として、新人大統領に対して上から目線で接しているという印象を与えたのだ。ケリーは常にトランプを特定の立場の枠に押し込もうとしていたが、クシュナーはそんな戦略は非生産的だと考えていた。トランプはしばらくはその立場に合わせていたとしても、檻の中の獣のように、やがては逃げ出そうとするからである。

少なくともこれがケリーに対するクシュナーの表向きの批判だった。だがあえて明かすのを避けた本当のいら立ちが別にあった――ケリーがトランプ一家を管理しようとしていたことである。ケリーが就任すると急にすべての会議に呼ばれるわけではなくなり、ジャレッドとイヴァンカの助言はもはや決定的な意味を持たなくなった。二人はトランプを真に理解しているのは自分たちだけであり、自分たちほどトランプのことを心底思っている者はいないと確信していた。部外者であるケリーが一家に指図しようとするのは侮辱的だったのだ。クシュナーは体面を保つために、羽をもぎ取られて実は清々したと同僚らには話した。山ほどの案件を同時にやりくりしなくて済み、中東和平など、自分にとって最も重要な目的に専念できるからだというのだ。だが実際は屈辱的で、腹立たしかったのである。

　ケリーとクシュナーの張り詰めた関係は部外者が見てもわかるほどだった。ある日、キム・ダロック駐米英国大使はケリーに招かれ、ホワイトハウスの食堂でハムとチーズのオムレツを食べていた。そこへ偶然クシュナーが自身の客人たちを伴って現れた。ケリーとクシュナーが互いの姿を認めたとき、ダロック大使は「室温が一気に一〇度ばかり下がった」ことに気づかずにはいられなかったという[17]。

　ケリーは賢明にもイヴァンカと直接衝突することは避けた。面と向かっては必ず褒めるよう気を遣い、ほほ笑みかけ、ハグをして、「アメリカの愛国者」と呼んだ。だが裏ではぶつくさ不平を言い、イヴァンカの補佐官たちを怒鳴りつけるのを躊躇しなかった。あるときはイヴァンカの首席補佐官、ジュリー・ラドフォードに二〇分間にわたって怒りをぶちまけた。自分を通さずにトランプがイヴァンカに電話をかけたというのだ。これに対してラドフォードは、「お言葉を返すようですが、彼女のお父さんが電話をかけてきただけのことです。娘がお父さんと話すのに、いちいち許可をいただきに上がらなくてはならないのですか?」と返答した。

　それでもケリーとしては、自分なりにトランプの望みをかなえていると考えていた。トランプはジャレッドとイヴァンカがホワイトハウスのスタッフでいることの是非を決めかねていたのである。ケーブルテレビで二人またはどちらかが関わる最新の報道に接するたびに、二人が政権入りしたことは得策ではなかったとトランプは愚痴を言うのだ。そして「ジャレッドとイヴァンカがいなかったなら、おれたちはもっとうまくやれるはずだ。二人はちっともおれたちのためになっていない」と、トランプは補佐官らに言った。子供たちにはニューヨークへ帰ってほしいのだと、トランプはケリー、ホープ・ヒックス、ロブ・ポーターらに一度ならず漏らした。ワシントンの政界の過酷さを挙げて、不満を父親の気遣いという衣に包むこともあった。実際、クシュナーはすでにロシア関連の捜査にからんで議会に召喚されていた。モラー特別検察官の任命で、もうそんなことは起きないだろうという、クシュナーの素人くさい予測に反してのことだった。

二人の資産公開をめぐる騒動もいつまでも長引き、トランプ政権にとって頭痛の種であり続けていた。二人は何十件もの資産の明細を公表しなかったとして、次から次へと記載の修正を迫られ、罰金を科せられていたのだ。クシュナーが弟と共同で保有する新興不動産金融会社の所有権や、資産価値が五〇〇〇万ドルとも二五〇〇万ドル〔約五億六〇〇〇万～二八億円〕ともされる二人の美術品コレクションなど。何百万ドルもの美術品コレクションを持っていることを、うっかり忘れる人などいるだろうか？ それに二人の種々のビジネス上のからみもありとあらゆる疑惑を生んだ。イヴァンカが経営する企業は、習近平がトランプと共にマール・ア・ラーゴのクラブに滞在していたその日に、中国から暫定的な登録商標の認可を受けた。一方、ある中国の保険業者は、ニューヨーク五番街六六六番地にある巨大なオフィスビルをジャレッドの一族の会社から購入する交渉を進めていた。この二八億六〇〇〇万ドル〔約三二〇〇億円〕のディールは成立しなかったが。

だがトランプの本心は必ずしも子供たちを思ってのことではなかった。補佐官たちから見れば、トランプは自分が子供たち二人にもたらしている苦痛よりも、逆に二人がトランプ自身に与える悪影響を懸念しているに違いなかった。トランプはイヴァンカを溺愛し、部外者には託さないような重要案件を常々ジャレッドに任せたものの、本人不在の会議などではしばしばジャレッドをあからさまに批判した。「ジャレッドときたら、ニューヨークのリベラルな連中のことしか頭にない。そんな連中はおれの仲間じゃないんだ」と、トランプは言い捨てたこともある。ケリーはこうしたトランプの発言を、政権から去るよう子供たちになんとか圧力をかけろという暗黙の指示だと受け止めていたようである。

ジェレッドとイヴァンカはホワイトハウスのスタッフを両極化させた。トランプの一部の補佐官たちは、二人はものごとを落ち着かせる影響力があるとみて、トランプが無謀な決断をするのを防いでくれと二人に働きかけたり、無責任な立場を取らないようトランプを促してもらったりした。つまり二人はトランプ一族の中では、すぐにカッとなるドナルド・ジュニアのような問題児らに比べれば、まだ理性的な方だと見られていたし、他人の話に耳を貸さないトランプとは異なり、聞く耳を持っていると思われていたのだ。だが一方で二人を嫌悪するようになった側近たちもいる。二人は恵まれた境遇で、甘やかされ、傲慢で、見栄っ張りだと。二人は大きなイベントではいつだって写真に収まろうとしているようだった。しかも自分たちを褒め讃えるネタをメディアに流す一方で、ライバルを酷評する材料をリークしているとして、多くの批判を集めた。それに自分たちの判断に対する超常的と言うべき自信のほどに、いら立ちを覚える者も少なくなかった。二人ともすでに三〇代後半だったが、ジャレッドもイヴァンカもそれまで社会人としてはほとんど一族の企業でしか勤務経験がなかった。このため政権のメンバーの中には二人を「インターン」と呼ぶ者も現れ、ジョン・ケリーも初めは二人を「ロイヤル・カップル」と呼び、やがてイヴァンカに対してはメラニア夫人が好んで使ったニックネーム「お姫様《プリンセス》」を使うようになったのだった。

　ケリーが直面した課題は、こうしたトランプ王朝の内輪の問題だけではなかった。トランプはまるでみずから求めるかのように、ほとんど毎日なんらかの紛争をもたらしたのである。九月下旬には国連総会に出席し、北朝鮮がもしアメリカを脅かしたら必ず「全滅」させてやると断言し、ミサイルの発射実験を繰り返していた金正恩《キム・ジョンウン》を「ロケットマン」と揶揄した。ところがホワイトハウスの安全保障問題担当スタッフの一部は、この演説の原稿を事前に見てもいなかったのだ。[18] 原稿は最低三日前までにスピーチライターから提出するようにとのロブ・ポーターの覚書など、どこへ行ったやらである。トランプはアラバマ州の支援者集会では、ナショナル・フットボール・リーグ（ＮＦＬ）に人種差別とも取られかねないような喧嘩を売った。試合前の国歌斉唱時、黒人系米国市民《ブラック・アメリカン》に対する警察の残虐行為に抗議して膝をつくポーズをとった選手たちがいたことを非難したのだ（トランプは事前にこの件に関する世論調査を行ない、こうした姿勢がトランプ支持者の間では人気が高いことを確かめていた）。ほかにもチャーター機利用による高額経費をめぐりトム・プライス厚生長官を更迭。二つのハリケーン（イルマとマリア）に相次いで襲われたプエルトリコの被災に関しては、連邦政府の対応を批判した首都サンファンの市長と長々と舌戦を繰り広げた。

　プエルトリコをめぐる確執では、みずから統治している国家をトランプがいかに理解していないかがあらためて浮き彫りになった。プエルトリコの災害支援になぜそれほど金をかけなければならないのか、と疑問を呈したトランプに対し、プエルトリコはアメリカの一部であることをスタッフらが説明してやらねばならなかったのだ。〔プエルトリコは同島はじめ複数の島から成る米国自治領〕「あの人たちはアメリカ市民なんですよ」とジョン・ケリーが教えてやった。

「アメリカ人じゃないだろう」とトランプが抵抗する。

「いえ、アメリカ人です」とケリーは答えた。

トランプは自分の言い分を押し通そうと、ある会議ではプエルトリコ島を売却できるか、つまり資産として「処分」できるのかと質問したほどである[19]。こんな考えは（ほかの多くの思いつきと同じく）これ以上進展することはなかった。いずれにしろ、トランプが嫌々ながらようやくプエルトリコの被災地を訪問した際、テレビカメラを前にしてのパフォーマンスは大失敗に終わった。真剣な支援を必要としている人たちに対し、トランプは尊大な態度でペーパータオルを次々と投げ与えたのである（「柔らかくて、すばらしいペーパータオルだったんだぞ」と、トランプはのちに説明した[20]）。

ケリーはまた、悪化する一方のトランプとレックス・ティラーソン国務長官との関係もなんとかしなければならなかった。惨憺たる状態に終わった国防総省の「タンク」での会議後、ティラーソンが「クソ忌々しい脳なしだ」と発言したことをトランプはまだ知らなかったが、二人は互いに募るばかりの軽蔑を隠そうともしなかった。秋にはほとんど口も利かなくなっていたほどである。トランプが北朝鮮の「ロケットマン」を脅し続けていた一方で、ティラーソンは裏ルートを使って金正恩との会談を設定しようとしていた。そして実際に北朝鮮へ向かうために中国に立ち寄ったとき、トランプがツイッターを使っていきなりティラーソンのはしごを外してしまった。「チビのロケットマンと交渉を試みるなんて時間の無駄だと、私はわれらがすばらしき国務長官のレックス・ティラーソンに告げた」とツイートしたのだ。「無駄な労力を使うな、レックス。われわれはやるべきことをやるまでだ！」とトランプは付け加えた[21]。ツイートが発せられると、北朝鮮側は即座にティラーソンとの会談を中止した。ティラーソンは逆上した。外交上の任務の途上にある国務長官を、大統領がこれほど形なしにしてしまったことがこれまであっただろうか。

数日後、NBCニュースがティラーソンの「脳なし」発言を報じた――さらに『ニューヨーカー』誌は正しく「クソ忌々しい」の部分も伝えた[22]。これに対してトランプは公然と反論し、ティラーソンこそが「脳なし」だろうと指摘した。「知能テストでIQを比べてみるしかないようだな。どっちが勝つかは言うまでもないがね」と、トランプは述べた。[23] 大統領就任から一年足らずの段階でここまできてしまったのだ――むらっ気のある大統領が自分は愚か者ではないと証明したいばかりに、国務長官に知能テストの点数比べを挑んでいたのである。

ケリー首席補佐官は分裂しがちなトランプ政権に秩序をもたらす落ち着かせ役といったところだった。しかしそんなケリーにも強気な気性はあり、とくにトランプの考えとも一致する移民政策などには強い思いを抱いていた。国土安全保障長官だったころには、政権の移民政策の運用が強硬すぎるとして批判した議員らを叱りつけたことがある。ケリーはきつい調子で言った――「法律を通したのは議員たち自身であって、われわれ国土安全保障省が執行するよう定められている。その法が気に入らないと言うなら、勇気と才覚を示して法を改正すべきだろう。それができないならば、無駄口を叩かずに黙って最前線にいる男女のスタッフを支援すべきなのだ」。これに対し、民主党のヘンリー・クエイヤー下院議員は、「議会の議員に対して無駄口を叩かずに黙っていろとは、適切な発言とは思えません」とたしなめたのだった。[24]

秋も深まったころ、ケリーは別の議員とも人種差別にからんだ対立を引き起こした。きっかけは、トランプが弔意を伝えるためにかけた電話が逆効果になってしまったことだった。トランプはアフリカのニジェールで従軍中に戦死した兵士の妻に電話をした。そしてあなたの夫は――ちなみにその名前をトランプは忘れてしまっていたらしいが――「こうなることは志願したときからわかっていたはずです」と述べたが、これが彼女を傷つけることになったのだ。[25] トランプの念頭にあったのは、電話をかける前にケリーから聞いたことだった。ケリーは戦死した自分の息子がそうだったように、作戦部隊の兵員たちは戦死するリスクをきちんと理解し、覚悟を持って戦っているのだと述べていた。だがトランプの言いっぷりは冷淡に響いた。そしてそのとき兵士の妻と共にいた民主党のフレデリカ・ウィルソン議員が、トランプの発言は無神経だと、公然と非難したのだ。

ケリーはこれに憤然とし、ホワイトハウスの記者会見場に駆けつけて熱っぽくトランプを擁護した。海兵隊員だった息子を戦闘で失った父親としての経験を語り、聞いていた大統領補佐官らの涙を誘った。ところが途中でケリーはウィルソン議員のことを「弱い犬ほどよく吠えるものだ」と批判。ある公開式典でウィルソン議員が自分の功績を不当に美化するような発言をしたという、不名誉なエピソードに言及した（のちに式典の動画が公開され、ケリーの主張は誤りであることが判明した）。これを受けてアフリカ系アメリカ人であるウィルソン議員は、トランプ政権は「白人至上主義者であふれかえっている」と不満を述べた。[26] 数日後、ＦＯＸニュースの番組に出演したケリーはことをさらに悪化させた。（南北戦争の南軍の将軍）「ロバート・Ｅ・リーは立派な人物だ」とし、双方に「妥協する能力が欠けていたことが南北戦争につながった」と述べ、まるで奴隷制に関して廃止以外になんらかの妥協案があり得たとでも言わんばかりだったのである。[27] ある大統領補佐官が述べたように、やはりトランプ政権には「偉人はいない」ことがあらためてはっきりしたのだった。

オバマケアを廃止する医療保険制度改革法案の議会通過がほぼ絶望的となると、トランプと議会の共和党首脳らは彼らのもうひとつの重要案件に目を向け始めた。経済にぐんと弾みをつけるという触れ込みの大規模減税である。最終的にこれはトランプ政権の最も重要な立法上の功績となるが、トランプ自身はほとんど関与しなかった。もっとも、だからこそ議会を通ったのかもしれないのだが。

トランプが減税を実施したかったのは確かだが、ディテールにはほとんど関心がなかった。四月に発表したわずか一ページの「計画」は、あまりにも荒削りで曖昧なもので、トランプ配下の税務政策担当者も唖然としたほどだった。トランプがこだわったのは法人税率を三五パーセントから一五パーセントへ引き下げることだけで、あとはわれ関せずである。魅力的なヘッドラインになりそうな減税案ではあるが、これだけで税収が二兆ドル（約二二四兆円）の減収となり、法人税率引き下げの支持者たちですら過剰と考えるほどだった。しかしトランプとしては、あとは議会の共和党首脳部で考えてくれというわけである。トランプ政権で税務担当の財務副次官補としてこの減税政策を担当したデイナ・トリアーは、トランプにとって「それは議会でやること」だったとし、「もちろんトランプ自身はまったくわけがわかっていなかった」と述べた。

ジョン・ケリー首席補佐官は税制に関しては経験がなく、トランプ政権で鍵を握るのはスティーヴン・ムニューシン財務長官と経済担当大統領補佐官のゲイリー・コーンだった。犬猿の仲の二人である。政権の経済政策チームの一員は、二人の間には何度も「血を見るような戦い」があったとのちに証言した。共に金融大手のゴールドマン・サックス出身の二人は同社以来のライバル関係を――さらに恨みつらみを加えながら――トランプ政権にまで持ち込んでいた。ムニューシンはコーンのことを、筋として財務長官に任すべき案件にまで首を突っ込もうとする目立ちたがり屋だと見ていた。他方でコーンの側は、ムニューシンは承認願望が強いと見ていた。「何でも自分の功績にしたがる男だ。東から陽が昇り、西に沈むのも自分の功績だと言わんばかりだ」と、コーンは知人に愚痴をこぼしたことがある。コーンによれば、連邦支出と債務上限引き上げの法案に関する会議でムニューシンは、議員たちを法案を通すためだけの臨時雇いの要員ででもあるかのように扱った。このため審議に入る前からもう法案をつぶしたも同然だったという。コーンが語った様子はこうだ。「要するにムニューシンは席から立ち上がりざま、『いいか、おれはクソ忌々しいことに構うつもりはない。連邦政府を閉鎖するわけにはいかない。債務上限引き上げの期限を延ばさないわけにはいかない。だから君らはこれに賛成しなければならないのだ』と言ったんだ。事実上、ムニューシンはどう投票すべきか議員たちに説教したわけだ」。するとある議員が即座にムニューシンに説教をし返して言った――「いいですか、長官、私は最後に誰かからどうしろこうしろと指図されたのは一九歳のときで、相手は親父でした。それ以来親父とは口を利いたことがありませんがね」。

ムニューシンの一派はこうしたコーンのような見方は事実を歪めていると感じていた。ウォール街の元金融家にしてハリウッドの元プロデューサーでもあるムニューシンは、容易には動じないタイプだというのがおおかたの評判だったのだ。トランプにこき下ろされても、コーンが露骨に攻撃しても反応を示すことは稀だった。おそらくコーンのリークによると思われる批判的な報道が出ると、補佐官らは反論するようムニューシンに促した。だが側近の一人は、「ムニューシンはただ『いやあ』と言って、あっさりやり過ごしました。決して巻き込まれなかったのです」と回想した。ムニューシンはまた、トランプ政権で生き延びるコツは、トランプの機嫌を損ねないことだと心得ていた。そしていくつかの例外を除けば、政権の主要なメンバーの中では最もうまくやった方である。トランプが噛みついてきても、ムニューシンは冷静だった。「トランプが喧嘩に飽きるのを待つのがねらいでした。そうすれば次の喧嘩相手に移っていきますからね」と、右の側近は説明した。

ムニューシンとコーンが議会対策に奔走する間、トランプはわれ関せずといった態度だった。トランプが気にしていたのはただ法案を何と呼ぶかという一点だった。もっとも、ブランディングこそはトランプの十八番だったから仕方ない。トランプは「税制改革」という表現を毛嫌いしていた。「税制改革と言ったって誰にも意味がわからない。支払う税金が増えるのか減るのか、誰にもわからないじゃないか」と、トランプは補佐官らに不満を漏らした。トランプとしてはこの政策はあくまでも減税なのだった。そして議会の共和党首脳らに法案を「減らして《カット》、減らして《カット》、減らす《カット》法」と名づけたいと伝えたが、トランプの支持者たちでさえ、ふざけすぎだと受け止めた[28]。レーガン政権と次のH・W・ブッシュ政権下で財務省に仕え、トランプ政権で再び税制担当の責任者となっていたデイナ・トリアーは、「一種のお祭り男ですね。これが史上最大の減税だと言いたかったのです」と述べた。それは事実ではないことを、トランプの補佐官たちが何度言い聞かせようとしても無駄だった。

誰もが税制改革法案に専念していたころ、トランプはアジア歴訪の旅に出た。大統領が不在では法案を通すための気運が衰えるのではないかと、側近のトニー・セイエグとクリフ・シムズは懸念した。そこで二人はケリー首席補佐官のもとへ出向き、イヴァンカに頼んで父親不在の間に法案の重要性を訴えかけてもらってはどうかと提案。ケリーもそれを認めた。だがケリーの素っ気ない態度にはイヴァンカとの緊張関係が見て取れた。

「イヴァンカには絶対にこれが自分のプロジェクトだと勘違いさせるなよ。児童税額控除のことばかりしゃべられたのでは、かなわんからな」と、ケリーは不機嫌そうに言った[29]。

セイエグとシムズは面食らった。ケリーのあまりにも辛辣な口調に、シムズは「室内のどこかにスカンクの死骸でもあるかと思うほどケリーは顔をしかめていた」と、のちに表現した[30]。セイエグらに話すときもこれほどイヴァンカに対する嫌悪を隠さないとすれば、もっと内密に話ができる相手にはケリーがどんなことを言っているか、二人は想像するだけで恐ろしかった。

ケリーの発言はすぐにイヴァンカの耳に入った。夫のジャレッド・クシュナーと同様に、イヴァンカもケリーには幻滅していた。イヴァンカから見れば、ケリーは弱い者いじめの性差別主義者で、自分が望む決断を引き出すために、トランプ大統領に伝わる情報を制限していた。イヴァンカにとっては大事な優先事項だった児童税額控除も、ケリーは軽視していた。そこでイヴァンカは上院議員のマルコ・ルビオ（フロリダ州選出）やマイク・リー（ユタ州選出）ら味方を動員し、共和党がおおかた消極的だったにもかかわらず、法案に加えさせたのだった。これによって税額控除は、一七歳未満の子供一人当たり最大で当時の一〇〇〇ドルから二〇〇〇ドルへと倍増するはずだった〔前者は約一一万二〇〇〇円、後者は約二二万四〇〇〇円〕。ただし、低所得者層の恩恵は、わずか七五ドル〔約八四〇〇円〕にとどまるものだったのではあるが[31]。

　イヴァンカは児童税額控除に限らず、この法案全体の重要性を訴える積極的なロビー活動を展開した。父親が重視する優先度の高い政策に関して、イヴァンカが表に立って力を注ぐのは稀だった。共和党穏健派のスーザン・コリンズ上院議員への根回しのためにメイン州へ赴いたときは、空港から市内まで上院議員の車に同乗した。その車中、イヴァンカは計算ずくの何げない態度で「父に電話してみましょうか」と提案した。アジアにいるトランプに電話がつながると、イヴァンカは隣にいるコリンズに電話を手渡した――こうして相手を喜ばせ、同時に自分の力を誇示するのがイヴァンカのやり方だ。

　議会では民主党の実質的な協力が得られないとあって、共和党の議員たちは自分たちだけで法案を検討していた。そしてでき上がったものには、大統領選中にトランプが掲げていた公約の面影はほとんどなかった。「法案を書き上げるのに政権スタッフはほとんど参加していません。トランプ政権は関わっていなかったと保証できますよ」とトリアーは証言する。結局のところ、共和党の議員らは、最終的に少なくともオバマケアに対しては一定の勝利を収めたと言える。「個人の責任」と呼ばれる規定を廃止する条項を医療法の核心部分にねじ込んだのだ。「個人の責任」とは、国民に医療保険加入を義務づけ、違反に対して罰金を科すという規定だ。オバマケアの廃止をめざした戦いには敗れたものの、決定的な部分を骨抜きにできたわけである。

　結局、財政赤字の膨張に独り反対を貫いた共和党のボブ・コーカー上院議員は、減税の総額を一〇年間で正味一・五兆ドル〔一七〇兆円弱〕に制限することを減税法案の支持者らに認めさせた。この上限に収めるために、議員らは民主党支持層の核心にねらいを定めた。たとえば慈善寄附金や州・地方税に対する税額控除を制限しにかかったが、これらは税金が高額な東西沿岸諸州の納税者らが最も影響を受けるものだった。さらに私立大学基金に新たな税を課し、自転車通勤者に対する優遇税制を廃止して、主に都市圏の住民に厳しい措置を取ったのである。いずれも民主党支持地域《ブルー・アメリカ》に対する懲罰さながらだ。残りの減税コストは歳入増加と会計処理のやり方を巧みに変更して相殺されることになっていた。だが実際は、コストの大部分はすでに相当な額にのぼっている国家債務に追加されることになるのだった。

　大統領選で嫌々ながらもトランプを支持して寄付をした共和党の支援者らは、この減税法案をその見返りとして重要視していた。一二月二日、トランプはニューヨークで、参加費一人一〇万ドル〔約一一二〇万円〕という資金集めの食事会に参加した。会場はかつてジョン・D・ロックフェラーが所有し、今や大手投資グループのブラックストーンの最高経営責任者、スティーヴン・シュワルツマンが保有するパークアベニューの広大な集合住宅だ。そこでトランプは多くの不満の声に見舞われた。所得税の最高税率が高すぎるというのだ。するとまもなく、三九・六パーセントという最高税率を三七パーセントへと引き下げるよう、法案が修正された。法案成立まで、共和党議員らはこうした支持者からのプレッシャーにさらされたが、クリス・コリンズ下院議員（ニューヨーク州選出）はそれをこう表現した――「要するに私の資金援助者たちは、『ちゃんとやれ。さもなくば絶交だ』と言っていたわけです」[32]。

　トランプ不在の中で、減税法案の最終版にはトランプが最も具体的に挙げていた公約すら盛り込まれていなかった。法人税率は大幅に引き下げられたものの、トランプが求めた一五パーセントではなく二一パーセントに。一方、個人の所得税率は引き下げられ、標準税額控除と児童税額控除はほぼ倍になった。ただし法人税の変更は恒久的だったのに対し、個人の税額控除の規定は議会が更新を認めない限り二〇二五年までとされた。最終的な法案は上院で五一対四八票、下院で二二四対二〇一票で可決[33]。コーカー上院議員でさえ、イヴァンカのしぶとい働きかけを受けて最後には賛成に回った。ホワイトハウスの議会担当責任者のマーク・ショートは、「コーカーの賛成票はあなたのおかげだ。まさか実現するとは思わなかった」とイヴァンカにメールを打った。

　トランプは法案の議会通過にほとんど役割を果たさなかったが、大々的な賛辞を浴びることになった。下院議長のポール・ライアンは「大統領としての絶妙なリーダーシップ」を称賛した。もっとも、これはトランプが余計な口出しをしなかったことへの皮肉な謝意だったのかもしれないが[34]。その証拠に、トランプは法案の署名でもしゃしゃり出てヘマをやらかした。クリスマスまでに施行できるのだろうかと疑問を投げかけるテレビ報道に腹を立て、トランプは一二月二二日に唐突にオーバル・オフィスにカメラマンらを招集。その場でいきなり署名してしまったのだ。テレビで生中継される大袈裟な記者会見を開いて署名した方が、政治的にはポイントを稼げたはずなのにである。

とはいえ、トランプは自身のお気に入りの面々からは評価を得ることができた。その晩、クリスマス休暇のためにフロリダ州へ飛ぶと、マール・ア・ラーゴの夕食会に集った富裕層の客人らにトランプは告げた――「これでみなさんは、さらにうんと金持ちになれましたね[35]」。

トランプは勝利に酔いしれていられるはずのときも、なおスキャンダルのにおいを免れなかった。議員らが減税法案を練っていたころ、ロバート・モラー特別検察官がすでに最初の起訴状を出し、ホワイトハウスを震撼させていた。一〇月三〇日の朝、検察官たちはトランプのかつての選対本部長、ポール・マナフォートに対する税法上や資金処理に関連する種々の罪状を明らかにしていた。マナフォートはウクライナでロシア寄りの政治勢力のために仕事をしていたころ、海外のダミー企業を通じて一八〇〇万ドル〔約一九・五億円〕を超える金額を資金洗浄し、その金で高級車、不動産、アンティークのラグ、高級衣料などを購入したとされたのだ。マナフォートの側近、リック・ゲイツも起訴されていた。大統領の選対本部のトップがなんらかの罪で告発されるのはウォーターゲート事件以来。だが訴因はマナフォートの個人的な活動に関するものであって、大統領選自体のためではなかったため、当初トランプは少しほっとした。この件は自分とはまったく無関係だと即座にツイートし、「共謀は一切ない!」と大文字で強調した。

しかしその一時間後、検察官らはもう一件の起訴状でトランプとそのスタッフらを驚かせた。今度は大統領選でトランプ陣営の外交政策顧問を務めたジョージ・パパドプロスに対するもの。パパドプロスはトランプとプーチンの会談を設定しようとし、一方でロシアがヒラリー・クリントンをおとしめる「ネタ」を持っているとの情報を入手したとされていた。パパドプロスはこれらについてFBIに嘘をついたとして追及され、その罪状を密かに認めていたのだ。トランプのスタッフらはパパドプロスの起訴にショックを受けたが、すでに三カ月前に逮捕され、今や検察の捜査に協力していることを初めて知ったのである。

それでもパパドプロスは「小物」であって、トランプ一派は取るに足らないボランティア程度の人物として片づけることができた。しかし一カ月後、もっと大物が有罪を認めた。ロシア大使との会話をめぐってFBIに虚偽の陳述をしたとして起訴されていた元国家安全保障問題担当の大統領補佐官、マイケル・フリンである。ＦＢＩ長官だったジェイムズ・コミーに圧力をかけてフリンを守ろうというトランプの試みはすでに失敗していた。そしてこれまでの訴状では、選挙戦を左右するためにトランプ陣営がロシアと共謀したとまでは主張されていなかったが、モラーは距離を詰めつつあるように思われ、協力的な証言者もいるようだった。そこへ今度はフリンが自身の司法取引の一環として検事たちに何をしゃべるか、トランプ一派は気を揉むことになったのである。

やがてトランプは別の方面からも批判にさらされた。二〇一六年の大統領選中にＦＯＸニュースがボツにしたネタを追っていた『ウォールストリート・ジャーナル』紙のマイケル・ロスフェルドとジョー・パラゾロが二〇一八年一月一二日、トランプの個人弁護士のマイケル・コーエンについて報道。大統領選投票日のわずか一一日前に、二〇〇六年のトランプとの不倫関係をめぐってポルノ女優のストーミー・ダニエルズに一三万ドル〔約一四〇〇万円〕の口止め料を支払うとの合意を、コーエンがまとめたというのだ(36)。

トランプとスタッフらは——しばしばそうしていたように——ごまかすことにした。何カ月も前から「大統領を守るためなら銃弾だって受けてもいい」とまで豪語していたコーエンは、金を払ったのは自分だと記者らに述べた。まるでトランプは無関係と言わんばかりである(37)。大統領専用機エアフォース・ワンの機中で、記者らがこの密かな支払いについてトランプに質問すると、「マイケル・コーエンに聞いてくれ。彼が私の弁護士なんだから」と述べた。支払いについて知っていたかと記者が訊くと、トランプは「ノー」と答えた。口止め料の出どころを知っているかとの質問にも、「ノー。私は知らない」(38)。実はトランプはすっかり承知していた。自身の銀行口座または信託金からの支払い小切手一一枚のうち、六枚はみずから署名していたのだから。

『グッドウィル・ハンピング』、『ポーキング・ウィズ・プライド２』などの成人映画に出演した女優のダニエルズとの不倫問題は、世間にトランプの下劣な過去を思い出させるものだった。ちょうど著名な男性らによる性暴力を告発する#ＭｅＴｏｏ《ミートゥー》運動が注目されていたときである。口止め料をめぐる問題は、トランプ自身がそうした行為の責任を逃れてきたことへのしっぺ返しだと考える人も多かった。かつてテレビ番組「アクセス・ハリウッド」の悪名高い舞台裏の動画で女性の陰部を「ひっつかんでやる」と自慢していたトランプは、何年も前から二五人以上の女性からセクハラや性暴力を告発されていた――トランプが開催した美人コンテストの舞台裏で卑猥な目つきで見られたとか、飛行機の機内で体をいじられた、トランプ・タワーのオフィスの外でキスされた、それにドレスの中に手を突っ込まれたなど。ハリウッドの大物プロデューサーのハーヴェイ・ワインスタインら、著名男性の性暴力が暴かれて以降、トランプの被害に遭った複数の女性らがあらためて事実を公表していた。絶えず傲慢なトランプは自身に対する女性らのすべての主張を否定しただけでなく、少なくとも政治的に味方と目される男性ならば、他人に対する告発まですべて否定した。特筆すべきはトランプがその秋、アラバマ州の上院補選の共和党候補者で論議の的になっていたロイ・ムーアの側についたことだ。ムーアが一四歳の少女に対する性的虐待と、さらに複数の一〇代の少女らをねらっていたとの指摘で非難された後になってもだ。補選ではムーア候補に対する批判が響いた。強固な共和党支持基盤のあるアラバマ州で、共和党は三〇年ぶりに上院の議席を失ったのである。

　トランプは自身へのそうした批判に対しては、自分はそんなことはできない無垢な人間だ、と反論することは稀だった。それよりも、問題となっている相手が誰であれ、その女性なんかとはそんなことはしない、と侮蔑するのがお決まりのパターンだった。ポルノ女優のストーミー・ダニエルズについては、「馬面《うまづら》だからな。おれは指も触れないね」と、側近たちに繰り返し言っていた。(39)あるときなどは、ホワイトハウスの南庭（サウスローン）で待ち受ける記者団のところへ行って「ダニエルズは馬面だ」と伝えろと、側近に命じたほどだ。側近は賢明にもそんなことはしなかったが、やがてトランプ自身がツイートで堂々とそう言ってしまったのだった。

　ストーミー・ダニエルズの一件が暴露されたことを、ファーストレディに伝えないわけにはいかなかった。そこでメラニア夫人の首席報道官、ステファニー・グリシャムがその任を負った。グリシャムはメラニアに電話を入れ、なるべく淡々と事実だけ述べようとして、「マダム、『ウォールストリート・ジャーナル』紙の記者から電話がありまして、大統領とのなんらかの不倫疑惑について、ストーミー・ダニエルズという女性に口止め料が支払われたとされる件を報道するとのことでした」と伝えた。メラニアからは反応らしい反応はなかった。怒りも、痛みも、驚きもなし。何かコメントされますか、とグリシャムが促すと、「再現は差し控え《ノー・リプレー》なさい」と聞こえる答えが返ってきた。メラニアはスロベニア訛りの英語で「発言は差し控えます《ノー・リプライ》」と述べたのだった[40]。

トランプのホワイトハウスにあって、メラニアはほとんど表に姿を見せなかった。近年の歴代ファーストレディで彼女ほど公人としての役割を避け、一人で過ごした例はない。ローラ・ブッシュ、ミシェル・オバマといったファーストレディたちが使った東棟（イーストウィング）のオフィスにもほとんど顔を出さない。スタッフとのやりとりはむしろ電話かテキスト・メッセージで済ませ、必要なときだけホワイトハウス一階の私的会見などに使われる「地図の間（マップ・ルーム）」でスタッフと会った。おおかたの時間を息子のバロンか自分の両親と共に過ごし、いちばんの関心事は写真のアルバムを念入りに整理することのようだった。メラニア付きのスタッフたちは、週に一回彼女を公務に引っ張り出せれば御の字だ。シークレットサービスの警護官らは彼女をグリム童話に出てくる塔に閉じ込められた美女になぞらえ、密かに「ラプンツェル」と呼んだ[41]。メラニアがあまりに姿を見せないことから、記者たちはある噂の真相を突き止めるのに多大な労力をむなしく浪費した。それはメラニアがメリーランド州郊外の一軒家に密かに暮らしているというものだ。息子が通う私立学校の近くである。たまに公の場に現れると、今度はトランプとの夫婦仲にさまざまな疑問を抱かせた。

大統領就任式の日、トランプはオバマ前大統領夫妻とコーヒータイムを過ごすためにホワイトハウスに到着。リムジンから降りると、衆人環視の中でメラニアを待つのを忘れて一人で屋内へ入っていってしまった。イスラエルのテルアビブ訪問時には、空港の駐機場でメラニア夫人を無視するかのように、一人で先に立って歩いている姿に誰もが気づいた。ようやく後ろに手を差し伸べたところ、メラニアは明らかに不機嫌そうにその手を振り払ったのだった。その晩、エルサレムのある建物の屋上のバーで、ホワイトハウスの当局者と酒を飲んでいた記者らがこの一件について質問した。するとメラニアは単にホストのベンヤミン・ネタニヤフ首相とサラ夫人に気を遣っただけだ、という答えが返ってきた。首相夫人は手をつないでいなかったというのだ。そこで記者の一人が動画を見せて、首相夫妻が実は手をつないでいたことを示すと、あきらめ顔で「別に裏はないよ」と当局者は答えた。嘘でトランプをかばうのもひと苦労である。

トランプに批判的な向きは、メラニアも彼らに劣らずトランプを蔑んでいると推測した。そして事実上トランプに囚われの身だと見て、メラニアを自由にしてやれとばかりに、ネット上には #FreeMelania《フリー・メラニア》 のハッシュタグまで登場した。結局のところ、二人の仲は取引関係に見えることも多かった。あるとき、トランプが金持ちでなかったとしてもトランプと一緒にいるかと問われると、メラニアは舌鋒鋭く「私が美人でなかったら、彼が私と一緒にいると思う?」とやり返した。[42]ただ、夫との関係が複雑で必ずしも愛情たっぷりではなかったとしても、メラニアは決して「隠れリベラル」などではなく、政治的な問題でトランプに異を唱えるようなことはなかった。トランプのツイッターの悪癖は何度か正そうとはしたが、報道メディアへの敵意や誰が政敵かという点では、一致していたのである。

夫の下品で淫らな素行に関する報道も、メラニアを驚かしはしなかっただろう。大統領選中、「アクセス・ハリウッド」の動画が暴露された直後のこと。友人のステファニー・ウィンストン・ウォルコフがランチを共にしたとき、メラニアは気にしている風ではなかったという。「怒ってないの?」と尋ねると、メラニアは「全然! そういう人だから」と答えたという。ストーミー・ダニエルズの一件が明かされたときも、普通ならば激怒しそうなものを、まったくそんなそぶりはなかった。「ただの政治よ」と、メラニアはウォルコフに言った。[43]

しかしメラニアはまったく機嫌を害していなかったわけでもない。やがて自分なりの方法で不快感を表明したのだ。ストーミー・ダニエルズへの口止め料の報道から数日後、トランプの大統領就任一周年の日、スタッフが書いた自身のツイートの原稿にメラニアは手を入れた。夫への言及をすべて削除し、写真は男前の若い軍事顧問と腕を組んでいる自身の姿のものをツイートした。直後にスイスのダボスで開催された世界経済フォーラムへも同行しなかった。

広報担当のグリシャムは、ともかくメディアの詮索を振り払うために、何か声明を出してくれと何日も説得を続けた。家族がいちばん大事だとかなんとか、簡単なメッセージでいい、と。グリシャムが原稿を書いたが、「妻、母、そしてファーストレディ」という文言を見て、メラニアは「妻」を削除して、やっと発表に同意した。続いて週末を過ごしにフロリダ州へ飛ぶというとき、夫より先にエアフォース・ワンに車で送ってくれとはっきり要求し、ダニエルズとのセックス・スキャンダルが理由だと認めた。「ヒラリー・クリントンみたいにはなりたくない。言ってる意味がわかる?」とメラニアはグリシャムに告げた。ビル・クリントン大統領とインターン生のモニカ・ルインスキーの密会が世間を騒がせた一件のことだ。「モニカのニュースが出た後、マリーン・ワン〔大統領専用ヘリコプター〕に向かうときにヒラリーは夫と手をつないでいたけど、いい感じはしなかったから」とメラニアは言った。トランプの弁護士のマイケル・コーエンがダニエルズの主張は虚偽だとして、トランプを擁護しようとした。口止め料は騒ぎを収めるために払っただけなのだ、と。そんなコーエンをメラニアは冷笑した。そしてのちにグリシャムに言った――「ああ、もうまったく。あいつは私をばかにしているわけ？ あんなでたらめ《ブルシット》を信じるはずないでしょ[44]」。

一方、トランプは浮気男と見られることよりも、大事な部分があまり立派でない浮気男と見られることを気にしていたらしい。数カ月後、ストーミー・ダニエルズは著書を出版し、トランプの陰茎が小さく、妙な形をしていたと書いた。するとトランプは、それを否定するためにエアフォース・ワンの機内からグリシャムに電話をしてきた。

「彼女がおれのことをなんて書いたか読んだか。まったくの嘘だ。まったくの嘘」とトランプは言った。

グリシャムは返答に窮し、「はい、大統領殿」とだけ答えた。

「下の方はまったく正常だ」とトランプが駄目押しをする。

「わかりました」とグリシャムは答え、ともかく通話が途切れてくれることを願った[45]。

ジョン・ケリー首席補佐官にとって、トランプの積年のセクハラや性暴力の疑惑に対処するのは、ただでさえ数多い不快な任務がまたひとつ増えることを意味した。トランプの大統領就任から一年になる冬、海兵隊あがりの老将はますます不機嫌になり、それを隠そうともしなかった。同僚たちにはこれまでの人生で「最悪のクソ忌々しい仕事」だと漏らし、退勤して家路につく前には、明朝戻ってくるかどうかわからないと、愚痴をこぼすことも多かった。知人らにはホワイトハウスのスタッフに加わることはやめろと助言し、トランプのために働きに来たら、隠居するまで「悪臭」がこびりついて消えないぞと忠告した。

ケリーの不満の根っこにあったのはトランプその人だ。ある同僚の当局者はケリーについて、「基本的にトランプ大統領を嫌っていた」と述べる。ケリーは生涯を国に捧げてきた男であり、その国を守るために息子までも犠牲にしてきたのだ。そんなケリーにとってトランプは不愉快極まりない自己愛者《ナルシシスト》で、自分より大きなものに対する使命感のかけらもない。ケリーはトランプを病的な嘘つきだと考えていた。単に現実とずれているだけでなく、自分がそうと決めたこと以外の現実があることすらわかっていない人物と見ていたのである。

何か案件があると、報道メディアにどう発表するか、トランプはケリーとサラ・ハッカビー・サンダース報道官と詰める。そんなときトランプは、正確かどうかなどお構いなしに、こんな具合でどうかと言い出す。つまりその場ででっち上げたことを発表しろとサンダースに告げるのだ。ケリーが「でもそれは正しくありません」と反論すると、「でもいい感じに聞こえるだろ」とトランプは言うのだった。この時期、トランプが例によって見境のないツイートをするのを阻止できたり、衝動的に誰かの解雇を命じるのを防げたとき、それはケリーにとって「いい一日」だった。そしてそんなことが何度もあった。ケリーはもし首席補佐官時代の経験について本を書くとしたら、『つぶやかれなかったツイート、下されなかった決断』というタイトルにしたいと、知人らに語った。[46]

ケリーの相棒とも言うべきホワイトハウス秘書官のロブ・ポーターも、しばしば同じ思いを抱いた。災難の発生を無理やりにでも止めることこそ、自分の仕事だと感じることもあった。言われたことを何でも信じてしまうトランプにつけ込もうとする、政権内の無法者の企てをくじくのである。

ケリーがなんとかトランプから遠ざけておきたいと気を揉んでいた連中がいる。通商政策担当補佐官のピーター・ナヴァロやウィルバー・ロス商務長官らだ。ナヴァロはハーヴァード大学出身の毒舌で知られる保護貿易主義者。実業家のグレグ・オートリーとの共著『中国がもたらす死――龍との対決　世界に行動を呼びかける(*Death by China: Confronting the Dragon—A Global Call to Action*)』の中で、「親中ロビーの尖兵」のように活動しているとしてアメリカの企業らを糾弾した。[47]一方、ロスは七九歳の億万長者の投資家で、中国やメキシコとの貿易事業でぼろ儲けをしていた人物だ。マンハッタンにある住宅は中国の美術工芸品であふれている。マサチューセッツ州選出の民主党左派、エリザベス・ウォーレン上院議員はロスを「漫画に出てきそうな典型的なウォール街の肥え太った金持ち《ファット・キャット》」と呼んだ。[48]しかしそのロスは、今やナヴァロのようなタカ派の保護貿易主義者と手を結びつつあったのだ。

ナヴァロは連邦政府での勤務経験はなかったものの――公職選挙で五度落選した経験はあったが――トラン

プ政権ではしぶとい政治屋の陰謀家ぶりを見せつけた。見張り役の目を盗み、反論する者がいない隙にトランプを説得して行動を起こさせる手腕に長けていた。トランプがときには週末もオーバル・オフィスに顔を出すことを知っていたナヴァロは、人の出入りに目を光らせる側近たちがいない週末をねらって顔を出した。そんな機会をとらえてトランプに言い寄り、ゲイリー・コーン経済担当大統領補佐官の副官、ケネス・ジャスターをクビにさせたことがある。ジャスターはブッシュ父子の両政権に仕えたベテランの自由貿易主義者で、あらゆる貿易協定を台無しにすることなく中国と対峙したいと考えていた。つまりナヴァロから見れば「グローバリスト」だ。トランプが過剰反応する用語である。週末にナヴァロがトランプを訪ねたその翌日、コーンはジャスターが解雇されると聞かされた。こうしてジャスターはほどなくして駐インド大使となって海の向こうへ送られていったのだ。

ケリーはナヴァロもロスもトランプに危険な影響を及ぼす人物だと考えていた。生煮えのアイディアを売り込んで、一度トランプの頭に入ったらなかなか取り除くことが難しい。ケリーはとうとうあるとき、二人がトランプに会うのを阻止してくれとポーター秘書官に頼み込んだほどである。「いいかい、永久にとは言わないから、ともかくピーター・ナヴァロとウィルバー・ロスを当面オーバル・オフィスに立ち入らせず、大統領に電話もさせないでほしい」とケリーは訴えたのだ。ポーターも努力した。そして三週間ばかりは成功したようだ。だが過激な側近たちと長く関係を断てるようなトランプではない。「場当たり体制」は生きていた。それはケリーもポーターもわかっていたのである。

トランプが相手では、一度の会議で論争にけりをつけたり、愚策の核心を突いて葬り去るということはあり得なかった。北大西洋条約機構（NATO）からの離脱、北米自由貿易協定（NAFTA）の廃止、韓国からの撤兵、郵便事業の民営化、アメリカ国内で生まれた外国人の子供たちの生得市民権の廃止など……側近たちが何度トランプをあきらめさせたと思っても、一日か二日、あるいは数週間後に、トランプはまた蒸し返すのだ。ケリーはいい加減な政策が通ってしまうのを防ぐため、それらを検証するプロセスを作り出した——トランプが突飛なことを命じた場合、ケリーは「わかりました。スタッフを集めてどんなオプションがあるかまとめさせ、会議を開きましょう」と言う。はっきり「ノー」と否定するのではなく、ただ時間をかけてゆっくり進めましょうというそぶりをするのである。

　それでうまくいくこともあった。だがトランプがあきらめないことの方が多かった。たとえば、オバマ政権時代の国家安全保障問題担当の当局者たちで、テレビで自分を批判した連中をトランプは是が非でも懲らしめたいと思っていた。元CIA長官のジョン・ブレナンや、情報機関を統括する国家情報長官を務めたジェイムズ・クラッパーなどである。トランプは背信行為を理由に、二人から機密情報へのアクセス権を取り上げろと言い張った。しかも繰り返し何度も要求し――ケリーが知人に語ったところでは、五〇回、いや七五回か――そんなことをしても逆効果でしっぺ返しをくらうだけだと言われると、毎度渋々引き下がった。ケリーら側近たちにとって、果てしのない突飛な要求の数々をかわし続けるのは実に骨が折れた。ゲイリー・コーンは例によって堂々巡りの議論につき合わされると、夕刻にポーター秘書官のオフィスに立ち寄り、ソファに身を投げてこう叫ぶのだった――「二週間前にかたがついたはずだったのに！」。

　ケリーはナヴァロとロスこそ排除できなかったが、問題があると思えるほかの何人かの政権関係者は取り除こうと努力した。その一人が「アプレンティス」の元スターで、トランプ政権唯一の黒人スタッフ、オマロサ・マニゴールト・ニューマン補佐官だった。彼女はリアリティ・ショーに出演していたころに劣らず、同僚たちから煙たがられていた。そんなニューマンにホワイトハウスの公用車濫用の疑惑が持ち上がり、ケリーは解雇した。「これはかなり深刻な不正行為と言えるものだ」とケリーはホワイトハウスのシチュエーション・ルームでニューマンに告げたが、いかにもトランプ流に、ニューマンはこの会話を密かに録音していた。その録音によれば、ケリーは「スタッフは全員私のために働くのだ、大統領のためではなく」とぞんざいに言うと、ニューマンをホワイトハウスから追い出したという[49]。

　さらには政権スタッフですらでないトラブルメーカーたちもいた。ケリーが首席補佐官に就任してから調べてみると、トランプ陣営最初の選対本部長で、喧嘩っ早いことで知られるコーリー・レワンドウスキーらを含め、複数の政治コンサルタントらがいつでもホワイトハウスに出入りできる人物の名簿に載っていた。トランプとのコネを使って金持ちの顧客に売り込んでいるに違いないと見たケリーは、自由な出入りを禁じ、面会の目的を明示して逐一許可を取らせるようにした。だがそれだけでは済まなかった。ある日ケリーは、レワンドウスキーがホワイトハウスにいて、しかもオーバル・オフィスに入り込んでいると聞いて慌てて飛んでいった。するとレワンドウスキーだけでなく、上級顧問のケリーアン・コンウェイと政治担当部長のビル・ステピエンまでもが大統領と一緒にいた。そこでレワンドウスキーはトランプの補佐官らをクソ味噌に言って、解雇するようトランプに迫っていたのである。ケリーは爆発した。

「もう我慢ならん。全員退出だ」とケリーが怒鳴りつけた。

「でも、まだ話は終わってないんだがね」とトランプは抵抗を見せる。

「駄目です。全員出ていくように」とケリーも譲らなかった。

レワンドウスキーは大統領秘書室《アウター・オーバル》までケリーの後を追ってきて声高に非難し始めた。対決を望んでいるかのように。ケリーは相手が手を出すのではないかと疑い、「ばかなまねはよせ、コーリー。気づいてみたら顎の骨が折れてたってことになるぞ」と警告した。ケリーがのちに知人らに語ったことによれば、レワンドウスキーはそれでも距離を詰めてきたため、両襟の折り返しをひっつかんで壁の方へ押しやったという。一方、レワンドウスキーはそれはこのときではなかったとし、別の機会にトランプを訪れていたところ、大統領との関係を悪用して暴利を貪っているとケリーが批判し始めたという。ケリーに壁までぶっ飛ばされたレワンドウスキーは「外で決着をつけようじゃないか」と言い返したという[50]。どちらが正しいにせよ、喧嘩にはならずに済んだ。

ケリーがどれほどルールを徹底させようとしても、トランプは抜け道を見つけた。何の気兼ねもなく側近に電話をかけて、職務外のことも頼んでしまう。おかげでケリーは見当違いの人を怒鳴りつけてしまうこともあった。ある日、トランプからある案件を頼まれたホープ・ヒックスは、気を遣ってケリーに電話をし、「あなたが処理されますか？　それとも私がやりましょうか？」と丁寧に訊いた。するとケリーは「どうせならあんたが忌々しい首席補佐官をやったらいいじゃないか！」と嚙みついて電話を切ってしまったという。また別の日にスタッフ・ミーティングを開いていたところ、一日かけてみなで練り上げたプランを台無しにするようなツイートをトランプが発した。ケリーはもう降参だとばかり両手を振り上げ、「家に帰ったほうがましだな。大統領のこのツイートで、今日一日の成果は肥溜め行きだ」と不満を吐露したのだった。

誰と話をするかまで管理しようとするケリーの規制を

逃れようと、トランプはついにソーシャルメディア担当補佐官のダン・スカヴィーノを密かに派遣して、ケリーが与《あずか》り知らない携帯電話を購入させた。ロジャー・ポーターが初めて「場当たり体制」の研究をしたころは、まだアップル・ショップは存在しなかった。

ケリーは曲がりなりにもホワイトハウスに秩序をもたらしていたが、それがあるスキャンダルの報道で一気にぶち壊しになった。それはトランプ本人とはまったく無関係だった。二月一日、ホワイトハウスのスタッフ二人がタクシーの後部座席でいちゃついている様子をパパラッチのカメラがとらえ、ロンドンの『デイリー・メール』紙が報道したのだ。[51] 一人はトランプのいちばんのお気に入り、元モデルらしくすらりと優雅な容姿のホープ・ヒックス。もう一人はケリーの側近中の側近であるロブ・ポーター秘書官だ。

二人は秋から密かにデートを重ねていた。それに当時はまだポーターと同居していたガールフレンドが気づいて憤慨した。ヒックスからの一連の思わせぶりなテキスト・メッセージを偶然見つけてしまったのだ。だがこれは単なる職場の秘めた色恋沙汰では済まなかった。数日後、『デイリー・メール』紙はポーターが元妻二人から虐待で訴えられていると、ショッキングな続報を流したのである。[52] さらに、ヒックスとデートし始めたころにポーターと同居していた元ガールフレンドも、元妻らとのメッセージのやりとりの中でポーターの暴力を批判していたと、翌日も報道が続いた。その女性は「彼はこれ以上ないくらい甘く、優しい人から、ものの数分で完全な虐待魔に変貌することがある」と証言していた。[53]

二九歳のヒックスはポーターの虐待の疑惑に打ちのめされた。一一歳年長のポーターは彼女の目には成熟した穏やかな男と映っていたのだ。しかしヒックスも読んだ記事によると、最初の妻コルビー・ホルダネスは二〇〇三年のハネムーン中に喧嘩をして蹴られ、二年後の休暇中には殴られたとポーターを非難していた。ホルダネスは目の周りに青あざができた写真をオンライン・ニュース・サイトの「インターセプト」に提供した。[54] 離婚から一年経った二〇〇九年、ポーターはジェニファー・ウィロビーと結婚。ウィロビーはポーターが頻繁に怒り、彼女に罵声を浴びせ、シャワー室から裸のまま無理やりひきずり出されたとして、ポーターを糾弾した。二〇一〇年、別居を始めると、ポーターがアパートへやって来てドアのガラスを殴ったとして、ウィロビーはポーターが近づかないように保護命令を裁判所に申請した。二人は二〇一三年に離婚した。

　ポーターは女性たちの主張を断固として否定したが、＃ＭｅＴｏｏ運動が盛り上がるさなか、何を言っても誰も納得してはくれまいと感じ、辞任を決意した。トランプは慰留したが、ケリーは最も頼りにしていた側近を失ったのである。一連の暴露記事から、ＦＢＩによるポーターの身元調査の実態や、誰が、いつ、何を知っていたかなど、何日にもわたり不利な報道が続いた。ケリーにとってさらにまずかったのは、ホワイトハウスの内でも外でも、自身の信頼がひどく傷ついたことである。ポーターが辞任するわずか数時間前、ケリーはポーター秘書官に「全幅の信頼」を置いているとの声明を出していた。[55]だが同じ日の晩、ポーターの辞任後、ケリーは疑惑については知らなかったとの声明をあらためて発表。さらに翌日のスタッフ会議の席上、ポーターをとりまく状況の詳細を知ったのは彼を追い出す四〇分前のことだったと、念を押したのもまずかった。ほとんど誰もケリーの発言を信じなかったのだ。ケリーは政権の同僚たちに、ポーターは隠し事をしていたのだと述べた。だがスタッフの多くはケリーも隠し事をしていたと考え、すでにケリーを信用しなくなっていたのである。その後ケリーは信頼を完全に回復することはなかった。

　ホープ・ヒックスもまもなく辞任した。この一年、ヒックスはホワイトハウスのひっきりなしの内部抗争にくたくたになり、孤立し、押しつぶされそうで、ときには裏切られたと感じ、誰を信用していいのか結局よくわからなかった。そして好意を抱いた相手は思っていたような人物ではなかった。ヒックスはＦＯＸニュースの親会社、ＦＯＸコーポレーションで高額の報酬を得られる経営幹部のポストに就いた。ヒックスの退場はトランプにものが言え、ときにはトランプの最もタチの悪い直感をくじくこともできる数少ない職員の一人が失われることを意味した。

　ポーターの辞任はさざ波のごとくホワイトハウスに影響を及ぼしていった。ポーターは堅実かつ有能な人材で、少なくとも勤務中は冷静だった。めちゃくちゃなオペレーションを円滑に遂行し、トランプの極端な考えが暴走するのを阻止することもあった。ポーターは「あのような言語道断の主張は完全に虚偽」であり、「組織的に仕組まれた中傷」だと言い張ったが、それ以上ディテールには踏み込まなかった。[56]しかしホワイトハウスで最も優秀でプロフェッショナルなスタッフが、ＤＶで非難されて辞任してしまうというのは、トランプ政権の実態についてどこか示唆的なものがあった。

一方、トランプはこの失態の後始末は広報担当スタッフに任せきりだった。ポーターが辞任した翌日、ラージ・シャー副報道官が記者らに説明することになっていた。シャーがブリーフィングに立つのはほぼ初めてのことである。シャーはこの騒動についていくつか質問をしようとトランプのもとへ行った。

「以下のことを教えていただきたいんです」とシャーは口火を切った。

トランプはまったく関心なしといった風情で、ともかくシャーがすっかり片づけてくれさえすればいいと思っているかのようだった。「おれたちは万事うまくやったんだ」とトランプは言い張った。記者たちにもそう言え、と。

シャーはそれは事実でないことを知っていた。最初から最後まで対応を誤った大惨事だったのだ。「そんなことを言ったら殺されちゃいますよ」とシャーは訴えるように言った。

「じゃあ、君が正しいと思うことを言ってくれ」とトランプは認めたが、「でも万事うまくいっていたんだ」と付け加えた。

シャーは記者会見室へ向かった。「今回の件の扱いでは、われわれとしても最後の数時間、あるいは最後の数日は、もう少しうまいやり方があったと言えるのかもしれません」とシャーは記者たちに言った。(57)

記者会見後、オーバル・オフィスに呼ばれてシャーが行ってみると、トランプは大型画面のテレビがつけっぱなしのプライベート・ダイニングルームにいた。「記者会見は見なかったのだが、どんな調子だったかね？」とトランプは訊いた。

シャーは視界の隅に、記者会見室から出ていく自分の姿が画面に映っているのをとらえた――つまり実はトランプは記者会見の録画を見終わったところだったわけである。トランプは些細なことまでスタッフに嘘をつく。うまくいったと思いますよ、とシャーは思い切って言ってみた。

するとトランプが猛然と食ってかかった。記者会見を見なかったという嘘などすっかり吹き飛んでいた。トランプはすべてが完璧に遂行されたわけではないと認めるのは、どうしても嫌だった。「何だあの答えは、ひどい仕事っぷりだ！」とトランプは怒鳴った。「おれたちが何かをしくじったなんて、絶対に認めるんじゃない！」

第Ⅱ部

おまえはクビだ

「狂気が世に解き放たれた」
――キルステン・ニールセン国土安全保障長官

第8章 紛争は大好きだ

二〇一八年三月二二日、異例の春の吹雪に見舞われたワシントンが日常を取り戻そうとしていたころ、トランプはまたもやトルコのレジェップ・タイップ・エルドアン大統領との電話会談を予定していた。近年ますます独裁者ぶりを発揮しているエルドアンは、外国の首脳の中でもトランプのお気に入りの対話相手だった――そしてトランプ政権にとっては最も厄介な頭痛の種でもあった。国家安全保障会議（NSC）では、エルドアンが新たに持ち出してくる理不尽な要求をトランプがのんでしまうのではないかと、側近たちはしばしば不安なときを過ごした。それはロシアのウラジーミル・プーチンの機嫌を取りたいというトランプの不可解な欲望と並ぶ懸念事項だったのである。トランプはエルドアンを「スルタン」と呼び、NSCの欧州およびロシア担当のフィオナ・ヒル首席顧問の表現によれば、エルドアンの「自国内でわが意を通す無限とも思える能力」について、電話や会談でおしゃべりに興じるのだった[1]。トランプ政権を追われた元首席戦略官のスティーヴ・バノンは、「みなトランプはプーチンにぞっこんだと考えているが、本当に惚れている相手はエルドアンだ」と回想する。

トルコはトランプ政権時代のアメリカと密接なつながりを築いていた。何百万ドルも費やして、ホワイトハウスとパイプがある人物たちにロビー活動の報酬を支払っていた。たとえば二〇一六年秋、マイケル・フリンはトランプの外交政策顧問を務めていながら、自身の企業はトルコ側から五〇万ドル〔約五二〇〇万円〕を受け取っていた。あるいは『ポリティコ・マガジン』誌が「トランプ政権下のワシントンで最も強力なロビイスト[2]」と呼んだブライアン・バラードなどもだ。H・R・マクマスター大統領補佐官（国家安全保障問題担当）はトランプの友人で元ニューヨーク市長のルディ・ジュリアーニがトルコやその他の利害関係者のために「影響力を及ぼすエージェント」の役割を演じているとして、ひどく懸念していた。そのためマクマスターは、ジュリアーニがホワイトハウスにトランプを訪ねてくるときは、必ず同席して目を光らせることにしていた。

トランプの側近たちはエルドアンとの電話会談に先立ち、エルドアンに対していっそう厳しい姿勢を取るようあらためてトランプに注意しておこうとした。アメリカはシリアにいるクルド人勢力と同盟関係にあったが、すでにエルドアンはその関係を断つようアメリカに求めていたし、エルドアンに批判的なイスラム教指導者の代表格で、ペンシルヴェニア州の農場で亡命生活を送っているフェトフッラー・ギュレン師を引き渡すよう要求していた。マクマスターとジョン・ケリー首席補佐官は、エルドアンがアメリカを誑《たぶら》かそうとしており、トランプにいい顔をしつつ裏ではイランやロシアと組んでいるのだと、トランプに忠告。「とくにロシアとだ」とマクマスターは常々言っていた。そしてエルドアンが自身をトランプよりも大物だと思い込んでいることを指摘し、トランプの自尊心に訴えようとした。「あなたに指図しようとするはずですよ。ほかの連中に威張り散らしているように、あなたのことも脅しつけようとするでしょう」と、マクマスターはトランプに告げたのだった。

しかしいざエルドアンとの電話会談が始まると、トランプは予定どおりに進める気をほとんど見せず、いつもの調子に戻ってしまった。エルドアンと対決するより、おべっかを使っておしゃべりしたかったのである。そして電話を終えるとトランプはかんかんに怒っていた。エルドアンに対してではなく、自分の部下に対してだ。国家安全保障問題担当の大統領補佐官などに指図されるのはもう我慢ならないというわけだ。そこでトランプはずっと腹に据えかねていた問題を蒸し返し、マクマスターを責め立てた——アフガニスタンでの戦争のことだ。トランプはマクマスターが大統領補佐官に就任した当時のことに言及し、アフガニスタン駐留軍の司令官、「ミック」ことジョン・ニコルソン将軍に対する不満を述べた。そしてアフガニスタンでの戦闘を「民営化」するという、民間軍事会社である旧ブラックウォーターのエリック・プリンスの提案を持ち出した。これはすでにリークされ、否定され、この時点ではすでに世間の嘲笑の的になっていたが、トランプはあきらめきれずにいたのである。

マクマスターはついに怒りを爆発させた。この一週間、この一カ月、この一年はあまりにもひどかった。国家安全保障問題担当の大統領補佐官として何を言っても、トランプはいつだって馬耳東風だ。二日前、トランプはプーチン大統領に電話を入れていた。誰の目にも不正が明らかな大統領選で再選され、四期目の地位を手に入れたプーチンだ。NSCからトランプへのブリーフィング資料には、「**祝福しないこと**」と大文字で大書してトランプを戒めていた[3]。当然ながら、トランプはそんなことに構わずにプーチンを祝福した。しかしホワイトハウス内で大騒動となったのは、トランプが祝いを述べたこと自体ではなく、祝福するなとのトランプへの要請が『ワシントン・ポスト』紙にリークされ、報道されたことだった。しかも電話会談で、トランプはなんとプーチンをワシントンでの首脳会談に誘っていた。この驚愕すべき事実をトランプの側近らは公式の発表資料では明かさなかったが、ロシア側が公表したことで、初めて政権として認めたのだった。そして今度のエルドアンとの電話会談も、マクマスターが恐れたとおりの散々な出来だったのだ。そこへさらにアフガニスタンについて決着済みの案件を今さら蒸し返すなど、マクマスターがそんな気になれるはずはなかった。

「ミック・ニコルソンと直接話したことはあるんですか?」と、マクマスターはオーバル・オフィスで思わず声を荒げた。「一度でも話したことがありますか? 今すぐ彼に電話をしてみようじゃありませんか」と言うなり、マクマスターは憤然と退室してしまった。後を追ってきたケリー首席補佐官に、トランプの我慢の限界を試す一線があるとすれば、さすがに今度ばかりは自分はそれを踏み越えてしまったかもしれないと、マクマスターも認めた。「いつでもいいから、クソ忌々しい日付を指定してくれ」とマクマスターはケリーに告げた。いつ辞任すべきかという日付のことである。

そのときマクマスターは知る由もなかったが、その瞬間はすでに目前に迫っていた。トランプは密かにジョン・ボルトンと相談をしていたのだ。ボルトンは当時FOXニュースのコメンテーターをしていたが、ジョージ・W・ブッシュ政権で要職に就いたことがある〔国務次官と国連大使。ブッシュ(父)政権でも国務次官補〕。一年前のトランプ政権発足時には、国家安全保障問題担当の大統領補佐官の座をマクマスターと争って敗れていた。マクマスターが怒りを爆発させた日の午後四時ごろ、ボルトンは記者らの目を避けようともせずに、凍りついたホワイトハウスの入口へ通じる敷地内の道を勢いよく歩いてきた。そして室内に入ると、さっそくトランプがポストをオファーし、ボルトンも受諾。マクマスターはインドの安全保障問題担当顧問との会談中に、トランプが電話をしてきてその事実を告げられた。まもなくトランプはツイートした――「@AmbJohnBolton〔ボルトンのツイッターのアカウント名〕が新たにわが大統領補佐官（国家安全保障問題担当）になることをここに喜びをもって発表する」。

　マクマスターは何カ月も前から、いつかはこうなるだろうと配下のスタッフに忠告していた。「みんな、気をつけろよ。おれよりもっとひどいやつ、ジョン・ボルトンみたいなのが上司になるかもしれないぞ」と。一度ならず言っていたのだ。そして今、実際にそのとおりになってみると、マクマスターはなぜか少し動揺した。それはトランプがこの三月のわずか数週間の間にみずから動き、バノンが嫌悪していた「グローバリスト」たちから外交政策の主導権を奪い返したからだろう。まず、トランプがアメリカの同盟諸国からの鉄鋼とアルミニウムの輸入に追加関税を導入してまもなく、経済担当のゲイリー・コーン大統領補佐官が辞任した。この追加関税はコーンらが何カ月も前から一貫して反対していた政策だった。その一週間後、トランプはついにレックス・ティラーソン国務長官を解任。そして今、それからわずか一週間後、トランプはマクマスターもお払い箱にしようというのだ。

　トランプはケリー首席補佐官との関係もまったく劣悪で、すぐにケリーもやめるだろうと誰もが予測していた。就任後わずか八カ月足らず、とくにロブ・ポーターをめぐるスキャンダル以降、ケリーはひどく士気が下がり、何度も辞任をほのめかしていた。ポーターが去った今、二人で確立したさまざまな手順が元の木阿弥になり始め、「場当たり主義《アドホクラシー》」が再び幅を利かせるようになっていたのである。国土安全保障省時代のケリーの補佐官で、国土安全保障長官の座を引き継いでいたキルステン・ニールセンは、ジム・マティス国防長官やダン・コーツ国家情報長官ら気脈を通じる政権幹部らに依頼して、ケリーに電話をかけさせた。なんとか辞めないでくれと訴えてもらうわけだが、あまりにも頻繁に頼んだため、ニールセンは「短縮ダイヤル」を登録したと冗談を言ったほどである。一方でトランプは、ケリーをクビにしてやると何度も公然と独り言のようにつぶやいていた。ジャレッド・クシュナーによれば（クシュナーもケリーを嫌悪する独自の理由があったのだが）、トランプとケリーの関係は最悪で、マクマスターを解任することさえ、トランプは事前にケリーに伝えようともしなかったという。

　マクマスターとゲイリー・コーンはホワイトハウスを去ってみると、政権内の状況がさらに常軌を逸したものとなり、それぞれの後任者は自分たちとは異なる政策の支持者であることに気づいた。そして二人は、それぞれ一年以上も身を挺して守るべきものを守ってきたのだとあらためて感じた。今やそんなことをしてくれるような人間はいなくなりつつあったのである。

大量解雇はトランプ政権時代を通じて見られ、外されては呼び戻される側近たちもいれば、おべっか使いの連中が現れては消え、また現れたりもした。トランプ・ワールドの不可解な宮廷政治の舞台では、補佐官らが辞任の間際であるとか、今にも解雇されるとか、またはその両方だとひっきりなしに噂されていた。そしてトランプは自分のスタッフの働きぶりがどうか、次に誰を追い出すべきかと、いつだって部外者ばかりに尋ねるのだ――ゴルフ仲間、FOXニュースの司会者たち、マール・ア・ラーゴのディナーの客人たちなどに。

それでも近年のホワイトハウスの歴史の中で、二〇一八年三月ほどの激動は稀だろう。トランプがアメリカの国家安全保障を担う首脳陣を粛清することに決めた月である。

政権上層部の離職率はすでに近年に例がない域に達していた。「空きポストの上にさらに空きポストがあるんです」と、シンクタンクのブルッキングス研究所で追跡調査をした研究者、キャスリン・ダン・テンパスは述べた。しかもそれは三月に入る前のことである[4]。これまでにない大規模なスタッフの入れ替えを敢行する直前、トランプはすでにオバマ大統領の一年目の三倍、レーガン大統領のそれの二倍のペースで部下の首を切っていた。テンパスの調査では、三月末には四〇パーセントを超える離職率を記録した。しかもその間、無秩序と内紛、議会の監視に対するトランプの反感などが原因で、政権のより下層の政治任用ポストでも、記録的な欠員が発生していたのだ。前年の秋、大量のポストが空席のままであることを問われたトランプは、「重要なのは私だけさ」と述べていた[5]。そして今、それを証明しようとしているかのようだった。

ひどい混乱ぶりではあったが、この最新の人員入れ替えにはきわめて注目すべき点もあった。一連の騒動はトランプが咄嗟《とっさ》の思いつきで引き起こしたことではなかった。単に気まぐれに側近たちを排除していたわけではない。トランプは独立を主張しようとしていたのだ。管理されるのはもう懲り懲りだと。権力とコネを溺愛し、その一方でトランプのばか騒ぎは目も当てられないなどと知人らに断言するような、いかにも既成勢力《エスタブリッシュメント》の一員といったタイプにはうんざりだと。二〇一六年に大統領選を終えた時点で、トランプはティラーソンやコーンのような人物が必要だと考えていたし、エクソンモービルやゴールドマン・サックス出身の大物のビジネス・リーダーたちが自分のために働いてくれることに、多少の畏怖の念さえ抱いていた。だが任期も二年目に入ると、もうそういう連中は必要ないだろうとトランプは感じた。しかもそうしたスタッフを排除することで、トランプは単に煩わしい側近を退けるだけでなく、賛同できない煩わしい政策も一緒に退けようとしていたのだ。もはやこうなると、トランプはツイートしているだけで実行が伴わないから大丈夫だなどと、周囲も高をくくっているわけにもいかなかった。

トランプは何カ月も前からティラーソン国務長官の更迭を計画していた。国防総省の「タンク」での会議後、ティラーソンがトランプを「クソ忌々しい脳なし」と呼んだ発言が報道された時点で、すでに結論は出たも同然だった。ティラーソン更迭をトランプと話し合ったある政権幹部によれば、「トランプはきわめて意図的に時期を待っていた」という。「例のコメントが報道された直後にクビにしてしまうと、発言が真実だと暗黙のうちに認めてしまうことになるので」というわけだ。しかしトランプの側近たちは、トランプがティラーソンを追い出すつもりであり、面目を保てるような出口を用意する気などないことをわかっていた。「誰か後任を確保しておきたかったのです。これが辞任ではなく解雇だとはっきり示すためです」と、先の政権幹部は当時を振り返った。

トランプの暗黙のメッセージをいちばんよくわかっていなかったのは、ティラーソン本人だった。最後の最後まで、ティラーソンはマティス国防長官とチームを組んでいた。毎日一度は話をし、もっと頻繁に話すこともあった。辞任もよく話題にした。ティラーソンと親しかったある共和党員は当時のことを振り返り、「崖っぷちで踏みとどまれと互いに説得し合っていました。『君が辞任したら困る』とか、『君が辞めるなら、おれも辞める。だから君は辞めるわけにはいかないよ』みたいな感じでしたよ」と語った。だが運命はもはや見えているのに、ティラーソンは辞任することを拒んだ。その冬、電話をしてきた知人にティラーソンは、「大統領は明日私をクビにするかもしれない。でも私は自分から辞めるタイプじゃないんだ」と述べた。(6) ティラーソンと緊密にやりとりしていた国務省幹部によれば、トランプがジェフ・セッションズ司法長官を公然と罵倒しておきながら、結局は解雇しなかったことから〔第5章参照〕、ティラーソンがトランプのやり口を誤解した可能性があると言う。ティラーソンの話を聞いた人たちの中には、ティラーソンは政権に残って内側からトランプを押し戻すべきだと判断しただけだ、との見方もあった。

内向的な性格のティラーソンは、マティス以外の当局者らに本心を明かすことは稀だった。しかし辞任する直前には、トランプから国務長官就任を頼まれたときのことをある同僚に語った。その同僚は、「彼はそのときは神に与えられた使命を理解したと考えていました。つまりものごとをきっちり実現することです」と言う。しかしティラーソンはやがて、自分の使命は全然そんなことではないと気づいたという――「彼の仕事は何かを実現することではなく、実現させてはいけないものを阻止することだったんです。惨事を回避するためです。そしてやがて彼はそんな思いを態度で示すようになったのだと思います。しかもトランプが屈辱的だと感じるような仕方でそれが発揮されたのです」。

ジャレッド・クシュナーもティラーソンを毛嫌いするようになっていた。クシュナーが構想している中東和平計画を実現する上で、障害物以外の何ものでもないと考えていた。あるときティラーソンは「私以外にも四人くらい国務長官がいるように感じるのだが」と、クシュナーに不満をぶつける愚を犯した。するとクシュナーはきつい調子で応じた――「そりゃあ、大統領が実際に望んでいるとおりの政策をあなたが進めていれば、国務長官は一人で済むでしょうし、私たちだってあなたのために働きもしますよ。問題は、あなたが大統領の意思に反してクソみたいなことをしているってことですよ」。

アラブ首長国連邦（ＵＡＥ）の駐米大使、ユセフ・アル・オタイバはアメリカの政界に幅広い人脈を持つことで知られるが、その豪邸での夕食時、ある客人がティラーソンとトランプとの不仲に言及した。それに対してクシュナーは、「私がやりたいようにできれば、問題はすぐに解消するんですがね」と述べた。そして別の客人が、同席していたＣＩＡ長官のマイク・ポンペオこそ国務長官に適任だと指摘すると、「もちろん」とクシュナーは答えた。

実は当初、クシュナーとイヴァンカがティラーソンの後任に推していたのはポンペオではなく、国連大使のニッキー・ヘイリーだった。だがトランプが乗らなかった。政権関係者の中には、ヘイリーがロシアのプーチンに対して厳しすぎるからだと考える者もいた。しかし政権の幹部級の女性メンバーすら公然と外見で人選していたトランプのことである。ヘイリーに反対した本当の理由は頬の染みなのだと、トランプはケリー首席補佐官に告げた。実際はほとんど目立つようなものではなかったし、そもそも国務長官選任の判断材料にすべきでないのは言うまでもない。トランプはケリーに、「私は彼女は好かん。肌の色艶の問題があるからな。ずっとそばにいることになるだろ。それでは見栄えがよくない」と言った。

二〇一八年三月の時点で、ワシントンのお調子者たちが欧州連合からの英国の離脱《ブレグジット》をもじって「レクジット」と呼んだように、レックス・ティラーソンの退場はもはや不可避となっていた。そしてクシュナーもそのころにはポンペオ支持に転向していた。クシュナーがよく周囲に言っていたのは、ポンペオが大統領をよく理解しており、明らかに大統領の政策に協力的であるのに対し、ティラーソンは逆だということだ。カンザス州選出の下院議員からCIA長官に就いたポンペオは、その職務は大統領に直々にブリーフィングをすることだと、独自の解釈をした。CIAで何千人もの部下を抱えているにもかかわらず、ほとんど毎日ホワイトハウスに足を運ぶ癖を身につけ、ホワイトハウスのほかの多くの職員らと同様に、オーバル・オフィスの外のエリアでうろうろしているのであった。そんなポンペオをスティーヴ・バノンら一部の者は、政権きってのトランプのしつけ役だと評価していた。

残る唯一の問題はポンペオの後任となるCIA長官の人選だった。ポンペオは副長官のジーナ・ハスペルを推していた。叩き上げの情報局員で、長官に就任すれば同局初の女性長官となり、男性ばかりのトランプ政権では珍しい女性閣僚ともなるはずだ。それに抗してみずから国務長官候補に名乗りを上げたのがゲイリー・コーン大統領補佐官（経済担当）だ。コーンは同盟諸国への追加関税をめぐるトランプとの長丁場の戦いで劣勢に立たされていたが、遅まきながらポンペオの長官就任を阻止しようとした。コーンはトランプをこう説得しようとした——自分を選べば、上院で人事の承認を得るのは自分一人ですむが、ポンペオを選べば国務長官とCIA長官の二人を承認してもらわなければならない。また、当時もまだ名目上は民主党員だったコーンが国務長官ならば、ひどく共和党色が強いポンペオよりも議会のあちら側の議員たちの票もずっと得やすい、と。ポンペオといえば、リビアのベンガジで大使を含むアメリカ人四人が殺害された襲撃事件に関し〔二〇一二年九月のイスラム教武装勢力による米国領事館襲撃事件〕、当時国務長官だったヒラリー・クリントンの責任を執拗に追及したことが議員らの記憶に残っていた。

しかし実際のところ、トランプとコーンもまた、お互いを見限っていた。二人は一月ごろからコーン辞任の可能性を探っていたのだ。年始の休み明け、ホワイトハウスでトランプとランチを共にしたコーンは、税制改革の決着がついたら「とても近い将来に」、できれば「穏便に」辞任したいと思っていることを伝えた。その後トランプはコーンの辞任を先送りしようとし続け、一時はジョン・ケリーに代わって首席補佐官に就ける可能性までほのめかしたが、これはすぐにリークされてしまった。だがコーンの慰留にトランプがどこまで本気なのか、ずっと曖昧なままだった。いずれにしろ、コーンはポンペオのようにトランプの前で卑下するつもりはないと、周囲に語っていた。その年の春になったころにもコーンは知人に説明した――「トランプは何か欲しければ土下座をして懇願しろという感じがするが、私はそういうタイプじゃないんだ。自分は何が得意かを伝え、自分に何ができると思うかを告げ、どのように役に立てるかを説明して、手を貸すことを申し出る。それで私が必要だと思ってくれるならいい……私はそんな人間だ。だからトランプのやり方につき合う気はないね。だって取り巻き連中が『大統領に電話しろ。電話して頼み込め。懇願するんだ』なんて寄ってたかって言ってくるわけだ。そんなのノーだよ、ノー。願い下げだね」。

三月六日、戯れもついに終わった。トランプは鉄鋼の輸入に二五パーセント、アルミニウムに一〇パーセントの追加関税を課すことを決めたが、それはコーンから見れば経済的に得策ではなかった。トランプはカナダなどの同盟諸国に対するこの措置を正当化するため、アメリカの法律が定める安全保障上の例外規定という、めったに使われない手法まで持ち出そうと考えたほどだ。友好国はいずれも憤慨した。コーンらもばかげていると考えていた――カナダからの鉄鋼輸入がアメリカの安全保障を脅かすなんて、あり得るだろうか？ コーンはその前の週に、トランプが追加関税を決定したら今度こそ辞任すると、ケリー首席補佐官に伝えていた。だがこの追加関税の導入は驚くべきことでもなかったのである。政権内の議論の中で――貿易とは無関係の議題のときでさえ――トランプはかなり以前から「関税男」と名乗っていたし、「ずっとやりたくて仕方なかったのだと、会議の席などでトランプはしばしば言及した」と、NSC幹部のフィオナ・ヒルものちに書いている(7)。

トランプはコーンの辞任を覚悟していたし、すでに後任候補らと面談までしていたというのに、辞任が報道されると激怒した。とくに株式市場がそれを世界的な貿易戦争の予兆と見て、株価が暴落したことに怒りが収まらなかった。トランプはコーンを密かに「グローバリスト」と呼んで軽蔑し、不忠だと怒りをぶちまけた。そして常に自分の筋書きどおりに運びたがるトランプは、「ホワイトハウス内がカオスだ」と報じられると、そんな報道は「フェイクニュース」だとツイート。だがその一方で政権内の騒ぎはまだ終わっていないことを強くにおわせ、まもなくさらなる人員の入れ替えがあることも示唆したのだ。「まだほかにも交代させたい人間がいる」と書いた上で、さも控えめに「(常に完璧をめざしているのだ)」とカッコ付きで言い添えた。

そしてその二日後、ティラーソン国務長官にとってもついに幕切れとなったのである。

ティラーソンの短い公務に終止符を打ったのは三月八日の会議だったが、それはトランプ大統領が予定すらしていなかったものだった。もっと言えば、ティラーソンは出席してもいない。何千キロもの彼方のアフリカへ謝罪の行脚に出かけていたのだ。その冬、上院議員らとの超党派の会議で、トランプがアフリカ諸国を「肥溜め国家」と呼んだため、ティラーソンは一国また一国と頭を下げて回っていたのだった。

すでに何カ月も前から、トランプはティラーソンの北朝鮮に対する外交工作を――ときにはあまりにも公然と――切り崩そうとしていた。トランプは例の「炎と怒り」発言で北朝鮮を怒らせた後、具体的な戦争計画を提出するよう国防総省に繰り返し要請していた。そして北朝鮮が極秘裏にさまざまな形でしきりにアメリカ側へ探りを入れてくるようになると、トランプはその対応を密かにマイク・ポンペオに託したのである。二月に韓国で開催されたばかりの平昌《ピョンチャン》オリンピックは、韓国政府高官らと、政府代表団の一員としてオリンピックへ派遣された金正恩《キム・ジョンウン》の妹〔金与正(キム・ヨジョン)〕という権力者との間に、直接やりとりをするきっかけを与えた。そして今、両国の国境をまたいだ一連の慌ただしいやりとりを経て、韓国側はホワイトハウスにメッセージをもたらそうとしていたのである。

韓国政府の特使として、大統領府国家安全保障室長の鄭義溶《チョン・ウィヨン》がワシントンへ派遣された。そしてホワイトハウスでマクマスター大統領補佐官、ケリー首席補佐官、マティス国防長官らと会談中、トランプが聞きつけて即席の会談のために一行をオーバル・オフィスへ招集したのだ。到着早々、鄭は単刀直入に要件を述べた――「チビのロケットマン」の金正恩がトランプと直に会って首脳会談を開催することを望んでおり、文在寅《ムン・ジェイン》新大統領〈前年の二〇一七年五月就任〉のもとで南北和平に前向きな韓国政府としては、アメリカが提案を受け入れるべきだと考えている、と。周囲に居並ぶ安全保障政策担当のスタッフらの懸念をよそに、トランプは即座に「イエス」と答えた。NSCアジア担当上級部長のマシュー・ポッティンガーの表現によれば、トランプの側近たちはこの提案は北朝鮮と韓国とが「トランプを囲い込もう」とするもので、両国共同で慎重に練り上げた計画であると考えていた。だがトランプはそうは見なかった。トランプにとって、首脳会談はこれまで渇望してきたディールへと大きく道を開くものに思えたのだ。

このようなとき、トランプの側近たちは沈黙するか、その場しのぎをして切り抜けることが多かった。しかしこのときばかりは、後からトランプを翻意させようと無駄な抵抗を試みるには、あまりにもことが重大すぎた。後方でポッティンガーがあからさまに顔をしかめている中、マクマスターが声を上げた。マクマスターは二十数年来のアメリカ政府関係者らの揺るぎない見解を説明した。平壌《ピョンヤン》側から大きな譲歩を引き出せない限り、アメリカの大統領が北朝鮮のリーダーと対面での首脳会談に応じてやるのは間違いだ、ということだ。世界で最も力を持つ人物が、何の見返りもなしに、どうして金正恩に首脳会談という恩恵をくれてやる必要があるというのか？　北朝鮮はアメリカの圧力を感じ始めているところであり、首脳会談への招待がまさにそれを証明している。だからアメリカの戦略が功を奏するまで、じっくり時間をかけるべきなのだ。しかしこのころにはマクマスターも以前よりトランプのことをわかっており、どうやっても説得はできまいと思っていた。「どうせあなたはやるつもりですよね」と、マクマスターはあきらめ顔で言った。そこでマクマスターは「せめてデメリットを抑えるためにも、単に対談するという成果のために、こちらがなんらかの譲歩をすることは絶対に避けねばなりません」と続けた。しかしトランプの「イエス」という返答自体、譲歩そのものであることをマクマスターもわかっていた。

トランプはやる気満々で、すぐに首脳会談の日付と場所の候補を挙げだした——来月でいいじゃないか、と。結局側近らは、せめてもう少し現実的な五月開催でなんとかトランプを説得した。じゃあ、直ちに公表しよう、とトランプは要請。ホワイトハウスの記者会見室でメディアに伝えるよう、鄭を促した。即席の会談は四五分で解散となったが、トランプのスタッフらは唖然としたまま退室し、善後策を練りにかかった。マクマスターは韓国の代表団と自分のオフィスに籠り、鄭が公表する声明文の執筆を手伝った。館内の別の場所で対応に当たった補佐官らは、外国の政府当局者がホワイトハウスの記者会見室の演壇を使うのは不適切だと判断。代わりにホワイトハウスの入口へ通じる敷地内の道路で、屋外の記者会見を開くことに落ち着いた。マクマスターはそのために居残ることすらしなかった。帰宅したのだ。退任するゲイリー・コーンのために、送別のディナーパーティーが予定されていたからである。ウォール街の億万長者とクソまじめな将軍との意外な取り合わせだったが、二人はホワイトハウスという戦場で、同じ小型塹壕《たこつぼ》にこもって戦った相棒《バディ》同士だったのである。

一方、アフリカを飛び回っていたティラーソンは危機感あふれるメッセージを受け取った。至急大統領に電話をして、首脳会談をやめるよう説得してくれというのだ。ある当局者によれば、このトランプへの電話がティラーソンにとって「決定打」となった。「大統領がすでに決断を下していたのに、そこへ国務長官がやめろと言ってきた」というわけだ。結局のところ、トランプはティラーソンを横にはべらせて首脳会談をするのも嫌だった。北朝鮮の案件はすでにＣＩＡ長官のポンペオに任せてあったし、ポンペオならばトランプのスポットライトの中に割り込んでくるような無粋なことはせず、うまくやってくれると確信していたのである。国務省のある幹部は言う――「大統領は『やるからには、おれがやるんだ』というつもりだったのです。『ノーベル平和賞を取るのは国務長官なんかじゃない、おれだ』とね」。

韓国の使節団との会見を終えたトランプはその週末、ティラーソン国務長官を解任するときが来たと、ケリー首席補佐官に告げた。ケリーもすでに覚悟していた。「国務長官とはそういうものさ。尻拭いさせられる役回りだ」というのがケリーの口癖になっていた。日曜日、ケリーはアフリカにいるティラーソンに電話をし、トランプがあなたを解任しようとしているから至急帰国するようにと伝えた。のちにケリーは、ティラーソンが下痢でトイレに入っているときに解任を伝えたと記者団にオフレコで語ったが、ティラーソン側は否定している。ティラーソンは火曜日の早朝四時半にアンドリューズ空軍基地に到着し、解任を告げるツイートをトランプが発したときには眠っていたらしい。トランプは「レックス・ティラーソンの貢献に感謝！」と綴り、後任にポンペオが、ポンペオの後のＣＩＡ長官にジーナ・ハスペル副長官が就任すると発表。「おめでとう、みなさん！」とツイートした。

ティラーソンの指示を受け、国務省の広報担当のスティーヴ・ゴールドスタイン国務次官が声明を出した。それは早朝の事件にも平静を装うホワイトハウス関係者らの姿勢とは矛盾するものだった。声明によれば、ティラーソンは「もっぱら職務を続けるつもりだった」のであり、解任についてトランプからは何も聞かされていなかったという。「国務長官は大統領と話をしておらず、解任の理由はわからない」とゴールドスタインは続けた。(8) トランプはこの声明を報じるテレビ報道を目にすると、ゴールドスタインもクビにした。

ティラーソンはついにトランプを理解することはなかった。理解したいとも思わなかったし、最後には政権内で支持してくれるのはマティス国防長官ぐらいしかいなくなった。そしてティラーソンの致命的な間違いは自分が率いる国務省自体を敵に回したことだろう。当初、国務省の外交のプロたちはティラーソンの長官就任を歓迎した。信頼を置きがたい新大統領に、重みのある発言で理屈というものをわからせてくれるのではないかと期待したのだ。ところがティラーソンは国務省に対するトランプの過酷な予算削減に同調し、ほぼ任期中を通じ、外部コンサルタントらが描き上げた夢のような――しかし熟慮に欠けて職員らに評判が悪い――構造改革計画を追求し続けたのだ。省内の士気は地に落ち、最終的には政権発足一年目だけで上級外交官九〇〇人中、最も著名な黒人、ヒスパニック、それに女性を含む一〇〇人超が解雇されたり、辞任を余儀なくされたり、みずから辞任することになった。強引な管理スタイルと、ほぼ全職員からひどく孤立してしまったことで、省内にはティラーソンへの反発も生まれた。ティラーソンの首席補佐官のマーガレット・ピーターリンは、幹部クラスまでも含め、長官を煩わすなという通知を省内向けに発した。これはティラーソンの孤立化を招いたとして大きな批判を浴びた。しかしティラーソンの間近で仕事をしていた少数の職員は、ティラーソン自身のせいだとわかっていた。「自分でそういう仕組みにしたのです。エクソンモービルを経営したことがある人が見たら、ティラーソンの仕事のやり方はまったくおなじみのものだったでしょう」と、側近の一人は述べる。ティラーソンは国務長官が果たすべき公的な役割の面でも失態を演じた。メディアの取材にほとんど応じようとせず、FOXニュースの報道系トークショー「FOX&フレンズ」のアンカーから国務省の報道官に就任したヘザー・ナウアートを信頼せず、出張に同行させないほどだった。ナウアートをトランプの回し者だと見ていたのだ。そして、アメリカの最も経験豊富な大使らの多くがトランプとティラーソンのもとで働くよりも退職を選んでいっても、ティラーソンはほとんど気にも留めなかったのである。

　こうして二〇一八年三月の時点で、ティラーソンの部下の一部は公然と反旗を翻していた。米国国連大使のニッキー・ヘイリーは職制上はティラーソンの部下だったが、閣僚の一人であることを理由に、実際は部下として行動しようとしなかった。かつてトランプの破産処理を担当した弁護士で、駐イスラエル米国大使となっていたデイヴィッド・フリードマンもジャレッド・クシュナーと緊密に連携。ティラーソンの反対を退けて、パレスチナ自治政府への援助打ち切りや米国大使館のエルサレム移転を企てたのだった。〔トランプ政権は八月、国連パレスチナ難民救済事業機関（ＵＮＲＷＡ）への拠出金などを打ち切った〕

　クシュナーらとの勢力争いに、ティラーソンは辞任する日まで怒りが収まらなかった。ティラーソンと近しかった国務省のある幹部職員は、「ティラーソンは就任早々、八レーンもある広大な高速道路を目の前にした気分で、その八レーンすべてを自由に使えると思ったのです」と述べた上で、しかし政府というのはそういうものではないのだと指摘する――「実際は四レーンしか使えないこともあるし、五レーンのときもある。でも八レーンすべてというのはあり得ないのです」。

　一方、ティラーソンが辞任するころには、国家安全保障問題担当のマクマスター大統領補佐官とはほとんど口も利かない仲になっていた。マクマスターは政権当局者らに、ティラーソンは「世界一非協力的な人間」だと漏らした。そして各国の外相らが電話をかけてきて、ティラーソンがつかまらないと文句を言ってくるのだと述べた。一方、ティラーソンも側近たちにマクマスターへの不満を述べた。解任を告げる運命のツイートが出る直前の金曜日、マクマスターとヘイリーがオーバル・オフィスでの会議で手を結び、ティラーソンの解任を早めたというのだった。

　それもこれもみな、ティラーソンがもっと大統領に同意するか、少なくともそんなふりをしていれば、どうでもよかったかもしれない。しかしティラーソンは愚か者――とくに「クソ忌々しい脳なし」――には我慢がならないタイプだというのがおおかたの意見だった。この三月には、トランプと意見が食い違っている問題のリストは長大なものになっていた。北朝鮮だけではない。気候変動に関するパリ協定や環太平洋パートナーシップ協定

（TPP）（どちらもトランプ大統領は就任直後に離脱を表明したが、前者は正式な通告をめぐり、後者も復帰すべきかをめぐり議論があった）、鉄鋼とアルミの追加関税、NATOへの批判、駐イスラエル米国大使館のエルサレムへの移転などである。さらに新たな火種もくすぶっていた。トランプはオバマ政権が結んだイランとの核合意からの離脱もにおわせていたが、ティラーソンはそれにも反対だった。ティラーソンがエクソンモービルの最高経営幹部に上り詰めたのは、イエスマンだったからではない。だがトランプが望んでいたのはイエスマンだったのだ。ティラーソン解任のツイートを発した後、トランプはホワイトハウスで記者団に述べた――「私たちはいろいろと意見が合わなかった。考え方が違ったんだ[9]」。

　マクマスター大統領補佐官も、内部抗争でライバルに打ち勝った喜びは長くは続かなかった。トランプはすでにマクマスターも排除するつもりだったのである。マクマスターは何カ月も前から、トランプが好む媚びへつらいの技に長けた同僚たちから助言を受けていた。それなのにトランプとは疎遠になる一方だった。「最初の五分間は同意しておいて、それから『しかしですね……』と切り出すやり口を、マクマスターは最後まで学ぼうとしませんでした。いきなり『しかしですね』とやってしまうのです」と、眼力に優れたあるホワイトハウスのスタッフは指摘する。マクマスターはトランプが聞く耳を持たなくなった後も、いつまでも講釈を垂れ続けたのである。

　こうした批判にマクマスターは憤慨した。自分は必死にトランプに合わせようとしたと考えていたし、図や地図や写真やイラストなどを駆使して、国家安全保障上の複雑な問題をやさしく噛み砕いてやったと自負していた。長い文書を書いて、夜に読んでくださいと大統領に渡せばいいと思うかもしれないが、トランプはそんな風に情報を受け取ってはくれないのだと、マクマスターはよくスタッフたちに言った。もちろんそれはそれで、マクマスターと大統領との関係の一端を明かしてもいた。だがいずれにしろ、マクマスターのやり方をトランプは気に入らなかったのだ。「マクマスターは典型的な陸軍の将軍というタイプでした。つまり常に伝達モードで、受信モードになることがほとんどありません。ただただしゃべって、しゃべって、しゃべりまくったのです」と、国家安全保障を扱うある当局者は回想した。だがそんなやり方はいつもトランプの逆鱗に触れた。トランプの反応は、「何をつべこべ戯言《たわごと》を言ってるんだ？　おまえは異星人か？」といった具合だったようだ。トランプの宇宙では、常時伝達モードでいることが許されるのはたった一人、トランプ自身だけだったのである。
トランプを説得してアフガニスタンからの米軍引き揚げを翻意させようと、マクマスターは強い決意を抱いていた。だがそれはトランプに対するマクマスターの最大の読み違いだった。トランプは少なくとも二〇一二年から一貫して撤兵を主張していたのだ。国務省の幹部の一人はこう回想する――「H・R［・マクマスター］はアフガニスタンに関しては本気でトランプを改心させたいと思っていました。朝起きて、オーバル・オフィスへまっしぐら。でもそれは電動ノコギリの回転刃に、あるいは木材粉砕器《チッパー》にまともに飛び込むようなものです。しかも哀れにも、翌朝起きるとまたもや木材粉砕器《チッパー》に飛び込んでいくのです」。

　トランプの問題だらけのホワイトハウスに連なるほかのメンバーと同様に、マクマスターもまた、いつまで辞めずにいられるだろうかと、任期の大半を自分と内なる対話をしながら過ごした。最初に辞任を口にしたのは前年秋の一一月二七日、トランプがフランスのマクロン大統領との電話会談で相手をみくびるような発言をしたときだった。このとりわけ常軌を逸した会話にマクマスターは怒り心頭に発し、同席していたある当局者の証言によれば、何か穏やかならざることを言い捨ててオーバル・オフィスから出ていってしまったという。辞任を思いとどまったのは、ケリー首席補佐官が執務室まで後を追いかけ、マクマスターの著書『職務怠慢』を振りかざしながら説得したからだった――これはヴェトナム戦争当時、将軍たちが大統領に直言していれば、アメリカの大失敗を防げたかもしれないと指摘した著書だ。「この本を書いたのは君じゃないか！」とケリーは叫んだ。要するに、トランプが現代のリンドン・B・ジョンソン大統領であり、トランプ政権が現代のヴェトナム戦争で、現代の将軍であるマクマスターもケリーもそのことはわかっていた。だから政権に残って悲劇を防止するのが務めだというわけだ。「われわれはあの男とつき合っていかねばならないんだ。さもなくばおれたちの代わりにどんな人間を連れてくるか、わかたもんじゃない」とケリーはマクマスターに訴えたのだった。

　初めてトランプと辞任について話し合ったのは一二月のことだったと、マクマスターはのちに周囲に語った。そして大筋では、いずれ辞任することになるのはわかっていたという。これは二月には世界中で自明のこととなった。恒例のミュンヘン安全保障会議〔各国首脳らが参加する民間が主催の権威ある国際会議〕に参加したマクマスターは、ロシアのプーチン大統領および二〇一六年の大統領選について語り、ロシアの選挙介入の証拠は「疑う余地がない」と述べたのだ。[10]これはトランプを除けば、誰にとっても周知の事実を繰り返したにすぎなかった。しかしトランプにとっては、忠誠心に欠ける違反行為であり、すぐにマクマスターを酷評する辛辣なツイートを連発した。トランプはツイートの中で、ロシアの介入が「でっち上げ」であることと、トランプを陥れようとする「性根の曲がった」民主党の連中のことを、マクマスターは「言い忘れている」と非難したのだ。

それ以来、トランプはその嫌味な性格に違わず、しばしばマクマスター本人に後任候補について意見を求めた。候補には一年前にマクマスターとポストを争って負けたジョン・ボルトンも含まれていた。それ以来ボルトンは、トランプお気に入りのFOXニュースの番組に出演しては、公然とマクマスターのポストを求める主張を繰り返したのである。この就活は結局成功したばかりか、ボルトンにたっぷり報酬ももたらした。ボルトンの資産公開文書によれば、二〇一七年にFOXニュース社から六〇万ドル〔六七〇〇万円強〕が支払われていたことがわかるのだ。[11]ボルトンはアメリカの外交上の問題はほとんど何でも武力で解決したがり、国際的な合意を毛嫌いし、トランプに劣らず傲慢で非外交的な独自のスタイルを持っているとの評判だったが、いずれも故のないことではない。国家安全保障を担当する大統領補佐官で、無知な大統領を戦争へと駆り立てるタイプがいるとすれば、ボルトンはすべての条件を満たしているようだった。

ボルトンはまた、官僚主義的で戦闘的な性格でも悪名高かった。ジョージ・W・ブッシュ大統領がボルトンを国連大使に推したとき、上院の共和党議員らに承認を阻まれた。ある国務次官補がボルトンについて、下級スタッフに対する「虐待の常習犯」であり、「上にへつらい、下に厳しく当たるタイプの男」だと酷評する証言をしたのがきっかけだった。[12]ブッシュ大統領はそれでも議会休会中の承認権限を行使してボルトンを任命したが、ボルトンはのちに離任してからブッシュ政権を批判し、ブッシュは任命したことを悔いることになった。「ボルトンは信頼できる人間ではないと思う」と、任期末期にブッシュは保守系の記者たちを前に断じた。[13]のちにボルトンは、国家安全保障問題担当の大統領補佐官のポストに就けるよう、トランプに強く働きかけていたことを認めた。実際、大統領がトランプでなかったら、ボルトンのような人物は候補者にすら挙がらなかっただろう。

一方でトランプは、ボルトンのセイウチ髭は気にしても、自身と異なる好戦的な見解は気にならないようだった。あるときトランプはラージ・シャー副報道官にボルトンについて意見を求めた。トランプの真意を計りかねたシャーは、「弁は立ちますが、どの問題についてもあなたが考えているようなことは、まったく考えていないと思いますよ」と返答した。トランプはそれを重くは受け止めず、「ああ、そうだな。あいつは主戦論者だって噂だな。わかったよ」とだけ述べた。

　ジョン・ケリー首席補佐官、ジム・マティス国防長官、レックス・ティラーソン国務長官に、マイク・ポンペオCIA長官までもが、何カ月も前からボルトン以外の候補者を全力で探していた。そして冬に声をかけた相手がスティーヴン・ビーガンだった。ボルトンと同じくかつてジョージ・W・ブッシュ政権の一員だったが〔NSC事務局長など〕、ボルトンよりもはるかにまともな候補者だと見たのだ。当時はフォード・モーター社でロビイストの筆頭格だったこともあり、ハッシュタグ#NeverTrump《ネバー・トランプ》を掲げたツイッター上の反トランプ運動にも関わっていないという利点もあった。マティスの補佐官の一人は、なぜビーガンを選んだかを本人に説明した。彼らは可能性のありそうな候補者についてベン図〔さまざまな属性の円が重なり合う図形〕まで作成し、トランプが容認できる政治的志向を持ち、有能で、引き受ける気のありそうな人物を見極めたというのだ。これらの条件を満たす人物はざらにはいない。当初、ビーガンは乗り気ではなかった。マクマスターを排除する企てに利用されることを拒み、マクマスター中将が退任後に大将に昇進し、米軍でふさわしい任務に就けることを確約すれば考えてもいい、と答えた。だがマティスら一派は、ビーガンが引き受けようと拒もうと、マクマスターが去ることは決まっていると告げた。大統領がすでにマクマスター解任を決断しているのだと、マティスはビーガンに伝えたのである。やがてビーガンが候補となっていることが外部に知れると、ビーガンはマクマスター本人に電話をし、解任劇には一切関与したくないのだと伝えた。だがマクマスターは、心配するな、あなたは後任にふさわしいと請け合ったのだった。

　マクマスターはマティスの動きに憤激した。二人の緊張関係は以前から募りつつあった。原因は主として、北朝鮮に対するトランプの好戦的な発言を戦争計画で裏づけるよう、マクマスターが国防総省にますます執拗に迫っていたことにある。マクマスターとしては、自分は大統領の望みどおり実行しているのであり、それが北朝鮮を追い込んで有意義な譲歩を引き出す唯一の方法だと確信していた。だがケリー首席補佐官らは、マクマスターの振る舞いは戦争へと無謀な歩みを進めるトランプを後押しするものだと恐れていた。マクマスターは公の場でもトランプの大袈裟な物言いを見倣い、ABCニュースの司会者、ジョージ・ステファノプロスのインタビューに対し、アメリカは北朝鮮を叩くために「臨戦態勢」にあると胸まで張って見せたのである。[14] マクマスターが推進していた軍事的選択肢の中には、「鼻血を出させる程度」の攻撃を実施するシナリオがあることがリークで明らかになった――これは北朝鮮に対して通常兵器による従来型の先制攻撃を行ない、核兵器開発を断念するよう迫ろうとするものだ。報道によれば、マティスはそれを破滅的な考えだとし、「おそらくおおかたの人が生涯で目にする最悪の戦闘」をもたらすだろうと述べた。[15]

その冬、朝鮮半島問題の定評ある専門家、ビクター・チャは、駐韓米国大使に推挙されることを告げられた。韓国側も推薦に同意し、公表された。その間、チャは国防総省その他でのブリーフィングに参加して、例の「鼻血を出させる程度」の攻撃というのは単なる噂ではなく、朝鮮半島の対立を劇的にエスカレートさせることをトランプが真剣に検討していることがわかった。チャはマクマスターとNSCのマシュー・ポッティンガーに覚書を提出し、そんな計画には賛同しかねるとした上で、攻撃直後の死傷者は膨大な数にのぼるだろうと警告。それはアメリカの都市で言えばピッツバーグが壊滅するのと同等だと述べた。するとそれ以来、トランプ政権から連絡が途絶えた。やがてチャは大統領人事局から「われわれは違う方向へ向かう」として、大使への推薦取り消しを伝えられたのだ。チャがトランプの戦略に公然と懸念を表明すると、トランプ政権の当局者らはチャが大使に選ばれなかったことについて、あれこれ虚偽の作り話を流したのだった。

チャが入手した情報は正しかった。トランプは事態をエスカレートさせようとしていただけでなく、実際に朝鮮半島からアメリカ人を避難させることを命じていたのだ。チャやその他の専門家から見れば、それは緊張を急激に高める「常軌を逸した」愚策であり、パニックを引き起こし、アメリカは開戦間際にあるという北朝鮮へのメッセージになってしまうと考えていた。トランプは一月、FOXニュースでジャック・キーンの発言を聞いたのちに右の退避命令を発した。キーンはトランプから国防長官就任を打診されて断った退役陸軍大将だ。そのキーンは、アメリカがもし本気で軍事的な手段を取るつもりならば、「軍人の家族の韓国渡航を中止するはずではないか」と述べていた。[16] トランプはこれをみずから進める「炎と怒り」作戦を軍部が切り崩そうとしている証拠だと解釈した。そこでトランプは対抗して本気度を示そうと、韓国にいるアメリカの民間人をすべて帰国させることにこだわったのだ。「さっさとやれ！」とトランプの命令が飛んだ。[17] 公表されることはなかったが、実際にマクマスターはそれに従った。一月末、マーク・エスパー陸軍長官は、緊急の電話だとして会議を中座させられ、トランプが韓国からのアメリカ国民の引き揚げを要請していることを知った。「大統領は韓国から軍人の家族全員の引き揚げを命じようとしており、午後に発表する予定だ」と告げられたという。[18] この動きはマティス国防長官がホワイトハウスへ飛んでいき、激しく反対してようやく保留となった。「軍人の家族全員を帰国させたら、それは戦闘準備をしているも同然で、いったんやってしまえば決定的な事態となりますよ」というのが、トランプへのマティスの説明だった。

　マティス国防長官とティラーソン国務長官が動こうとしないことに、マクマスターは不満だった。安全保障問題担当のある当局者は、「二人は要するに『糞《ファックユー》でも食らえ、おれたちはやらねえぞ』と言っていたのです」と当時を振り返る。なぜ実行されないのか、トランプは何度も説明を要求したが、やがて引き延ばしを図っているのはマティスとティラーソンではなく、マクマスターだと思い込むようになった。右の当局者は、「それがマクマスターと大統領との関係の負のスパイラルに、ついに終止符を打つことになったのです」と結論づけた。

　二月、ホワイトハウスのシチュエーション・ルームで北朝鮮問題に関してこれまで以上に張り詰めた会議が行なわれた後で、マティスとマクマスターはついに決定的にやりあった。会議ではマティスが不愉快な思いをする場面があった。不法な物資を積載した北朝鮮の貨物船の航行を米軍が阻止しようとしないことをマクマスターが指摘した。そしてそれは平壌《ピョンヤン》に「最大限の圧力」をかけるトランプ政権の作戦に、マティス国防長官が十分協力していない証拠だと述べたのだ。マクマスターがのちに知人らに語ったことによれば、会議を終えるとマティスはマクマスターの執務室にまでについて行き、釈明を求めたという。

「われわれの間に何か問題があるのかね？」とマティスは尋ねた。

「ないわけがない。われわれの間には問題が大ありです」とマクマスターはきっぱりと返答した。

　執務室にいたマクマスターの補佐官らは慌てて隣室へ退避して、扉を閉めるとテレビの音量を上げ、マティスとマクマスターの怒鳴り合いの声を打ち消そうとした。マクマスターはこの一年で積もりに積もった恨みつらみを長々と列挙していった。

「ジョン・ボルトンを私の後任につけられたら、クソおめでたいことですね。あんたにはジョン・ボルトンみたいな忌々しいやつがお似合いですよ」とマクマスターはマティスに告げた。

「君は今、一線を越えたよ、中将。私にそんな口の利き方をするのは許せん」とマティスが返した。

そんな軍人としての階級への言及に――いつもの三つ星の中将と四つ星の大将の序列というやつだ――マクマスターは激怒した。軍と違ってホワイトハウスでは自分が国家安全保障問題担当の大統領補佐官なのだと、マティスに告げた。だがいずれにしろ、二人ともある真実に気づいていた――マクマスターの地位は風前の灯だということだった。

マクマスターの悩みの種は、「大人の枢軸」の残党への対処だけではなかった。すでにクビにされていたスティーヴ・バノンが、マクマスターは邪悪なグローバリストだとの評判を政権外で流布させようとしていたのである。マクマスターの私生活を中傷する下品な噂が流され、巡り巡って再びホワイトハウスへ伝わり、トランプ大統領までもが口にした。マクマスターは配下の人員の中から、エズラ・コーエン〔NSCメンバー〕をはじめとする一部のバノン一派をなんとか排除することができた。しかし「鉄条網のこちら側」に、まだ内なる敵がいるのだとマクマスターは表現した。マクマスターの言う「錯乱者たち《ルナティックス》」である。

プーチンの大統領再選に関し、「**祝福しないこと**」と大書されたブリーフィング資料をリークしたのも、そんな内なる敵だとマクマスターは確信していた。トランプは電話で金切り声を上げて、このばつの悪い暴露報道をマクマスターの側近二人のせいにしたが、マクマスターは否定した。一人はジョー・ワンで、NSCロシア担当部長として国務省から派遣されていた行政官僚だ。国務省が大統領秘書室へ送ったブリーフィング資料に祝福云々のポイントを入れたのはワンであり、とくに責任を感じていた。ワンは共に名指しされたNSCのフィオナ・ヒル首席顧問に一緒に辞任することをもちかけたが、ヒルがマクマスターに相談をすると即座に否定された。マクマスターは二人に、異論があったにもかかわらずあの文言を残したのは、自分自身であると指摘した。それに、トランプの批判は言い逃れにすぎないのだと、これもホワイトハウスに満ち満ちている結局は無意味なばかげた揉めごとのひとつなのだと、マクマスターは言った。トランプがブリーフィング資料の助言を読んだかどうかにかかわらず――トランプが資料に目を通すことは稀であり、問題の助言も読んでいないだろうと補佐官たちは推測した――以前からプーチンの「不正に操作された」選挙結果を認めるなと、マクマスターは繰り返しトランプに説明していたのだった。いずれにしろトランプが勝手に祝福したのだ。

「祝福しないこと」とのブリーフィング資料が暴露されたのは火曜日の晩遅く。トランプがマクマスターのクビを命じたのは木曜日。しかし実際に辞任する期限の前の金曜日に、マクマスターは最後にもう一件、プーチンにからむ危機に対処しなければならなかった。英国内で発生したセルゲイ・スクリパリ暗殺未遂事件を受けて、トランプに対ロ制裁を承認させねばならない。スクリパリはロシアの元スパイだが、ロシアの工作員らによって軍用レベルの神経剤で毒殺されかけたのだ〔二〇一八年三月、亡命中の英国で娘と共に襲われた〕。アメリカとヨーロッパの同盟諸国が同時にロシアの外交官らを大量に国外追放することで、協調して強いメッセージをロシアに送ろうというのだ。

金曜の午後、オーバル・オフィスでの会議では、まだ首のつながっていた幹部級の補佐官らがソファに居並んでいた。マクマスターの天敵のマティスもいる。マクマスターは立ち上がって一席ぶった。化学兵器禁止のきっかけとなった第一次世界大戦から一〇〇年を経て、化学兵器の使用をプーチンが常態化するのを許してはならないと、トランプに訴えた。そして何度目のことかもうわからなかったが、クレムリンにさらに大きな犠牲を強いることが重要だとも述べた。だが同盟国の連帯を求める高潔な訴えも、歴史が定めた規範も、トランプを説得することはできないとマクマスターもわかっていた。効果のある論法は純粋に利害に訴えるものだった――プーチンはすでに秘密工作員らをアメリカに送り込んでおり、スクリパリのような離反者を見つけ出して排除しようとしているのだと、マクマスターはトランプに強調した。要するに、スクリパリの事件はアメリカへのメッセージでもあるのだと。そして手をこまねいていれば、ロシアはアメリカ内でも人を殺害するかもしれないと。トランプは補佐官らが提案した外交官の強制退去策を嫌々ながら受け入れた。のちにマクマスターは、「前日にもうクビを告げられて失うものはなかったから、いつもよりトランプを説得できたと思う」と周囲に述べた。

しかしトランプは何ごとにつけ、完全に説き伏せられることはない。まさにそれを示すかのように、マクマスターらは週末中ずっとトランプの怒りの電話を跳ね返すのに追われた。マール・ア・ラーゴにこもったトランプは、自分ははめられていると思い込み、ヨーロッパ諸国は実は対ロ制裁で応分の役割を果たしておらず、自分だけがプーチンの目に悪役に見えるように仕組まれていると感じていた。ジェラール・アロー駐米フランス大使は、週末の二日間だけで国務省のある当局者から四回も電話を受け、さらに多くのロシア人外交官を追放してくれと嘆願されたという。英国のテリーザ・メイ首相もトランプに電話をする役回りを担わされ、ヨーロッパ諸国が追放する人数を合計すればアメリカとつり合うのだと、トランプに説明した。ところが週明けにこの件が報道されると、トランプはオーバル・オフィスで怒りを爆発させた。フランスとドイツがそれぞれ追放した人数を個別に見ると、アメリカの六〇人よりはるかに少なかったからである。その場に居合わせた当局者は「罵り言葉もありました。それもたっぷりと」と『ワシントン・ポスト』紙の取材に答えている。[19]

三月二八日、トランプは最後にもう一件、人事をいじった。夕方の五時三〇分、トランプは退役軍人省のデイヴィッド・シュルキン長官をクビにするとツイートした。オバマ政権にも仕えた医師である。それから数時間と経たないうちに、シュルキンは公に批判の声を上げた。トランプが政治任用した官僚たちが退役軍人省の民営化を目論んでおり、民営化反対派のシュルキンに対し、公費によるヨーロッパへの出張で贅沢三昧をしたとして巧みに争点化し、同省から追い出したというのである。〔国際会議出席のため訪欧したシュルキンが観光や私的な買い物に時間を使い、贈答品を不正に受け取ったとの報道などが問題となった〕

退役軍人省民営化の主唱者の一人はアイクことアイザック・パルムッターだった。マーベル・エンターテイメントの会長を務める億万長者で、あまり表に出たがらないタイプだが、大統領選ではトランプの大口献金者となり、マール・ア・ラーゴの常連の友人でもある。シュルキンがのちに明かしたところによれば、トランプ政権下ではそのパルムッターとパームビーチ在住のほか二人の大物が、退役軍人省の運営に多大な影響力を持っているのだという。トランプはパルムッターをしばしば電話会議に参加させ、退役軍人長官のご報告にはご満足いただいていますか、と尋ねるのが常だった。退役軍人省の役人たちは「マール・ア・ラーゴ仲間」と呼ばれるその三人にしばしば電話やメールで連絡し、同省の判断について助言を求めた。公費を使ってわざわざフロリダ州へ飛び、トランプのクラブへ出向いて彼らの意見を拝聴することすらあったという。こんなことはどれもほかの政権だったら大スキャンダルになるところだが、トランプ政権はほとんど気にしてもいなかった。

「すべては彼らを通してやらねばならないのです」と、シュルキン配下のある退役軍人省高官はのちに語った。だがなぜパルムッターがそこまで退役軍人省に関心を寄せるのかは、今もって必ずしも明らかでない。シュルキンが案内するまで退役軍人病院〔退役軍人省の保健局が管轄〕を訪れたこともなく、米軍に入隊したこともない。だが多いときは一日に数回もシュルキン長官に電話をしてくることもあるのだ。それなのにパルムッターとの連絡が十分密ではないとして、シュルキンはしばしばスティーヴン・ミラー上級顧問などホワイトハウスの補佐官たちから叱責された。「大統領と会って、『アイクとはうまくやっているかね?』と訊かれなかったことはほとんどなかった」と、シュルキンはのちに回想した。(20)

パルムッターとの関係が冷え込むと、トランプとの関係も冷めた。シュルキンの訪欧について退役軍人省監察官が批判的な報告を出すと——シュルキンは出張中にウィンブルドン・テニスのチケットを不正に受け取ったとされ、その他の問題のある支出と合わせてやがて弁済した——シュルキンの批判者たちから格好の攻撃材料にされた。シュルキンはパニックに陥りケリー首席補佐官に電話をし、その日のうちにクビにされるとの噂を聞いたと伝えた。だがケリーはのちにあらためてシュルキンに電話をかけ直し、噂は真実ではないと言った。「大統領はあなたを信頼しています」とケリーが言ったことをシュルキンは覚えている。シュルキンによれば、しばらくするとトランプ本人が電話をかけてきて、訪欧に関する批判的な報道について不満を述べ、翌日オーバル・オフィスに来るように言われたという。

しかしシュルキンが最初に聞いた噂こそ本当だった。その日の午後にケリーが再び電話をかけてきた。そしてシュルキンをクビにするだけでなく、トランプは後任に大統領専属医のロニー・ジャクソンを指名するつもりだと、ケリーは告げた。「デイヴィッド、私にはまったくわけがわからん。トランプはレックス〔・ティラーソン国務長官〕にも同じことをやった。言葉がないよ」とケリーは言った。そして「これ以上ひどい判断は想像できない」と付け加えた。

海軍医のジャクソンはホワイトハウスの医療チーム以外には、管理業務の経験はほとんどなかった。その医療チームの中でさえ、ジャクソンの深酒は有名で、ホワイトハウスの補佐官らにやたらと処方薬を出してやる癖もあった。それでもトランプのお気に入りの地位は揺るぎそうもなかった。一月に大統領の年に一度の健康診断を終えた後に開いた記者会見のおかげである。ジャクソンは肥満気味の七〇代のトランプについて、健康状態は「きわめて優良」だと主張し、トランプは「信じがたい遺伝子」の持ち主だと熱心に持ち上げる一方で、心臓疾患については触れず、「職務遂行に健康上の問題は皆無」だと述べたのだった。[21] このようなジャクソンの任命にあたり、またもやケリーは相談すらも受けていなかった。そしてトランプの決断はいずれホワイトハウスに手痛いしっぺ返しを食らわせることになる。〔ジャクソンは不品行が問題となり、やがて長官への推挙を辞退した〕

シュルキンがケリーから屈辱的な知らせの電話を受けた数分後、トランプはジャクソンを指名するとツイートし、「わが**偉大なる退役軍人たち！**」に対するシュルキンの奉仕に謝意を表した。続いてホワイトハウスは、シュルキンは罷免されたのではなく、辞任したのだと主張したが、「まったくの嘘」だとシュルキンは述べた。これはシュルキンの体面に配慮してのことではなく、政治的な裏があったようだ。閣僚の空席期間について定めた法律によれば、辞任ではなく罷免の場合は、上院が承認した退役軍人長官代理が代行するとされている。トランプ政権はこれを避け、パルムッターのお気に入りの候補者を長官代行に据えたかったわけである。ともかくケリー首席補佐官は事前に知らされていなかったが、退役軍人省には知らされていた者がいたらしい。トランプがツイートをすると、シュルキンの公用のメールアドレスと電話番号が即座に無効にされたのである。[22]

ホワイトハウスではケリーが激怒しており、またもや辞任すると言い出した。「みんな、おれは出ていくぞ」とケリーはスタッフらに言うといつもより早く退勤した。側近たちはそれが永久に出ていくことを意味しているのかどうか、このときも判断がつきかねた。[23] キルステン・ニールセン国土安全保障長官がマティス国防長官に連絡し、続いて二人ともケリーに電話をした。辞任を思いとどまるよう説得するのは、これが最初でも最後でもなかった。

H・R・マクマスター大統領補佐官（国家安全保障問題担当）は四月六日、ついにホワイトハウスを去った。トランプ政権下では珍しく、解任直後に公用電話番号を無効にされたり、そのまま送迎の車で追い出されたりする屈辱を味わわなかっただけでもマシである。だが四つ星の大将への昇進もなければ、米軍の名誉ある職務への復帰もかなわなかった。マクマスターはホワイトハウスの職を辞したら引退すると常々言ってはいたが、マクマスターの支持者らは、これはマティス国防長官による最後の復讐だったと確信していた。

　マクマスターを支持する一派はその後何年も、突然の解任をトランプのみならず、ホワイトハウスのほかのいわゆる「大人」たち――ケリー首席補佐官、マティス国防長官、ティラーソン国務長官――のせいにした。支持者たちから見ると、マクマスターはならず者の高官たちの犠牲になったのであって、大統領を抑え込もうという方針にマクマスターが従わなかったために、高官らの目の敵にされたというのである。マクマスターの上級顧問の一人は、「『あの男はクレイジーだ。おれたちが国を動かさねばならない』と考えた三人の高官の陰謀です。あの三人はマクマスターをおとしめるような情報を流して、追い出したのです」と言う。別の上級顧問は、「あの連中は意図的にH・R［・マクマスター］の力を削ごうとしていました。大統領が望んでいることを本当にやってやろうとしていたのは、彼だけだったのに」と付け加えた。

　だがトランプは望みどおりのものを手に入れたのだ。ティラーソンとマクマスターは追っ払ったし、マティスとケリーも時間の問題だったのだから。そして罷免された彼らもまた、自分たちがやってきた政権内の裏切りや陰謀によって、意図せずしてみずから報いを招いたのだった。四月初め、ゲイリー・コーン大統領補佐官（経済担当）が辞任した日〔四月二日〕、トランプは訪米中だったスウェーデンの首相との写真撮影の場で隣に立ち、「私は対立が好きなんですよ」と首相の当惑をよそに言った。続いて「異なる見解の二人を抱えるのが好きなんです。実際そうしているんですがね。それで私は決断を下す。でも見ているだけというのもいいものです。眺めているのがね。それがいちばんいいやり方だとも思うんですよ」[24]と言ったのだ。ほかの誰も知らなかった、またはあえて無視した、あることをわかっていた――部下を対立させることは、トランプのさらなる権力拡大に役立ったのだ。

第9章 熱追尾ミサイル

二〇一八年四月一一日、下院議長のポール・ライアンは年末に四八歳にして引退すると発表。妻と一〇代の年齢の子供たち三人と故郷のウィスコンシン州でゆっくり過ごしたいのだという。だがワシントンの政治関係者の間では額面どおり受け取る者はいなかった。ライアンの決断は共和党の主導権争いにおける決定的な瞬間だと、即座に認識されたのだ。戦いは事実上終わった――少なくとも下院では。既成勢力《エスタブリッシュメント》が屈服したのだ。トランプが勝ったのである。政権内では、トランプがレックス・ティラーソンやH・R・マクマスターといった異論を唱える面々を次々と粛清していた。しかしライアン議長の場合はトランプがクビにしたわけではない。ライアン自身が戦いから降りてしまったのだ。トランプは知らせを聞いて歓迎したが、首を傾げてもいた。ライアンはなぜ今この時点で辞任を表明して、みずから残りの何カ月もの任期を実質的に力のないレイム・ダックとして過ごそうというのか？　トランプはライアンのことを「小型塹壕《たこつぼ》ライアン」と呼ぶようになった――あんな風に戦場から一人で勝手に逃げ出すやつとは、共に小型塹壕《たこつぼ》に潜んで戦う相棒《バディ》同士にはなりたくない、という意味である。(1)

ライアンは二〇一二年の大統領選で、共和党の大統領候補となったミット・ロムニーと組んで副大統領候補となり、一時は誰が見ても共和党の次世代のリーダーとなるべき人物だった。そのライアンはトランプとはあらゆる点で正反対だった――礼儀正しく、知性があり、オタクと言えるほどの政策通。そして最初に師事した共和党のジャック・ケンプ下院議員〔一九三五―二〇〇九年。ニューヨーク州選出の下院議員として長く務めた〕の好機を見極めた前向きな保守主義を絶賛した。ライアンは二〇一六年の大統領選では、トランプが共和党の大統領候補となることを懸命に阻止しようとした。それでもトランプが共和党の候補者に決まると渋々支持を表明。だが投票日の三週間前、トランプがライアンの選挙区を訪れるその直前に、例の「アクセス・ハリウッド」の舞台裏のビデオテープが暴露されてスキャンダルとなると、ライアンはトランプを糾弾した。そして集会で共に登壇することを拒否し、「私はドナルド・トランプを擁護しない――今も、未来にも」と述べたのだった。(2)

ところがトランプが当選すると、ライアンは文字どおりトランプを擁護した。しかも繰り返し。トランプの閣僚たちを「めちゃめちゃイケてる」と持ち上げた。(3)ジェイムズ・コミーFBI長官の更迭も問題ないとした。ヴァージニア州シャーロッツビルで白人至上主義者の暴走で死者が出たときも〔二〇一七年八月。第6章参照〕、ライアンはトランプの反応について、大統領は「正しい心のあり方をしている」とまで言い切った。(4)さらに税制改革に関しても、トランプは「大統領として絶妙なリーダーシップ」を発揮したと手放しで褒めちぎったのだった。(5)ところがトランプはライアンがもっと称賛してくれることを常に期待していた。反対にトランプを嫌悪する人たちにとっては、ライアンのトランプ批判はいつだって物足りなかったが、矛盾を絵に描いたようなライアンであれば、自分たちと意見を同じくする面もあるはずだと思っていたのである。

「選挙後には、『過去のことはもう忘れようじゃないか』という雰囲気だったのは間違いありません。誰もがなんとなく成り行きに任せたといったところです」と、ライアンの顧問を務めた政治アナリストのブレンダン・バックは回想する。トランプは相変わらずライアンを蔑むような呼び方をした。「ボーイスカウト」というのもそのひとつだったが、ライアンはトランプから直接説明されて初めて皮肉だと知った。(6)それに対してライアンは、日々連発されるトランプのばかげたツイートや奇怪な報道の数々について、ほとんど何も言わなかった。そんな態度を「ポールは悪魔とディールをした」と言う人も少なくなかった。(7)

共和党上院院内総務のミッチ・マコーネル議員の場合、トランプと交換条件で得たのは連邦裁判所人事をほぼ自由にできることだった。それに対してライアンが得たのは減税法案だった。だが「それがいったん通ってしまった後は、もう次はありませんでした。もう次はないんです」と、下院共和党の政治ストラテジストで、ライアンの前任者のジョン・ベイナー元下院議長とも親しく仕事をしたことのあるマイケル・スティールは言う。マコーネルに比べて、トランプとのディールはライアンにとって魅力に欠けたのである――そしてトランプにとっても。お互いに相手から得られるものはもう手に入れてしまったのだ。

ライアンは引退について、数カ月も前から最も親しい顧問らと密かに、そして入念に相談していた。それもそれなりに合理的ではあった。なぜならライアンはいずれにしろ議長の座を降りることになりそうだったからだ。歴史的な前例と最近の世論調査のどちらからも、秋の中間選挙で共和党が下院で過半数を維持することはきわめて難しいと見られていたのだ。

しかし本当の理由はトランプだった。三月には、財政難による政府閉鎖を回避するために、ライアンは労を惜しまず各方面と交渉して予算措置に関する法案を練り上げた。それをトランプは拒否すると脅しをかけたのだ。予算にはトランプが求めていた国境の壁の建設費が入っていないというのが理由だった。結局トランプは渋々引き下がったが、そんな法案は二度と承認しないと断言したのである。もしライアンが職にとどまれば、こんなことが延々と繰り返されるのにつき合うことになる。ライアンは引退表明ではトランプについてひと言も言及しなかった。だがその声明の内容を見ればトランプが原因であることは明らかで、その後の数年間に行なわれたインタビューなどではライアンの意図がよりいっそう明確に読み取れる。引退を表明した日の午後、ライアンは執務室で記者らの取材に対し、「私は昔ながらのジャック・ケンプ議員の信奉者で、包括的で前向きな政治に強い信念を抱いている。それは人々の対立につけ込むのではなく、人々を結びつけることを基礎としているのだ」と述べた(8)。そしてやがてライアンは、レックス・ティラーソンやジム・マティスなど、ホワイトハウスのいわゆる「大人」たちと同様に、自分の役割はトランプが引き起こしかねない惨事を阻止することだと考えるようになったことを認めた。ライアンは『ニューヨーク・タイムズ・マガジン』誌のマーク・レイボヴィッチ記者にこう述べた――「一日の終わりに鏡で自分の姿を見ながらその日を振り返り、私は今日この惨事を防止した、あの惨事も回避した、こんな惨事も防いだと、自分に言うんですよ。そして私はこの目的実現に向けて前進した、あの目的に近づいた、こんな目的に向けても前へ進めた、と自分に確認するんです(9)」。

二〇一六年の選挙を経て、上下院の過半数とホワイトハウスを共和党が占めていた。共和党の政治家として何かを成し遂げようと思っていれば、これほど魅力的な状況はなかっただろう。だがライアンとしては、目的を成し遂げるまでには数々の懸念に目をつぶらなければならなかったし、実際、何を本当に成し遂げたと言えただろうか？ ライアンは常に妥協点を見いだそうと努力したが、結果的に誰をも怒らせてしまった。トランプをタチの悪い道化と見ていた保守派コラムニストのジョージ・ウィルは、引退するライアンに辛辣な「追悼文」をしたためた——ライアンを「大統領の愛玩犬《プードル》」となった、ただのつまらない「出世主義者」だとしたのだ。ウィルの評価によれば「ライアンは減税を実現するために政治家としての魂を売ってしまった」のだ。(10)

ライアンの退任は単に彼自身の挫折というのにとどまらなかった。それはいかんともしがたい政治的変動の徴《しるし》でもあったのだ。トランプ流の闘争本能こそなかったものの、ライアンもいっぱしの抜け目のない政治家だった。だから問題は大統領だけではなく、自身が属する共和党議員団そのものであることも見抜いていた。トランプはその議員たちの間に、ますます狂信的な支持を煽り立てていたのである。もはやトランプ派ではない共和党の下院議長などに居場所はなく、まだ必ずしもあからさまな反逆に遭っていたわけではないにせよ、いずれそうなることをライアンはわかっていた。今やライアンの同僚たちである二三七人の議員たちの大部分は、一人のリーダーにしかついていく気はなかった。ライアンの顧問だったブレンダン・バックはトランプ政権の一年目、下院での投票時にある共和党議員がライアンのもとへ歩み寄った光景を忘れることができない。バックは言う——「その男はこんな風に言ったんです。『実を言えば、私はあなたを支持しているんです。わかりますよ、あなたに賛成ですよ。いい政策に違いない。でも大統領が賛成かどうかわからないと私も賛成できないんです。選挙区の支持者たちがいますから。私の支持者たちが知りたがっているんです——トランプは賛成なのか、とね。それでイエスと言えない限り、私は賛成に回れないんです』」。ライアンは根っからの保守派であり、政策通だった。だがトランプのワシントンはバックが見たところ「完全に政策の時代が終わった《ポスト・ポリシー》世界」だった。「政策なんてどうでもいいんです。原理原則だってどうでもいい。完全に個人崇拝のカルトです。トランプは誤ったことをするはずがない、間違うはずがない、と。こうなったらもう、どうしようもありませんよね？」とバックは指摘する。

共和党が過半数を占める下院は当時、急激に機能不全の無法状態に陥りつつあった。それは二〇一〇年のオバマ政権二年目の中間選挙で、「茶会（ティーパーティー）運動」〈保守派の草の根大衆運動〉の勢いに乗って共和党が過半数を取り戻して以来のことである。その新世代の議員たちにとって立法という本来の目的は二の次で、実際、採択された法案の数は激減した。反逆自体が目的と化していたのだ。ライアンが二〇一五年に下院議長になったのもこれが理由だった。当時、のちにトランプのお気に入りとなるマーク・メドウズとジム・ジョーダン両議員に率いられた数十人の「ハウス・フリーダム・コーカス（自由議員連盟）」〔共和党の最右翼の議員グループ。第2章参照〕メンバーの新興勢力が台頭。彼らは「下院議長解任動議」という、ほとんど使われない禁じ手を行使して当時のベイナー下院議長を解任するぞと脅しをかけた。これは実質的に、彼らひと握りの議員たちに下院議長に対する拒否権を与えるものだった。ベイナーは彼らを「議会テロリスト」と見て嫌悪し、常軌を逸した議会という「クレイジー・タウンの市長」を務めるのはまっぴらごめんだと、自分から辞任してしまった[11]。そこでライアンが嫌々ながら、各派の妥協の産物として後任候補に浮上したのである。ライアンは全米に名の知れた政界のスターであり、かつハウス・フリーダム・コーカスのリバタリアン的な右翼的志向の一部も併せ持ちながら、そんな志向を共和党の穏健派らが好む快活な立ち居振る舞いと交渉術で和らげることができる人物だったのである。

　しかしいったんライアンが議長の座に就くと、必然的にハウス・フリーダム・コーカスはライアンに幻滅することになった。二〇一六年の大統領選後、一派はメドウズ議員とスティーヴ・バノンの企てでライアンを追い落とそうと試みたが、そのときはトランプ大統領が同調せずに失敗に終わった。しかしライアンは、今度トランプと対立すれば、ベイナー議長を辞任させたようなハウス・フリーダム・コーカスの反乱があっという間に勃発するだろうとわかっていた。

　その不発に終わったライアン更迭の企てで、ハウス・フリーダム・コーカスが後任議長に想定していたのは、実は当時まだ知名度の低かったカンザス州選出の下院議員。コーカスの一派には属していなかったものの、負けず劣らず党派的な煽動家——のちにトランプ政権の国務長官となるマイク・ポンペオだったのである。

　トランプが組み直した新たな政界のあり方からすれば、まさにライアンが退場するタイミングでポンペオが台頭したのは完全に筋が通っていた。今や共和党の議員らの評価は、彼らのリーダーたるトランプとその独裁的手法を受け入れるか否か、またどう受け入れるかで決した。大部分の議員らは受け入れたが、ポンペオほど巧みにかつ熱意を持って受け入れた者はいないだろう。二〇一六年の時点で、形だけ見ればライアンとポンペオの間にそれほど差があったわけではない。どちらも作家・政治思想家のアイン・ランド〔一九〇五-八二年。今日のリバタリアニズムに影響を与えたといわれる〕の信奉者を標榜するタカ派の共和党員で、トランプが象徴するものの多くを嫌悪していた。ところがトランプの存在はライアンの政治的野心を葬ることになったのに対し、ポンペオにとっては野心を実現する足がかりとなった。党派主義的なジョン・ボルトンがマクマスター大統領補佐官（国家安全保障問題担当）の後任となったのと同様、トランプ以外の大統領ならば、ポンペオを政府高官の地位には決して就けなかっただろう。

　がっちりした体型で、キリスト教福音派、すぐにカッとなるタイプのポンペオは、政治家としてはカンザス州ウィチタを地盤とするが、カリフォルニア州南部の既成勢力に属する保守的な家庭で生まれ育った。トランプが権力の座に就くまで、ワシントンでもほかでもほぼ無名の政治家だった。初めて政界進出を試みたのはわずか一〇年足らず前で、カンザス州共和党委員長の座をめぐる三つ巴の選挙戦で三位に終わっていた。ハーヴァード大学法科大学院を修了してワシントンの一流法律事務所に勤務したが、わずか二年で唐突に亡き母親の故郷だったカンザス州へ移った。国家安全保障関係の職務経験としては、下院情報委員会で二期ばかり委員を務めたほかは、冷戦末期に陸軍大尉として従軍した程度である。一方、政治家となってからはよく「小さな企業」を経営した経験を吹聴したが、実態としてはセイヤー・エアロスペース社という業績の苦しいベンチャー企業にすぎなかった。ウィチタ出身の保守派実業家のコーク兄弟からの投資を含め、一億ドル近くの資金が水泡に帰し、ポンペオは最高経営責任者の地位を追われたのだった。そのコーク兄弟はポンペオの政治家としてのキャリアも資金面で支え、二〇一〇、二〇一二、二〇一四、二〇一六年の選挙でコーク兄弟から最も多くの資金援助を得た議員だった。ところがポンペオは下院議員歴六年で、小委員会の委員長すら務めたことがなく、重要な法案も一本も通したことがなかった。関与した大きな案件があるとすれば、リビアのベンガジで米国領事館が襲撃された事件で、未然に防ぐ努力が足りなかったとしてヒラリー・クリントンを激しく糾弾したことだろう。当時ポンペオは、NBCの番組「ミート・ザ・プレス」に出演し、クリントンの隠蔽疑惑を「ある意味でウォーターゲート事件よりもひどい」と断じたのだった。(12)

　こんな具合だったから、ポンペオが国務長官の理想的な候補者に――それどころか現実的な候補者にすら――

なるとは思えなかった。とくに連邦議会の多くの共和党議員と同じく、大統領選中はポンペオもトランプを激しく批判していたからなおさらだ。ところがトランプはポンペオにとって絶妙のタイミングで権力の座に就いた。二〇一六年の秋、ポンペオのキャリアは一種の危機にあった。出世をしたくてうずうずしながら、どこをねらうべきか確信が持てないまま、その年の初めにはカンザス州で上院議員選への出馬を公表。共和党の予備選で現職のジェリー・モーラン上院議員に挑んではみたものの、早々に撤退を余儀なくされていた。長年ポンペオは国家安全保障に関心を抱いていたから、論理的に言って、次なるステップは行政機関でポストを得ることだった。だが大統領選の共和党予備選では、間違った候補者に賭けてしまった。マルコ・ルビオ上院議員である。〔フロリダ州選出のキューバ系上院議員。二〇一六年の大統領選予備選では三月に撤退〕

　志を同じくするハウス・フリーダム・コーカスの議員たちと同様に、ポンペオもトランプを酷評していた。のちにこの議員連盟は議会におけるトランプの主要な支持母体となるが、実は予備選当時、トランプ支持を表明したのはわずか一名。それも複数の患者とセックスをし、愛人と元妻に中絶を強いたことがある医師、スコット・デジャーレイ議員のみだ。一派のマーク・メドウズ会長などは、トランプの「戴冠式」に同席したくないとして、同年夏にオハイオ州クリーヴランドで開催される共和党の党大会に参加しないかもしれないと公言していたほどである。同じくハウス・フリーダム・コーカスの創設者の一人で、のちにトランプ政権入りしたミックことマイケル・マルバニーは、大統領選ではケンタッキー州選出の上院議員、ランド・ポールを支持。もしトランプが大統領になったら憲法をずたずたにしかねないとし、もしそうなったら闘うことを誓った。[13] だがトランプが共和党の大統領候補に指名されると、構わずトランプ支持を表明した。そしてポンペオのように、選挙後に政権入りする際もなんらためらいも見せず、行政管理予算局長に就任したのである。

　ポンペオもまた、鮮やかに身を翻した。トランプが共和党の大統領候補の指名をほぼ確実にしていた時点では、ポンペオはカンザス州で最後にもう一戦挑むようマルコ・ルビオを説得した。各地で党員集会が開かれた日、ルビオの応援演説をするため、ポンペオはウィチタのスポーツアリーナのステージに上がった。舞台裏ではそれを聞きながらトランプが怒りを募らせていた。演説の中でポンペオは、トランプが自慢気に語ったことに言及した。トランプは、もし自分が米兵に戦争犯罪に当たるような行為をしろと命じたら、その米兵はただ「黙ってやる」だろうと豪語したというのだ。ポンペオはそんなトランプに対して聴衆がブーイングする中、トランプは「憲法を無視する独裁的な大統領」になるだろうと警戒を呼びかけた。米兵は「トランプ大統領にも、いかなる大統領にも忠誠を誓うものではない」とポンペオはきっぱりと言った。「彼らはカンザスの人間として、保守派として、共和党員として、そしてアメリカ人として、憲法を守るという誓いを立てるのだ。マルコ・ルビオは米兵に憲法にもとる行動を命じてやるなどという暴言を吐かないし、それによって米兵の面目をつぶすようなことは決してしない」と述べた上で、数分後にはこう演説を締めくくった――「サーカスのライトを消すときが来たのだ[14]」。

　ルビオがカンザス州の予備選で敗れてその後やがて撤退すると〔翌々週、地元フロリダ州で敗北して脱落〕、ポンペオは渋々トランプ支持を表明しつつ、批判し続けた。トランプはどう見ても「保守の信念を持っていない」とポンペオは述べたのだ[15]。ポンペオのパトロンである実業家、コーク兄弟のグループ組織のひとつに、政治活動を担うフリーダム・パートナーズがある。そのトップでポンペオの友人でもあるマーク・ショートは、トランプを攻撃するために八桁の金を出してメディアの広告枠を買うべきだと主張していた。コーク兄弟はこれには乗らなかったものの、トランプを支持する気はさらさらなかった。ショートはルビオ上院議員を支援するために職を辞していたが、ルビオの撤退後、結局トランプが相棒の副大統領候補に選んだマイク・ペンスのために働くことになった。ペンスも長年コーク兄弟の支援を受けてきた政治家だ。するとショートはやがて、九月に予定されていた民主党との正副大統領候補者のテレビ討論会に備えるため、ペンスのアドバイザーとしてポンペオを陣営に引き入れた。こうしてコーク兄弟の人的ネットワークは、最終的にはトランプ陣営に参画することになったのである。

　トランプが大統領選で勝利した直後から、ポンペオはポストを求めて動きだした。望んでいたのは陸軍長官かＣＩＡ長官だ。ポンペオが電話を入れた一人は、ウェストポイントの陸軍士官学校の同級生で、ワシントンの政界でも親しかったデイヴィッド・アーバンというロビイスト。大統領選ではペンシルヴェニア州で選挙運動を仕切り、トランプを勝利に導いた人物だ。アーバンはスティーヴ・バノンからも電話を受け、「オヤジ」に電話をしてポンペオをＣＩＡ長官に推薦するよう要請された。アーバンはそれに従った。さらにマイク・ペンスも、そしてやがてホワイトハウスの立法問題責任者となるマーク・ショートもポンペオをトランプに推薦した。一一月下旬、ポンペオは閣僚候補に必須のトランプ・タワーでのトランプとの面談に臨んだ（プーチンについては互いに合意はしないという点で合意した、とポンペオはのちに周囲に語った）。そしてトランプはあっという間にポンペオをCIA長官に選んだのだ。あまりの早技に、下院情報委員会委員長で、トランプの政権移行チームのメンバーでもあったデビン・ニューネス議員は、ポンペオは身元調査書に回答する暇もなかったに違いないとのちに語った。

トランプはポンペオのことをほとんど知らなかった。実際、かつてカンザス州ウィチタの党員集会で、ポンペオが辛辣な演説をしたことも忘れていたらしい。その集会でトランプは、同じく出馬していたテッド・クルーズ上院議員の選対本部長、ジェフ・ロウの近くに立っていた。そして自分を批判しているあの議員はいったい誰かと、激昂して尋ねていた。そのロウは今、ポンペオがCIA長官に選任されたことを聞くと、ジャレッド・クシュナーに電話をし、党員集会での一件を耳に入れようとした。するとクシュナーは電話のスピーカーをオンにしてトランプに聞かせた。ジャーナリストのティム・アルバータによれば、トランプは怒鳴り声を上げて「まさか！　あいつが？　採用を取り消さねばならん」と言うと、「人選を全部ペンスにやらせておくと、このざまだ」と付け加えたのだった。(16)

しかしこの人選は維持され、二週間後、ポンペオはアメリカン・フットボールの陸海軍対抗戦（陸軍士官学校と海軍兵学校のチームが対戦）で、デイヴ・アーバンのボックス席で次期大統領のトランプと同席してくつろいでいた。ポンペオがトランプ政権に加わることにした論拠は、ほかの多くの共和党員たちとほぼ同じだった——「トランプは選挙で勝ったのだ。それに、本当の敵は民主党だ」。ポンペオのある友人は「政治家として現実を受け入れただけのことです。トランプがわれわれの大統領になったのですから」と述べた。(17)ポンペオは数カ月前にはトランプが「独裁的な大統領」になるだろうと警鐘を鳴らしていた。それが今や同僚たちに、オバマ政権時代の「過ちを正す」ために議員をやめて政権入りするのだと言っていた。(18)さらに、時には歯に衣着せぬトランプ批判をつぶやいていた議員時代のツイートをすべて削除。こうしてポンペオは上院で賛成六六票、反対三二票で承認された。ベテランのチャック・シューマー議員を含め、民主党の一四人の賛成票も後押しとなった。(19)二〇一〇年の上院議員選でポンペオに惨敗したことのあるラージ・ゴイル〔元カンザス州下院議員〕は、「ポンペオの非凡な才能は権力を巧みに活用するところにある」と振り返る。「その点、私は彼に絶大なる敬意を抱いています。彼がウィチタの権力構造を見極め、ワシントンの権力地図を見定め、トランプの権力のありかを見抜いた、その手腕にです[20]」

長官としてＣＩＡに着任したとき、ポンペオはトランプが職員たちの間に巻き起こした政治的な騒動に直面した。大統領就任直前、トランプはＣＩＡをはじめとするアメリカの情報機関をナチス・ドイツになぞらえていたのだ。トランプ陣営とロシアとの関係をめぐり、英国の元諜報部員のクリストファー・スティールがまとめた資料の扱いに不満だったのである。その上でトランプは、ＣＩＡ本部のロビーで開かれたトランプの歓迎式典で、本来は非政治的であるべき場できわめて政治的な演説をぶった。それでもポンペオはなんとかＣＩＡの官僚たちをなだめてみせた。作戦本部のメンバーらには、もうオバマ時代のようなマイクロマネジメントを受けることはないと約束もした。ジョージ・Ｗ・ブッシュ政権の元スタッフで、前任者からの引き継ぎ作業を仕切るためにポンペオが呼び寄せていたフアン・ザラテによれば、ポンペオは「重要な橋渡し役として奉仕し、必要とあらばホワイトハウスのみならず、あらゆる政治的な攻撃に対してみずから盾になる」ことを誓ったという[21]。

しかし最も重要だったのは、ポンペオがトランプに対する毎日のブリーフィング資料を手ずから届けたことである。おかげでＣＩＡは同局に懐疑的なトランプに対し、貴重なアクセスルートを得ることができた。「マイクは毎日資料を大統領の部屋に届けました。それはＣＩＡが長官に期待する第一のことでもあるのです」と、情報機関の元職員は述べた[22]。ポンペオは日々の訪問を通じてトランプと打ち解けた関係を築きあげた。それはトランプと国家安全保障関係のほかの高官たちとの間のぎくしゃくした関係とは好対照だった。「早い段階から、トランプはマイクと馬が合うと感じたのです。そしてそれはマイクにも好都合だった。マイクは大統領をものにしたのです」と、トランプの親しい友人であるクリストファー・ラディは言った[23]。いまだにペンシルヴェニア大学に学んだことを自慢するトランプは、既成勢力に連なるポンペオの経歴も気に入っていた。オーバル・オフィスに来客があると、ポンペオがウェストポイントの士官学校で首席だったとか、ハーヴァード大学法科大学院を修了していることにしばしば言及したのである。

ＣＩＡ長官として一年を経たころ、ポンペオがレックス・ティラーソン国務長官の後任の座をねらって動いていることは、ホワイトハウスでは公然の秘密だった。「ポンペオはしきりに働きかけていました。大統領がいかにティラーソンに幻滅しているか、みずから目にし、トランプからも聞いていました」と、トランプ政権のある高官は回想する。「ポンペオはトランプに言い募っていました——あなたの周りはあなたに同意しない連中でいっぱいだ。私はあなたの味方だ、と」[24]。当時、イランとの核合意から離脱すべきだとのトランプの主張に対し、ティラーソンとマティス国防長官は抵抗を示していた。そんなとき、対イラン強硬派のポンペオは、合意を破棄するようホワイトハウスのシチュエーション・ルームで二度にわたって勧めていたのだ。ＣＩＡの長官は政策立案には関わらず、情勢分析に専念すべきだとの不文律があるにもかかわらずである。

　これらすべてはある注目すべき事実を証明していた。それはトランプ政権のこの時点で、ポンペオが二つの離れ技を同時にやってのけていたということだ。すなわちほかの閣僚のほぼ誰よりも長時間トランプと直接会っていながら、決してトランプと揉めることがなかったのである。トランプといるときのポンペオの様子を観察していたあるホワイトハウス高官は、マイク・ペンスを除けば、おそらくトランプの側近たちの中でポンペオこそ「最大のごますりの追従家」だと感じたという[25]。そのころポンペオと仕事上のつきあいがあったアメリカのある大使によれば、それは「まるでトランプのケツを追いかける熱追尾ミサイルのようだった」[26]。

　トランプも気づいていた。ポンペオを新国務長官の座に押し上げた日、ポンペオが「批判者」から「好ましい助手」に変貌したことをトランプの発言がよく示していた。二人の関係は愚弄に始まり、へつらいで新たに生まれ変わったのだった。記者たちからポンペオを国務長官に選んだ理由を問われると、「私たちは常に同じ波長にいる。関係はきわめて良好で、それこそ私が求めるものだ」と、トランプは答えた[27]。その年の暮れにはもっと断定的だった。『ニューヨーク・マガジン』誌のオリビア・ヌッツィ記者に対してトランプは、「私は誰とも口論するんだ。ポンペオを除いてね」と答えている[28]。

　ポンペオは国務長官に就任した日、自身もトランプも大好きな第二次世界大戦の英雄、ジョージ・パットン将軍の大言壮語を思わせる調子で、アメリカは「堂々たる風格を取り戻すだろう」と請け合った[29]。さらにはそれをＳＮＳの広告キャンペーンでも展開し、自身とパットンの肖像写真を載せると同時に、国務省のロゴに非公式の新たなキャッチコピー「堂々たる風格の省」を加えてみせた。ポンペオの身近で共に仕事をしたある国務省高官が言うように、ポンペオの国務長官としての第一声は「たった一人の支持者」に向けたものだったと、同省の外交官たちは推測したのだった[30]。

こうしてホワイトハウスの主であるトランプに向けてアピールすると同時に、ポンペオと側近らは外交政策を牛耳る既成勢力に対し、自分はバノンのような煽動家タイプではなく、責任ある人間だということを納得させようとした。ひとしきり粛清を終えたトランプ政権にあって、少しでも「大人」らしい人物がいるとすれば自分だというわけである。ポンペオはまた、すべての歴代の国務長官らに相談するという念の入れようだった。ベンガジの事件にからんで長年ポンペオから酷評されてきたヒラリー・クリントンも、電話を受けてくれた（クリントンへ電話したことは、上院でポンペオの指名を承認する公聴会が開催される直前にメディアにリークされた。タイミング的に、目的は言わずと知れたことだ）。ポンペオはティラーソンが導入していた国務省の職員採用の凍結を解除することも約束した（国務省の構造改革のための措置。ポンペオは二〇一八年五月に解除した）。そして同省生え抜きの外交職員、デイヴィッド・ヘイルを国務省ナンバー3の地位に就けると共に、ティラーソン在任中に退職していたベテラン外交官らにも声をかけた。ポンペオがコンタクトした元職員の一人は、ポンペオが最大限トランプに対処しようとしている印象を受けたとし、真に「なんとか災難を食い止めようとする」長官になるだろうと述べた[31]。

しかしトランプを御することはポンペオが予想した以上に難しかった。ＣＩＡ長官だったころは、ポンペオは長時間トランプと過ごしたし、難しい問題があれば、政策上の助言は自分の職務ではないと言ってかわすことができた（実際はときに助言もしたが）。ところが国務長官となった今、ポンペオは出張でワシントンを離れていることも多く、対照的に国家安全保障問題を担当するジョン・ボルトン大統領補佐官は毎日トランプと会うことができた。官僚たちとの「接近戦」も得意なベテランの武闘派であるボルトンは、補佐官になると即座に国家安全保障会議（ＮＳＣ）の粛清に手をつけ、まず国土安全保障顧問のトム・ボサートを追い払い、さらに二人いた国家安全保障次席補佐官の両方と、広報官、その他もろもろの補佐官らを追い出した。ボルトンが断行した変更には、オバマ政権時代に創設されていたパンデミックに備える部署と担当者の廃止も含まれ、より幅広く生物的脅威に対する防衛を担うバイオ・ディフェンスの部署に組み込んでしまった。さらにボルトンは、マクマスターが重視した諸案件の処理手順《プロセス》にはまったく関心がないことを明確にした。トランプもそうしたプロセスをほとんど支持してはいなかったが、難問山積の官僚機構全般に少なくともある程度の透明性をもたらしていたのである。たとえばマクマスターは、二週間に一度はＮＳＣのメンバーと機密扱いの電話会議を実施していた。それもボルトン体制となってからは一度も開かれなかった。国防総省のある高官は、「ボルトンにはプロセスというものがあった試しがありません。ボルトンが自分一人で処理するのが彼のプロセスだったのです」と証言する。

トランプはティラーソンとマクマスターを排除することで、機能不全に陥っていた国家安全保障問題担当チームを粉砕したが、新たなチームも緊張をはらみ、やがては以前と同等、またはそれ以上に張り詰めた状態になった。しかしポンペオとボルトンには共通点があり、そのひとつが中東におけるアメリカの軍事力行使に対する強硬な姿勢であり、もうひとつはイランに対する注視、もっと言えば執着だった。ワシントンの多くの民主党員や外交の専門家たちは、この二人の任命はトランプが軍国主義的な方向へ向かっている証拠であり、これこそずっと懸念してきた「戦争内閣」なのだと認識した。そしてすぐに戦争が迫ってきたのである。

四月一三日、トランプがティラーソンをクビにしてからちょうど一カ月目のこの日、トランプはシリアに対する空爆を検討するために国家安全保障問題担当の新チームを招集した。もう何日も前から、トランプは「獣《けだもの》のアサド」すなわちバッシャール・アル゠アサド大統領に対して厳しい対応をすると公言していた。これは反政府勢力の飛び地となっているダマスカス郊外のドゥーマ地区に対し、アサド政権が化学兵器を使用したことを受けたものだ。その攻撃のおぞましい写真の数々をトランプはＦＯＸニュースの画面で目にしていたのである。ボルトンはその週に正式に職務を始めたばかりだったが、さっそく容赦のない攻撃を強く要請し、政権外の助言者らも同調した。トランプが助言を求めたある共和党の上院議員は、「めったくそ爆撃してやるべきですよ、大統領殿」と言った。

しかし攻撃を許可する際、トランプは渋々ながら、より慎重なジム・マティス国防長官の忠告に耳を傾けた。それはシリア政府の三カ所の化学兵器関連施設に対し、一度だけ夜明けの一斉攻撃を仕掛けるという選択だった。そしてトランプが手を引きたがっているこの戦争をエスカレートさせることがないよう、シリア国内で確認済みのロシアやイランの基地に攻撃が及ぶのを慎重に避けた。先の上院議員は、「トランプはもっと強力な攻撃をしたがっていたが、マティス長官の意見を尊重したのだ」と述べた。[32] マティスと親密な元政府当局者は、恐ろしげな外見の退役軍人であるマティスが、今やトランプの取り巻き連中の中で唯一の「平和活動家」だとジョークを飛ばした。[33]

ボルトンとポンペオの新たなコンビは、シリア問題ではいったんマティスに屈したが、第二ラウンドのイランをめぐっては、はるかに勝算があった。トランプはイランとの核合意を離脱すると脅し続けていたが、ついにその言葉どおりにするのかどうか、判断の期限をみずから五月初旬に設定していた。マティスはそもそもは合意に反対していたが、合意が成立した以上はアメリカは態度を翻すべきではないと考えていたし、とくにイランが合意事項を遵守しているようであっただけに、なおさらだった。このころマティスは合意からの離脱は国益に反すると議会で証言し、みずからの立場を公にしていた。マティスはトランプがこの件を持ち出すたびに、ティラーソンと協力して押し戻そうとしてきた。しかもかなり頻繁にだ。というのも、イランが遵守しているかどうかを九〇日ごとに再確認するよう、議会で規定されていたからだ。トランプはこれに憤慨していた。自身はこの合意を「史上最悪のディール」[34]だと考えているのに、政権発足以来、三カ月ごとに大統領として事実上これを承認させられていたわけである。

数カ月も前から、ティラーソンの腹心、国務省のブライアン・フック政策企画局長は英仏独と交渉を重ねていた。この三カ国はロシアと中国と共に、もともとイランとの核合意に署名していた国々である。フックのねらいは、より厳しい条件をイランに対して提示することでアメリカの離脱を防ごうというもので、そのために三カ国の同意を取りつけようとしていたのだ。そしてマティスとティラーソンは、同盟諸国を説得できるという見込みを盾に、トランプに対して時間稼ぎをしていた。一方、ヨーロッパ側としては、フックが本気で交渉しているかどうか確信は持てなかったものの、希望は持っていた。ドイツのある高官は、「本気だと確信していました。本当かどうかはわかりませんでしたがね――そうではないと判明するまで」と当時を振り返る。

フックは誠実だったとしても、トランプは違った。数カ月前、上院外交委員会のボブ・コーカー委員長はオーバル・オフィスでトランプと非公式に会談した際、イランとの核合意に関するヨーロッパ側との交渉について尋ねた。「私は端的に、『大統領殿、ひとつお尋ねします。成功させたいのですか？』と訊いたのです。すると彼は『そんなことを訊かれるのは初めてだ』と言いました」と、コーカーは当時を回想する。しかしトランプがはっきりと返答しなかったため、コーカーは会談の最後に再び問いかけた。「質問に答えてください」とコーカーが迫ると、トランプは「ノー」と答えた。つまり交渉は見せかけにすぎないとコーカーは気づいた。「イランとの核合意の問題に取り組んでいるように見せかけるだけの、まったく政治的なポーズだったのです」と、コーカーは言う。真実は、「トランプは本当は交渉が成功してほしくなかったのです。そして実際そのとおりになりましたがね」。

　ティラーソンはクビになり、マティスも政権内でますます存在感が薄れつつあった。そんな中で核合意を存続させるために背水の陣を敷いたのは、最もこの合意を重視していたヨーロッパ諸国の首脳たちだった。すなわちフランスのエマニュエル・マクロン大統領とドイツのアンゲラ・メルケル首相である。前年のフランス革命記念日に大々的なパレードでトランプを楽しませて以来、マクロンはトランプのお気に入りだった。そのマクロンは今、トランプ政権発足以来初の国賓としての訪米という栄誉に恵まれた。この盛りだくさんの訪米では、公然とハグやキスで挨拶を交わし、手をつなぎ、互いにファーストレディを伴ってヘリでワシントン初代大統領旧邸のマウントバーノンへ飛んでダブルデートの夕食会を楽しみ、マクロンは議会で演説し、トランプを称賛しながら、いわゆるトランプ的な政治信条を奉じるトランプ主義は酷評してみせた。マクロンはイランとの核合意を救うために来たのだったが、その件については非公開の場で素っ気ない言葉を交わしただけに終わった。だが二人が密室会談をするまでもなく、合意の行方は明らかだった。首脳会談冒頭の写真撮影の際に、トランプは記者たちに合意は「常軌を逸していて」「ばかげている」と述べていたのである。[35]

　わずか数日後にドイツのメルケル首相が訪米したころには、トランプは国家安全保障問題担当のスタッフらに対し、すでに非公式に指示を出していた。トランプは「合意に残ることはできない」と言い、自分が命令を発したら即座に「可能な限り最も厳しい制裁」をイランに科せるよう、しっかり準備をしておけと命じていたのだ。[36]マクロンに対する派手な歓迎ぶりに比べると、メルケルとの会談はあたかも「実務者会議」のようなものにすぎず、ドイツに対するトランプのいつもの苦情の数々が披露された——ＮＡＴＯへの貢献が不十分だ、貿易黒字でアメリカをひどい目に遭わせている、などなど。イランの件はほとんど話題にならなかったと、ボルトンはのちに明かした。ドイツ側のスタッフは、メルケル首相に対するトランプの「論調にショックを受けた」。トランプの大統領在任中、メルケルは二度と公式に訪米することはなかった[37]。

この間、マティスはイランとの核合意からの離脱に反対し続けていた。ボルトンに機密扱いの覚書を送り、反対であることを書面で示したほどだ。しかしトランプはすでに心を決めていた。残る問題はいつ、どのように再びイランに制裁を科すかだけだった。ボルトンとポンペオはここでも手を組み、財務省の反対を押し切って、即座に科すべきだと強行に主張した。五月七日、ボルトンが安全保障問題を担当するフランス政府の外交顧問、フィリップ・エティエンヌと電話をしていると、電話の向こうでエティエンヌが叫び声を上げた。トランプがツイートしたというのだ——「明日午後二時、イランとの核合意に関する私の決断をホワイトハウスで発表する」。

トランプ大統領は国際的に重要な声明でさえ、部下の国家安全保障問題担当の補佐官と調整する義務などないと高をくくっていた。そんなことがまかり通るトランプ政権だっただけに、このときもボルトンはツイートについて事前に何も知らされていなかった。だがボルトンとしてはわが意を得たりといったところだった。「イランとの核合意をズタズタにするのに要したのは、わずかひと月。誰かが自分で手綱を握ればいとも簡単であることが証明された」と、ボルトンはのちに書いている[38]。

一方、ヨーロッパ側も最後にはもう驚かなくなっていた。今ワシントンで起きていることを、ようやく真に理解したのだ。トランプはとやかく言われるのに懲りごりなのだ、と。そしてトランプはイランとの核合意をぶち壊したいと思っていたのであり、今まさにそれを実行しようとしているのだ、と。欧州連合（ＥＵ）のトップ、ドナルド・トゥスク欧州理事会議長はツイートで、「こんなことをする友人がいるだろうか？」と苦言を呈した。と同時に、「だが正直に言って、ＥＵは感謝すべきかもしれない。彼のおかげであらゆる幻想を振り払えたのだから。手助けが必要なときも、自分の手に頼るべきだと気づかせてもらった」と続けた[39]。当然ながら、ほかにもトランプに対する認識を改める人たちが出てきた。

前月の政府高官らの粛清を受け、駐米フランス大使のジェラール・アローもパリへの外交公電にこう記した

――「彼はもう我慢ならないと、腹をくくった。みずから権力を掌握することにしたのだ。新たな閣僚らのチームのミッションは、彼の言うとおりにすることである」。

　言われたとおりにするというのも、必ずしも簡単ではなかった。イランとの核合意からの離脱をめぐっては、ボルトンもポンペオもトランプに賛同していただけでなく、以前から合意自体の破棄を支持していたから問題なかった。だがポンペオにとって、国務長官就任後に与えられた最初の任務では、より手腕が試されることになった――開催が予定されていた北朝鮮の金正恩《キム・ジョンウン》との首脳会談である。ポンペオは、トランプが会談開催を決断した当時の会議には出席していなかった。だが国務省のある当局者によれば、金正恩と話したからといって、北朝鮮の非核化に突破口が開けるかどうか、ポンペオは「きわめて懐疑的」だったという[40]。そしてボルトンに至っては、いっそう強い不信感を抱いていた。ボルトンはジョージ・W・ブッシュ政権の一員として、政権内で北朝鮮をめぐる激しい議論を経験してきたベテランでもある。ブッシュ政権では二〇〇三年当時、強硬な姿勢を取る金正恩は「人間のクズ」と呼ばれていただけに、ボルトンは自分の目が黒いうちは平壌《ピョンヤン》との交渉など絶対に認めない、というタイプだったのだ[41]。ボルトン自身としては、トランプ政権はイランと北朝鮮については政権転覆をめざす戦略を取るべきだ、という立場だったのである。

　五月一〇日の朝、シンガポールのアショク・ミルプリ駐米大使はたまたま会議でホワイトハウスにいた。シンガポールはアメリカにとってはアジアの親密な友好国であり、ミルプリはワシントンでも指折りの経験を誇る外交官である。さて、一〇時三七分、トランプがツイートした――「金正恩と私の待望の会談が六月一二日、シンガポールで開催される。私たち二人は、世界平和にとって特別な瞬間になるよう努力するつもりだ！」。だがわずかひと月足らず先に、両国首脳と世界中の記者団が大挙して都市国家シンガポールに押し寄せるということを、誰も正式にシンガポールへ伝えていなかった。ツイートからまもなく、ボルトンのスタッフがミルプリ大使に電話を入れ、ボルトンのオフィスに立ち寄ってくれるよう伝えた。大使が到着すると、ボルトンは事前に知らせなかったことを詫びた。そして自分もまた、トランプがツイートするまで、首脳会談の場所をはっきりとは知らなかったと明かしたのである。

　このときもまた、ジャレッド・クシュナーという要素が影響していた可能性がある。ボルトンとポンペオもやがて直接体験することになったが、クシュナーはハイレベルの外交案件に随意に顔を出したり引っ込んだりする、始末の悪い癖の持ち主だった。トランプ政権発足一年目には、それがレックス・ティラーソンとのあからさまな対立につながった。ポンペオはクシュナーのおかげもあって国務長官に就任しただけに、ティラーソンよりはクシュナーに気を遣っていた。また、ポンペオはCIAにいたころから、クシュナーが個人プレーで北朝鮮問題に関わろうとするのに対処してきた経験もある。当時、クシュナーは北朝鮮サイドからの打診なるものをポンペオに伝え、それはとくに有望な筋のものだと主張していた。その「接触」はシンガポールに拠点を置くガブリエル・シュルツという投資家を通じてもたらされたと、クシュナーはのちに語った。シュルツの一族は鉱山業で何十億ドルもの財産を築き、北朝鮮のような「フロンティア経済圏」への投資に特化した企業も経営していた。[42] シュルツの窓口を務めた人物がクシュナーに接触してきたのは、トランプと習近平の初会談を実現するのにクシュナーが仲介役を果たしたことと、三代目の支配者を戴く北朝鮮はトランプ政権と同様に、家族経営だというのが理由だった。のちにクシュナーは、北朝鮮がその年の冬にポンペオを平壌へ最初に招待したのは、ひとつにはこうした自身の役割のおかげだと主張した。

トランプと金正恩の間で企図されていたような首脳会談は、通常ならば何カ月、ときには何年もの交渉の末に実現する。折り合える成果について事前に慎重に合意した上で、同盟諸国とも辛抱強く念入りに調整し、二人の首脳は妥結事項を裁可して公表するだけのために、最後に登場するものだ。実際、ビル・クリントン以来、アメリカの歴代政権はいずれも米朝首脳会談の可能性を議論し、結局は退けてきた。だが言うまでもなく、トランプがそんなやり方をするはずがない。ボルトンはそもそもこの企図について、韓国の文在寅《ムン・ジェイン》政権が小手先で作り上げた「外交上の茶番」にすぎないと考えていたと、のちに書いている。だから会談に向けて実務上の障害が発生するたびに、密かに歓声を上げたという。「私の希望、それはこれが丸ごと崩壊すること!」だったのだ。[43]

ポンペオは決して公の場でトランプに反対しないことをポリシーにしていたが、それでもこの件については確信が持てなかった。そしてボルトンと共に、韓国の文在寅大統領の影響力を懸念していた。文在寅大統領は今やみずから金正恩と交渉をしており、完全な非核化に取り組む北朝鮮の本気度を示すものだとするさまざまな情報をアメリカ側へ伝えてきていた。やがて文在寅は、いまだに正式な平和条約による終戦に至っていない朝鮮戦争について（一九五三年の協定により、現在も休戦状態）、トランプが正式な終結を仲介することも提案し始めた。トランプは平和の仲介者になるという構想を大いに気に入り、何度も話題にしたが、側近たちは何の見返りもなしに譲歩することになるだけだと考えていた。

　ボルトンは文在寅とのある電話会談について、「息が止まって死ぬかと思った」とポンペオにテキスト・メッセージを送った。

　中東の歴訪先で電話を聴いていたポンペオも、「サウジアラビアで心臓発作を起こしかけた」と返信した[44]。

　国家安全保障問題担当の大統領補佐官に就任したてのボルトンは、この米朝会談構想自体をくだらないものと考えていた。そんなボルトンの姿勢はやがて、日曜日の報道番組二本に出演したときに誰の目にも明らかになった。トランプも視聴したそれらの番組で、ボルトンは北朝鮮との首脳会談に触れ、「リビア方式」の核軍縮を再現する機会になるかもしれないと述べた。これはリビアの独裁者、ムアンマル・アル＝カダフィとブッシュ政権の二〇〇三年の合意のことで、初期段階にあった核兵器開発計画をカダフィが一方的に放棄したものだ。しかし合意の八年後、アメリカが支持した革命が勃発し、カダフィが排水溝から引きずり出されて死亡するはめになったことを考えると、これは北朝鮮側にとってはまったくありがたい話ではなかった。それをボルトンはすべてわかった上でやっていた。事前に試しに側近に話してみたが、北朝鮮にどう解釈されるかよく考えるべきだと釘を刺されていたのだ。北朝鮮はボルトンに対し、一本の声明で応えた――「われわれは彼に対する嫌悪感を隠さない[45]」。

　米朝首脳会談にとりわけ不安を抱いていたのは日本だ。日本は準備不足の会談には「最大限の圧力」をかけるつもりだった。日本側と最も緊密にやりとりしたNSCアジア担当部長のマシュー・ポッティンガーの回想によれば、「日本側が懸念していたのは、北朝鮮を政治的および経済的な窮地から解放してしまうような譲歩」であり、「日本側は気が気ではなかった」という。安倍晋三首相は先進民主主義諸国の首脳としては、おそらく最もトランプと良好な関係を築いていたが、日本がいかにこの首脳会談を重視していたかを示すように、トランプのシンガポール行きの前に二度の直接会談を設定した。一度はマール・ア・ラーゴで、一度はワシントンで。

　細部にまでこだわるタイプの首脳であった安倍は、トランプ大統領との会談の前にいちいちリハーサルをしたといわれている。そしてトランプと会談した安倍は、アメリカを射程に入れる北朝鮮の長距離ミサイルだけでなく、日本を攻撃できるミサイルも必ず米朝首脳会談の議題に入れるようにとトランプに念を押した。しかし二人の相談はうまくいかなかった。実際、安倍は事前に両国のスタッフで調整をし、トランプが金正恩に何をどう言うかを練習しておこうと提案したが、トランプは即座に退けたのだ。日本側の国家安全保障問題担当者の回想によれば、トランプの答えはだいたいこんな具合だったそうだ——「いや、私は大きなディールの前には絶対に事前準備などはしないんだ。会談の場へ行って、相手の目をじっと見つめて、ビッグプレーをやってのける。私はそうやってビジネス帝国を築いてきたんだ。だからこそ私はアメリカの歴代大統領の中で、最も偉大なネゴシエーターなのだ」。

最後の最後に、首脳会談は頓挫しそうになった。予定日まで二週間を切ったという時点で、北朝鮮側が中止の脅しをかけてきたのだ。するとトランプは先手を打ちたいとボルトンに告げた。「連中より先に手を引きたいんだ」と、大統領は言った[46]。これはつき合っている女に対処するお決まりの手でもあるのだと、トランプはボルトンに説明した——相手に先を越される前にこっちから別れるのだ。だが本心ではトランプは首脳会談を中止したくはなかった。そして首脳会談中止を言い出してから一二時間も経たずして、北朝鮮からの前回ほど敵対的でない声明に飛びつき、会談の計画は復活したと宣言したのである。「トランプは何が何でも会談を実現しようと必死だった」とボルトンは断定する。数週間延期すべきだとボルトンが迫ると、トランプは抵抗し、「勢いを失うリスク」を冒したくないと言った。会談の内容はまだ何も具体的には決まっていなかったが、トランプはボルトンに対し、「こいつはデカい勝利《ウィン》になるんだ。ディールをまとめれば、それは史上最も偉大なディールになるだろう。おれはあいつと北朝鮮に大きな成功をもたらしてやりたいんだ」と言ったという[47]。

このまま進めるべきかどうかをめぐり、政権内で意見が割れているとの情報が『ニューヨーク・タイムズ』紙の報道で明らかになった。するとトランプはすぐにツイートし、「トランプ政権内には、北朝鮮への対応をめぐる意見の不一致はまったくない」とした。そしてまもなく会う北朝鮮のリーダーの独裁的な権力を彷彿とさせる大げさな表現で、「それにもし［不一致が］あったとしても、関係ない」と付け加えた。首脳会談に先立ち、北朝鮮の使者が手ずから金正恩の手紙を届けに来ると、トランプはまたもや側近たちの意見を退け、オーバル・オフィスで迎えた。手紙はまったく中身がなかったが——ボルトンの見立てでは「単なるおだて」にすぎなかった——トランプは大いに気に入った。後から見れば、「これがトランプとキムの男同士の友愛《ブロマンス》の始まりだった」と、ボルトンは書いている(48)。

国家安全保障を担当するトランプの新しいチームは、更迭されたかつてのチームに劣らず、トランプの扱いに不安を抱いていた。米朝首脳会談を目前に控え、ポンペオはボルトンとジョン・ケリー首席補佐官と相談し、ある提案に同意を求めた。それはトランプが金正恩とやりとりをするときは、ポンペオ、ボルトン、ケリーのうちの誰かが必ず同席するというものだ。トランプがどんな約束をしてしまうか、わかったものではなかったからだ。

米朝首脳会談の前に、トランプは今ひとつ、首脳会談に出席しなければならなかった。こちらはアメリカときわめて親密な友好諸国とであった。だがトランプを最も魅了していたのは同盟諸国ではなく、独裁者たちだ。だからカナダのジャスティン・トルドー首相をホストに、同国シャルルボワで開催されるＧ７サミット（主要七カ国首脳会議）にはヨーロッパのメンバー国の首脳すべてが集うことになっており、トランプはそれを恐れていた。イランをめぐって異論をぶちかまし、国家安全保障を言い訳に鋼鉄とアルミニウムの輸入に過酷な追加関税を突きつけたばかりの相手たちだったのだから。トルドーの側近のある高官はサミットの直前にこう述べた——「言っておきますが、みんなと喧嘩をすると決めたのはトランプ自身ですからね。闘争心丸出しで戦う方が、自分にとって得策だとでも思っているんでしょうよ(49)」。

カナダに到着早々、トランプはホストたちに突っかかりたくてうずうずしていた。そしてすぐに、さらなる追加関税を課すと脅し、ＮＡＴＯの存在意義に疑問を呈し、Ｇ７サミットにロシアを招待して復帰させよとまで要求した。ロシアはクリミア半島の違法な併合を受けて四年前に追放されていたが、トランプは緊急記者会見の席上で、「ロシアを復帰させれば、それは資産になる。世界にとっていいことだ」と述べたのだ(50)。Ｇ７のほかのメンバー諸国はこれに声高に抗議した。カナダのトルドー首相は、ロシアの復帰を認めることは「われわれがわずかばかりも見込んでいない」ことだとした(51)。同盟諸国の首脳らとの非公開の席では、トランプはさらに強硬だった。クリミアはロシアが領有権を持つ正当な領土だとし、ウクライナは防衛してやるに値しない腐敗国家だと首脳らに説教した。ここでもまた、わざわざロシア問題を話題の中心にしたのは、トランプの敵たちではなく、トランプ自身だったのである。だがトランプはなぜここまでプーチンのために尽くしてやろうとするのだろうか？

のちに語りぐさとなったカナダのG7サミットの瓦解は、首脳会議の最終盤に始まった。一同は首脳宣言の最終的な文言をめぐる交渉で行き詰まっていたが、トランプはほかの首脳らと直接テーブルに着いて解決することを主張した。交渉は当初、経済担当大統領補佐官のラリー・クドロー〔国家経済会議委員長〕のおかげで暗礁に乗り上げていた。ウォール街出身で、経済専門のテレビコメンテーターからゲイリー・コーン補佐官の後任として任命されたばかりだったクドローは、トランプ寄りの宣言文にするよう迫ると同時に、気候変動やイランの核合意の遵守といった問題に対し、従来は論議の的にもなっていなかったG7としての基本立場に異を唱えたのである。ホワイトハウスの当局者として初めて真価が問われることになったクドローは、この大舞台のために何日も徹夜をし、サミット終了後には軽い心臓発作に襲われることになる。こうしたわけで首脳らが交渉を重ねる中、トランプはある時点でスターバーストのキャンディーを二個――トランプお気に入りの赤色のものを――テーブルに放り投げた。そして手振りで示しながらドイツのメルケル首相に対し、「ほら、やるよ、アンゲラ。もう私が何もあげなかったなんて言うなよ」と告げた。[52] 最終的に首脳宣言は合意に至り、トランプは予定より数時間早くサミットの会場を離れ、独裁者とのデートのためにエアフォース・ワンに乗ってシンガポールへ向かったのだった。

ところが機中、トルドー首相が記者会見で閉会の挨拶をしているニュースを見て、トランプは激怒した。トルドーはトランプの追加関税に対して独自の対応をするつもりだと、ごく当たり前のことを素っ気なく述べていた。トランプは補佐官らに命じ、シンガポールでの仕事に備えて睡眠をとっていたポンペオ国務長官を叩き起こし、ジャンボジェットの機内の大統領執務室へ連れてくるよう命じた。そして一連の怒りに燃えたツイートを発し、トルドーは「きわめて穏やかで温和」な性格でありながら、トランプが離陸後に追加関税のことを批判するとは、「不誠実かつ軟弱だ」と非難した。その上で、みずからも承認したばかりだった首脳宣言を承認しないと言ったのである。

それ以来、トランプにとってトルドーはほとんど

「好ましからざる人物《ペルソナ・ノン・グラータ》」となった。トルドーは当初こそトランプの写真撮影につき合ってやる気も見せたが、公然とトランプに楯突いたあらゆる人たちと同様に、最後には標的にされてしまった。アジアへ向かう途上、トランプはテレビインタビューでトルドーを批判するよう、側近たちを動かした。とくに熱心にその任務を果たしたのが補佐官のピーター・ナヴァロ。あるテレビ番組に出演した際には、トルドーのために「地獄に特別スペース」が用意されているなどと言い募ったほどだ。[53] それから何年にもわたり、トランプは無関係な会話の中でも脈絡もなくトルドーを批判するようになる。あるときはエアフォース・ワン機上で、ホワイトハウス報道官を務めていたころのステファニー・グリシャムに向かい、「トルドーの母ちゃんはローリング・ストーンズのメンバー全員とファックしたんだ」と唐突に言ったこともある。[54]

　一方、ケベックでは（こちらは地上で）、ドイツ政府関係者らはトランプの一連のツイッター攻撃に対して一種の復讐を果たすことができた。のちに象徴的な一枚となる写真をインスタグラムで公表したのだ。顔をしかめたトランプが腕を組んで座っており、その正面にはトランプを見下ろして立っているメルケルが、ほかの先進民主主義諸国の首脳らに囲まれて挑むようにしている。薄い青色のシルクのジャケットを着たメルケルはまるで決意の権化のようであり、聞き分けの悪い大統領に熱心に道理をわからせようとしている、といった図だった。

　こうしてトランプは蒸し暑いシンガポールに降り立ち、いわば今日の世界最大の「強制収容所《グラーグ》」を管轄する、核武装した三四歳の暴君に会いに行ったのである。

　シンガポールでポンペオ、ボルトン、ケリーは決してトランプから目を離さなかったが、そんなことはどうでもよかった。結局、三人が脇に座っている目の前で、トランプはシンガポールでやりに来たことをやりおおせたのであり、三人の誰もそれを止められなかったのである。実はシンガポールに着陸した直後、ポンペオは首脳会談前の事前交渉についてトランプにブリーフィングをして、「手詰まり」になっていることを認めた。するとトランプは自分の計画を披露した。[55] 実際に何が起ころうとお構いなく、偉大なる外交的な一大戦略を宣言するつもりだというのだ。「これはパブリシティの問題なんだ」とスタッフに言うと、シンガポールの首脳会談は「何がどうあろうと、成功となるのだ」と断言した。[56]

　翌六月一二日、トランプは早めに五つ星のカペラ・ホテルへ向かった。そこには、稀にしか国外へ出ず、シンガポールに来るにも新しいジェット機を借りなければならなかった〔ソ連製の旧式の専用機は使えず、中国政府からジャンボ機を借用した〕引っ込み思案の金正恩が、一泊八〇〇〇ドル〔約八八万円〕の部屋に費用はシンガポール政府持ちで泊まっていた。[57] ボルトンがのちに明かした会談現場の詳しい内幕によれば、トランプは通訳を通してあらゆることについて金正恩と意気投合したという。すなわち報道メディアの「とてつもない不誠実さ」(トランプ自身の言葉だ)から、バラク・オバマとジョージ・W・ブッシュの無力なだらしなさ、それに金正恩の称賛すべき個人的な資質の数々まで(トランプはそれらを知性、誠実さ、そしてすばらしい人格、と列挙した)[58]。ある時点では、金正恩と結ぶ核合意はいかなるものでも上院の承認を取りつけるつもりだと発言して、オバマ政権によるイランとの核合意の場合との違いを際立たせてみせた〔オバマ政権は共和党が支配する議会で承認を得るのに苦労した〕。ここまでやると、さすがにポンペオも呆れるしかなかった。ポンペオはボルトンに殴り書きのメモを回した――「デタラメにもほどがあるってもんだ[59]」。

金正恩も進んで核兵器を放棄するとの大構想をぶちあげ、自分は朝鮮半島の完全な非核化に信念を持っていると主張した。だがトランプはそれが両国にとって大きく異なった意味合いであることをよく理解していなかった〔米国側の要求は「北朝鮮」の完全な非核化〕。つまり金正恩としては、それは韓国からの米軍すべての撤兵と、非核化達成までの過程で双方が一連のステップをとるべきことを意味していた。そのステップとは、交渉中のキャッチフレーズともなり、首脳会談終盤で金正恩が用いた表現によれば「行動対行動」というもので、ボルトンを唖然とさせた〔北朝鮮が非核化に向けて何かひとつ行動すると、アメリカ側も制裁の緩和など見返りの行動を取るというもの〕。トランプ政権の強硬路線を取る国家安全保障問題担当チームにとって、「行動対行動」など受け入れがたかったのだ。彼らが求めていたのは、北朝鮮がまず一方的に核兵器を放棄することで、その上で初めてアメリカ側は制裁緩和などの措置を取るというものだったのである。

交渉中に金正恩は、国内の強硬派をなだめるために、トランプがなんらかのジェスチャーを示してくれないかとアメリカ側に懇願し始めた――何か目に見えるものを提供してもらうことはできないだろうか、たとえば、常に摩擦の元になっていた米韓合同軍事演習を中止あるいは縮小するとか、と。これが問題の発端だった。トランプはこの合同演習は時間と金の無駄であるとして、マティス国防長官に繰り返し中止を要求していた。それだけにトランプは、国家安全保障問題担当チームにも国防総省にも相談することなく、その場の勢いで即座に同意してしまったのである。トランプは金正恩の表現まで採用し、「演習」ではなく「ウォーゲーム」と呼び、アメリカが多大な浪費をせずにすむとして金正恩に謝意を述べた。これこそまさにロシアのプーチンが見たがっていたに違いない光景だ。すなわち譲歩するアメリカだ。アジア地域の国家安全保障問題を担当するアメリカの政府高官、マシュー・ポッティンガーも首脳会談に同席していたが、周囲に対してこれでは「何の見返りもない、完全な投げ売りだ」とにべもなく断じた。

さて、アメリカでは国防総省の米軍幹部はケーブルテレビのニュースで以上のことを知った。ジョー・ダンフォード統合参謀本部議長は対応策を検討するために、自分のオフィスで緊急会議を招集すると、「深呼吸でもして落ち着こうじゃないか」とみなに言った。年二回の大規模な米韓合同軍事演習は、北朝鮮に対する抑止戦略の中核的な要素のひとつであり、韓国内外の米軍の要員が毎年入れ替わることから訓練は頻繁に実施する必要があり、ほかにも小規模なものも多数行なわれていた。ホワイトハウスがトランプの決断を正式に国防総省に伝えたのは、会談から何日も経ってからだった。同省の高官は、その命令も「ともかくすべての演習を中止せよ」というものだったとし、「私たちはそれはできないと言ったのです。実際、演習はやらないわけにはいかないのです」と振り返る。やがて、複雑な方式が編み出された――一定規模以上の演習はホワイトハウスの承認を必要とし、より小規模なものやバーチャルで行なわれるものは許可は不要というものだった。

米朝首脳会談のすべての日程が終了してみると、これに対するトランプの評価は、会談現場で起きたこととほとんど関係がなかった。トランプはこの会談を世界的に見ても史上最大の成功だと表現したのである。日程の中で、トランプが殊《こと》に得意げだったのは金正恩に見せるために制作を指示した悪趣味な動画だった。そこではトランプ自身は「歴史を書き換える会談」のヒーローとして登場。北朝鮮が門戸を開けば得られるはずのあらゆるすばらしいことを、強引な不動産セールスマン流に描いたものといったところだ。メロドラマのような甘ったるい声のナレーターが金正恩に向け、「過去がそのまま未来である必要はない。闇の中から光が射すこともあり得るのだ」と語りかけた。[60] トランプはこの動画をひどく気に入り、のちに記者会見の場でも上映したほどだ。そしてワシントンに戻ってすぐのツイートは、文字どおり大げさだった。「私が就任した当時より、今や誰もがより安全に感じることができる。もはや北朝鮮からの核の脅威はない」と書いたのである。

これは真実からはほど遠かった。だがまさに自分たちが懸念したとおりだったはずの側近たちも、誇大宣伝に加わった。米朝の首脳が署名した曖昧な共同声明文について、ポンペオはトランプ政権の一期目の終わりまでには「大規模な非核化」につながるだろうと誇ってみせた。これに対して記者たちは、ポンペオが首脳会談の前日に「完全かつ検証可能で不可逆的な非核化」こそが「アメリカが受け入れる唯一の結果」だと主張したことを指摘。するとポンペオは国務長官に就任後初めて、その激しやすい性格を記者団に露わにした。そんなことを指摘するのは「愚にもつかない」ことで失礼だ、とポンペオは告げた。さらにトランプが派手に持ち上げている合意事項は、どのように検証されるのかと問われると、「くだらないことを言うもんじゃない」と嚙みつくように言うと、「非生産的だ」と言い足したのだった(61)。

国務長官在任中、公の場でトランプに異論を唱えさせられることがいちばんポンペオを憤激させた。しかしどれだけ手の込んだ工夫をしてみても、基本的な核心はごまかせなかった。つまりトランプは結局あらかじめ決めていた結論を押し通したということであり、今やそれをなんとか現実と合致するよう、以前の公的な発言の類を解体して組み立て直すようなことを側近たちに求めている、ということだった。七月下旬、ワシントンに戻っていたボルトンは、シンガポールでの成果を分析するために、ホワイトハウスのシチュエーション・ルームで閣僚級会議を招集した。その満場一致の結論は、成果は「大してない」というものだったと、ボルトンはのちに書いている。ポンペオの見解もはっきりしていた。北朝鮮は首脳会談で非核化へ向けていかなる重要な前進も見せなかっただけでなく、未来を見通しても「成功の見込みはゼロ」だと、ポンペオはシチュエーション・ルームで強く断言したのである(62)。

トランプはシンガポールでの米朝首脳会談で、今この時代に朝鮮半島に平和をもたらすことはなかった。だがトランプはこの会談を自身の外交上の最も偉大な瞬間としていつまでも吹聴し続けた。残された問題は、トランプのほかのあからさまな虚偽の主張につきまとっている疑問と同じだ――すなわちトランプは、自分がそう言ったからというだけで、世界を一変させる夢のようなディールが成立したと本気で信じているのだろうか? それから何年もの間、トランプは「メイク・アメリカ・グレート・アゲイン(ＭＡＧＡ)」を信奉する忠実な支持者たちに対する無数のツイートや集会の演説で、シンガポールでの会談のおかげで日本の首相からノーベル平和賞に推薦されたことを自慢した。トランプはあるときホワイトハウスでの記者会見で、安倍晋三がノーベル委員会に「この上なく美しい五ページの手紙」を書いて推薦してくれた上、そのコピーをくれたと説明したことがある(63)。

トランプが決して言及しなかったのは、安倍が推薦状を出すことになったいきさつだ。トランプの場合はあまりにもありがちなことだが、真実は実に単純だった。九月二三日の日曜日、国連総会に出席するために両者がニューヨークに滞在していたとき、トランプ・タワーで二時間半におよぶ私的なディナーを共にし、そのときにトランプが直々に安倍に頼んだのだ。国家安全保障問題担当のある政府当局者は、「推薦してくれるよう、夕食の席で大統領が安倍に頼んだのです」と認め、NSCおよびその他の米国政府各部門は関与していないと、慌てて続けた。そして「あれは［直接］トランプから安倍へ、というものでした」と言い添えたのだ(64)。以前からトランプは、オバマがノーベル平和賞を受賞したことに何度も恨みがましく言及していた。このため側近たちは、推薦のいきさつに憤慨こそしたものの、驚きはせず、このトランプの恥ずかしい行為を長らく秘密にしていたのだった。ノルウェーのオスロでノーベル委員会が平和賞の受賞者を発表したとき、言うまでもなく、それはトランプではなかった。

第10章

ロシア、ロシア、ロシア

二〇一八年七月、ヘルシンキのすばらしい夏の一日。陽光がヘルシンキ湾に反射し、新古典主義様式の黄色い大統領宮殿を照らしていた。トランプはそこでロシアのプーチン大統領と会っていたのである。トランプが到着してから五時間超、共同記者会見が始まって四〇分が経過したころ――この記者会見のおかげでヘルシンキはトランプ大統領を語る上で永久に欠かせないものとなったのだが――トランプはある質問を受けた。それは単なる質問ではなく、二〇一六年の大統領選とロシアの関係についての欠かせない質問と言うべきものだった。〔ロシアは二〇一六年大統領選への介入・妨害のため、サイバー攻撃や民主党全国委員会（ＤＮＣ）のメールサーバをハッキングしたなどの疑惑でＦＢＩの捜査対象となり、ロシアの諜報員一二人が米国で起訴されていた〕

ＡＰ通信社、ジョナサン・レミーア記者　まずトランプ大統領にお尋ねします。たった今、プーチン大統領は二〇一六年の大統領選への介入について、一切の関与を否定しました。アメリカのあらゆる情報機関はロシアが介入したと結論づけています。私から大統領殿への最初の質問ですが、あなたは誰を信用しますか？　私の二番目の質問はこうです――今、世界中が見ている前で、プーチン大統領に言いますか、つまり、二〇一六年に起きたことを糾弾し、彼に二度とそのようなことをするなと警告するつもりはありますか？

トランプ　まず私たちには二つの見解があるということだけ言わせてもらいます。ＦＢＩがなぜサーバを押収しなかったかと、疑問に思っている人たちがいます。なぜサーバを持っていかなかったのか？　なぜＦＢＩは民主党全国委員会（ＤＮＣ）のオフィスを出ていけと言われたのか？　私はそれを不思議に思ってきました。何カ月も何カ月も私はそのことを問いかけてきましたし、ツイートもして、ソーシャルメディアでも声を大にしてきました。サーバはどこにあるのか？　私は知りたいんですよ。サーバはどこにあって、そこにどんなことが記録されているのですかね？　そうは言っても、私には問いかけることしかできないんです。私の部下たちがやって来て、ダン・コーツ〔国家情報長官〕やほかの人たちがやって来て、やったのはロシアだと思うと言いました。ここにプーチン大統領がいます。彼はたった今、ロシアではないと言いました。私はこう言いましょう。ロシアだと考える理由はまったく見当たりません。ただ、私はとにかくサーバの中身が見たいんですよ。でも私はどちら側も信頼している。この件は当分は続くに違いないと思いますが、サーバがどうなったかを解明せずして、進めることはできないと思うんです。DNCのサーバを担当していたあのパキスタン人の男性のサーバもどこへ行ったのか？　それらのサーバはどこにあるのか？　行方不明なんですよ。どこにあるんでしょう？　ヒラリー・クリントンの電子メールはどうなってしまったのか？　三万三〇〇〇件の電子メールが消えた——すっかりどこかへ行ってしまった。ロシアでならそんなに簡単になくならないと思いますよ。われわれがヒラリー・クリントンの三万三〇〇〇件の電子メールを入手できないのは不名誉なことだと思います。つまり、私はわが国の情報機関の職員たちを大いに信頼していますが、でも言っておきますが、今日プーチン大統領はきわめて強く、説得力をもって否定しました。それに彼は信じがたい、すばらしいオファーをしました。この件を担当している［アメリカの］スタッフがロシアへ来て、ロシアの捜査員たちと協力して進めてはどうかというのです、例の一二人の人々に関してです。オーケー、サンキュー[1]。〔FBIはDNCのサーバを押収せずに記録だけ捜査し、パキスタン人がサーバを持ち出したとの噂は虚偽だと判明している。また、三万件以上の所在不明の電子メールとは、クリントンが機密情報を私用メールサーバで送受信したという、ロシアの選挙介入とは別個の疑惑に関するもの〕

どうやらトランプは相変わらず人を驚愕させる力を秘めていたようだ。一回の長い、混乱した返答で、陰謀論、勘違い、それにまったくの作り話を織り混ぜ、トランプは自国の情報機関よりもプーチンの言葉を信じると認めたのである。複数年にわたる論争を経て、そして自身が当の問題に関して特別検察官の捜査対象となっている中で、トランプはプーチン大統領が「きわめて強く、説得力をもって」二〇一六年の大統領選への介入を否定したことを称賛。そしてアメリカの捜査官らと協力するというプーチンの曖昧な、それなのに「信じがたい、すばらしいオファー」だとトランプが受け止めた申し出を歓迎した。そのオファーは、この悲惨な記者会見を会場の隅で見ていたトランプの側近たちが、罠《わな》だとして必死に警戒を呼びかけていたものだったのである。

さらに悪いことに（これより悪いことがあり得るとしてだが）、トランプの発言はまったく錯乱しているように聞こえた。民主党全国委員会のサーバの行方？ ヒラリー・クリントンの電子メール？ 例の「パキスタン人の男性」だって？ いったいトランプは何が言いたかったのだろうか？ トランプが発言している間、プーチンは横に立って、終始うすら笑いを浮かべていた。会見場のホールから退出しながら、プーチンは自身の報道官のドミトリー・ペスコフに向かって頭を横に振った。そして周囲に漏れ聞こえるほどの声で、この記者会見は「たわごと」だったと言った。(2) トランプのこの大失態は新たに気がかりな——そして今なお真に答えられていない——疑問を招いた。両国首脳の二時間におよぶ非公開の会談で、実際のところ何があったのだろうか？

そのころアメリカでは、トランプに対する共和党内の激しい批判者であり、癌で死期が迫っていたジョン・マケイン上院議員が声明を出した。それは共和党・民主党両党の多くの人たちの思いを代弁するものでもあった。その声明はトランプの記者会見について、「記憶にある限り、アメリカ大統領による最大級に不面目な振る舞い」だと述べていたのである。(3)

あなたがアメリカの大統領補佐官だったとしよう。その大統領がロシアの元首となっている元KGBのスパイに操られているかもしれないと、世界中が疑っていたとしたらどうするか？ ヘルシンキへトランプに同行していた国家安全保障問題担当の補佐官らは、まず通訳官に尋ねることにした。それはマリーナ・グロスという国務省の専門家で、長年にわたり、おそらくほかのどんなアメリカ政府関係者よりも長くプーチンと同席した経験があったに違いない。プーチンとトランプの一対一の長い非公開会談と、ほかの当局者らも含めた拡大会合のランチとの間の短い休憩時間を活用し、国家安全保障会議（NSC）欧州・ロシア担当首席顧問のフィオナ・ヒル、下院情報委員会で共和党のために仕事をしたこともあるNSCの弁護士のマイケル・エリス、そしてNSCロシア部長のジョー・ワンがグロスに報告を求めた。通訳であるグロスの仕事はメモを取ることではなかった。だがプーチンとの会談で、トランプは標準的な手順に逆らい、記録係の同席を頑なに拒んだ。このためグロスが通訳をするために取ったメモが、室内で起きていたことの唯一の中立的な記録となったのである。

ジョン・ボルトン大統領補佐官〔国家安全保障問題担当〕は、この非公開会談に関して自身とそのスタッフがグロスから聞き得たことについて、まもなくある共和党の上院議員への電話で明かした──トランプは手玉に取られたのだ、と。ボルトンが電話を入れたのはミズーリ州選出のロイ・ブラント上院議員で、共和党重鎮のミッチ・マコーネル上院議員の腹心の友だ。まずボルトンはブラントに対し、トランプが何をどう言おうと、プーチンは今も以前とまったく変わらず暴漢じみた敵だと述べた。「プーチンは微塵も変わっていない」とボルトンは言った。そしてシェークスピアの『ハムレット』の一節を引用し、「人はほほ笑みながら、しかも悪党であり得る」とした。

さらに、プーチンは大統領選へのロシアの介入疑惑に関する詮索をかわそうと、米ロ間の刑事共助条約〔捜査や情報提供などで両国間の協力を定めたもの〕を活用してはどうかと非公式に持ちかけたと、ボルトンはブラント議員に語った。この申し出をトランプはなぜか誤解した。選挙介入疑惑との関連で、ロシアの諜報部員一二人がロバート・モラー特別検察官に起訴されたばかりだったが、プーチンがその者らをアメリカ側へ引き渡そうと申し出ているのだ、と勘違いしたのだ。だからトランプは記者会見で「信じがたい、すばらしいオファー」などと言ったのだ。実際は、プーチンが敵対視しているアメリカ人をロシア側へ引き渡させるための策略であったと、ボルトンはブラントに明かした。たとえばプーチンを盛んに批判していた元駐ロシア米国大使のマイケル・マクフォールなどだ。ボルトンによれば、「マクフォール〔元〕大使をとっつかまえるために」、刑事共助条約を「ロシア側が利用」しようとしたのだという。

とはいえ、まだ最悪の事態に陥ったわけではなく、あの記者会見でトランプは衆人環視の中で失態を演じたものの、それから想像されるようなひどいことにはなっていない、とボルトンは請け合った。ボルトンのスタッフが通訳官から聞いた限りでは、会談の「九〇パーセントの時間」はプーチンがしゃべっていたのであり、トランプは事実上、米ロが「対話を続けること以外にほとんど何も同意しなかった」というのだ。トランプはその年の秋に再度の会談を提案したという。だがボルトンは、「秋とは九月二一日から一二月二一日ということ」だが、一一月の「中間選挙後」になるよう手を尽くすつもりだと告げた。世間ではトランプはプーチンに尻尾を振る犬だと見られていて、そんなひどく人気のない大統領を戴いて中間選挙に臨むことに、共和党議員らはすでに不安を抱いていたのである。だからブラントおよび共和党の議員仲間らがなんとしても避けたかったこと、それは選挙前にみっともない米ロ首脳会談が再度行なわれることだった。ただし、ボルトンとしても自分にできる――あるいはするつもりの――危機管理にもおのずと限度があった。すでにボルトンはヘルシンキの首脳会談で起きたことをひどく辛辣な目で見ていた。このため「抑止力というものは、痛い目に遭うと相手が思ってくれないことにはまったく意味がない」と考えていたのである。

ブラントは耳を傾け、事情は理解した。だが上院の共和党議員らは怒っているぞと、ボルトンに迫った。ロシアの選挙介入疑惑に関する上院情報委員会の捜査で、もはやトランプが中間選挙前に白となる可能性はないと思うべきだ、とブラントは念を押した。ノースカロライナ州選出上院議員のリチャード・バー委員長が率いるこの委員会は、ますます分断が進むワシントンの政界にあって、珍しく超党派の捜査を進めていた。そして首脳会談でトランプが見せた失態のおかげで、もはや捜査は中間選挙後まで続くことは避けられなくなったと、ブラントは指摘した。ヘルシンキでの出来事は「委員会室に新たな酸素をたっぷり供給してしまったのだ」とブラントはのちに表現した。トランプとプーチンとの関係に、さらなる知られざる裏が本当にあるのではないか？　そう思わせてしまったのである。

ダン・コーツ国家情報長官の脳裏を離れなかったのも、そんな疑問だった。コーツがワシントン郊外の自分のオフィスにいたときに、ヘルシンキで開催中の記者会見で飛び出したトランプの発言をスタッフが慌てて伝えに来た。コーツは啞然としたという。二〇一六年の大統領選にロシアが介入したことを証明するため、大規模な諜報活動を展開するのにこれまで多大な努力が注がれてきたのだ。それなのにトランプがたった今、プーチン本人と同じ舞台上に立って、アメリカ政府の捜査結果に矛先を向けるとは。「合衆国の大統領が『さて、私の部下のダン・コーツ国家情報長官はこう言っていて、ウラジーミル・プーチンはああ言っている。そんなときに私がウラジーミルに同意するのは当然ではないか？』と言ったわけだ」とコーツは周囲に語り、急所に一発くらったような気分で、「ただもうひたすら、ショックだった」と述べた。

元上院議員（インディアナ州選出）のコーツは、ジョージ・W・ブッシュ政権で駐独米国大使を務め、トランプ政権では、同じインディアナ州で知事を務めたマイク・ペンス副大統領から国家情報長官に就くよう誘われた。しかし穏やかな口調が特徴の保守派であるコーツは、傍目から見ても最初からトランプ流の政治スタイルに違和感を感じているのがわかった。おべっか合戦で有名になったあの最初の閣議でも、コーツは公然とトランプを褒めそやすことはせず、むしろ自身の配下にある膨大な数の情報部員らの能力を称賛してみせた。そんなコーツは今、トランプ政権での自身の任期の「終わりの始まり」にあることを予感していたのである。

大統領専用機エアフォース・ワンがフィンランドを離れるとすぐ、コーツはジョン・ボルトンに連絡。アメリカ政府の情報機関があげてきた成果を擁護する声明を出すつもりだと伝えた。ボルトンはジョン・ケリー首席補佐官と相談する間ちょっとだけ待ってくれと言った。だが首席補佐官が声明文の内容を修正させようとすると、コーツは断った。ケリーの案では、トランプ政権はオバマ政権よりも精力的にロシアの介入を防ごうと戦ってきた、という眉唾ものの主張が入っていたのだ。コーツは予定の声明文を一語一語ボルトンに読み上げて聞かせ、すぐに発表するために送信ボタンを押した。ボルトンは、少なくともコーツが今すぐ辞任するわけではないのに安堵し、反対はしなかった。その三日後、コーツはアスペン安全保障フォーラム〔米国のシンクタンクが毎年夏にコロラド州アスペンで開催する超党派の会議〕のイベントのひとつで、NBCニュースのアンドレア・ミッチェル記者の生放送に出演していた。すると会場に、トランプが対話を継続するためにプーチンをワシントンへ招待したとのニュースが飛び込んできた。ミッチェルがそう伝えるとコーツは一瞬言葉を失い、続いて「そう……ですか。それは見ものですね」と皮肉を込めて述べた[4]。それを聞いたトランプは激怒したが、コーツはヘルシンキで劇的な形で信頼を否定されたことを理由に辞任することはせず、発言を謝罪した。

それでもコーツは、トランプとロシアの関係についてささやかれている疑惑に対し、ヘルシンキでの出来事が自身の見方を永久に変えたと、何度も述べた。あの首脳会談はあまりにも意味がなく、政治的に有害で、道理をわきまえた大統領だったらやりたいなどとは言わなかったはずだというのが、コーツの意見だった。のちに知人らに対してもコーツはこう言っている——「なぜあんな会談をやったのか、どうしても理由をきちんと理解することはできなかった。私たちが通ってきた歴史を見ても、これまでのロシアとの敵対的な関係を見ても、スクリパリ親子の暗殺未遂事件や、連中がやってきた――そして連中がやったことをわれわれが知っている――あらゆることからしても、首脳会談が政治的にどうトランプを利するのか私にはついぞわからなかった。私は結局判断しかねた。誰だって疑問を感じたはずだ――トランプがプーチンのために自分の信頼を落とすようなことまでするなんて、いったいプーチンにどんな弱みを握られているのだろうか?」。トランプはプーチンにどんな弱みを握られているのか? 驚くべきことに、在任一六カ月を誇り、最も内密な国家機密情報にアクセスできるアメリカの情報機関のトップをもってしても、この疑問に答えることはできなかったのである。

ロバート・モラー特別検察官も、仲間たちと記者会見の中継を見ていた。捜査を開始して一年あまり、ロシアの情報部員らを起訴したばかりというときである。そんなモラーにとっても、トランプのプーチンに対する扱いは説明がつかなかった。その日、定例の五時のスタッフ・ミーティングでも、トランプがプーチンと一緒に登場したあの異様な場面が話題にのぼると、モラーは憤慨した。参加していた法律家たちにモラーは、まあ、大統領がもし実際にロシアに肩入れしているとすれば、「それはお金がらみだろう」と言った[5]。

ヘルシンキの米ロ首脳会談によって、事実上、ロシアの選挙介入疑惑をめぐり、再びロシア側の動きが焦点となったといえる。それまでトランプはこのスキャンダルを、自分に対する当局の迫害とそれへの不平の応酬という話題に巧みにすり替えることに成功していた。それは奇妙にも、トランプのプーチン寄りの諸政策の具体的な内容とは、ほぼ関連づけられずに語られていたのだ。モラーが特別検察官に任命されて以来、トランプは攻撃的姿勢を貫いていた。自分がモラー配下の「怒れる一三人の民主党員」〔モラーの捜査チームが民主党寄りに偏向しているとしてトランプが作り出した表現〕にいかにいじめられているか、それにならず者のFBIのエージェントたちや、ジェイムズ・コミーFBI長官とアンドリュー・マッケイブ副長官らにいかにさいなまれているかと、延々と文句を並べ立ててきたのだ。さらには不誠実なジェフ・セッションズ司法長官についてもしばしば怒りをぶちまけ、そもそもセッションズ自身が捜査の指揮から降りなければ、モラーが任命されることもなかったのに、という調子である。

フィンランドへの途上にベルギーのブリュッセルを訪れていたトランプは、このときもFOXニュースでロシア疑惑をめぐる最新の小ネタの報道を見ていた。FBI

の捜査陣のリーダーであるエージェントのピーター・ストラックと、不倫関係にある同局弁護士のリサ・ページが、反トランプ的な電子メールのやりとりをしていたことが明らかになった件だった（やがてストラックは捜査の政治的中立に反したとして解雇された）。トランプはＦＢＩの捜査開始からヘルシンキの首脳会談のころまでに、トランプを陥れようとするいわゆる「魔女狩り」に関して合計八五回もツイートし、ロシアとの「共謀はなかった」と主張するツイートを四九回、モラー特別検察官について一九回、そして「ロシアをめぐるでっち上げ」について十数回もツイートしていた。捜査に対するトランプの異常な執着と、芋づる式に出てくるサイドネタや空想的な登場人物や事象（行方不明のＤＮＣサーバ！ パキスタン人の男性！）などは、ある意味でトランプの思惑どおりの効果を発揮していた。トランプはモラーに関連する話題で世間を煙に巻き、報道がそれで持ちきりになってしまったことで、トランプが行なってきたロシアに対する政策上の数々の譲歩をどう評価すべきか、という肝心の問題が見えにくくなってしまったのである。

　非公開の場でも、トランプはロシアの選挙介入疑惑の捜査で頭がいっぱいで、それから派生して、この疑惑にちょっとでも言及すれば、それはヒラリー・クリントンに対する勝利の正当性に疑問を差し挟むも同然だ、という思い込みにとらわれていた。その結果として、補佐官たちは実務上ロシアに関する政策を議論することがひどく困難になっていた。この話題は、トランプとのやりとりの中では越えてはいけない一線と認識されており、なるべく触れたくなかったのだ。それにトランプの部下たちも、トランプのプーチンとの戯れをどう受け取るべきかまったく見当もつかなかった。ＮＳＣの欧州・ロシア担当首席顧問、フィオナ・ヒルが初めてトランプに紹介されたとき、トランプが発した唯一の質問は、「で、君はどう思う？ あいつはいいやつだろうか、あのプーチンは？ おれはあいつを気に入ると思うか？」というものだった[6]。しかも答えも聞かずに立ち去ってしまったのだ。

　結局のところ、トランプ政権は政権として一定の対ロシア政策を有しており、トランプは別の政策を持っていて、両者は激しく衝突していたというわけだ。職業外交官として国務省に四〇年仕え、トランプ政権発足から数週間後に退職するまで対ロ制裁の政策を担当していたダニエル・フリードはこう回想する――「ワシントンの政界で、国務省と国防総省が対立するのはこれまでにも目にしてきました。同じくワシントンで国務省とＮＳＣが対立するのも見てきました。でも国務省とＮＳＣと国防総省が一、二の例外を除いてみな一致していて、大統領だけが別の立場だという、そんなワシントンは一度も見た覚えがありません」。

　トランプ政権発足当初、まだマイケル・フリンが大統領補佐官（国家安全保障問題担当）で、スティーヴ・バノンもホワイトハウスにおり、中国と対決するためにロシアに接近する計画を推進していたころ、トランプは対ロ制裁の解除を本気で検討したことがあった。ロシアのクリミア半島併合を受けて導入されていたものである。そのときはミッチ・マコーネル上院院内総務や重鎮のジョン・マケイン上院議員など、共和党議員らが議会で立法措置を取る構えを見せてトランプに圧力をかけたため、制裁解除は実現しなかった。「トランプは政権の初期の段階で、衝動的にやりたいことをやるのを阻まれました。トランプはロシアとディールをまとめて、あっさりウクライナをロシアにくれてやりたかったわけですが。議会にブロックされたのです」と、フリードは振り返る。二〇一七年七月、マコーネルがトランプに圧力をかけた立法措置と類似の法案が議会を通過した。「敵対者に対する制裁措置法」と呼ばれるもので、制裁の対象をロシアだけでなくイランと北朝鮮へも広げる内容だ。トランプが署名を拒否した場合、大統領の拒否権を覆す超党派の動きが起きることが確実視されたため、トランプは渋々ながら署名した。「国民の結束のため」だとトランプは声明で述べた。だがその措置は「きわめて大きな欠陥がある」と不満を述べることも忘れなかった[7]。共和党が多数派を占める議会が、トランプの反対を押し切って法案を通した稀な事例であった。

　しかしそんなことでプーチンに対するトランプの厄介な愛情が薄れるものではなかった。トランプはクレムリンに君臨するプーチンの言葉なら、何でも額面どおり受け取るつもりだったらしい。議会が先の制裁措置法を通過させたのと同じ月、すでにトランプは自分の配下の情報機関の言葉よりも、プーチンの言葉をよりどころとしていた。のちにヘルシンキでやったことと同じである。オバマ政権はロシアによる大統領選への介入の報復として、国内にあるロシアの外交官らが使用する別荘を閉鎖する措置を取っていた。そして今、それを更新するかを議論する会議の席で、ブリーフィングをしたＦＢＩの担当者は、その別荘はアメリカ国内でロシアがスパイ活動を行なうのに利用される可能性があると述べた。ところがトランプはその指摘を払い除けた。そして呆気に取られたその担当者がのちにアンドリュー・マッケイブ（当時はＦＢＩ長官代理）に語ったことによれば、その後トランプはほぼ会議の間ずっと、アメリカを射程に収める北朝鮮の大陸間弾道ミサイルの発射テストに関する報告についてしゃべり通したという。すなわちトランプは、発射テストは実際は実施されていない、報告はでっち上げだ、と主張して譲らなかったのである。なぜそう考えたのか？　プーチンから聞いたのだと、トランプは説明した。それはアメリカが入手しているいかなる機密情報とも合致しないと言われると、トランプはあっさり無視した。プーチンを信じていたのである。[8]

もし当時この出来事を連邦議会の議員らが知っていたら、おそらく不安に駆られていただろう。というのも、依然として民主・共和両党どちらの議員たちも、ロシアに対して毅然とした態度をトランプに取らせようとしていたからである。ウクライナ東部でロシアの支援を受けた分離派とウクライナ政府との戦闘が長引く中、殺傷能力のある兵器も含め、ウクライナに対する軍事支援策を支持するよう、議会はトランプに迫っていたのだ。オバマ大統領は何百万ドルというウクライナ支援を承認したが、側近らの要請があったにもかかわらず、殺傷能力を持つ兵器を送ることは拒んでいた。そしてトランプ政権になってからは、ジム・マティス国防長官、レックス・ティラーソン国務長官を含め、政権の高官らが強力なジャベリン対戦車ミサイルのウクライナへの輸出にゴーサインを出すよう、トランプに働きかけていた——承認すれば、オバマよりもロシアに対して「よりタフな姿勢をとっている」とトランプは堂々と主張できますよ、とも指摘して。だがトランプはウクライナに対して微塵も共感していなかった。二〇一七年六月、オーバル・オフィスでウクライナのポロシェンコ大統領と会談したときなど、トランプはウクライナという国は腐敗していると思うと面と向かって述べたほどだ。「なぜならあるウクライナ人の友人がマール・ア・ラーゴで会ったときにそう言っていたからだ」というのが理由だったと、その場で呆然として聞いていた駐ウクライナ米国大使のマリー・ヨバノビッチはのちに語った。トランプはさらに、クリミア半島は地元住民がロシア語を話しているのだから、本当はそもそもロシア領だとも述べた。[9]トランプがそんな見解だっただけに、側近たちはウクライナに対する軍事支援を正式に承認するようトランプに要請するのを、数カ月もためらっていたのだった。しかしやがて、ジャベリン対戦車ミサイル二一〇発と発射装置《ランチャー》三七基を含め、四七〇〇万ドル〔約五〇億円〕の武器売却をトランプは承認した。

そのわずか数週間後、トランプはのちにヘルシンキの惨憺たる米ロ首脳会談に結実するオファーをプーチンに出したのだから、控えめに見ても理解しづらく、一貫性に欠けていたと言うべきだろう。その年の春、トランプ政権のある高官は、「彼を止めることなどできません。トランプがプーチンと会いたいと思ったら、どうあってもトランプはプーチンと会うのです」と、密かに述べたのだった。(10)

シンガポールでの金正恩との首脳会談と同様、トランプは系統立った事前準備やブリーフィングにはまったく関心がなかった。トランプがプーチンと会いたがっていたのは間違いないが、なぜかは誰にもわからなかった。ようやく二人だけの時間をしばし過ごせるということを除けば、何が目的なのか不明だったのだ。首脳会談に向けた交渉はたった一回、国家安全保障問題を担当するジョン・ボルトン大統領補佐官がモスクワ入りしただけだ。しかも通常は首脳会談に先立ってなんらかの「成果物」に合意しておき、会談後に首脳二人が公表するという段取りだが、ボルトンは手ぶらで帰ってきた。ボルトンはロシア側から「会談自体が成果物だ」と言われたのだった。(11) 明確な議題もなかった。目玉はトランプとプーチンの二人きりの非公開会談。NSCのフィオナ・ヒルは、少なくともマイク・ポンペオ国務長官を同席させた二対二形式をトランプに提案すべきだと指摘したが、ボルトンが拒んでいた。ボルトンは「大統領たるもの、一対一会談を認められるべきだ」と述べ、トランプの希望に合わせたのだった。

トランプの世界に対する見方は――とくにロシアについては――若いころに形作られた。当時トランプは核兵器に魅了され、国際政治といえば米ソ間の軍縮をめぐる大々的なディールを思い浮かべた。トランプはロナルド・レーガン大統領の軍縮担当に名乗りを上げたこともあるほどだ。「トランプは軍縮の確固たる支持者でもありますが、彼の軍縮に対するイメージは一九八〇年代に形成されたものです。当時、要人同士が大きな協定の締結を実現し、それこそが要人たることの本質だと思っていたわけです」と、のちにヒルは語った。

この年の三月、プーチンはトランプを動揺させ、怒らせていた。プーチンは大統領に再選される前（三月一八日に再選）、「無敵」と名づけられた超音速ミサイルがトランプの第二の故郷であるフロリダ州を襲うシミュレーションの動画を議会で上映したのだ。(12) トランプというたった一人の聴衆をターゲットにする手法に長けているのは、ホワイトハウスの補佐官や閣僚たちばかりではなかったらしい。どうやらこのとき、首脳会談の実質的な議題にこと欠いて、大々的な軍備管理で合意するという夢想をトランプは抱いていたようだ。しかし側近たちは実際に喫緊の問題となっていた唯一の重要な軍縮合意に関してはトランプと意見を異にしていた。オバマ大統領が締結し、二〇二一年に期限切れを迎える新戦略兵器削減条約（新ＳＴＡＲＴ）である。トランプは更新を支持していたが、ボルトンはこの条約を「忌まわしいディール」と呼んでいた[13]。

　首脳会談に先立ち、元ユタ州知事で当時は駐ロ米国大使を務めていたジョン・ハンツマンがワシントンへやって来た。トランプ政権の国家安全保障問題担当チームは、これをトランプが耳を傾けそうな人物とプーチンについて議論する好機として歓迎した。しかしトランプはひと目ハンツマンを見ると、テレビでしばしば目にするもう一人のハンツマンを思い出した。大使の三二歳の娘で、ＦＯＸニュースの番組「ＦＯＸ＆フレンズ・ウィークエンド」の共同ホストを務めるアビー・ハンツマンだ。トランプはヘルシンキの会談に備えるどころか、オーバル・オフィスから今すぐ彼女に電話をしろとハンツマンに要求。父親は娘に電話をすることを断るわけにもいかなかった。同席していたフィオナ・ヒルは、「話題を首脳会談に戻すことはついにできませんでした」と当時を振り返っている[14]。

　シンガポールでの米朝首脳会談と同様に、トランプはヘルシンキへ向かう前に西側同盟諸国を歴訪する予定だった。今回はブリュッセルでのＮＡＴＯの首脳会議と、急ぎ足での訪英である。おそらくトランプが最も楽しみにしていたのは、英国のエリザベス二世女王とウィンザー城でお茶をいただくという役得の行事だっただろう。トランプの母親は英国生まれで、筋金入りの英国王室ファンだったのだから。しかしそうは言っても、女王とのデートは一種の余興にすぎなかった。シンガポールの米朝首脳会談前と同じく、ここでもメイン・イベントは同盟諸国に対するトランプの容赦のない攻撃だった。具体的に言えば、標的となったのはプーチンが宿敵と目していたＮＡＴＯである。

　ブリュッセルに向かうときも、トランプはアンゲラ・メルケル首相に対する怒りが収まらずにいた。カナダでのＧ７首脳会議でメルケルがトランプを見下ろしてにらんでいる、あの写真が公開されたことを根に持っていたのだ。その写真はインターネット上でトランプに関する無数の皮肉な拡散情報《ミーム》を発生させ、なかにはベルギーの元首相が写真のキャプションとしてつけたこんなものもあった――「ウラジーミルにどんな弱みをつかまれているのか言ってごらんなさい。私たちが助けてあげるから」(15)。トランプが任命したばかりだった喧嘩腰の駐独米国大使のリチャード・グレネルは、その写真はトランプ大統領に対する無礼千万な侮辱だと、ドイツ政府高官に告げた。グレネルは元はと言えばツイッター上でよく知られた右翼の投稿魔で、ブッシュ政権時代に国連大使だったボルトンのスポークスマンをしていた男である。ドイツ側から見れば、そんなグレネルが駐独大使に任命されたことこそ、むしろメルケルに対する侮辱に思えた。グレネルが大使に赴任したころ、トランプ政権のある高官は、「彼はトランプと同じで喧嘩が大好きだ。トランプもそれを歓迎している。そしてそれこそドイツ側が最も嫌悪していることなのだ」と述べている(16)。

右のドイツ政府高官の言葉を借りれば、この時点でトランプとの関係を「解毒(デトックス)」しようとのメルケルの試みは、明らかにすでに挫折していた。しかもなお悪いことに、トランプがメルケル首相に対して個人的な、深刻な憎悪を募らせていることも否定しようがなかった。ただ、それがなぜなのか、誰もはっきりとはわからなかった。メルケルが強い女性だったからか? トランプの父親がドイツ系でありながら、戦後からそれを一貫して否定していたからか? トランプは父親の嘘をそのまま受け継ぎ、自著『トランプ自伝』では父方の一族はスウェーデン系だと虚偽の主張までしていた。諸説は芬々《ふんぷん》としていたが、いずれにしろ、メルケルに対する敵意の結果は誰の目にも明らかだった。「こだわりというか、ほとんど執着のようなものでしょうね。それに政府の同僚たちはこう言っていますよ――ドイツに対する強迫観念だと」と、別のドイツ政府高官は述べた。

NATO首脳らとの会談に向けて、グレネル駐独米国大使らはトランプに対し、ロシアの国営エネルギー会社ガスプロムとドイツとのディールに問題を絞るよう進言していた。ロシアからドイツへの天然ガス・パイプライン「ノルド・ストリーム2」の建設についてである。オバマ政権から引き続き、トランプ政権もこのパイプライン建設には強く反対していた。ひとつには、ロシアの天然ガスを西ヨーロッパへ送るルートとなっているウクライナが収益源を失うからで、もうひとつにはドイツに対するロシアの政治的影響力が増すからだった。トランプもためらうことなくこの「ノルド・ストリーム2」の問題に飛びつき、任期中を通じてドイツ叩きの材料に使っていくことになる。

首脳会議に先立ち、テレビ中継されていたNATOのイェンス・ストルテンベルグ事務総長との朝食の席で、トランプはさっそく攻撃の火蓋を切った。「ドイツは完全にロシアに操られている。ドイツはロシアの囚われの身だ」と断言したのだ。[17]そのふた席隣りで顔をしかめるジョン・ケリー首席補佐官の姿をカメラがとらえていた。この映像が大きな物議を醸すと、ホワイトハウス報道官のサラ・ハッカビー・サンダースがトランプ在任中でも特筆すべき「曲解」を披露した。ケリーが「あんなに不満顔だったのは、本格的な朝食を期待していたのにペストリーとチーズだけだったからだ」と記者団に述べたのである[18]（この件をのちに訊かれたケリーは、実際には「穴があったら入りたい」と思っていたのだと述べている）。一方、東ドイツ育ちのメルケル首相は、ベルリンの壁が建設されたときに大人たちが大泣きしていた光景を覚えている。そんなメルケルはトランプの発言に対し、実際にロシアがドイツを操るとはどういうことか、私はこの目で見てきたのだと、辛辣な声明を出した。

トランプは続いてツイートを発し、標的はドイツだけでなくNATO全体であることを明かした。トランプはこれまでも、NATO各国が約束どおり国内総生産（GDP）の二パーセントを防衛費に充てていないことを非難していたが、ついに最後通牒を叩きつけた——支払うか、さもなくば……。「ドイツがガスなどエネルギーのためにロシアに何十億ドルも支払っている中で、NATOなど何の役に立つのか？ アメリカはヨーロッパを防衛するために金を出し、その上に貿易で何十億ドルも失っている。［各国は］GDPの二パーセントを**即刻**支払うべきだ、二〇二五年までではなく」とツイートしたのだった。[19]

舞台裏では、こんな対決を避けようと、ボルトンをはじめとする補佐官らが何週間も前から必死の努力を続けていた。六月末にはトランプがストルテンベルグ事務総長に電話を入れ、アメリカがNATOの予算の「八〇—九〇パーセント」を負担しているのには——それは虚偽だったが——ほとほと嫌気が差していると言い、アメリカのNATOへの「貢献」をドイツの負担額と同等のレベルに引き下げるつもりだと伝えた。[20]だがこれは筋が通らなかった。アメリカはGDPの三パーセントを防衛費に費やしているが、トランプはそれをドイツ並みの二パーセント弱へ、つまり何千億ドルもの削減を計画しているというのか？ そんなことができるはずはなかった。アメリカがドイツに比べて多大な防衛費を費やしているのは、ヨーロッパだけでなく、世界中にその武力を誇示するためなのだ。だがトランプはストルテンベルグへの電話でいつまでも延々と苦情を述べ続けたのだった。

この電話を聞いていたボルトンは、このままではまずいことになると勘づいた。そこでブリュッセルでのNATO首脳会議の前に、文句を言うのをトランプにやめさせるべく、マイク・ポンペオ国務長官らに協力を求めた。そこで彼らは、理屈よりも、現実的な意見を上げようということで一致した。つまりトランプに対し、NATOの国内の最重要政治課題に集中すべきであり、目下に大喧嘩をふっかけて政策の焦点がぶれてはいけない、と伝えることにしたのだ。その課題とは、連邦最高裁の判事に指名した保守派のブレット・カバノーを議会に承認させることだった。ボルトンはさらに、カナダのG7首脳会議で起きたばかりのことの二の舞いを避けるため、トランプ大統領を避けてNATO米代表部のケイ・ベイリー・ハッチソン大使と裏で手を回した。NATO首脳会議が始まる前から、会議後に出されるはずの共同声明の内容で合意するよう同盟諸国に働きかけたのだ。トランプが割り込んで台無しにするのを避けるためである。

ボルトンとポンペオは、共和党の議員らは本筋ではないNATOとの大喧嘩に乗り気ではないのだとトランプに釘を刺し、トランプも同意を口にした。だが本当に説得されたわけではなかった。トランプはキース・ケロッグに密かにけしかけられているのではないかと、ボルトンとポンペオはにらんでいた。退役中将のケロッグはマイク・フリンの盟友だ。フリンは国家安全保障問題担当の大統領補佐官を辞任してNSCから追われ、マイク・ペンス副大統領の国家安全保障問題担当補佐官に収まっていた。そんなフリンの異動にもかかわらず、ケロッグは相変わらずトランプとのパイプを維持し、NATOをしばしば罵倒することで知られていたのだ。ブリュッセル入りしたトランプがみずからケロッグの名を持ち出したことで、補佐官たちの疑念が正しかったことが判明した。「キース・ケロッグはNATOのことなら何でも知っているぞ」と、トランプはボルトンとポンペオに言ったのである[21]。それに実は、三月にはボルトンではなくケロッグを国家安全保障問題担当の大統領補佐官に就けたかったのだと、トランプはボルトンをまともににらみつけながら当てつけがましく付け加えたのだった。

トランプが右の発言をしたのはNATO首脳会議の二日目の議事が始まる前の朝のこと。共にまだ就任から数カ月という新任のボルトンとポンペオとの会議でのことである。その会議でトランプは、NATOから完全に脱退するつもりだと二人に告げた。「歴史的なことをやりたいと思わないか？」とトランプは二人に問いかけた。そしてドイツとロシアの関係について例の不満を繰り返した。そして「おれたちは脱退だ。やつらが金を払っている相手とおれたちが戦うなんてあり得ない。われわれはとても不満だから抜けるのだと、言ってやりたいんだ」と、トランプはさらに続けたのだった。[22] 二人の側近たちは西側諸国の同盟を丸ごとぶち壊すようなことはしないようにと、最後の説得を試みた。だがその日がどのように幕を閉じるのか、二人は予測すらできなかった。

　ボルトンは大慌てで援軍を呼び寄せた。別の場所で、ヘルシンキで開催されるプーチンとの首脳会談の準備をしていたジョン・ケリー首席補佐官に連絡をすると、「おい、すぐに来てくれ。われわれはNATO脱退寸前だ」とボルトンは伝えた。

　NATO七〇年の歴史の中で、おそらく最も対決色の強い首脳会議が始まろうとしていた。遅れて現地入りしたトランプはまず、ウクライナとジョージアのNATO加盟の希望について両国首脳を含めて議論をする会議に臨んだ。トランプはボルトンを脇へ呼ぶと、「本当にやるか？」と訊いた。「心臓が飛び出そうだった。大統領がどう出るかわからなかったのだ」と、ボルトンはのちに回想している。[23] 数分後、ボルトンに結論を伝えることもなく、トランプは演説を始めた。ウクライナとジョージアを無視して、NATOを構成する同盟諸国がアメリカの力にタダ乗りをしていると、例の不満を述べ立て始めたのだ。部屋の反対側にいたドイツのメルケル首相に向かって「あなただよ、アンゲラ」と名指しして声をかけると、ドイツに応分の支払いを求めた。[24] しかも今すぐに。そしてのちにボルトンが記したように、トランプはこう長広舌を締めくくった――実際、もしほかのすべての加盟国も一月一日までに金を出さなければ、アメリカは「ただ自分の思いどおりにするまでだ」と。[25] トランプはNATOを脱退すると脅しをかけているのか？――衝撃を受けた各国首脳たちにとっては、同盟を壊滅させると断言しているように聞こえたのも当然だろう。これでは会議は収集がつかないと見たメルケルは、緊急会合を呼びかけた。議論すべき緊急の事案とは……トランプである。

　加盟諸国が内輪喧嘩をしやすいようにとウクライナとジョージアの代表団が部屋を追い出されると、トランプは再びメルケルを責め始め、周囲は唖然として黙って聞いているしかなかった。結局、メルケル擁護の役回りを引き受けたのは、もう一人の女性首脳、リトアニアのダリア・グリバウスカイテ大統領である。ドイツはリトアニアをロシアから守るために軍を派遣してくれたと、グリバウスカイテは指摘し、メルケル首相にはＮＡＴＯによる共同防衛にさらに資金をつぎ込む固い意思がある、と述べた。部屋の片隅では、トランプをどう扱うか、メルケルが周囲に集まった首脳らと作戦を練っていた。そしてやがて、オランダのマルク・ルッテ首相がトランプのいちばん欲しがっていそうなものを提供することにした——勝ったと言えるようにしてやったのだ。ルット首相は、トランプが大統領に就任して盛んにＮＡＴＯ加盟諸国に圧力をかけ始めて以来、各国は合計でおよそ七〇〇億ドル〔約七兆八〇〇〇億円〕防衛費を増額したと指摘。勝ち名乗りを上げよと促した。そしてトランプはまさにそうしたのである。

会議を終えて記者団の前に姿を現すと、トランプは嘘をついた。同盟諸国がトランプの前に屈服したと述べただけでなく、毎年の防衛費を現行の目標値の二倍に当たるＧＤＰの四パーセントに上げよとの要求に対し、各国が検討を約束したとトランプは言ったのだ。この政治的にあり得ない主張に対し、フランスのエマニュエル・マクロン大統領は直ちに反論を公表。だがトランプはそんな批判はものともせずに、別にとんでもないことなど起きていないという態度を決め込んだ。次は英国女王との会見と、続くヘルシンキでの米ロ首脳会談である。ＮＡＴＯ首脳会議を後にしようとしていたトランプは、ほかの首脳らに話しかけていたメルケルを遮り、頬にキスをした。「おれはこの女が大好きだ。彼女はすばらしいと思わないか?」とトランプは周囲に言った。このいかにもトランプらしい大げさな態度をのちに語ったあるドイツ政府高官は、トランプの意図をわかろうとする気にもなれずに、「あれをどう解釈するかは心理学者と歴史学者の仕事ですよ」と述べたのだった。[26]

実際のところ、トランプのメルケルに対する怒りとＮＡＴＯ批判は真剣そのものだった。この年の六月、ホワイトハウスは密かに国防総省に対し、ドイツから——もしくはヨーロッパ全土からさえも——米軍をすべて引き揚げるにはどのようなことが必要となるか、公式の報告書を出すよう命じていたのである。トランプが決行していれば、ヨーロッパにおける力のバランスを著しくプーチン有利に傾けることになったはずだ。これは公表されることはなかったが、のちに米政府当局者らが認めている。

アメリカの友好諸国に対するトランプの憎悪は、それをアメリカの安全保障を弱体化させるものと見ていた側近たちを悩ませ続けることになる。ジム・マティス国防長官は、メルケルは単純にパチンと指を弾いてトランプの要求どおりにするようなことはできないのだと、トランプに説いて聞かせようとした。アメリカの統治形態とは大きく異なる議会制度の中で、メルケルは連立政権を率いているのだ、と。

「たとえばナンシー・ペロシ〔民主党重鎮〕があなたの国防長官で、ランド・ポール〔共和党保守派〕が国務長官だと想像してみてください。しかも二人とも次の選挙であなたのライバルになりそうなのに、政府を運営していくのにあなたには二人の協力が不可欠だと、そんな具合です」とマティスは言った。

トランプはよくわかっていないようだった。だがマティスの喩えには衝撃を受けたらしい。「ナンシー・ペロシがおれの政府の国防長官だって？　ばかばかしい！」と大声を上げたのである。

あのヘルシンキでの米ロ首脳会談を、ジョン・ボルトン国家安全保障問題担当補佐官ほど強く屈辱的だと感じていた人物はいない。しかし三カ月前にみずから熱心に求めて就いた職である。抗議の辞任はしなかった。首脳会談に対する非難の嵐の中でも、誰も辞めなかった。ホワイトハウスでも、国務省でも、情報機関でも。上下院で多数を占めていた共和党も、トランプに明確な圧力をかけることはなかった。保守派のロイ・ブラントの予想どおり、ロシアの選挙介入疑惑に対する上院情報委員会の調査を続行させた程度である。ハウス・フリーダム・コーカス（自由議員連盟）のトランプ擁護派らも、首脳会談の一件でも平然とトランプの肩を持った。一派のリーダーのマーク・メドウズは、トランプのヘルシンキでの記者会見の翌日、あるフォーラムで見解を述べた――「私たち国民のあり方そのものを揺るがすことがない限り、国民に対する裏切りだと言うことはできません。記者会見ひとつでそんなことが起きるところなど、私は一度も見たことはありません[27]」。

しかしトランプたった一人で、アメリカの外交安全保障政策の根幹を破壊し、アメリカの安定を揺るがすような譲歩をロシアのリーダーにしてしまいかねなかったのだ。そんな無謀な大統領をどうすべきかという問題は残っていた。シンガポールでの米朝首脳会談と、ヘルシンキでの米ロ首脳会談を経て、ボルトンはある決意を抱いた。前任者のH・R・マクマスターとは異なり、積極的にトランプの外堀を埋めようというのだ。議会や外国の政府の中に意を同じくする同志やパートナーを見つけ、トランプを管理し、抑制するのだ。ボルトンはマクマスターよりもずっと経験豊富で、幅広い人脈を持ち、ワシントンの政界に精通したプレイヤーだ。マクマスターも建前上は仕えている大統領を制御しようとはしたが、今やボルトンはそれとは比べものにならないほど思い切り踏み込んで、スタッフにももっと積極的にやることを認めるつもりだったのである。

さらにボルトンは、トランプとの距離も保つよう心がけた。従来の国家安全保障問題担当の大統領補佐官らが、常に影のように大統領に寄り添ったのとは異なる。「国家安全保障問題担当の大統領補佐官であれば、大統領のそば近くで仕えようとするものですが、ボルトンは本当にそんなことをしようとしませんでした」と、ボルトンの上級スタッフの一人は言う。「むしろオーバル・オフィスに近寄らないようにしていました。大統領の遠出に同行することもほとんどありませんでした」。同行するとしても、ボルトンは大統領専用機ではなく、別の飛行機で行くことが多かった。ボルトンはすべての会議に出ていたわけではないし、スタッフが招集されても行くとは限らなかった。おかげでトランプとしては親しいキース・ケロッグやルディ・ジュリアーニやFOXニュースの友人たちとゆっくり過ごせたのだったが。

しかしワシントンの政界では、大失態もまたチャンスである。トランプはみずからの発言で米国政府の対ロシア政策を危うくした。だがその過程で側近たちは、トランプがそれまで抵抗を示していたロシアに対する厳しい措置を、トランプに認めさせるための政治的なきっかけを手に入れたのである。実際、ほどなくしてボルトンとポンペオはトランプの記者会見による想定外の失態を逆手に取ってみせた。トランプに迫り、アメリカはプーチンのクリミア半島併合の合法性を決して認めない、との公式の宣言に署名させることができたのだ。ある政府高官の発言によれば、粘り腰で実現したこの宣言は、プーチン寄りだとの印象を与えてしまったヘルシンキでの出来事を打ち消すのに「好都合」でもあったという。二人はさらに、来るべき中間選挙でもロシアの選挙介入を防止すべく、連邦政府全体を対象とした新たな計画にもトランプの同意を取りつけた。そして側近たちから見てこれらに劣らず重要だったのは、ヘルシンキでの失態により、プーチンを招待してアメリカで首脳会談を行なうというトランプの政治的思惑が論外なものになったことだ。どれだけトランプが望もうと、そんなことはもはやあり得なかったのである。

とはいえ、トランプに対するこうした政治的な逆風もトランプをしばし後退させたにすぎない。トランプはアメリカがウクライナを支持することに相変わらず懐疑的なままだった。数カ月後、黒海のクリミア半島沖で、ロシアの軍艦がウクライナ海軍の艦船三隻に発砲して拿捕する事件が起きた〔二〇一八年一一月二五日〕。このときトランプは政府がロシア糾弾の声明を出すのを阻止した上に、ウクライナ支持を示すために米軍の艦船をウクライナに派遣する予定があったが、それも中止した。トランプはこのとき、G20首脳会議〔一一月三〇日にアルゼンチンで開催〕に合わせてプーチンと公式会談に臨む予定だったが、これはウクライナ艦船拿捕への抗議として中止するよう周囲に説得された。しかしそれにもかかわらず、現地では構わずプーチンを脇へ誘って立ち話をし、側近たちの意見に逆らってみせたのだった。

　秋には、ボルトンはトランプを制御するために以前よりも露骨に上院議員らに協力を求めた。トランプがNATOの共同声明を台無しにするのを同盟諸国に声をかけて防いだときと同じである。九月初旬に共和党のコリー・ガードナー上院議員（コロラド州選出）と電話をしたとき、ボルトンはシンガポールでの米朝首脳会談の概要と、その後の北朝鮮との交渉について率直に話した。それはトランプが公然と誇張してみせた成果とは大きく異なっていた。「北朝鮮は核兵器を本気で放棄するつもりはないと私たちは考えている」と、ボルトンはガードナーに告げた。続いてボルトンは、北朝鮮は「朝鮮戦争の終結宣言を望んでいる」とし、トランプがそれに応じるのがなぜ得策ではないか、自分の見方を説明した。すなわち「日本が激怒するだろう」というのがひとつ。しかも北朝鮮に対する制裁措置の効力を削ぎ、韓国に「米軍部隊を駐留させることを正当化するのがより難しくなる」と。続いてボルトンは最重要案件を切り出した――大統領にメッセージを送ってくれないかと、ガードナーに依頼したのだ。本来ボルトンはいつでも好きなときにオーバル・オフィスへ入り、自分でトランプにメッセージを届けることはできた。だがガードナーから伝えてほしいのだと、ボルトンは言った。そのメッセージとは、「イランで見事な手腕を見せたのだから」北朝鮮に対しても「その才能を発揮してほしい」というものだ。ガードナーもボルトンも、トランプには追従が有効なことを知っていた。

　一方、ボルトンのスタッフも、すでに別の共和党上院議員のダン・サリバン（アラスカ州選出）と緊密に連携していた。北朝鮮問題に関し、より明確な形でトランプの動きを封じようというのである。シンガポールでの米朝首脳会談よりも前に、NSCアジア担当上級部長のマシュー・ポッティンガーはすでに大いに懸念を深め、サリバンに働きかけていた。サリバンは以前から防衛関連法案に、ある条項を組み入れようとしていた。それは議会の明確な承認なしに朝鮮半島から米軍部隊を引き揚げることを禁止するというもので、ポッティンガーはその努力を続けるようにと鼓舞したのだ。結局サリバンはその条項を法案に加味できたものの、最終的には拘束力のない決議という形に後退してしまった。一〇月二日、ボルトンが北朝鮮問題に関する共和党上院議員らとの会議に出席すると、議員たちは口々にトランプの行動に対する懸念を表明した。サリバンはトランプが「北朝鮮の核兵器放棄の見返りに米軍を韓国から撤退させる」ことを懸念していると述べた。そしてそれを阻止するのに議会にできることはないか、とボルトンに尋ねたのだった。

さらに一〇月中、ボルトンは引退を表明しているポール・ライアン下院議長と電話で話した。二人とも、トランプがアフガニスタンのタリバンとの和平合意を望んでいることを不安視していた。通話のメモの表現によれば、いかにして「大統領が性急な決断を下すのを阻止できるか」を二人で知恵を合わせて話し合った。そしてライアンからトランプにどう言うか、二人はさまざまな案を出し合ったという——「いい計画ですが、まだ始まったばかりです」「第四クオーターまであるゲームを第二クオーターで打ち切ってはいけません」「あなたの戦略は正しい。だがうまくいくかどうか、時間をかけて見守る必要があります」など。最終的に、タリバンまたはほかの過激派組織がアフガニスタンの実権を握った場合、隣国のパキスタンとその「核兵器が危機にさらされる」という点を強調することにしたのだった。

政権に内部抗争がある場合、政府当局者らが議会の人脈を活用し、援護射撃を求めることはワシントンの政界では古くからの手である。これまでにも政権の誤った決断を阻止したり、ライバル省庁のねらいをくじいたり、重視する政策を促進したりするために、あまたの大統領側近たちが親しい上院議員に情報をリークしてきた。だがこれまでに、大統領のオーバル・オフィスから目と鼻の先の執務室にいる国家安全保障問題担当の大統領補佐官が、自分のボスに対する組織的な抵抗を議会の連中と画策するなどということがあっただろうか？ 夏の一連の首脳会談ののち、ボルトンほど意図的な戦略を取った事例は歴史的な記録を見てもほぼ先例がない。そして確かにボルトンは意図的に動いていた。ボルトンの働きかけを知悉していたあるホワイトハウスの当局者は、ボルトンの作戦をボウリングに喩えた——ただひたすらボールをガターに落とさないようにしたかっただけなのだ、と。

第11章 八五パーセントの男

二〇一八年九月の最初の日、洞穴のように薄暗いワシントン大聖堂に、ワシントンの政界の関係者がほぼ全員集まっていた。ヴェトナム戦争の英雄から因習を打破する上院議員へと転身し、大統領選挙に二度挑戦して戦った故ジョン・マケイン上院議員に最後の別れをするためである。マケインは晩年には、彼がホワイトハウスの危険なペテン師と見たトランプに抵抗する共和党を代表する声となっていた。この日、共和党も民主党も大部分の上院議員が顔をそろえ、ジョージ・W・ブッシュとバラク・オバマの両者が追悼の辞でマケインを賛美した――前者は共和党内の大統領候補者指名競争で、後者は大統領選挙でマケインを破った男である。

ところが政界でマケインの最大の親友だったリンジー・グレアム上院議員には大きな役割は与えられなかった。その親しさゆえに、かつてマケインが二人の関係を「政治的な結婚」とまで呼んだ男。マケイン一家とアリゾナ州で休暇を過ごし、アフガニスタンからウクライナまで共に飛び回った仲だというのに。厳密に言えば、グレアムは葬儀で発言しなかったわけではない。メッセージを伝えるために慎重に選んだ聖書の一節を朗読する役割を果たした――「人がその友のために自分の命を捨てること、これよりも大きな愛はない」（ヨハネによる福音書一五・一三）。だがそれだけだった。

グレアムが冷遇されたのにはわけがある。マケインが八一歳で脳腫瘍で亡くなるまでの最後の数カ月、グレアムは急速にトランプに接近し、マケインとの距離は次第に開いていった。マケインはトランプを錯乱した道化師と見て、アメリカにとって危険だと考えていた。グレアムも同様だったが、豹変したのだ。トランプが大統領に就任した当初、グレアムもマケインと同様、断固たる反トランプ派だった。グレアムがトランプを「クレイジー」な「変人」で、「人種差別主義者の偏屈者」と呼び、「大統領職に不適任」だと言ったことはよく知られている[1]。共和党の大統領候補者指名競争で、トランプはグレアムを含む一六人の候補者たちを圧倒して指名を獲得した。するとグレアムは「共和党史上、最も欠陥の多い候補者」を戴くとは、共和党は「めちゃくちゃクレイジー」になってしまったと断じた。そしてトランプがヒラリー・クリントンと争った一一月の本選では、グレアムはトランプに投票することを拒み、独立候補のエヴァン・マクマリンに一票を投じた（のちにはグレアムが名前すら思い出せなかった候補である[2]）。「どうやればメイク・アメリカ・グレート・アゲインを実現できるかわかるか？ @realDonaldTrump〔トランプのツイッターのアカウント名〕に地獄に堕ちろと言ってやるのだ」と、グレアムはツイートしたこともある[3]。のちにグレアムが認めたとおり、「まったくのクソったれだと思っていた」のである。

　ところが病に倒れたマケインが表舞台から遠ざかるにつれ、グレアムはあろうことか、かつて手ひどく非難した大統領に愛情を注ぎ始めたのである。マケインが亡くなった二〇一八年の晩夏には、グレアムはすでにトランプの常連のゴルフ仲間で、ニュージャージー州ベッドミンスターやフロリダ州のマール・ア・ラーゴ、ワシントン郊外のヴァージニア州のトランプ・ナショナル・ゴルフクラブなどで共にプレーしていた。グレアムは大統領専用機エアフォース・ワンにも同乗したし、ニュージャージー州のトランプの避暑地にあまりに頻繁に出入りしたため、ホワイトハウスの補佐官らはグレアムを「たかり屋上院議員」と呼ぶようになったほどだ。グレアムはトランプに心酔していたらしく、「彼の世界に私を受け入れてくれたのだ」と、熱く語った。大統領と強いパイプを持ち、常に相談を持ちかけられることにグレアムは胸を躍らせた。「これまでの人生で、大統領からこんなに電話をもらったことはない」とも述べた。こうして忠義の対象が真逆になってみると、トランプを中傷するような厚かましい連中がいることに怒りを露わにした。果てはＣＮＮに出演し、トランプを「大統領に不適任な変人」と決めつけるメディアを叱りつけたのである——これはかつてグレアム自身がトランプについて使った表現そのものだった[4]。

　マケインはそんなグレアムの態度に嫌気が差し、本人にも隠そうとはしなかった。二人はそのことで口論し、一時期は互いに口も利かない仲だった。グレアムとトランプの男同士の蜜月にマケインは激怒し、テレビで全国中継される予定のワシントンでの葬儀では、追悼の挨拶をさせないことにした。代わりに翌日、テレビカメラも大勢の会葬者もいないメリーランド州アナポリスでの私的な告別式での挨拶に限ることにしたのだ。上院という場が二人を結びつけたが、トランプがそれを引き離してしまったのだった。

　マケインが最期を迎えた今、その死を悼む大聖堂での葬儀の日にグレアムが果たした最大の役割はといえば、ジャレッド・クシュナーとイヴァンカ・トランプを招待したことだろう。当初の招待者リストには含まれていなかっただけに、二人の姿は悲しみの中にあったマケインの娘、メーガンを憤慨させた。トランプ大統領の娘と娘婿が参列することなど誰からも聞かされておらず、大聖堂で二人を見つけるとメーガンは怒りで青ざめた。のちにメーガンは二人を「葬式荒らし」と呼び、「二人の姿を目にしたとき、『これ以上に不快な思いは死ぬまでしませんように』と思った」と語っている。(5)

　メーガンはみずから挨拶に立つと、父親と、父親が掲げていたすべてを軽んじたオーバル・オフィスの闖入《ちんにゅう》者たるトランプに対し、挑戦的に反抗の声を上げた。グレアムが会葬者の中で能面のような無表情で見守る中、「私たちはアメリカの偉大さの死を悼むためにここに集っています」とメーガンは語りだした。「父は喜んで犠牲を捧げましたが、その足元にも及ばないような人たちの安っぽい美辞麗句としてではなく、父が苦悩しながら国に仕えていたころ、日和見主義者らが不当にも送っていた安逸と特権的な暮らしとは異なる、本当のアメリカの偉大さの死です」。メーガンがどのような人たちを念頭に置いていたかは疑う余地がなかった。メーガンはトランプの選挙運動中のスローガンを風刺してこう言い切った――「ジョン・マケインのアメリカはメイク・グレート・アゲイン（再び偉大に）する必要などありません、なぜならアメリカは常に偉大であったからです」(6)。会葬者たちから割れんばかりの拍手がわき起こった。普通ならば厳粛に執り行なわれるこの大聖堂での葬儀では稀なことである。むせび泣きながら捧げられた彼女の追悼の辞は、ワシントンのおおかたの既成勢力《エスタブリッシュメント》が抱いていた思いを代弁しているかのようだった。

　旧友の娘が新しい友人を手ひどくやっつけるのを聞きながら、グレアムは沈黙を守った。その週、CNNに出演したグレアムは、忠誠を尽くす相手を急に乗り換えたことを問われた。するとグレアムはその動機を隠そうともしなかった。ワシントンの力関係は変わってしまったのであり、グレアムもそれに合わせて変わったのだ、と。「おわかりかと思いますが、私は重要な人物でいたいのです」と、グレアムは司会のダナ・バッシュに答えたのである。[7]

人を笑わせるのが得意で、明敏で、人なつっこい魅力に満ちたリンジー・グレアムは、バーで政治の手法を学んだ。育ちはサウスカロライナ州セントラル（人口約五〇〇〇人）という小都市だ。両親はサニタリー・カフェという名のビリヤード場を経営し、一家は店の裏手の一画に暮らしていた。グレアム少年は放課後には店でコカ・コーラのケースに乗ってピンボールで遊び、工場労働者らにパブスト・ブルーリボン銘柄のビールを出し、自分でもそれなりにビールやタバコをくすね、「嫌われ者《スティンクボール》」というあだ名で呼ばれた。よきバーテンダーになるために時間を惜しまずスキルを磨き、人の話を聞く力、気の利いたジョークの飛ばし方、誰からも好かれるコツなどを学んでいった。「人を楽しませるのが私の役目だった。そして大胆にやればやるほど楽しんでもらえることに気づいていた」とグレアムはのちに書いている。[8] さらに、張り詰めた空気をほぐす技をマスターした。サウスカロライナ州に隣接するノースカロライナ州選出の共和党のリチャード・バー上院議員は、「リンジーは仲裁するのが得意だ」と指摘する。

グレアムはサウスカロライナ大学に入学し、一族の中で初めて大学に進んだ。だが母親がリンパ腫で亡くなり、翌年には父親が心臓発作で死去するという悲劇に見舞われた。ジョン・マケインにとっては、海軍大将まで上り詰めた祖父と父の威光を受け継ぐことが人生の目的だったのに対し、グレアムは早くに亡くした家族を生涯追慕して生きることになった。九歳年少の妹ダーリーンの世話もせねばならず、やがて養子にした。大学を卒業すると法科大学院へ進み、修了後は空軍に入隊。法律家として空軍法務部に勤めた。独身で通したグレアムにとって、事実上、軍隊が家族代わりとなった。議員になってからも、長く予備役についていたほどだ。

若き議員としてのグレアムはどちらかというと一匹狼のタイプだった。当初はニュート・ギングリッチ議員が率いる下院共和党の反主流派の一員だったが、ギングリッチの動向が怪しくなると〔一九九七年に金銭問題の疑惑などが浮上した〕、結果的には失敗したが、ギングリッチおろしのリーダーの一人となった。グレアムが全米に名を馳せたのはビル・クリントン大統領の下院における一九九八年の弾劾訴追と、翌九九年の上院における弾劾裁判でのことである。最初グレアムは強硬派の議員らと袂を分かち、ホワイトハウスと妥協する道を探った。だが一向に埒《らち》が明かないと見るや、弾劾マネジャー〔検察官役を務める議員〕の一人として、下院で最も有効かつ魅力的な活躍を見せ、南部特有の素朴さを発揮して大統領を追及した（クリントンがホワイトハウスのインターン生と不倫関係を続けていたことに関する質疑でも、「夜中の二時半に電話をするような人は、何か怪しいことをしているに決まっている。私の田舎では誰もがそんな風に思いますよ」といった調子だ[9]）。クリントンは無罪となったものの、グレアムの株は上昇。三年後には上院へ転身を果たしたのだ。

　グレアムはすぐにマケインを師と仰ぐようになった。マケインは海軍機のパイロットとしてヴェトナム戦争に従軍し、北ヴェトナム上空で撃墜されて五年あまり捕虜となり、やがてワシントンで最も敬意を集める一匹狼になっていった。二〇〇〇年の大統領選では、マケインは共和党の大統領候補の指名をめざして果たせなかったが、選挙中にはグレアムに接近。アリゾナの農場に招待し、ベテラン俳優のウォーレン・ベイティや女優のアネット・ベニングらと交流した。こうしてグレアムはマケインの相棒となり、二〇〇一年に九・一一米国同時多発テロ事件が発生すると、ジョージ・W・ブッシュ大統領のイラク戦争を含め、武力にものを言わせる諸政策を支持してマケインに同調した。二人は戦闘地域を含む諸外国を何十回となく連れ立って訪れ、成果は出なかったものの、移民政策や気候温暖化対策でも超党派の合意形成をめざして力を合わせた。やがて防衛政策を重視する民主党右派のジョゼフ・リーバーマンを合わせて「三人の友人たち《スリー・アミーゴス》」として知られた。二〇〇八年、マケインの二度目の大統領選への挑戦でもグレアムはマケインを脇で支え、二〇一六年の大統領選に今度はグレアムが無謀にも出馬すると、マケインはお返しにグレアムを支持したのだった。

　その年、二人はトランプという脅威が迫っていることに気づくことはなかった。どちらもトランプ候補を笑い者と見なし、その粗野な魅力もすぐに色褪せるものと高をくくっていたのだ。実はマケインは以前にトランプとちょっとした関係があった。一九九三年、議会の公聴会の会場でトランプがマケインを引き止めて話し込もうとした。先住民の保護地域にカジノ開設計画があり、近隣のアトランティック・シティでトランプが経営するカジノのライバルになる可能性があった。トランプはそれを阻止するためにマケインを説きつけようとしたのである。ところがマケインは立ち止まることなくトランプの脇をすり抜けた。「あなたの選挙運動に私は寄付をしたのですよ」とトランプはマケインの背中に声をかけた〔マケインは前年の上院選で再選を果たしていた〕。するとマケインは肩越しに振り返って言った――「それがどうしたのだ？ 見返りを期待しても無駄だ」[10]。

二二年を経た二〇一六年、トランプが大統領選に名乗りを上げると、マケインはまたもや公然とトランプを軽視した。だが今回はトランプが反撃した。「彼は戦争の英雄なんかじゃない。捕虜になったから英雄扱いされているだけだ。私は捕虜になんかならない人間が好きだ」[11]と、ビジネス王のトランプは断言した。足の「骨棘《こつきょく》」という疑わしい診断でヴェトナム戦争への徴兵を逃れたことのあるトランプの発言だ。グレアムを含め、マケインの多くの支持者たちは憤激したが、マケイン自身はただ呆れた顔をして、興奮するなと補佐官らに告げただけだった。

「あいつのおかげで、かえって私が戦争の英雄であることをこの週末ずっとみんなが話題にしてくれた。でもあいつが勝手にやったことだから、おれは知らんがね」とマケインは述べた[12]。

一方、同じく共和党の大統領候補者指名競争に出馬したグレアムは、ライバル候補としてトランプの快進撃を邪魔しようにも、小石ほどの存在感もなかった。唯一人々の記憶に残ったのはグレアムがトランプを「世界最大のうすのろ」と呼んだことくらいだろう[13]。トランプはグレアムを「軽量級」の「ばか者」とこき下ろして逆襲し、テレビカメラの前でグレアムの携帯電話の番号を読み上げた[14]。このためグレアムには迷惑電話が殺到した。これに対してグレアムは持ち前のユーモアで応じ、「携帯電話を使えなくする方法」と題した宣伝動画を公開。自分の携帯電話を斧で破壊し、トースターで焼き、フードミキサーで粉々にして見せた上で、最後にカメラに向かい、「これでも駄目なら、いつだってあのドナルドに番号を教えるという手がありますよ」と締めくくったのである[15]。

トランプが共和党の指名を獲得すると、マケインは嫌々ながら支持を表明。だが「アクセス・ハリウッド」の舞台裏の動画が暴露されると撤回し、代わりに本選では「よき旧友」のグレアムの氏名を記す「記入投票」〔候補者名簿に載っていない人を記入する投票〕を検討していると述べた[16]。そしてトランプ当選から二週間足らずのち、カナダのハリファックスで開催された安全保障に関する国際フォーラムに出席したマケインは、ある英国人の友人から声をかけられた。情報機関の元職員がトランプとロシアとの関係を示す決定的証拠を集めたというのだ。マケインはこの知らせに飛びつき、ロンドンへ飛んで確認するよう顧問のデイヴィッド・クレイマーに指示。「時間との競争だ」とマケインは言った。そしてこれが意味することを吟味しながら、「もし本当だったらどういうことになるかわかるか？　副大統領のマイク・ペンスが大統領になるということだ」と述べたのだった。クレイマーは英国へ飛んで元諜報部員のクリストファー・スティールと会った。スティールはトランプとロシアとの結びつきに関してのちに物議を醸すことになった文書をまとめた人物で〔第2章参照〕、初めは共和党のライバル候補たちのために、のちには民主党のクリントン陣営のために仕事をした。クレイマーはその文書を持ち帰ってマケインに渡し、マケインはグレアムに相談。グレアムは興味津々で、ＦＢＩに託すよう進言し、マケインはそれに従った。さらにグレアムは裏で上院情報委員会の同僚らにも情報を流し、トランプを捜査するよう促したのだった。「あいつをとっつかまえろ」とグレアムは言った。

　トランプが大統領に就任してからも、両上院議員は相変わらずトランプと対立していた。たとえば特定の国籍の人たちにアメリカへの渡航制限を課すトランプの政策に対し、強く反発した人たちの中に二人も含まれていた。二人は共同声明を発表し、「テロとの戦いでみずからを傷つけるに等しい」と批判した。二人はまた、トランプがロシアに対する制裁を解除するのを阻止しようと動いた[17]。しかしマケインがトランプ新大統領に依然として疑念を抱いていたのに対し、グレアムはホワイトハウスに招待されるとすぐに応じた。オーバル・オフィスで腰を下ろすと、トランプはまずグレアムの携帯電話番号を公表したことを詫びた。

「すまなかった。あんなことはすべきではなかったよ」とトランプは言った。

「大統領殿、あれは私の選挙運動の山場でしたよ」とグレアムは笑って応じた。

　トランプはじっくり日数をかけてグレアムを取り込もうとした。その年の秋、トランプはコロンブス記念日〔一〇月の第二月曜日〕にグレアムをトランプ・ナショナル・ゴルフクラブへ招待した。するとゴルフを終えたグレアムは、大統領補佐官にトランプのプレーぶりを饒舌に語った。補佐官としては、スタッフに黙って何か勝手な約束をしていないかを確かめるために、グレアムに話を聞きに行ったのだった。グレアムはトランプほどの腕前ならプロのシニア・ツアーにも出られると補佐官に告げ、「実に見事だった」と興奮して語った。グレアムは公の場でもトランプを褒めちぎり、トランプがなんとわずか二打オーバー・パーでラウンドした、しかも「風雨の中で！」とツイート。さすがにそれはあり得ないとして、プロ・ゴルファーたちから疑問の声が上がったほどだ[18]。グレアムはすっかりトランプに惚れ込んでしまったらしい。『ゴルフ・マガジン』誌の取材に対しても、「大統領が所有するゴルフコースで大統領とゴルフをするというのは、すごいことだ。あそこにはものすごく巨大な国旗も立ててあって、まったく目を見張るばかりだ」と述べている[19]。

翌週の土曜日、トランプは再度グレアムをゴルフに招待した上で、大統領専用機エアフォース・ワンに同乗させ、サウスカロライナ州までヘンリー・マクマスター州知事の選挙応援に同行させた。ワシントンへの帰路、トランプが機内の居室で夕食を共にしたがっていると、トランプの軍事顧問がグレアムに告げに来た。グレアムはちょうど政府当局者たちと会議室で政策談義の真っ最中で、離陸して二、三分もすると食事のトレーを持ってトランプが会議室の入り口に現れた。「リンジー、この職に就いて以来、夕食の誘いを断られたことはまだ一度もないんだがね」とグレアムをたしなめてから、席について議論に加わった。ワシントン郊外のアンドリューズ空軍基地に到着すると、「大統領専用ヘリのマリーン・ワンには乗ったことがあるかい？」とトランプが尋ねた。グレアムは乗ったことはなかった。そこでトランプはホワイトハウスまで乗っていこうとグレアムを誘い、短い空の旅の間、トランプはしきりにつまらないうんちくを垂れ続けた。そしてワシントン記念塔が近づいてくると、「いいかい、もうすぐ最高の景色が見られるぞ」と告げた。グレアムも満面の笑みでサムズ・アップのポーズを取って写真に納まったのである。

一方、マケインはそう簡単には籠絡されはしなかった。トランプは就任早々にマケインにも電話をしたが、まずは苦情から始めた。大統領選でマケインがトランプへの支持を撤回したことに文句を言ったのだ。するとマケインは言い返した。選挙運動中、イラクで死亡したイスラム教徒の米兵の両親のことを、クリントン候補を支持しているというだけでトランプが非難したことがあった。それにいかに不愉快な思いをしたか、マケインはトランプに告げたのだ。

「違う。あなたは例の『アクセス・ハリウッド』の件で私に対する支持を撤回したんだ」とトランプは言った。

「確かに、それが支持を撤回した本当の理由だよ」とマケインも切り返した[20]。

トランプはいつでも電話をかけてくれと、自分の携帯電話番号をマケインに教えて矛を納めようとした。だがのちに補佐官が訊いてみると、番号はなくしてしまったとマケインは答えたという。

その年の春、グレアムはトランプとマケインの関係を修復しようとホワイトハウスでのディナーをセッティングし、トランプとマケインはそれぞれ妻を伴い、グレアムも参加した。ブルールームのテーブルに着いたトランプは行儀よくしていた。そしてマケインの妻で、人身売買に反対する活動家として著名なシンディ・マケインをその問題に対処する大使に任命したいと提案。その詳細な計画を記した手紙を取り出して読み上げてみせた。しかし結局その話は立ち消えとなり、マケイン夫妻はどちらもトランプに惹かれはしなかったのである。

夏には、マケインはトランプに対する不満をはっきりと態度で示した。オバマ大統領が導入した医療保険制度改革のアフォーダブル・ケア法（いわゆるオバマケア）を廃止する法案の採決で、マケインの投票で採否が決することになった〔第2、6、7章参照〕。それはマケインが脳腫瘍の診断を受けたことを公表してわずか一週間後のことだった。裕福な八〇代で最高の医療を受けられる自分が、何百万人という低所得者層のための医療保険制度を廃止する法案に賛成票を投じたら、国民の目にどう映るか……マケインは十二分にわかっていた。そればかりか、この法案のぞんざいな出来に気分を害してもいた。深夜をとっくに過ぎてから票を投じるために議場に降りたマケインに、体調はどうかとある上院議員が訊いた。目の上に脳腫瘍の手術の傷跡が生々しく残るマケインは、「今のところ大丈夫だ。これからもっとひどいことになるだろうがね」と答えたのだった。

グレアムとマイク・ペンスは土壇場の説得を試み、ペンスはトランプと話をさせようとマケインに携帯電話を手渡した。しかし二人の動きを退けたマケインは、議場の中央に進み出て腕を伸ばし、書記が気づくのを待った。そして書記に向かって親指を下にしてサムズ・ダウンの合図を送り、大統領が最優先事項としている案件を葬り去ったのである。議場のあちこちでうめき声が漏れた。数メートル離れて立っていた共和党のミッチ・マコーネル院内総務はマケインをにらみつけ、腕を組んで驚きを表した。深夜のこの決定的瞬間はどこか芝居がかっていた。そして一本取ることが嫌いではないマケインも、それをよくわかっていたのである。

トランプはその後マケインを許すことはなかった。そして何年もの間、ことあるごとにマケインをこき下ろした。マケインに対する反感は実に執拗なもので、訪日時に米軍の海軍基地を視察した際には、停泊中の駆逐艦ジョン・S・マケインがトランプの目に入らないように、移動するか隠すかしてくれと、ホワイトハウスが海軍に依頼したほどである。トランプは大統領退任後でも、マケインのことを「ひどく過大評価された男だ」として怒りを口にした。(21)

一方、リンジー・グレアムにとって、旧友マケインとトランプの確執はほとんど影響を与えなかった。グレアムは週末にはますます頻繁にトランプと一緒にゴルフカートに乗ってゴルフを楽しみ、時間を問わず平気で電話をかけた。ついにはマイク・ポンペオ国務長官から返事の電話が来なかったとき、グレアムが大統領に電話をすると、トランプはその場でホワイトハウスの電話交換手に命じ、即座に国務長官につないでくれたということもあった。

とはいえ、グレアムとトランプの関係にはどこかシニカルなものがあった。「私が彼の虚栄心を満たしてやり、彼は私の虚栄心を満たすのだ」と、グレアムはトランプについて述べたことがある。トランプの多くの側近がやがてトランプと縁を切り、トランプを衝動に駆られる危険なほど愚かな男だと見るようになったのに対し、グレアムはかつてみずから無知なばか者だと評した大統領を全面的に支持し続けたのである。今やグレアムは、トランプは隙がなくて「本当に頭が切れる」と言い切った。ある晩、議会で採決を終えてタイ料理を食べていたときも、「あのめちゃくちゃぶりには一定の方法論がある」と主張した。実際、トランプの気まぐれに見える態度も、一種の特技にすぎないのだとグレアムは確信していた。「奇矯な振る舞いというカードを意識的に用いているのだ」とグレアムは断言する。

それでもときとしてグレアムは、クレイジーなツイートか何かがあると、公然とトランプと距離を取る必要を感じることもあった。その最たる事例が、ロシアの選挙介入疑惑を捜査していたロバート・モラー特別検察官を罷免しないよう、トランプに忠告したことだろう。このときは自分の意思をトランプにはっきりわからせようと、大統領にモラーの罷免を禁じるという法案の発起人になったほどである。絶対に通るわけがないとグレアムもわかっていたから、これはむしろメッセージを伝えるためのパフォーマンス的な法案だったが、それでもトランプを激怒させた。「トランプはいきなりキレましたよ」とグレアムは回想する。それに対してグレアムは、「もしモラーをクビにしたら、あなたの大統領職は終わりだということをお伝えしたかったのです」とトランプに返答したという。グレアムはジェフ・セッションズ司法長官をクビにすることにも公の場で警告を発し、そんなことをしたら「地獄の責め苦のような代償が待ち受けている」と断言した。[22]

トランプはこのようなグレアムのメッセージを快くは受け止めず、完全にグレアムを認めることはついぞなかった。ただ本人に向かっては、「ブローカー」との異名を与え、共和党の上院議員らとの仲介役としてグレアムを評価して喜ばせてやった。だが裏では、グレアムのことを「八五パーセントの男」と呼んだ。だいたいにおいてトランプを支持してくれるが、いつもとは限らない、という意味だ。あるときトランプの補佐官がトランプに尋ねた――グレアムやテッド・クルーズなど、二〇一六年の大統領選でトランプをこっぴどく批判しておきながら宗旨替えし、今や友人に転じた共和党議員らをどうして信頼するのか、と。トランプは答える代わりに「どうしようもないだろう」というように肩をすくめた。「トランプは彼らを本当に信頼していたわけではありません。ただほかにどうしようもないと判断したのです」とその補佐官は回想する。大統領退任後にこのことを振り返ったトランプは、あまたいる日和見主義的な共和党の上院議員らについて、過度な期待をしていたわけではないのだと言った。「問題はこうだ。おれがある男を支持して当選させてやると、そいつの任期の六年間はつき合うことになるが、きっと議員になったとたんにおれをひどい目に遭わせようとするだろう。それはおれだってわかっている。だがおれにどんな選択ができる？　そいつか民主党員かだぞ。民主党のやつがどういう態度をとるかはわかるだろ――そりゃ、一〇〇パーセントいつだって反対票を投じるだろうよ」と、トランプは述べたのだった。

トランプの一部の補佐官らは、やたらと電話をしてきて、ゴルフにも押しかけるようなグレアムは、トランプの時間を浪費しすぎだと感じていた。あるときグレアムはベッドミンスターのトランプのゴルフクラブを訪れ、プールサイドのテーブルでくつろいで無料の食事を堪能していた。そのとき、のちにトランプ政権で三番目のホワイトハウス報道官になるステファニー・グリシャムを見つけると、グレアムは言った――「すばらしいと思わないか？　いやあ、人生こうでなくちゃな」。[23]

法案の採決ではっきりと態度で示してトランプを拒絶したのち、ジョン・マケインは徐々に健康状態が悪化し、アリゾナ州セドナに近い自身の牧場で過ごすことが多くなった。友人や同僚たちはわざわざ訪れて敬意を示し、そして口には出さなかったが、お別れをしに行った。

グレアムも何度も訪れた。だが両人共に否定したものの、マケインが軽蔑する大統領とグレアムが新たに絆を深めつつあったことで、「スリー・アミーゴス」の関係は崩れつつあった。マケインはトランプをアメリカの民主主義に対する脅威だと見ていた。だからそんな男とつき合うなんて、グレアムはどうして平気でそんなことができるのか、というのがマケインの思いだった。しかもマケインの最期が近づいているというのに。「スリー・アミーゴス」の残る一人、民主党のジョゼフ・リーバーマンは、「ジョンはそれが気にかかり、リンジーとも話をしましたが、二人の関係はしばし冷え込みました」と認める。マケインと親しい別の人物の発言によれば、意を同じくする多くの仲間たちにとって、グレアムがトランプと親しくするのはまったく「裏切り」以外の何ものでもなかったという。

マケインをよく知る顧問のマーク・ソルターによれば、「君はゴルフなんかしながら、あのろくでなしに媚びへつらう気なのか?」というのがグレアムに対するマケインの思いだったという。一方、グレアムの側としては、「私はあいつの愚か者ぶりを一〇パーセントでも減らそうと、全力を傾けているじゃないか」と言いたかったのだろうとソルターは語る。ただしマケインと同じくソルターも、グレアムの言うそんな努力は「屁ほどもうまくいっていない」と感じていたのだが。

学識と思慮に欠ける最高司令官が最悪の間違いを犯すのを防ぐためなら、グレアムがトランプと協力するのもマケインとしても理解できただろうし、少なくとも我慢できただろう。だが週末に一緒にお出かけというのはあまりに私的な感じがした。

「あいつとそんなにゴルフをしなけりゃならないのか?」と、マケインは思わずグレアムに訊いたこともある。

グレアムがトランプのゴルフの腕前を褒めちぎると、マケインはとくに気を悪くした。良心にもとる媚びへつらいに思えたのである。

直近のゴルフでトランプが見事なスコアを出したとグレアムから聞かされたマケインは、「勘弁してくれよ!いったい君はどうしてしまったんだ、リンジー」と言った。

グレアムは説明しようとしたが、結局マケインを説得することはできなかった。「ジョン、あなたはトランプをわかっていないよ。彼は協力してくれと私に言ったんだ。あなたが気に入ろうと入るまいと、私は彼に協力するつもりだ」と、グレアムはマケインに告げたことを覚えている。グレアムはマケイン自身にだって突飛なことをする気質があるだろうと訴えた。「聞いてくれ、ジョン。あなただってばかげたことをしたことがあるじゃないか。ほら、ヴェトナムの連中を許してやったり〔マケインは米越関係の修復に尽力するなどした〕。あのトランプになんとかして話を聞かせるには、こっちが心からトランプのためを思っていると信じ込ませるしかないんだ。それに外交政策については、彼は私が思っていた以上に私たちに近い。彼も強くありたいと思っているんだよ」

マケインが政治の表舞台から退いていくにつれ、グレアムはますますトランプに目を向けていった。「リンジーがトランプに接近したのは、マケインがこの世に別れを告げつつあり、私が上院議員をやめたからだと、そんな説明をするアマチュア心理学者たちはいくらでもいます」と、のちにリーバーマンは語った。「確かにそんな面もあったのかもしれません。でもリンジーは自分の力をいちばん発揮できる居場所を探し求めていたんだと思います」

死に備える中、マケインは自身の葬儀のことも考えなければならなかった。そして葬儀自体にメッセージ性を持たせたかった。アメリカがもっぱら私利私欲に突き動かされているかのような大統領を戴いているときに、公共への奉仕というアメリカの信念《エートス》を謳《うた》い上げるのだ。「彼は決して『トランプとの違いを際立たせる葬儀にしよう』とは言いませんでした。とはいえ、まさにそれがねらいであることを、私たちも意識しなかったわけではありません」とソルターは語る。マケインはアメリカならではの民主主義と、国民の一体感を強調するために、二〇〇八年の大統領選で敗れた相手である民主党のオバマと、二〇〇〇年の大統領選で共和党の候補者指名競争で敗れた相手のブッシュとに、追悼の辞を頼んだ。両者とも喜んで引き受けた。一方、現職のトランプ大統領については、マケインは招待したくないと直接明言はしなかった。だが補佐官たちから問われると、「むしろゴルフに行きたがるに違いない」と答えた。側近たちはそれを「ノー」と受け止めたのである。

二〇一八年八月二五日にマケインが死去すると、トランプはマケインの直感が正しかったことを証明した。「おれたちはあんな敗者の葬儀を支持しないぞ」と、憤然と側近たちに言ったのだ。しかし国民的な名声を得ていたマケインほどの人物にふさわしく、ホワイトハウスのジョン・ケリー首席補佐官は自身の判断で慣例に則り半旗を掲げさせた。するとトランプの怒りが爆発。「何だってそんなばかなことする必要があるんだ？　あいつはクソ忌々しい敗者だぞ」と言ったのである。[24]ホワイトハウスに掲げられた半旗は再び通常に戻された。そしてトランプのねらいどおり、これに気づいた周囲の者たちは、大統領がマケインを侮蔑しようとしている証拠だと解釈した。ある補佐官などは、オーストラリアに出張中だった国土安全保障省幹部のマイルズ・テイラーにわざわざ連絡し、「指示を取り下げてもらえないかね？」と、連邦政府関係機関に出していた半旗掲揚の通達を撤回するよう要請したほどである。[25]ケリーは唖然とした。「怒っていたどころの話じゃなかった」と、ケリーと親しい同僚は証言した。ケリーは一連の措置を取り消すようトランプに迫った。

「あなたがマケインの葬儀を支持しないとしたら、あなたが亡くなったときには、市民たちがあなたの墓に小便をかけに行くでしょうよ」と、怒りに駆られたケリーはトランプに言った。「あの人は英雄なんですよ。あなたの意見にかかわらずにね」

トランプは渋々折れた。「戦場で撃墜されるような連中をどうして英雄視するのか、おれにはわからんね」と恨み節を述べた上で、「だが好きにしてくれ」と言った。

死してなお、最後に決定的な言葉を残したのはマケインだった。「アメリカのみなさんへ」と題した別れの手紙をしたため、かつて選対本部長を務めたリック・デイヴィスに朗読させたのだ。それはトランプと、トランプが体現するすべてに対する、最後の激しい非難の言葉だった——「愛国心を党派的な抗争心と混同してしまうと、私たちはみずからの偉大さを損ねてしまいます。そんな抗争心は、世界の隅々にまで反発と憎しみと暴力との種を蒔き、育ててきたのです。私たちは壁を打ち破る代わりにその陰に隠れるときも、理想はどんなときでも変化をもたらす大いなる力になると信じる代わりに、その力を疑うときも、私たちはみずからの偉大さを損なってしまうのです」[26]。

半旗をめぐるいざこざはマケインの遺族と友人たちを憤慨させた。保守系ウェブサイト「ザ・フェデラリスト」の運営者で、前年にマケインの娘のメーガンと結婚して義理の息子となっていたベン・ドメネクもその一人だ。そのドメネクがジャレッド・クシュナーとイヴァンカ・トランプのもとへ派遣され、マケインの遺族は大統領が葬儀に参列することを望んでいないと伝えた。「二人はそれにはちょっと驚いていました。でも私は逆にそれにちょっと驚きましたがね」とドメネクは振り返る。メーガンは追悼の辞を容赦のないトランプ批判に書き換えた。父親の葬儀のためにワシントンへ向かう機中、メーガンはマーク・ソルターとリック・デイヴィスに読んで聞かせた。「やつをやっつけてやれ」とソルターは言った。そしてメーガンはそうしたのである。

　さて、トランプはどうしたか。マケインが予測したとおり、ゴルフに行った。


　完全にトランプ派モードに変身したリンジー・グレアムが公の場にデビューしたのは、それからわずか二週間後のことである。トランプが首都ワシントンDCの連邦控訴裁判所のブレット・カバノー判事を、連邦最高裁の判事に昇格させようとしたときだ。カバノーには高校生だった一九八〇年代に、同じ一〇代の女性に性的暴行を加えた疑惑が浮上していた。

　上院の議席は共和党五一、民主党四九とかろうじて共和党が過半数を握っていたが、重要案件が待ち受ける中、トランプに失敗は許されなかった。最高裁ではアンソニー・ケネディ判事が引退を表明していた。ケネディは中絶、マイノリティに対する優遇措置、同性愛者の権利といった問題で、長年にわたり是々非々の対応をし、最高裁の「浮動票」となってきた判事だ。そこへ保守派のカバノーが取って代われば、当然ながら最高裁は右へ振れることになる。だが目前に迫っていた中間選挙で民主党が逆襲に成功すれば、議会は左へ振れるかもしれなかった。つまりトランプが任期後半の二年間に、どれだけ法案を通せるかはその結果にかかっていたのである。

　そんな状況の渦中に飛び込んだのがグレアムだった。グレアムは上院司法委員会のメンバーとして、最高裁判事の指名に長年にわたり影響力を持ってきた。だが仲間の共和党議員の一部とは異なり、大統領は所属政党を問わず、判事の指名に当たっては「疑わしきは罰せず」の精神で裁量権を認められるべきだと、グレアムは考えていた。そんな方針で、オバマ大統領がソニア・ソトマイヨールやエレナ・ケーガン〔共にリベラル系判事〕を最高裁判事に指名したとき、グレアムは彼女らの司法に対する哲学には異を唱えつつも、賛成票を投じた。おかげで地元サウスカロライナ州で保守派の激しい反発に遭い、二〇一四年に上院への再選をめざした際には、共和党の候補者指名競争で六人の対立候補に打ち勝たねばならなかった。だから今、民主党議員らがカバノーを激しく責め立てるのを見て、グレアムは激怒した。ただし、寄ってたかってカバノーを批判するのはフェアでないとして反発を覚える一方で、グレアムはこの論争をトランプに助け舟を出す好機だとも見ていたのである。

皮肉なことに、トランプ自身は初めからカバノーの指名にそれほど熱心だったわけではない。トランプが嫌悪する共和党の既成勢力の一人と見なしていたのだ。実際、カバノーを選んだのは大統領法律顧問のドン・マクガーンで、ケネディの後任に指名するようトランプに促したのだ。カバノーはこのとき五三歳。共和党の政治家たちの間ではちょっとしたカメレオン男として長年知られ、重大で劇的な場面にしばしば登場した。かつては独立検察官のケン・スターのもとで働き、ビル・クリントンの不倫疑惑をめぐる弾劾へつながった報告書の主たる執筆者だった。カバノーは二〇〇〇年にはフロリダ州に現れ、大統領選の投票結果の再集計をめぐる紛争で共和党のために仕事をした。その結果、ジョージ・W・ブッシュの勝利が確定したのだった。その後、ホワイトハウスの弁護士としてブッシュに仕え、のちにホワイトハウス秘書官に就任。ブッシュとはきわめて親密で、カバノーはブッシュの長年の個人秘書と結婚し、結婚式にはブッシュ大統領夫妻も参列したほどである。こうしてブッシュはやがてカバノーを首都ワシントンDCの連邦控訴裁判所判事に指名した。伝統的に、最高裁判事への足がかりとされている役職である。

ケネディ判事の後任としてカバノーを検討している間、トランプの心は揺れていた。大統領在任中にはめったになかったことだが、ブッシュ元大統領に直接電話をして意見を求めたぐらいだ。ゴルフ場で電話を受けたブッシュは、かつての側近を熱心に推した。トランプは長年ブッシュの参謀役だったカール・ローヴにも電話した。こちらは南仏コート・ダジュール沖でカジノ王のスティーヴ・ウィンのヨットに同乗していたところ、現地時間の深夜一時半に電話を受けたが、同じくカバノーにお墨付きを与えた。

トランプはさらにフェデラリスト協会〔最高裁で過半数の保守派判事の任命をめざす組織。一九八二年設立〕のレオナルド・レオ上級副会長にも連絡した。同協会はトランプが指名できるように、あらかじめ吟味した保守派判事の候補者リストを作っていた。レオは一般にはほとんど知られていないが、舞台裏では連邦司法府の勢力図を作り変える上で、おそらく共和党で最も影響力のあった人物だ。長年カバノーを評価してもいた。

トランプは空港へ向かっていたレオを電話でつかまえた。レオはトランプが週末をベッドミンスターのゴルフ場で過ごすことを知っており、そこではFOXニュースの司会者のショーン・ハニティや元下院議員のマイケル・ファーガソンたちから、しきりに口説かれるに違いなかった。いずれも中絶反対論者の英雄、連邦控訴裁判所のエイミー・コニー・バレット判事を推していた面々だ。

「誰を選ぶべきだと思うかね?」とトランプは訊いた。

「誰にせよ、あなたがいちばんしっくりくる人を選ぶべきでしょう」とレオは言葉を濁した。

「君はカバノーにすべきだと思っているんだよな、そうだろ?」とトランプ。

「誰にせよ、あなたがいちばんしっくりくる人であるべきです」とレオは繰り返した。

するとトランプは手の内を明かした——「バレットはギンズバーグのときまで取っておこうと思うんだ」。つまり将来のどこかの時点で、最高裁のルース・ベイダー・ギンズバーグ判事が引退または死去した際にこそ、保守系の女性判事を後任に推すつもりだというのだ。

なかなか決心がつきかねて、トランプはその週のうちにエアフォース・ワンの機中から再びレオに電話した。週末が近づいており、レオはベッドミンスターで誰がトランプと過ごすのか不安になった。なんらかの決断をするとき、トランプは最後に話した者の意見に流されることが多いことをレオは知っていた。そこでホワイトハウス秘書官のデレク・ライオンズにコンタクトし、週末のゴルフのメンバーを聞き出そうとした。

「実はよく知らないんです」とライオンズは言った。

「ばかなこと言うな、デレク。名前を教えろ。内輪揉めをしている場合じゃないんだ」とレオは食ってかかった。フェデラリスト協会が挙げた候補たちをつぶされるわけにはいかなかった。

ようやくライオンズは、土曜日にはファーガソン元下院議員が、日曜日にはハニティがトランプのゴルフカートに乗っているだろうと認めた。そこでレオはそれぞれに電話をして訴えた——バレットを推したいなら、それはそれで構わない、だがほかの候補者を叩くようなことはやめてくれ、と。

カバノーの指名に慎重だったのはハニティら保守派の活動家たちばかりではない。共和党の上院院内総務のミッチ・マコーネルもトランプに警戒を呼びかけた。カバノーがかつてブッシュ政権の一員だったことで、当時カバノーが扱った文書を逐一精査することを民主党が求めてくるかもしれない、というのが理由だった。そうなれば膨大な作業となり、指名の手続きが遅れるばかりでなく、相手に有利な事実が出てくる潜在的な可能性もあった。

だがトランプがこうした戦略的な計算に基づいて決断

することは稀だった。トランプが重視したのは人物の品定めだ。トランプは判事らも政界の一員と見なし、自分に忠実か忠実でないかのどちらかだと考えていた。そこでカバノーがトランプ側の人間かどうか確信を得ようと、二度目の面談のために再度ホワイトハウスに呼び出した。今度は日曜日の晩に、大統領一家の居住区で夕食を共にしながら話す趣向だ。メラニアも同席したのにカバノーは驚いた。トランプが何を躊躇していたにせよ、食事を終えてまもなくして、カバノーでいくことに決めたのだった。

カバノーの承認をめぐる戦いは、性的暴行を訴えたクリスティン・ブラジー・フォードが論議の的になる前からすでに熱気を帯びていた。多くのものがここに懸かっていただけに、民主党はカバノー批判の口火を切った。カバノーが指名されれば、中絶を合憲とした一九七三年の最高裁の「ロー対ウェード判決」を覆す最後の一票となると主張〔この判決は中絶禁止を求める保守派が長年問題視し、判決擁護派と議論が続いていた〕。さらに、民主党議員から盗まれた電子メールの内容をカバノーが知っていたとする疑惑に関し、カバノーが上院で虚偽の発言をしたとして責めた〔ブッシュ政権の弁護士をしていた時期の疑惑〕。マコーネルが警告したとおり、カバノーの過去の文書類が論争の重要なポイントになってしまったのだ。これにはブッシュ元大統領が密かに介入し、問題の文書の精査を迅速に進めるための費用を提供しようと申し出た。

とはいえ、こうしたことがあったとしても、カバノーの承認の流れを阻止することはできないと思われた。だが承認手続きの終盤に入り、高校生時代の行動が新たに大きな争点として浮上したのである。上院司法委員会で民主党トップのダイアン・ファインスタイン上院議員（カリフォルニア州選出）への手紙の中で、クリスティン・フォードはカバノーの振る舞いを告発した。それによれば、ワシントン郊外のメリーランド州であった高校の小規模なパーティーで、友人一人が見ている中、酒に酔ったカバノーが彼女をベッドに押さえつけて身体をまさぐり、服を脱がそうとし、叫び声を上げようとすると口をふさがれた。だがなんとか逃れ、二人が立ち去るまでトイレに鍵をかけて閉じこもっていたというのだ。フォードは手紙では、匿名性を守るようファインスタインに依頼したが、一方で『ワシントン・ポスト』紙の情報受付窓口に連絡するなど、ほかへも自身の体験を語った。そして話が漏れ始めると、『ワシントン・ポスト』紙のエマ・ブラウンの取材を受けて実名を公表することにした。[27]

あっという間に、上院は四半世紀前のクラレンス・トーマス判事をめぐる一件と同様の紛争に直面することになった。そのときも最高裁判事の人事で保守派の候補者にセクハラ疑惑があり、承認手続きはひどく緊迫したムードの中で進められたのだった〔トーマスの指名は一九九一年秋に承認され、現在も現職〕。するとカバノーは前例のない手に出て、FOXニュースのマーサ・マッカラムのインタビューに応じ、みずから弁明することにした。渋い顔をした妻アシュリーと並んでカメラを前にした渦中のカバノーは、自身に対する告発を断固として否定した。しかし自身の主張にあまりにも機械的に固執するばかりで、自分は常に「尊厳と敬意をもって」女性に接してきたと四回述べ、この一件では「公平な手続き」を求めていると一七回もリピートしたのである[28]。こうした凡庸な出来に、トランプもまた落胆した。トランプが最も驚愕したのは、高校時代はずっと童貞だったとカバノーが主張したことだったらしく、「大学へ行くまで童貞なんてやつがいるか?」「第一、そんなことを告白するやつがいるか?」と訝《いぶか》った。

それでもトランプはカバノーに電話を入れて、カバノーが予想していた以上に前向きなトーンで支持を伝えた。だが実はトランプはカバノーの決意のほどを試していたのだ。

戦う心構えはできているか、とトランプは訊いた。

もちろん、とカバノーは返答した。

もとよりカバノーに惚れ込んでいたわけではないトランプは、必要とあればいつでも見捨てるつもりだった。そこで補佐官や上院議員たちの感触を探った。その中で、上院の共和党議員らは本当に最後まで指名を支持する決意でいるのかと、マコーネルに尋ねた。

マコーネルはトランプが揺れていることに気づき、気合を入れ直そうとした。そこで「死んでもやり通すさ」とマコーネルは見得を切ってみせたのだった。

九月二七日、議会の中間選挙までわずかひと月あまりというころ、クリスティン・フォードとブレット・カバノーは上院議員らを前に、順に公聴会に出席した。まずはクリスティン・フォード。政治には疎いが、記憶と心理学に関しては専門的な訓練を受けている「普通の女性」というイメージを打ち出そうとした（ただし博士号をもつ「普通の女性」だが）〔フォードは心理学者で大学教授〕。そして問題の渦中にいることに「おびえている」と表現した。「レイプされるに違いないと思いました」と述べた上で、「息もできないぐらいで、ブレットが私をうっかり殺してしまうのではないかと思いました」と付け加えた。それから何十年も経つが、いまだに心の中にひりひりとした記憶として残っているのは、彼女を傷つけながら「二人が爆笑していた」ことだとフォードは述べた[29]。フォードの証言に女性たちは涙し、共和党の議員たちでさえ心を動かされた。証言が終わると、上院司法委員会委員長で共和党のチャールズ・グラスリー上院議員（アイオワ州選出）は、「勇気を持って話してくれたこと」に感謝した[30]。ワシントンでは、ホワイトハウスでも議会でも、共和党員らは慌てふためいた。フォードの証言でカバノー候補の命運は尽きたと確信したのだ。「大惨事」とテキスト・メッセージを送った者もいた[31]。誰もが指名は失敗すると推測してどうすべきか考え始めた。トランプまでもがフォードを「きわめて信頼できる証言者」だと感じ、マコーネルに電話した[32]。だがマコーネルは「まだハーフタイムにすぎない」と告げたのだった[33]。

　ハート上院オフィスビルの二一六号室の控室で、カバノーは出番に備えていた。するとマクガーンは大統領法律顧問のドン・マクガーンがカバノーとその妻を除く全員に席を外させた。そしてマクガーンは、この指名を救う唯一の方法は、上院議員たちに本当の気持ちを見せることだと、つまり怒りと憤りを伝えるのだと、カバノーに告げた。いい成績を取るために深夜遅くまで勉強した日々の一日一日を、卓越した成果を出すために残業した一つひとつの仕事のことを、そしてここまで来るのに人一倍努力をしたいちいちのことを思い出せと、マクガーンは続けた。「あいつらはそのすべてを君から奪い取ろうとしているんだぞ。公聴会の場に出ていって、思いをすべてさらけだすんだ」つまりは「会場の空気を再起動《リブート》しろ」と、マクガーンは言った[34]。

　カバノーも激励されるまでもなかった。公聴会の証言者席についたころには、憤りにあふれていた。「私はこの告発に対して無実なのだ！」と、涙をこらえながら言う。上院議員らに叫ぶようにして、カバノーはこの「グロテスクで仕組まれた人格抹殺」を糾弾し、民主党の上院議員らが自分に対して陰謀を企てていると責めた。そして独立検察官のケン・スターのもとで働いていた当時から自分に恨みを抱いているクリントン夫妻のために、民主党議員らは意趣返しをしようとしているのだとまで主張した。「この承認手続きはアメリカの恥だ。確かに承認手続きにおいて憲法は上院に重要な役割を与えている。しかしみなさんは上院の役割である『助言と同意』を『詮索と殲滅』に変えてしまった」と、カバノーは断定したのだった。

　カバノーは上院議員らの質問を遮り、長広舌を振るった。おそらくこの三〇年ほどの間で、これほどまでに非礼の限界を大きく踏み越えた判事候補者はいなかっただろう。酒癖について問われると「私はビールは好きだ。ビールは好きだとも」と認めた上で、厚かましくもエイミー・クロブシャー上院議員に反問した。クロブシャーは定評ある民主党上院議員（ミネソタ州選出）だが、父親がアルコール依存症だった。カバノーはそのクロブシャーに自身は飲酒癖があるのかと挑戦的に訊いたのだ。その様子はのちにコメディ・ショーの「サタデーナイト・ライブ」で俳優のマット・デイモンがパロディを演じ、カバノーはさんざんな目に遭うことになる。さすがのマクガーンもカバノーはやりすぎだと感じ、そっとメモを手渡した。カバノーはそれを読むと態度を改め、謝罪した――「こんなことをして申し訳なかった。この手続きはひどくしんどいから、つい。申し訳なかった[35]」。

しかしカバノーのむき出しの怒りと、トランプ流の憤激は会場の政治的趨勢を逆転させた。フォードが証言を終えた直後から、ホワイトハウスは指名の取り下げを検討しているとの噂がオンライン上に流れていた。そこで休憩時間中に、マクガーンはカバノーを安心させようとした。するとそのときマクガーンの補佐官から電話が入り、大統領が話したがっていると告げたのだ。それに対してマクガーンは、あえてカバノーに聞こえるような声で「私は途中であきらめるような人間に用はないと言ってやってくれ」と返答。決意のほどをカバノーに見せつけようとしたのである[36]。そして実際、チャンスは失われたものと誰もが思ったわずか数時間後、カバノーはみずからそのチャンスをつなぎ留めたのだった。

ホワイトハウス報道官のサラ・ハッカビー・サンダースはトランプに電話を入れ、「カバノーはたった今みずからを救いました」と告げた[37]。

リンジー・グレアム上院議員もカバノーの証言ぶりに惹かれ、公聴会の自席で民主党議員らに対する怒りに煮えくり返っていた。この公聴会では、共和党の議員らは自分の持ち分の質問時間を自分で使わず、性犯罪を専門とするアリゾナ州出身の検事に譲るという措置を取った。かつてクラレンス・トーマス判事の承認手続きの際、セクハラで告発したアニータ・ヒルを共和党の議員らが厳しく追及したことが逆効果だった。そこで今回は白人の男性議員らが寄ってたかって女性の被害者を質問攻めにするのが見世物になるという、かつての二の舞いを避けたかったのだ。しかし民主党と共和党が五分交代で質問が進むという仕組みのせいで、クリティン・フォードに対する検事の質問はぶつ切れになって迫力を欠き、効果を発揮できずにいた。そしてグレアムがカバノーに質問する段となると、グレアムは女性検事にマイクを譲ることとなく、長々と苦情を述べ立てた。

怒りのあまり席で落ち着きなく身体を揺すりながら、民主党議員らに向かって指を立てて振り、義憤が口から噴き出すかのごとくだった。「あなたたちのねらいは、この男性の人生を破滅させ、判事の席をひとつ空席にしておいて、二〇二〇年の大統領選で勝利するまで待とうということだ。これは私の偏見ではない、そっちが自分たちでそう言ってるも同然だろ！」と吠え立てたのである。

続いてカバノーに向かって言った――「あなたは謝るべきことは何もない。最高裁でソトマイヨールとケーガンの両判事と同僚になったら、リンジーがよろしく言っていたと伝えてくれ、私は二人を承認する票を投じたんだから」。そして民主党議員らに向かい、「私はその両判事に対し、あなたたちがこの男性にしたようなことは絶対にしない。これは私が政治家になって以来、最も非倫理的な茶番だ」と言い足したのである。

この時点でグレアムの顔は怒りに歪み、汗まみれだった。「まったく、君らはみな権力を欲している」と民主党議員らに噛みついた。「心の底から、君らが権力を握らないことを願うばかりだ。アメリカの国民がこの偽りを見抜けることを願っているよ」[38]

民主党の議員も共和党の議員も愕然としていた。まるで会場を予期せぬ竜巻が突然襲ったかのようだった。次の質問者、ロードアイランド州選出の民主党議員、シェルドン・ホワイトハウスは「ちょっと空気を落ち着かせませんか」と提案した。[39] 数カ月後、ホワイトハウス議員はジャーナリストのジャッキー・カームスの取材に対し、グレアムの熱弁は「おそらくこれまでの人生で私が目にした中で、ダントツに効果的な政治的パフォーマンスだった」と述べ、カバノーの指名を「たった一人で」救ったと言えるかもしれないとした。[40]

グレアムはずっと守勢に立たされていた共和党議員らを勇気づけた。少なくとも彼らにとっては、カバノーは告発されている性暴力犯から、党派的な中傷の被害者に転じたのだ。そしてグレアムにとっても大きな転機となった。トランプの最も重要な支持者への変貌を完成し、トランプ支持者らを感激させたのだから。長年グレアムに懐疑的な目を向けていた保守派らも、一転してグレアムを褒め称えた。かつてグレアムが率先して反旗を翻した相手であるニュート・ギングリッチ元下院議長も、カバノーを擁護したグレアムの演説は、「リンジー・グレアムのキャリア全体を正当化した」と述べた。[41]

そしてグレアムの地元サウスカロライナ州のティーパーティー系の活動家は、グレアムは「自身の評判の回復に大いに成功した」と明言したのである。[42]

この一日は、ワシントンの深刻な党派的な分断をさらに決定づけた。両党の政治的対決では、問題となっている事実に対して共通の理解を得ることすらもはや不可能だった。一方から見れば、被害を訴えたクリスティン・フォードはきわめて信頼がおける人物であると思われた。首都で脚光を浴びることに明らかに困惑し、嘘をつくべき明白な理由は皆無だった。体験を告白して以来、何度も殺害の脅迫を受けて自宅を逃れ、個人的に警護を必要としたほどだ。民主党員として登録していたとはいえ、政治には大きな関わりは持たなかった。そんな彼女がわざわざ虚偽の被害をでっち上げ、公衆の面前でつらい試練に遭おうとする理由などあるだろうか？　さらに別の女性、デボラ・ラミレスの証言もあった。『ニューヨーカー』誌のローナン・ファローとジェイン・メイヤー記者に対し、イェール大学で酒浸りのパーティーがあり、カバノーが彼女の顔の目の前でペニスを露出したと、ラミレスは語ったのだ。[43]

しかし一方、カバノーの怒りに満ちた否定とグレアムの義憤に駆られた擁護演説は、共和党を結束させた。フォードは確かに信頼できそうだったものの、三六年前のカバノーとの遭遇のディテールを思い出せなかったし、夫や友人たちはこれまでに密かに聞かされていたと認めたが、事件を裏づける証人もいなかった。さらに第三の告発者の出現もフォードには不利に働いた。マイケル・アヴェナッティを代理人とする女性が現れ、自身とほかの女性たちが集団レイプの被害に遭ったパーティーにカバノーが何度か参加していたと主張したのだ（ただ、カバノーがレイプに加わったとは告発しなかったが）。アヴェナッティは抜け目のない目立ちたがり屋のカリフォルニア州の弁護士で、ポルノ女優のストーミー・ダニエルズ〔トランプから不倫の口止め料をもらったとのスキャンダルの当事者。第7章参照〕の代理人でもあり、トランプ政権のスキャンダルからスキャンダルへと飛び回っていた人物である。疑惑はあまりにも突飛で、アヴェナッティの評判も悪すぎたため、共和党の議員らはカバノーに対する疑惑はすべて党派的なでっち上げだとして、容易に片づけてしまえたのである。

それでもなお、引退を間近に控えてトランプと袂を分かったジェフ・フレーク上院議員（アリゾナ州選出）は、フォードの証言は簡単に片づけられるものではないと感じていた。カバノーの承認手続きを前へ進めるために、渋々賛成票を投じることに心を決めたが、議会議事堂のエレベーターに乗り込むと、憤激している二人の女性に遭遇した。二人は性的暴行の被害者だとしてフレークに迫った。「あなたはすべての女性たちに、性被害はどうでもいいと言っているに等しいんですよ。そしてただ黙っていろと。私の被害だって取るに足らないと言っているのですよ」と、その一人が涙ながらに訴えた(44)。フレークは衝撃を受けたようで、言葉に詰まった。委員会室に戻ると、民主党のクリス・クーンズ上院議員（デラウェア州選出）と頭を寄せあって相談し、カバノーの承認を一週間先延ばしにし、ＦＢＩが捜査する時間を作ることにしたのだった。

かつてクラレンス・トーマス判事の一件でアニータ・ヒルを追及して批判を浴びたことや、＃ＭｅＴｏｏ運動を気にかけて、共和党の議員らは直接クリスティン・フォードを攻撃することは控えた。そして単なる人違いだったのではと、示唆するにとどめた。意外にも、トランプも当初は遠慮していた。しかしやがて我慢しきれず、フォードを容赦なく愚弄し始めたのだ。トランプは自身が何度もカバノー同様に性的暴行やセクハラ疑惑を突きつけられてきた経験があり、同じように追及されたＦＯＸニュースの司会者のビル・オライリー、同社ＣＥＯのロジャー・エイルズ、元判事のロイ・ムーアらを擁護してきた〔前者二人はセクハラ疑惑で職を追われ、ムーアは少女らへのわいせつ疑惑で上院選で落選〕。そんなトランプはミシシッピ州で開催された政治集会でフォードに矛先を向け、嘲りに満ちた調子で公聴会でのフォードの証言のものまねをした――「どうやって帰宅したのですか？――覚えていません。どうやってパーティー会場へ行ったのですか？――覚えていません。場所はどこですか？――覚えていません。何年前のことでしたか？――わかりません。わかりません。わかりません。わかりません(45)」。

フレーク上院議員の承認手続きへの介入を受け、トランプ政権は今後の捜査が実質的なものにならないよう手を打った。カバノー候補に関してＦＢＩに四五〇〇件もの情報提供があったにもかかわらず、ホワイトハウスからの指示により、捜査官らはたった一〇人しか尋問しなかった。しかもカバノーもフォードも対象外である(46)。一方、グレアムはフレーク上院議員を議員たちになじみのキャピトル・ヒルのカフェ・ベルリンでの夕食に誘い、スーザン・コリンズとリサ・マコウスキという態度が揺れていた共和党上院議員二人も同席させて、限定的な捜査で折り合ってもらえるか話し合った。

ＦＢＩが曖昧な報告を出すと、マコーネルはカバノーの指名承認の投票を行なうよう要請した。だがコリンズ議員とはまったく関係が切れており、イヴァンカ・トランプに電話をしてコリンズの動向の確認を頼んだ。イヴァンカが連絡すると、コリンズはマコウスキ議員とベンジャミン・サス上院議員（ネブラスカ州選出）――同じく、ときには共和党内の反トランプ派となる議員だが――と協定を結び、同じ投票行動を取ることにしたと告げた。翌日、コリンズが電話を折り返し、賛成票を投じると伝えたが、マコウスキは行方知れずで電話にも出ないと言った。サス議員もマコウスキから連絡はないとした。

結局、マコウスキはカバノーの指名に反対し、フレークとサスは支持に回った。そしてコリンズは上院の議場で四五分に及ぶ演説をし、カバノーに賛成票を投じると宣言した。そのときトランプは、ジョン・スーンとロン・ジョンソンの両上院議員とオーバル・オフィスに隣接するプライベート・ダイニングルームにいた。コリンズの決断にダイニングルームは歓声にわいた。トランプは握手を交わした。電話がしきりに鳴った。大統領就任以来、最大級の戦いで勝利を収めたのだ。カバノーは票が集計される間、自宅でテレビを消していた。このためジョン・ロバーツ最高裁判所長官から祝福の電話を受け、ようやく指名が承認されたと知ったのだった。

この戦いはリンジー・グレアム上院議員にとってもきわめて大きな意味を持っていた。サウスカロライナ州の共和党員の間でグレアムの支持率は四月の五一パーセントから、一〇月には七二パーセントへ急上昇。(47)それを裏づけるかのように、二〇二〇年の上院選に向けた共和党の予備選をめぐり、同州で右派のお気に入りだった保守派のビジネスマンが、グレアムの対立候補として出馬する計画をすぐに取り下げた。グレアムは自身の政治家人生の中で、保守派のヒーローになった瞬間が二度あったと語った――ビル・クリントンを訴追したときと、ブレット・カバノーを擁護したときである。

この瞬間はまた、グレアムをいっそうトランプに接近させた。そしてトランプもグレアムの民主党に対する攻撃を称賛した。グレアムは以前は「まったくのクソったれ」と見ていた大統領とかつてなく関係を深め、それ以降、カバノーと同様に全面的にトランプを支持したのである。ジョン・マケインは逝ってしまった。ドナルド・トランプはまだそこにいた。そしてグレアムも権力の中枢にいたのである。誰が反対しようと構わなかった。ある日、グレアムはこう述べた――「私が世界をよりよくするためにトランプ大統領と共に仕事をするのを気に入らないやつがいたとしても、私は屁ほども気にせんよ(48)」。

第12章 今すぐ閉鎖しろ

キルステン・ニールセン国土安全保障長官は山積する問題に押しつぶされ、もう限界だと感じていた。だが我慢の限界に来ていたのはニールセンだけではなかった。ブレット・カバノー判事の承認をめぐる闘争に勝利したのも束の間、トランプ政権には二〇一八年の秋、我慢の限界に達した幹部らによる反乱の危機が迫っていたのである。

中間選挙まであとわずかとなり、トランプは再び闘争モードに入っていた。議会で共和党が過半数を失うことを恐れ、反移民を掲げる支持者らに熱心にアピールしようとしていたのだ。FOXニュースはちょうど、中米をメキシコに向かって北上しつつあった「移民キャラバン」として知られる移住希望者らの集団について報じ、視聴者の怒りを煽り立てていた。アメリカに対する「侵略」に発展する可能性があるというのだ。トランプも同じころ、移民キャラバンの発祥地のホンジュラスに対し、集団移動を阻止しなければアメリカからの援助を全面停止するぞと公然と迫っていた。しかも援助停止は「即時発効だ！」と。さらにトランプは国境管理を強化するようニールセンをも脅しつけ、彼女の権限外のことまで実行しろと強要しようとしていた。

国境を閉じろ、ともかく完全に閉鎖しろ、とトランプはニールセンに言った。

私にその権限はありません、それに私はそんなことをするつもりもありません、とニールセンは返答した。

トランプはどうかしているのだと、そう感じていた閣僚はニールセンだけではなかった。一〇月一八日、暗号化されたテキストを送るアプリ「シグナル」を通じ、ニールセンは国土安全保障省のマイルズ・テイラー首席補佐官に驚くべき知らせを送信した。トランプ政権の最高幹部らであるジョン・ケリー首席補佐官、ジム・マティス国防長官、ジョー・ダンフォード統合参謀本部議長、ベッツィ・デヴォス教育長官、ライアン・ジンキ内務長官の名を列挙。「全員が今にもケリーと一緒に集団辞職する寸前だ」と書いたのだ。

「仕方ない。ではちょっと対策を練らねばなりませんね」とテイラーは返答した。

「ええ。そのとおり。国家のために、実は初めて恐れを抱いています。狂気が世に解き放たれてしまったので」とニールセンは返した。

すでにニールセンは激しい論議の渦中で矢面に立たされていた。トランプ政権は不法に越境入国した家族に対し、子供たちを親から隔離する措置をとっており、世間にとってニールセンはトランプの強硬な移民政策の冷酷な実行役と見られていたのだ。それなのにニールセンは今や連日トランプから手ぬるいと叱りつけられており、トランプはみずから指示する過酷な政策の実行を迫っただけでなく、一線を越えて明らかに違法な措置まで取れと要求していたのである。しかしニールセンは必ずしも辞職が当然の結論だとは思っていなかった。一方では、タガが外れつつあるように見える大統領のもとで働くことに、精神的に打ちのめされていた。だが他方、もし辞職したら、トランプは単にもっと言いなりになる人間を任命し、ますます過激な要求を実現させるに違いないと確信してもいた。「この国を救うために、私はどこまでやるべきなのか？」と、ニールセンはテイラーにテキスト・メッセージを送信した。

トランプはますますニールセンを追い詰めていった。ニールセンがテイラーにメッセージを送った二日後、ニールセンはまたもやトランプから電話を受け、トランプは国境に迫る移住希望者らの件で怒りを爆発させたのである。「あのクソ忌々しい連中を一人たりとも入国させるな！」とトランプはニールセンにがなり立てた。その背後で、「侵略」に関する最新レポートを報じる大音量のテレビの音声が聞こえていた。

ニールセンに不満なトランプは、移民の越境を防ぐ戦術を見いだすために、ニールセンを通さずに検討するよう補佐官らに命じていた。するとトランプが「クソ忌々しい連中を一人たりとも入国させるな」とニールセンを怒鳴りつけてから二日後、ニールセンはある会議の席上、税関・国境警備局の担当者たちから報告を受けた――大統領補佐官らが接触してきたというのである。大統領補佐官らは、「ミリ波デバイス」を使って越境者らを追い返すことはできるかと訊いてきたという。これは軍が開発した武器で、目に見えない電磁波を放射し、それを浴びた相手はあたかも皮膚が火傷をしたかのように感じるという。「ここまで来るともうめちゃくちゃで手に負えませんよ。あの連中は罪のない女性や子供たちに対して熱線を使おうと言っているんですよ」とテイラーはニールセンに言った[1]。

　その秋、ニールセンが言ったとおり、「狂気が世に解き放たれた」というのは当時のトランプ政権の実態を言い当てていた――国家最大の脅威として移民問題に固執し、選挙運動の戦術として恐怖を煽り、政権当局者らがそれらの対策を（対策があったとしてだが）決めるのに内部抗争を繰り広げるという状態だ。中間選挙では共和党の敗北が予測されており、不安を募らせたトランプはニールセンだけでなく、多くの政権幹部らを激しく急き立てていた。そもそも自制心に欠ける大統領ではあったが、それにしてもあまりにもやりすぎだった。そして二〇一六年の大統領選の勝因は移民政策にあったと確信していただけに、断固たる政策を打ち出さなければ、共和党が議会で過半数を失うと恐れていたのである。

　トランプは言うべきでないことを公然と言うことで悪名高かったが、同じ週に不法移民への対応の詳細を明らかにする中で、アメリカ入国をめざしている移民キャラバンについて今度は「共和党にとって絶好の中間選挙の論点だ！」とツイートしたのだった。トランプは保守派内だけで共有されて増幅される執着の対象ならば、何にでも執着したが、このときはＦＯＸニュースが喧伝した移民による「侵略」というものに反応し、軍事的な対応を要請した。側近たちはそんな大統領の行動を不適切かつ危険だと考えていたが、いつ、どのようにして抵抗を示すか、あるいは示すべきでないのか、道義上、ジレンマに陥っていた。「大統領は移民の件ですっかり浮き足立っていたので、彼は見境もなくクレイジーに振る舞いました。そしてそれが彼のあらゆる活動に影響したのです。ひどい興奮状態でどうかしていたのだと思います」とある政権当局者は言った。あまたの政府高官が密かに集団辞職のことを相談し合っていたのはこのためだった。

　トランプ政権はすでに（またもや）大量離職に直面していた。カバノーの最高裁判事指名で承認を勝ち取ったドン・マクガーン大統領法律顧問はまもなく辞任するつもりだった。大の野心家で、ときにはトランプへの態度が揺れることもあったニッキー・ヘイリー国連大使は年末に身を引くことを宣言していた。そしてジョン・ケリー首席補佐官もどう見ても辞任または解雇寸前だった。さらにホワイトハウスの西棟（ウェストウィング）でも、ワシントン中の各種政府関係部署でも、ほかにも同様な考えの人たちがいた。ベッツィ・デヴォス教育長官でさえ、ますますトランプとの溝を深めていた。デヴォスは夫がアムウェイ〔日用品の大手連鎖販売業者〕の御曹司で、デヴォス一族は二〇一六年の選挙運動期間中に共和党へ一四〇〇万ドル〔約一五億円〕もの資金提供をしていた。そのベッツィ・デヴォスをトランプは陰で「いかれた《ディッツィ》デヴォス」と呼び、あるときはテレビ番組「60ミニッツ」でインタビューを受けた際の髪型が気に入らなかったとして、デヴォスに不満をぶちまけたこともあった。[2] さらにトランプが中間選挙が終わるまでジェフ・セッションズ司法長官をクビにするのを我慢していることも、誰の目にも明らかだった。セッションズはロシアの選挙介入疑惑の調査に関わることを控えていたことで、繰り返しトランプに責められていたのは既述のとおりだ。「民主党の連中は、司法長官就任の審議では誰もジェフ・セッションズに賛成票を投じなかったが、今は彼を愛しているだろうよ」と、トランプは九月に辛辣にツイートしている。そのセッションズはトランプが留任を認めている限りは居残るつもりだった。しかしキルステン・ニールセンをはじめとする当局者らは、どこを最後の一線とすべきか決めかね苦悩していた――どこまでやり通せるか、そしてついに辞任するまでのトランプに対する我慢の限界はどこか。

この年の九月、トランプ政権内部に「抵抗勢力《レジスタンス》」があるという可能性が世間の想像力をかき立てていた。『ニューヨーク・タイムズ』紙に「トランプ政権内の幹部当局者」を名乗る匿名の論説記事が掲載され、それによれば「トランプの政策と彼の最悪の習癖をくじくために、内部で懸命に活動している」徒党があるというのだ。[3] それは実際よりもずっと組織的なものを想像させたが、同時に「トランプに対抗する邪悪な闇の政府（ディープ・ステート）」というトランプの言辞を裏づけるようでもあった。いずれにしろ、どれほど多くの関係者がトランプに不満を持っているかを示すもので、「匿名」の著者としてはマイク・ペンス副大統領やジョン・ケリー首席補佐官をはじめとするほぼ全閣僚から、さらにはイヴァンカ・トランプやジャレッド・クシュナーまでが疑われた。エキセントリックで喧嘩好きのピーター・ナヴァロ通商政策担当補佐官は、自身で探索に乗り出し、一五ページの報告書を書き上げた。その中でナヴァロは、著者は女性に違いなく、おそらくヴィクトリア・コーツなる国家安全保障会議（ＮＳＣ）補佐官だと自信たっぷりに主張したのだ。だが結局どちらも誤りだと判明した。実際の匿名の著者はマイルズ・テイラーだった。ニールセンがテキスト・メッセージをやりとりしていた国土安全保障省の首席補佐官である。この事実はテイラー自身が二年後に明かすまで、ニールセンすら知らなかった。

この論説記事をめぐる騒動により、当然ながら著者の特定合戦が繰り広げられたが、それは実際に密かに展開していた報道されざるドラマを覆い隠すことになった。すなわちニールセンがテイラーや一部の閣僚たちと議論した政権幹部の集団辞任の一件である。もしその幹部らが初志貫徹していれば、トランプに劇的な政治的打撃を与えたはずだ。数名の者はのちに否定したが、少なくともニールセンのリストに挙がっていた一部の幹部らは、実際に中間選挙前の辞任の是非を議論していた。しかしこの一団は結局は公然とトランプに反旗を翻すには至らなかったのである。

ダン・コーツ国家情報長官も、そもそもトランプのロシアとの関係を以前からひどく懸念していた。ヘルシンキでの米ロ首脳会談の一件と、トランプが自分の政府の機密情報に関するブリーフィングに耳を貸さないことと で、その思いはさらに強くなっていた。トランプはロシアに関する否定的なことを聞かされても、なぜそのすべてをそこまで無視したがるのか?英国におけるロシアの元スパイの毒殺未遂事件になぜ関心を示さなかったのか? なぜプーチンをアメリカのキャンプ・デービッドに招待しようなどと提案するのか? そしてマティスやニールセンと同様にコーツもまた、中米を北上中の越境をめざす移民キャラバンを政争の具にすることにも懸念を抱いていた。だから集団辞任をめぐる論議の中で、コーツの名前も上がってきたのである。それでもコーツ自身としては、そんな話は結局はそれほど真剣なものとは思えなかったし、国のためにならないという考えだった。道理を根拠に皆で辞任するとしたら、道理に則らない人間が取って代わることはほぼ確実だ。こうしてコーツはこの議論から身を引いて、部下たちにもできる限り現状どおり仕事を続けるよう告げた。集団辞職論に関与していたほかの幹部らはのちに、元上院議員の経歴を持つコーツであるから、中間選挙前に共和党に打撃を与えるのが忍びなかったのではないかと推測したのだった。

結局のところ、ニールセンら不満を抱えた当局者らは同じ結論に達した――どれだけ辞任する誘惑に駆られたとしても、なんとか耐え抜こうとしたのである。それは党派的な思惑からか? 個人的な野心によるのか? トランプへの恐れからか? 義務感のせいか? いずれにしろ、トランプの大統領在任中、抗議の辞任をした者よりも、ずっと多くの政権幹部がクビになるまで必死に職に食らいついていたのだ。そして中間選挙前にトランプがメルトダウンを起こしたかのように暴走しても、やはり同じことが起きたのだった。この集団辞職構想に関わったある当局者はのちにこう語った——「ただなんとなく崩壊してしまったのです。ああいうことをするときは、即座に打って出て実行しないと、惰性に負けてばらばらになってしまうものです」。それに、とその当局者は付け加えた。「閣僚全員が辞任したとしても、おそらく政策を変えることはできなかっただろうという事実があります。目標が大統領の気を変えるということだったとすれば、全閣僚が集団辞職したとしても、変えることはできなかったでしょう」

キルステン・ニールセンは、元はといえば予定外の展開で政権入りすることになったのだった。ニールセンもまた、トランプのもとで働くと思うとぞっとしたが、もし自分がやらなければもっとひどいことになると確信した（あるいは自分に言い聞かせたのかもしれない）。ジョン・ケリー国土安全保障長官が大統領首席補佐官に就任するにあたり、ケリーの補佐官のトップだったニールセンは後任探しを手伝った。人事担当チームはふさわしい経験を持つ二五名の候補者リストを作成したが、誰も就任に至らなかった。本人がノーと言うか、ジョージ・W・ブッシュ政権で働いていたため候補を外されるか、あるいはジャレッド・クシュナー、スティーヴ・バノン、スティーヴン・ミラー上級顧問のいずれかから拒否されたのである。ニールセンは個人的に、ブッシュ政権で国土安全保障省の次官を務めたこともあるアーカンソー州のエイサ・ハッチンソン知事に声をかけたが、一切関わりたくないと言われた。沿岸警備隊元司令官で国土安全保障長官代理の経験もあるジェイムズ・ロイ退役大将も辞退した。ほかにも複数の警察本部長にも断られた。

こうしてついにニールセン自身に白羽の矢が立った。両親は共に元陸軍医。フロリダ州タンパで育ち、ワシントンにあるジョージタウン大学へ進み、ヴァージニア州立大学法科大学院を修了。九・一一米国同時多発テロ事件を受けて、ブッシュ政権のスタッフとして運輸保安庁の設立に関わり〔国土安全保障省の外局だが、実際にニールセンが関わったのは同庁立法政策・政府関係局の設立〕、続いてブッシュ政権で国土安全保障担当の補佐官となった。切れ者で意欲に満ちたニールセンは二〇一七年の時点で、四五歳にして、ワシントンにやってくる多くの優秀で実務能力に長けたスタッフの一人としてその評価を固めた。ただし同僚らの一部はニールセンのきまじめで厳しい態度を敬遠し、「ラチェッド看護師長」〔映画『カッコーの巣の上で』の権威主義的な登場人物〕とあだ名をつけた[4]。トランプから見れば常に「ブッシュ派」で、したがってニールセンは常に疑いの目で見られた。巨漢のトランプは身長一七〇センチメートルのニールセンを体格的にも圧倒し、あまりに多くの女性にしたのと同様に、ニールセンにも横柄な態度で接した。そしてメラニアやイヴァンカが好んだテレビ向けの厚化粧をせずに姿を見せると、「おやまあ、ハニー、ひどくくたびれているように見えるじゃないか」などと言うのだった。

　ニールセンは長官職に就くのは気が進まなかった。だがひどく極端な人物の名前が噂されるのをずっと耳にしていた。たとえばカンザス州のクリス・コバック州務長官。二〇一六年の大統領選後、実際は存在しなかった選挙不正を暴こうという、トランプの誤った行動の指揮を取った人物だ。あるいはアリゾナ州の元郡保安官のジョー・アルパイオ。不法移民の疑いのある人たちへの人種差別的な扱いをやめるよう、連邦裁判所判事から命じられたが、無視したために実刑判決を受けていた。それをトランプが二〇一七年、大統領就任後初の恩赦を与えて収監を防いでやったのだった。両者ともトランプおよび反移民の右翼強硬派たちのお気に入りであった。こうしてニールセンは何週間も悩んだのち、ついにイエスと答えた。そして友人たちには、トランプはいずれにしろ四年間大統領であるのだから、自分としては国を見捨てて逃げるか、ぐっとこらえて頑張るか、いずれかしかないのだと告げた。だがニールセンも、トランプとの関係がその後いかに毒々しいものになるか、予見できなかったのである。

　実際には、問題が起こり始めたのは二〇一八年に入ってからである。不法移民の入国はオバマ政権のときからすでに最大時の約二五パーセントまで減少しており、トランプ政権一年目にはさらに減少し、一九七一年以来最も低水準となっていた[5]。しかし政権二年目になると再び急増し、それに伴いトランプの憤慨のレベルもウナギ上りだった。大統領選で公約に掲げた国境沿いの壁建設の予算はそれまでのところ確保できておらず——選挙中にトランプが何度繰り返し主張しても、メキシコが建設費の一部を負担することは絶対にあり得なかった——しかも共和党が多数を占める議会でさえ、トランプの求めに応じて喜んで一八〇億ドル〔二兆円弱〕もの金を出すわけでもなかった。

　トランプはニールセンに執拗に迫った。どうしてさっさと契約書をまとめて壁を作れないのか？　トランプは、仮に予算がついたとしても、実際に建設事業を担当するのは国土安全保障省ではなく、陸軍工兵隊だということをわかっていないらしかった。「おれが再選できなかったら、あんたのクソ忌々しい責任だぞ！」とトランプはニールセンに怒鳴り散らした。

行き詰まったトランプは別の戦略に目を向けた――不法入国した家族から子供を引き離すことで、これ以上の越境を抑止しようというのだ。これはトランプだけなく、スティーヴン・ミラーのような強硬派の側近たちが当初から推し進めようとしながら、繰り返し阻止されてきたアイディアだった。早くも二〇一七年三月、まだ国土安全保障長官だったジョン・ケリーがＣＮＮに出演し、抑止力として家族を引き離すことを検討していると認めていた。しかし舞台裏では、ケリーはその構想を葬ろうとしている一人だった。一度など、国境で子供たちを引き離せとホワイトハウスに迫られていると言って、ケリーがスタッフとの会議にものすごい剣幕で現れたこともあった。「死んでもごめんだ」とケリーは言うと、テーブルに拳を叩きつけ、ホワイトハウスからそんな要請があっても応じるなと、補佐官らに指示した。「そんな要求をするやつがいたら、私のところへ来いと伝えてくれ。われわれは絶対にそんなことはしないぞ。最悪だ」とケリーは言った。その上、同義的な問題を別にしても、そのような政策を実施するには少なくとも六カ月の準備期間と議会による予算措置が必要だと、ケリーはホワイトハウスに伝えた。要員確保と訓練に加え、本来ならば拘束者たちは法廷での審理を待つ間は子供たちと共に釈放されるところ、引き離された子供たちを収容する施設の建設も必要となり、一〇〇億ドルの経費がかかる見込みだった。こうしてこの構想はしばしストップさせることができた。

しかし二〇一八年の春になると、強硬派らは再びトライした。今度の案では、越境してくる家族の子供を政府が自動的に引き離すわけではなかった。まず、正式な通関地点以外から入国したいかなる成人も、司法省から刑事責任を問われる。そして従来は審理までの期間は釈放されていたところ、これからは勾留される。だが子供は刑事拘禁施設で拘束することはできないため、結果的に親たちから引き離されることになるのだ。ジェフ・セッションズ司法長官はこれを断固たる「非寛容（ゼロ・トレランス）」政策と称したが、目的は初めから以前と変わらなかった。セッションズは五月に行なわれた国境地域の連邦検事ら五人との電話会議で、「われわれは子供たちを引き離さなければならない」と伝えた。(6)一週間後、ロッド・ローゼンスタイン司法副長官は、どれだけ幼くとも子供の年齢は問わない、と検事らに告げたのだった。

ケリーの後任の国土安全保障長官として、ニールセンも何カ月も抵抗を示し、右のような政策を実施した場合、その結果を受け止めるのに十分なリソースを政府は割り当てていないと主張した。既存の法のもとでは、保護者同伴でない子供は移民の勾留施設に七二時間を超えて収容することはできなかった。したがって期限を過ぎた時点で子供たちは司法省の管轄から保健福祉省当局のもとに移されることになっていた。ところがどちらの省も、政策が見込んでいた規模に対応できる状態ではなかった。大量の訴追を処理するには移民担当判事の数も不足していたし、発生が予測されるほど大量の成人と、引き離された子供をそれぞれ勾留しておけるだけの施設もなかった。しかしニールセンはこの戦いに敗れた。そしてセッションズ司法長官が四月に公表する予定の「ゼロ・トレランス」政策を促進するとの覚書に署名することを余儀なくされたのである。

それでもなお、トランプの怒りをなだめるには不十分だった。五月九日の閣僚会議で大統領の憤りが頂点に達し、トランプは同僚たちの面前でニールセンに不満をぶちまけたのだ。密室で長々と非難の言葉を並べたて、ニールセンが壁の建設と国境管理に失敗しているとして怒りを爆発させた。そして自分が実施を望んでいるような、より過酷な政策に対して、ニールセンが障害となっていると思うとあからさまに述べた。トランプはニールセンを無能だと罵り、ただ国境を閉鎖すればいいだけではないかと言い張ったのだった。

「今すぐ閉鎖しろ。とにかく閉鎖するのだ」と、トランプは怒鳴った。

するとセッションズは今度ばかりは自分がトランプの憤怒の標的となっていないことに気をよくして、ニールセンを見捨てて、追い討ちをかけた。「そうですね、大統領殿。われわれは国境に関してはもっと厳しくあるべきだと、私はただそう思いますね」とセッションズは述べた。その上で、ニールセンはその気になれば移住者らが国境を越えてくるのを止められるはずだと、付け加えたのである。

これにはケリーが憤慨し、セッションズを糾弾した。「司法長官殿、十分な数の判事をそろえる話はどうなっていましたかね？」とケリーは問いただした。判事の数を増やさない限り、セッションズや強硬派が望んでいるほど大量の拘束者を処理することは不可能だ、と。

「判事を増やす必要なんてない」とセッションズは尊大な態度で答えた。そしてニールセンについて、「ただ彼女が連中を入れないようにすればいいだけだ」と述べたのだ。

これがトランプを暴発させた。「キルステン、君はどうして連中を入れてやっているんだ？　どうして入れないようにしないのだ？」とトランプは追及した。

ニールセンは狼狽し、相手の認識を正そうとした。「司法長官殿に申し上げますが、法律はそういう風にできていないのです。彼らの足がアメリカの国土に触れた瞬間、彼らは法の下の適正な手続き《デュー・プロセス》を保証されるのです。想像上の国境なり線なりを越えて追い返すことはできないのです」と、ニールセンは告げた。

だがトランプは受け入れようとしなかった。トランプは声を張り上げ、「君は私の立場を悪くしているんだぞ。いったい君はどうしてしまったんだ？　どうして計画に乗れないのだ？　どうしてちゃんとやろうとしないのだ？」と言った。

トランプが容赦なくニールセンを叩くのを目にし、閣僚たちは衝撃を受け、ニールセンは今にもクビになるだろうと考えた。「私たちは机の下に隠れてしまいたいくらいでした」と、ある閣僚は振り返る。ケリーやジャレッド・クシュナーを含む一部のメンバーは首を横に振って見せ、これ以上しゃべってさらに墓穴を掘るのはよせとニールセンに合図を送ろうとしていた。するとようやくニールセンも口をつぐみ、ただトランプがわめき散らすままにした。

ようやくすべてが終わると、ニールセンは打ちのめされ、意気消沈して会議を後にした。「もういい。私がちゃんと仕事をしてないってことなんでしょうよ。辞めたっていいんだし」と会議に参加していた同僚らに言った。ニールセンはその日の残りの会議をほぼすべてキャンセルし、国土安全保障省関連のオフィスが入る近くの連邦政府ビルへ向かい、気を落ち着かせようとした。ニールセンがそのビルに着くころには、すでに彼女がひどい叱責を受けたことが外部に漏れており、辞任する予定だと報じているメディアすらあった。ニールセン自身、ひょっとしてそうすべきかもしれないと思っていた。大統領に怒鳴られたからではない、と自分に言い聞かせた。それよりも、トランプがセッションズの言うことを信じ、適正な手続き《デュー・プロセス》抜きに誰彼となく入国を簡単に拒否できるというのであれば、ニールセンはそれを覆す術を知らなかったのだ。コンピュータの前に座り、辞表を書き始めた。だが書けたのは「大統領殿」という宛名まで。そこで部下のスタッフらが入ってきて、何をしているのかと尋ねたのだ。スタッフたちは辞めないようニールセンに説いた。ニールセンこそホワイトハウス内の過激分子に対するガードレールだと感じていたからである。

どうすべきか決めかね、ニールセンは再び車に乗ると、ホワイトハウスのウェストウィングに戻ってマイク・ペンスを探しに行った。トランプ大統領の嵐が吹き荒れた後、ペンスが物事を落ち着かせる役を演じるのはこれが初めてではなかった。

「辞任すべきでしょうか?」とニールセンは問いかけた。

「いや。トランプの虫のいどころが悪かっただけだろう。大丈夫だ。私はあなたに辞めてほしくはない」とペンスは答えた。

ニールセンはケリーにも会いに行ったが、こちらは少し曖昧だった。「君に辞めてほしくはないが、君もやるべきことをやる必要がある」と言ったのだ。それでもケリーはそれからホワイトハウスの居住スペースへ向かい、部下を擁護するために今回の怒りの爆発についてトランプと対峙しに行ったのだった。

こうしてニールセンは恥を忍んで居残ることにした。だが数週間も経たずして、新たな「ゼロ・トレランス」政策の影響が露わになってきた。六月になって、二〇〇〇人もの子供たちが両親から引き離されていると報道されたのだ。トランプは激しい批判にさらされた。そしてニールセンも。網目状の金網のケージに入れられた子供たちの画像が報じられると、すぐに党派を超えた怒りの声が巻き起こった。率先したのはローラ・ブッシュ、ヒラリー・クリントン、ロザリン・カーター、それにミシェル・オバマの元ファーストレディたちである。メラニア・トランプは参加を断ったが、代わりに声明を発し、「子供たちが家族と引き離されるところは見るに忍びなく、両側とも最終的には団結できることを望みます」と述べた。だがこれはかえってさらなる憤激を呼んだ。メラニアが「両側」に責任を問うたことが欺瞞だと受け取られたのだ。まるで子供たちの恐ろしい画像の数々は、夫の政府の行動がもたらしたものではないと言わんばかりだ、と。(7)

すると子供たちを引き離す政策を強く求めたトランプ政権の当局者らは、手のひらを返したかのように、そんな意図はなかったと否定し始めた。わずか数週間前に「われわれは子供たちを引き離さなければならない」と検事たちに非公開の場で告げたセッションズ司法長官も、前言を翻した(もっとも、右の発言は捜査官らがずっと後になって記録を発見したのだが）。セッションズは今や「われわれは子供たちを親たちから引き離したくはない」と言っていたのである[8]。

ニールセンは激怒した。「こうなるに違いないと、私がクソ正確に言ったとおり。誰かあのセッションズを電話でとっつかまえて、やめろと言ってやらないと」と、ニールセンは同僚らに言った。

しかし世間が騒然とする中、ニールセンはみずから阻止しようとした行為を代表する顔にされてしまった。六月一八日、ニューオーリーンズで演説を終えてワシントンへ戻る途中、機内でサラ・ハッカビー・サンダース報道官から電話を受けた。到着次第、そのままホワイトハウスへ来てほしいという。ウェストウィングに着くとニールセンはサンダースを訪ねた。するとサンダースは、自分は記者たちの質問にどう答えるべきかわからず、「クソったれのまぬけのようなことしか言わない」セッションズには頼めない、だから今すぐ記者会見場に行ってくれないかと、ニールセンに要請した。ジョン・ケリーはやめておけと強く止めた。ニールセンの首席補佐官のチャド・ウルフも同様で、これはニールセンの政策ではなく、逆に阻止しようとしたものではないか、と釘を刺した。しかし記者団の前に出てくれと、サンダースとスティーヴン・ミラーが執拗に要求し、ニールセンも同意した。ウルフはこらえきれず、ウェストウィングのトイレに入って嘔吐した。

何の準備もなく記者会見用の演壇に立ったニールセンは、移民法を改正しなかった議会に責任を押しつけようとした。その答えは官僚的で、杓子定規で、守勢に立っているように響いた。そして家族を引き離すこと自体がねらいなのではない、という点にこだわった。だがもちろんそれは、セッションズの司法省が規定した「ゼロ・トレランス」の措置に伴う不可避の結果ではあるとした。記者たちは首をかしげていた。

「檻の中にいる子供たちの写真は見ましたよね？」とある記者が訊いた。「その子たちが泣きわめいている音声が今日ちょうど公開されたのを、もう聴きましたか？」

ニールセンは意表を突かれた。「今日出てきたばかりのものは見ていません」と述べると、国土安全保障省が定める勾留者のケアの基準をおざなりに記者に説明したのだった。

「でもそんなものが世界に見せたいこの国のイメージなのですか？ 檻に入れられた子供の姿などが？」

「私が望むこの国のイメージとは、国境を堅固にし、人道的な理想を守る移民政策がある姿です。議会がなんとかしなければならないのです」とニールセンは述べた[9]。

記者会見は惨憺たる結果に終わり、ニールセンもそれはわかっていた。ジョージタウン大学時代の学友がのちに電話をしてきて「クルエラ・ド・ヴィル〔アニメ映画『一〇一匹わんちゃん』に登場する悪女〕の記者会見[10]」だったとコメントした。マイク・ペンスはニールセンを探し当て、よくやったと言ってニールセンを元気づけようとした。だがホワイトハウスのおおかたの関係者たちは、あまりに悲惨な出来栄えに言葉がなかった。ニールセンはかんかんだった。「事態は私たちが思っていたよりもはるかにひどい。やめさせなければ。私は大統領と話をつけに行く」と、ほかの当局者らに言った。

そのとき以来、家族を引き離す政策の擁護者というニールセンの評価は歴史にしかと刻まれた。これほど残酷な政策を要請してくるトランプに対し、自分は戦おうとしたのだと、ニールセンはのちに知人らに不満を述べた。だがニールセンは結局はそれに追随し、辞任しなかったのである。無味乾燥の官僚的な言葉遣いで、子供たちを親から引き離すことを公の場で擁護したのであり、アメリカの大部分の国民が忌まわしいと見た方針から距離を取ろうとすることもなかったのだ。しかも、ニールセンは無事にすべての親と子供を再会させることもできなかった。親から引き離されて別々の施設に収容された子供の数は最終的に四〇〇〇人にのぼった。そのうち、トランプが任期を終えて退任した時点で、まだ何百人という子供たちが親との再会を果たせていなかったのである[11]。

そのトランプは、記者会見場で「すばらしい仕事」をしたとして、このときばかりはニールセンを褒め称えた。だがのちにニールセンは個人的にトランプを訪ね、この政策を廃止するよう強く迫った。さもなくば中間選挙で痛い目に遭うと警告したのだ。ニールセンの悲惨な記者会見のわずか二日後、トランプは世論の圧力に屈し、政策の破棄をうたった大統領令に署名した。イヴァンカ・トランプの支持者たちは、譲歩するよう父親を説得したのはイヴァンカだったと主張した。ただし、この件に密接に関与していた人たちの一部は、イヴァンカが関わっていた様子は皆無だったと証言する。いずれにしろトランプは珍しく屈したのだ。だが決して移民政策に対する態度を軟化させたわけではない。すぐにトランプはスタッフらを密かに煽動し、家族を隔離する措置の復活を求めだしたのである。

翌日、メラニア・トランプは挑発的なメッセージを発した。テキサス州へ飛んで子供たちが勾留されている施設を訪れた際、身につけていた三九ドルのザラのジャケットの背中には、落書きのようなデザインの飾り文字が入っていたのだ――「**ホントにどうでもいい。君は？**」[12]。この不可解なジャケットは、ファーストレディが何をどうでもいいと思っていたのかをめぐり、論争を巻き起こした。だがどうであったにせよ、彼女が訪問した子供たちへの共感を感じさせるものではなかった。そのことだけは確かである。トランプでさえ、これは広報的には大失態だと気づいていた。メラニアがホワイトハウスへ戻ると、トランプはプライベート・ダイニングルームに呼び出し、「いったいどういうつもりなんだ？」と問い詰めた。メラニアには実は答えなどなかったため、トランプが代わりに考えてやることにした。「クソったれのメディアに向けたものだと言え」とメラニアに言うと、その旨ツイートするようにと、原稿を口述してやった。そして「これでおまえを救ってやったぜ」と自慢げだった[13]。

ところが家族を引き離す措置に関し、少なくともある友人との間では、ジャケットの文言は確かにメラニアの気持ちを反映していたのだ。テキサス州から戻り、友人のステファニー・ウィンストン・ウォルコフとの会話の中で、メラニアは今回の災難全体を軽く流すような発言をしたのだ――「あの子たちは親と一緒にいられないから、それは悲しいこと。でも警備員たちによると、子供たちは『うわぁ、ベッドで寝られるの？　服を入れる棚ももらえるの？』と言うらしいの。床で寝ているような自分たちの国よりもずっといい。あそこではいい感じで子供たちの面倒を見ているわ[14]」。

狂気が世に解き放たれたとしてキルステン・ニールセンが苦悩したその同じ一〇月の日、トランプはモンタナ州ミズーラの選挙集会に姿を現した。中間選挙まで三週間足らず。「今度の選挙はカバノーと移民キャラバン、それに法と秩序と良識をめぐる選挙になる」とトランプは歓声の中で宣言した[15]。要するに、指名承認手続きにおけるブレット・カバノーへの扱いと、南米からの恐るべき移民の大群とを取り上げ、それらに対する不満をテコに岩盤支持層を結束させようというわけだ。カバノーは承認されてすでに最高裁判事の座に就いていたし、移民キャラバンは貧窮した成人男女と子供たちにすぎず、まだ国境から三二〇〇キロも離れたところを徒歩で移動していた。だがトランプはそんなことはお構いなしだ。演説は減税などの成果への言及に乏しかった。それよりも、トランプが用いたのはお得意の汎用目的の常套手段――怒り、恐怖、そして反感だ。

トランプの気を引いた移民キャラバンは、当初はおそらく二〇〇人程度の移住希望者らの集まりで、ホンジュラスから北上し、グアテマラへ入ってメキシコへ向かい、最終的にはアメリカ南西部の国境をめざしていた。こうした移民の移動は前例がないわけではなかったが、集団になって越境をめざすというのは稀だった。さらに、いかにも深刻な危機であるかのように連日延々とテレビで報じられることもなかった。そんなトランプとFOXニュースによる注目は、移住希望者らをあきらめさせるどころか、逆にさらに多くを惹きつけ、集団は何千人という規模に膨れ上がっていった。

ワシントンの政界関係者の間では、トランプの言説は保守派の岩盤支持層を駆り立てるための、あからさまな政治的戦略だというのがおおかたの見方だった。しかし大統領補佐官の一部は逆だと見ていた――この話題を煽り立てているのはFOXニュースであり、トランプはその報道に刺激されているのだと。「トランプは移民キャラバンのせいで、中間選挙で敗北するのではないかと、公約違反になるのではないかと、気が気ではなかったのです」とある政権幹部は述べた。

どちらにしろ、互いに刺激し合っていつまでも巡り続ける自己完結的なサイクルになっていった。インターネットアーカイブ〔ネット上のデジタル情報を収集・公開する非営利組織〕の調査によると、中間選挙までの最後の二週間、FOXニュースとFOXビジネスの放送は一時間当たり約八回も移民キャラバンに言及したという[16]。そしてトランプもこれを第一の争点とした――このときまさにトランプが必要としていた格好の「敵」にしたのである。非公開の場では、トランプはキルステン・ニールセンをはじめとする側近らに対し、なんとかして移民らの越境を阻止しろと猛然と迫り、何でも好きなようにできるわけではないと諭されても、聞く耳を持たなかった。ニールセンは、いくら「国境を閉鎖」しろとトランプが要求しても、自分にもトランプにもそうする権限はないのだと説明した。それは指定された通関地点に到達した者は、亡命の申請を法的に認められているからだった。だがトランプは法律に無関心だった上に、毎年五〇〇〇億ドル〔約五五兆円〕相当もの物資が国境を越えてくるという単純な経済的な現実にも目を向けていなかった[17]。

トランプはニールセンから国境を閉じることはできないと言われた数日後、メキシコは「この襲来を停止」させねばならないのであり、「もしできなければ私は米軍を動員して南の国境を閉鎖する！」とツイートした。続いてトランプはアメリカ在住のユダヤ人の大富豪、ジョージ・ソロス〔ハンガリー系ユダヤ人の著名投資家・慈善事業家。一九三〇年―〕とつながりのある人物が移民に現金を渡しているところだとされる動画をツイート。トランプとその支持者らはこれまでにも、ソロスを思い起こさせる奇怪な虚偽の事柄を取り上げ、反ユダヤ主義的な攻撃を続けてきていたが、これはその最新のものだった。ソロスが移民キャラバンに資金を提供していたとしても「私は驚かないね。多くの人がそうだと言っているよ」と、中間選挙が間近に迫ったある朝、トランプはホワイトハウスで記者団に言った。[18] トランプはテロリズムという不安も持ち出し、経済移民に「犯罪者や正体不明の中東出身者が混じっている」ともツイートした。[19] これはどうやら番組「FOX&フレンズ」の司会者ピート・ヘグセスのコメントがネタもとだったようだ。番組では共同ホストから突っ込まれ、「確認はされていない」とヘグセスが認めていたにもかかわらずだ。[20] トランプは無思慮にも今やオーバル・オフィスから陰謀論を広めていたわけだが、結局のところ、トランプを止められる人間などいただろうか？　大統領就任からこの時点に至ると、もはや誰も止めようともしなかったのである。

　トランプの発言がますます煽動的になっていく中、少なくとも耳を傾けていたアメリカ人二人がさらに極端に走ってしまった。まずフロリダ州で、シーザー・アルティエリ・セヨク・ジュニアというトランプ支持者がトランプの敵とされている人たちにねらいを定め、少なくとも十数人の民主党員やその他の著名人にパイプ爆弾を送りつけたのである。標的となった人物の中にはソロス、オバマ、ヒラリー・クリントン、ジョー・バイデン、そのほか数人の議員がいた。当時は公表されなかったが、セヨクはさらに標的とすべき人たちをネットで探索しており、トランプを取材している記者らも含まれていた。爆弾はいずれも起爆せず、最終的にセヨクは逮捕された。どうやらセヨクはトランプ支持を訴えるステッカーをべたべたに貼った白いバンで暮らしていたらしい。ステッカーの中にはアメリカ国旗の前で仁王立ちのトランプの肖像や、ライフル銃の照準線に重ねたヒラリー・クリントンの画像のほか、「CNNはむかつく」というスローガンのものもあった。

　セヨクが拘束された翌日、反ユダヤ主義的な中傷の言葉を叫びながら、AR-15突撃ライフル銃と数丁の拳銃で武装した男がペンシルヴェニア州ピッツバーグのシナゴーグ（ユダヤ教の礼拝所）に侵入。銃を乱射して一一人の参拝者を殺害し、現場に駆けつけた警察官らを含む数人を負傷させた。銃撃犯のロバート・バワーズは逮捕される直前、「ユダヤ人を殺したいだけなんだ」と叫んだという。[21]バワーズは何週間も前から、大統領の周りにユダヤ人が多すぎるとSNSに不平を投稿し、トランプが警戒を呼びかけている移民キャラバンを支援しているとしてユダヤ人を非難していた。トランプは暴力を糾弾し、事件現場となった「生命の木」と呼ばれるシナゴーグを訪問した。これはピッツバーグ市長と地元コミュニティの多くの有力者らが歓迎しないと表明したにもかかわらず、我を通した結果だった。

パイプ爆弾事件とシナゴーグでの殺戮事件をきっかけに、トランプ大統領の対立を煽るような攻撃的な言辞に関心が集まり、政治がいかに二極対立的になっているかをあらためて浮き彫りにした。政治の世界には左右を問わず暴力的な過激主義者はいるものだ。たとえばトランプが大統領に就任した数カ月後、バーニー・サンダース上院議員の支持者で反トランプ派の男が、野球の練習をしていた共和党の下院議員らに向かって銃を乱射し、下院議員一人とそのほか四人を負傷させたこともあった。だがトランプが長年自分の支持者らを怒りに駆り立て、批判者らとの対立を私怨に変容させてきたことは間違いない。トランプにとって、対立者は単なる政敵にとどまらず、「邪悪」で「叛逆的」なのだ。この年の秋に暴力事件が連続した後、トランプは実行犯らを糾弾した。だが政治的対話の意義にはまったく無関心のまま、すぐに再び民主党員らを責め立てにかかり、その中にはパイプ爆弾の犯人が標的にした議員らも含まれていたのである。

シナゴーグの殺戮から二日後、トランプは移民取り締まりに本腰を入れ始め、国境地帯に五二〇〇名の米軍部隊の配備を命じた――偽物《フェイク》の侵略と戦うために本物《リアル》の部隊の投入である。これは数週間前からすでに論議の的となっていた施策で、ジム・マティス国防長官、ジョン・ケリー首席補佐官、そしてキルステン・ニールセン国土安全保障長官はいずれも現役の米兵の投入には抵抗していたのである。しかしトランプは譲ろうとせず、ニールセンはついにマティスに相談した。ニールセンは国境警備隊の当局者らと検討した結果、支援業務で人手があればありがたいと聞いていた。米軍部隊はバリアーの建設や人員の輸送などを代わりに担うことができ、そうすれば国境警備隊は越境者たちの対処に専念する余裕ができるだろうと、ニールセンはマティスに伝えた。マティスは嫌な感じがしたが、ほかの大統領でも二次的な役割で部隊を国境地帯に派遣した前例はあることを思い出した。

トランプが軍隊の投入を発表したころ、移民キャラバンは四〇〇〇人程度と当初より半減し、国境へ到達するのは何週間も先だった。だが中間選挙まで一週間あまりといった時点だっただけに、トランプは南方からの茶色い肌の「侵略者」たちからアメリカを防衛するため、力強い行動を取っているかのように見せることができたのだ。

米軍は「離れ技はやらない」とマティスは記者団に念を押した。だがマティスのスピーチライターは、「今行なわれようとしていることはまさにそれそのもの、つまり政治的な離れ技だったのであり、マティスもそう思っていることを私は知っていました」とのちに認めている。[22] 問題のあからさまな政治争点化にマティスが追随したことに、マティスの支持者らの多くは愕然とした。ジョー・ダンフォード統合参謀本部議長も追随した。制限を課しているから部隊の派遣は容認できると、防衛政策を担う二人のトップはどちらもそう説明したのだった。

だがトランプは不満だった。トランプは兵士たちが発砲することを望んでいたのである。記者団から武器使用の基準を問われると、「連中はわが軍に石つぶてを投げる。わが軍は反撃するまでだ」とした上で、「私は『「石つぶてを」ライフルだと思え』と軍に言ったんだ」と答えた。[23] ニールセンと米軍首脳らは不安に駆られた。ケリーもそんなことは違法であり、将校らは違法な命令に従うことは拒否するだろうとトランプに説明した。するとトランプは「いや、いや。彼らは何でも私の望みどおりにやるさ」と返した。しかし交戦規定は、「重大な身体的傷害または死の切迫した危険」に直面している場合にのみ、殺傷能力のある武器を使用できると明確に定めている。[24] 最終的にはスタッフの説得にトランプは引き下がった。それでもトランプは数日後にまた蒸し返した。兵士たちは殺すために撃つことはできないとしても、ただ負傷させるためならばどうか？　兵士たちは単に足を撃つくらいはできないのか？　とトランプは訊いた。

ノーです、それもできません、とニールセンやほかのスタッフも答えた。[25]

殺すために撃つにせよ、足を撃つにせよ、トランプは移民の流入を阻止する方法として、長年にわたり最大限に過酷なやり方を思い描いてきた――それがどれほど極端で、時代遅れで、滑稽だとしてもだ。越境者たちに熱線を浴びせて火傷させることまで検討していたトランプ政権のことである。トランプはある時点では、国境沿いに堀を作ってワニを棲ませることまで提案したほどだ。さすがにこれはもの笑いの種にされ、ある会議に出席していた国土安全保障省の当局者は、「まだまだ大ヒット作とは言えないね。ワニだけでなくてサメも入れろとこなくっちゃ」と皮肉な口調で述べた。

　トランプの虚勢はともかくとして、米兵派遣が政治的思惑とつながっていることは誰の目にも明らかだった。FOXニュースでさえそれを認めた。日中の時間帯にニュース番組のアンカーを務め、イデオローグぶることのないシェパード・スミスは視聴者に向けて言った――「明日で選挙まで一週間です。この件の肝《きも》はそこにあるのです。侵略など起きていません。誰もみなさんを襲おうとなどしていません。心配すべきことは何もないのです[26]」。

　しかしスミスはFOXニュースでは例外だった。夜の時間帯は論説型《オピニオン・ショー》の報道番組の司会者たちがトランプの関心をきわめて強く惹きつけていた。その秋、トランプは公式の選挙集会でもFOXニュースの司会者たちの名前を列挙した。前例のない政治家とニュース・ネットワークとの合体である。

　それはブレット・カバノーが最高裁判事として承認された数日後、アイオワ州カウンシル・ブラフスの集会で始まった。そこでトランプは民主党員《デモクラッツ》らのことを「ディムズ」と呼んだが、これはFOXニュースの放送で好んで使われる表現だ。そして自然の成り行きとして、FOX系の保守派の論客たちの顔をトランプは思い浮かべた。トランプは毎晩もっぱらそうした司会者たちの放言を聞いて過ごしているのだ。こうしてトランプはFOXニュースの夜の時間帯の番組ホストたちの名前を総ざらいにし、一人ひとりを褒めちぎった。「ディムズ」などと「誰がそう言うかって？」と聴衆に問いかけるとみずから答えていった。「ルー・ドブスだ。あの偉大なるルー・ドブス。彼はそう言うよな？　ショーン・ハニティもそう言う。ザ・ディムズってね。ショーン・ハニティもだ[27]」

　聴衆は歓声を上げた。

「ジェニーン判事〔元判事の司会者ジェニーン・ピロ〕もそう言う。言うよな？」とトランプは続ける。

　再び歓声。

「ローラ――ローラは以前からずっとすばらしい。そうだろ？」と続けて挙げたのはローラ・イングラムだ。

　さらに歓声が上がる。

「いい人たちがたくさんいる」と付け加えた上で、「タッカーはわれわれのお気に入りだろ？　私はタッカーが好きだ」と、今度はタッカー・カールソンに言及。

聴衆もタッカーが大好きなようだった。

だがまだあった。「スティーヴ・ドゥーシーはどうだ？　エインズリーとブライアンは？」と問いかける。後者二人はエインズリー・イヤハートとブライアン・キルミードのことで、ドゥーシーと共にトランプお気に入りの朝の番組「ＦＯＸ＆フレンズ」の司会を務めている。

聴衆は称賛の拍手を送った。

「偉大な友人たちがたくさんいるな」とトランプは締めくくった。

三週間後、選挙集会のために保守派ラジオ司会者ラッシュ・リンボウの故郷のミズーリ州ケープ・ジラードを訪れたときには、トランプはさらに一歩踏み込んだ。自身とリンボウと一緒にＦＯＸニュースの司会者二人をステージに上げたのだ。投票日前日の月曜日のことである。この日、舞台裏ではショーン・ハニティの取材を受け、「まったく疲れていないんですか？」とか「アメリカの国民に伝えたいことは？」など、答えに窮することなどあり得ないような質問に答えたばかりだった。その後ハニティがビル・シャインとハイタッチをしている様子が目撃された。シャインはハニティの長年の友人。二〇一七年にセクハラ・スキャンダルへの対応をめぐり、ＦＯＸニュースの共同社長の座を追われ、ホワイトハウスでトランプ政権の六番目の（ちなみに最後ではない）広報部長に収まっていた人物だ。

取材から数分後にステージで聴衆に話していたトランプは、ステージに上がるようハニティに促した。「ハニティは大好きだよな？」とトランプは聴衆に問いかけた。

ハニティはマイクを握った。そしてトランプのお得意の言辞の数々をほとんどそのまま繰り返し、会場の後方に陣取っていた報道陣の批判まで展開した。そこにはＦＯＸニュースのクルーも混じっていたが、そんな同僚たちを除外することも忘れて、「後ろにいる連中は全員フェイクニュースだ」と決めつけたのだった。

聴衆はブーイングを送った。

ハニティはこのイベントの前に「ステージに上がって大統領の選挙応援をすることはない」と言っていたが、ステージに上がって大統領の選挙応援をすることになって驚きを表明した。「ここへ招かれることになろうとは思ってもみなかった」とトランプに言うと、「何よりも大統領としてのあなたを言い表しているのはこれです――約束し、約束を守る」とトランプの選挙スローガンを繰り返したのだった。

ハニティがお役御免となると、次にトランプは「われわれにとてもよくしてくれる」ジェニーン・ピロを紹介し、やはりステージに上げた。
　ピロもハニティに負けずに熱く語った。「この男性は、毎日先陣を切って私たちのために戦ってくれています。その事実はありがたいと思いませんか?」とピロは聴衆に問いかけた。
「ジェニーンは前からずっとわれわれのすごい、すごい友人だ」とトランプは彼女に感謝した。[28]
　一方、ニューヨークのFOXニュース本部とワシントン支局では、同社報道部の著名な面々の中に、いら立ちを覚える者もいた。トランプお気に入りのオピニオン・ショーの司会としてトランプのチアリーダーをしているハニティやドブスとひとくくりにされたからである。同社の司会者たちが大統領と一緒にステージに上がったのでは、報道ネットワークとして少しでも独立性を主張することすらひどく困難になってしまう。創設時の最高経営責任者のロジャー・エイルズであれば絶対に容認しなかっただろう。創業者のルパート・マードックも、かつての彼なら同じく認めなかったに違いない。二〇一〇年、ハニティがいわゆるティーパーティーの支持者集会に参加しようとすると、マードックがやめさせた。「私たちはティーパーティーも、ほかのどんな政党《パーティ》も、支持すべきではないと思う」とマードックは言った。[29]
　中間選挙投票日のランチタイム、FOXニュースの役員用食堂でニュース部門の著名なアンカーたち――クリス・ウォレス、ブレット・バイアー、ブリット・ヒューム、それにマーサ・マッカラム――が同社CEOのスザンヌ・スコットと社長のジェイ・ウォレスとに詰め寄り、ひと悶着を起こした。どこで線を引くべきか、曖昧なときもあることは事実だと司会者たちも認めた。たとえばバイアー当人でさえ、プライムタイムの司会者連中ほどにはトランプ大統領と接触したりインタビューをしたりできないことを同僚らにしばしば不満を漏らしながらも、トランプとゴルフをしたことがあった。とはいえ、今回のハニティとピロの行動はやり過ぎだったと彼らは食い下がった。一線を越えたどころか、線そのものが完全に消滅してしまったではないか、と。スコットはその件には善処したと言ったが、ニュースのアンカーたちが見たところ、まったく何もしていないに等しかった。
　スコットは声明を発表し、ハニティとピロが登壇したことは「不幸な混乱」だったと述べた上で、「FOXニュースは自社のタレントが選挙イベントに参加することを容認していない」とした。[30]　ところがハニティはこの控えめな叱責にさえ腹を立て、その晩に出演が予定されていた中間選挙の報道番組に姿を見せなかった。

その夜、ＦＯＸのニュース番組部門は独自のやり方で反撃に出た。最も早い開票結果が判明し始めると、おおかたの放送ネットワークや報道機関は、民主党が当初の大躍進の期待を下回りそうだと報じていた。だがＦＯＸのニュース番組チームは一枚上手だった。二〇一六年の大統領選でメディアがこぞって結果予想に大々的に失敗してから二年、ＦＯＸは旧来の当落予想の方式を捨て去り、ＡＰ通信社と共同で新たな手法を開発していた。その結果、二〇一八年一一月六日の夜、ＦＯＸの選挙アナリストたちはライバル各社よりも早く実際の票の動きを見抜くことができた。午後九時三三分、どの大手ネットワークよりも五〇分近くも前に、民主党が下院で過半数の議席を獲得するだろうとバイアーは断言したのである。

「これを聴いている大勢のリスナーのみなさんは、頭が爆発していることでしょう。しかしワシントンは今までと大きく様変わりするはずです」と、クリス・ウォレスは生放送で述べた(31)。そしてそれは正しかった。共和党は上院では過半数を維持し、二議席ばかり上積みまでしたが、下院では四〇議席を失った。過半数という優位性を失ったことは、トランプ大統領の残りの任期に重くのしかかることになる。

今回の共和党の惨敗は、そもそもトランプを支持していなかった全米の有権者たちが、あらためてトランプを拒絶したことを表していた。選挙集会でどれだけ大見得を切って威勢よくしてみても、トランプはアメリカの国民の過半数の支持を得たことは一度もない。二〇一六年の大統領選でも、一般投票ではヒラリー・クリントンに約三〇〇万票の差をつけられたのであり、それ以来の主要な世論調査でも同様だ。どの調査でもトランプ支持は一貫して三五‐四五パーセントで、一度も――一日たりとも――五〇パーセントを超えたことはないのだ。

民主党を二〇一〇年以来の下院多数派へと導いたナンシー・ペロシ議員は、同党の候補者たちを医療保険といった生活に欠かせない問題にフォーカスさせることに注力した。そして情勢を左右する重要な地域で、有権者らはいわゆるオバマケアを廃止しようとするトランプのねらいに反対票を投じたのだ。世論調査会社のギャラップの調査によれば、投票先を選ぶにあたり、有権者の八〇パーセントが医療保険はきわめてまたは大いに重要だと答えており、民主党は選挙前にこれを論点にした選挙広告を大量に放送波に乗せた(32)。ウェスレアン・メディア・プロジェクト〔連邦選挙関連の広告を調査・分析する組織〕によると、一〇月には、民主党を推すテレビコマーシャルの五七パーセントが医療保険の問題を核に据えていた[33]。シンクタンクのニスカネン・センターの分析では、オバマケアを廃止するための法案の採決により——最終的にはジョン・マケインが親指を下に向けての劇的な反対票で否決されたが——各選挙区で共和党の支持率が五パーセントほど低下し、多くの候補者の当落を左右したという[34]。トランプは論点を移民問題とブレット・カバノー判事の一件に移そうとしたが、下院における民主党の躍進《ブルー・ウェーブ》を防ぐことはできなかったのである。

とはいえ、トランプを利する重要な点がひとつあった。それは、連邦議会で共和党は議席を減らしたものの、落選または引退した多くは、たとえばポール・ライアンのように、トランプに懐疑的な議員らであったことだ。そしてその代わりに、トランプ大統領に個人的に忠義を誓う新世代の議員らが登場したのである。ミズーリ州では、トランプは選挙戦最終盤に三度の選挙集会を開き——そのうちの一回は例のFOXのお仲間たちと特別に共演した集会だ——ジョシュ・ホーリー候補を応援した。まだ三〇代の若々しい共和党員で、トランプの信奉者としてポピュリストらしい熱意で選挙運動を展開し、上院議員をめざしていた。ホーリーはワシントンの既成勢力を「D・Cカルテル」と呼んで罵る一方で、スタンフォード大学とイェール大学法科大学院を出たエリートとしての自身の経歴には触れないようにした。ジョージア州では、「私はトランプ大統領と、わが米軍部隊と、鉄壁の国境を支持する」[35]と宣言したブライアン・ケンプ元州務長官が知事に当選。そしてフロリダ州では、ロンことロナルド・デサンティスがその年の最も印象的なトランプ支持のコマーシャルでひときわ目立ち、新知事となった。その動画の中で、デサンティスは幼い娘と「壁を作れ」というブロック遊びに興じ、赤ん坊の息子に『トランプ自伝』を読み聞かせている。そして最後に、「メイク・アメリカ・グレート・アゲイン」と記された赤いロンパースを着た赤ん坊がもじもじしているカットで終わるのだ[36]。

こうした共和党内のイデオロギーをめぐる粛清の結果、まだ生き残っていた反トランプ派が声を上げることはほぼ不可能となっていた。そしてそんな政治的現実は中間選挙後まもなくして、保守系の『ウィークリー・スタンダード』誌の廃刊で証明されることになった。創刊以来何十年という同誌は〔一九九五年創刊〕、絶対的な反トランプ主義者の筆頭格となったビル・クリストルが編集者として舵を取っていたが、大統領を批判し続けるよりも廃刊することをオーナーが決断した。ジェイムズ・マードック――FOX帝国の帝王、ルパート・マードックの息子で、父親と疎遠になっていた反トランプ派――が買収を申し出たが、そのオファーも断ってしまったのだった。(37)

共和党が「メイク・アメリカ・グレート・アゲイン」一色に塗りつぶされていく中、貴重な例外がユタ州で見られた。前職の引退で空席となった上院の議席をミット・ロムニーがあっさり獲得したのだ。二〇一二年の大統領選では共和党の候補者だったロムニーのことを、トランプは何年も前から罵倒し続けていたが、敵意はお互いさまだった。選挙運動中にロムニーは、もしトランプが「分断を生むようなことや、人種差別主義的、性差別主義的、反移民や、民主的諸制度に対して不誠実または破壊的な」ことをしたなら、容赦なく非難することを誓った。(38)共和党きってのトランプの敵対者というジョン・マケインが誇った称号を、今やロムニーが相続しようとしていたのである。

それでもなお、投票日の翌日、トランプは一時間半におよぶ喧嘩腰の記者会見で、選挙は「大勝利」だったと主張した。上院で二議席伸ばしたことが根拠だったが、下院で優位を失うという激震は矮小化した。(39)大統領就任後初の議会の中間選挙では、大統領が属する党が敗北する傾向があるのは確かだ。だがトランプ政権下の共和党が最終的に失った議席数は、一九三〇年までさかのぼっての歴史的平均値の倍に達していた。(40)

ビル・クリントン、ジョージ・W・ブッシュ、それにバラク・オバマも、最初の中間選挙では野党に敗れたが〔ブッシュは再選後の最初の中間選挙〕、彼らと異なりトランプは一切謙虚さを示さなかった。そして「はっきり言って、人々は私の仕事ぶりを気に入っているのだ」と言い張った。トランプはさらに、上り調子の民主党が議会での優位に乗じてトランプの疑惑を捜査しようとしたら、「戦闘的な姿勢」を取るぞと警告を発した。

それに敗北した共和党員らを冷笑した。トランプが彼らの足を引っ張ったのではなく、トランプを受け入れなかったから落選したと主張したのだ。「ミア・ラブは私に愛《ラブ》を示さなかった」と、ユタ州で落選した共和党下院議員について嘲りに満ちた口調で述べた。「結局彼女は敗北した。お気の毒様。残念だったね、ミア」とトランプは言った。

この記者会見でトランプは不機嫌で、記者たちに噛みついた。「愛国主義者《ナショナリスト》」という呼称を用いることで、白人至上主義者を勇気づけたのではないかと黒人の記者が問うと（愛国主義者という用語はアメリカが本来白人の国だという含意を持ち得るとの指摘もある）、「あまりにも人種差別主義的な質問だな」と返答。別の記者には「座りなさい。君を指名したんじゃない」と声を張り上げた[41]。

　トランプはＣＮＮのジム・アコスタ記者は確かに指名した。トランプにとっておなじみの喧嘩相手だっただけに、あえてアコスタとぶつかることで、選挙での敗北から目を逸らさせようとでもしたのだろうか。アコスタは移民問題でトランプを追及した。「大統領殿もご存知のとおり、あの移民キャラバンは侵略ではありません」とアコスタは口火を切り、移民らを悪者扱いしているのではないかとトランプに迫った。二人でしばし応酬を続けた挙句、ついにトランプがアコスタの質問を打ち切って、ホワイトハウスのインターン生がアコスタからマイクを取り上げようとした。

　アコスタはマイクを手放そうとせずに、もうひとつ質問をしようとしたが、トランプの叱責を食らうことになった。「あなたはひどく無礼な人だ」とトランプは叱りつけたのである。

　そこでＮＢＣのピーター・アレクサンダー記者がアコスタを擁護しようとすると、「まあ、私はあんたのこともすごく好きなわけではないがね」とトランプは言った[42]。

　数時間後、近年のホワイトハウスでは例を見ない不遜な報復措置として、トランプ政権はアコスタの記者証を無効にしてしまった。最終的には回復されたが、連邦判事がホワイトハウスの決定を覆すまで待たねばならなかった。

　実際、アコスタの質問は的を射ていた。選挙後、トランプは恐るべき移民キャラバンに関する発言やツイートを突如としてやめてしまった。ＦＯＸニュースも同様だ。数週間もすると、国境警備に派遣された米軍部隊が本隊へ帰還し始めた。やがて一部の移住希望者らの集団が越境してアメリカへ入ろうとしたが、国境警備隊が催涙ガスを使って追い散らした。侵略など起きなかったのである。

第13章 大人たちは立ち去った

議会の中間選挙の翌日、ジョン・ケリー首席補佐官は司法省にいるジェフ・セッションズ司法長官に電話を入れた。どうやら来そうだぞ、とケリーは注意を促した。「来る」とは、関係が悪化していた司法長官をトランプがついにクビにするということだ。セッションズはトランプの記者会見を見ようと執務室のテレビをつけた。ちょうどトランプがCNNのジム・アコスタ記者とやり合っているところで、セッションズ自身の運命に関する質問も出たが、トランプは答えを避けた。「それはちょっと違うときに答えさせてもらいたいね」とトランプは記者たちに言った。(1)

記者会見が終わるや否や、再びケリーがセッションズに連絡した。ことは決した。今どこにいるにせよ、ついに来るからテレビカメラにねらわれないところへ行け、とケリーは告げた。セッションズはその週の終わりまで務められるかと訊いた。ケリーの答えはノー。セッションズは電話を切ると側近たちに報告した——「ついに来るぞ。私はツイートを食らうことになる」。「ツイート」が何を意味するか、誰もが瞬時に理解した。

その予測どおりに、午後二時四四分、記者会見終了から八〇分後、トランプはツイッターでセッションズの退任を発表した。司法省の報道官、サラ・イスガーが自分の携帯電話でツイートをセッションズに見せた。「われわれはジェフ・セッションズ司法長官の奉仕に感謝し、今後の幸運を祈る！」と大統領は書いていた。この一年半続いた辛辣な批判の言葉はこのときばかりは控えたのだ。(2)トランプ大統領はセッションズ自身には一度も電話をしなかったし、いかなる通知もしなかった。トランプの驚くべき支配の手法だったが、離職率が高いトランプ政権ではあまりに日常茶飯事となっていたため、もはや誰も驚かなかった。セッションズはあらかじめ用意していた日付のない辞表をホワイトハウスへ送付し、家路についた。
逆説的なことに、中間選挙での敗北はトランプにとっては解放の瞬間でもあった。直近の選挙の見通しを気にして縛られることなく、ずっとやりたかったことをやるチャンスだ。トランプは有権者らの厳しい批判に反省させられるどころか、自分がこうと思うとおりに自由に進めばいいと感じていた。それはつまり忠誠心に欠ける当局者らをさらに排除することを意味したのだ。トランプは自分の望むことを、望むときに実現してくれるスタッフを常に探していた——障壁にせよ法律にせよ、何でもクソ食らえだ。そんな目的を実現する上で、セッションズの解雇は春先に行なった流血の大量解雇に匹敵する年末の粛清の始まりを告げるものだった。今回は大統領首席補佐官もお払い箱になり、国防長官は怒りのあまり、ポストが創設されて以来初めて抗議の辞任をすることになる。そしてこのときもまた、前任者らよりも貧弱で、少なくとも従順な後任が選ばれていったのだ。これまでの歴代大統領らは、中間選挙の敗北で痛い目に遭うと、超党派のディールをまとめるために姿勢を中道寄りにシフトして、そうした目的にふさわしいスタッフを連れてきた。だがトランプはそれを反面教師と心得た。政府に対するいっそう強い権力を欲し、政敵たちともいっそうの対決を望んだのである。ぶち壊し屋《ディバイダー》は関係をぶち壊すことこそが進むべき道だと、さらに信念を固くしたのだった。

セッションズは自身が仕える大統領から延々と叩かれ続けた果てに退任となった。トランプは非公開の場では、セッションズに「ミスター・マグー」のあだ名をつけ〔一九四〇年代末から七〇年代の人気アニメ番組の滑稽な主人公〕、「愚鈍な南部出身者」「知的能力が劣っている」などと嘲った[3]。そして公の場でも、セッションズを「どつぼにはまっている」「とても軟弱」と誹謗中傷し、司法長官としての司法省の舵取りを「みっともない」と表現した。さらにはその男らしさまでも問い、「あれでも男か？」とＦＯＸニュースの番組で疑問を呈した[4]。そのセッションズは叩かれても反論せず、常にトランプを満足させる方法を探っていた。そしてトランプにとって政策が重要なのだとセッションズは勘違いした。このためロシアの選挙介入疑惑の調査で自身で指揮を執らなかった点を除いては、あらゆる論点でトランプと一致しているのだから、いずれすべて丸く収められると推測していた。ワシントンでも指折りのロビイスト、エド・ロジャースをはじめ、友人たちが辞任を勧めてもセッションズは聞き入れなかった。「聖域都市〔不法移民に寛容な諸都市〕に対して私が最近やったことを知っているだろう？　進展しているんだ。驚くなかれ、トランプはまだ私を必要としている」などとセッションズは反論するのだった〔セッションズは連邦予算の配分などで聖域都市に厳しい措置を取るなどした〕。ホワイトハウスの同志たちからは、ぐっとこらえて耐え抜けと激励された。トランプから一撃を食らうたびに、ジョン・ケリーかドン・マクガーン大統領法律顧問かが電話をしてきて、万事順調であるかのようにそのまま続けろと促した。そして何度も何度も、大統領の補佐官らは閣僚であるセッションズに対し、大統領の言うことは無視するようにと助言したのである。

　二〇一七年夏のこと、トランプは側近のコーリー・レワンドウスキーを直接セッションズのもとへ派遣して、ロシアの選挙介入疑惑の捜査で再び指揮を執るか、さもなければクビだと伝えさせようとした。ところがエド・ロジャースが先回りしてセッションズに耳打ちしたため、セッションズは何日もこの非公式の使節から逃げ回っていた。レワンドウスキーは遣いの任務を別の顧問に押しつけようとして、結局セッションズに会わずじまいだった。セッションズが反抗することは稀で、してもやんわりとだ。二〇一八年夏にトランプがあるインタビューの中で、司法長官は司法省を掌握していないと述べたとき、セッションズは声明を発表。自分は「就任の宣誓をした瞬間から司法省を掌握している」のであり、党派的な要求には屈しないとした。「私が司法長官である限り、司法省の活動は政治的配慮に不適切な影響を受けることはない」とセッションズは述べた[5]。

　しかしその時点ですでにセッションズの終わりは近づいていた。リンジー・グレアム上院議員はかつてセッションズの周りに最後の一線《レッド・ライン》を引いて擁護し、トランプが司法長官職を解こうものなら「地獄の責め苦のような代償が待ち受けている」と警告していた。ところがグレアムは今や方向転換し、事実上トランプに許可を与えた。「大統領には信頼をおける司法長官を抱える権利があります。職に適任の者をです」とグレアムは八月には記者団に語った。「私は司法省には新しい顔、フレッシュな声が必要なときが来ると思いますが、それはそう遠くないことでしょう。セッションズ司法長官は大統領の信頼を得ていません、それは明らかです」と述べた[6]。地獄の責め苦のような代償はどうなってしまったのか。

　セッションズ自身に引導を渡す前から、トランプはセッションズのスタッフにねらいを定めていた。司法省の報道官、サラ・イスガーは、上司のセッションズを公然と擁護する発言により、三度までも解雇の対象としてホワイトハウスの標的にされた。三回目は、セッションズが司法省を掌握していないとトランプが主張して、いざこざが起きたときである。イスガーの代わりに申し開きをせよと、ロッド・ローゼンスタイン司法副長官がホワイトハウスに呼び出された。ローゼンスタインは自分にはイスガーを解任する権限がなく、大統領のスタッフが直接セッションズと話し合うしかないと説明した。だがそのセッションズは、そんなことになれば自分が先に辞任すると明言していた。当のイスガーも自分から辞任はしないことを選んだ。「彼らは長官に手をつけるために、まず私を片づけようとしていたのです。だから私はやめてはならないと感じたのです」とイスガーは言っている。結局トランプの補佐官らは別の方法を見つけた。イスガーは解任されなかったが、補佐官らは彼女がクビになったと、ただ大統領にそう言ったのだ。そしてこの策略に乗せるためにイスガーに指示して、トランプの注意を引かないよう、今後はメディアに対する声明文に自分の氏名を記さないようにさせたのである。まるでワシントンの政界を描いた風刺小説の筋書きのように、トランプをなだめる唯一の方法はトランプに嘘をつくことだ、と大統領のスタッフたちは結論づけたのである。

だがすぐにまたトランプはセッションズに腹を立てた。数週間後、司法省が共和党の議員二人を汚職容疑で起訴すると、トランプはセッションズを公然と手ひどく非難したのだ。二人はニューヨーク州選出のクリス・コリンズ下院議員とカリフォルニア州選出のダンカン・ハンター下院議員。コリンズは証券詐欺で、ハンターはイタリアへの家族旅行の費用から一家のペットであるウサギの航空券代の支払いまで、選挙資金の不適切な使用で起訴された。ハンターは大統領選でいち早くトランプ支持を表明した議員の一人だ。トランプは二人の起訴をもっぱら来るべき中間選挙をにらんだ色眼鏡で見ていた。「楽勝のはずの議席二つが怪しくなってきた」とトランプはツイートした。「まったくグッジョブだ、ジェフ」

セッションズは二人の起訴について毅然としていた。しかし中間選挙が迫る中、自分に残された時間は少ないことに気づき、自分なりの条件で辞めるために計画を練り始めた。セッションズが補佐官らと思いついたのは、辞表をマイク・ペンス副大統領に託しておき、いつトランプに提出するかはペンスに任せることである。セッションズはペンスとは良好な関係にあり、ほかの閣僚たちと同様に、トランプのむらっ気に対処するのにペンスの力に頼っていた。ところが中間選挙までの間、出張中のペンスとは連絡がつかず、この計画は実行されずに終わった。

　トランプがついにジェフ・セッションズ司法長官をクビにしたとき、かつてはそんなことは容認できないと言っていたリンジー・グレアム議員やほかの共和党員らの中で、まともに抗議をする者は一人としていなかった。トランプは司法長官代行にマシュー・ウィテカーを据えた。ウィテカーはセッションズの首席補佐官ではあったが、セッションズの仲間たちからは、セッションズらを見張るホワイトハウスのスパイと目されていた人物だ。大学時代はアメリカン・フットボールでタイトエンドの選手として活躍し、アイオワ州で連邦検事を務めたのち、上院選への出馬をめざしたが予備選で敗れた。トランプ政権入りする前は、ロシアの選挙介入疑惑をめぐり、ロバート・モラー特別検察官の捜査が行き過ぎだと疑問を呈したことで主に注目された。セッションズから仕事を引き継いですぐ、ウィテカーが真っ先に自分に誓ったのは、セッションズの轍を踏まないということ。すなわち利益相反を根拠にロシア疑惑の捜査から降りたりしないことである。

　ところがトランプはセッションズの正式な後任としては、別の人物を考えていた。中間選挙の投票日、まだセッションズ解雇のツイートもしていないころのこと。トランプ政権の弁護士の一人、エメット・フラッドがウィリアム・バー元司法長官のオフィスに現れた。大統領に代わり、尋ねたいことがあるというのである。


　二日後、トランプは大統領専用機エアフォース・ワンでパリへ向かった。第一次世界大戦終結一〇〇周年の記念行事に参加するためである。これまでの大統領たちは冴えない中間選挙を終えると、外遊できることを喜んだ。国内の諸問題から逃れられるだけでなく、国際政治の舞台で存在をアピールできるからだ。ビル・クリントン、ジョージ・W・ブッシュ、バラク・オバマは、下院か上院、またはその両方を野党に譲った選挙の後で、それぞれアジアへ旅立った。

　しかしトランプは違った。そもそも外遊にそれほど熱意を持たず、フランス行きもケリーがなんとか説得してようやく受け入れた。実はケリーには、中間選挙とも、それどころか外交とも、まったく関係のない別の思惑があり、それはむしろトランプを管理する苦労を物語るものだった。トランプは相変わらずケリーや将軍たちにワシントン市街での軍事パレードの開催を執拗に求めていた。そしてついにやらずにはいられないかということのとき、パリ行きがそれを回避するのに絶好の言い訳になると、ケリーは密かに考えていたのである。フランスで開催される第一次世界大戦終結の記念式典は、最近トランプがパレード開催を要請していた日、つまりアメリカの復員軍人の日《ベテランズ・デイ》とぴたりと一致する（いずれも一一月一一日）。パリからの招待状は、トランプの計画をくじく手段になるとケリーは気づいたのだ。「フランスには行かない手はありません。ロック・スター並みに歓迎されますよ。もし行けば、世界中があなたを賛美するでしょう」とケリーはトランプに言った。

　トランプほど賛美されることを愛する者はいない。だからトランプはイエスと言った。だがいざ出発の段となると、中間選挙の結果のせいで不機嫌だった。大西洋上空ではさらにいら立ち始めた。トランプはオルリー空港に着陸するわずか三分前、ホスト役のフランスのマクロン大統領は「とても無礼」だったとツイート。最近のインタビューで、アメリカへの依存度を下げるため、欧州軍の創設が必要だと話していたのが気に障ったのだ。そして今回の旅で、第一次大戦の米兵の戦没者墓地を二カ所訪れる予定だと知ると、なおさら仏頂面になった。

「どうして二カ所も行かねばならんのだ？」とトランプは尋ねた。

「だってそのために来ているんですから」とケリーは答えた。

「二カ所も行きたくない」とトランプが言う。

「行かなかったらマスコミに殺されますよ」とケリーは告げた。

「構うもんか」とトランプは答えた。

　訪問が予定されていたひとつ目の墓地はエーヌ・マルヌ・アメリカ人墓地で、ベローウッドの戦い（一九一八年六月）の戦場となった丘の麓にあった。ケリーがのちに仲間たちに語ったとおり、トランプはその墓地への訪問をキャンセルするのに都合のいい言い訳を見つけた。雨のためヘリコプターを飛ばすのが難しく、車で行けば二時間かかる上に、パリ市街に大渋滞を引き起こすというのだ。

　予想どおり、トランプが訪問を取りやめると大々的な非難が巻き起こった。その一方、マクロン、アンゲラ・メルケル、ジャスティン・トルドーらをはじめとする他国の首脳たちは、小雨を無視してそれぞれにパリ近郊の記念行事に参加したのだった。ケリーとジョー・ダンフォード統合参謀本部議長はトランプ抜きでベローウッドを訪れた。公式行事を離れて独自行動を取り、ケリーは息子が戦死したアフガニスタンから持ち帰った遺灰を撒いた。トランプは翌日はもうひとつのアメリカ人墓地を訪れた。だが時すでに遅し。取り返しはつかなかった。トランプは誰も行くべきだと言ってくれなかったとわめいたが、これにはもちろんそう勧めていたケリーをさらに怒らせることになった。

一方、マクロンは当初の何度かの邂逅では懸命にトランプの気を引こうとしたが、もはやあきらめていた。今回、二人の首脳は礼儀正しく握手を交わし、よそよそしく互いに腕をぽんぽんと軽く叩いて挨拶をした。無言のほほ笑みはぎこちなかった。そしていよいよ盛大な記念式典となると、何十人という各国の首脳らは、共にシャンゼリゼ通りを凱旋門へと歩いて厳かに連帯を示した。一方、トランプだけは車で到着し、首脳仲間たちと一人離れて、ホストのマクロンを侮蔑した。中間選挙の選挙運動で「ナショナリスト」を自称したアメリカ・ファーストのトランプ大統領だったが、会場に着席すると、記念の演説でマクロンにあからさまに非難されていら立ちを募らせた。マクロンはトランプの名前を出さずにこういい切った――「愛国主義《パトリオティズム》は国家主義《ナショナリズム》とは異なります。ナショナリズムは愛国主義に対する裏切りです。『われわれの利益が最優先《ファースト》だ。ほかの連中など知ったことか？』と言うからです(7)」。

今回の訪仏はマクロンとはもちろん、ケリーとの決裂も決定づけた。予想どおり、記念演説に対してトランプはマクロンをひどく責めた。一方、ケリーはトランプの振る舞いに呆れ果てていたのである。トランプはマケインの従軍体験を見下していたように、私的な場では以前から兵士を軽蔑していた。あるときはヴェトナム戦争に関して「あの戦争に行ったやつらは全員まぬけ野郎だ」と言ったと、ケリーは周囲に語った。「戦死したり負傷したりする連中を、どうして君らが英雄視するのか理解できない。あいつらは敗者だぞ」とトランプは言ったという。戦死した息子の墓があるアーリントン国立墓地をケリーが訪れた際、トランプも同行したことがあった。そのときトランプは、戦争で命を捧げる人がいることなど理解しがたいと述べた。自分より大きなもののための自己犠牲という考え方について、トランプは純粋に困惑しているようだったと、ケリーは仲間たちに語った。

のちにケリーは、トランプがパリの最初の訪問地である墓地に行きたがらなかったのは、雨で髪が乱れるのを嫌ったためだとした。そしてそこに埋葬されている海兵隊員たちのことを、殺されるなんて「まぬけ野郎」だと言ったとケリーは主張した(8)。これをやがて『アトランティック』誌のジェフリー・ゴールドバーグ編集長が報じると、トランプは発言を否定し、その場にいた数人の大統領の補佐官らも、トランプがそんなことを言うのは一度も聞いたことがないと述べた。だがほかの関係者の中には、トランプが別の機会に類似の表現で戦没兵らに言及したと認める者もいた。

いずれにしろ、トランプとケリーの関係は崩壊していた。そもそもトランプはかなり前からケリー首席補佐官を解任する準備をしていたが、セッションズ司法長官の場合と同様、中間選挙が終わるのを待って実行するつもりだった。訪仏の間も、誰をケリーに取って代えるべきかと周囲に尋ねたりしていた。

すべては一二月七日にピークに達した。わずか数時間の間に、トランプは大統領在任中で最も重要だったと言うべき三つの決断を下した。まず、ついにケリー首席補佐官をクビにすることを決意し、後任にはトランプを制約しようとしない人物を確実に据えることにした。続いて、いわばトランプのロイ・コーン〔トランプが助言を仰いだ弁護士。第3章、5章参照〕となるべき人物を、つまり連邦捜査官からトランプを守り、トランプの政敵を追及してくれるような司法長官をついに指名したのである。そして米軍の新たなトップも選んだ。国防総省のトランプに対する抵抗をやめさせ、軍をもっと確実にトランプの管理下に置いてくれると期待できる統合参謀本部議長だ。しかしいずれの決定も、必ずしもトランプの思惑どおりにはいかなかった。

その日の朝、カンザス・シティへの短い訪問のためにヘリコプターへ向かいながら、トランプはビル・バーを司法長官に推薦することを発表し、「すごい人間で、すばらしく優秀な男だ」と称賛した。[9] 同時にトランプは、ニッキー・ヘイリーの退任で空席となる国連大使に、国務省報道官をしている元FOXニュースのアンカー、ヘザー・ナウアートを推すことも発表。ただしこの指名は結局は頓挫することになる。歴代政権の慣行に従えば、候補者が大統領の傍に控えているところだが、二人とも不在だった。いつものように、そこにいたのはトランプだけ。自分を主役に仕立てていたのである。

バーは面白い人選だった。ごま塩頭に二重顎で恰幅がよく、控えめで、落ち着いた立ち居振る舞い。六八歳のバーはトランプが毛嫌いする共和党の既成勢力《エスタブリッシュメント》に属していた。生まれ育ちも教育もずっとニューヨークで、かつてはバグパイプの演奏などもし、最初の仕事はCIAの分析官だった。続いてレーガン政権でホワイトハウスに弁護士として仕え、次のジョージ・H・W・ブッシュ政権時代には司法省で一連の職位についたのちに、同政権最後の司法長官を務めた。長官を退任後、バーは企業弁護士となり、電話会社のGTEと同社の後身のヴェライゾンなどで巨万の富を築いた。その穏やかな身のこなしから、バーをよく知らない人の多くはブッシュ同様の共和党穏健派との印象を受ける。しかし実はバーは筋金入りの保守派で、議会や法廷に左右されない「単一」で強力な政府という考えの信奉者なのだ。

実のところ、バーにとってはトランプは好みのタイプの共和党員ではなかった。「長年ばか者のように振る舞ってきた経歴がある」と、かつてバーは特有のまじめぶった皮肉な調子で指摘した。ニューヨークのトランプが所有するビルの一画で、ヴェライゾン社が提供した住居に四年間住んでいたこともあるが、二〇一七年にデイヴィッド・フリードマンに紹介されるまで会ったことがなかった。フリードマンはトランプの元破産専門弁護士で、当時は駐イスラエル米国大使を務めていた〔二〇一七年五月〜二一年一月在任〕。フリードマンがトランプとバーを引き合わせたのは、モラー特別検察官の捜査に対し、元司法長官のバーにトランプの代理人になってもらおうとの思惑からだったらしい。バーは初めての顔合わせの会合で、トランプが政権スタッフのほとんど全員を公然と罵倒するのに衝撃を受け、法務チームに加わらないことにした。

しかし二〇一六年の大統領選でトランプが大勢を覆して当選するのを見てバーは感銘を受け、ロシアの選挙介入疑惑をめぐる捜査でもトランプに同情していた。「例のロシアゲートは裏切りのにおいがした」とバーはのちに語った。バーの見解では、トランプの選挙運動を捜査すると決定したことに関し、ジェイムズ・コミーＦＢＩ長官には「ある意図」があり、「なんらかの不正行為の疑い」があった。二〇一八年の春、バーはモラー特別検察官の「ひどく無責任な」捜査を批判する一九ページのメモを、依頼されたわけではなく、自分の意志で執筆した。バーはそのメモに、「私は大統領と司法省の両機構を大いに気にかけている元役人としてこれを執筆している」と記し、六月八日にロッド・ローゼンスタイン司法副長官とスティーヴ・エンゲル司法次官補に送付した。バーは、コミーＦＢＩ長官の解雇に関して、トランプ大統領は憲法に基づく権限の範囲内で行動していたのであり、特別検察官が司法妨害の疑いでトランプを捜査しているのは筋違いだと、強い調子で論じた。「今は法というものの奇抜で未決または論議のある領域に迷い込むことなく、踏み慣れた道を歩むべきときである。そして過剰な熱意を持つ検察官たちの気まぐれをほしいままにさせるべきではない」とバーは書いている。仮にトランプが捜査から自身を守るためにコミー長官を解任したのだとしても、「大統領がみずから政治的利害を持つ案件に対処することは——政治的な制約とは対照的に——法的にはなんら禁止されていない」と付け加えた。[10]

　このメモを読んだかどうかについて、トランプはのちに（ありがちなことだが）矛盾する発言をした。『ニューヨーク・タイムズ』紙の取材に「後で読んだよ」と答えたかと思うと、すぐに「メモは見ていない。メモを読んだことは一度もない」と前言を翻したのだった。[11]どちらにしろこのメモの存在は、トランプがバーをセッションズの後任の第一候補とするには十分だった。

　中間選挙の投票日、ホワイトハウスの弁護士のエメット・フラッドがバーのオフィスに現れた。そしてかつて務めた司法長官の職に再び就いてくれるかと訊くと、バーは当初は断った。だが友人らに再考を促された。ジャレッド・クシュナーの担当弁護士で民主党員のアビー・ローウェルなどは、バーならば司法長官のポストに求められる信頼と重みをもたらすことができると考えていたのだ。バーは熟考するうちに、トランプは自分の助けを必要としていると確信するようになった。そして司法省は左右両方の政治的思惑に翻弄されており、自分ならばそれを沈静化させる一助になれるとも思った。そこでバーは気が変わり、推薦されれば受諾するとホワイトハウスに伝えた。指名が発表される二日前、ジョージ・H・W・ブッシュの葬儀に参列し、かつての同僚のロバート・ゲイツ〔ブッシュ（息子）、オバマ両政権で国防長官〕やブレント・スコウクロフト〔ブッシュ（父）政権の国家安全保障問題担当大統領補佐官〕に自分の決断について意見を求めると、司法省を守るために引き受けるべきだと励まされたのである。

　トランプは司法省の新たなトップを任命する一方で、国防総省の制服組トップもすげ替えようとしていた。何カ月も前からジョー・ダンフォード統合参謀本部議長の後任人事を熟考し、マーク・ミリー陸軍大将に決めようかと考えていた。ときに奇怪なトランプの発案に根気強く抵抗してきたダンフォードは、一年近く任期を残していたが、そんなことは関係なかった。こうしてダンフォードは名誉なことに友人のジョン・ケリーと同じ日に、事実上トランプに見限られることになる。

　「私の将軍たち」へのトランプの偏愛はとっくに終わっていた。「イエス、サー」と答えるばかりで、一向に望みをかなえてくれない将軍たちに嫌気が差していた。その不満を、怒鳴り声を上げてケリーにぶつけることも一度ならずあった。「君らのようなクソったれの将軍たちは、どうしてドイツの将軍のようにできないんだ？」と詰め寄られたと、ケリーは周囲に語ったことがある。

「どの将軍たちですか？」と、不審に思ったケリーは尋ねた。

「第二次世界大戦中のドイツ軍の将軍だ」とトランプは答えた。

「彼らはヒトラーを三度までも暗殺しようとして、もう少しで成功するところだったのはご存知ですよね？」とケリーは訊く。

　しかしトランプがそんなことをご存知のはずはなかった。「いや、いや。彼らは完全に忠実だったのだよ」と答えたのだ。トランプの頭の中のイメージでは、ドイツ軍の将軍たちはナチスの独裁者に全面的に従属していたのであり、それこそ米軍の模範にしたいものだとトランプは思っていたのである。ケリーはアメリカにはそんな将軍はいないと告げたが、トランプは本当にそうか試してみるつもりだった。

　トランプとより志が一致し、マティスにもそれほど同調しない人物をダンフォードと交代させるべきだというのが、かつてトランプの選対本部で顧問を務めたロビイストのデイヴ・アーバンの見解で、以前から大統領やその取り巻きたちに勧めていた。学生時代はアメリカン・フットボールの選手だったアーバンは、第一〇一空挺師団の一員として湾岸戦争に従軍し、その後も陸軍の軍人気質を失わなかった。やがてウェストポイントの陸軍士官学校で同学年だったマイク・ポンペオと親しくなり、政権発足時にＣＩＡ長官としてトランプに推薦したのだった。

　一方、マティス国防長官はデイヴィッド・ゴールドファイン空軍大将をダンフォードの後任に推していた。Ｆ−16戦闘爆撃機の元パイロットで、バルカン半島上空で撃墜されたことがあるが、捕虜になることなく巧みに脱出した。マティスが中央軍司令官だった当時に緊密に連携して仕事をした中で、マティスの信頼は厚かった。大統領が国防長官の反対を押し切って統合参謀本部議長を任命するなど前代未聞のことだ。だがマティスとは口も利かない仲になっていたジョン・ボルトン大統領補佐官（国家安全保障問題担当）がメッセンジャーとして国防総省へ遣わされた。大統領はマティスが候補者を一人に絞って押しつけてくるようなことは認めるつもりはない、とボルトンは伝えたのだ。だが陸軍で最有力と見られていた候補者二人は、検討されることすら辞退した。一人は陸軍大将のカーティス・スカパロッティ欧州連合軍最高司令官〔米軍の欧州軍司令官を兼務〕。トランプのもとで統合参謀本部議長を務める苦労に耐えるだけの「気力はない」と述べた。もう一人、米国中央軍司令官のジョセフ・ボーテル大将も固辞し、自分もトランプとはそりが合わないだろうとの結論だった。

デイヴ・アーバンが挙げた候補者のマーク・ミリー陸軍参謀総長は、典型的な陸軍の鬼将軍タイプ。無遠慮なもの言いの六〇歳で、歴史マニア。父親は海軍の第四海兵師団の衛生兵として硫黄島の戦いに従軍した。ミリーはボストン北郊で育ち、兄はハーヴァード大学へ、本人はプリンストン大学へ進学し、共にアイビーリーグでホッケー選手として活躍した。ミリーは父と同じく軍人となり、アフガニスタンやイラクで部隊を指揮し、第一〇山岳師団の師団長を経て、陸軍総軍司令官に上り詰めたのである。

アーバンは控えめな性格のダンフォードを悪く思っていたわけではなく、立派な閣僚だと認めていたが、ミリーの方が馬が合うだろうとトランプに言った。弁が立つミリーは無礼かと思うほど率直に発言し、トランプが好む血統書付きの人物でもあった。ミリーはそんな性格をすでにトランプとの会議の席上で披露していた。国防総省のある幹部職員は言う――「陸軍についてなぜこのことを知っておくことが重要なのか、なぜ戦争で勝利を決定づけるのは常に陸軍であるのかといったことを、ミリーは単刀直入に大統領に伝えました。要点を押さえた簡潔な文言で締めくくるのも得意でした。迫力満点の大声で、気の利いた表現を使ってまともに直言し、そこでふとひと息入れてこう言うんです、『大統領殿、陸軍はいつでもあなたに奉仕します。あなたが最高司令官なのですから』と。独特なやり方でしたが、トランプは気に入っていたのです」。しかもトランプと同じく、ミリーもマティスを崇め奉ったりはしなかった。マティスを「まったくの過剰な管理者タイプ」だと見ていたのである。

国防総省では、ミリーが不適切な猟官運動をしているとマティスは考えており、その秋、あるレセプションの席上でミリーと衝突した。

「おい、閣僚ポストに立候補なんかするもんじゃないぞ。統合参謀本部議長候補に名乗りを上げたりするな」とマティスはミリーに言った。

この対決のことをのちに同僚たちに語ったミリーによれば、「どんなクソ役職にもロビー活動なんかしちゃいない。私はそんなことはしない。そんな性格じゃないんでね」と答えたという。

だがマティスは納得していなかった。やがて、ミリーはダンフォードに訴えた。「なあ、マティスはすっかり思い込んでいるんだ。でも言っておくが、私はそんなことはしないからな」とミリーは告げた。余計なことをするなとアーバンに申し入れたとまで言った。

だがダンフォードはミリーに好意的に解釈したとしても、誰もがそうだったわけではない。一一月、ミリーがホワイトハウスでトランプとの面談を翌日に控えていた日、国防総省でまたもやマティスと不快なやりとりをすることになった。知人らへのミリーの回想によれば、統合参謀本部議長よりも欧州連合軍最高司令官を希望するとトランプに言えと、マティスはミリーを説得しようとした。ミリーはそんなことはしないと答え、むしろトランプが自分に何をしてほしいかを聞くつもりだと言った。これで、そもそも悪かったマティスとミリーとの関係は終わったのだった。

翌日、ミリーがホワイトハウスに到着した時点で、ケリー首席補佐官の地位が風前の灯だとは誰も知らなかった。だがトランプとの面談のためにオーバル・オフィスへ向かう前にケリーと合流すると、いつになく落ち着きがないようにミリーは感じた。

「ジム［・マティス］は君をヨーロッパに行かせたがっている。だが大統領は君を統合参謀本部議長にほしがっているんだ」とケリーはミリーに言った。

ミリーはケリーの意見を求めた。

「ヨーロッパへ行って、ともかくこのワシントンからとっととおさらばすべきだ」と、ケリーは苦々しく言った。ここは悪の巣窟で、トランプの部下として働くのはとても、とても大変なのだ、と。「ともかくできる限り遠く離れた方がいい」とケリーは言った。

オーバル・オフィスでは三人きりだった。トランプ、ケリー、そしてミリーだけ。トランプにとって、目の前のミリーは舞台映えのするスターそのもので、統合参謀本部議長候補として検討していると、のっけから伝えた。もうワシントンからとっととおさらばするも何もなかった。そしてミリーも抵抗しなかった。ついにトランプが役職をオファーすると、ミリーは答えた――「大統領殿、何でも仰せのとおりにいたします」。

続く一時間、三人は世界情勢について話し合った。そしてトランプは新たに軍事顧問のトップとして迎える人物について、必ずしも自分と意見が一致しているわけではないことを知り、驚いたかもしれない。アフガニスタンをめぐっては、トランプは相変わらず米軍撤退を望んでいたが、ミリーは完全撤退をすれば新たな問題が山ほど出てくると考えていた。トランスジェンダーの人間の入隊を認めないというトランプのこだわりについても、ミリーはすでに公の場で反対を表明していたのである。

「君はトランスジェンダーの件で弱腰だとマティスが言っていたが」とトランプは言った。

「いいえ、私はトランスジェンダーの件で弱腰なのではありません。単に誰が誰と寝ようと関心がないのです」とミリーは返答した。

ほかにも相違はあった。だが最終的にミリーはこう請け合った――「大統領殿、決定を下すのはあなたです。私が保証できるのは、私は正直にお答えするということと、それを『ワシントン・ポスト』紙の一面に載るような形でしゃべったりはしない、ということです。私にできることならば何でも正直にお答えするつもりです。そしてあなたが決定を下し、それが適法である限り私は支持するでしょう」。

それが適法である限り……この条件にトランプが気づいたかどうかすら怪しい。ミリーについてそれほど懸念はしていないようだった。トランプとしては、この人事はマティスに意趣返しをする絶好のチャンスだった。数年後、マティスともミリーとも不仲になったのち、ミリーを選んだのはマティスが「彼を我慢ならず、一切敬意を感じず、推さなかったから」にすぎないのだと、トランプはある声明の中で認めたのである。(12)


一二月七日の晩遅く、トランプは翌日のアメリカン・フットボール第一一九回陸海軍対抗戦の会場で、統合参謀本部議長に関する人事上の重大な決断を明らかにすると発表した。ダンフォードは公然と屈辱を味わわされることになるわけだが、事前にはこの発表以外に何も知らされていなかった。四〇年以上も制服組として軍に仕えてきたダンフォードは、試合会場に行くのをやめようかと悩みながらその夜を過ごした。

結局ダンフォードは試合に行くことにして、さらにはミリーの隣で一緒に写真に収まる覚悟までしていた。「分断して統治する」というトランプの思惑にもかかわらず、ダンフォードが同僚らに言ったとおり、「ミリーとの間に隙間風など吹いていないことをはっきり示すため」だ。

翌日、試合会場で大統領の到着を待つ間、ダンフォードがミリーと並んで立っているところへデイヴ・アーバンが現れた。一連の動きを仕掛けたロビイストだ。するとダンフォードが見守る中、アーバンはミリーをハグし、「おれたちはやったぞ！　おれたちはやったんだ！」と勝ち誇って歓喜した。

だがこれはこの日最大のニュースではなかった。フィラデルフィアの試合会場へ向かうために大統領専用ヘリのマリーン・ワンへと歩きながら、トランプはもうひとつサプライズを届けた。「ジョン・ケリーは年末ごろに去るだろう」と記者団に告げたのだ。[13] 一七カ月続いたこの職務のことを、その後ケリーは常々「世界一忌々しい仕事」と呼んだ。しかしとりあえず、互いに憎しみを抱いていた大統領と首席補佐官とのストーリーは幕を閉じることになったのだった。

しかしケリーの後任としてホワイトハウスを仕切れる人間を探すのは、トランプが想像した以上に難しかった。翌週、トップクラスの人材の採用がトランプにとっていかに困難になっていたかが世間に露わになり——とくに最初から成功の見込みがないと目されていたポストではなおのこと——トランプはばつの悪い思いをすることになった。

ケリーを追い出すはるか前から、トランプはペンス副大統領の首席補佐官のニック・エアーズを後任にすべく、ケリーに内緒で画策していた。ジョージア州出身のエアーズはのんびりとした南部訛りが特徴だが、政治的頭脳は明敏で、ケリーの半分の三六歳という若さ。初めてトランプがケリーの後任にと打診したとき、エアーズは慎重だったが否定はせず、就任したらどう職務を遂行すべきか対策を練りにかかった。この時点でケリーの不倶戴天の敵となっていたジャレッド・クシュナーとイヴァンカもエアーズに協力的だった。

エアーズはかつてジョージア州の政界で、さまざまな共和党議員らの当選に力を貸しながら頭角を現していった。続いて共和党全国知事協会の運営に携わったのち、インディアナ州知事として再選をめざしていたマイク・ペンス陣営に加わった〔ペンスは二〇一六年の知事選で再選をめざしたが、副大統領候補となって取りやめた〕。エアーズはペンスを補佐してホワイトハウス入りし、最初の二年間はペンスがトランプとうまくやっていけるよう導いて、その間にトランプの決然として、常識を打ち破る政治手法を称賛するようになっていったのだ。トランプはおそらく史上最も優秀な保守派の大統領であり、いつかノーベル平和賞を取ると信じていると、エアーズは主張していた。とはいえ、首席補佐官の前任者二人が失敗するのを見ていただけに、その失敗から学ぶつもりでいた。エアーズの考えとしては、ラインス・プリーバスはもとから決して選ばれるべきではなかった。プリーバスは誰からも好かれようとし、少なくとも褒めてもらおうとした。だが優れた首席補佐官は尊敬されるべきであって、好かれる必要はなく、むしろ人を怒らせるぐらいタフでないと駄目なのだ。その点、ケリーは相手を怒らせるのは得意だったが、その相手の一人にあえて大統領を選んでいたかのようだった。エアーズが見たところ、ケリーはトランプに喧嘩を売り、さらにスタッフにもトランプと敵対するようけしかけているようだった。したがってエアーズの意見では、ケリーも職務遂行上、失格ということになる。

ケリーの後任になることを熟考しながら、エアーズはホワイトハウスを軌道に乗せ直す策を七ページの計画にまとめた。約二年前、政権移行の過程でひどく脱線していたため、政権スタッフにはトランプ大統領が知らない者や、信頼していない者、政策的に一致しない者などが大勢いた。そして六つか七つの激しく敵対する派閥に分かれていたのだ。エアーズの計画の核心は、問題を引き起こしている人間を計画的に排除していき、トランプに忠実な人材のチームを創り出すことだった。

「うわお、やたらと変更したいんだな」とエアーズが計画を見せるとトランプは言った。

エアーズはそうするしかないのだと答えた。リークをしたり保身に走る人たちが多すぎる。「悪い人たちだというわけではありません。でもいなくなってもらいます」とエアーズは言った。

それから数カ月の間、トランプは首席補佐官就任について、おそらく一〇回、ひょっとすると一五回はエアーズと話し合った。そのたびにトランプはエアーズの計画どおり進めることに同意しながら、すぐに思い直し、大きな変更なしに仕事を受けてくれと促した。

「その計画はちょっとやめておこう」とトランプが言う。

「どういう意味ですか? あなたが成功するようにチーム全体を設計して差し上げたんですよ」とエアーズが返す。

「クソっ。ニック、君はなんて忌々しい頑固者なんだ。明日あらためて話そう」

秋の間ずっとこんな調子だった。トランプは同意しておいて、二、三週間もエアーズには音沙汰なしになる。ついに一二月の二度目の週末、ケリー解任が公表された後、ディールが成立した。サラ・ハッカビー・サンダース報道官がエアーズ就任を伝える記者発表資料の原案を書き上げ、土曜の晩にエアーズに電話をし、大統領は公表する準備ができたと告げてきた。ところが翌朝、トランプが会いたいと言ってきたのだ。

ケリーがしばらくの間は二人で一緒に引き継ぎの作業をしたいと言っている、とトランプはエアーズに告げた。エアーズは拒否した。受け入れられない、と。そしてついにエアーズは匙を投げた。これまで職務に必要なことを提示してきたのだ。これ以上交渉するつもりはなかった。トランプがエアーズのやり方を気に入らないと言うのなら、気に入るようなやり方の人間を採用すべきなのだ。エアーズは結局のところこの仕事のオファーは受けないとトランプに告げた——それだけでなく、トランプ政権自体を去るつもりだ、と。オーバル・オフィスを後にすると、エアーズはケリーに知らせようとその執務室に立ち寄った。ケリーには、エアーズがまるで幽霊のように蒼白に見えた。何かにショックを受け、できる限り早く逃げ出さねばと思い込んでいるようだった。

トランプにとってはばつの悪い失態だった。そこで頼りになる仲間に助けを求めることにした——クリス・クリスティ。その年の初めにニュージャージー州知事の任期を終えていた。もしクリスティが首席補佐官になったら、（気が進まなくとも）受け入れるよう、今回はジャレッド・クシュナーの同意も取りつけた。そこで直ちにワシントンへ来るようにと、トランプはクリスティに電話を入れたのだった。

トランプの意図を察したクリスティは、まずジェイムズ・ベイカーに電話で助言を求めた。過去に二度にわたりホワイトハウスの首席補佐官を務めた人物で、ラインス・プリーバスも就任前に相談した相手だ。ベイカーはこの大統領のもとでは誰も成功できないとわかっていた。だから条件のリストを作れとクリスティに勧めた。

「要は文書にすることだ」とベイカーは告げた。

クリスティはまさにそのとおりにした。罫線入りの白い紙に、ベイカーが九つの要求事項を口早に挙げるのを書き取っていったのだ。すべての会議に出る権利、スタッフの陣容を決める権限、オーバル・オフィスに立ち入れる人間を決めること、それに個人代理人をつけることなどが含まれていた。これらはベイカーだけでなく、どんな首席補佐官でも必要とする条件だ。ただし、ベイカーが勧めた条件の中には、機能不全に陥っているトランプ政権に特有のものもあった——。

・私がスタッフを管理できることとする。ジャレッドとイヴァンカは例外。ジャレッドとイヴァンカについては大統領が役割を決める。二人の活動について首席補佐官にすべて知らせること。
・首席補佐官は舞台裏の人間であってテレビのスターではないという前提のもと、公の場に出ることについては首席補佐官がみずから管理調整すること。
・首席補佐官と大統領との間の論争／意見の不一致は

非公開の場で解決されること。不満や批判の公的声明は出さないこと。

・諸事アドバイスをする弁護士をつけ、費用は共和党全国委員会が負担すること。

「すべての条件が満たされたら、今度はこの仕事を本当にやる気があるかどうか、必死に考えてみることだ。もしやると言うのなら、君にひとつ言っておこう。それは君がめちゃくちゃ愛国主義者だということだから、君に敬意を表する、とね。なぜならこれはワシントンで最悪の仕事だからな」と、ベイカーは助言した。

木曜日、ワシントンへ向かう列車の中でクリスティの心は揺れていた。リスクはわかっている。トランプの気まぐれな振る舞いも誰よりもよく知っている。それでもクリスティは、プリーバスとケリーとマティスとH・R・マクマスターとレックス・ティラーソンが自分に言い聞かせたのと同じことを、自分に言い聞かせていた。のちにクリスティは、自分もまた「トランプに近づいた誰もがかかる病にやられた」と認めた。それは「おれならやれる」という思い込みである。

ワシントンに到着すると、クリスティはホワイトハウスの三階、大統領一家の居住スペースにあるイエロー・オーバル・ルームへ案内され、トランプ大統領とファーストレディと会った。

「最初からこうするべきだったんだ」とトランプはクリスティを持ち上げた。「ラインスやケリーなんかを任命するんじゃなかった。最初から君こそがふさわしい男だったんだ」とトランプは言った。ただし、クシュナーが反対していたこと、またブリッジゲート事件〔第5章参照〕をめぐるスキャンダルの影響が払拭されていなかったことで、任命できなかったと認めた。

クリスティはベイカーが挙げた条件を記した紙をトランプに手渡した。九項目のうち、トランプが異を唱えたのは一点だけ――首席補佐官があまりテレビに出なくていいという考え方に対してだ。トランプにとっては交渉の成否を分ける事項だった。スタッフを抱える最大の目的はテレビに出てトランプを擁護し、批判者を攻撃することなのだから。

「君にテレビに出てほしいときには、必ず出てもらわないと困る」とトランプは譲らなかった。

「本当にどうしても必要だという場合でさえ、出ないと言っているわけではないんですよ。でも私が効果的に仕事をするためには、私は『首席』よりもむしろ『補佐官』でなければならないんです」とクリスティは言った。

「いやあ、そいつはできない相談だ」とトランプが答えた。

メラニアはクリスティにひとつだけ質問があると言った――「ジャレッドとイヴァンカはどう扱うおつもりですか?」。

「扱いません」とクリスティは答えた。

しかしそれ以上言う前に、トランプがメラニアをたしなめた――「何だってそんなことを彼に訊くんだ?ジャレッドとイヴァンカとは話したと言ったじゃないか。二人は大丈夫だ」。

「失礼ですけど、ドナルド、私はあなたに訊いているんじゃありません。知事に尋ねているんです」とメラニアは切り返した。

「私は彼らにはまったく対処しないつもりです」とクリスティは述べた。以前から家族のメンバーをスタッフに加えることには反対だった。大統領がクビにできないだろうからだ。「ほかでもない、大統領たるあなたの判断で任命したのですから、あなたの責任です。私は週一回ほど、ただ彼らが何をしているかを知らせてほしいだけです。会う必要すらありません。彼らが週に一度メールを送ってくれるのでもいいんです」

トランプはそれは構わないと言い、「乗ったか?」と訊いた。

クリスティはまず妻と話す必要があると答えた。

トランプはそれは気にもかけず、ディールが成立したもののように振る舞った。クリスティの両肩に腕を回すと、「これはすごいことになるぞ。君とおれとが再びチームを組むんだ。君とおれが組んで、今や何が待ち受けているか国民はまだ知る由もないがな。政界で最強にタフな男二人だぞ」とトランプは言った。

トランプはクリスティを玄関まで見送った。

メラニアがクリスティ・パーティーに向かい、メラニアは言った。

「あなたを愛していることは知っていますよね?」とメラニアは言った。

「わかっていますよ、メラニア」

「しっかり考えてください。私があんな質問をしたのにはわけがあるんですから」とメラニアは言った。

ニュージャージー州へ戻ると、翌朝クリスティはジャレッド・クシュナーからテキスト・メッセージを受け取った。クリスティ元知事のために喜んで働くことをトランプに告げたと言い、それを知らせたくて連絡をしたのだという。だがそれからほどなくしてクリスティの電話が鳴った。大統領法律顧問のドン・マクガーンが政権の実態について注意を促そうとかけてきたのだった。

「ぜひ言っておきたいんです。あなたも何もかもクレイジーだとは思っているでしょうが、その一〇〇倍だと考えてみてください。それが実態ですよ、それも毎日、毎日」

クリスティの側から見ると、すべてがどこかおかしかった。しかも情報が漏れているらしい。ジョナサン・スワン記者がこの件についてニュース情報サイトの「アクシオス」に記事を載せたのだ。あの室内にいたのは大統領、ファーストレディ、それにクリスティの三人だけだったというのに、どうしてそんなことが起きるのだ？

クリスティはノーと答えることにした。だが疑問がわいてきた――トランプに断りを入れて、しかも後でトランプにこっぴどくやられないようにするにはどうすればいいのだ？　いったん大統領のオファーを断れば、トランプはあっという間にツイートですべてを歪曲してしまうかもしれない。そこでクリスティは緊急対応とも言うべき策を思いついた。自分から候補を外れることにした、という自身のツイートの原稿を用意し、『ニューヨーク・タイムズ』紙のホワイトハウス特派員のマギー・ハバーマンに電話して状況を話した。そして自分がツイートした瞬間に報道できるよう、今からツイートの下書きを送ってやると申し出た。その上でトランプに電話をし、自分の結論を伝えたのだ。一二月一四日、正午のことだった。

「これがどういうことかわかるか？　マルバニーにポストをくれてやるしかないじゃないか」と、トランプは不満そうに答えた。

クリスティやニック・エアーズと異なり、行政管理予算局長のミック・マルバニーは首席補佐官のポストに就きたくて仕方がないことを隠そうともしなかった。だがトランプは、マルバニーを三カ月間限定の「代行」にしかしないつもりだと伝えた。クリスティはその時点であらためて受諾してくれてもいいのだ、と。

クリスティはいつだって話は聞くつもりだと告げた。だがそれとは別にはっきりさせておきたいことがあると付け加えた。あの「アクシオス」の記事はどういうことか？「私は誰にもしゃべっていませんよ」とクリスティは言った。

「ああ、もちろん。それはわかっているよ」とトランプは返答した。

「どうしてわかるんです？」

「だっておれがやったからさ。おれが自分でジョナサンに電話をしたんだ」とトランプは言った。

大統領自身がリークをしただって？　ドン・マクガー

ンは正しかったのだ。誰も思いも及ばないほどクレイジーなのだ。

トランプにとって、今回の決断が転換点となった。トランプに対して「ノー」と言うかもしれないような意志の強い首席補佐官を再び任命するよりも、基本的に「イエス」としか言わない人間を採用する方へとトランプの気持ちが傾いていったのである。ケリーはすでに退任へ向かっていたものの、マルバニーに決めないよう、トランプに最後にいちかばちかの説得を試みた。

「イエスマンになるような人間を採用すべきではありません」とケリーはトランプに言った。

「もうこうなったらどうだっていいんだ！ おれはイエスマンがほしいんだ！」とトランプは答えた。

その日の終わりに、トランプの最後の選択肢だったマルバニーは首席補佐官の肩書に「代行《アクティング》」というおまけが付いた地位を得るにとどまった。このことを、大統領は本当は採用したくなかったのであり、まだ誰かほかの者が見つかると期待している印として、ほぼ誰もが受け取った。マルバニーはその屈辱をぐっとのみ込んだ。トランプ政権では誰もが大統領の意のままに奉仕させられているのであり、したがって事実上だれもが役割を演じている《アクティング》にすぎないのだと、マルバニーは主張したのだった。

サウスカロライナ州選出の元下院議員で、熱烈な予算削減派のマルバニーは、共和党の無頼漢集団「ハウス・フリーダム・コーカス（自由議員連盟）」の創設に一役買った人物だ〔第2、9章参照〕。他の多くの共和党議員らと同様に、マルバニーも当初はトランプのことを憲法を揺るがす危険人物として見ていた。これまでホワイトハウスをめざした中で、最も欠陥が多い候補者の一人だと考えていたのだ。マルバニーは二〇一六年当時、トランプは女性に関して「不快で弁解の余地のない」ことを言った過去のある「ひどい人間」だと述べていた。[14] それなのに行政管理予算局長としてトランプ政権入りするチャンスが到来すると、マルバニーは熱心に働きかけた。これはいわば「選択的健忘症」の一例とでも言うべきで、驚くほど平然と過去の立場を捨てる姿勢を見せた。トランプ政権の最初の二年間で、財政赤字が六六五〇億ドルから〔七四・五兆円から約一一〇兆円へ〕九八四〇億ドルへと膨らんでしまったのだから。[15]

とはいえ、マルバニーはラインス・プリーバスのような共和党の既成勢力の出身でもなければ、ジョン・ケリーのような軍のエリート出身でもなかった。そこでマルバニーはその両者とは違うやり方で職務に当たることにした。大統領を管理してその過剰さを抑制しようとするのではなく、むしろトランプはトランプのままでいさせようと決意していたのである。

　クリスマスの一週間前、トランプはシリア北部から米軍部隊をすべて撤退させると発表した。同盟関係にあったクルド人部隊と共に過激派組織「イスラム国（ＩＳＩＳ）」と戦っていた部隊である。この撤兵はトルコのレジェップ・タイイップ・エルドアン大統領への好意であった。エルドアンはトルコ国内のクルド人の分離主義勢力を断固として排除するつもりでいたが、シリアのクルド人はトルコ国内のクルド人勢力の同盟者であり、エルドアンはそれも自由に攻撃できる状況を欲していたのだ。トランプがまたエルドアンと電話をしただけで唐突に撤兵の決断が下されたことに、ワシントンは上を下への大騒ぎとなった。とくに国防総省ではマティス国防長官が憤激していた。マティスは同盟諸国を歴訪し、アメリカは決してシリアの部隊を撤退させることはない、と確約して帰ってきたばかりだったのである。これでは完全に梯子を外された気分だった。

　夏以来、マティスは年末には辞任する意向を密かに周囲に漏らしていた。何カ月も前から、マティスの一二月以降の長期的な予定表は空白のままだった。ストレスを解消しようと読んでいたマルクス・アウレリウスの『自省録』のページはボロボロ。そこへクルド人に対するトランプの裏切りが決定打となった。トランプ政権の多くの者と同様に、マティスは万が一のときのために、何時間もかけて書いては書き直しした辞表を用意してあった。今それをプリントアウトしてホワイトハウスへ持参し、トランプを翻意させようと最後の努力を試みた。だが無駄だとわかると辞表を手渡したのだった。マティスもクリス・クリスティのように、トランプがことの顛末を歪曲することを恐れ、急いで国防総省に取って返し、補佐官らに辞表を五〇部印字させて、できるだけ手広く配布させたのである。

　主要な閣僚が国家安全保障政策をめぐって大統領と揉め、抗議の辞任をするのはおよそ四〇年ぶりのことである。一九八〇年、イラン米国大使館人質事件（一九七九年一一月、イラン革命後に学生らが米国大使館を占拠した事件）を解決しようと、ジミー・カーター大統領が人質救出のための軍事作戦を承認（作戦は失敗）すると、サイラス・ヴァンス国務長官がその決断をめぐって辞任した。それ以来のことである。辞表の中で、マティスはトランプに抗議しての辞任だとは直接明記しなかったが、まさにそういうことだと誰にもわかるものだった。「われわれの安全、繁栄、そして価値観の増進に最も寄与するような国際秩序を実現するため、われわれは全力を傾ける必要があります。そしてわが同盟諸国との連帯がその努力を力強いものにしてくれているのです」とマティスは書いた。「これらおよびその他の問題について、あなたには、私よりもあなたの見解に合致する国防長官を抱える権利があります。このため私は現在の職を退くのが正しいと確信するものであります」[16]

トランプはわざわざ内容を読むこともせず、自分に対する批判が含まれていることにも気づかなかった。だがメディアの報道で指摘されているのを見て、マティスにしてやられたことを初めて知った。するとトランプは唐突に、国防副長官のパトリック・シャナハンを一月一日付で長官代行とすることを発表したのだ。マティスはみずからの辞任を二月二八日に設定していたが、事実上、ふた月前倒しして更迭することになる。すでに辞任を表明した人間をクビにするのはトランプぐらいのものだろう。

マティスの辞表は辛辣ではあったが、大統領に対して抱く欲求不満の種の数々を列挙することはなかった。トランプがアフガニスタンから米軍を引き揚げようとしたこと、イランとの核合意を放棄しようとしたこと、トランスジェンダーの者の米軍入隊を禁じようとしたこと、韓国との軍事演習を中止したり部隊またはその家族を韓国から帰国させようとしたこと、ＮＡＴＯを弱体化させようとする、あるいはそもそもＮＡＴＯから脱退しようとしたこと、それにワシントンの市街で軍事パレードを開催しようとしたことなど……これらすべてにマティスは抵抗した。より大きな問題としては、マティスはトランプがあまりにも向こう見ずで、ロシアの脅威に奇妙なほど目をつぶり、アメリカの国際的な約束に関して無責任なほど思慮が浅いと考えていたのだ。二人の関係は極度に悪化しており、トランプはマティスに公然と「一種の民主党員」とのレッテルを貼っていた。これはトランプ政権内では裏切り者として糾弾するのに等しい[17]。その年の秋、ある議員から調子はどうかと訊かれたマティスはこう答えた――「そうだな、私は毎朝起きると運転手のところへ行って、『連中は私を解雇したかい？』と尋ねるんだ。答えがノーなら、私は車に乗って出勤するのだ」。マティスの任務の終わりが近いことはすでに誰もが知っていた。唯一の問いはそれがいつか、ということだったのである。

辞表を提出した数週間後、マティスは引き継ぎ業務の執務室でビル・クリストルと会った。クリストルは共和党の反トランプ派の生き残りとしては最も著名な人物だった。「プレッシャーをかけ続けてくれ、ビル。状況はあなたが思っているよりもひどいからな」と、マティスは告げた。

「大人の枢軸」は消滅した。結局は集団辞職劇は起きなかったものの、一人また一人とそっと退場し、またはトランプに放逐されていった。みなが同じ目的や見解を共有していたわけではない。比較的トランプを支持していた者もいれば、あからさまに反対していた者もいる。政権外のトランプの批判者たちは、内部の人間はもっと抵抗すべきだと考えていたが、誰もそこまではしなかった。それでも全員、なんらかの形でトランプの振る舞いに対するガードレールの役割を果たしたと言える。ジョン・ケリー、ジム・マティス、ジェフ・セッションズ、ゲイリー・コーン、H・R・マクマスター、レックス・ティラーソン、ドン・マクガーン、そしてジョー・ダンフォード……いずれもすでに退任したか、退任寸前だった。そしてキルステン・ニールセンはかろうじて首の皮一枚がつながっているにすぎなかった。トランプはこれらの人々をもっと従順な人間に差し替えたいと思っていた。独立心がそれほどなく、やたらと「ノー」と言ったりしない連中にだ。マティスはそんな状況を次のように説明した。すっかり手に負えなくなったトランプは、人材というプールの水を抜いてしまうことにしたのだ。十分に浅くなれば、トランプももはやあっぷあっぷせずに済むと踏んだのだろう、と。

二〇一九年一月二日、ケリーはホワイトハウスのスタッフたちにお別れの電子メールを送った。そこにはケリーがどんな人たちと別れを惜しんでいるかが記されていた——「アメリカの国民のために必死に働き、決して泥仕合を演じる豚と同列にまで成り下がることのない、私心のない人たち。流されることなく常に冷静で、個人的な野心や政治的思惑は脇へ置いて、ただわれらが偉大なる国のために働く人たち。倫理的で道徳をわきまえ、上司が聞きたがっていることではなく、聞かせるべきことを常に言う人たち」である。

同じ朝、ミック・マルバニーが首席補佐官代行として公式に初めてホワイトハウスへ出勤してきた。スタッフ全員出席の会議を招集し、宣告した。さあ、われわれはこれまでとは違うやり方をするのだ、とマルバニーはスタッフらに言った。ジョン・ケリーは大統領がやりたいことを阻止する役割を進んで買って出たが、われわれはトランプはトランプのままでいさせるのだ、と。マルバニーは言った——「われわれは大統領から国を守るためにここにいるのではない」。

第Ⅲ部

つかまるもんか

「連中はクソみたいなデタラメでおれをやっつけようとしているんだ。わかるか？　クソみたいなデタラメだ」

――ドナルド・トランプ（第四五代アメリカ合衆国大統領）

第14章
ナポレオン・モード全開

互いに発言を遮り、相手が話しているのに構わずしゃべり、罵り合った。しかもテレビカメラの目の前で。中間選挙のひと月あまりのち の二〇一八年一二月一一日、トランプはオーバル・オフィスで新たな現実に向き合うことになった。新下院議長就任が予定されていた民主党のナンシー・ペロシ議員と、同席した民主党の上院院内総務のチャック・シューマー議員と会談したのだ。

両サイドは政府の閉鎖を避けるのに必要な連邦予算の支出法案をめぐって対立していた。これまでの側近たちを更迭したトランプは、新たな戦いへ向けてやる気満々だった。ミック・マルバニー首席補佐官代行もだ。下院での下積み時代、支出法案をボイコットすることで、過剰な歳出に反対する妨害派の議員として腕を磨いてきたのだ。FOXニュースのプライムタイムに番組をもつトランプ大統領お気に入りの司会者たちも、対決姿勢を鮮明にしろと背中を押していたし、ジョン・ケリー首席補佐官らの退場で俄然ホワイトハウスで台頭しつつあった顧問のスティーヴン・ミラーも同様だ。というわけで、トランプは公約である国境の壁建設の当初の費用として五七億ドル〔約六四〇〇億円弱〕の追加予算を加えない限り、仲間の共和党議員らが議会でまとめた支出法案のディールをはねつけ、連邦政府の予算措置を拒否する構えを見せて脅していたのである。こうしたことをめぐり、報道陣のカメラを前にトランプとその客人らが遊び場の子供たちのように言い争うという、異様な一〇分間であった。

「ナンシー、ナンシー。国境の警備は必須だ、とても単純なことだ」と、トランプは指を突き出し、椅子から落ちるかと思うほど身を乗り出して言った。

トランプは、数名の民主党議員が下院議長の信任投票で反対に回ろうとしている点を挙げ、ペロシを怯ませようとした。「ナンシーが今は自由に発言しにくい難しい状況にいることはわかっているよ、十分にわかってはいるんだがね」とトランプは上から目線で言った。

「大統領殿」とすぐにペロシが切り返した。「下院民主党は選挙で大勝したばかりですよ。そのリーダーとしてこの会談に臨んでいる私の力を勝手に決めつけないでほしいものです」

チャック・シューマーはトランプにプレッシャーをかけて議論の趨勢を変えようとした。「われわれが合意できる一点があるとすれば、それはひとつの揉めごとのせいで政府を閉鎖すべきではない、という点です。それなのにあなたは閉鎖したがっている。いつまでもそう言い募っていますよね」

シューマーの執拗なジャブに腹を立て、トランプはあっという間にシューマーの罠にかかった。トランプはみずからこう言い出したのだ――「答えはわかっているだろう。イエスだ。あなたがた議会からにせよ、軍からにせよ、どこからでも結構だが、なんらかの形で望むものが手に入らない限り、私は政府を閉鎖するとも、当然だ」。

「わかりました、いいでしょう。われわれは同意しません。われわれは同意しませんよ」とシューマーは言った。

するとトランプはさらに深みにはまり込んでいった――「言っとくがね、私は国境の警備を固めるために政府を閉鎖することを誇りに思うんだ。なぜならね、チャック、この国の人々は犯罪者が入ってくるのを望んでいないからだ。麻薬やら多くの問題を抱えた人たちがわが国になだれ込んでくるのをね。だから私が責任を負おうと思う。私が政府を閉鎖する張本人になろうじゃないか。あなたのせいにはしないさ[1]」。

シューマーは笑いをこらえるのに苦労した。トランプはたった今、ほとんど勝ち目のない決着へ向けて墓穴を掘ったのだ。しかもその責任を取るとまで言って。

オーバル・オフィスの隅の方に立ったまま、この様子をそれほど気にもせずに眺めている人物がいた。スティーヴン・ミラーだ。国境を閉鎖するために政府を閉鎖する必要があるというなら、ミラーとしてはそれもよしだった。

五日後、ミラーは日曜日の朝に一連のテレビのトークショーに出演し、その点をできる限り鮮明にしようとした。CBSの「フェイス・ザ・ネイション」に出たときは、政府の閉鎖を回避することよりも、国境の壁の方が重要だと述べた。

「私たちは国境の壁建設に必要なことは何でもするつもりです」とミラーは断言した。

「つまり政府を閉鎖するということですね？」と司会のマーガレット・ブレナンが尋ねた。

「それしかないなら、もちろんです」とミラーは答えたのだった。[2]

ケリーらが粛清され、ミラーとその仲間たちのオーバル・オフィスへのアクセスは視界良好、中間選挙後のトランプ政権の新たな出発にあたり、トランプがいっそう対決色を打ち出すのを煽り立てようと企図していたのである。この年の春にはポール・ライアンの要請を受け入れ、いずれ措置をするとの約束のもと、国境の壁の予算抜きの支出法案にトランプは署名した。しかし新たに民主党が力を握る議会が出現しようとしている今、ミラーらはトランプに戦うようにと促していた。

トランプとペロシの対決は、個別具体的な争点を超越したワシントンの典型的な権力闘争であり、選挙結果を受けて再編される政界の新たな限界はどこか、互いにぎりぎりの線を探ろうとしていたのだ。と同時に、アメリカの社会における移民の位置づけをめぐり、巨大な政治的分断が存在することを思い出させるものでもあった。

トランプはその移民問題を、アメリカ・ファーストと国境閉鎖を掲げるみずからの政権の決定的なテーマとしていたのだ。ミラーが弁舌で熱気を煽る中、トランプはアメリカ国民のある一部分と手を結ぶことにしていた。それは海外から移民がアメリカに流入することを、国の力の源泉としてではなく、経済と安全保障と文化に対する脅威と見る人たちである。

移民の国家としてはどこか逆説的ではあるが、移民の問題はアメリカではほぼいつだって政治的な対立を生んできた。リンドン・B・ジョンソン大統領が一九六五年の改正移民法に署名して以降、五九〇〇万人の移民がアメリカへやって来た。同法により、ヨーロッパの北半分からの白人を優先していた出身国別割当制が廃止されたこともあり、この間、外国生まれのアメリカ人はほぼ一四パーセントとなり、倍増以上の伸びを示した。新たな移民たちはもはや主としてヨーロッパから来るのではなく、南米やアジアからの人々がますます増えていった。同法が成立した当時は国民の八四パーセントが白人だったのに対し、五〇年後には六二パーセントとなった。[3]

人口構成の変化は共和党をも変容させた。ジョージ・W・ブッシュは、移民は「解決すべき問題ではなく」、むしろ「自信に満ちた、繁栄する国家の印だ」と述べた。すでにアメリカ国内にいながら法的な書類を欠く人々は何百万人もいた。ブッシュはその人たちが合法的な地位を得る道を開くことにエネルギッシュに取り組んだ。だがそのときは仲間である共和党議員らに退けられてしまった。[4] ブッシュの次の大統領をめざしたジョン・マケインも、多くの移民の帰化・永住を支持した。続いてミット・ロムニーがオバマに敗れた大統領選では、ヒスパニック票の得票率で四四パーセントの差をつけられたが、選挙後にラインス・プリーバスが作成した評価分析書では、党の既存の支持基盤を超えて有権者とつながるために、移民問題をより人道的な観点から全面的に見直すことを要請していた。[5]

これに対してトランプは、移民自由化に反対なだけでなく、あえて反感を煽るようなもの言いと、移民排斥主義的な政策を採用した。オバマは本当はケニア生まれだと言ってみたり、メキシコから越境してくる連中は「レイプ魔」だと主張し、一切のイスラム教徒の入国を禁止すべきだと言ったりした。アメリカはアフリカの「肥溜め国家」からではなく、たとえばノルウェーなど、主として白人が占める国々からもっと移民を受け入れるべきだとも。就任一年目の夏、顧問らとの会議の席上で、トランプがハイチからの移民へのビザ発給を取り上げて噛みついたことがある。「全員エイズにかかっている」と不満げに言ったのだ。さらに、ナイジェリア人に訪米を認めるのは誤りだとも言った。なぜならいったんアメリカを目にしたなら、絶対に故郷の「自分たちの掘立て小屋」に戻らなくなるだろうから、というのだ。[6] トランプはことあるごとに、アフリカからアメリカの外交官らを全面的に引き揚げたいのだと、補佐官らに言った。「アフリカにある大使館はすべて閉鎖して、みんな帰国させよう」とトランプは一度ならず言ったのである。[7]

移民の子であり、孫でもあるトランプは、多様性の街ニューヨークで育ち、一度ばかりか二度も外国生まれの女性と結婚し、所有する地所では法的書類を欠く移民を雇用してきた。そんなトランプが移民に対して過酷な姿勢を取るのだから、これほどご都合主義的なことはないだろう。トランプの「壁を作れ」というおなじみの呪文も、当初は二〇一六年の大統領選の選挙運動中、広く一般的に移民問題を取り上げてほしいとの思いから、補佐官らが言い出した一種のリマインド用のキーワードにすぎなかった。だがそのシンプルな短い文言はやがて支持者集会で全員で唱える不可欠のスローガンとなり、トランプにとっても、集会参加者たちにとっても、選挙戦を象徴するものになっていったのである。大統領に就任すると、トランプは壁の見栄えやディテールにこだわり始めた——コンクリート製か鋼鉄製か？ 羽板を付けるべきか？　高さは？　電流を流せるか？　乗り越えようとする者もいるかもしれないと、上部に尖った突起を取り付けるべきだとまで要求した。それに太陽光をよく吸収するように黒のペンキ塗りにして、熱くて触れなくするべきだ、と。

言うだけ言ってみも、まだ壁の建設は実現できていなかった。それにトランプはあえて言及しなかったが、メキシコに費用を負担させるとの空想的な公約はもうとっくにあきらめてしまっていた。しかしまったく壁を建てられないとなれば、トランプの岩盤支持層に致命的な打撃を与えることはよくわかっていた。アメリカ南西部の国境沿いに何か目に見えるものを建てないかぎり、再選をめざす二〇二〇年の大統領選に向かっていくことはできないと、トランプは考えていた。

壁をめぐる戦いで影の相談役となったのはスティーヴン・ミラー顧問だった。巨大なエゴの塊のような人物たちがひしめくホワイトハウスの中にあって、意外な実力者だ。針金のようなやせ型で顔もほっそりとし、まだ三三歳という若さ。表に出ずに影にいながら、政治機構のギヤを回して政権を思いどおりに動かしてしまう、そんな独特のやり方が得意である。批判者にとっては——決して少なくなかったが——映画に出てくる腹黒い悪役といったところだ。『ヴァニティ・フェア』誌はもし「世界一のろくでなし」コンテストがあったとしたら、ミラーは優勝候補だとし、意地の悪いある伝記作家はミラーの評伝の書名を『憎悪の商人（*Hatemonger*）』とした(8)。

ミラーはそんな悪役のイメージを気にしている様子はなく、むしろリベラルの連中を挑発して怒らせたという点で、自分の実力の証明だというぐらいに思っていたのだ。大晦日の晩、ミラーは国土安全保障省の副報道官をしているガールフレンドのケイティ・ウォルドマンをディナーに誘った。するとミラーがトイレに行っている隙に、よくもあんな化け物とデートができるものだと、隣のテーブルの女性二人がウォルドマンに向かってミラーを執拗に非難した。女性たちはこの出来事をソーシャルメディアに投稿し、二人のデートを台無しにしてやったから、ミラーはその夜は彼女と「やれなかった」だろうと希望的観測を述べた。だがことはそう運ばなかったと見えて、ウォルドマンはのちにミラーと結婚した。

ミラーの同僚たちの多くは彼を軽蔑すると同時に恐れもした。二〇一六年の大統領選でトランプ陣営の選対副本部長を務めたリック・ゲイツは、ミラーを「沈黙の暗殺者」と呼んだ。ミラーは裏で糸を操ってライバルを出し抜くマキャベリ的な策略家だとし、そのためには用済みになったと見れば、教えを受けた指南役《メンター》だろうと同志だろうと見捨ててしまうと、ゲイツは書いている。[9] 別の同僚は人気ドラマ『ヴィープ』の登場人物のジョナに喩えた。腰の低い人当たりのよさと気に障る不快さを併せ持つ始末の悪い性格で、誰からも軽蔑されているキャラクターである。

　ミラーはカリフォルニア州サンタモニカという上品な、リベラルで多様性に富む土地で、裕福なユダヤ人家庭に育った。そんな若者がなぜ移民こそ諸悪の根源だという考えに執着するようになったのか、ジャーナリストたちは謎を解明すべく多大な労力を費やしてきた。曾祖父は現在のベラルーシに当たる土地からユダヤ人の大虐殺《ポグロム》を逃れてアメリカへやって来たのだが、ミラーは今日の移民にほとんど同情することはない。両親は不動産投資会社を経営する民主党員で、進歩的で文化的多様性を誇るサンタモニカ高校へ通わせたが、ミラーはすぐに反抗した。[10] 同校時代の学友によれば、ミラーは相手の目をまっすぐに見て、「君はこの国にいるべきではないと思う」などと言ったという。[11]

　九・一一米国同時多発テロ事件が発生すると、サンタモニカ高校の学校当局を威嚇し、「忠誠の誓い」の暗唱を復活させた〔米国国民として国家への忠誠を誓う文言で、公式行事などで国旗に向かって暗唱する〕。当時ミラーは「ウサマ・ビン・ラーディンはサンタモニカ高校ならばとても居心地がいいに違いない」と、同校への批判を地元紙に投稿している。[12] こうした活動の一環として、ミラーがカリフォルニア州の保守系ラジオ番組のホスト、ラリー・エルダーに手紙を書くと、誘われて番組に出演した。その出来栄えのよさにエルダーは何度もミラーを出演させることになり、ミラーによれば六九回に及んだという。ミラーはデューク大学へ進むと、「イスラム・ファシズムへの認識向上週間」なるイベントを開催。また、黒人のストリッパーをレイプしたとして誤って告発された白人のラクロス選手たちを擁護し、おかげでFOXニュースのビル・オライリーの番組に出演することになった。[13] 卒業後、ミラーの今一人の保守派指南役《メンター》、右翼の論客デイヴィッド・ホロウィッツの世話で連邦議会で職を得た。最初はティーパーティー系のミシェル・バクマン下院議員（ミネソタ州選出）に付き、やがて上院で最も強硬な反移民論者であるジェフ・セッションズに抱えられたというわけである。

　大統領選ではトランプにぞっこん惚れ込んだ。「まるで私が心の最も奥底で感じていたことのすべてが、わが国の最高の役職をめざす一人の候補者によって、まさしく表現されているかのようだった」とミラーは断言している。[14] ミラーはトランプ陣営に加わり、スピーチ原稿を執筆し、そのうち選挙集会でみずから激しい言辞で前座を務め、トランプを壇上へ呼び出す紹介役となった。トランプはそんなミラーの熱意がときには逆効果になることも理解していた。「彼はご存知のとおり、ものすごく強烈だ。それでその激しさがちょっとした問題を起こしたりもするんだと思う。でもそれは国を愛するがための強烈さなんだ」と、トランプは『国境戦争（*Border Wars*）』の著者のジュリー・ハーシュフェルドとマイケル・シアーに語っている。[15] 大統領選に勝利すると、トランプはミラーに上級顧問およびスピーチライターという、ホワイトハウスのウェストウィングでも担当範囲がきわめて幅広く自由な職務を与えたのである。

ボスであるトランプと同様に、ミラーも記者たちとやり合うのが大好きだった。就任してまだ何週間かというころ、イスラム教徒の入国を禁じる大統領令に対し、連邦裁判所判事が差し止めを命じた。するとミラーはCBSの番組に出演し、大統領は連邦判事に従わない権利があるとしてトランプを擁護し、大いに批判を浴びた。「国を守るための大統領の権限はきわめて実質的なもので、疑問を差し挟むことは許されないのです。私たちの敵は、つまりメディアと世界全体ですが、私たちがさらなる行動に出るにつれて、そのことを思い知るでしょう」とミラーは述べたのだ。大統領の判断に「疑問を差し挟むことは許されない」などと言うとは、民主主義社会にあっては独裁主義的に聞こえる。だがそれはトランプ政権が掲げる主張のひとつとなっていった。[16]

六カ月後、ミラーはホワイトハウスのブリーフィング・ルームでCNNのジム・アコスタ記者と七分間の辛辣な怒鳴り合いを演じた。キューバ系移民二世のアコスタは、トランプ政権が「雇用に基づく永住権」の申請に英語の能力証明を求めようとしていることについて、それはアメリカが「英国とオーストラリアからのみ人々を受け入れる」という意味かと、疑問を呈した。するとミラーが襲いかかった。「あなたの発言を聞いて、イギリスとオーストラリアの人々しか英語を話さないだろうとお考えなことにショックを受けました。あなたのコスモポリタン的な偏見をショッキングなほどに暴露していますよね」とミラーは言ったのだ。[17]「コスモポリタン」というのはアメリカの右翼がお気に入りの侮蔑の言葉だ〔主として都市部の知識層などの、グローバリズムや多様性を標榜するリベラル系のエリート意識を批判するのに用いられる〕。しかもかつてナチス・ドイツとソ連では両国が標的にしたユダヤ人を指す隠語だったという醜い歴史を持つ用語でもあるだけに、ユダヤ系の出自であるミラーの口から出てくるといっそう奇異であった。
　トランプ政権入りするまでの二年の間に、ミラーはブライトバート・ニュース社で白人ナショナリストを標榜する人物と何百通という電子メールのやりとりをしている。その中でミラーはさまざまな極右系ウェブサイトへのリンクなどを送った。たとえば移民を容認する政策を罵倒し、「白人の大量虐殺」が起こるだろうと警鐘を鳴らす極右のウェブサイト「VDARE《ヴィデア》」や（サイト名は米国大陸で初めて生まれた白人の英国移民の子供、ヴァージニア・デアの名前に基づく）、陰謀論を広め、多数の児童が虐殺された二〇一二年のサンディフック小学校銃乱射事件について（児童・職員二六人が犠牲となり、銃規制が議論の的となった）でっち上げだと主張[18]したウェブサイトの「インフォウォーズ」などがある。ミラー、そしてスティーヴ・バノンにとってのひとつの基準となっていたのが一九七三年のフランスのディストピア小説『聖者たちの収容所（*The Camp of the Saints*）』だった。これは有色人の難民の大群がヨーロッパを埋め尽くすというストーリーで、オルタナ右翼の間でも人気の作品だ。当初の表紙には「白人の世界の終焉を描く身も凍る小説」との謳い文句が載っていた。[19]
　ホワイトハウスに陣取って、スティーヴン・ミラーは大統領就任演説の「アメリカの死屍累々たる惨状」を皮切りに、トランプのひどく挑発的な演説原稿の数々を書いていった。ミラーはトランプのものの見方を理解してうまく伝え、ときには荒削りなその思考をとらえる言葉を紡いでいった。「カール・ローヴがブッシュの脳味噌《ブレーン》だったとすれば、スティーヴンは文字どおりトランプの声だ、と冗談で言ったものです」と、ある政府高官は証言する。
　ホワイトハウスの内部では、ミラーはトランプ主義を最も先鋭的な形で実現することをみずからの職務とした。就任早々、特定の国々からの渡航を禁じる当初の大統領令が頓挫し、幹部級の補佐官らが協議するために集まったとき、あきらめずにその方針を貫くようしぶとく迫ったのはミラーだった。「これは新たな世界秩序なんです。みなさんは乗っからないわけにはいかないんですよ」とミラーは言うのだった。[20]
　ミラーは行政のあらゆる手段を動員して移民の流入を阻止しようとし、すでにアメリカに滞在している移民も罰しようとした。家族を引き離す措置に加え、ミラーはこの後、強制送還の促進を求め、亡命申請を弾圧し、出入国管理局への協力を拒むいわゆる「聖域都市」を処罰し、「公共の負担」による規制――合法的な移民でも、政府の給付金を受給している、または将来受給が予想される場合、永住権を取得できなくする——を導入していくことになる。さらに、エルサルバドル、ホンジュラス、ハイチなど危機に陥っている諸国からの移民で、特別措置によって形式上は「一時的」に滞在している何十万人という人たちがいるが、その移民らを強制送還するようにとトランプ政権に迫った。こうした人たちの故国がいまだに危険な状況にある中で、その人たちが実際にはすでに何十年もアメリカに暮らし、生産的な生活を築いていたとしてもである。ミラーはオバマ政権が導入した「若年移民に対する国外強制退去の延期措置(Deferred Action for Childhood Arrivals)」——いわゆるDACA制度の廃止も主張。これは子供時代に違法にアメリカへ連れてこられた若年層の移民およそ八〇万人に滞在を認めるプログラムである。また、難民の受け入れ枠をオバマ政権退陣時点の毎年一一万人から毎年わずか一万五〇〇〇人にまで劇的に減らそうという動きを主導した。「金輪際一人の難民もアメリカの土地に足を踏み入れないことになればうれしいね」と、ミラーは同僚のクリフ・シムズ補佐官に言った[21]。

　ミラーは合法的な移民と不法な移民とをほとんど区別しようとしなかった。どちらも抑制したかったのだ。そこでいわゆる「能力ベース」の移民制度を整備するための立法措置を支援するよう、トランプを促した。これはすでにアメリカに居住している移民の親族を国外から新たに受け入れるよりも、スキルや教育のある人たちの移住を優先しようとするものだ。この措置によって、毎年の合法的な移民の総数は半減できるというのである。

　ミラーはトランプのイデオローグの一人として頭角を現しただけでなく、裏切りが蔓延するトランプ政権にあって、最も巧みに生き残った一人でもあった。イデオロギー的には本来ジェフ・セッションズやスティーヴ・バノンと一致していたが、いったん彼らがトランプの寵愛を失うと、ミラーは平然と二人と距離を置くようになった。トランプがセッションズ司法長官を罵倒しているときも、かつての上司であるにもかかわらず、セッションズを擁護する言葉をひと言でも吐くのをほかの補佐官らは聞いたことがなかったという。それに事実上バノンには背中からナイフを突き立てたも同然だったと、シムズ補佐官は証言する。シムズはトランプ政権発足当時、トランプとミラーと一緒にホワイトハウスの柱が何本も並ぶコロナードをウェストウィングへ向かって歩いていたときのことを回想している。

　「スティーヴ[・バノン]が情報をリークするのを一向にやめようとせず、相変わらずジャレッド[・クシュナー」を蹴落とそうとしていることを考えると、その割には世論調査の数値は実のところかなり堅調ですね」とミラーがトランプに言った。

「君はそうしたことが私に不利に働いていると言うんだな、そうだな?」とトランプが訊いた。

「四六時中ノンストップで報道されてますからね。スティーヴがそんなことをしていなければ、あなたの支持率は一〇ポイントは高くなるに決まってますよ」とミラーは答えたのだった。(22)

行政機関で働いた経験が皆無にしては、ミラーは自分の目的を実現するためにホワイトハウスを操ることにかけて、天性の素質を見せつけた。たとえばなんら権限がないにもかかわらず、「期間限定《ポップアップ》PC」とよばれる会議をしばしば招集した。これは「主任委員会(principals committee)」なるものを指し、各種省庁から幹部級の職員を招集し、ミラーが意図する政策を実行させるべく指示を与えようとしたのだ。こんな具合だったため、各省庁の幹部らはミラーの裏で種々手を回す必要に迫られた。キルステン・ニールセン国土安全保障長官なども、被災地視察のヘリの機上でトランプと二人きりになる時間を利用し、ミラーが推進している政策を思い直すよう働きかけたりした。ところがそれにミラーが気づくと、今度はミラーがトランプに再度思い直すようにと働きかけるのだ。たとえばオバマが導入したDACA制度などもその一例で、トランプは最初の二年間は方針が揺れっぱなしだった。初めは廃止を命じたが、やがて民主党と交渉して存続を図ろうとした。そこへミラーがそんなディールをやめさせるため、同志たちに呼びかけてトランプを動かそうとした。共和党支持州《レッド・ステート》の知事や州司法長官から議会の交渉官まで総動員である。二〇一八年一月、民主党との合意を支持していた共和党のリンジー・グレアム上院議員は、「スティーヴン・ミラーが移民問題の交渉を仕切っている限り、まったく前進の見込みはない」と嘆いた。(23)

ミラーはニールセンをはじめ、閣僚らを避けてことを動かす手腕にも長けていた。閣僚らの部下に連絡し、大統領名で命令を伝えるのだ。ニールセンはミラーが南西部国境地帯の当局者らにまで連絡していたことを発見したほどだった。ニールセンはミラーといたちごっこを演じることになった(「長官、スティーヴンが誰それに電話をしたことがたった今わかりました」といった具合)。だが部下たちも新聞は読んでいたから、大統領がニールセンに不満であることを知っていた。つまりニールセンがいつまで在職できるかわからなかったのに対し、ミラーはどう見ても居残りそうだったのである。

二〇一八年の夏ごろ、ミラーはベッツィ・デヴォス教育長官に電話をかけることにした。デヴォスは海外出張中で、オランダのハーグにある大使邸で会議に参加を予定していたところ、ホワイトハウスから連絡が入った。ミラーが今すぐ話したいというのだ。

ところが電話に出てみると緊急の用件などではないことがわかった。法的書類を欠く移民の生徒に入学を認めているタイトルⅠ学校〔初等中等教育法が定める低所得者層が多い学校の分類で、連邦予算が手厚く割り当てられる〕への連邦政府の予算配分を停止するようホワイトハウスが求めていると、ミラーはデヴォスに伝えた。幼稚園から高校三年生まで、正式な移民として法的書類を持たない子供たちは全米でおよそ七五万人と推測されていた。ミラーは一週間以内にメモを作成してほしいと言った。異例のリクエストだった。しかも従来の政府の規定に違背する点でも異例であった。

ミラーの神経の図太さに憤慨したデヴォスは慎重に返答した。これから大使と夕食なのだと伝え、担当者らに検討させてミラーに折り返すと答えた。電話を終えると、デヴォスの首席補佐官のジョッシュ・ヴェナブルがワシントンにいる教育省の筆頭弁護士に連絡し、この件に関する一ページのメモを作成するよう依頼した。単純な話だった。連邦最高裁がまさに問題の点に関してすでに判決を出している。一九八二年の「プライラー対ドウ判決」で、移民としての状況によって〔すなわち不法移民であっても〕子供が公教育を受けることを拒否されてはならないとしていたのだ。ミラーがやろうとしていることは明らかに違法なのである。第一、デヴォスとその配下の職員たちにとっては同意しがたい政策だった。

しかしデヴォスがワシントンへ戻ってからも、ミラーはこの問題にこだわっていた。そして別の措置を取るよう教育省にゴリ押ししてきたのだ。たとえば法的書類を欠く学生に対して州内出身者用の学費割引を認めているタイトルⅣ学校〔教員の研修費などの連邦予算を受け取れる〕に対し、タイトルⅣの適用を取り消すよう求めたが、これもまたあり得ない話だった。ミラーはアイディアには事欠かなかった。だがいったい誰が命令を出しているのかとデヴォスと部下たちは訝った。本当に大統領なのか？　それともスティーヴン・ミラーが大統領の権威を振りかざして勝手に命じているのか？

ミラーは政府を閉鎖に追い込んで国境の壁建設の予算を勝ち取るべきだと、トランプに強く進言した。だがトランプは喧嘩の相手と同じ手法を取ることを拒んだ（これが初めてというわけではなかったが）。その相手とは、共和党に敗れて退任して以来、八年ぶりに下院議長に返り咲いたナンシー・ペロシ議員で、全米最強の民主党員になったばかりだった。ペロシはこの後トランプにとって手強い相手になっていく。

　トランプと異なり、七八歳のペロシはほぼ生涯を通じてワシントンで議員として力を振るってきた。父も兄もメリーランド州ボルチモアの市長を務めたという生粋の政治家一家育ちだ〔父は下院議員も務めた〕。結婚後カリフォルニア州に移っていたが、一九八七年の特別選挙〔現職の死去による補選〕でカリフォルニア州選出下院議員に初当選。それ以来三〇年、同志を集め、議会で生き抜く術を学んできたのだった。二〇〇六年の中間選挙で民主党を勝利に導くと、ペロシは上下院を通じて女性として史上初の議長の座に就いた。党派的にはあくまでもタフな民主党員だが、五人の子供たちと九人の孫たちに頻繁に言及することから、トランプ世代の男たちは愚かにも過小評価しがちである。実際はライバルを手ひどく打ち負かすことで知られ、支持してくれる有権者のニーズに応えることに一意専心に取り組むタイプ。そしてこのとき、ペロシに期待されていることは明白だった――トランプとの対決である。

　トランプはかつてはペロシに資金援助をしたパトロンの一人だったこともある。二〇〇六年の中間選挙の選挙運動中、ペロシがチャールズ・ランゲル下院議員（ニューヨーク州選出）と共に寄付を求めてトランプ・タワーを訪れ、初めて出会った。そのときペロシはトランプと会った後で「紳士的ですてきだった」と言っている。[24] トランプは二万ドル〔約二三〇万円〕を寄付し、一一月に民主党が勝利すると祝福のメッセージを送った。[25] トランプは二〇一六年の大統領選の選挙運動中も、「ペロシとは上手くやっていけると思う」と述べた。[26] だがペロシの側はそんな幻想は抱いていなかった。今やトランプを「わが国史上、最も危険な人物」と見ていたのである。[27]

　トランプのやり口についてペロシが最も重要な助言をもらったのは、二〇一六年、ニューヨーク市クイーンズ地区で活躍した故ジェラルディン・フェラーロ下院議員〔一九三五―二〇一一年〕を称えるイベントに出席したときのことだった。フェラーロは女性として主要政党初の副大統領候補になった人物だ〔一九八四年に民主党のモンデール候補と共に大統領選に挑み、共和党のレーガン＝ブッシュ（父）に敗れた〕。会場で、ニューヨークで直接トランプを知る数人の出席者がペロシに歩み寄り、トランプの手法について注意をしてくれたのだ――「まずおだて、次にいじめ、最後には訴訟だ」と。

ペロシを相手におだてやいじめが効くと思っていたとしたら、トランプの目もふし穴だったとしか言いようがない。ペロシに対するトランプの理解は薄っぺらいものだった。トランプは陰ではペロシの外見を謗《そし》った。オーバル・オフィスへの訪問者らに対して、ペロシは美容整形は慎重にすべきことを示す典型例だ、などと言ったのだ。一方ペロシの側は、トランプをいんちきセールスマンで、精神的に不安定な駆け出し「独裁者」だと見ていた。腹立たしいほど信頼が置けず、超党派のディールを実現するのは不可能だった。ペロシは回想する――「あるとき彼に言ったんです、『責任者は誰ですか？　誰かあなた以外に交渉すべき相手がいるんですか？　だってあなたが同意しても、何も実現しないじゃないですか』と」。下院議長に復帰したころ、「この人は病んでいる」とペロシは結論づけていた。

中間選挙後の新たな政治の季節を迎え、トランプがその第一幕から政府閉鎖を触発しようとしている中で、ペロシは戦闘準備を整えた。南西部の国境に塀またはその他のバリアーを設置することを、過去には多くの民主党員も支持したことはあった。だがトランプは政権運営にあたり移民をしきりに悪者扱いし、国境の壁を自身の主要テーマに変質させていた。それを民主党が支持できるはずはなく、今やペロシはそんな壁は「不道徳だ」と断言した[28]。いったんそれが道徳にもとるとされた以上、トランプが要求する五七億ドルの予算と、ペロシが出す用意があるゼロドルとで、単純にその中間値を取ればいいというわけにはいかなかったのである。

二〇一八年一二月二二日の深夜零時、連邦政府の大部分が正式に閉鎖となり、八〇万人の職員が自宅で一時帰休となるか、クリスマス休暇が近づく中で「エッセンシャル・ワーカー」として無給で仕事をするしかなかった。ペロシが気づいていて、トランプがついに気づかずに終わったことがひとつあった。それは歴史的に見て、政府閉鎖となった場合、国民は共和党を責める傾向にあるということだった。共和党の方が公共部門に対していっそう敵対的だからだ。トランプはこれでペロシを屈服させることができると考えていたが、ペロシは下院議長復帰後の最初のテストで落第するつもりはなかったのである。

クリスマスが迫る中、政府が閉鎖されたままではフロリダ州のマール・ア・ラーゴに行ってクリスマスを祝うわけにはいかないと、補佐官らがトランプを説得した。このためトランプ抜きでメラニアと息子のバロンだけがフロリダへ飛んだ。「私はホワイトハウスで独りぼっちだ（かわいそうな私）。民主党の連中が戻ってきて、どうしても必要な国境警備のディールをまとめられるようになるのを待っているところだ」と、トランプはクリスマス・イブにツイートした。

ペロシと新たな議会は二〇一九年一月三日に正式に宣誓を終え、その翌日、トランプはペロシと上院のチャック・シューマーを再びホワイトハウスへ招待し、ディールの相談をしようとした。だが何の成果も得られなかった。トランプは必要とあらば「何カ月も、何年でさえ」政府を閉鎖したままにしておくぞと脅した。[29] そして政府閉鎖を民主党のせいにはしないとトランプは約束していたが、もちろん民主党のせいにした。それでも世論調査によれば、国民の五五パーセントはトランプまたは議会の共和党の責任だとし、議会の民主党を非難したのはわずか三二パーセントにすぎなかった。[30]

トランプは解決策をまとめるようにとジャレッド・クシュナーを指名した。この義理の息子は、非暴力的な薬物犯罪の刑期軽減や刑務所の環境改善などを実現する刑事司法制度改革法案の成立という、重要な成果をトランプにもたらし、議会での交渉術に実力を示したばかりだった。これはそれまでのところ、超党派で成立した唯一の法案だった。クシュナーはその経験から多くを学んでいた。単に議会を動かす方法だけでなく、気まぐれな義理の父の扱いについてもだ。また、父親がアラバマ州の連邦刑務所に収監されたこともあった若きクシュナーにとって、刑事司法制度の見直しは政治的な関心だけでなく、個人的にも重要だったのは言うまでもない。しかしクシュナーはともかくトランプを説得する必要があることはわかっていた。そこでキム・カーダシアン〔テレビパーソナリティ、女優やモデル、ファッションブランド経営などで著名〕のようなセレブや、ルパート・マードック、ショーン・ハニティなどのトランプ支持者たちを動員して成し遂げたのだった。

保守派からの反発を恐れるトランプを安心させるため、クシュナーは共和党の上院議員四人を連れてオーバル・オフィスに現れ、トランプを説得した。一行は今回の法案の主要なポイントを順を追って説明し、トランプも同意したようだった。「すべてとても公正なようだな。それで進めて決着させるとしよう」とトランプは言った。

オーバル・オフィスからの帰り際、マイク・リー上院議員（ユタ州選出）がクシュナーをハグし、「やったぞ！」と興奮して言った。

だがクシュナーは浮かれてはいなかった。「いや、いや、いや。あれはまだ曖昧なイエスですよ」とクシュナーは言ったのだ。

「どういう意味だね？」

「今すぐ私がやらなければならないのは、私たちが進めようとしている政策を憎んでいるような人たちを巻き込むことです。これで完全なイエスだと思ってはいけません。FOXニュースのタッカー・カールソンの番組にトム・コットン上院議員〔共和党保守派〕が出演して、私たちが実質的にレイプ犯や殺人犯を刑務所から釈放しようとしているだなんて説明したら、トランプは気が変わってしまうでしょうよ」と、クシュナーは説明したのだった。

クシュナーの方針は奏功し、トランプの「イエス」はより強固なものになった。しかしまださらに上院のミッチ・マコーネル共和党院内総務を説得する必要があった。マコーネルはあらかじめ議事妨害の恐れがないようにするため、クシュナーたちが賛成票六〇票を確保できない限り採決はしないとし〔上院では六〇票の賛成があれば討論時間制限などを議決し、遅延行為による議事妨害ができなくなる〕、すぐにそのハードルを八〇票まで上げた。クシュナーはマイク・ペンス副大統領と共に、政治活動家でCNNの論客としても知られるリベラル派のヴァン・ジョーンズらの協力も得て、共和党・民主党両党から必要な賛成票を確保することができた。そこまでやっても、トランプが脅すようなツイートをして初めて、マコーネルは法案の採決に同意したのだった。「ファースト・ステップ法」と呼ばれるこの法案は、最終的に上下院共に大差で可決。二〇一八年一二月二一日にトランプが署名して成立した。ちょうど一方では予算をめぐる民主党との交渉が決裂し、政府閉鎖の可能性が現実味を帯びていたころである。

クシュナーは義理の父の議会での新たな戦いをどう進めるべきか、ほとんど確証が持てなかった。第一、国境の壁をめぐる闘争にそもそも意味があるのかと、ますます疑念を募らせていた。民主党のペロシ下院議員が議長に就任した数日後、クシュナーは関係者らと会議を開き、仮定の質問を投げかけた——国境の壁建設のために満額の予算を確保するのと、移民法に関する抜け穴をすべてつぶすよう議会を促すのと、どちらがより効果的か？

税関・国境警備局のケビン・マカリーナン局長は、完全な壁を作れば不法移民を二〇パーセント、ひょっとして二五パーセント削減できるだろうと述べた。一方、法の抜け穴をなくせば、七五パーセントから八〇パーセント減らせるとした。

「なるほど。つまりわれわれは過去二年間を無駄に過ごしたわけだ」とクシュナーはあきらめ気味に言った[31]。

クシュナーに促され、翌二〇一九年一月八日、トランプは初めてオーバル・オフィスから国民に向けて公式の演説をして、国境の壁に関する見解を述べた。演説はいかにもスティーヴン・ミラーが書いたという特徴が満載で、不法移民に関わる「残忍な不法仲介人《コヨーテ》やギャング」を糾弾し、「不法入国者にハンマーで撲殺された」退役軍人の事例に言及した[32]。これではほとんど効果がなかった。

トランプは翌日議会の幹部たちと会った。

「なぜ政府閉鎖で国民を苦しめるようなことをしているんですか?」とペロシが訊いた。

「誰も傷つけたくなんてありませんよ」とトランプは答えた。そしてペロシが壁の建設費の支出に同意すれば政府の諸機関を再開すると言った。「もし今日、あるいは三〇日後に、政府を再開させたら、壁を含む国境警備の資金を出してくれるんですか?」とトランプが問いかけた。

「ノー」とペロシは言った。それが民主党の結論だった――壁には金は出さない、と。

「わかった、それならこんな時間の無駄だ」とトランプは失望して断言すると、いきなり立ち上がった。そして「バイバイだ」というなり部屋から猛然と出ていってしまったのだった[33]。

多くが家賃や光熱費の支払いに苦労している無給状態の八〇万人の連邦政府職員らに、どれだけ負担を強いているかということに、トランプとそのチームは無神経なほどの無関心ぶりを示した。億万長者のウィルバー・ロス商務長官は、いずれ危機が解決すれば給料は取り戻せるのだから、仕事を休まされている職員たちはどうして単純に銀行から借金をしないのか、と当惑した[34]。トランプの経済顧問トップのケビン・ハセットは、職員らは事実上、自由に休暇を取らせてもらっているようなものだと言った[35]。トランプ本人は、国境警備を強化するためなら無給を喜んで我慢すると職員らが言った、と主張した[36]。

トランプに反抗的な態度を取らせていたのはスティーヴン・ミラーだけではなかった。ミック・マルバニーが就任して、トランプはようやく自分を手なずけようとしない首席補佐官を得た。ラインス・プリーバスとジョン・ケリーが丸焦げにされるのを見ていたマルバニーは、手を出さずにただ火が燃えるに任せることにした。というより、むしろ炎を煽った。「トランプはトランプらしくさせておけ」との態度により、マルバニーこそ最もトランプが好きにできるようにさせていたのであり、トランプの対決志向の本性を焚きつけていた。

マルバニーはトランプのスイッチを入れさせるべきときも心得ていた。たとえばマルバニーは前任者たちと同じく、通商政策担当補佐官のピーター・ナヴァロは何をしでかすかわからない不安要素だと見ていた。そこでトランプにチャートを見せながら、ナヴァロがテレビに出演すると株価が下がることを示した。それでもうトランプを動かして頑固なナヴァロを何カ月もテレビに出ないようにさせるには十分だった。とはいえ、こうした例を除けば、マルバニーが仕切るウェストウィングはトランプの日々の衝動を抑制するのではなく、それに奉仕するようにできていたのだ。それを批判されればマルバニーも反論した。マルバニーのある親密な同僚によれば、ジョン・ケリーを批判して、ケリーは「よく機能する政策過程」を構築したかもしれないが、本当の仕事、つまり「大統領が望むようなものを確保してやる」ことには失敗したでないか、とマルバニーは言ったという。

連邦政府の閉鎖がずるずると長引く中、トランプは自分の望みははっきりしていたが、民主党をあきらめさせるプランは持ち合わせていなかった。戦いは間延びして、ますますけちくさくなっていった。一月一六日、ペロシはトランプに議会での一般教書演説は延期すべきだと伝えた。通常なら議事堂を警備するはずの警備員らが一時帰休を余儀なくされていたからである。一年で最大の見せ場を奪われて怒ったトランプは翌日報復に出た。ペロシが外遊のために利用する予定だった軍用機のフライトをキャンセルしてしまったのだ。一週間後、ペロシは政府機関が再開されるまで、一般教書演説のためにトランプを議会へ招待しないことを正式に表明したのだった。

アメリカ史上最長の連邦政府閉鎖はトランプにとって不名誉な終わりを迎えた。交渉が行き詰まってからひと月、初めからいかに不毛な努力かをわかっていたミッチ・マコーネルがついに傍観しているのをやめた。もうこれだけ長くやれば、勝ち目はないことをトランプも悟るだろうと思ったのだ。上院共和党のリーダーとして、マコーネルは事態を打開するための二通りのプランに沿って二度の投票を行なうことにした。ひとつはトランプの条件に基づいて、もうひとつは民主党のバージョンで支出法案の採決へと進む賛否を問うたのだ。ねらいは主として、勝利できるだけの支持を得られていないことを、トランプに示すことだった。投票の結果、いずれの案も議事妨害を防げる六〇票の賛成票を得られずに終わると、マコーネルは大統領に電話をした。ホワイトハウスでは、政府閉鎖で北東部の航空機の運行が停滞していることを伝えるニュースがテレビで流れていた。トランプはすべて終わったことをわかっていた。トランプはすでに国家非常事態を宣言する大統領権限を使い、議会の承認を得ずに予算を壁に回すことをちらつかせていた。だがマコーネルは壁建設の予算が満額盛り込まれていなくても、支出法案に署名するよう促した。

「どうかな、ミッチ。私の部下の中には、この法案は私の手を縛るものだと言う者がいる。国家非常事態を宣言できず、壁を建設できないのなら、私はこの法案に署名はできない」とトランプは言った。

「もちろん、非常事態宣言を出すことはできますよ。私の弁護士たちは可能だと言っています」とマコーネルは答えた。

「つまり、あなたも国家非常事態宣言を支持してくれるんだな?」

「法案に署名すれば、はい」とマコーネルは言った。

マコーネルはトランプの気が変わらないうちに結論を固めてしまいたかった。「今から議場へ行ってあなたの支持を伝えますよ。許可をいただけますか?」とマコーネルは訊いた。(37)

トランプはイエスと言った。マコーネルは時間を浪費せずにカメラが待ち受ける議場へ向かった。しかしこれは上院多数党のリーダーとしてのマコーネルにとっても敗北ではあった。支出法案をめぐる危機こそついに脱したものの、たった今、議会の最も根本的な権限を弱めることを大統領に許してしまったのだ――財布の紐を握る権限である。

トランプはホワイトハウスのローズガーデンへ闊歩していき、「われわれは政府閉鎖を終わらせるディールをまとめた」と宣言した。(38) 実際はディールなどなかった。敗北だけだ。今受け入れた法案は、五週間前に署名を拒んだ法案と同じだった。政治は勝者と敗者しかいないゼロサム・ゲームだと心得ているトランプにとって、妥協は弱さの印であり、これは手痛い打撃だった。そしてそれは新たなねじれ政治の時代にあって、大統領が力づくで反対を押し切るのには限界があることを証明するものでもあった。トランプは三五日に及ぶ政府閉鎖をめぐる戦いに、何の成果もなく敗北してしまったのである。

しかしトランプが要求した壁建設資金が盛り込まれないまま、最終的な支出法案が議会を通過してわずか一三時間後、トランプは国境における非常事態を宣言して結局は予算を横取りしてしまった。ジム・マティスはすでに去り、その代わりにより従順なパトリック・シャナハン国防長官代行が今や就任していただけに、トランプは麻薬対策プログラムなどの予算のほかに、兵舎建設予算からも含め、一方的に六七億ドル〔七四〇〇億円弱〕を壁のために流用することを決めた。一部の共和党員さえもがあからさまな権力濫用だと呼んだ行為を、止められるならやってみろと議会および司法に挑んだのだ。マルバニーはこれは自分が大統領にもたらした最初の大きな勝利だと主張した。マルバニーの部下の一人は言った――「大統領は何カ月も前から問いかけていたのです、軍の資金を使って壁を作ることができるかと。ジョン・ケリーがそうしたくなかったから、私たちは妨害されていたのです」。その点、この人物の新たな上司のマルバニーは、トランプに望むとおりのものを届けるに違いなかった。

上院では、リンジー・グレアムが率先して、トランプの動きに憤慨している保守派を説き伏せることにした。ある晩、グレアムはトランプの個人秘書のマデレーン・ウェスターハウトに電話をし、テッド・クルーズとベン・サスの両上院議員と車でホワイトハウスに向かっており、至急大統領と会う必要があると告げた。そのときトランプはメラニアとバロンと夕食中だった。「私はこの半年間、妻と一緒に食事をしていないんだぞ」とトランプは不平を言った。それでもグレアムら一行が来ることを許し、招かれざる客人たちのためにアペタイザーを持ってこさせた。「かんかんでしたよ。大統領の額で卵を焼けるかと思うほどでした」とグレアムは回想する。

とにもかくにも、トランプはホワイトハウスの弁護士たちを呼び、クルーズ上院議員らを相手に検討を始め、トランプの措置の合法性を議論した。トランプはまるでテニスの試合観戦でもしているような態度だった。

「これはなかなかいいね。どっちが優勢だと思うかい？」とトランプはグレアムに小声で訊いた。

「まだ判断するには早すぎます」とグレアムが答えた。

最終的に、トランプが勝者となった。少なくとも自覚の共和党に対しては。トランプが議会の承認なしに予算を横取りすることを禁じようとする法案が提出されたが、わずか十数人の共和党議員が寝返って民主党に同調するにとどまった。彼らは制度を重視する、トランプに非協力的な共和党一派の最後の生き残りだった。ミット・ロムニー、スーザン・コリンズ、マルコ・ルビオ、ロイ・ブラント、そしてラマー・アレクサンダー。しかしトランプとグレアムはクルーズとサスの二人は味方につけることに成功した。トランプは初めて大統領の拒否権を発動して法案を退け、十分な数の共和党議員がトランプの動きを支持した。しかしトランプは政府閉鎖によって望むものを手に入れたのではなく、政府閉鎖にもかかわらず、と言うべきだった。

政府機関が再開されたころには、キルステン・ニールセン国土安全保障長官とトランプとの関係はすでに長期的に悪化してきていた。トランプはニールセンに移民政策をめぐる問題の責任を押しつけていたが、そのニールセンはしばしばトランプに抵抗する数少ない閣僚の一人で、おかげでトランプに気に入られるはずはなかった。ニールセンは合法的で実施可能な代替案を提案するよう努めたが、それらはトランプが押しつけようとしてくる施策に比べて劇的で大胆な過酷さに乏しかった。トランプはしばしば夜一一時や一一時半でもニールセンの自宅に電話をかけてきて、移民に関するなんらかの措置を取るよう要求し、さらに翌朝六時半に再度電話をしてきて実施したかどうかを尋ねるのだった。「担当者たちは睡眠中でしたから」とニールセンは説明しようとしたが、そんな言い訳はほとんどトランプには通用しなかった。ある電話会議の席上で、トランプが自分の突拍子もないアイディアについてわめき散らすと、ニールセンは「イエス、サー」と言っておいて、マイクの音声をミュートにし、「あんなことをやってやる必要なんてありませんからね」と補佐官らに告げた。会議に次ぐ会議で、トランプが何か行動を要求するたびに、なぜそれが実際上あるいは法的にできないかとニールセンが説明することの繰り返し。「ハニー、ともかくやってくれ」とトランプはよく言った。ニールセンはもし回想録を書くことがあったら、タイトルは『ハニー、ともかくやってくれ』で決まりだと補佐官らに言った。

トランプは前年の夏に政治的に散々な結果に終わったにもかかわらず、越境者から子供を隔離する措置を繰り返し持ち出してきた。国民的な猛反対が巻き起こる中、トランプは家族の隔離を廃止する大統領令に署名したのだったが、署名した瞬間からトランプは基本的に後悔し、ことあるごとに「復活させる」ことをちらつかせた。

ニールセンはこの件を保健福祉省長官のアレックス・エイザーと話し合った。勾留から最初の七二時間が経過した後の子供たちの保護施設を探すのはエイザーの役目だった。二人はある種の絆を築いていた。どちらもジョージ・W・ブッシュ政権に仕えたベテランで、どちらも前回家族の引き離しをめぐってトランプと戦った体験に深く傷ついていた。措置を復活させることをトランプは非公式に煽動していたが、ニールセンとエイザーは互いに「自殺協定」を結んだ――トランプが万が一その措置を実際に復活させたら、二人は一緒に辞任するというものだ。二人とも、戦いが近いことはわかっていた。スティーヴン・ミラーが出てくるに決まっている。

　三月一二日、ことは起こった。ホワイトハウスでの会議中、トランプはまたもや暴走状態となり、国境を越えてくる移民の数が多いことや、法廷で連戦連敗であることに不満を述べた。続いてトランプは、今後はミラーが正式に国境警備対策と移民問題の担当となると宣言した。ミラーはすでにかなり以前からあたかも担当であるかのように振る舞ってはいたが、今や大統領のお墨付きを得たのだ。

　ニールセンは自身の首席補佐官の役を果たしているマイルズ・テイラー補佐官に電話をして伝えた。「どうやらスティーヴンが国境の皇帝《ツァーリ》になるようね。もう最悪。準備をしておかねば」とニールセンは言った。

　テイラーがミラーに電話をすると、ミラーは本人の表現によれば「冠をかぶる」ことに異常に興奮していたという。ミラーは正式に責任者になった暁には「ナポレオン・モード全開」になるつもりだと言い、「これは私の戴冠の瞬間だということをきちっとわかっておいてもらいたいね」とテイラーに告げた。そして「ものごとがこれから変わるということもだ」とも。

　ミラーは時間を浪費することなく、すぐに政権内部の政敵をギロチンにかけにかかった。そればかりか、内部の同志でさえ、動きが鈍かったり、瑣末な法的事項で邪魔だてしていると見れば同罪だった。最初に消されたのはロナルド・ビティエロ。不法入国者を強制退去させる移民税関捜査局（ＩＣＥ）の局長代行だ。国境監視員歴三〇年というビティエロは、反トランプのディープ・ステートに属するリベラル系職員などであるはずはなかった。かつて民主党のことを「自由主義専政《リベラルクラティック》の政党またはネオ結社《クラン》党」と呼んだことがある[39]〔クランはクー・クラックス・クランを思わせるが、ここでは白人至上主義ではなく、教条主義的な過激秘密結社というニュアンスを持たせたものと思われる〕。それでもミラーから見れば厳格さが足りなかった。あるとき、トランプに同行して国境を視察するためにカリフォルニア州へ行く予定だったが、大統領が局長への推薦を取り消したとの情報が伝わり、ビティエロは置いてきぼりを食った。代わりに副局長代行のマシュー・アルベンスの指名にミラーが力を貸したのだ。アルベンスは越境者の子供の隔離を「サマー・キャンプ」になぞらえ、子供の引き離し措置に対する懸念を公然と否定していたのだ。[40]

　ニールセンの最も激しい批判者といえば二重顎が特徴

のルー・ドブスだろう。反移民の十字軍の騎士で、FOXビジネスのチャンネルで番組ホストを務めていた。ニールセンは番組を見ていなかったが、ドブスが放送でニールセンを批判するたびに、すぐに知ることになった。翌朝トランプがかっとなって電話をかけてくるからである。ニールセンは無視することに決め、ドブスと直接やりとりすることもなかった。しかしその春のある日、ドブスが視聴者に伝えていることが不正確だと考え、ついに電話をすることにした。

ドブスはニールセンが取るべき行動を三つ挙げた。それに対してニールセンは、「ルー、二つはすでにやっていますし、ひとつは違法です」と告げた。

ニールセンはドブスに電話をしたことをトランプには伝えなかったが、翌日、トランプはすでに知っていた。「ルーと話してくれてよかったよ」とトランプは言った。

しかし気難しいドブスを丸め込めたわけではない。三月二七日、ドブスはまたもやニールセンをさんざん罵った――「国土安全保障省はジョークのように見える。連中がやっていることはまるでジョークだ。キルステン・ニールセンも、私の見解を言えば、まったく職務にふさわしくない[41]」。

トランプの欲求不満の元はニールセンだけではなかった。気づいてみればいつもどこかの連邦裁判所がトランプの移民取り締まり政策を妨害しているように思えたのだ。ドブスが再びニールセンを派手に攻撃した翌日、トランプはオーバル・オフィスで補佐官らと会議中に司法制度をさんざん批判した。おそらく全米一リベラルなカリフォルニア州の第九巡回区控訴裁判所がとくに癪に障ったらしい。トランプの政策を妨害した最新の事例では、最初のスクリーニングに引っかかった亡命申請者を移民当局が直ちに国外退去させることを禁じた。すなわち申請者らは引き続き滞在が認められ、司法の場でもう一度チャンスを与えられるとの判決だ。トランプは越境者たちがそうした制度を悪用していると確信していたため、これは裁判所がまたもや暴走した一例にしか思えなかったのである。

数日後、トランプはニールセンに電話をして第九巡回区控訴裁判所を丸ごと廃止してしまえと命じた。「もうやめてしまおう」と、法に基づいて設置された裁判所ではなく、まるで何かのキャンペーン・イベントをキャンセルするかのように言ったのだ。法制化が必要なら、「クソ忌々しい判事らをお払い箱にする」法案を起草して、できるだけ早く議会へ送れとトランプは告げた。

この時点ではニールセンはたいていのことには驚かな

くなっていたが、単に自分に反対する判決を出したからといって裁判所を廃止せよとは、たとえトランプだとしてもやり過ぎだと感じた。かつてフランクリン・ローズヴェルト大統領が、自身に敵対的だった最高裁に自身に友好的な判事ばかりを送り込むことを提案したことがあった。するとスキャンダルが巻き起こり、ローズヴェルトに政治的に打撃を与えたのだ。だが大統領が裁判所を丸ごと消し去ろうとした事例は思い出すことができなかった。ニールセンはトランプと口論する気にもならなかった。トランプがばかげた要求をしてきたときに多くの政権当局者らがしていることを、ニールセンもやっただけだった——無視して、忘れ去られるのを待ったのである。

いずれにしろ、すでにニールセンの命運が尽きるのは時間の問題となっていた。ある週の初め、ニールセンはヨーロッパの国土安全保障問題担当者らとの一週間の会議に参加するため、ロンドンへ飛んだ。内容は移民問題とはほとんど無関係だった。そもそも実際は、国土安全保障省の管轄はテロからサイバーセキュリティ、空の安全まで幅広い範囲に及ぶ。それをトランプがまるで移民問題だけがその責務であるかのように扱うことに、ニールセンは嫌気が差していた。トランプはほかの業務にはまるで関心がなかったのである。ホワイトハウスでは、トランプがミラーにそそのかされ、越境者の数が増えている現状ではニールセンは国境に行っているべきだと文句を言った。まるでニールセンは越境してくる人たちを一人ひとり逮捕する係官だとでも言わんばかりだ。トランプは自分で国境に行くことにした。ニールセンがロンドンの地に降り立って五時間ほどしか経っていない時点で、電話が鳴った。

「君がどうして国外にいるのか知らんがね、とっとと帰国すべきだ」とトランプが嚙みついた。

ニールセンはアメリカへとって返し、カリフォルニア州の国境の町カレクシコでトランプに追いつこうと急いでいた。ニールセンがその途上にあるとき、現地へ向かうエアフォース・ワン機内の会議室でトランプは国土安全保障省の職員らと対峙し、越境者らに対して完全に国境を閉鎖するよう迫っていた。「とにかく送り返してしまえ。入国させるべきではないんだ」とトランプは指示した。税関・国境警備局長のケビン・マカリーナンは、これまでニールセンが繰り返ししてきたように、法律によってそれはできないと説明した。「それで君が罪に問われたら、私が恩赦してやる」とトランプは言った。この不適切な発言にマカリーナンは身悶えしたいほどだったが、大統領が法を破れと本気で指示しているとは思わないことにした。

ニールセンが到着すると、ミラーもクシュナーもハグで迎えた。自分は終わりだという確実な印だと、ニールセンは悟った。国境視察中、トランプはニールセンの未来については何も言わなかった。しかし沿岸警備隊の飛行機でトランプとは別にワシントンへ戻る途中、エアフォース・ワンのトランプに電話をすると、四月七日の日曜日、夜七時に会いに来てくれとホワイトハウスへ招かれた。

ニールセンはワシントンへの機中でノートのページに六点のアイディアを書きつけ、これでトランプの国境取り締まりの願望を満たしてやれるだろうと踏んだ。ニールセンはそれをホワイトハウスへ持参した。だが居住スペースで会談のために着席すると、もう彼女は用済みだということをトランプが明言したのだ。半時間でニールセンは辞去し、翌朝正式な辞表を提出した。ニールセンが記者会見で家族の引き離し政策を公然と支持させられたときと同様、ニールセンの首席補佐官のチャド・ウルフはニールセンの解任を知り、職場のゴミ箱に嘔吐した。

ジェフ・セッションズ司法長官を除けば、一六カ月という長きにわたって苦痛に耐え抜いたニールセンほど、トランプ大統領の虐待を受けた閣僚はいない。トランプから見ればニールセンは障害物だった。トランプの批判者から見ればニールセンはトランプの残酷さを映し出していた。ニールセンはバランスを模索したが見いだすことはできなかった。大統領の残りの任期中、トランプはニールセンに替えて、再び楯突いてきそうな国土安全保障長官を上院の承認を得て任命する気はなかった。同省の権限を行使するための大統領の負託も、上院の承認もない、「代行」を何人か、ただ単に順に任命しただけだった。そしてその一方で、ナポレオンは誰にも邪魔されることなく君臨していたのである。

ミラーの標的リストに載っていたのはニールセンだけではない。ニールセンの部下のクレア・グレイディ副長官代行、大統領警護隊(シークレットサービス)トップのテックスことランドルフ・アレス長官も地位を追われた。それに米国市民権・移民業務局のフランシス・シスナ局長もだ。ビザの発給、亡命や難民の認定、市民権の申請などを審査・決定する機関である。シスナは移民法をより厳しく適用すべきだと公然と主張していただけに、イデオロギー的にはミラーと一致しているように見えた。シスナは同局のミッション・ステートメントに手を入れて、アメリカを「移民の国」とする文言を削除したほどである。[42]

ただ、シスナは「法の支配」の擁護者を自任し、政府は亡命の申請を検討する法的義務を負っており、ミラーの望みどおり「公共の負担」による規制を適用するにしても、一定の手続きを踏む必要があるのだと、何度もミラーに言って聞かせた。数十人の職員が参加した電話会議で激烈な議論となると、身を引けとシスナがミラーに嚙みつく場面があった。

「私は身は引かないぞ。私は身は引かない。私は身は引かないぞ」とミラーは大声を上げた。[43]

ニールセンが追放されたひと月後、シスナも職を追われた。スティーヴン・ミラーは身を引く気などなかったのだ。

第15章 ハノイの分裂

マイケル・コーエンはかつてトランプときわめて親密で、トランプのためなら代わりに「銃弾だって受けてもいい」とまで言った。[1] アンクル・ホルスターで銃を持ち歩くこともあったという荒くれ者のニューヨークの弁護士であるコーエンは、トランプの「フィクサー」を自任し、記者をいじめ、告発者を金で片づけ、ボスを守るために必要とあらばそのほかいろいろのこともやった。トランプがポルノ女優との不倫を隠蔽する必要に迫られると、コーエンが口止め料を送金。その不倫の件で妻に嘘をついてくれとトランプに頼まれ、嘘もついた。二〇一六年の大統領選の選挙運動中、ロシアと一切取引はないとトランプ自身が嘘をつくと、コーエンは下院と上院で宣誓下の証言でその嘘を繰り返した。「トランプ氏を守るためなら何でもやりますよ」と、二〇一七年、コーエンはFOXニュースに出演して話した。[2]

しかしそれはFBIのエージェントらに踏み込まれる前であり、トランプがコーエンなど取るに足らない雑用係にすぎないと偽る前であり、コーエンがついにトランプに反旗を翻す前のことである。二〇一八年も終わろうとするころ、コーエンはトランプに対する「妄信的な忠誠心」がトランプの「汚い所業の数々」を隠蔽する仕事へと自分を向かわせたと証言。コーエンは連邦検事と司法取引をしたのだった。[3] コーエンは一連の罪状を認め、三年間の禁固刑を言い渡された。大統領のために犯した犯罪で収監された大統領のフィクサーは、ウォーターゲート事件で資金集めなどをしたニクソン大統領の個人弁護士、ハーバート・カルムバッハ以来である。

二〇一九年、刑期を務めるために出頭する前に、コーエンは下院の監視・改革委員会で証言するために、珍しく議会議事堂に姿を現した。下院は今や民主党が過半数を占め、その多数党としての力を活用して大統領を捜査しようと待ち受けていたのである。七時間あまりにわたり、コーエンは証言。ポルノ女優のストーミー・ダニエルズとの密会を隠蔽する口止め料を、トランプが返済してくれたと語り、サイン済みの小切手を証拠として示した。また、二〇一六年の大統領選中、民主党からハッキングされた電子メールがウィキリークスで大量に公開されたことについて、トランプは事前に知っていたとした。さらには疑わしく、ひょっとすると違法な、幅広い商慣行にトランプが手を染めていたこと、ロシアとビジネスはしていないと大統領選中にずっと世間に嘘をついていたことなどを語った。宣誓をした上での証言の中でコーエンは、トランプを「人種差別主義者」「詐欺師」「ずる」と非難した。そしてもし二〇二〇年の大統領選でトランプが敗北した場合、「平和的な政権移行は決してあり得ないだろう」と予測したが、この発言はもっと注目されてもよかっただろう[4]。

事実上、コーエンは共和党員らに教訓を語ったのであり、自分のように、誘惑されてトランプのために怪しい用事をするようなことがないようにと警告したのだ。最後に民主党のベテラン下院議員のジム・クーパー（テネシー州選出）が鍵となる重要な質問をした——まさに鍵であると言ってもいい質問を。それだけいろいろなことがあった後も、コーエンは長年トランプのために仕事をしていたわけだが、「何が限界点となったのか？」とクーパーは尋ねたのだ。

それに答えて、コーエンはトランプの政治的支持者や顧問らや擁護者らに直接話しかけた——「私はみなさんが今やられていることと同じことを、一〇年間やりました。私は一〇年間、トランプ氏を守ったのです。私には警告を発することしかできません。私がやみくもにトランプ氏につき従ったように、トランプ氏に追従している多くの人は、私が受けているのと同じ報いを受けることになるでしょう、と」。

一〇年以上もトランプに仕えた末に、コーエンはあることを理解するようになった。それはトランプ政権の高官たちが今ようやく学びつつあることでもあった。「トランプ・オーガナイゼーションでの仕事は、誰にとってもトランプ氏を守ることなのです」とコーエンは言った[5]。そして少なくともトランプ大統領にとっては、今やアメリカ合衆国政府全体がトランプ・オーガナイゼーションなのだった。

コーエンは多くのセンセーショナルな主張をしたが、その中でも、トランプがヴェトナム戦争時に懲役忌避をし、そのことについて常に嘘をついてきたという事実はほとんどおまけのようなものだった。二〇一六年の大統領選中、ヴェトナム戦争に従軍しなかった理由としてずっと以前から語っているストーリーは虚偽なのだとトランプが認めたと、コーエンは証言の冒頭で述べた。トランプは骨棘《こっきょく》の治療という健康上の理由で徴兵猶予となったことになっていたが、そんなことなどなかったというのだ。「おれをアホだと思うのか？ おれはヴェトナムなんかに行くつもりはなかったのさ」とトランプが言ったと、コーエンは回想した。

　コーエンがこの証言をした日、トランプは実際にヴェトナムにいた。シンガポールで初めて会ってからおよそ九カ月、北朝鮮の金正恩《キム・ジョンウン》と核軍縮の交渉で画期的なディールをまとめるために訪越していたのである。「あなたが今ヴェトナムにいるとは、皮肉な感じがします」(6)と、コーエンは不仲になった元ボスに呼びかけて言った。しかし昔から皮肉などものともしないのがトランプだ。その日の朝早く、大統領在任中でも最も重要な交渉へ出かけていく前、トランプはハノイのＪＷマリオット・ホテルのスイートルームに座っていた。そこでトランプは、ヴェトナム戦争時の徴兵忌避に関するコーエンの主張に先手を打って、わざわざ攻撃に出ていた。トランプは「ダ・ナン・ディック」と呼んでいた民主党のリチャード・ブルーメンソール上院議員（コネティカット州選出）〔トランプがつけたヴェトナム風な響きのあだ名で、「（ヴェトナム中部の町）ダナンのリチャード」という意味だが、実際はヴェトナムで従軍しなかったことに皮肉を込めている〕をツイッターで責め立て、ブルーメンソールがヴェトナム戦争時代の従軍歴を歪曲していたとして、「完全な詐欺」と呼んだ。そして「今や私の方がヴェトナムに長時間滞在した」ともツイートした。〔ヴェトナム戦争中にブルーメンソールは予備役として米国内にいたが、ヴェトナムで従軍したと発言したことがあった〕

　しかし翌朝には、トランプがどれだけ事実を歪曲したり空威張りをしたとしても、今、トランプがようやくヴェトナムへ行き、そこで（戦争ではないにせよ）戦いに敗れたという事実をごまかすことはできなかった。ハノイでトランプが金正恩《キム・ジョンウン》とまとめようとしたディールは実を結ばなかった。北朝鮮の若き独裁者を派手におだててみても、その心を動かすには至らなかったのだ。金正恩は北朝鮮が核兵器を保有し続けることにこだわる一方で、北朝鮮に対する各種の制裁は直ちに解除するよう要求したのだ。二カ月前、トランプは「これを実現できるのはあなたと私という二人のリーダーだけなのです」と、金正恩に大げさに書き送っていた(7)。しかし今、トランプは空手のままハノイを後にするしかなかったのである。トランプはかつてニュージャージー州アトランティック・シティで何年もカジノを経営していたが、倒産してしまった。だから下手な賭けをしたときには、それをよくわかっていた。トランプは首脳会談が物別れに終わったことを発表し、「ときにはゆっくり歩む必要もある」と、見るからに残念そうにそう言ったのである。(8)

トランプの国家安全保障問題を扱うチームはほっとしていた。彼らにとってはこれは大統領をうまく管理する戦いにおける勝利と言えた。ジム・マティス国防長官が辞任して以来、ますます難しくなっていた戦いである。ジョン・ボルトン大統領補佐官(国家安全保障問題担当)とマイク・ポンペオ国務長官も、マティス、H・R・マクマスター、それにレックス・ティラーソンを悩ませたものと実質的に同じ問題を抱えていた——トランプに対しても、お互いに対しても。なお悪いことに、当初の側近たちを一掃したことで、トランプ大統領はさらに過剰な自信を募らせていた。シリアから米軍を完全撤退させろと有無を言わせずに命じたときは、アメリカと同盟関係にあるクルド人の大虐殺につながるのをなんとか回避するため、政府高官らが大慌てで対応に当たった。第一、中東におけるアメリカの威信と力が大きく損なわれるようなことは、なんとしても避けなければならなかった。

「私は葬儀屋みたいな気分だ」と、マティスが辞任してまもなく、ボルトンは補佐官にこぼした。ボルトンが共和党議員らに電話攻勢をかけて、シリアからの米軍撤退の件を考え直すよう、誰かトランプを説得してくれる人はいないかと探していた最中のことである。ボルトンもポンペオも、そして国家安全保障問題を担当するその他の関係者も、トランプ政権の前任者らがつまずいたのとは異なり、自分たちは成功できることを証明したいと思っていた。だがここでもまた、「成功」とはトランプが要請したことが実行されるのを阻止することだ、とおおかたの者が解釈した。あるいは少なくとも、たとえごく一時的にだとしても、別の方向性を検討するようトランプを説き伏せることだった。

トランプがシリアからの完全撤退にこだわったことに対し、怒ったジム・マティスは国防総省に残ることを拒んでひと騒動起こした。だがボルトンとポンペオはトランプに再考を促すべく、もう少し間接的なアプローチを試みた。クリスマス休暇中にトランプがイラクを訪問した機会をとらえ、中東におけるアメリカの存在の重要性をわからせようとしたのだ。そしてリンジー・グレアムやイスラエルのベンヤミン・ネタニヤフ首相らに協力を求め、イランに対抗するために少なくとも小規模な米軍部隊をシリア国内に残すことが必要だと、トランプに働きかけてもらった。とくにグレアムはシリア撤退に伴うリスクを率直な形で浮き彫りにした。その冬、ミュンヘン安全保障会議が開催された際、ヨーロッパにおける米軍トップのカーティス・スカパロッティ陸軍大将と非公開のミーティングを持ち、グレアムはシリアからの完全撤退について将軍に訊いた――「公平に見て、この件をとことんまで追求していくとしたら、われわれはすべての同盟国を失うと言えますか？ 公平に見て、大惨事に結びつくと言えますか？」。将軍は質問と同様、単刀直入に答えた――「イエス、サー」(9)。

グレアムと異なり、トランプの新たな側近陣は公然と大統領との意見の不一致を表明することには慎重だった。ポンペオ国務長官は大統領との間に齟齬《そご》があっても、マティスやティラーソンのようにそれを議会で証言するようなことはしなかった。トランプに命じられたことを、命じられていないふりをすることさえあった。「フェイクニュースだ」と、一週間の中東への歴訪の途上で記者団に言ったこともある。その歴訪のねらいは、マティスの辞任と中東に対するアメリカの戦略の不透明感とに同盟諸国が感じていた不安を払拭することだった。「食い違いは一切ない」と、ポンペオは言った(10)。

二〇一八年の秋、『ワシントン・ポスト』紙のコラムニストでサウジアラビアの反体制派、ジャマル・カショギがサウジの皇太子配下の工作員に殺害され、大きな物議を醸した。その際、トランプの対応のまずさにボルトンとポンペオは恥をかかされる形になったが、それでも二人は公の場ではトランプ支持を打ち出した。かつてサウジ王家のアドバイザーをしていたカショギは、二〇一七年にアメリカへ「自主亡命」していたが、トルコのサウジアラビア総領事館内で暗殺団に殺害された。トルコ側の監視カメラの映像には、遺体の骨を切り刻む電動ノコギリのぞっとする音声まで録音されていた。こうしたことが明らかになっても、トランプは皇太子を糾弾することを拒んだ。サウジのＭＢＳことムハンマド・ビン・サルマン皇太子は以前と変わらずジャレッド・クシュナーの重要なコネクションであり友人でもあった。

トランプはボルトンをはじめとする側近たちに一切相談せずに、ＭＢＳを支持する声明文をポンペオに発表させるべく、直接本人に口述した。トランプは自国アメリカの諜報機関の情報よりも、みずから関与を否定したサウジの皇太子を信じることにしたのだ（声明文はエクスクラメーション・マークの多さから、トランプの手になるものだとはっきりわかった）。ボルトンはなんとか二、三の文言だけは修正できたものの、声明文自体の発表は防げなかった。声明文は殺人は「容認できないおぞましい犯罪だ」とは認めたが、ＭＢＳが事前に知っていたとの疑惑は退けた。「知っていたかもしれないし、知らなかったかもしれない！」とトランプは書いた。しかし「サウジアラビアの強固なパートナーであり続ける」と明言した。そしてポンペオは年が明けた二〇一九年一月にはサウジへ飛んでＭＢＳと会談し、ワシントンで激しい批判が巻き起こっているにもかかわらず、ＭＢＳ支持をきわめて明瞭に打ち出したのだった。

公的な場面でトランプを支持したからといって、私的な場面でトランプの扱いが容易になるとは限らなかった。国防総省ではジョー・ダンフォード統合参謀本部議長が実質的な力を失ったまま、任期の最後の数カ月を過ごしていたが〔二〇一九年九月末まで在任〕、マティス退任後、直接トランプに対処する役割を演じることが多くなっていた。そのダンフォードはシリアからの米軍撤退に強く反対した。そしてホワイトハウスでの会議で次のように提案した。「いいですか、大統領殿、あなたがシリアから米軍を引き揚げたいとおっしゃるなら、シリアから足抜けする計画をわれわれが提示しましょう。私のお勧めはこうです。いきなり撤退してしまうのではなく、段階的なシリア引き揚げの機会をわれわれが用意する。そして同盟諸国の中に、これまでのわれわれの負担を引き受けてくれるところはないか、可能性を探るのです」。トランプも計画立案の時間をダンフォードに与えることに同意した。そこでシリアの問題を前進させる方途について、ダンフォードとポンペオは何週間もかけてヨーロッパの同盟諸国と綿密に連絡を取り合った。

それでもトランプは、部下たちに時間稼ぎをされているとごねた。冬のある日、そのことでダンフォードがオーバル・オフィスでトランプに直言した。「大統領殿、どうかそんなことは言わないで下さい。どうか言わないで下さい。正しくありませんから」と、ダンフォードはしぶとく言った。「私に何かをしろとおっしゃったら、やりますよ。軍を挙げてあなたの意図にフォーカスするでしょう。私がやろうとしているのは、あなたの言葉に耳を傾け、あなたのめざすところと合致するような軍事的オプションをご提案することです。ただし、あなたのご意見よりも少しばかりリスクが少ない選択肢を提示させてもらうかもしれません」

ダンフォードを最も悩ませていたのは、国防総省が意図的にトランプの命令に抵抗している、とトランプが見ていたことだ。シチュエーション・ルームでの会議では、トランプがシリアやほかの戦闘地域からの米軍撤退を要求し、そのたびにダンフォードが反論し、トランプの要求のマイナス面や複雑な諸事情を説明する……そんなことがお決まりのパターンとなっていた。「私の仕事は黙って大統領の言いなりになることではない」とダンフォードは周囲によく言った。「私の仕事は、大統領が確実に十分な情報に基づいて判断を下すようにすることであって、そのために私は最善のアドバイスをする。彼が言ったことに対して――書面に記して――助言する際の基準は、われわれの国益だ」。すでにずっと以前から、国防総省の首脳部はトランプを優柔不断であると断じていた。同じ要求をめぐって担当者たちは繰り返し、繰り返し、大統領と言い争わなくてはならない。「モグラ叩き」だと嘆いたのは一人や二人ではなかった。

「モグラ叩き」だろうと何であろうと、シリア撤退を再考させようとの国家安全保障問題担当者らの努力は――まずまず――実を結んだと言えるだろう。その冬、最終的にはトランプは、四月に米軍の主力を引き揚げた後も数百人の部隊をシリアに残すことに同意した。トルコとの国境沿いに住むアメリカの同盟者、クルド人たちのための「緩衝地帯《バッファーゾーン》」を確保するためである。実際は、どれだけの部隊がシリアに残されたのかはよくわからなかった。一〇〇〇人に近かったのはほぼ間違いない。これはトランプをそれ以上怒らせないために意図的に「いかさま賭博」的な戦略を取ったのだと、のちにトランプ政権のシリア特別代表のジムことジェイムズ・ジェフリーは明かした。(11)

一方、北朝鮮に関しては、トランプはシリアの場合とはまた違った意味で側近たちを束縛していた。シンガポールでの米朝首脳会談では、実はもともと掲げていた北朝鮮の非核化のディールがまとまらなかったにもかかわらず、トランプは歴史的勝利だったと断言した。このためアメリカ側の交渉担当者らは、トランプが勝ち得たと主張した相手側の譲歩を確実にするため、会談後に慌てて奔走するはめになったのだった。首脳会談以降、トランプは金正恩と再度首脳会談をする意向を示していたが、それをくじくため、側近たちはごまかしたり、引き伸ばしたりと、あらゆる手を尽くした。だが再会談を阻止することはできないことを、みなわかっていた。トランプは金正恩からの書簡を「ラブレターだ」といって取り出しては、オーバル・オフィスへやって来るさまざまな訪問客らにしきりに披露していた。それが典型的な外交辞令に甘ったるいおだての文句をまぶしたものにすぎないことに、トランプは気づいていないようだった。

金正恩との再会談へ向けて、ジョン・ボルトンがめざすものははっきりしていた——大失態を避けること。[12] 今回は同行して大統領の暴走を押し戻す役割のジム・マティスもジョン・ケリーもいないのだ。実際、常任の国防長官も大統領首席補佐官もいなかった。国防総省のパトリック・シャナハンもホワイトハウスのミック・マルバニーも、それぞれ長官代行と首席補佐官代行のままという、前例のない異常事態だった。しかもボルトンはその両者とすでに激しく反目し合っていたのだ。国務省では相変わらずポンペオが北朝鮮問題で正式なトップを務めていた。ポンペオもボルトンも、トランプと金正恩の会談にはずっと懐疑的だったが、個人的および省庁間の対抗意識はいやが上にも高じていた。二〇一九年夏には、二人はほとんど口も利かない仲だった。どちらも米朝首脳会談に熱意を持てずにいたが、二人はそれぞれ自分のプランに従って北朝鮮に——そしてトランプ大統領にも——対処するつもりだったのである。

　ボルトンは綿密に準備して、ヴェトナムに発つ前にトランプに三回も正式な訓練のセッションを用意した。国家安全保障会議（NSC）のマシュー・ポッティンガー（アジア担当）は、トランプは「シンガポールのときよりも、ハノイの首脳会談に向けてはずっとよく準備ができていた。シンガポールはもっぱら経験と勘が頼りだったから」と述べた。トランプの側近らから情報を得た政権外の専門家によれば、ボルトンはトランプが「くさいものに感づく」ことができるように訓練しようとしたという。金正恩がどんなことを言いそうか、それが本音ではどんなことを意味し得るか、側近たちはトランプに徹底的に叩き込んだ。「もし金正恩がAまたはB、あるいはCを求めてきたら、それは罠だ、騙そうとしているのだと、側近たちはトランプにはっきり伝えたのです」と、右の専門家は言う。

　こうした首脳会談への準備は、ほかの大統領の場合だったら大きく異なっていただろう。シンガポールの首脳会談へ向けては、NSCが金正恩に見せるためのプロパガンダ映像を制作した。しかしハノイに向けては、トランプに見せる動画を作った。ボルトンがトランプに見せた短いビデオは、歴代の大統領たちが北朝鮮とのディールについて大口を叩きながら、のちにひどいことになった事例集だ。最後は一九八六年のアイスランド・レイキャビクにおけるロナルド・レーガンとソ連のミハイル・ゴルバチョフとの会談の映像で、なぜレーガンがディールに応じずに帰国したのかを説明していた〔ソ連側が双方の核兵器全廃を提案したが、米国の「戦略防衛構想」（いわゆる「スターウォーズ計画」）廃止を求めたことで米側が合意を拒否した〕。訓練後、その要点をトランプが挙げるのを聞いて、ボルトンは自分のやり方は奏功していると感じた――。

「私には相手を動かす力がある」

「急ぐ必要はない」

「同意せずに立ち去っても構わない」(13)

訓練の次のセッションでも映像があった。今度は実際の北朝鮮のプロパガンダ映像で、同国が相変わらず軍事演習《ウォー・ゲーム》を実施していることを映し出していた。シンガポールでトランプが金正恩に驚くべき譲歩をしたことを受け、トランプは米軍に演習の停止を命じたにもかかわらずである。シンガポールでの首脳会談後、側近たちは明らかな問題点がひとつあったことに着目した。それは、「非核化」という用語が何を意味するかを明確にすることなく、トランプがその金正恩の表現を進んで受け入れてしまったことだった。なぜなら、もし明確化していたとすれば、その用語の定義が北朝鮮とアメリカとでは根本的に異なっていることがはっきりしたはずだからだ。

ハノイの首脳会談が近づく中、ボルトンは官僚制のしがらみを乗り切り、アメリカ側の立場を四つのポイントに箇条書きしてまとめることを押し通した。「箇条書き風にすることが必要だと、ボルトンはわかっていました。トランプ大統領が五〇ページ以上もある資料を読むわけがありませんから」と、国家安全保障問題担当のある当局者は振り返る。

最後の第三の訓練セッションには、トランプのために用意した「不確定要素対策《ワイルド・カード》」も含まれていた。首脳会談で金正恩が仕掛けてくるかもしれない策略に対し、あらかじめ反論を用意して、備えておこうというわけである。

ボルトンはトランプに対して懸念を抱いていただけでなく、国務省ともあからさまに戦っていた。ボルトンが見たところ、ジョージ・W・ブッシュ政権時代の同僚でもあるベテラン、スティーヴン・ビーガンが率いる国務省のチームは、ブッシュ時代に成果のなかった核軍縮交渉の手法を再現しているかのようだった。そうしたやり方こそ、ボルトンが政権の内側から覆そうとしていたものだったのだ。のちにボルトンが書いているように、国務省の外交官らは「非協力的」で「無愛想」で「ディールへの熱意にとらわれている」だけでなく、「制御不能」で「危険」であり、「注目を浴びて舞い上がっていた」という。(14)一方、ボルトンと国務省はアメリカ国内では内輪揉めをしていたが、同盟国である韓国への不信感は共有していた。文在寅《ムン・ジェイン》政権は米朝間のディールの成立に政治生命を賭けてしまっていて、実は北朝鮮と協力しながらトランプを丸め込もうとしているのではないかと、アメリカ側は疑っていたのである。

交渉担当者らは米朝両首脳に先立ち、会談の五日前にハノイ入りした。初日はもっぱら北朝鮮側がアメリカへ脅しをかけた——すべての制裁を解除せよ、さもなければ金正恩はハノイへやって来ない、と。その夜、ビーガンはポンペオ国務長官に電話を入れて北朝鮮側の要求を伝えた。そこでポンペオがトランプへ電話をし、あり得ないとの結論になった。少なくとも、そこまでは簡単だった。翌日、北朝鮮は前日の協議冒頭から突きつけた最後通牒を撤回。「仕事に取りかかったのはそれからだった」とビーガンは表現した。計画では、トランプが望んでいたとおり、朝鮮戦争終結と正式な平和協定の発効を宣言するよう、計画が進んでいた。経済協力や、投資や貿易をどのような流れで進めるかも議論した。しかしビーガンがのちに同僚らに伝えたように、「非核化についてはい、ともかく彼らはまったく話し合おうとしなかった」。その点については金正恩しか対処できないのだと、北朝鮮側はアメリカ側に言った。しかもその場合でさえも、アメリカ側がすべての制裁を事前に解除することに同意するのが条件だという。アメリカがそれに応じれば、金正恩は「大統領にとって大きなプレゼントになるような提案を持ってくるだろう」と、北朝鮮側はアメリカ側に伝えたのだった。

国務省は、会談に対するアメリカ側のアプローチを表す新しいキャッチフレーズを編み出していた。それは完全な非核化の過程で、金正恩に「同時かつ並行的」な行動という包括的な提案をするというものだった。しかしこれは初めからボルトンが警戒していたもので、ブッシュ時代の「行動対行動」式の枠組みとあまり変わり映えのしない提案を、外交的な表現に言い換えたにすぎなかった。交渉に当たった幹部の一人はこれを「ボルトンはひどく気に入らなかった」と回想する。しかしアメリカ側の外交官らに言わせれば、ボルトンの言うことは不合理だった。「彼が望んでいたのは、はっきり言って『おまえたちの武器を全部差し出せ。そうすればあとは全部考えてやるから』ということでした」と、右の交渉担当者は述べた。要するに、ボルトンのアプローチは成功する見込みがなかったのだ。

ボルトンは首脳会談に先立って、北朝鮮が——あるいは国務省が——提示するディールにトランプが乗らないようにするために尽力した。ボルトンはハノイ入りするにあたり、トランプと大統領専用機エアフォース・ワンに同乗せず、独自に日本に立ち寄ってまず安倍晋三首相と会うことにした。世界を見ても、安倍ほど巧みにトランプを「調教」できる首脳は見当たらない。安倍が北朝鮮との交渉に深い懸念を抱いており、その点で自分と志を同じくしていることをボルトンはよくわかっていた。ある政府高官は、「ボルトンは日本側と共謀して交渉を頓挫させようとしたんだと思います」と当時を振り返った。安倍は前回の米朝首脳会談のときと同様、ハノイの会談の前にもトランプに電話をし、ボルトンとNSCのポッティンガーとあらかじめ調整済みの懸念事項のリストをおさらいしていった。安倍が挙げた最優先事項の中にあったのは、朝鮮半島からの米軍撤退を約束しないこと、本格的な核合意が成立する前に平和宣言に署名しないこと、そして日本を攻撃できるミサイルの保有を金正恩に認めないことなどだった。さらに安倍は、いかなるディールも書面にすることを強く促した。

　ビーガンが最終提案を北朝鮮側に回送すると、ボルトンは激怒した。そのプランはアメリカ側のほかの担当者の間であらかじめ了承されておらず、もし北朝鮮が受諾したらアメリカが破滅的な譲歩を求められるものだ、とボルトンは言った。ボルトンはすでに日本に向かっていたため、マイク・ペンス副大統領に電話をして苦情を言った上で、自身の代理としてエアフォース・ワンに乗っているチャールズ・カッパーマン大統領副補佐官を動かした。この提案についてできる限り好意的でないトーンでトランプにブリーフィングするよう命じたのだ。国務省の交渉担当者の一人は、「カッパーマンの任務はこの提案にナイフを突き立てることでした」と語る。そして何者かが――ビーガンはボルトンだったと確信しているが――FOXニュースのアンカーマンのジョン・ロバーツに、ビーガンが「あまりにも先走っている」と告げ口をしたのだった[15]。

　異なる思惑で激しく分断されたアメリカ側の一行がようやくヴェトナムに到着すると、トランプは歴史あるコロニアル風のメトロポール・ホテルで金正恩との夕食に臨んだ。トランプ大統領と同席したのはマイク・ポンペオとミック・マルバニーだけだった。北朝鮮側はボルトンを外すようしきりに要求してきたが、アメリカ側のボルトンの政敵たちにとってはむしろ好都合だった。シュリンプカクテル、ステーキ、チョコレートトラバ・ケーキ〔日本で言うフォンダンショコラ〕を味わいながら、金正恩はこの首脳会談における最初で最後となる提案をした。北朝鮮側は寧辺《ニョンビョン》の核施設を閉鎖し、その見返りにアメリカ側は北朝鮮に対するすべての制裁を解除する、というものだ。これは側近たちがあらかじめトランプに準備をさせておいたシナリオに合致した。北朝鮮には寧辺以外にも核施設があり、寧辺なしでも核兵器開発計画は続行できることをトランプに説明してあったのだ。

もうひとつの問題は、ワシントンでマイケル・コーエンの証言がハノイ時間の夜に始まったことだ。トランプは夕食後にその放送を見るのに夜更かしをしてしまい、翌朝、金正恩との正式な首脳会談に備えるブリーフィングをキャンセルしたいと言い出したのだ。側近たちは不安になった。自身の元フィクサーに憎悪のツイートを発し続けた後となれば、これから核兵器をめぐるデリケートな交渉に臨む大統領にとって、最適な精神状態であるはずはない。金正恩との一対一の最初の会談を終えて休憩となると、トランプは側近たちと一緒にメトロポール・ホテルの控室に勢い込んで入ってくるなり、コーエンの聴講会の最新の報道を見ようとテレビをつけた。

首脳会談では、金正恩は即時の制裁解除という当初の要求から決してぶれることがなく、見返りには寧辺の核施設の閉鎖以外を申し出ようとはしなかった。内部では割れていたとはいえ、ホワイトハウスのボルトンも国務省組のポンペオとビーガンらも共に、「われわれが推奨できそうなディールは存在しない」という点で全員意見は一致していたと、のちに当事者の一人は述べた。

しかし会談が完全に決裂する瞬間まで、側近たちはトランプがとりあえず金正恩の提案に同意してしまうのではないかと、気が気ではなかった。「どうか受け入れませんように、どうか受け入れませんように」と、ビーガンはトランプがしゃべっている間じゅう、小声でつぶやき続けた。「ひどいディールであるだけでなく、実際上の問題として、誰にも認めてもらいようのない、あまりにひどすぎるものだ」とビーガンは考えていた。しかし結局のところ、金正恩の提案内容と、トランプが許容できるものとのギャップがともかく大きすぎた。アメリカ側は内紛状態にあったとはいえ、ビーガンは、「米朝間のギャップを大統領に理解させたのはボルトンの功績だと認める」と、周囲に語った。

ハノイに入る前、アメリカの使節団は一ページの書類を一通用意していた。それは金正恩に向けて「非核化」のアメリカ側の定義を説明するものだった。そしてもう一通、「明るい未来」と名づけた書類があり、これは核兵器を放棄すれば北朝鮮を待ち受けるはずのすばらしいことの数々を網羅したものだった。トランプがそれらを手渡すと、金正恩はざっと目を通したが、会談を終えて退出する際、椅子の上に置いたまま、持ち帰ろうともしなかったことにアメリカ側の同席者の一人が気づいた——後でわかることになるが、これは首脳会談後の展開をまさに予見させるものだったのである。

それでも危ういところだった。一部の側近たちから見ると、トランプはディールを求めているようで、金正恩の提案をきっぱり断るよりも、相手に検討の余地を与えているかのようだった。アメリカ側の当事者の一人は、休憩時間にトランプと話したことを覚えている。「その調子ですよ。引かずにいきましょう」と大統領に言ったという。しかしトランプは決して決然としているようには見えなかったとその当局者は言う。「とにかく金正恩が悪く見えるようにしたくないと思っている」といった様子だったというのだ。

トランプの熱心すぎる目配せに反応しなかった金正恩は、アメリカ側の使節団の目には、トランプのことを読み違えているように映った。「金正恩は一センチだけ譲歩して、歴史を変えることもできただろうに。トランプはそれに食いついたかもしれないんだ」と、ビーガンは同僚らに言った。金正恩は「われわれを欺いて、ひどいディールをのませることができたかもしれない」と。

金正恩と北朝鮮側の一行は、会談が物別れに終わって驚いているようだった。彼らもトランプのスタッフと同様の見方をしていたようで、トランプはディールをまとめることに熱心なあまり、どんなことでも同意するのではないかと思っていたのだろう。金正恩の妹で、公の場で助言者として存在感が増していた金与正《キム・ヨジョン》は怒っているように見えた。アメリカ側の一人は、彼女は怒りのあまり「耳から煙が出ていた」と振り返った。

ビーガンとボルトンは、両者の相違はともかくとして、どちらも韓国が北朝鮮に安請け合いをしたのではないかと考えていた。金正恩がどんな提案をしようと、トランプに同意させてみせると約束したのではないか。だがともかく金正恩は、実際に自国の核兵器を廃棄するための手続きに入るつもりはなかった。それこそが首脳会談のそもそもの目的だったのにだ。そしてそんな金正恩の姿勢こそ、二〇一七年の冬にトランプ政権が北朝鮮に関して最初の幹部級会議を開いたとき、アメリカの情報機関がトランプと上級スタッフらに警告したとおりのことだったのである。金正恩はその父親や祖父と変わらず、核兵器は自身の支配体制の存続に不可欠だと見ており、手放す気などなかったのだ。

首脳会談の失敗を機に、トランプ在任中は北朝鮮との意味のある外交はもはや行なわれることはなかった。両首脳とも、北朝鮮の崔善姫《チェ・ソンヒ》外務次官が言った「不思議なほどすばらしい」相性のよさにこの後も繰り返し言及した。[16] だがトランプは見かけ以上に金正恩のやり口を理解していたのかもしれない。あるアメリカの大使はトランプに金正恩のことを尋ねて、その答えに驚いたことがあるという。「あのクソ野郎は隙あらばこっちの腹にナイフを突き刺すようなやつだ」とトランプは言ったのだ。この大使は、トランプがしきりに金正恩との「ラブレター」云々と言っているのは、少なくともメディアを怒らせ、困惑させるねらいも一部にはあるのだろうと結論づけた。「そんなことを言えば誰だって腹立たしく思いますからね。トランプはそれが楽しくて仕方ないんですよ」と、その大使は述べた。

いずれにしろ、ディールは一度も成立しなかったし、ましてや世紀のディールなどなかったのだ。トランプ政権が終わるまでに、北朝鮮は両首脳が初会談した時点から核弾頭を推定一五発加えて核兵器を増強し、長距離ミサイルの能力を向上させ、核施設を拡充した上、攻撃に対する防備も強化したのである。[17]

ハノイからのニュースが浸透するにつれ、ワシントンの安堵感は誰の目にも明らかであったし、それはおおかた超党派的なものでもあった。共和党のマルコ・ルビオ上院議員は「悪いディールよりもノー・ディールの方がいい」と言ったが、このときばかりは民主党のナンシー・ペロシの発言と一致した。[18] 日本もほぼ同じ見解だった。あるアメリカ政府高官は、安倍首相の幹部級の側近らがその晩シャンパンのボトルを開けて乾杯したと聞かされた。首脳会談の失敗に祝杯を挙げたのである。

一方トランプは、大統領が金正恩と会談しているというときに、マイケル・コーエンの証言で恥をかかせようとしたとして、民主党に対してかんかんだった。太平洋を越える長いフライトを終えてワシントンへ戻ると、トランプはハノイの首脳会談については一度ツイートしただけだったが（「関係はきわめて良好。何が起きるか様子を見よう！」）、コーエンについては数日間で十数回もツイートした。ホワイトハウスへ戻って数日後、トランプはこうツイートした――「北朝鮮とのとても重要な核兵器の首脳会談《ニュークリア・サミット》と同じときに、有罪判決を受けた嘘つきの詐欺師に民主党が公開の公聴会で聞き取りをするとは、おそらくこれは政治の新たなどん底を表していて、［合意なく両者が首脳会談から］『立ち去った』ことに影響していたかもしれない」。そして「大統領が国外にいるときに決してこんなことをすべきじゃない！　恥を知れ！」とも。

第16章 キングコングは必ず勝つ

ヴェトナムから帰国してそれほど日数を経ずに、トランプは首都ワシントンにほど近いメリーランド州を訪れ、保守政治行動会議（ＣＰＡＣ）に登壇した。極右の中でも声高で最も過激なメンバーが集まる会議である。かつては共和党の既成勢力《エスタブリッシュメント》に対抗する反逆分子のための強力なフォーラムだったが、今やいわばトランプ溺愛協会と化し、大統領顧問のケリーアン・コンウェイはＣＰＡＣではなく、本当はトランプの「Ｔ」を取ってＴＰＡＣと呼ぶべきだと冗談を言ったほどである。会場のコンベンション・センターはトランプ・Ｔシャツ、トランプ帽、トランプ靴下にトランプの絵などであふれかえっていた。三月二日、トランプがステージに上がると聴衆は賛意の拍手喝采を送り、トランプが国旗に歩み寄って抱きしめたときはとくにボリュームが上がった。比喩的に語るのではなく、文字どおり国旗を抱きしめてみせたのだ。

それから二時間、トランプはしゃべりにしゃべった――「まったくの台本なし！」で――自慢し、攻撃し、歪曲し、笑い飛ばし、愚痴をこぼし、冗長になり、偽り、即興で語り、その場をやり過ごし、ともかく心に浮かんだことを何でも口に出したのだ。心に浮かぶことといえばおおかた（それは常に心に浮かんでいたからでもあるが）ロシアの選挙介入疑惑に対する特別検察官による捜査のことだった。トランプはそのロバート・モラーの特別検察官任命のそもそものきっかけになった出来事、すなわち「悪徳警官」のジェイムズ・コミーＦＢＩ長官をお払い箱にした自分の判断を絶賛し、検察官たちはトランプをやっつけようとしている「怒れる民主党員」たちだと主張し、「全員が殺し屋」でトランプに照準を合わせているのだと主張した。「連中はクソみたいなデタラメでおれをやっつけようとしているんだ。わかるか？ クソみたいなデタラメだ」とトランプは言った。「そこでわれわれは報告書を待っているというわけだ。そうすれば誰か片づけなきゃならないやつがいるのか、いるなら誰なのか、判明するだろう」とつけ足した。

モラーの特別検察官任命から二年近く経っていた。トランプの大統領職に常に影を落としてきた捜査も終わりが近づき、トランプは神経を尖らせてその結果を待っていたのである。すでにジェフ・セッションズ司法長官をクビにして、自分をモラーから守るという露骨なミッションを与えてビル・バーを新司法長官に迎えていた。捜査は四六時中トランプの心の重荷になっていた。朝六時にそのことに関して何かツイートし始め、深夜まで何かしらツイートしていた。オーバル・オフィスの隣のプライベート・ダイニングルームに逃げ込んだまま、一日中ケーブル・テレビのニュースでロシア疑惑の報道を凝視していることも何度もあった。何か署名してもらうべき書類があると、担当者らはできるだけ早く渡してすぐに回収しようとした。さもないとときには三〇分、あるいは一時間、ひどいと一時間半にもおよぶ自己憐憫の独り言を聞かされるはめになる。「連中はどうしてこんなクソくだらんことをほざいているんだ? 誰も間違ったことなどしていない! おれは間違ったことなどしていないんだ! おれは何にも関与なんかしていない! まったくクレイジーだ!」などとわめくのだ。少しでも聞いてくれるとわかれば誰彼なしに否認の言葉を繰り返す。ある晩、リンジー・グレアムとの夕食の席では、「私はあんたが知り尽くせないほどいろいろなことをやり抜けてきた。人生の中でたくさん悪《わる》もしてきたんだ。でもこれはやってない」と主張したこともある。

政策会議の席上でも、始まって三〇秒、長くて二分もすると、議論が脱線する。トランプが捜査の最新情報を知りたがるからだ。ある幹部職員は、「ほとんどもうあきらめそうになったこともあります」と振り返る。トランプがあまりにも心ここにあらずというときもあり、本物の大統領が隣の部屋でくよくよしている間、大統領の職務を実際に遂行してくれる代役を探すべきだと思えることもあった。「もう誰かを代理にした方がいいと思うこともありましたよ。何か大統領の決断が必要なときに、前へ進めるようにです」と、先の幹部職員は続けて言った。

モラーの捜査はトランプの大統領職のあり方を大きく変容させた面もある。対立を糧に生きているようなトランプ大統領にとって、この捜査は究極的な決戦だった。「トランプ」対「トランプをやっつけにかかるその他大勢」という図式。「ディープ・ステート」に属するトランプの宿敵たちの仕業だという陰謀論に当てはまる登場人物たちが、とめどなくわき出してくるのだ——民主党員、ＦＢＩ、情報機関、報道メディア、国務省、国防総省、常勤公務員、誇張された既成勢力《エスタブリッシュメント》、ついぞ完全にトランプを受け入れてくれなかった共和党の同僚である党員たちなど。要するに、ワシントンの政界だ。大統領職全般に対するトランプの向き合い方と同じく、トランプはこの捜査もテレビやツイッター上で日々勝ち負けを争う戦いと心得ていた。さらにこの捜査は選挙集会風の支持者集会で何千回となくわめき散らすネタにして、みずからの憤りを支持者らの政治的信仰の域にまで膨らませたのだった。そして月日が進むにつれ、捜査は職務上の懸念としてだけでなく、トランプの私的な執着の対象としても、トランプを疲弊させるようになっていったのである。

　ゲイリー・コーン経済担当補佐官が二〇一八年春にホワイトハウスを去った後で、トランプは捜査のことで気を揉んでいるのかと、ウォール街の古くからの知人がコーンに尋ねたことがあった。するとコーンは「一日二二・九時間はな」と、まじめくさって冗談を言った。実際、こうした状況にうまく乗じる側近たちもいた。ビル・バー司法長官とマイク・ポンペオ国務長官はトランプを操る達人として広く知られていたが、二人の間には、バーが「いつ聞いても笑えるジョーク」だという手法があった。何かの件で二人がトランプに怒鳴られそうになると、ポンペオがその瞬間、大統領を捜査しているＦＢＩのエージェントたちのことを持ち出し、いつか報いを受けさせたいものですねなどと言う。するとトランプは必ず本筋を忘れて延々と恨み節を垂れることになるのだ。「大統領の気が済んだころには、私たちに対して抱いていた不満など忘れてしまっているのです」と、バーは回想した[1]。

　特別検察官の捜査はトランプの被害者意識だけでなく、見るからに不安感も助長していた。一部の顧問たちの意見では、トランプは就任したときから重度の「詐欺師症候群」〔自分は本来能力がないのに成功・評価を得ていると思い込み、うしろめたさや不安に悩まされる心理状態〕を抱えていたのではないかと見ている。大統領選で本当は正式に勝利していなかったのではないかという恐れに、トランプはひどく敏感だった。そのためプライベート・ダイニングルームには、二〇一六年の大統領選の得票結果を色分けしたアメリカの地図をひと山用意して、訪問者に配れるようにしていた。これは郡ごとに赤（共和党）と青（民主党）に色分けしたもので、人口の少ないアメリカの田園地帯にトランプに投票した人たちの赤い部分が大きく広がり、うっかりするととても優勢のように見え、より人口が多く、人口密度も高い都市部のクリントンに投票した人たちの分は、小さな青い染《し》みのように見えるのだ。ロシアの選挙介入疑惑の調査もまた、大統領としてのトランプの正当性自体をも疑っているように思え、トランプの自信喪失をさらに悪化させた。その結果、国家安全保障問題を管轄する捜査当局者たちは、ロシアの攻撃がアメリカの国家安全保障に対する脅威だという現実にトランプに気づいてほしかったのだが、トランプはそれを単に自分自身に対する脅威としか見ていなかったのである。そしてトランプは反撃する決意だった。あの正義漢のロバート・モラーに倒されるわけにはいかなかったのだ。

ドナルド・トランプとロバート・モラー（正確にはロバート・スワン・モラー三世）はわずか二二カ月の違いで、同じニューヨーク市の一六キロメートルしか離れていない場所で、共に裕福な家庭に生まれた。だが二人は大きく異なる人生を歩んだ。トランプは一九六〇年代に骨棘《こつきょく》の治療のためにヴェトナム戦争への徴兵を免れ（ということになっている）、「私の個人的なヴェトナム戦争」とはデートで性病に罹《か》かるのを回避することだと言ったことがある。一方、モラーはヴェトナムのマッターズ・リッジの戦いなどで海兵隊の仲間たちと敵の攻撃にさらされ、のちにブロンズスター・メダルを授与された[2]。トランプが日中は不動産業でひと財産を築き、夜はプラチナブロンドのスーパーモデルたちとクラブ通いに興じたのに対し、モラーは高校時代のガールフレンドと結婚し、検察官としてジョン・ゴッティ（ニューヨークのマフィアのボス）といった大物犯罪者を倒しながら、公務員の賃金でよしとした。トランプが作り物の対立を見世物にするテレビ番組でセレブの世界を追い求めた一方、モラーは九・一一米国同時多発テロ事件のわずか一週間前に就任したFBI長官として、爆弾を引っ提げたテロリストたちを追った。

モラーはトランプ時代のワシントンで、民主・共和両党の尊敬を集めた稀有な人物の一人で、ジョン・エドガー・フーバー長官（一九三五―七二年在任）の死去以降に採用された一〇年という法定の年数を越えて、任期を延長された唯一のFBI長官である（二〇〇一―一三年在任。後任はジェイムズ・コミー）。長身で彫りの深い顔、きっちり櫛を通した灰色の頭髪に、いつでもパリッとアイロンがけされた白いシャツにダークスーツ。責任ある地位にふさわしい態度や身のこなしも自然体で、モラーは決して逸脱したことをしない人物として定評があった。ワシントンでかつて勢力のあった当時を思わせる、昔ながらの米国聖公会の信者で、名前の最後につく「三世」のローマ数字「Ⅲ」の形から「三本棒のボビー」というあだ名で呼ばれた。あるとき、家族に説得されてFBIの幹部スタッフを自宅に招いて休日の晩にホームパーティーを催すと、きっちり二時間はその夜会につき合ったが、時間になると電灯をつけたり消したりして、解散の時間だと客人らに告げたのだった。金曜日の晩は、たいていいつもと同じ友人たちといつもと同じワシントンのレストランで食事をし、帆立貝の料理とグラス一杯の白ワインを楽しんだ。日曜日には、ラファイエット通りを挟んでホワイトハウスの向かい側にある聖ヨハネ教会など、聖公会のなじみの教区のどれかへ足を運んだ。そんなモラーも辛口のユーモアのセンスを持ち合わせ、ワシントンの政界の仕組みを鋭く見抜いていた。「あくまでも論理的であることにこだわるつもりなら、この町に君の未来はないね」と、部下の検察官だったアンドリュー・ワイスマンに言ったことがあった。[3]

大統領を捜査するにあたり、モラーはワイスマンら、多くは共に仕事をしたことがある経験豊富な捜査官と検察官らの小隊を集めた。彼らはナショナルズ・パーク〔大リーグの野球チーム、ナショナルズが本拠地とする野球場〕にほど近い川べりに、その名もふさわしくパトリオッツ・プラザ〔愛国者たちの広場〕というオフィスビルに本部を設置した。スタッフは三チームに分かれていた——チームRはロシアによる二〇一六年大統領選への介入とトランプ陣営とのつながりについて、FBIの捜査を引き継ぐ。チームMは一時トランプ陣営で選対本部長を務めたポール・マナフォートと彼の種々の資金的な絡みを捜査する。そしてチーム六〇〇は、司法省の諸規則のうち、特別検察官に関する部分の番号を取ったもので、トランプに司法妨害の疑いがあるかを捜査する。

活動の中心はロシアの捜査だ。ワシントンの一流法律事務所、ウィルマーヘイルでモラーと同じくパートナーだったベテラン検察官のジーニー・リーをリーダーに、チームRは二台の大型ホワイトボードを設置して、大統領選に関するロシアのオペレーションを詳しく図示しようとした。リーの執務室にあった一台はやがてロシア人の名前の情報でいっぱいになったが、事実上それは選挙をトランプ優位に傾けようというプーチンの試みに関わった人物たちの人名録だ。もう一台のさらに大きなホワイトボードは、仕切りのない共有スペースに設置され、会議室用の長机の一方の端に付けて置かれており、そこには毎日捜査官たちが集まってきた。このボードには当初、中身の書かれていない四角い図形がばらばらに並んでいた。それが次第にそれぞれの四角形の中に情報が記され、互いに線で結ばれていった。

モラーはモスクワへつながる人物関係をたどることにとくに関心があり、自分の執務室から出てくると、長机の椅子にどかんと身を投げ、チームRの昼前のミーティングに参加。「今日は何がわかったかね?」とでも言いたそうに、期待に満ちた表情で座っているのだった。チームの若手のエージェントや分析官たちにとっては、モラーがいつもそこに陣取っていると、本人が意図しなくても威圧的で、一部のメンバーは口数が少なくなりがちだった。モラーは咳払いをして注意を促すのが特段好きだったわけではない。だが捜査官たちには単刀直入に要点に迫ってほしかった。「食べ物で遊ぶことはやめて、きちんと食べなさい」とモラーは諭すようによく言った。

チームMのリーダーはワイスマン。容赦のない捜査官としてギャングからエンロン事件〔巨大エネルギー企業エンロンが不正会計で二〇〇一年に破綻した〕のように企業の経営幹部までを訴追してきた経験を経て、モラーのFBI特別検察官チームに加わった。ワイスマンが指揮する捜査はロシアの捜査とは切り離されて進められた。マナフォートの件はそれ自体で複雑なスキャンダルだと見られたからだ。マナフォートはトランプ陣営に加わる前から、広範な金融犯罪の捜査対象となっており、ロシアに幅広い人脈を持っていただけに、唐突に大統領選に関与したことはとくに疑念を抱かせた。

チーム六〇〇はジェイムズ・クワールズが指揮を取った。ワイスマンと同様に、ウィルマーヘイル法律事務所のパートナーだった当時はモラーの同僚で、検察官としてはウォーターゲート事件の捜査も担当した。このチームは直接大統領を捜査対象としていたから、ほかのチームにも増して政治的緊張をはらんでいた。捜査が進むうちに、ほかのチーム以上に、自分たちが捜査しているのは犯罪容疑のあるリアルタイムの事件だと気づいていくことになった。

トランプは過去に実績のある大物に弁護してもらいたいと思っていた。トランプの絶頂期だった一九八〇年代に名を馳せて、今も記憶に残っている人たちだ。しかしイラン・コントラ事件のブレンダン・サリバン、ブッシュ対ゴア事件のテッド・オルソン、アビー・ローウェル〔ビル・クリントン弾劾事件で下院共和党主任顧問〕らに断られ、残った候補はニューヨークの古株弁護士、マーク・カゾウィッツだった。離婚や破産の際に何度もトランプを助けてきたが、ワシントンの政界には通じていなかった。ところがある批判者から辞任を求められると、カゾウィッツは深夜に侮蔑的な一連のメールを相手に送りつけた――「おれとやる気か。おまえの正体を暴いてやるぞ。やられないように気をつけろよ、雌犬め」と書いた上に、「おまえの住所はもうわかっている」とつけ足したのだ[4]。これでトランプは慌てて方針を変更することになった。そしてすでにキャリアのピークをとうに過ぎたワシントンの古参弁護士たちで我慢することにしたのだ。まず、カイゼル髭と蝶ネクタイの好々爺といった風貌の、元検察官のタイ・コッブが特別弁護人としてホワイトハウスのスタッフに加わった。続いて重々しい声が特徴だが気が短い、海兵隊上がりのジョン・ダウドと、キリスト教保守派の法的リーダーであるジェイ・セクロウとが政権外から代理人としてトランプについた。

誰でも同じだろうが、弁護士たちもすぐにトランプのホワイトハウス内で展開されている派閥間闘争に気がついた。コッブの場合、ホワイトハウスでの最初の三回のミーティングなどは、コッブの言う「ジャレッドとイヴァンカは大嫌いだクラブ」に引っ張り込もうと、もっぱら誘いかけられるだけで終わったと、のちに知人に語っている。そんな動きをなんとか避けながら、コッブは二週間かけてロシア疑惑の一件を調査。実際にトランプを有罪とすべき事案はないと結論づけ、したがって捜査官らに全面的に協力するようトランプに勧めた。それには文書類の提出や、側近たちに黙秘権を行使することなく証言させるのを認めることなどが含まれていた。その見返りに、審理は一一月末の感謝祭までには終わっているだろうと、トランプの新たな弁護士たちは請け合った。だが実際は感謝祭になっても調査は終わらず、今度はクリスマスには確実に収束すると言ったが、それでも終わらず、春までには……という具合だった。コッブの考えによれば、捜査官らが大統領以外のところから必要な証拠をすべて入手できれば、大統領に証言を迫りたくとも法廷に認めさせるのが難しくなるだろうというのだった。だがこの戦略にホワイトハウスのドン・マクガーン法律顧問は唖然とした。トランプが大統領特権や弁護士・依頼者間の秘匿特権〔弁護士と依頼者間の会話や通信などが開示されない特権〕などをあっさり放棄してしまうなど、クレイジーだと思ったのだ。コッブの側は、マクガーンはコッブらの職務に嫉妬して、着任したその日からホワイトハウスから追い出したかったに違いないと感じていた。

ホワイトハウス内の摩擦は、コッブとダウドが昼休みに外食したのが原因で外部に漏れた。二人は奇妙なことにBLTステーキの店でランチを食べることにしたが、この店は『ニューヨーク・タイムズ』紙のワシントン支局の隣にあるのだ。案の定、二人が内紛について愚痴をこぼしている間、同紙のケン・ヴォーゲル記者が偶然にも隣のテーブルで食べていた。名前は言わなかったが、「マクガーンのスパイ」だと疑われるホワイトハウスの弁護士についてコッブが話したり、コッブらがアクセスできない場所でマクガーンが「文書二点を金庫に保管している」として不満を言ったりするのが漏れ聞こえてきた。さらにコッブは、「最初のころに何件かの情報のリーク」があったことや、「ジャレッドを追い出そうとしている」人物がいると愚痴をこぼし、それをホワイトハウス内のある同僚のせいにした(5)。こうして漏れ聞いた内容に基づいて『ニューヨーク・タイムズ』紙が記事を掲載すると、マクガーンはコッブに怒りをぶちまけ、このときはまだ首席補佐官だったジョン・ケリーはコッブの不注意を叱責した。

イライラして怒りに燃えるトランプはもう我慢がならなかった。

やはり新たなロイ・コーンはいないものかと、虚しい望みを抱くしかなかったのだ。

捜査チームはトランプのロシアとの異様な関係の秘密を解き明かそうとしていた。その場合、ポール・マナフォートは明らかに標的とすべき人物だった。広い肩の上に乗った頭はヘルメットのような長髪を真っ黒に染め、贅沢な高級品の服を好んで着込むマナフォートは、以前はジェラルド・フォード〔第三八代大統領。一九七四-七七在任〕、ロナルド・レーガン、ボブ・ドール〔一九九六年大統領選で共和党大統領候補〕といった共和党の大物に仕える選挙参謀として評価されていた。しかし次第にアメリカの選挙から遠ざかり、旧ソ連の辺境における巨額の報酬や、規則に縛られない政治に惹かれていった。

トランプの目の前に現れ、選挙集会の戦略官を無報酬で請け負うことを申し出て、のちに選対本部長となったころには、マナフォートは海外で活動してロシアやウクライナと怪しい結びつきのある政治成金として、ワシントンではおおかた敬遠されていた。マナフォートはロシア人の大富豪《オリガルヒ》、オレグ・デリパスカのために仕事をしたこともある。ウラジーミル・プーチンと近しいアルミニウム産業の帝王で、アメリカへの入国が禁じられた人物だ。また、ウクライナではロシアと結びつきのある「地域党」が政権を取り戻すのを支援した。同党は二〇〇四年の大統領選挙で野党の勝利を認めずに選挙不正をしようとしたが、平和的な抵抗運動だったオレンジ革命〔二〇〇四年一一月-〇五年一月〕で政権を追われていたのだ。マナフォートは革命後から数年をかけて、プーチンのお気に入りのヴィクトル・ヤヌコヴィチ〔地域党党首〕を悪漢風なリーダーから、服も髪型も話し方もより洗練されたリーダーへと変貌させ、ヤヌコヴィチは二〇一〇年の大統領選でウクライナ大統領に選出された。その後、ヤヌコヴィチは最大の政敵を投獄するなどして腐敗した政府を率いたが、マナフォートはその悪評を取り繕う手助けをした。「マナフォートはウクライナで影の政府を率いていると噂され、最高級ホテルの豪華なスイートルームを活動拠点とし、ほかにもキーウに複数の事務所を構えていた」と、のちにワイスマンは記している[6]。

二〇一四年、ウクライナで親欧米革命〔同年二月の「尊厳の革命（マイダン革命）」〕が起こり、市民の反政府デモに治安当局が発砲し、一〇〇人を超える市民が殺害された。しかし結局ヤヌコヴィチは権力の座を追われてロシアへ逃亡。だがその前にマナフォートは海外の口座を通して何百万ドルもの大金を懐に入れた。のちに娘のテキスト・メッセージがハッキングされたが、娘はそこで、デモ隊の市民が死亡した事件にマナフォートが関与していたことを示唆していた。「私たちが手にしているあのお金は殺しの報酬よ」と彼女は妹に書き送っていた[7]。ヤヌコヴィチの失脚はプーチンのクリミア半島侵攻と併合へとつながり、プーチンがウクライナ東部の親ロシア分離主義勢力の蜂起を支援するきっかけにもなった。

トランプはこれらのことを知らなかったか、知っていても無関心だったかのいずれかだ。トランプが確実に知っていたのは、マナフォートが一九八〇年代に名を馳せたこと――それこそがトランプの長年の評価基準だった――および今回マナフォートが無報酬でトランプのために働いてくれようとしていることだった。

しかしマナフォートは慈善活動の余裕などあるはずはなかった。莫大な負債を抱え、トランプのもとで働いていることを利用してなんとか金を作る方法を探していたのだ。それはトランプを支援する政治活動委員会（PAC）〔選挙のための政治資金団体〕からキックバックをもらうことだと、やがて捜査官たちは突き止めた。さらに重要なことに、マナフォートはトランプの選挙運動への協力でメディアに注目されていることを利用して、ロシア人や親ロシア派のウクライナ人などとのビジネスを再開させることに注力しているようだった。マナフォートはトランプ陣営に加わってから二週間後、コンスタンティン・キリムニクに電子メールを送り、「私に関する報道記事をわが友人たちに見せてくれたことと思います、そうですね？」と書いている。キリムニクはウクライナで一〇年にわたりマナフォートのビジネス経営を助けていた人物だ。「もちろんです。すべての記事をです」とキリムニクはキーウから返信していた。[8]

やがてワイスマン配下の捜査官たちは、マナフォートが事実上トランプ・タワーからモスクワへの連絡経路を築いていたことを発見した。トランプ陣営でマナフォートの補佐役を務めたリック・ゲイツが捜査官らに語ったところでは、マナフォートの指示のもと、トランプ陣営が実施した世論調査の内部情報をキリムニクに流したというのだ。アメリカ政府によれば、キリムニクは同時にロシアの諜報機関のためにも仕事をしており、のちに発覚したことだが、右の機密の調査結果をモスクワにある諜報機関に送っていた。「おそらくポール［・マナフォート］を経済的に助けるためだったと推察します」と、ゲイツは捜査官らに語った。キリムニクはさらに同時並行して、ウクライナの「和平プラン」なるものをマナフォートに売り込もうとしていたが、それは事実上、二〇一四年の親欧米革命の成果をロシアに有利なように逆戻りさせ、プーチンの同志であるヤヌコヴィチを再びウクライナ大統領の座に据えようとするものだった。[9]

税務当局から収入を隠したまま、マナフォートは異様なほどに贅沢なライフスタイルに金を注ぎ込み、偽の請求書や偽装会社、キプロス島からの謎の送金などで取引の足跡を隠した。フロリダ、ニューヨーク、ヴァージニアの各州に贅を尽くした住居を所有し、ニューヨーク州ハンプトンズ〔ロングアイランドにある海浜リゾートで高級住宅地としても知られる〕の邸宅には、プールハウス、パター用グリーン、ホームシアター、テニスコートなどがあり、庭師のガーデニング代は年間一〇万ドル〔一〇〇〇万円強〕にのぼった。衣類、カーペット、乗用車、アンティークにも何百万ドルも使った。その購入品の一部を挙げると――三万二八〇〇ドル〔三五五万円弱〕の「ブルーリザード」のジャケット、細部にレザーの飾りがついた、千鳥格子の裏地のスエードのコートは一万八〇〇〇ドル〔約一九五万円〕、それにピンクとグリーンのピンストライプが入った一万二〇〇〇ドル〔約一三〇万円〕のスーツなどである。[10]

モラーとワイスマンはマナフォートに対して整然と手際よく動いた。二〇一七年夏にヴァージニア州の住居を強制捜査し、秋には起訴。二〇一八年初頭にはリック・ゲイツを寝返らせて検察側で証言させ、マナフォートが証人らを買収していることが発覚すると保釈なしで拘置した。しかしどれだけマナフォートが不利な状況だったとしても、トランプはマナフォートが裏切らないようにするために手を尽くした。何度も何度も、トランプはツイッターでマナフォートの起訴を非難し、トランプに忠実なままでいれば恩赦もあり得ることをにおわせた——重大な不正行為がからむ捜査中の事件の渦中にあって、大統領としての慣例を破るきわめて異例の対応だ。トランプは、マナフォートが「伝説的なマフィアのボス、アル・カポネ」よりも「ひどい扱い」を受けているとツイートした。本人は意図せずして、ツイートでいかにもトランプらしい一面が露見した瞬間だった。証人の買収で拘置所にぶち込むのは「とても不公平だ！」ともツイートした。

　マナフォートは二〇一八年八月にヴァージニア州で裁判にかけられ、八件の詐欺罪で有罪となった。トランプは直ちにマナフォートに対し、検察側からの圧力に抵抗しろとの合図を送った。「マイケル・コーエンと違い、マナフォートは『折れる』ことを拒んだ——『ディール』を手に入れるために作り話をするのを拒んだのだ」とツイート。かつての自分のフィクサーよりもマナフォートを好意的に評価してみせたのだ。トランプはアメリカの最高司令官というよりも、頼むから検察側で証言するのはやめてくれと、犯罪者一族のボスがその相談役《コンシリエーレ》に懇願しているかのように見えた。ワシントンで二件目の裁判を受けたマナフォートは、ようやく罪を認め、累積七年の禁固刑を言い渡された。しかしモラーと配下の検察官らが望んでいた証拠はついに差し出さなかった。トランプの支持者らが主張したように、そもそもそんな証拠は存在しないのか、あるいは検察側が疑ったように、恩赦を期待できる合理的な理由があったから隠し通したかである。

　ジーニー・リーのチームはホワイトボードの四角形の枠内を情報で埋め続け、二〇一六年の大統領選に介入しようとしたロシアの広範な工作活動と、トランプ陣営がいかにそれに乗じたか、その粗い全体像を労を惜しまず組み立てていった。トランプ陣営とモスクワとの間にはあまりに多くの接点があったため、すべてが合わさるといったい何がどうなるのか、不思議に思わずにはいられなかった。トランプ・タワーでミーティングをセッティングした息子のドナルド・トランプ・ジュニア。モスクワとの仲介役になろうとしたジョージ・パパドプロスやカーター・ペイジといったトランプ陣営の補助的な選挙顧問たち。それにトランプの政治顧問で、マナフォートのビジネス・パートナーでもある〔ロビー活動をする会社の共同設立者・経営者〕ロジャー・ストーンもいる。ロシアの工作員らが民主党からハッキングした膨大な電子メールをウィキリークスが暴露したとき、ストーンはウィキリークスと接触していた疑いがあった。それに大統領選に立候補していながらも、トランプがマイケル・コーエンを使ってモスクワにトランプ・タワーを建設しようとしていたという例の一件がある。そのときトランプはロシアとは一切取引はないとして、世間を欺いていたのだ。

ヒラリー・クリントンにダメージを与えてトランプを当選させるために、ロシアの工作員らが手の込んだ「影の選挙活動」を仕掛けていた――リーの捜査官らは政府の各種情報機関と協力してそう確証を得た。そしてそれは二〇一一年にロシア国内で反プーチンの街頭デモをけしかけたヒラリー・クリントンと、二〇一四年のウクライナ侵攻後に対ロ制裁を課したとしてプーチンが批判していた民主党政権とに対する、プーチンの復讐計画だったのだと、リーのチームは結論づけた。インターネット・リサーチ・エージェンシーという平凡な名称の偽情報拡散組織《トロール・ファクトリー》がサンクト・ペテルブルクに設立され、その資金はエフゲニー・プリコジンが提供した。プリコジンはクレムリンときわめて近しい新興富豪《オリガルヒ》で、経営するレストランやケータリング会社がプーチンに食事を提供していたことから「プーチンのシェフ」と呼ばれた男だ〔二〇二三年、民兵組織ワグネルを率いてロシア政府に反乱を起こしたが失敗し、ベラルーシへ亡命後、ロシア国内の航空機事故で死亡したとされる〕。

そのトロール・ファクトリーは偽のメッセージでSNSをあふれかえらせた。リーのチームが入手した内部関係者の電子メールには、「主なねらい――あらゆる機会をとらえてヒラリーその他を批判すること（［バーニー・］サンダースとトランプは除く。われわれはその二人は支持している）」と書かれていた。[11]

ロシア側は偽装アカウントを多数立ち上げた。それらが名乗っていたのは反移民団体、ティーパーティーの活動家、ブラック・ライブズ・マターの抗議活動家、LGBTQ関係組織、宗教組織などである。そしてフェイスブックに「愛国的ということ」「全侵略者を阻止せよ」「安全な国境」などのグループを作成した。[12] 有色人の有権者が投票に行くのを抑え込もうと、「覚醒した黒人たち」と名乗る偽装グループを作り、インスタグラムでこう断定した――「トランプへの憎悪が人々を間違った方向へ向かわせており、キラリー〔キラー（人殺し）とヒラリーを組み合わせた蔑称〕に投票するよう黒人たちを強いている。だが二人の悪魔の弱い方につけばいいというものではない。だから投票などそもそもしないのがいちばんいいに決まっている」[13]。ツイッター社はロシア政府とつながっている自動化されたアカウントを五万二五八件特定した。[14] こうした投稿に対し、次のような面々がリツイートやその他の形で反応した——ドナルド・トランプ・ジュニア、エリック・トランプ、ケリーアン・コンウェイ〔当時は選挙戦顧問、のち選対本部長〕、ブラッド・パースカル〔選挙戦デジタル・メディア担当〕、ロジャー・ストーン〔当時は選挙戦政治顧問〕、ショーン・ハニティ、マイケル・フリン〔当時は選挙戦補佐官〕。

ジーニー・リーは収集した機密情報を整理するうちに、何だこれは、と思わず言いたくなった瞬間があった。ロシアがアメリカに偵察員を派遣し、アメリカの愛国者を騙るときに発言などが不自然にならないよう、選挙戦を左右する浮動票の多い諸州（スイング・ステート）などを偵察させていたことがわかったのだ。二〇一四年、カメラ、SIMカード、使い捨て用の携帯電話などの装備で身を固めたロシアの女性工作員二名が、ミシガン、コロラド両州など、大統領選の激戦州も含む九つの州へ三週間のいわば「ドライブ旅行」をしていた。さらに別の一名がジョージア州へも派遣されていた。アメリカの民主主義への信念を切り崩そうと、ロシアの秘密工作員がアメリカのど真ん中で現地調査をしていたと思うと、リーはとても心穏やかではいられなかった。さらに、トランプが「ロシアよ、もし聞いていたら」ヒラリー・クリントンのコンピュータをハッキングしろ、と公然と呼びかけたその同じ日に、まるで指示を受けたかのように、ロシアの工作員らがまさにそうしようと試みていたことも判明した。これを発見した捜査員たちは唖然とするばかりだった。

最終的にリーのチームは二五人のロシア人と三つの関連企業とを、この工作の実行者として特定し、起訴した。ただし、ロシアがその者らを絶対に引き渡さないだろうと承知の上である。それでも疑問は残った——アメリカの選挙に対するロシアによるこの前代未聞の攻撃に、積極的な役割を果たしたアメリカ人は（もしいるとすれば）いったい誰だったのだろうか？

トランプ大統領の弁護士たちにとって、検察官らに対処するのも大事だったが、クライアント本人に対処するのもひと苦労だった。彼らは最初から、モラー特別検察官を公然と批判しないようトランプに強く言い含めた。そしてトランプも当初はそれなりに自制していた。「魔女狩り」は怒りを込めて糾弾したが、ロバート・モラーを初めてツイッターで名指ししたのは、モラーの特別検察官就任からほぼ七カ月後のことだった。

しかしマール・ア・ラーゴへ行くたびに、トランプはすっかり興奮してワシントンへ帰ってくる。ルディ・ジュリアーニや、著名なハーヴァード大学教授でセレブたちの弁護でも知られるアラン・ダーショウィッツといった友人らに煽られて、トランプはいつでもモラーと対決してやるという気にさせられて戻ってくるのだ。だから弁護士たちはトランプをもう一度落ち着かせなければならなかった。ジュリアーニはホワイトハウスの弁護士たちにしきりにけちをつけた。あるときはジョン・ダウドに向かって、やっていることがデタラメだと批判した。ダウドとしてはお笑いぐさだった。少なくともおれはあんたみたいに酔っ払ったままテレビに出たりはしないぞ、とダウドは思ったが、口には出さなかった。やがてトランプは我慢しきれなくなり、モラーとそのチームに激しい非難を浴びせ始めた。捜査官らが何を言っても信用するなと、少なくとも自分の支持者たちだけでも、説得しようとしたのである。

モラーを悪者に仕立てるのは無理があった。生涯にわたって一共和党員を貫いていたから、トランプとしても左翼の汚名を着せるわけにもいかなかった。そこでモラーの部下にねらいを定めた。アンドリュー・ワイスマン、ジーニー・リー、ジェイムズ・クワールズといった検察官らだ。いずれもヒラリー・クリントンに寄付をしていた。トランプは彼らを「怒れる一三人の民主党員」と名づけ、のちには「怒れる一七人の民主党員」となった。モラー配下の検察官たちの大部分が民主党員として登録していたのは事実だ。その要因の一部は、モラーが部下を採用する際、司法省の規定により求職者の所属政党を訊くことが禁じられていたことにある。トランプの捜査に民主党員の方が進んで手を挙げるのは不思議ではない。ビル・クリントンの弾劾事件で捜査を担当したケン・スター特別検察官のチームも、同じように共和党員が多数を占めていたのだ。

トランプの攻撃は二〇一七年末に勢いを増した。不倫関係にあったFBIのエージェント、ピーター・ストラックとリサ・ページが交わした反トランプ的なテキスト・メッセージが表沙汰になったからである。これは不当な迫害を受けていることの証拠だとトランプは主張した。モラーはストラックをチームから外したが、トランプはストラックとページに妙にこだわった。選挙集会では「愛人たち《ラバーズ》」と呼んで二人の口まねなどをした。あるときは何千人もの支持者らを前にステージに上がり、二人のメッセージの内容を嘲りを込めて再現してみせながら、ストラックがオーガズムに達する姿までまねして見せたのだった。

モラーに対する攻撃には実に滑稽なものもあった。モラーはかつてトランプの所有するゴルフクラブでプレー料金の払い戻しを拒まれたことがあり、そうした関係から、特別検察官を務めるには不適任だとトランプは主張。ポール・マナフォートの一派は、ワイスマンがマナフォートに反感を抱いていると批判した。二〇一六年の大統領選投票日の晩、ワイスマンはニューヨークでヒラリー・クリントンのパーティーに顔を出した。ワイスマンは口をつぐんでいるが、そのときの同行者の一人が今やマナフォートの弁護士の一人になっているというのだ。こうした具合でトランプ側からの攻撃があまりに執拗なため、リーの夫はやがて特注の野球帽を二つ作って少し空気を和らげようとした。ひとつはワイスマン用で、「怒れる民主党員#1」という文字がデザインされており、もうひとつは妻のジーニー用で、そちらは「怒れる民主党員#2」となっていた。リーは解任されることを心配しただけでなく、共和党議員らが議会の監視権限を行使して検察官らを追及することも恐れていた。中間選挙の前にリーは、「共和党が下院で過半数を維持したら、私たちは身を守るために全員が刑事専門弁護士を用意しておく必要がありそうですね」と言った。「今、あの人たちはそれほどめちゃくちゃひどいんです。冗談抜きにです[15]」

敵の弱点を見つける類稀なスキルを持つトランプは、英国の元スパイのクリストファー・スティールの文書を根拠に自分を被害者に仕立てようとした。その文書の作成はクリントンの支持者らが費用を負担しており、そこに含まれているひどくセンセーショナルな主張の多くは証明されていなかったため、トランプに対するあらゆる疑惑を否定するのに格好のツールになったのだ。しかしトランプの言い分に反し、ＦＢＩの捜査はスティール文書に触発されたものではなかったし、文書の内容も、せいぜいトランプ陣営の外交政策顧問だったカーター・ペイジに対する秘密の捜査令状の根拠となった程度だ。ＦＢＩがその文書を根拠にペイジを監視する許可を申請したことや、その許可を出した判事に対して、文書が党派的な意図に基づいていることをもっとはっきり伝えなかったことなどが、のちに監察官によって批判された。しかしスティールの文書は、モラーの捜査官らが収集したその他の証拠とはほとんど何の関係もなかったのである。

トランプが度を超えたばかげた主張をしても、モラーは決して反撃しなかった。そして配下の捜査官たちには、トランプに不利な情報をメディアに密かに漏らすことを許さなかった。モラーはおそらくワシントンでは近年稀に見るほど情報漏洩の少ない連邦政府の組織を運営していたと言えるだろう。ヴェトナムで本物の戦争を体験してきただけに、政治的な戦争に心を乱されることはなかったのだ。モラーは捜査チームのメンバーたちに問いかけた――「ここで起こり得る最悪のことは何だと思うかね？　再びヴェトナムの戦場に送り込まれるわけじゃないだろう？」。

しかしトランプは悪意あるツイートや意地の悪いニックネームにとどまらず、それらをはるかに超えた復讐を望んでいた。そのためヒラリー・クリントンやジェイムズ・コミーを含む自身の敵らを刑事告訴しろと、ジェフ・セッションズ司法長官や後任のビル・バーに繰り返し、しかも公然と迫ったのである。二〇一八年春のある時点では、クリントンとコミーを起訴するようセッションズに指示を出せと、ドン・マクガーンに命じた。そしてもし司法長官が拒んだら、自分が大統領として起訴してやると言ったのだ。「あなたは誰も起訴できませんよ」とマクガーンは言って、大統領にはそんな権限はないことを説明してやらねばならなかった。続いてマクガーンは異例のメモの作成に取りかかり、あたかもアメリカが独裁国家であるかのごとく、刑事司法制度を政治的な武器に使うことが、いかに不適切か、トランプに説明しようとしたのである。「大統領が権力を濫用して刑事事件に介入しようとしていると議会が結論づけたならば、議会は大統領を『弾劾して解任』しようとすることもできる」と、マクガーンは斜字体の太文字を使って要点を強調した[16]。

トランプは司法省がアンドリュー・マッケイブFBI長官代行を起訴することも望んでいた。トランプ大統領に対する犯罪捜査と対諜報活動に関する捜査を正式に開始させた張本人だ。ヒラリー・クリントンの捜査に関するマスコミ発表資料を調べていたある監察官が、マッケイブが局内の捜査官たちに対して「誠実さに欠ける」面があったことに気づいた[17]。トランプはそれを根拠に起訴を求めたが、一向に起訴されそうにないとあって、少なくとも年金受給資格が発生する前にマッケイブをクビにしろと、トランプはセッションズに圧力をかけた。これにはセッションズも応じ、二〇一八年三月、マッケイブの退職予定日時の二六時間前に解雇した。コミー長官もそうだったが、マッケイブも解雇されたことをテレビの報道で知った。トランプはツイッターでもマッケイブをなじった――「アンドリュー・マッケイブ、クビ。FBIの勤勉な男女にとってすばらしい日だ」。

モラーに対するトランプ一派の戦争は、FOXニュースの支持者らと緊密に連携して進められ、FOXニュースも大統領の攻勢を熱心に詳報した上に、独自の攻勢もかけた。ショーン・ハニティはポール・マナフォートと何百通ものテキスト・メッセージをやりとりし、特別検察官を叩く最善の方法を実現するよう協力した。捜査官らはのちにこれらのテキストを入手し、マナフォートが有罪判決を受けてから九カ月後に公表した。一方、ハニティはジャーナリストとして中立の立場を取っているふりすらしなかった。「私は毎日選挙戦モードだ」とマナフォートにテキストしたかと思うと、別の機会には「われわれはみな同じチームの一員だ」と送信した。

　マナフォートはモラーを叩けそうなポイントを指摘し、ハニティは自分のラジオやテレビの番組に反映させた。時には役回りがこの逆のこともあった。「今晩の番組でのあなたの一人語りは、モラーとそのチームに対する批判点をみごとに要約していました」と、マナフォートはある晩遅くハニティにテキストした。

　あるときマナフォートは、減刑と引き換えに大統領について知っていることを開示するよう、検察官たちから圧力をかけられていることをハニティに認めた。「連中は私がDTまたは家族を、とくにJKを見限ることを望んでいます。私は決してそんなことはしません」と、ドナルド・トランプとジャレッド・クシュナーに言及しつつハニティに書き送った。

　このときハニティはマナフォートに対し、二人の共通の基本線はトランプが無罪だということだ、と念を押した――ただし、クシュナーの容疑を晴らすことにはそれほど熱意を感じないのだが、と。「DTを見捨てるべき理由はまったくない。JKは何かやったのか？」とハニティはマナフォートに返信した。

　マナフォートは慌てて返信した。「何も。私が何もやっていないのとまったく同じです」と書いたのだ。[18]

　マナフォートは最後まで寝返らなかった。しかしモラーはトランプとその一派の真実を追及して暴く上で、秘密兵器を持っていた。それはホワイトハウス内の情報源であり、政権内で起きていることを検察官らに知らせてくれた――ドン・マクガーンである。

　ホワイトハウス顧問を務めていながら、事実上マクガーンは検察側の主要な証人であり、ほぼリアルタイムで内部情報をモラーの捜査チームに流していた。捜査に対するホワイトハウス側の弁護人のタイ・コッブとジョン・ダウドが決めた戦略に従い、マクガーンがモラーのチームとやりとりをすることをトランプ自身が承認したのだから、トランプとしては誰のせいにもできなかった。マクガーンは当初は反対した——弁護士が自分のクライアントに関する情報を検察側に提供するなど、考えただけでも受け入れがたかった。だがいったん協力するよう命じられると、マクガーンは全面的かつ徹底的に協力した。秘匿特権で禁じられていない限り、真実を述べることこそ自分の法的義務だと考えたからである。

　マクガーンは奇抜な人物の多いトランプのホワイトハウスの中でも奇抜だった。筋金入りのリバタリアンで、ロック・ミュージックを愛し、三〇本以上のギターのコレクションは有名で、ホワイトハウスのスタッフに加わるまでは、スコッツ・ニュー・バンドという名のカバーバンドのメンバーとして多いときには年間一〇〇回もステージに立っていた。マクガーンはトランプのカジノが海岸沿いに威容を現しつつあったアトランティック・シティで育ち、ノートルダム大学〔インディアナ州のカトリック系の名門大学〕を卒業後、ワイドナー大学〔ペンシルヴェニア州の伝統校〕で法務博士号を取得した。選挙法を専門とするマクガーンは全国共和党下院委員会の法務顧問を務めたのち、ジョージ・W・ブッシュ大統領が連邦選挙委員会委員に指名。そこでは共和党の議員団を率いて選挙資金の規制緩和をめざした。ほかの弁護士たちが避ける中、マクガーンは大統領選でトランプ陣営の法律顧問に就任し、おかげでホワイトハウスでは大統領の弁護士が代々執務するウェストウィングの二階の有名な角部屋を与えられた。

　政権スタッフの中には、トランプが本当はどのような人間かを知らずに、あるいは自分を欺くために知らないふりをして、トランプのもとで働くことにした者もいただろう。しかしマクガーンはそんな言い訳はできなかった。叔父のパディことパトリック・マクガーンはアトランティック・シティの弁護士で、現地では伝説的な影の実力者だった。そのパディはトランプがカジノ帝国を拡大するのを手助けしたのだ。一時期はきわめて親密で、トランプ・タージマハール・カジノの酒場をトランプがパディーズ・サルーンと名づけたほどだ。しかしトランプのために仕事をする多くの人たちと同様に、二人は弁護料をめぐって揉めて、互いに相手を告訴した。二〇〇〇年に死去する直前の時点で、自分に対するトランプの負債がまだ一〇〇万ドル残っているとパディは主張していたのだった。ドン・マクガーンはホワイトハウスの法律顧問に就任する際、パディの甥だということは黙っておくことにしたが、それでもトランプ大統領との関係は張り詰めたものとなった。

　癇癪を起こしてことを進めるようなトランプの政権運営手法にマクガーンは嫌気が差し、陰ではトランプのことを「キング・コング」「クソったれコング」などと呼んでいた[19]。自分が辞めないことの言い訳はジョン・ケリーとH・R・マクマスターらと同じで、トランプに直言しない別の弁護士が来たら事態はもっと悪化するだろうからと、マクガーンは周囲に語った。しかし単に自己犠牲の精神で居残っていたわけでもない。マクガーンは保守派判事を送り込むことで連邦裁判所を変貌させるという、長年の目的を達成するためにトランプ政権の力を利用したのだ。マクガーンはミッチ・マコーネル共和党上院院内総務と協力しながら、保守派のニール・ゴーサッチを連邦最高裁判事として議会に承認させることに成功し、連邦控訴裁判所や連邦地方裁判所にも何人もの保守派判事を任命したのだ。辞任を考えたこともあったが、そのときは最高裁のアンソニー・ケネディがマクガーンの予測どおりに引退したため、職にとどまることにした。そしてケネディの後任にブレット・カバノーを指名するようトランプを説得できたのであった〔第11章参照〕。しかし判事の指名に関すること以外では、マクガーンはトランプを避けていた。知人たちには、いい日とはトランプと一度も会わなかった日だと言った。大統領も勘づいていたようで、「あいつは判事の指名以外に何もしてないんじゃないのか」と補佐官らにこぼしたのだ。

こうしたことの一方で、マクガーンは常にモラーの捜査チームとやりとりをし、捜査官らの質問に答えるのに三〇時間以上を費やした。トランプはマクガーンが彼らに協力していることは承知していたが、そこまで徹底的にやっているとは想像すらしていなかった。モラー配下のジェイムズ・クワールズのチームはマクガーンの協力のもと、本気で捜査を妨害しようとしていたトランプの活動の詳細を記録していった——ジェイムズ・コミーFBI長官の解任、モラー特別検察官の活動を抑制するためジェフ・セッションズ司法長官に圧力をかけようとしたことなど、一切合財だ。その不遜なやり口にクワールズは唖然とした。コミー解任の件では、トランプが当初スティーヴン・ミラーに書かせた解任の手紙の原稿を入手してみると、いかにもいわくありげなトーンにクワールズはひっくり返りそうになった。「まるで子供騙しだ」とクワールズはアンドリュー・ワイスマンに言った。さらにマクガーンによれば、トランプが自宅に電話をしてきて、「モラーはやめさせろ」とロッド・ローゼンスタイン司法副長官に伝えろと指示されたこともあった。マクガーンはその命令は無視することにしたが、辞任しようかとも思ったという[20]。この逸話をのちに『ニューヨーク・タイムズ』紙が報じると、リークしたのは「あの嘘

り除いたと考えている。たとえば、検察官らは偽情報を拡散させるインターネット・リサーチ・エージェンシーの従業員の電子メールを入手したが、そこにはトランプが当選したときに本部で祝福した様子が記されていた。「私たちはシャンパンの小瓶を開け、ひと口ずつ飲んでからお互いに目を合わせた。そしてほぼ同時に唱和した——『おれたちはメイク・アメリカ・グレートしたぞ』」と、そのロシア人は書いていた[27]。ゼブリーはこの一件を最終報告書から外した。同様に、ポール・マナフォートの知人であるロシア人のコンスタンティン・キリムニクについては、ロシアの情報部員であるとはせずに、ゼブリーは「ロシアの情報機関とつながりがある」と描写した[28]。のちに超党派の上院情報部会が出した報告書はこんなに抑制されたものではなかった。

ついに二〇一九年三月二二日、金曜日、モラーは四四八ページの報告書をビル・バー司法長官に提出した。検察官たちは、陪審員に関する非公開情報などを保護するためにバーがそのまま報告書を公表することはないとわかっていた。このため長期間の確認作業を経ずに、すぐに公表できるように要約版を二種類用意した。しかしバーは自分で要約を書くことにした。バーはロッド・ローゼンスタインと一緒に深夜まで、さらには週末にかけて作業をした。ローゼンスタインは司法副長官として、モラー特別検察官の捜査のそもそものきっかけになったコミーFBI長官の解任にも加わっていた人物だ。バーはモラーの報告書をできるだけトランプに有利なように解釈し、四ページから成る議会への書簡を書き上げた。

バーの書簡はいくつかの重要な点で報告書を恣意的に解釈していた。まずモラーはトランプ陣営に「ロシアとの共同謀議または連携」があったとは言えないとしている、とバーは書いたが、両者の間に広範なつながりがあったことや、トランプ陣営は選挙におけるロシアの手助けをわかった上でその利益を受けたという点について、報告書が記していることには言及しなかった。司法妨害に関しては、バーは「本報告書は大統領が犯罪を犯したとは結論づけないが、無実を証明することもしない」というモラーの文章を引用した。だがモラーが司法妨害にあたる可能性がある事例を一〇件特定したことにはまったく触れなかった。バーの要約は、モラーが「いずれか一方に結論づけることはなかった」との印象を与えた。だが実際のモラーの報告書のメッセージは明白だった——モラーはそれら一〇件の事例は司法妨害の疑いがあると考えていたが、現役大統領を犯罪で起訴できないという司法省の政策があるため、明言することができないと感じていたのだ。[29]

トランプはどのような報告書が出てくるかはわかっていた。弁護士たちは司法省の動きを逐一報告していたのだ。三月二四日、日曜日、午後三時ごろ、大統領と一緒にマール・ア・ラーゴにいたエメット・フラッド特別弁護人にバーの首席補佐官から電話が入った。そしてまもなくバー司法長官が議会へ送付する書簡を読んで聞かせた。その後、フラッドと、ドン・マクガーンの後任としてホワイトハウスの法律顧問に就いていたパット・シポローネは、トランプ大統領に説明するために私邸の区画へ向かった。

一時間後、トランプはワシントンへ戻るためにウェスト・パームビーチの空港に到着し、駐機場で数分間立ち止まって得意げにしゃべった。「ロシアとの結託はなかった。[司法]妨害もなかった——まったくなしだ。そしてこれは完全にして全面的な無罪放免だ」と記者たちに言った。[30]

ホワイトハウスに到着すると、弁護士たちが待ち受けていた。「総合的な見解としてはどうかね?」とトランプは尋ねた。

ジェイ・セクロウが答えた——「総合的な見解としては、われわれの勝利です」。

トランプは勝ったかもしれないが、完全にして全面的な無罪放免にはほど遠かった。トランプに好意的だったバー司法長官の書簡でさえ、モラーは司法妨害に関してはトランプへの疑惑を否定してはいないことを明記していた。しかし罪は晴れたとトランプが主張する口実を与えたとして、モラーのチームはバーに憤慨していた。アンドリュー・ワイスマンはニュージャージー・ターンパイクを車でワシントンへ向かいながら、バーの書簡に関するラジオ報道を聴いた。そしてバーの書簡を「あからさまな嘘」[31]ととらえたが、捜査チームのほかのメンバーも同様だった。

モラーは心底バーの書簡に怒っていた。二人は旧友で、夫人同士も親しかった。モラーは「司法省が議会へ送付し、三月二四日午後遅くに公開された要約の書簡は、特別検察官の捜査活動と結論について、その文脈、性格、そして内容のいずれも充全にとらえていなかった」と、バーに書き送った。そしてその結果、「われわれの捜査結果のきわめて重大な諸側面について、今や国民は混乱している」と付け加えたのだ。[32]抑制の効いたモラーの言葉としては、これは猛然たる憤りに等しかった。そしてモラーのチームが作成した二通の要約を直ちに公開するよう要請した。しかしバーの側もモラーの手紙を「ちょっとカリカリしすぎ」[33]だと感じ、むっとしていた。モラーの部下が怒っていて、バーにあんな手紙を書かせたのだろうと、バーは解釈した。

それから三週間以上を経て、バー司法長官の誤解を招く要約が世間に定着していった。四月一八日、バーは一部を削除した上でついに報告書全文を公開したが、このときもトランプに有利なように解釈してみせた。報告書が公開される直前の記者会見で、モラーが「結託はなかった」としたと、バーは四度も断言。「ホワイトハウスは特別検察官の捜査に全面的に協力した」と断定した上で、「大統領は捜査を完了するのに必要な文書の提出や証人の証言を、特別検察官に事実上拒絶するような行為は一切行なわなかった」とも主張した。バーはさらに、「大統領は政敵が駆り立て、違法なリークが焚きつけた捜査が、自身の大統領職を傷つけていると心から確信しており、そのためフラストレーションと怒りを感じている」[34]として、まるでトランプが審理を阻害しようとすることには正当性があると言わんばかりだった。

実はモラーは「結託」についてはなんら判断を下していない。これは法律用語ではないのだ。モラーは共同謀議を証明するには十分な証拠がないと結論づけた。報告書は同時に、トランプは選挙に勝つ上で、ロシアの後押しを知った上で進んで受け入れたと指摘している。仮に違法でないとしても、アメリカ史上、当然スキャンダラスで前例のないことである。捜査に全面的に協力したという点については、トランプは最も重要な証人の証言をモラーに対して拒絶した――トランプ自身である。そしてトランプは、自分に不利な証言をしそうな証人たちに恩赦をちらつかせる一方で、繰り返しモラーの抑制や解雇を試みたのである。

モラーの報告書が記した捜査結果はトランプにとってきわめて不利だった。だがそれにもかかわらず、その文言は腹立たしいほど受け身であり、その点モラーもまったく弁解をしなかった。以前から、高齢に差しかかっているモラーはかつての鋭さを失っていると密かに噂されていた。だが下院の民主党議員らはそんな危うい兆候を無視し、本人の意志に反して報告書について証言することを強要したのだ。モラーがテレビでしゃべれば、無味乾燥な報告書も、腐敗した大統領に対する劇的で視覚的な告発に変わるはずだというのが、民主党議員らのねらいだった。アメリカの国民は台本を読むことはなくとも、映画は観るだろうというわけだ。

理屈はそうだとしても、七月二四日に公開された動画は、民主党側が望んでいたような大ヒットにはほど遠く、モラーも民主党が期待したようなアクション・スターではなかった。二年にわたり、反トランプ派はモラーを一種のスーパーヒーローに祭り上げ、大統領を倒してくれるだろうとの期待を託してきた。NPR〔公共放送用コンテンツを制作する非営利組織〕などは、モラーの報告書が出るまで長生きしたいという九〇歳代の市民らのドキュメンタリーまで制作し、報告書によってトランプは必ず報いを受けると期待している様子を伝えた(35)。

しかしそうはならなかった。公聴会会場のモラーは威厳はあるもののおぼつかなく、ときには議論についていくのに苦労した。そのモラーは返答をほぼ「イエス」「ノー」「報告書を参照してください」というのにとどめ、自身の結論をはっきりと説明することすら頑として拒んだ。民主党側が期待していたような道義的な憤慨も一切なし。公聴会を取り仕切った下院情報委員会のアダム・シフ委員長とほかの民主党議員らは、モラーの証言があまりにも素っ気ないのを見てこばわった。「どれほどモラーが変わってしまったかを事前に知っていたら、あれほど熱心に彼の証言を求めなかっただろう――それどころか、証言など一切求めなかっただろう」とシフはのちに書いている(36)。公聴会の半ばで、シフは質問の仕方を変えるようにと急いで同僚の議員らに指示した――自由に答えてもらうような質問はやめる、語りを要する質問もなし、ただ単純で直接的な質問だけにしろ、と。

モラーが七時間近くに及んだ証言を終えても、民主党は期待していたテレビ向きの糾弾の瞬間を得ることはできなかった。そして特別検察官の捜査に基づいてトランプ大統領を弾劾できる見込みは事実上、雲散霧消していた。ハーヴァード大学教授で、弾劾を支持していたローレンス・トライブはツイッターに書き込んだ――「悪事を断罪する報告書に生命を吹き込むどころか、衰えくたびれたロバート・モラーはすっかり生命を吸い出してしまった(37)」。トランプはほとんど歓喜を抑えられなかった。次々と侮蔑的なツイートを発し、ホワイトハウスのサウスローンにいた記者団の前で足を止め、ほくそ笑んで言った――「ロバート・モラーは今日も捜査のときも、どちらもひどい仕事をしたもんだな」。

トランプは無罪放免となったわけではなかったが、勝ったのだ。捜査チームを脅しつけることに成功した。トランプは自身の行為について、宣誓下で答えさせられることも一度もなかった。そしてまさにこの瞬間のために人選した司法長官の手助けもあって、捜査結果を自分に有利なように歪曲し、公然と解釈し直すこともできた。トランプは大統領在任中、モラーの特別検察官任命の翌日以降、モラーの捜査について「でっち上げ」という言葉を七八九回、「魔女狩り」を七一五回使った。[38] アメリカの国民の多くが捜査をでっち上げの魔女狩りだと考えたのも、無理はないというものだ。

第17章 ジョン・ボルトンの戦争

何カ月もの間、ジョン・ボルトンとマイク・ポンペオには確執があり、どちらも先人たちが気づかなかったトランプの扱い方の秘訣を発見したと主張していた。それはポンペオの場合は揺るぎない忠誠心だった——少なくとも公の場では。トランプの要求が自分の直感やイデオロギーとどれほど矛盾していてもだ。「国務長官は大統領が何を望んでいるかを知っていなければならない。リーダーたる大統領と波長がずれてしまうと、単に油を売っているだけになるのだ」と、二〇一九年の春、ある演説で述べた。部下の特質の中でトランプが最も評価し、ひょっとして唯一評価するのが、忠誠心だとポンペオはよくわかっていた。三月にいつまで国務長官を続けるつもりかと問われ、ポンペオが「ツイートで職を追われるまでは続けるよ」と冗談を言うと、相手も心得顔で笑いを漏らした(1)。

国務省では、周囲となじめない偏屈者のレックス・ティラーソンからやっと逃れられると、ポンペオの長官就任は当初歓迎された〔二〇一八年四月就任〕。そしてポンペオは卑屈なほどに公然とトランプを称賛したことで、個人的な裁量の範囲が広がったことをすぐに行動で示してみせた。たとえば、大統領選の年にはトランプを批判していた者も、登用できた。かつて反トランプの公開書簡に署名したジム・ジェフリーはシリアへの特別代表に、幹部クラスのポストへの就任をかつてトランプに却下された共和党の外交専門家でベテランのエリオット・エイブラムスは、ベネズエラ特使に就けた。上院の承認を必要とせず、トランプに対する見解を公開の場で述べさせられるという気まずい思いをしなくて済むポストであれば、エイブラムスのような人間でもオファーに応じるのだと、ポンペオはトランプに説明した。そしてポンペオとしては、そうした人材を採用すれば、トランプに懐疑的なワシントンの外交専門家たちに対し、自分の信頼度に磨きがかかるということも忘れてはいなかった。こうして国務省内の既成勢力は、ポンペオのことを次第にトランプのお目付役となる「大人」の生き残りと見るようになっていった。そのころ、ポンペオの共和党員の顧問の一人は、「彼はトランプの応援団ではありません。トランプをコントロールしようとすごく努力しています」と主張した(2)。

ところが二〇一九年春には、ささやかな自由には代償が伴うことを、ポンペオは外交の専門家たちに対してはっきりさせつつあった。ポンペオはウェストポイントの陸軍士官学校の親友で、カンザス州ウィチタ時代のビジネスパートナーでもあった二人を国務省入りさせた。一人はウルリッチ・ブレックブル。参事官としたが、かつ何でも屋的なトラブルシューターに指名した。ポンペオはあたためてきたプロジェクトも担当させた――国務省の新たなミッション・ステートメントの作成だ。その結果できあがった「プロフェッショナルの精神《エートス》」を示す文章は、ポンペオの長官就任一周年に合わせ、国務省本部のグランド・ホワイエで開かれた全員出席の異例の激励会で披露された。国務省外交局の職員の多くはこの「精神」を、情報をリークする恐れのある連中に「忠誠の誓い」を迫るものと受け止めた。事前に相談も受けていたあるベテラン外交官は、これは「ひどく威圧的であり、オーウェルの『一九八四』そのものだ」と述べた(3)。

ポンペオは国務省の新たなモットーも発表した――「ワン・チーム、ワン・ミッション」。これは大統領が外交官らにそう請け合うというのではなく、むしろ大統領を安心させてやるための文言のように思えた。「ミッション（使命）」という一語がそれを図らずも明かしていた。ポンペオはしばしば公の場で、トランプから指定された「一群のミッション」があると述べ、つまりは自身は大統領の司令の実行役にすぎないという立場をとった。国務省のある元高官はポンペオについて、「彼はそれが何であれ、ミッションに一心に専念します。いかにもウェストポイント出身者らしい。『トランプがディールを欲してる、だから私はディールを実現する』というタイプです」と述べた。ジム・マティスやジョン・ケリーら大将上がりの人たちが司令官風に仕切りたがり、そのためトランプと疎遠になってしまったのとは対照的に、ポンペオは「陸軍大尉らしい、ウェストポイント出身だが、将軍になる前に軍隊を足抜けした男ならでは」の言葉遣いをしたという(4)。四月の国務省での激励会で、ポンペオはアメリカ最古の政府部門である国務省のミッション（使命）を、驚くほど個人的な視点で定義し直した――「合衆国大統領のために職務を遂行する第一の省庁」(5)。外交官らへのメッセージは明白だった。クライアントはもはやアメリカという国家ではなく、大統領という一人の人間にすぎなくなったのである。

ボルトンはそんな風にうまく立ち回るタイプではない。国家安全保障問題担当の大統領補佐官の職をめざしていたときこそトランプにへつらったが、いったんホワイトハウス入りしてしまうと、ますます大統領とは距離を置くようになった。トランプとの間で揉めごとが巻き起こるたびに、「トランプと話すべきです」と側近たちから言われた。だがボルトンは「無意味だ」といつも退けた。ボルトンはむしろトランプの裏で、ときにはまったく避けて、自身の外交政策を推し進めた。二〇一九年二月、トランプ政権は中距離核戦力全廃条約（ＩＮＦ）〔一九八七年に米ソが締結〕からの正式な脱退手続き開始を表明。これは冷戦時代の最後の大きな遺物と言うべき軍縮条約で、長年ボルトンが標的にしてきたものだ。さらに一九九二年のオープンスカイズ条約〔各国が互いに非武装航空機で軍事施設や活動を監視し合うことを認めるもの〕からも脱退するために地ならしをし、国連人権理事会からも脱退するよう、見事に政権を動かした。

ボルトンにはもうひとつこだわりの政策があった。ベネズエラの政権交代だ。左翼の独裁者だった故ウゴ・チャベス大統領の後任に元副大統領のニコラス・マドゥロが就任していたが、かつては南米で最も豊かで開発が進んでいたベネズエラは、政治的・経済的な大混乱に陥っていた。トランプもベネズエラには関心があった。現マドゥロ政権に厳しい姿勢を示せば、フロリダ州の大きくかつ拡大中の亡命ベネズエラ人コミュニティの支持を確保できるという、政治的思惑が主たる理由だ。トランプの就任一年目には、マルコ・ルビオ上院議員がベネズエラ問題で主要な顧問となり、事実上の「南米担当国務長官」さながらだった。当時はそれほど注目されなかったが、トランプは二〇一七年八月、ベネズエラに対する「軍事的選択肢」を検討中だと明かした。北朝鮮に「炎と怒り」を見舞うと脅した同じ記者会見でのことである(6)〔第6章参照〕。二〇一九年一月、ルビオとボルトンおよびその他の共和党強硬派は、首都カラカスで起きた民衆暴動に飛びついて、ファン・グアイドをベネズエラの正当な暫定元首として認めた。グアイドは三五歳の政治活動家で、野党が牛耳る国民議会の議長を務めていた。ボルトンらは、マドゥロ大統領は二〇一八年に自由ではない大統領選を実施し、国民議会が結果を受け入れていないにもかかわらず、不法に権力を握り続けていると主張した。そして国務省が大々的に外交攻勢をかけた結果、ン、ブラジル、カナダを含む十数カ国もトラ権のグアイド支持に同調したのである。ろが新たな隘路に行き当たった。グアイドには政取するための軍事力がなく、マドゥロは民衆の支いう正当性を欠き、反政府運動を収めることができかった。ボルトンとそのスタッフはマドゥロに圧力をかける軍事行動を案出しろと国防総省に激しく迫った。四月、ふだんは穏やかなポール・セルバ統合参謀本部副議長が、ホワイトハウスのミーティングで机を叩いて怒鳴り合いの大喧嘩をボルトンと展開した。ボルトン一派はセルバから見れば新たなピッグス湾事件（一九六一年、ＣＩＡが支援したキューバ人亡命部隊がカストロ政権打倒のためにキューバに侵攻した）とでも言うべき、法的にも疑わしい作戦を提案したのだ。ボルトンの補佐官らは、ベネズエラから国境を越えてコロンビアへ逃亡してくる国軍部隊を動員したいと考えていた。部隊としての構成を維持させ、宿舎を与えて訓練し、機会あらばベネズエラへ送り返して政府と戦わせるのだ。これに対してセルバは、パトリック・リーヒ上院議員（民主党のベテラン議員）の名を取ったリーヒ修正条項というものがあると指摘した。それは米軍が訓練する外国部隊は、人権侵害がないか厳しく審査することを定めている（人権侵害がある場合は米国政府に軍事援助を禁じている）。すると国家安全保障会議（ＮＳＣ）のマウリシオ・クラベルカロネ西半球担当上級部長がセルバの発言を遮り、「あなたは法律を理解していない」と断じた。この場合に問題となるのは国家安全保障法であり、それによれば国防総省ではなく、ＮＳＣが政策調整を管轄するのだ、と。ＮＳＣの国防担当上級部長のアール・マシューズも同調し、国防総省はいつでも――指示を受けたときでさえ――軍事的選択肢を提示したがらないではないか、と不満を述べた。

　これにセルバは激怒した。すでに以前から、国防総省の軍事力を使って政治的な企図を――しかもうまくいっていない政治的な企図を――実現すべくホワイトハウスが圧力をかけてくるのに対し、セルバはずっと抵抗していた。そして今回の亡命軍を使うという案は常軌を逸していて、不適切で、違法ですらあるかもしれないと考えていた。「あんたたちのクソはもうたくさんだ。あんたたちが仕事だとかいって作り出してくるクソにはうんざりする。そのクソの中を泳がされるのにわれわれは組織を挙げてうんざりしているんだ」とセルバはボルトンらに怒鳴った。「だからちゃんと仕事をしろ。そして慎重に論理立てた選択肢を示せ。いかにベネズエラの国民を支えたいかといった政治的な声明などではなく。そんなものは役に立たん」。そう言い放つとセルバは思い切り机を叩いてへこませてしまった。

室内の全員が唖然として見守る中、別の補佐官がNSCのアール・マシューズ上級部長をたしなめた。「アール、実際のところあなたは間違っていて、実はセルバが正しい。ずっと彼の方が正しかったのだ。だから二度と発言を遮るようなことはするな」と言ったのだ。すると会議を仕切っていたボルトンの副官のチャールズ・カッパーマンがブリーフィング・ブックを閉じ、唐突に会議を中断してしまった。スーザン・ゴードン国家情報副長官や、ヴォーン・ビショップCIA副長官をはじめ、参加していたメンバーの一部が後で集まった。そしてそこへ参加していたホワイトハウスの当局者は「もしあそこで秘密投票をやっていたら、アールが常識外れだってことに一人残らず賛成票を投じたでしょうね」と言った。

セルバがボルトン一派とやりあってわずか数日後、ベネズエラではグアイドが紛争をさらに激化させた。マゥロを打倒するために全面的な動員を呼びかけ、政府たちにも寝返るよう訴えたのだ。グアイドはアメリ高官らの積極的な黙認を得て動いているように見ょうどボルトンとポンペオがそれぞれに、アメイドのために軍事介入する可能性を――それり得そうにないとしても――公に示唆したのだ。「軍事行動は可能だ。それが必要とあらば、アメリカはそうするだろう」とポンペオはFOXビジネスの番組で語った。[7] ボルトンはMSNBCの番組に出演し、トランプは「この点についてははっきりしており、すべての選択肢に道は開かれていると、端的に言った」と語った。[8] ボルトンは一連のツイートで直接マドゥロを嘲った。「ベネズエラから遠く離れたどこかのすてきなビーチ」で「長く、平穏な隠居暮らし」[9]をするよう勧めたのだ。だがこんな脅しも効果はなく、トランプも珍しく沈黙を保った。四月のわずか数日という短期間で、グアイドの蜂起は失速。マドゥロが実権を握り続けたのだった。

ベネズエラをめぐるボルトンとポンペオの大言壮語を聞くと、二人が任命されたときに多くの者が推測したとおり、二人は新たな「戦時内閣」の登場を象徴しているように思えた。だがトランプは以前からずっと戦争には気乗りがしなかった。春には、もしボルトンがやりたいようにやったら、同時に四つぐらいの戦争を戦うことになるだろうと冗談を言った。グアイドがマドゥロ打倒に失敗すると、トランプはホワイトハウスの補佐官たちに対し、ベネズエラの「食えないタフな」リーダーを過小評価したとして、ボルトンを責めた。[10] 今回はボルトンがトランプを戦争に引きずり込もうとしていると言われても、ジョークには聞こえなかった。一方、ポンペオはボルトンよりも巧みで、トランプが渇望するおべっかをとにかく好きなだけ与えた。このためポンペオもボルトンと同じ政策を掲げていたが、大統領の反感を買わずに済んだのだ。

ベネズエラの企図が失敗したのち、記者らが国家安全保障問題を担当するジョン・ボルトンについてトランプの見解を尋ねた。するとトランプは気がかりであることを明かして言った——「ジョンは、つまり……何に対しても確固とした意見を持ってるんだ。でもそれは構わない。私がジョンをなだめるからね。驚きだろう? 誰もまさか私が彼を……彼をなだめるのはこの私なんだ。でもいいんだ。私のもとにはいろいろな立場の人がいる。つまり、ジョン・ボルトンがいて、ほかに彼よりもう少しハト派的な人たちもいる。そして最終的には私が判断を下すんだ」とトランプは言った[11]。ここでもまた、トランプ政権を特徴づける内紛をトランプは容認した。トランプは内紛を政権の欠陥とは見ておらず、むしろ重要なのは自分一人だということを保証してくれるように思えたのである。

ボルトンはベネズエラの革命の一件でしくじったが、それはいわば余興にすぎなかった。トランプ政権で国家安全保障問題を担当するチームにとって、メイン・イベントは相変わらずイランだったのだ。ボルトンは長年イランの政権交代の必要性を主張しており、イランの核兵器保有を阻止する実効性のある手はそれしかないと見ていた。ボルトンが国家安全保障問題担当の大統領補佐官に就任後、トランプが早々にあの嫌悪すべきイランとの核合意から離脱したことを、ボルトンはさっそく勝利と受け止めて歓迎した。トランプの大統領令のコピーを額縁に入れて執務室に飾っていたほどである。二〇一九年二月、ボルトンはイラン革命四〇周年記念を機に自身の動画を公開し、最高指導者を名指ししてイラン政府を脅しつけた。「というわけで、アヤトッラー・ハメネイよ、記念日を祝えるのももうあと何回あるかというところだろうな」とボルトンは言った[12]。

トランプ政権がイランとの核合意を離脱すると、ポンペオは「最大限の圧力」をかけるため、対イラン経済制裁を設計した。だがトランプの補佐官らがめざしていた対イラン政策は、必ずしもトランプ本人のねらいと一致していないことに、補佐官らは気づいていた。補佐官らがイランの指導者たちを追い落とそうとしていた間も、トランプはまたもや北朝鮮という舞台に気が向いていて、北朝鮮にプレッシャーをかけ、それをテコに交渉に引っ張り出したいと考えていたのだ。トランプはもっと首脳会談を、もっと栄光を、もっとノーベル平和賞のきっかけを望んでいたのだ。

二〇一九年の春ごろには、イランはトランプにしっぺ返しとなるような形で、アメリカの圧力に反応しようとしていた。核合意の交渉に手を貸した欧州諸国の懇請も虚しく、イランは合意事項の一部を放棄しようとしていたのだ。たとえばイランは低濃縮ウランと重水の備蓄量に対する制限を今後は遵守しないと表明した。さらにペルシャ湾を航行する原油タンカーへの迷惑行為など、中東地域のアメリカの利害に関わるものに軍事的圧力を強めたのだ。

ボルトンとポンペオはトランプにやかましく対応を求めた。そしてボルトンはみずから中東への空母戦闘群の派遣を発表するという異例の手に出た。これはベネズエラのマドゥロ政権打倒の企てが失敗に終わったのと同じ週末のことだった。その後もボルトンは、ベネズエラの作戦に非協力的だった国防総省を苦々しく思っており、六月初旬に再びセルバ統合参謀本部副議長とぶつかった。きっかけは、イエメンでアメリカのドローンが撃墜され、イランに支援された反政府武装勢力のフーシ派が犯行声明を出したことだった。ボルトンは、アメリカがこれに何の反撃もせずに座視しているのはセルバの責任だと主張した。どう考えてもイランまたはその代行者以外に実行者はあり得ないのに、セルバがそうした「混迷した現実の世界」を認めることなく、「合理的疑い以上に有罪の証拠を出せと要求する検察官のように振る舞っている」とボルトンは批判した。ボルトンはのちにはさらに、将軍たちはまたもや完全な「妨害者」となっているとも述べた[13]。

ジョー・ダンフォード統合参謀本部議長は、もはや実権を失ってレイム・ダック状態ではあったが、この件に疑問を呈し、イランに対して軍事行動を起こせば高くつくぞと警告した。そしてこのときばかりはトランプもそれを歓迎した。トランプはまだイラン側と交渉の余地があると見て、希望を捨てていなかったのだ。六月には、日本の安倍晋三首相を突ついてテヘランへ飛んでくれと頼んだほどだった。こんなわけだったから、将軍たちがボルトンとポンペオを押し戻そうとするのは、トランプにとってはありがたかったのだ。その年の春、シチュエーション・ルームで何度もイランに関するミーティングが開かれたが、そのひとつでダンフォードは言った――「われわれがやっていることがイランの政策転換を実現できる可能性はきわめて小さく、紛争に結びつく可能性が高い。みなさんがそれを知っているということを、私はただ知っておきたいだけなのです。おわかりですか？」。

　ダンフォード議長の物腰は柔らかかったが、ポンペオとボルトンの威嚇的な物言いには明らかにうんざりしていた。「より望ましい核合意を得られるように、外交的、経済的に圧力をかける作戦を実行中だなどと言って人を騙そうとしても、そうはいかないんですよ」とダンフォードは言った。「あなたたちだって実際にそうなっていると思っているわけではないでしょう。だから頼むから率直になってほしい。私の軍事的アドバイスは、あなたたちが実際は何がどうなっていると思っているか、その認識と合致する必要があるのです」

　イラン問題でボルトンには指図されたくないとのトランプの思いは、六月のたった二四時間の間に露わになった。ことの始まりは六月一九日の晩〔現地時間二〇日未明〕。RQ-4Aグローバルホーク型ドローンがホルムズ海峡上空でまたもやイランによって撃墜されたことが確認された。二週間足らずの間に二機目である。翌朝、ボルトンその他の補佐官たちが朝食を取りながら協議した結果、トランプに報復を進言することで一致した。ボルトンとポンペオは強力な行動を求め、ダンフォードは反撃は「釣り合いが取れ」かつ「エスカレートしない」ものであるべきだと強調した。昼前になって、一行はイランの海岸沿いの三つの施設を攻撃するという案をトランプに提示した。トランプは「あいつらをガツンとやらねば。代償を払わせねば」と言い続けていた。[14] 攻撃はワシントン時間のその晩に実行の予定で、イランでは真夜中だから死傷者は限定的だろうと、ダンフォードはトランプに告げた。

　その日の午後、トランプは連邦議会のリーダーらとの会合でも強気の発言を繰り返した。「きっと満足してもらえると思いますよ」と、下院外交委員会では共和党の幹部クラスのマイケル・マコール下院議員（テキサス州選出）にトランプは言った。[15] 途中、「攻撃ではあるが、ひどく壊滅的な損害を与える攻撃ではない」とトランプはホワイトハウスを訪れていた議員たちに告げた。そして「何もしないことこそ最大のリスクです」とも言った。[16]

　午後五時半ごろ、ボルトンはいったん着替えるために帰宅して、長くなりそうな夜に備えることにした。トランプと電話で話し、攻撃へ向けて計画は順調だと告げた。「オーケー。やろう」とトランプは言った。

　しかし七時半の少し前、トランプからボルトンへ電話が入り、攻撃を取りやめるとトランプは言った。「釣り合いが取れていない」というのだ。トランプはボルトンとポンペオとの電話会議で、最大一五〇人ものイラン人が死亡するかもしれないということを、後から告げられたのだと言った。そして無人機の報復としては「遺体袋が多すぎる」と。ポンペオは反論したが無駄だった[17]。ボルトンはかんかんだった。

突然一八〇度方針が変わったことにボルトンはキツネにつままれた気分だったが、国家安全保障問題を扱うホワイトハウスの弁護士、ジョン・アイゼンバーグがトランプのもとへ行っていたことを突き止めた。アイゼンバーグはどうやら国防総省の誰かから聞いて、死傷者一五〇人という理論上の数字をトランプに告げたらしい。そこでトランプがダンフォードに連絡すると、ダンフォードはそれは公式の推定値ではないとした。だがダンフォードは、「いいですか、もし今回の判断に違和感を感じておられるのなら、われわれは実行すべきではないと思います」とトランプに言った。トランプは後日、この奇怪な出来事の経緯を一連のツイートで追認し、自分は「攻撃準備完了」でいつでも実行できる状態だったが、「攻撃の一〇分前に取りやめた」と認めたのだった。

しかし当然ながら、ことがそんなに単純であったとは思えない。数日来、トランプは政界の支持者たちから懸念の声を聞いていた。この反撃が報復合戦のスパイラルという無謀な事態に陥るのではないかというのだ。二〇二〇年の大統領選を前に、トランプとしてもそんなことは絶対に願い下げだった。トランプはアメリカの「終わりのない戦争」を終わらせることを、再び公約に掲げようと思っていたのだ。FOXニュースの司会者で、ときにはトランプの相談役にもなるタッカー・カールソンはその週にわざわざ電話をしてきて、イランと戦争にでもなったら再選はもうあきらめた方がいいと告げた。

攻撃中止を命じた数分後、トランプはテレビをつけ、夜八時のFOXニュースの番組冒頭でカールソンが語るのを視聴した。カールソンはトランプが軍の介入を退けたことを称賛した。「一六年前にイラクの泥沼に私たちを引きずり込んだその同じ人たちが、新たな戦争を要求しています。今度はイランとです。大いに評価すべきことに、大統領はそれにには懐疑的なようです――とても懐疑的です」とカールソンは話した[18]。

ボルトンはこの一件を振り返り、「政府にいた私の経験に照らしても、これほど不合理なことを大統領がするのは見たことがない[19]」と書いた。トランプを支持するよりはるか以前から対イラン強硬派であったボルトンとポンペオは、このあと数日、呆気にとられたまま互いに何度も電話で話し、辞任すべきか話し合った。巧みにトランプを操るという空想はとっくに捨て去られていた。だがこのときもまた、どちらも辞任はしなかった。

週の初め、トランプはおなじみの支持者集会のためにフロリダ州オーランドへ飛んだ。大統領就任以来六〇回目の集会だ。投票日まで一年半、そこで二〇二〇年の大統領選へ向けた選挙運動を正式にキックオフするつもりだった。エアフォース・ワンへ向かう途中、トランプは駐機場でしばし立ち止まって最新の人事情報をツイートすることにした。国防長官代行のパトリック・シャナハンは十分信頼のおけるイエスマンぶりを発揮してきたため、トランプは正式な閣僚にしようと推薦していたが、クビにした。家庭内におけるＤＶの問題が原因で、二〇一一年には息子がシャナハンの元妻を野球のバットで襲撃するという恐ろしい事件もあった。そこでトランプはシャナハンに替えて、陸軍長官のマーク・エスパーを推薦するとツイートした。エスパーはウェストポイントの陸軍士官学校でポンペオの同級生だった人物で、軍需品メーカーのレイセオンの元ロビイストでもあった。トランプ政権三年間で三人目の国防長官候補である。

トランプ政権の行き当たりばったりの人選と厳しい身辺調査の欠如のおかげで、エスパーは偶然トランプに採用されるという恩恵に与ったが、実はこれが初めてではなかった。二〇一七年、エスパーは陸軍長官に就任した際、候補としては三番手だった。第一候補はアイスホッケーのプロ・チーム、フロリダ・パンサーズのオーナーで大富豪のヴィンセント・ヴィオラだったが、ビジネスを離れられないとして辞退した。第二候補はテネシー州選出の上院議員のマーク・グリーン。グリーンがトランスジェンダーの人たちを「病気持ちだ」と批判し、進化論は「間違った議論」だと言い、学校でイスラム教について教えることに反対したことなどが明らかになり、候補を外されたのだった。[20]

エスパーは湾岸戦争に従軍し、陸軍中佐にまで昇進。退役してジョージ・ワシントン大学で博士号を取得した〔専攻は公共政策論〕。上院では共和党中道派議員たちのもとで働き、ジョージ・Ｗ・ブッシュ政権時代は国防総省に勤務した。マーク・ミリーを統合参謀本部議長にとトランプに勧めたデイヴ・アーバンとはウェストポイント時代の友人で、同じペンシルヴェニア州出身の二人はそろって湾岸戦争の「砂漠の嵐」作戦に参加した。アーバンはのちにエスパーの妻となった女性を紹介してやり、子供の名づけ親になり、今回の人事でもエスパーの能力を保証した。「まさに文句なし《スラムダンク》ですよ」とアーバンはあるホワイトハウス当局者に言った。

しかしエスパーは決してトランプ主義者だったわけではなく、政権内の真のトランプ主義者らはそれを見抜いていた。トランプ政権の機能不全に陥った閣議を初めて体験したのは、結局流れてしまったイラン攻撃をめぐる複数のミーティングに参加したときだ。そこで、予測不能のトランプにどう対応すべきか、ジョン・ケリーに電話をして助言を求めたのである。「どうすれば生き残れますか?」とエスパーは訊いた。

「自分の基準と誠実さを犠牲にし、イエスマンの腰巾着になれば生き残れるさ」とエスパーに告げたことをケリーはのちに回想した。

「そんなことはできません」とエスパーは答えた。

「わかっているよ。だからみんなクビになるんだよ」とケリーは返した。

フロリダ州の支持者集会では、トランプは国家安全保障問題担当チームに発生していた騒動には触れなかった。二万人のファンの前でぶった七六分間のスピーチで、トランプは「永久的な政治家階級」とメディアを批判し、トランプに対する「大々的かつ違法な魔女狩り」と「ラジカルな民主党という政敵」を手ひどく攻撃。二〇一六年の大統領選の相手だったヒラリー・クリントンについて例の「監獄にぶち込め」のシュプレヒコールをするよう聴衆を煽り、危険な不法移民についてや、ものすごくすばらしい経済状況、まもなく交渉するはずの中国とのさらにものすごくすばらしい貿易協定などについて話した。今回の選挙のテーマは「キープ・アメリカ・グレート（アメリカを偉大なままに）」とするか、そのまま「メイク・アメリカ・グレート・アゲイン」で行くかだとトランプは言った。しかしどちらにしても出馬するわけで、おそらくジョージ・ワシントンを除いては自分ほど偉大な大統領はこれまでいなかっただろうと述べたのである。

同じ日、国防総省は一通の記者発表を出した。給料をもらって日々の政治過程をフォローする仕事でもしていない限り、ほとんど誰も注目しないようなものだ。その中で、米軍は二億五〇〇〇万ドルをウクライナに対する安全保障支援として支出する予定であるとし、それは前年に議会と大統領の承認を得た三億九一〇〇万ドルのパッケージの一部だった〔約二七五億円と約四三〇億円〕。しかしホワイトハウスでは、約束の軍需品をウクライナに送るのをトランプが問題視していることに首席補佐官代行のミック・マルバニーが気づき、自身の補佐官ロバート・ブレアに伝えた。その時点では、この問題に対するトランプの関心をマルバニーは重くとらえていなかった。そもそも対外支援という考え方自体にトランプが拒絶反応を示すことは有名で、以前にも他国への援助を削減しようとしたことはあったのだ。ただし、立法府の議員たちが法制化したものは、トランプが好き勝手にするにも限界があったのだが。

翌日、ブレアは行政管理予算局のラッセル・ヴォート局長代行に電話をし、「支出をいったん保留しなければならない」と告げた。(21)

数日後、エルサレムにいたジョン・ボルトンがセキュリティ管理された電話会議システムを通じてホワイトハウスのシチュエーション・ルームへつなぐと、トランプがウクライナへ送る資金についてくどくど言っているのを聞いて驚いた。すでに九カ月以上もかけて、国防総省内の官僚的な手続きを異論もなく通過しつつあったものだからだ。そもそもミーティングの表向きの議題はウクライナではなく、支援の凍結という謎めいた話もボルトンはこのとき初めて耳にした。

「ジョン、君が承認したのか？　いったいどれだけばかげているんだ、これは？」とトランプは追及した。続いてトランプはいつものドイツ・バッシングを始めた。ウクライナはドイツの隣国なのだから、どうしてドイツが金を出せないのか、などなど。「ジョン、君はウクライナの件に賛成か？」と再び尋ねた。(22)ボルトンは直接返答せず、矛先を逸らそうとした。新国防長官のエスパーに任せてはどうかと、ボルトンは提案した。しかしトランプが怒りを爆発させるのを聞いていて、ボルトンのアンテナが反応した。

トランプには、ルディ・ジュリアーニをはじめとする連中から吹き込まれたウクライナに対するこだわりがあって、それは望ましくないものだと、ボルトンとポンペオは知っていた――何カ月も前から知っていたのだ。ウクライナと二〇一六年の大統領選について、ロシアが流した偽情報をトランプが口にするのを二人は何度も聞いていた。それはヒラリー・クリントンの電子メールをハッキングしたのは、ロシアの仕業に見せかけたウクライナのいわば「なりすまし工作」であると示唆するものだった。そしてそれはロシアによる虚言だと教えられても、トランプはウラジーミル・プーチンがまさにやったように、公然とそれを広めたのだ。ボルトンとポンペオはまた、ジュリアーニがウクライナがらみでなんらかの新たな策略をめぐらしていることも把握していた。それは元副大統領のジョー・バイデン――次の大統領選でトランプに挑む民主党の候補者指名競争でリードしていた――とその息子ハンターに汚名を着せようとするものであるらしかった。その年の春、ジュリアーニはテレビ番組「FOX&フレンズ」に出演し、「ウクライナから目を離すな」[23]と発言していたのである。

実際、ボルトンは駐ウクライナ米国大使をクビにしろというトランプの命令を、数回にわたりポンペオおよびその補佐官らに伝えたことがあった。その大使はマリー・ヨバノビッチで、定評のある職業外交官だった。三月二五日、トランプはボルトンをホワイトハウスのプライベート・ダイニングルームへ呼んだ。そこでトランプはジュリアーニと、トランプの弁護士の一人のジェイ・セクロウと会っていた。そしてヨバノビッチを標的にしているのがジュリアーニだということを、ボルトンはこのときに知った。それはヨバノビッチの評判を落とすための組織的なネガティブ・キャンペーンで、保守派コラムニストのジョン・ソロモンを擁する新聞『ザ・ヒル』の中傷的なコラムや、ヨバノビッチのような「ジョーカー」は排除しろと呼びかけるドナルド・ジュニアのツイート、トランプのお気に入りのショーン・ハニティやローラ・イングラムらのFOXニュースの番組などがから

んでいた。[24]三月下旬にはポンペオもヨバノビッチの件で少なくとも二回、ジュリアーニと直接話をしており、ジュリアーニはヨバノビッチを攻撃する調査書類をホワイトハウスの封筒に入れてポンペオに届けさせている。ジュリアーニが誰のためにやっているのか、まったく不明であった。

四月二三日、オーバル・オフィスでジュリアーニと電話をしていたトランプがまた爆発すると、ボルトンはその後すぐポンペオに電話した。大統領はヨバノビッチを即刻クビにすることを求めており、「『もし』も、『それに』も、『しかし』もなしにだ」と告げた。[25]ポンペオは翌日そのとおりにした。

トランプとウクライナをめぐっては、かなり前から危うい前兆がほかにもあった。カシュ・パテルを採用しろとトランプから執拗に求められ、ボルトンと副官のチャールズ・カッパーマンが抵抗したことがあった。パテルは下院情報委員会のスタッフで、デビン・ニューネス下院議員のお気に入りだ。そのニューネスは、二〇一六年の大統領選に介入したのはロシアではなくウクライナだと、陰謀論を広めたことで糾弾されていた。やがて、パテルは「大統領直々の指図により採用必須」の人材だと言われ、ボルトンとカッパーマンも折れて、大統領の命

令に従った。だが政権内で考えられる限り最も目立たないポストにつけることにはこだわって、NSCの国際機関局に配属した。ボルトンが何であれ「多国間的」なものを嫌悪していることは知れ渡っていたから、いわば「シベリア送り」に等しかった。「私たちの手に負えないようなトラブルを起こさない部局に彼を入れることで、私たちはリスクを軽減しようとしたのです」と、カッパーマンは知人らに話した（カッパーマンは今一人、賛否のあったトランプ子飼いで元NSCのエズラ・コーエンをめぐっては、そんな人物を採用するより「バッジを外して」辞任する方がましだと心に決めた。「組織の癌になるような人間を採用するつもりはありません。エズラはまさにその癌です」と、カッパーマンはトランプに単刀直入に告げたのだった）。

しかしジュリアーニのプレッシャー作戦がヨバノビッチ解任に結実したのちの五月ごろには、パテルはすでにホワイトハウスでの新たな職位を利用してウクライナ問題に関与するようになっていた。ボルトン一派はそのことを偶然に知ったにすぎない。ホワイトハウス秘書官のデレク・ライオンズと、ウクライナを含む地域を管轄するNSCのフィオナ・ヒル首席顧問との会話の中で、ライオンズがパテルのことを「あなたがたのウクライナ部長」と呼んだのだ。そしてトランプがパテルから受け取ったウクライナに関する「包括的政策案」について知りたがっているため、ある会議にパテルを参加させてくれないかと、ヒルに依頼したのだ。

春にヨバノビッチがキーウから去ったのは、ウクライナのボロディミル・ゼレンスキー新大統領の就任式の日のことだった。このコメディアンから転身した新大統領は汚職に対する徹底した不寛容政策を公約していた。トランプは大統領選勝利に祝意を伝える電話で、就任式にはマイク・ペンス副大統領率いる高官級代表団を派遣することを約束し、ゼレンスキーのワシントン訪問も歓迎すると述べていた。しかし電話を切ると、トランプはペンスに行くなと命じ、代わりにランクの低い代表団を派遣し、実際にゼレンスキーをホワイトハウスへ招待することもなかった。その理由をヒルが詮索しようとすると、ライオンズはジュリアーニが関係しているのだと明言した。「ジュリアーニのことは認識しておく必要がありますよ。彼はこの件にからんでいますからね。しょっちゅう電話してくるんですよ」とライオンズは説明した。ボルトンによれば、五月八日、ジュリアーニの名代でゼレンスキーへ電話をするようにとトランプから直接命じられ、トランプの個人弁護士であるジュリアーニと会うようゼレンスキーに要求しろと言われたという。ただし、ボルトンは電話はしなかったとのちに明かした。

ゼレンスキーの大統領就任式から戻ったアメリカ代表団の中には、エネルギー長官のリック・ペリー、ゴードン・ソンドランド駐欧州連合（EU）米国大使、国務省のウクライナ特別代表のカート・ボルカーなどがいた。一行は五月二三日、ホワイトハウスのオーバル・オフィスでトランプに報告した。

そこで一行はトランプの言葉に愕然とした。ロシアが支援する分離主義者らとの長年の戦闘で、アメリカはウクライナを支持してきたが、トランプはその政策に積極的に反対したのだ。トランプはジュリアーニの陰謀論に基づいてウクライナに対する「根深い否定的見解」を抱いており、ゼレンスキーと会談する気はないとも言った。[26] そして今後はゼレンスキーとの会見の件はジュリアーニを通して扱うようにとさえ、要請したのだ。

「あいつらはひどい連中だ。全員が腐敗していて、私を打倒しようとした」とトランプはウクライナ側について言った。

代表団の一員で、オーバル・オフィスのミーティングにも参加していたロン・ジョンソン上院議員（ウィスコンシン州選出）は危機感を抱いた。そこでこの後、ジョン・ボルトンを訪ねてミーティングの概要を説明をした。「これは問題ですよ。ミーティングは望ましいものではありませんでした」とジョンソンはボルトンに告げた。

ボルトンは問題の根源はジュリアーニにあると答えた。ジュリアーニはトランプとウクライナの件に関しては「まるで第六感をもっているかのようだ」と、ボルトンは言った。ボルトンはのちに、「ルディ・ジュリアーニは手榴弾のようなもので、おれたち全員を吹っ飛ばしてしまうぞ」と、側近のフィオナ・ヒルに語った。[27]

しかし懐疑的ながらも、ボルトンはマリー・ヨバノビッチ駐ウクライナ米国大使を解任するというトランプの方針に（どれほど気が進まなかったとしても）従ったのであり、このときもトランプやジュリアーニを阻止しようとはしなかった。マイク・ポンペオ国務長官も同様だ。ただ、国務省はジョージ・W・ブッシュ政権で駐ウクライナ米国大使を務めた元外交官のウィリアム・テイラーに接触。ヨバノビッチの代わりに一時的に再びキーウへ赴任させたいと考えていた。だがテイラーは政府が支持してくれることを保証してくれと求めた。実際、懐疑的だったテイラーは、ウクライナを含む地域を担当するジョージ・ケント国務副次官補からまもなく連絡を受け、詳細は不明なものの、トランプとジュリアーニは何かを企んでいると聞いたのである。

テイラーは国務省のウクライナ特別代表、カート・ボルカーへテキスト・メッセージを送った――「ジョージは蛇の巣が二つあると教えてくれた。ひとつはキーウに、ひとつはワシントンにあると。彼は私が知っているよりもずっと詳しく教えてくれた。ひどく醜悪だ」。

オーバル・オフィスでのミーティングから数日後、テイラーは再びボルカーへテキスト・メッセージを送った。その中でテイラーは、「私はいまだに行くべきかどうか苦悩しています。今後一八カ月はジュリアーニとバイデンの問題が渦巻いているでしょうから、そんな中でうまくやれると思える人などいるでしょうか？　Sはこの問題で何か保証をしてくれそうですか？」と訊いた。Sというイニシャルは国務長官のことで〔長官＝Secretary〕(28)、ちなみにジュリアーニの名前の綴りを誤記していた。

ブッシュ政権で国家安全保障問題担当の大統領補佐官を務めたスティーヴン・ハドリーのアドバイスに従い、テイラーは大使就任を承諾する前に、異例ながらポンペオ国務長官と直接会うことを求めた。数日後、ボルカーと、国務省参事官を務めている旧友のウルリッチ・ブレックブルも同席してミーティングが行なわれ、ポンペオは「トランプ問題」があることを認めた。

「長官殿、私はこの件を受けないつもりでいますが、それはあなたのボスがウクライナを好きではなそうだからなのです」とテイラーは言った。

「ビル、そのとおりです。好きではないんですよ。だから私の仕事はそれを転換させることなんです」とポンペオは答え、意図を強調するのに、空中で手を回転させてみせた。

ポンペオ長官はトランプの考え方を変えてみせると約束した。テイラーは「ポンペオは数式まで用意していた。『力とは、長時間にわたる圧力のことです。圧力をかける時間です』と彼は言った」と振り返る。テイラーはまた、トランプはウクライナに関してひどく頑固で、ゼレンスキーへ祝意を伝える型どおりの手紙にスタッフが署名をしてほしいと求めたところ、ズタズタに破ってしまったとの噂を聞いていた。それをポンペオにも伝えると、ポンペオはそれは聞いたことがないと言い、「その手紙の件を調べてくれ」と、ブレックブルに依頼したのだった。

ほどなくして、トランプは件の手紙に署名をし、テイラーは大使就任に「イエス」と答えた。しかし、ホワイトハウスのボルトンとそのスタッフと同様に、テイラーもまた、ジュリアーニと政権内の一部の残党らの動きにすぐに気づいた。彼らはバイデンと民主党に関する捜査を開始するようゼレンスキーに迫っていたばかりか、ウクライナ側が同意するまで実にホワイトハウスへの招待を保留していたのだ。六月にトランプがウクライナへの何億ドルもの安全保障関連支援を棚上げしたときも、誰もテイラーに知らせてはくれなかった。

陰謀は続いていた。七月、ホワイトハウスを訪れていたウクライナの代表団に、ゴードン・ソンドランド駐EU米国大使も同席した。そのミーティングでは、ゼレンスキーに対するオーバル・オフィスへの招待と、トランプが求めている捜査とが、あからさまに結びつけられていた。このためボルトンはフィオナ・ヒルに命じ、NSCの弁護士に報告させた。ヒルの副官のアレクサンダー・ビンドマンもこのミーティングの件を弁護士らに報告した。

ウクライナへ着任後の七月中旬、テイラーはセキュリティ管理されたビデオ会議システムでホワイトハウスと通信したとき、対ウクライナ支援が棚上げされていることを初めて知った。「参加していた私やほかのメンバーはただ唖然として座っていました」とのちにテイラーは証言している。(29)

ボルトンはトランプについては明確な認識を持っていた。二〇一九年の春には、トランプが「司法妨害をするのは彼の生き方の一部なのだ」と、すでに確信していたことをボルトンは回想録に記している。(30) 国家安全保障問題担当の大統領補佐官による、大統領についての発言としては、注目すべき内容だ。四月二三日、ボルトンはビル・バー司法長官と個人用の会議室でサンドイッチとフレンチフライのランチを食べながら、もろもろの懸念を打ち明けた。この日はトランプがオーバル・オフィスで怒鳴り散らし、マリー・ヨバノビッチ大使を解任するようボルトンがポンペオに告げざるを得なくなったのと同じ日であり、トランプによる捜査妨害の概要を明かしたロバート・モラー特別検察官の報告書が公表されてわずか一週間後というときである。

ボルトンが何十年来の知り合いであるバーとのランチを設定した目的のひとつは、「事実上、好みの独裁者に個人的に恩恵を施す、というトランプの悪癖について説明する」ことだったと、ボルトンはのちに書いている。トランプのそんな傾向には、企業に対する捜査に自分から進んで不適切な介入をすることも含まれていた。トルコの銀行ハルクバンク〔制裁下のイランに違法に資金を供給しようとした疑いなどで捜査されていた〕もそのひとつで、同行に対する捜査を中止させ、エルドアン大統領の歓心を買おうとし、中国の通信機器メーカーZTE（中興通訊）を優遇して習近平国家主席に取り入ろうとした。[31] ボルトンはさらに、クレムリンとコネのあるロシアの大富豪《オリガルヒ》のオレグ・デリパスカ〔恐喝や盗聴など複数の行為で制裁対象となっていた〕への制裁緩和をトランプが決めた最近の動きにも触れた。

ボルトンはその日、いちばん気になっていたはずのジュリアーニとトランプの件に触れたかは書いていない。オーバル・オフィスで怒鳴りつけられた後、ボルトンはホワイトハウスの法律顧問のパット・シポローネおよび弁護士もう一名に問い合わせた――ジュリアーニが大統領との弁護士・クライアント関係を悪用し、ほかのクライアントの利益増進を図っているようなのだが、これに「倫理的な問題」はないのかと訊いたのだ。

しかし、どうやらボルトンはそれ以上は追及しなかったらしい。バーとしては、トランプがトルコの大統領との関係を重視しすぎだとは感じたが、違法性は見いだせなかった。一方ボルトンは、ジュリアーニに対する自身の疑念をこれ以上掘り下げることを躊躇している、とバーに認めた。凍結されているウクライナへの安全保障関連支援をトランプに再開してほしいとボルトンは思っていたが、それをさらに脅かすことを恐れたのだ。

こうした憂慮すべき数々の展開があっても、ボルトンを辞任させるには至らなかった。何カ月にもわたってイラン、シリア、北朝鮮に関してトランプと意見がぶつかってもだ。

多くの場合、ボルトンの戦争はトランプとではなく、国務省や国防総省やホワイトハウス自体の官僚のライバルたちとの戦いだった。そうしたトランプ政権の同僚たちはボルトンを嫌っていただけでなく、ひどく嫌悪していたのだ。六月、ミック・マルバニー首席補佐官代行が対ウクライナ支援を凍結する二週間ほど前、ボルトンはマルバニーと罵り合いの大喧嘩をした。それはトランプが英国を公式訪問中のことで、トランプ配下の高官たちがバスに乗ったまま道路脇に待機させられていた目の前を、ボルトンだけ自身のスタッフの車列で疾走していったのだ。その後でマルバニーはボルトンに言ったのだ――「ジョン、はっきり言うが、あんたはクソ独善的で自己中心的なクソ野郎だ！」[32]。

そんな職場環境の中、犯罪的な共同謀議と「いつもどおりのオフィスでの一日」とを明確に区別することが難しかったと、ボルトンはのちに書いている。[33] しかしボルトンはイェール大学法科大学院の修了生だ。ポンペオはハーヴァード大学を卒業している。外国の首脳に自分の政敵を捜査させるために、ロシアと戦っているその国に対し、議会が承認した何億ドルという支援金の支出停止で脅すというのは、アメリカ合衆国政府がやるべきことではないことくらい、二人はおそらくわかっていただろう。

（下巻に続く）

New York Times, August 10, 2017.
(10) Peter Baker, Thomas Kaplan, and Michael D. Shear, "Trump Bypasses Republicans to Strike Deal on Debt Limit and Harvey Aid," *The New York Times*, September 6, 2017.
(11) Peter Baker and Sheryl Gay Stolberg, "Energized Trump Sees Bipartisan Path, at Least for Now," *The New York Times*, September 7, 2017.
(12) Peter Baker, "Instead of Evolving as President, Trump Has Bent the Job to His Will," *The New York Times*, August 27, 2020.
(13) Peter Baker, "Bound to No Party, Trump Upends 150 Years of Two-Party Rule," *The New York Times*, September 9, 2017.
(14) Miranda Green, "At Values Voter Summit, Bannon Declares 'War' on GOP Establishment," CNN, October 16, 2017.
(15) Michael D. Shear and Sheryl Gay Stolberg, "Trump and McConnell Strive for Comity Amid Rising Tensions," *The New York Times*, October 16, 2017.
(16) Russell Berman, "A Remarriage of Convenience Between Donald Trump and Mitch McConnell," *The Atlantic*, October 16, 2017.
(17) Kim Darroch, *Collateral Damage*, p. 176.
(18) Peter Baker and Rick Gladstone, "With Combative Style and Epithets, Trump Takes America First to the U.N.," *The New York Times*, September 19, 2017.
(19) Michael D. Shear, "Leading Homeland Security Under a President Who Embraces 'Hate-Filled' Talk," *The New York Times*, July 10, 2020.
(20) Daniel Dale, "Trump Defends Tossing Paper Towels to Puerto Rico Hurricane Victims: Analysis," *Toronto Star*, October 8, 2017.
(21) Peter Baker and David E. Sanger, "Trump Says Tillerson Is 'Wasting His Time' on North Korea," *The New York Times*, October 1, 2017.
(22) ティラーソンの「脳なし」発言を伝えた最初の報道は下記を参照。Carol E. Lee, Kristen Welker, Stephanie Ruhle, and Dafna Linzer, "Tillerson's Fury at Trump Required an Intervention from Pence," NBC News, October 4, 2017. 形容詞「クソ忌々しい」を加えて報じたのは、Dexter Filkins, "Rex Tillerson at the Breaking Point," *The New Yorker*, October 6, 2017.
(23) Randall Lane, "Inside Trump's Head: An Exclusive Interview with the President, and the Single Theory That Explains Everything," *Forbes*, October 10, 2017.
(24) Devlin Barrett, "DHS Secretary Kelly Says Congressional Critics Should 'Shut Up,' or Change Laws," The *The Washington Post*, April 18, 2017.
(25) Mark Landler and Yamiche Alcindor, "Trump's Condolence Call to Soldier's Widow Ignites an Imbroglio," *The New York Times*, October 18, 2017.
(26) Yamiche Alcindor and Michael D. Shear, "After Video Refutes Kelly's Charges, Congresswoman Raises Issue of Race," *The New York Times*, October 20, 2017.
(27) Maggie Astor, "John Kelly Pins Civil War on a 'Lack of Ability to Compromise,' " *The New York Times*, October 31, 2017.
(28) Tara Palmeri, "'The Cut Cut Cut Act': Trump, Hill Leaders Differ on Tax Overhaul Bill's Name," ABC News, November 2, 2017.
(29) 著者のインタビューによる。下記も参照。Sims, *Team of Vipers*, p. 249.
(30) Sims, *Team of Vipers*, p. 249.
(31) 税額控除の増額も、更新しない限り2025年で失効とされていた点で限界があった。詳しくは下記を参照。"2017 Tax Law's Child Credit: A Token or Less-Than-Full Increase for 26 Million Kids in Working Families," Center on Budget and Policy Priorities, August 27, 2018.
(32) Cristina Marcos, "GOP Lawmaker: Donors Are Pushing Me to Get Tax Reform Done," *The Hill*, November 7, 2017. 大統領選で議員として真っ先にトランプ支持を表明したコリンズは、のちにイン

サイダー取引で起訴され投獄された。ホワイトハウスの庭から必死の体で息子に電話をかけ、ある薬会社の機密情報を漏らしたことがきっかけだった。

(33) Thomas Kaplan and Alan Rappeport, "Republican Tax Bill Passes Senate in 51–48 Vote," *The New York Times*, December 19, 2017; Thomas Kaplan, "House Gives Final Approval to Sweeping Tax Overhaul," *The New York Times*, December 20, 2017.

(34) John Wagner, "Republicans Celebrate Their Tax Bill—and Heap Praise on Trump," *The Washington Post*, December 20, 2017.

(35) Kathryn Watson, "'You All Just Got a Lot Richer,' Trump Tells Friends, Referencing Tax Overhaul," CBS News, December 24, 2017.

(36) Michael Rothfeld and Joe Palazzolo, "Trump Lawyer Arranged $130,000 Payment for Adult-Film Star's Silence," *The Wall Street Journal*, January 12, 2018.

(37) Emily Jane Fox, "Michael Cohen Would Take a Bullet for Donald Trump," *Vanity Fair*, September 6, 2017.

(38) "Trump Says He Did Not Know About $130,000 Payment to Stormy Daniels," Reuters, April 5, 2018.

(39) Grisham, *I'll Take Your Questions Now*, p. 107.

(40) 同上、p. 108。

(41) 同上、p. 60。

(42) Sara James, "Memo Pad: Martha Speaks," *Women's Wear Daily*, May 6, 2005.

(43) Stephanie Winston Wolkoff, *Melania and Me*, pp. 4–6.

(44) Grisham, *I'll Take Your Questions Now*, pp. 114–17.

(45) 同上、p. 119。

(46) Jonathan Karl, *Front Row at the Trump Show*, p. 207.

(47) Peter Navarro and Greg Autry, *Death by China*, p. 8.

(48) 2018年8月7日付、エリザベス・ウォーレンのツイートより。

(49) "Exclusive: Omarosa Reveals Secret White House Recording with John Kelly," Meet the Press Daily, MSNBC, August 12, 2018.

(50) Corey R. Lewandowski and David N. Bossie, *Trump: America First*, p. 22.

(51) Martin Gould, "EXCLUSIVE: White House Romance! Trump's Comms Director Hope Hicks Is Seen Canoodling with President's High Level Staff Secretary Rob Porter," *Daily Mail*, February 1, 2018.

(52) Louise Boyle, "EXCLUSIVE: 'He Pulled Me, Naked and Dripping from the Shower to Yell at Me.' Ex-Wife of Trump Aide Rob Porter Who's Dating Hope Hicks, Tells How He Called Her a 'F***ing B***h' on Their Honeymoon and She Filed a Protective Order Against Him," *Daily Mail*, February 6, 2018.

(53) Louise Boyle, "EXCLUSIVE: 'He Can Go from Being the Sweetest Person to a Complete Abusive Monster.' Woman Who Was Living with Trump Aide Rob Porter at the Time He Began Dating Hope Hicks Confided to His Ex-Wives About Living in Fear," *Daily Mail*, February 7, 2018.

(54) Ryan Grim and Alleen Brown, "Former Wives of Top White House Aide Rob Porter Both Told FBI He Abused Them," *The Intercept*, February 7, 2018.

(55) Andrew Restuccia and Eliana Johnson, "White House Aide Rob Porter Resigns After Allegations from Ex-Wives," *Politico*, February 7, 2018.

(56) Maggie Haberman and Katie Rogers, "Rob Porter, White House Aide, Resigns After Accusations of Abuse," *The New York Times*, February 7, 2018; Katie Rogers, "Rob Porter's Charisma and Ambition Disguised Flare-ups of Anger," *The New York Times*, February 19, 2018.

(57) "White House Says It 'Could Have Done Better' Handling Rob Porter Allegations," C-SPAN, February 8, 2018.

第8章　紛争は大好きだ

(1) Fiona Hill, *There Is Nothing for You Here*, p. 220.

(2) Peter Baker and Matthew Rosenberg, "Michael Flynn Was Paid to Represent Turkey's Interests During Trump Campaign," *The New York Times*, March 10, 2017; Theodoric Meyer, "The Most Powerful Lobbyist in Trump's Washington," *Politico Magazine*, April 2, 2018.
(3) Carol D. Leonnig, David Nakamura, and Josh Dawsey, "Trump's National Security Advisers Warned Him Not to Congratulate Putin. He Did it Anyway," *The Washington Post*, March 20, 2018.
(4) Peter Baker, "A Whirlwind Envelops the White House, and the Revolving Door Spins," *The New York Times*, February 12, 2018.
(5) 2017年11月2日、FOXニュースにおけるローラ・イングラムのインタビューに対するドナルド・トランプの発言。
(6) Susan B. Glasser, "The Foreign Capital Rex Tillerson Never Understood: Trump's Washington," *Politico Magazine*, March 13, 2018.
(7) Hill, *There Is Nothing for You Here*, p. 198.
(8) Lena Felton, "Read the State Department's Account of Tillerson's Ousting," *The Atlantic*, March 13, 2018.
(9) Lisa Marie Segarra, "'We Disagreed on Things.' Read President Trump's Remarks After Firing Rex Tillerson," *TIME*, March 13, 2018.
(10) David E. Sanger, "Trump's National Security Chief Calls Russian Interference 'Incontrovertible,'" *The New York Times*, February 17, 2018.
(11) Dexter Filkins, "John Bolton on the Warpath," *The New Yorker*, April 29, 2019.
(12) Katie Rogers and Elizabeth Williamson, "'Kiss Up, Kick Down': Those Recalling Bolton's U.N. Confirmation Process Say He Hasn't Changed," *The New York Times*, March 29, 2018.
(13) Peter Baker, "The Final Days," *The New York Times Magazine*, August 29, 2008.
(14) 2017年8月13日、ABCニュースの番組「ジス・ウィーク」におけるマクマスターの発言。
(15) 2017年5月28日、CBSニュースの番組「フェイス・ザ・ネイション」におけるジム・マティスの発言。
(16) 2018年1月28日、ジョン・キーンのFOXニュースでの発言。
(17) Peter Bergen, *Trump and His Generals*, p. 217.
(18) Mark T. Esper, *A Sacred Oath*, p. 16.
(19) Greg Jaffe, John Hudson, and Philip Rucker, "Trump, a Reluctant Hawk, Has Battled His Top Aides on Russia and Lost," *The Washington Post*, April 15, 2018.
(20) Isaac Arnsdorf, "How Donald Trump Turned to a Comics Titan to Shape the VA," *ProPublica*, October 22, 2019.
(21) Dan Merica, "Dr. Ronny Jackson's Glowing Bill of Health for Trump," CNN, January 16, 2018.
(22) David Shulkin, *It Shouldn't Be This Hard to Serve Your Country*, pp. 312–15.
(23) Ashley Parker, Josh Dawsey, and Philip Rucker, " 'When You Lose That Power': How John Kelly Faded as White House Disciplinarian," *The Washington Post*, April 7, 2018.
(24) Chris Cillizza, "Why Donald Trump Likes It When John Kelly and John Bolton Fight," CNN, October 18, 2018.

第9章　熱追尾ミサイル

(1) Jake Sherman and Anna Palmer, *The Hill to Die On*, p. xi.
(2) 同上、p. 23。以下も参照。"Breitbart Audio Has Paul Ryan Pledging Not to Defend Trump," CBS News, March 14, 2017; Tim Alberta, "The Tragedy of Paul Ryan," *Politico Magazine*, April 12, 2018.
(3) Susan Ferrechio, "Paul Ryan Defends Trump's 'Darn Good' Cabinet," *Washington Examiner*, April 26, 2018.
(4) 2017年10月1日、CBSニュースの番組「フェイス・ザ・ネイション」におけるポール・ライアンの発言。
(5) John Wagner, "Republicans Celebrate Their Tax Bill—and Heap Praise on Trump," *The Washington Post*,

December 20, 2017.
(6) Mark Leibovich, "This Is the Way Paul Ryan's Speakership Ends," *The New York Times Magazine*, August 7, 2018.
(7) Alberta, "The Tragedy of Paul Ryan."
(8) Jake Sherman, "Why Ryan Called It Quits," *Politico*, April 11, 2018.
(9) Leibovich, "This Is the Way Paul Ryan's Speakership Ends."
(10) George F. Will, "Vote Against the GOP This November," *The Washington Post* June 22, 2018.
(11) John Boehner, *On the House*, p. 149 および同書第 6 章のタイトル参照。
(12) 2015 年 10 月 18 日、NBC ニュースの番組「ミート・ザ・プレス」におけるマイク・ポンペオの発言。
(13) Tim Alberta, *American Carnage*, p. 347.
(14) Susan B. Glasser, "Mike Pompeo, the Secretary of Trump," *The New Yorker*, August 19, 2019.
(15) 同上。
(16) Alberta, *American Carnage*, p. 408.
(17) Glasser, "Mike Pompeo, the Secretary of Trump."
(18) 同上。
(19) 2017 年 1 月 23 日付、米国第 115 回議会第 1 会期の氏名点呼投票結果、上院事務長編。
(20) Glasser, "Mike Pompeo, the Secretary of Trump."
(21) 同上。
(22) 同上。
(23) 同上。
(24) 同上。
(25) 同上。
(26) 同上。
(27) 同上。
(28) Olivia Nuzzi, "My Private Oval Office Press Conference with Donald Trump Mike Pence, John Kelly, and Mike Pompeo," *New York Magazine*, October 10, 2018.
(29) Glasser, "Mike Pompeo, the Secretary of Trump."
(30) 同上。
(31) 同上。
(32) Susan B. Glasser, "How Jim Mattis Became Trump's 'Last Man Standing,'" *The New Yorker*, April 20, 2018.
(33) 同上。
(34) Bradley Klapper, "Iran Deal Endangered if Trump Seeks to Renegotiate Its Terms," Associated Press, November 11, 2016.
(35) Kevin Liptak, "Trump Blasts Iran Deal as 'Insane' and 'Ridiculous' as Macron Looks On," CNN, April 24, 2018.
(36) John Bolton, *The Room Where It Happened*, p. 70.（ジョン・ボルトン『ジョン・ボルトン回顧録——トランプ大統領との 453 日』梅原季哉監訳、関根光宏・三宅康雄ほか訳、朝日新聞出版、2020 年）
(37) 同上。
(38) 同上、p. 74。
(39) Megan Specia, "E.U. Official Takes Donald Trump to Task: 'With Friends Like That'...," *The New York Times*, May 16, 2018. また、ドナルド・タスクの 2018 年 5 月 16 日付のツイートも参照。
(40) Glasser, "Mike Pompeo, the Secretary of Trump."
(41) Peter Baker, "In John Bolton, Trump Finds a Fellow Political Blowtorch. Will Foreign Policy Burn?," *The New York Times*, April 8, 2018.
(42) 著者によるインタビューより。シュルツの役割について最初に報道した以下も参照。Mark Mazzetti and Mark Landler, "North Korea's Overture to Jared Kushner," *The New York Times*, June 17, 2018.

(43) Bolton, *The Room Where It Happened*, p. 78.
(44) 同上、p. 82。
(45) Kang Jin-Kyu, "White House Pulls Back from Libya Model for North Korea," *Korea JoongAng Daily*, May 17, 2018.
(46) Bolton, *The Room Where It Happened*, p. 87.
(47) 同上、p. 92。
(48) 同上、p. 96。
(49) Susan B. Glasser, "Under Trump, 'America First' Really Is Turning Out to Be America Alone," *The New Yorker*, June 8, 2018.
(50) Jennifer Hansler, "Trump Again Calls for Readmitting Russia to G7, Blames Obama for Crimea's Annexation," CNN, June 9, 2018.
(51) 同上。
(52) Susan B. Glasser, "How Trump Made War on Angela Merkel and Europe," *The New Yorker*, December 17, 2018. ホワイトハウスはのちに、トランプはふざけてキャンディを投げただけで、NATO において負担を分かち合うことの重要性を強調しようとしたのだ、とした。
(53) Gregg Re, "There's a 'Special Place in Hell' for Trudeau After His G7 'Stunt,' Top WH Trade Adviser Peter Navarro Says," Fox News, June 10, 2018.
(54) Stephanie Grisham, *I'll Take Your Questions Now*, p. 7.
(55) Bolton, *The Room Where It Happened*, p. 106.
(56) 同上。
(57) Anna Fifield and Philip Rucker, "Trump and Kim Jong Un Arrive in Singapore for Historic Summit," *The Washington Post*, June 10, 2018; Mark Moore, "Singapore Pays for Kim Jong Un's Hotel During Trump Summit," *New York Post*, June 11, 2018.
(58) Bolton, *The Room Where It Happened*, p. 109.
(59) 同上、p. 110.
(60) 国家安全保障会議（NSC）のためにデスティニー・プロダクションズ（Destiny Productions）が制作した動画。2018 年 6 月 12 日に『ガーディアン』紙がユーチューブに投稿。
(61) Michael Crowley and Louis Nelson, "'Ludicrous': Pompeo Snaps at Reporters Seeking Clarity on North Korea Deal," *Politico*, June 13, 2018.
(62) Bolton, *The Room Where It Happened*, p. 119.
(63) 2019 年 2 月 15 日の記者団に対するドナルド・J・トランプの発言。
(64) 著者のインタビューによる。また、以下も参照。Motoko Rich, "Shinzo Abe Won't Say if He Nominated Trump for a Nobel Prize," *The New York Times*, February 18, 2019. 日本の朝日新聞は、推薦は「米国政府のリクエストを受けた後に」行なわれたと、正しく（ただし必ずしも完全にではなく）報じた。この報道は騒ぎになり、安倍はトランプがそう公言したのにもかかわらず、推薦したと認めることすら拒んだ。安倍はやがて国会で追及された。野党の小川淳也議員は「日本国として恥ずかしいこと」だと述べた。

第10章　ロシア、ロシア、ロシア

(1) 2018 年 7 月 16 日、ヘルシンキにおけるドナルド・J・トランプとウラジーミル・プーチンとの共同記者会見におけるトランプの発言より。
(2) Fiona Hill, *There Is Nothing for You Here*, p. 234.
(3) 2018 年 7 月 16 日、ジョン・マケインのツイートより。
(4) Shane Harris, Felicia Sonmez, and John Wagner, "'That's Going to Be Special': Tensions Rise as Trump Invites Putin to Washington," *The Washington Post*, July 19, 2018.
(5) Andrew Weissmann, *Where Law Ends*, p. 223.
(6) Hill, *There Is Nothing for You Here*, p. 197.

（7）Peter Baker and Sophia Kishkovsky, "Trump Signs Russian Sanctions into Law, with Caveats," *The New York Times*, August 2, 2017.
（8）Andrew McCabe, *The Threat*, p. 136.
（9）Marie Yovanovitch, *Lessons from the Edge*, p. 237.
（10）Susan B. Glasser, " 'An Amateur Boxer Up Against Muhammad Ali': Washington Fears Trump Will Be No Match for Putin in Helsinki," *The New Yorker*, July 13, 2018.
（11）同上。
（12）Neil MacFarquhar and David E. Sanger, "Putin's 'Invincible' Missile Is Aimed at U.S. Vulnerabilities," *The New York Times*, March 1, 2018.
（13）John Bolton, "Trump's New Start with Russia May Prove Better than Obama's," *The Wall Street Journal*, February 13, 2017.
（14）Hill, *There Is Nothing for You Here*, p. 208.
（15）元首相はベルギーのヒー・フェルホフタット（Guy Verhofstadt）。以下を参照。Matt Stevens, "A Trump Photo Goes Viral, and the World Enters a Caption Contest," *The New York Times*, June 10, 2018.
（16）Susan B. Glasser, "How Trump Made War on Angela Merkel and Europe," *The New Yorker*, December 17, 2018.
（17）"Trump Says Germany Is a 'Captive of Russia.'" 2018 年 7 月 11 日、Bloomberg Television の YouTube チャンネルで公開。
（18）Rebecca Tan, "When Trump Attacked Germany in Brussels, His Aides Pursed Their Lips and Glanced Away," *The Washington Post*, July 11, 2018.
（19）Glasser, "How Trump Made War on Angela Merkel and Europe."
（20）John Bolton, *The Room Where It Happened*, p. 135.
（21）同上、pp. 142–43。
（22）同上。
（23）同上。
（24）Glasser, "How Trump Made War on Angela Merkel and Europe."
（25）Bolton, *The Room Where It Happened*, p. 145.
（26）Glasser, "How Trump Made War on Angela Merkel and Europe."
（27）Tim Alberta, *American Carnage*, pp. 511–12.

第11章　八五パーセントの男

（1）2016 年 2 月 17 日の FOX ニュースおよび 2015 年 12 月 8 日の CNN の番組「ニュー・デイ」でのリンジー・グレアムへのインタビューより。
（2）Emily Heil, "Lindsey Graham Takes Aim at Cruz, Trump: My Party Has Gone 'Batsh**' Crazy," *The Washington Post*, February 28, 2016.
（3）2015 年 12 月 8 日、リンジー・グレアムのツイートより。
（4）2017 年 11 月 30 日、CNN のケイト・ボルドゥアン（Kate Bolduan）によるリンジー・グレアムへのインタビューより。
（5）Meghan McCain, *Bad Republican*.
（6）Peter Baker, "In McCain Memorial Service, Two Presidents Offer Tribute, and a Contrast to Trump," *The New York Times*, September 1, 2018.
（7）2018 年 8 月 29 日、CNN の番組「インサイド・ポリティクス」におけるリンジー・グレアムに対するダナ・バッシュによるインタビューより。
（8）Lindsey Graham, *My Story*（同氏選挙事務所によるオンライン版）, pp. 15–16.
（9）"Rep. Lindsey Graham on 2 am Phone Calls", C-SPAN, February 6, 1999.
（10）Mark Salter, *The Luckiest Man*, p. 317.
（11）2016 年 3 月 31 日に CNN が公開した動画 "Trump on John McCain– 'He's Not a War Hero' " より。

2018.
(17) Paul Davidson and Zlati Meyer, "If Trump Closes Mexican Border, Avocados Could Cost More and Auto Factories Could Shut," *USA Today*, April 2, 2019.
(18) Brad Heath, Matt Wynn, and Jessica Guynn, "How a Lie About George Soros and the Migrant Caravan Multiplied Online," *USA Today*, October 31, 2018.
(19) Jeremy W. Peters, "How Trump-Fed Conspiracy Theories About Migrant Caravan Intersect with Deadly Hatred," *The New York Times*, October 29, 2018.
(20) Itay Hod, "Shepard Smith Rebuts 'Fox & Friends' Report of 'Unknown Middle Easterners' in Migrant Caravan," *The Wrap*, October 22, 2018.
(21) 2018年10月31日付、ロバート・バワーズに対するペンシルヴェニア州西部地区の連邦地方裁判所に提出された刑事告訴状。
(22) Guy Snodgrass, *Holding the Line*, pp. 302–3.
(23) 2018年11月1日にロイター通信がユーチューブに公開した動画「『ライフル銃だと思え』——投石する移民についてのトランプの発言」(原題"'Consider It a Rifle': Trump on Migrants Throwing Rocks")。
(24) Julie Hirschfeld Davis and Michael D. Shear, *Border Wars*, p. 337.
(25) 同上。
(26) 2018年10月29日、FOXニュースにおけるシェパード・スミスの発言より。
(27) Peter Baker, "Fox Rebukes Sean Hannity's and Jeanine Pirro's Participation in a Trump Rally," *The New York Times*, November 6, 2018.
(28) 同上。
(29) Brian Stelter, "Fox Canceled Hannity's Attendance at Tea Party's Tax Day Rally in Cincinnati," *The New York Times*, April 16, 2010.
(30) Baker, "Fox Rebukes Sean Hannity's and Jeanine Pirro's Participation in a Trump Rally."
(31) Jason Schwartz and Michael Calderone, "Fox News Goes Out on a Limb on House Democrats, *Politico*, November 7, 2018.
(32) Frank Newport, "Top Issues for Voters: Healthcare, Economy, Immigration," Gallup, November 2, 2018.
(33) "Advertising Issue Spotlight (10/1/18–10/31/18)," Wesleyan Media Project, November 5, 2018.
(34) "How Republicans Lost 2018 by Being Too Close to Trump," Niskanen Center, June 17, 2020.
(35) 2018年7月16日、フェイスブックに投稿されたブライアン・ケンプの選挙広告。
(36) 2018年9月13日、『ガーディアン』紙が公開した動画「ロン・デサンティスは自身の子供たちにトランプ主義を教え込む広告を公開」(原題"Ron DeSantis Has Released an Ad Indoctrinating His Children into Trumpism")。
(37) Susan B. Glasser, "The Trials of a Never Trump Republican," *The New Yorker*, March 23, 2020.
(38) Mitt Romney, "The President Shapes the Public Character of the Nation. Trump's Character Falls Short," *The Washington Post*, January 1, 2019.
(39) Peter Baker and Michael D. Shear, "Trump Vows 'Warlike Posture' if Democrats Investigate Him," *The New York Times*, November 7, 2018.
(40) 1934年から2010年までの新大統領就任後に最初に行なわれた中間選挙において、現役大統領の政党が議席を減らしたのは10回、失った議席の平均は18議席。最大の敗北はバラク・オバマ政権時で、2010年の選挙で民主党が63議席減らし、1994年の中間選挙ではビル・クリントン政権が52議席を失っている。出典は次のとおり。The American Presidency Project, "Seats in Congress Gained/Lost by the President's Party in Mid-Term Elections," Santa Barbara: University of California.
(41) Baker and Shear, "Trump Vows 'Warlike Posture' if Democrats Investigate Him."
(42) Brian Stelter, "White House Pulls CNN Reporter Jim Acosta's Pass After Contentious News Conference," CNN, November 7, 2018.

第13章　大人たちは立ち去った

(1) Eileen Sullivan, "Takeaways from Trump's Midterms News Conference: 'People Like Me,' " *The New York Times*, November 7, 2018.
(2) Peter Baker, Katie Benner, and Michael D. Shear, "Jeff Sessions Is Forced Out as Attorney General as Trump Installs Loyalist," *The New York Times*, November 7, 2018.
(3) これはボブ・ウッドワード（Bob Woodward）の著書に出ていることだが、その刊行後、トランプはセッションズについてこのように言ったことを否定した。「私は引用されているような話し方はしない」とトランプは述べた。しかし実際は、トランプが以前にまったくそのとおりの表現を使った事例があり、義理の両親に対しても使っている。出典は下記。Bob Woodward, *Fear*, p. 216; Peter Baker and Maggie Haberman, "'I Don't Talk' That Way, Trump Says. Except When He Does," *The New York Times*, September 7, 2018.
(4) Brooke Singman, "Sessions Fires Back at Trump's Latest Slam: DOJ Won't Be 'Improperly Influenced' by Politics," Fox News, August 23, 2018.
(5) 同上。
(6) Lauren Fox and Jeremy Herb, "Lindsey Graham Says Trump Could Replace Jeff Sessions After Midterms," CNN, August 23, 2018.
(7) Peter Baker and Alissa J. Rubin, "Trump's Nationalism, Rebuked at World War I Ceremony, Is Reshaping Much of Europe," *The New York Times*, November 11, 2018.
(8) Jeffrey Goldberg, "Trump: Americans Who Died in War Are 'Losers' and 'Suckers,'" *The Atlantic*, September 3, 2020.
(9) Annie Karni and Maggie Haberman, "John Kelly to Step Down as Trump, Facing New Perils, Shakes Up Staff," *The New York Times*, December 8, 2018.
(10) 2018年6月8日付、ビル・バーのロッド・ローゼンスタインとスティーヴ・エンゲルへの「モラーの『妨害』説について」（"Re: Mueller's 'Obstruction' Theory"）と題した覚書より。
(11) Peter Baker and Maggie Haberman, "What Do You Learn About Trump in an 85-Minute Interview?," *The New York Times*, February 1, 2019.
(12) "I Wouldn't 'Do a Coup' with Milley, Trump Says of Top U.S. General," Reuters, July 15, 2021.
(13) Josh Dawsey, Seung Min Kim, and Philip Rucker, "Chief of Staff John Kelly to Leave White House by End of Month, Trump Says," *The Washington Post*, December 9, 2018.
(14) Maggie Haberman, "Mulvaney Called Trump a 'Terrible Human Being' in 2016," *The New York Times*, December 15, 2018.
(15) この数値はオバマ政権時代に始まり2017年9月30日に終わった2017年の会計年度から、2019年9月30日に終わった2019年の会計年度までのもの（出典：セントルイス連邦準備銀行）。
(16) 2018年12月20日付、ジム・マティスのトランプへの書簡より。全文は下記を参照。*The New York Times*, December 20, 2018.
(17) "Trump on Prospect of Mattis' Departure: 'At Some Point, Everybody Leaves,'" CBS News, October 14, 2018.

第14章　ナポレオン・モード全開

(1) "President Trump Meeting with Democratic Leaders," C-SPAN, December 11, 2018.
(2) 2018年12月16日のCBSニュースの番組「フェイス・ザ・ネイション」におけるスティーヴン・ミラーのインタビューより。
(3) "Modern Immigration Wave Brings 59 Million to U.S., Driving Population Growth and Change Through 2065," Pew Research Center, September 28, 2015.
(4) 2001年7月10日、移民帰化局の帰化式典におけるジョージ・W・ブッシュ大統領の発言。
(5) オバマはヒスパニック票の71パーセント、ロムニーは27パーセントを獲得。下記を参照。Mark

Hugo Lopez and Paul Taylor, "Latino Voters in the 2012 Election," Pew Research Center, November 7, 2012.
(6) Michael D. Shear and Julie Hirschfeld Davis, "Stoking Fears, Trump Defied Bureaucracy to Advance Immigration Agenda," *The New York Times*, December 23, 2017.
(7) Mark Esper, *A Sacred Oath*, p. 222.
(8) Bess Levin, "In Race for 'World's Biggest Bastard,' Stephen Miller's Star Continues to Rise," *Vanity Fair*, November 19, 2020. 以下も参照。Jean Guerrero, *Hatemonger*.
(9) Rick Gates, *Wicked Game*, p. 40.
(10)下記の記事でローリー・ワイナー(Laurie Winer)が引用したケシャ・ラム(Kesha Ram)の証言より。Laurie Winer, "Trump Advisor Stephen Miller Has Always Been This Way," *Los Angeles Magazine*, October 30, 2018.
(11) Winer, "Trump Advisor Stephen Miller Has Always Been This Way."
(12) Stephen Miller, "Political Correctness Out of Control," *Santa Monica Lookout*, 日付なし。
(13) Jason DeParle, "How Stephen Miller Seized the Moment to Battle Immigration," *The New York Times*, August 17, 2019.
(14) Nick Miroff and Josh Dawsey, "The Trump Adviser Who Scripts Trump's Immigration Agenda," *The Washington Post*, August 17, 2019.
(15) Julie Hirschfeld Davis and Michael D. Shear, *Border Wars*, p. 282.
(16) 2017年2月12日、CBSニュースの番組「フェイス・ザ・ネイション」におけるスティーヴン・ミラーへのインタビューより。
(17) 2017年8月2日、スティーヴン・ミラーによるホワイトハウス記者発表。『ワシントン・ポスト』紙が公開した動画より。
(18) 電子メールはミラーの諸政策に反対するリベラル派非営利団体の南部貧困法律センター(Southern Poverty Law Center)にリークされ、同団体はミラーに辞任を求めた。リークしたのはミラーのメールを受信したケイティ・マクヒュー(Katie McHugh)。マクヒューは反イスラム教的なツイートをしたことでブライトバート・ニュースを解雇され、そののち極右の信条を捨てた。下記を参照。Michael Edison Hayden, "Stephen Miller's Affinity for White Nationalism Revealed in Leaked Emails," Southern Poverty Law Center, November 12, 2019. なお、ウェブサイトVDAREのライターらは、「大置き換え理論(great replacement theory)」とも呼ばれるものを表すのに「白人の大量虐殺」という表現を使うことがある。この理論は白人のアメリカ人が有色人によって駆逐されることに懸念という立ちを表明するもの。
(19) この作品については下記を参照。Paul Blumenthal and JM Rieger, "This Stunningly Racist French Novel Is How Steve Bannon Explains the World," *HuffPost*, March 4, 2017.
(20) Davis and Shear, *Border Wars*, p. 76.
(21) Cliff Sims, *Team of Vipers*, p. 191.
(22) 同上、pp. 208–9。
(23) Elana Schor, "Graham Tees Off on Stephen Miller over Immigration," *Politico*, January 21, 2018.
(24) Susan Page, *Madam Speaker*, pp. 264–65.
(25) 同じ2006年6月19日、トランプは民主党議会選挙対策委員会へも2万ドルを送金し、イヴァンカ・トランプとドナルド・トランプ・ジュニアもそれぞれ1万5000ドルを寄付している。典拠は政治と金の問題に関する非営利調査団体のオープンシークレッツ(OpenSecrets)。
(26) 2016年1月26日、MSNBCの番組「モーニング・ジョー」におけるドナルド・トランプへのインタビューより。
(27) Cynthia Littleton, "How Nancy Pelosi Emerged as a Media Star and Trump's Most Formidable Foe," *Variety*, March 3, 2020.
(28) Rachael Bade and Burgess Everett, "Congress Averts Shutdown, Postponing Fight over Trump's Wall," *Politico*, December 6, 2018.

(29) Sheryl Gay Stolberg and Michael Tackett, "Trump Suggests Government Shutdown Could Last for 'Months or Even Years,'" *The New York Times*, January 4, 2019.
(30) Jennifer Agiesta, "CNN Poll: Trump Bears Most Blame for Shutdown," CNN, January 14, 2019.
(31) Davis and Shear, *Border Wars*, pp. 369–70.
(32) "Full Transcripts: Trump's Speech on Immigration and the Democratic Response," *The New York Times*, January 8, 2019.
(33) 民主党、ホワイトハウスを含む複数の証言より。下記も参照。Sarah Huckabee Sanders, *Speaking for Myself*, p. 210.
(34) Emily Flitter and Tara Siegel Bernard, "Another Loan? Furloughed Employees Balk at Wilbur Ross's Suggestion," *The New York Times*, January 24, 2019.
(35) Caitlin Oprysko, "White House Economic Adviser Appears to Compare Shutdown to 'Vacation' for Furloughed Workers," *Politico*, January 11, 2019.
(36) クリスマスの日、トランプは「職員の多くは『壁の予算を確保するまで見守れ』と私に言ったり連絡をしてくれたりした」と言った。しかしこれに対して労組が反論している。下記を参照。Kathy Ehrich Dowd, "President Trump Said Federal Workers Support the Shutdown. Not True, Say Unions Representing Hundreds of Thousands," *Time*, December 26, 2018.
(37) Sanders, *Speaking for Myself*, p. 216.
(38) Jessica Taylor, "Trump Signs Short-Term Bill to End Government Shutdown, but Border Fight Still Looms," NPR, January 25, 2019.
(39) Ron Nixon, "Democrats Grill ICE Nominee About Child Detentions and a Derogatory Tweet," *The New York Times*, November 15, 2018.
(40) Ron Nixon, "Migrant Detention Centers Are 'Like a Summer Camp,' Official Says at Hearing," *The New York Times*, July 31, 2018.
(41) Davis and Shear, *Border Wars*, p. 380.
(42) Miriam Jordan, "Is America a 'Nation of Immigrants'? Immigration Agency Says No," *The New York Times*, February 22, 2018.
(43) Jonathan Blitzer, "How Stephen Miller Manipulates Donald Trump to Further His Immigration Obsession," *The New Yorker*, February 21, 2020.

第15章　ハノイの分裂

(1) Maggie Haberman, Sharon LaFraniere, and Danny Hakim, "Michael Cohen Has Said He Would Take a Bullet for Trump. Maybe Not Anymore," *The New York Times*, April 20, 2018.
(2) 2017年1月11日、FOXニュースのショーン・ハニティによるマイケル・コーエンへのインタビュー。
(3) 2018年末、判決文に引用されたマイケル・コーエンの発言より。コーエンは3年の禁固刑と、賠償金139万ドル、50万ドルの財産没収、罰金10万ドルを言い渡された。コーエンは多様な金融犯罪に加え、議会に対する虚偽発言や、ストーミー・ダニエルズに対するトランプの口止め料支払いを不法に隠蔽したことなどを認めた。下記を参照。Dan Mangan and Kevin Breuninger, "Trump's Ex-Lawyer and Fixer Michael Cohen Sentenced to 3 Years in Prison After Admitting 'Blind Loyalty' Led Him to Cover Up President's 'Dirty Deeds,'" CNBC, December 12, 2018.
(4) Peter Baker and Nicholas Fandos, "Michael Cohen Accuses Trump of Expansive Pattern of Lies and Criminality," *The New York Times*, February 27, 2019.
(5) 2019年2月27日にユーチューブに公開されたCNNの動画「トランプの擁護者らへのマイケル・コーエンの警告（原題 "Michael Cohen's Warning for Trump's Defenders"）」より。
(6) Susan B. Glasser, "Donald Trump Went to Vietnam, and Michael Cohen Made It Hell," *The New Yorker*, February 28, 2019.
(7) 2018年12月28日付、ドナルド・トランプから金正恩への手紙。出典は下記。Bob Woodward, *Rage*, p. 174.（ボブ・ウッドワード『RAGE 怒り』伏見威蕃訳、日本経済新聞出版社、2020年）

r, "Donald Trump Went to Vietnam, and Michael Cohen Made It Hell."
san B. Glasser, "Audience of One: Why Flattery Works in Trump's Foreign Policy," *The New Yorker*, oruary 22, 2019.
(10) Susan B. Glasser, "The International Crisis of Donald Trump," *The New Yorker*, January 11, 2019.
(11) Katie Bo Williams, "Outgoing Syria Envoy Admits Hiding US Troop Numbers; Praises Trump's Mideast Policy," *Defense One*, November 12, 2020.
(12) John Bolton, *The Room Where It Happened*, p. 320.
(13) 同上、p. 321。
(14) 同上、p. 320。
(15) 著者のインタビューより。下記も参照。Adam Shaw, "Trump Lands in Vietnam for Kim Jong Un Summit," Fox News, February 26, 2019.
(16) "North Korea Says Trump Was Open to Easing Sanctions with 'Snapback' Clause: South Korean Media," Reuters, March 25, 2019.
(17) Joby Warrick and Simon Denyer, "As Kim Wooed Trump with 'Love Letters,' He Kept Building His Nuclear Capability, Intelligence Shows," *The Washington Post*, September 30, 2020.
(18) Michael Burke, "Rubio Defends Trump on North Korea: 'No Deal Is Better Than a Bad Deal,'" *The Hill*, February 28, 2019.

第16章　キングコングは必ず勝つ

(1) William P. Barr, *One Damn Thing After Another*, p. 551.
(2) トランプのこの発言はハワード・スターンとの 1997 年のインタビュー中のもので、大統領選挙中に明らかになった。下記を参照。Ale Russian, "Trump Boasted of Avoiding STDs While Dating: Vaginas Are 'Landmines... It Is My Personal Vietnam,' " *People*, October 28, 2016.
(3) Andrew Weissmann, *Where Law Ends*, p. 36.
(4) Justin Elliott, "Trump Lawyer Marc Kasowitz Threatens Stranger in Emails: 'Watch Your Back, Bitch,'" *ProPublica*, July 13, 2017.
(5) Peter Baker and Kenneth P. Vogel, "Trump Lawyers Clash over How Much to Cooperate with Russia Inquiry," *The New York Times*, September 17, 2017.
(6) Weissmann, *Where Law Ends*, p. 10.
(7) 同上。
(8) Julia Ioffe and Franklin Foer, "Did Manafort Use Trump to Curry Favor with a Putin Ally?," *The Atlantic*, October 2, 2017.
(9) Weissmann, *Where Law Ends*, p. 197.
(10) 特別検察官の事務所より裁判所に提出されたカリフォルニア州ビバリーヒルズにある洋品店ハウス・オブ・ビジャン（House of Bijan）のレシートより。
(11) Robert S. Mueller III, Report on the Investigation into Russian Interference in the 2016 Presidential Election (Mueller Report), Volume I, p. 23.
(12) 同上、p. 25。
(13) Indictment, U.S. v. Internet Research Agency et al., February 16, 2018.
(14) Mueller Report, Volume I, p. 29.
(15) Weissmann, *Where Law Ends*, p. 226.
(16) Michael S. Schmidt, *Donald Trump v. the United States*, p. 315.
(17) Office of the Inspector General, U.S. Department of Justice, A Report of Investigation of Certain Allegations Relating to Former FBI Deputy Director Andrew McCabe, February 2018.
(18) 2019 年 6 月 21 日に裁判所に提出されたポール・マナフォートとショーン・ハニティのテキスト・メッセージのやりとりより。
(19) Schmidt, *Donald Trump v. the United States*, p. 5.

(20) Mueller Report, Volume II, p. 86.
(21) 同上、p. 115。
(22) Weissmann, *Where Law Ends*, pp. 254–55.
(23) 同上、p. 128。
(24) 同上、p. 118。
(25) 同上、pp. 275–76。
(26) Peter Baker, "'I Do Not Remember': Trump Gave a Familiar Reply to the Special Counsel's Queries," *The New York Times*, April 20, 2019.
(27) Weissmann, *Where Law Ends*, p. 139.
(28) Mueller Report, Volume I, p. 129.
(29) 2019年3月24日付、ウィリアム・バーから上院および下院司法委員会への書簡より。
(30) Mark Landler and Maggie Haberman, "Trump Declares Exoneration, and a War on His Enemies," *The New York Times*, March 24, 2019.
(31) Weissmann, *Where Law Ends*, pp. xv–xvi.
(32) 2019年3月27日付、ロバート・モラーからビル・バーへの手紙より。
(33) Peter Baker, "Barr Defends Handling of Mueller Report Against Withering Rebukes," *The New York Times*, May 1, 2019.
(34) "Read Barr's News Conference Remarks Ahead of the Mueller Report Release," *The New York Times*, April 18, 2019.
(35) Tim Mak, "Elderly Trump Critics Await Mueller's Report—Sometimes Until Their Last Breath," Morning Edition, NPR, March 5, 2019.
(36) Adam Schiff, *Midnight in Washington*, p. 195.
(37) 2019年7月24日、ローレンス・トライブのツイートより。
(38) Factba.se〔トランプとジョー・バイデンの発言、演説などを閲覧できるウェブサイト〕のデータベース検索による。

第17章　ジョン･ボルトンの戦争

(1) Susan B. Glasser, "Mike Pompeo, the Secretary of Trump," *The New Yorker*, August 19, 2019.
(2) 同上。
(3) 同上。
(4) 同上。
(5) 同上。
(6) Peter Baker, "Trump Says Military Is 'Locked and Loaded' and North Korea Will 'Regret' Threats," *The New York Times*, August 11, 2017.
(7) Julia Limitone, "Military Action Possible in Venezuela, Pompeo Says," Fox Business, May 1, 2019.
(8) Karen DeYoung, Josh Dawsey, and Paul Sonne, "Venezuela's Opposition Put Together a Serious Plan. For Now, It Appears to Have Failed," *The Washington Post*, May 1, 2019.
(9) Anne Gearan, Josh Dawsey, John Hudson, and Seung Min Kim, "A Frustrated Trump Questions His Administration's Venezuela Strategy," *The Washington Post*, May 8, 2019.
(10) 同上。
(11) 2019年5月9日、ドナルド・トランプの驚くべき医療費請求に関する発言と記者団とのやりとりより。(原題: Donald J. Trump, Remarks on Surprise Medical Billing and an Exchange with Reporters, May 9, 2019.)
(12) 2019年2月11日付、ホワイトハウスのツイートより。
(13) John Bolton, *The Room Where It Happened*, p. 388.
(14) Mark Esper, *A Sacred Oath*, p. 73.
(15) Adam Schiff, *Midnight in Washington*, p. 189.